Pitágoras: Hablando sobre los Versos de Oro de Pitágoras

Pitágoras

Published by Filosofía Perennis, 2024.

PITÁGORAS: HABLANDO SOBRE LOS VERSOS DE ORO DE PITÁGORAS

First edition. May 11, 2024.

Copyright © 2024 Pitágoras.

ISBN: 979-8224858231

Written by Pitágoras.

Tabla de Contenido

El mayor lujo

RINDE A LOS DIOSES INMORTALES EL CULTO CONSAGRADO; GUARDA, PUES, TU FE:

... VENERAR LA MEMORIA DE LOS HÉROES ILUSTRES, DE LOS ESPÍRITUS, SEMIDIOSES....

SÉ BUEN HIJO, HERMANO JUSTO; ESPOSO TIERNO; Y BUEN PADRE.

ELIGE POR AMIGO AL AMIGO DE LA VIRTUD; SIGUE SUS GENTILES CONSEJOS, PROFIÉTETE DE SU VIDA; Y POR UN AGRAVIO TRIUNFANTE NUNCA LO DEJES; SI AL MENOS PUEDES: PORQUE UNA LEY MUY RÍGIDA ATA EL PODER A LA NECESIDAD.

PITÁGORAS REPRESENTA AL PEREGRINO ETERNO de la FILOSOFÍA PERENNIS, la filosofía perenne de la vida. Es el buscador de la verdad por excelencia. Apostó todo lo que tenía por la búsqueda. Viajó a lo largo y ancho, casi por todo el mundo conocido de aquellos días, en busca de los Maestros, de las escuelas de misterio, de cualquier secreto oculto. De Grecia fue a Egipto, en busca de la Atlántida perdida y sus secretos.

En Egipto, la gran biblioteca de Alejandría seguía intacta. En ella se conservaban todos los secretos del pasado.

Era la mayor biblioteca que ha existido en la tierra; más tarde fue destruida por un fanático mahometano. La biblioteca era tan grande que cuando se quemó, durante seis meses el fuego continuó.

Apenas veinticinco siglos antes de Pitágoras, un gran continente, la Atlántida, había desaparecido en el océano. El océano que se llama "Atlántico" se llama así por ese continente, la Atlántida.

La Atlántida era el continente más antiguo de la Tierra, y la civilización había alcanzado las cimas más altas posibles. Pero siempre que una civilización alcanza una gran cima existe un peligro: el peligro de desmoronarse, el peligro de suicidarse.

La humanidad se enfrenta de nuevo a ese mismo peligro. Cuando el hombre se vuelve poderoso, no sabe qué hacer con ese poder. Cuando el poder es demasiado y la comprensión demasiado escasa, el poder siempre ha resultado peligroso. La Atlántida no se ahogó en el océano por ninguna calamidad natural. En realidad ocurrió lo mismo que hoy: fue el propio poder del hombre sobre la naturaleza. Fue a través de la energía atómica que la Atlántida se ahogó - fue el propio suicidio del hombre. Pero todas las escrituras y todos los secretos de la Atlántida aún se conservaban en Alejandría.

En todo el mundo hay parábolas, historias, sobre el gran diluvio. Esas historias proceden del ahogamiento de la Atlántida. Todas esas historias -cristianas, judías, hindúes- hablan de una gran inundación que ocurrió una vez en el pasado y destruyó casi toda la civilización. Sólo unos pocos iniciados, adeptos, habían sobrevivido. Noé es un adepto, un gran Maestro, y el arca de Noé es sólo un símbolo.

Unas pocas personas escaparon a la calamidad. Con ellos sobrevivieron todos los secretos que la civilización había alcanzado. Se conservaron en Alejandría.

Pitágoras vivió durante años en Alejandría. Estudió y se inició en las escuelas de misterios de Egipto, especialmente en los misterios de Hermes. Luego vino a la India, fue iniciado en todo lo que los brahmanes de esta antigua tierra habían descubierto, todo lo que la India había conocido en el mundo interior del hombre.

Durante años estuvo en la India, luego viajó al Tíbet y después a China. Ese fue todo el mundo conocido. Toda su vida fue un buscador, un peregrino, en busca de una filosofía, filosofía en el verdadero sentido de la palabra: amor por la sabiduría. Era un amante, un filósofo, no en el sentido moderno de la palabra, sino en el antiguo y viejo sentido de la palabra. Porque un amante no puede limitarse a especular, un amante no puede limitarse a pensar en la verdad: un amante tiene que buscar, arriesgar, aventurarse.

La verdad es el ser amado. ¿Cómo puedes seguir sólo pensando en ello? Tienes que estar conectado con el amado a través del corazón. La búsqueda no puede ser sólo intelectual; tiene que ser profundamente intuitiva.

Quizá el comienzo tenga que ser intelectual, pero sólo el comienzo. Sólo el punto de partida tiene que ser intelectual, pero finalmente tiene que llegar al núcleo mismo de tu ser.

Era uno de los hombres más generosos, más liberales, democráticos, desprejuiciados, abiertos. Era respetado en todo el mundo. De Grecia a China fue venerado. Fue aceptado en todas las escuelas místicas; con gran alegría fue acogido en todas partes. Su nombre era conocido en todos los países.

Dondequiera que iba era recibido con gran regocijo.

Aunque se había iluminado, seguía buscando secretos ocultos, seguía pidiendo ser iniciado en nuevas escuelas. Intentaba crear una síntesis; intentaba conocer la verdad a través de tantas posibilidades como fuera humanamente posible. Quería conocer la verdad en todos sus aspectos, en todas sus dimensiones.

Siempre estaba dispuesto a inclinarse ante un Maestro. Él mismo era un hombre iluminado - es muy raro.

Una vez que te has iluminado, la búsqueda se detiene, la búsqueda desaparece. No tiene sentido.

Buda se iluminó... y nunca acudió a ningún otro Maestro. Jesús se iluminó... y nunca acudió a ningún otro Maestro. O Lao Tzu, o Zarathustra, o Moses....

De ahí que Pitágoras sea algo único. Nunca ha existido ningún paralelo. Incluso después de haberse iluminado, estaba dispuesto a convertirse en discípulo de cualquiera que le revelara algún aspecto de la verdad.

Su búsqueda era tal que estaba dispuesto a aprender de cualquiera. Era un discípulo absoluto. Estaba dispuesto a aprender de toda la existencia. Permaneció abierto y siguió siendo un aprendiz hasta el final.

Todo el esfuerzo fue... y fue un gran esfuerzo en aquellos días, viajar de Grecia a China. Estaba lleno de peligros. El viaje era peligroso; no era fácil como lo es hoy. Hoy las cosas son tan fáciles que puedes desayunar en Nueva York y almorzar en Londres, y sufrir una indigestión en Poona.

Las cosas son muy sencillas. En aquellos días no era tan sencillo. Era realmente un riesgo; trasladarse de un país a otro llevaba años.

Cuando Pitágoras regresó, era un hombre muy viejo. Pero los buscadores se reunieron a su alrededor; nació una gran escuela. Y, como siempre ocurre, la sociedad empezó a perseguirle a él, a su escuela y a sus discípulos. Durante toda su vida buscó la filosofía perenne, ¡y la HABÍA encontrado! Reunió todos los fragmentos en una tremenda armonía, en una gran unidad. Pero no se le permitió elaborarla en detalle; no se le permitió enseñar a la gente.

Fue perseguido de un lugar a otro. Hubo muchos atentados contra su vida. Le fue casi imposible enseñar todo lo que había reunido. Y su tesoro era inmenso - de hecho, nadie más ha tenido nunca un tesoro como el que él tenía. Pero así de tonta es y ha sido siempre la humanidad. Este hombre había hecho algo imposible: había tendido un puente entre Oriente y Occidente. Él fue el primer puente. Había llegado a conocer la mente oriental tan profundamente como la occidental.

Era griego. Fue educado con la lógica griega, con el enfoque científico griego, y luego se trasladó a Oriente. Y entonces aprendió los caminos de la intuición. Luego aprendió a ser un místico. Él mismo era un gran matemático por derecho propio. Y que un matemático se convierta en místico es una revolución, porque son polos opuestos.

Occidente representa la mente masculina, el intelecto agresivo. Oriente representa la mente femenina, la intuición receptiva. Oriente y Occidente no son sólo arbitrarios: la división es muy, muy significativa y profunda.

Y no hay que olvidar a Rudyard Kipling: lo que dijo tiene significado, tiene sentido. Dice que Oriente y Occidente nunca se encontrarán. Hay un fragmento de verdad en ello, porque el encuentro parece imposible; sus formas de trabajar son tan diametralmente opuestas.

Occidente es agresivo, científico, dispuesto a conquistar la naturaleza. Oriente es no agresivo, receptivo, dispuesto a dejarse conquistar por la naturaleza. Occidente está ansioso por saber. Oriente es paciente. Occidente toma todas las iniciativas para llegar a los misterios de la vida y la existencia; intenta abrir las puertas. Y Oriente simplemente espera con profunda confianza: "Cuando sea digno, la verdad me será revelada".

Occidente es concentración de la mente: Oriente es meditación de la mente. Occidente es pensamiento: Oriente es no-pensamiento. Occidente es mente: Oriente es no-mente. Y Kipling parece tener razón, lógicamente, en que parece imposible que Oriente y Occidente puedan encontrarse jamás.

Y "Oriente y Occidente" no sólo representa la tierra dividida en dos hemisferios: también representa tu mente, tu cerebro. Tu cerebro también está dividido en dos hemisferios, igual que la Tierra. Tu cerebro tiene un Este y un Oeste. El hemisferio izquierdo de tu cerebro es el Oeste; está conectado con la mano derecha. Y el hemisferio derecho de tu cerebro es el Este; está conectado con la mano izquierda.

Occidente es de derechas. Oriente es de izquierdas. Y los procesos de ambos son tan diferentes.... El hemisferio izquierdo de tu mente calcula, piensa, es lógico. Toda la ciencia es producida por él. Y el hemisferio derecho de tu cerebro es un poeta, es un místico. Intuye, siente. Es vago, nublado, brumoso. Nada está claro. Todo es una especie de caos, pero ese caos tiene su belleza. Hay una gran poesía en ese caos, hay una gran canción en ese caos. Es muy jugoso.

La mente calculadora es un fenómeno desértico. Y la mente no calculadora es un jardín. Allí cantan los pájaros y florecen las flores... es un mundo totalmente diferente.

Pitágoras fue el primer hombre que intentó lo imposible, ¡Y lo consiguió! En él, Oriente y Occidente se unieron. En él, el yin y el yang se hicieron uno. En él, lo masculino y lo femenino se convirtieron en uno. Él era un ARDHANARISHWAR - una unidad total de los polos opuestos. Shiva y Shakti juntos. Intelecto del más alto calibre e intuición del calibre más profundo. Pitágoras es una cima, una cima iluminada por el sol, y también un valle profundo y oscuro. Es una combinación muy poco frecuente.

Pero el esfuerzo de toda su vida fue destruido por la gente estúpida, por las masas mediocres. Estos pocos versos son la única contribución que le queda. Estos versos se pueden escribir en una postal. Esto ES TODO lo que queda del esfuerzo de ese gran hombre. Y esto tampoco está escrito por su propia mano; parece que todo lo que había escrito fue destruido.

El día de la muerte de Pitágoras, miles de sus discípulos fueron masacrados y quemados. Sólo un discípulo escapó de la escuela; su nombre era Lisis. Y escapó, no para salvar su vida - escapó sólo para salvar algo de las enseñanzas del Maestro. Estos VERSOS DE ORO DE PITÁGORAS fueron escritos por Lysis, el único discípulo que sobrevivió.

Toda la escuela fue quemada, y miles de discípulos fueron simplemente asesinados y masacrados.

Y todo lo que Pitágoras había acumulado en sus viajes -grandes tesoros, grandes escrituras de China, India, Tíbet, Egipto, años y años de trabajo- todo fue quemado.

Lisis escribió estos versos. Y, como ha sido tradición antigua que un verdadero discípulo no conoce otro nombre que el de su Maestro, estos versos no se llaman VERSOS DE LISIS - se llaman LOS VERSOS DE ORO DE PITÁGORAS. Él no ha escrito su nombre en ellos.

Esto ha sucedido una y otra vez. Sucedió con Vyasa en la India, un gran Maestro. En su nombre hay tantas escrituras que es imposible que un hombre pueda escribir tantas escrituras.

Es humanamente imposible. Incluso si mil personas escribieran toda su vida continuamente, entonces tampoco se podrían escribir tantas escrituras. ¿Entonces qué pasó? No todas fueron escritas por Vyasa, sino por sus discípulos. Pero el verdadero discípulo no conoce otro nombre que el de su Maestro. Ha desaparecido en el Maestro, así que todo lo que escribe, lo escribe en nombre del Maestro. Los lingüistas, los eruditos y los profesores han desarrollado muchas teorías, creen que ha habido muchos Vyasas, muchas personas con el mismo nombre. Todo eso son tonterías. Sólo ha habido un Vyasa. Pero a lo largo de los siglos mucha gente le amó tan profundamente que cuando escribían algo, sentían que era el Maestro quien escribía a pravés de ellos - firmaban con el nombre del Maestro porque ellos eran sólo vehículos, sólo instrumentos, médiums.

Lo mismo ocurrió en Egipto con Hermes: muchas escrituras, todas escritas por los discípulos. Y lo mismo ocurrió con Orfeo en Grecia, y lo mismo con Lao Tzu en China y Confucio en China.

El discípulo pierde su identidad. Se convierte totalmente en uno con el Maestro. Pero algo de inmenso valor ha sido destruido por la estupidez de la gente.

PITÁGORAS ES EL PRIMER EXPERIMENTO en la creación de una síntesis. Han pasado veinticinco siglos desde entonces y nadie más lo ha vuelto a intentar. Nadie lo había hecho antes y nadie lo ha hecho después. Se necesita una mente que sea a la vez científica y mística. Es un fenómeno raro. Ocurre de vez en cuando.

Ha habido grandes místicos: Buda, Lao Tzu, Zaratustra. Y ha habido grandes científicos: Newton, Edison, Einstein. Pero es muy difícil encontrar a un hombre que se sienta a gusto en ambos mundos. Pitágoras es ese tipo de hombre - una clase en sí mismo. No puede ser clasificado por nadie más.

La síntesis que intentó era necesaria, sobre todo en su época, como lo es hoy, porque el mundo se encuentra de nuevo en el mismo punto. El mundo se mueve en una rueda. La palabra sánscrita para "el mundo" es SAMSARA. SAMSARA significa la rueda. La rueda es grande: un círculo se completa en veinticinco siglos. Veinticinco siglos antes de Pitágoras, la Atlántida se suicidó, por el propio crecimiento científico del hombre. Pero sin sabiduría, el crecimiento científico es peligroso. Es poner una espada en manos de un niño.

Ahora han pasado veinticinco siglos desde Pitágoras. De nuevo el mundo es un caos. De nuevo la rueda ha llegado al mismo punto, siempre llega al mismo punto. Tienen que pasar veinticinco siglos para que llegue este momento. Después de cada veinticinco siglos el mundo entra en un estado de gran caos.

El hombre se desarraiga, empieza a sentirse sin sentido. Todos los valores de la vida desaparecen. Una gran oscuridad le rodea. Se pierde el sentido de la orientación. Uno simplemente se siente accidental. No parece haber ningún propósito, ningún significado. La vida parece ser sólo un subproducto del azar. Parece que la existencia no se preocupa por ti. Parece que no hay vida después de la muerte. Parece que todo lo que haces es inútil, rutinario, mecánico. Todo parece carecer de sentido.

Estos tiempos de caos, de desorden, pueden ser una gran maldición, como ocurrió en la Atlántida, o pueden suponer un salto cuántico en el crecimiento humano. Depende de cómo los utilicemos. Sólo en esos grandes momentos de caos nacen las grandes estrellas.

Pitágoras no estaba solo. En Grecia nacieron Pitágoras y Heráclito. En la India, Buda y Mahavira y muchos otros. En China, Lao Tzu, Chuang Tzu, Confucio, Mencio, Lieh Tzu y muchos más. En Irán, Zaratustra. En la tradición brahmánica, muchos grandes videntes upanishádicos. En el mundo del judaísmo, Moses..... Todas estas personas, estos grandes Maestros nacieron en una determinada etapa de la historia humana, hace veinticinco siglos.

Ahora nos encontramos de nuevo en un gran caos, y el destino del hombre dependerá de lo que hagamos. O bien nos destruiremos como la civilización que se destruyó a sí misma en la Atlántida -el mundo entero se convertirá en una Hiroshima-; o bien nos ahogaremos en nuestro propio conocimiento; en nuestra propia ciencia cometeremos un suicidio, un suicidio colectivo. Unos pocos, un Noé y unos pocos de sus seguidores, pueden salvarse, o puede que no.... O existe la posibilidad de que demos un salto cuántico.

El hombre puede suicidarse o renacer. Ambas puertas están abiertas.

Si estos tiempos pueden crear personas como Heráclito y Lao Tzu y Zaratustra y Pitágoras y Buda y Confucio, ¿por qué no pueden crear una gran humanidad? Sí que pueden. Pero seguimos perdiendo la oportunidad.

Las masas ordinarias viven en tal inconsciencia que no pueden ver ni siquiera unos pasos más adelante. Están ciegas. Y son la mayoría. Los próximos veinticinco años, la última parte de este siglo, van a ser de un valor INMENSO. Si podemos crear un gran impulso en el mundo para la meditación, para el viaje interior, para la tranquilidad, para la quietud, para el amor, para Dios... si podemos crear un espacio en estos próximos veinticinco años para que Dios suceda a mucha mucha gente, la humanidad tendrá un nuevo nacimiento, una resurrección. Nacerá un hombre nuevo.

Y una vez que se pierdan ESTOS tiempos, entonces durante veinticinco siglos de nuevo seguirán siendo los mismos. Unas pocas personas alcanzarán la iluminación, pero permanecerá sólo para unas pocas personas. Aquí y allá, de vez en cuando, una persona se volverá alerta y consciente y divina. Pero la mayor parte de la humanidad seguirá rezagada, en la oscuridad, en la oscuridad total, en la miseria absoluta. La mayor parte de la humanidad sigue viviendo en el infierno.

Pero estos momentos en los que el caos se extiende y el hombre pierde sus raíces en el pasado, se desvincula del pasado, son grandes momentos. Si podemos aprender algo de la historia pasada, si podemos aprender algo de Pitágoras.... La gente no pudo utilizar a Pitágoras y su comprensión, no pudo utilizar su gran síntesis, no pudo utilizar las puertas que él había puesto a su disposición. Un solo individuo había hecho algo inmenso, algo imposible, pero no se utilizó.

Estoy intentando hacer exactamente lo mismo de nuevo; siento una afinidad espiritual muy profunda con Pitágoras. También os estoy trayendo una síntesis de Oriente y Occidente, de ciencia y religión, de intelecto e intuición, de la mente masculina y la mente femenina, de la cabeza y el corazón, de la derecha y la izquierda. También intento por todos los medios posibles crear una gran armonía, porque sólo esa armonía puede salvar. Sólo esa armonía puede darte un nuevo nacimiento.

Pero es muy posible que lo que le hicieron a Pitágoras me lo hagan a mí. Y existe toda posibilidad de que lo que se hizo a los seguidores de Pitágoras se haga a mis sannyasins. Pero aún así, incluso conociendo esa posibilidad, el esfuerzo debe hacerse de nuevo. Porque este es un tiempo valioso. Sólo ocurre una vez cada veinticinco siglos, cuando la rueda puede moverse de una nueva manera, puede tomar una nueva dirección.

Todos tenéis que arriesgar, y tenéis que arriesgar todo lo que tenéis. Y arriesgarlo con gran alegría, porque ¿qué puede ser más gozoso que dar a luz a un hombre nuevo, convertirse en vehículos para un hombre nuevo, para una humanidad nueva?

Va a ser doloroso, como todos los partos. Pero el dolor puede aceptarse si se comprende lo que va a ocurrir. Si puedes ver al niño saliendo de él, entonces el dolor ya no es dolor, igual que la madre puede aceptar el dolor del nacimiento del niño. El dolor es irrelevante: su corazón baila de alegría, va a dar a luz vida, está siendo creativa. Va a dar a luz vida, está siendo creativa. Está haciendo que este mundo esté más vivo; un nuevo niño está naciendo a través de ella. Dios la ha utilizado como vehículo; su vientre ha demostrado ser fértil. Es feliz, está muy contenta. Se regocija, aunque el dolor está ahí, en la periferia.

Pero cuando esta gran alegría está ahí, el dolor simplemente funciona como un fondo y hace que la alegría sea aún más fuerte. Recuerda...

Mis sannyasins pueden convertirse en un útero de energía, un campo de energía. Una gran síntesis está ocurriendo aquí.

Oriente y Occidente SE ENCUENTRAN aquí. Y si logramos que esto imposible suceda, el hombre vivirá de una manera totalmente diferente en el futuro. No necesitará vivir en el mismo infierno de siempre. El hombre podrá vivir en amor, en paz. El hombre puede vivir en gran amistad. El hombre puede vivir una vida que no es más que una celebración.

El hombre puede hacer divina esta tierra.

Sí: esta misma tierra puede convertirse en el paraíso y este mismo cuerpo en el Buda.

LOS SUTRAS son pocos. Los sutras de Pitágoras se dividen en tres partes; se conocen como las tres famosas P de Pitágoras: preparación, purificación, perfección.

Prepararse significa estar listo, receptivo, disponible, abierto.

Preparación significa Crear una sed, un anhelo de verdad. Preparación significa, no sólo curiosidad, no sólo interés intelectual por lo que es la verdad, sino compromiso con la búsqueda. No sólo como especulador al margen, sino como participante.

La preparación es la parte introductoria: crear una gran sed en ti. Siempre que te acercas a un Maestro, lo primero que te va a dar es una sed ardiente. Te dará un gran anhelo; sembrará las semillas de un gran anhelo. De hecho, te hará sentir muy descontento.

Puede que hayas acudido a él en busca de satisfacción, puede que hayas acudido a él para que te consuele, pero él te hará arder, arder, con un nuevo deseo con el que ni siquiera habías soñado, del que nunca habías sido consciente. Tal vez acechaba en algún rincón oscuro de tu ser, o se ocultaba en algún recoveco bajo tierra: él lo sacará a la luz, lo provocará en un gran incendio. Derramará toda su energía en ti, para que estés tan sediento, tan descontento, que comiences la búsqueda y estés dispuesto a arriesgarlo todo; que te olvides de todos los demás deseos, que viertas todos tus deseos en una corriente, que tu único deseo, día y noche, se convierta en la verdad - o Dios, o el Nirvana. Son sólo nombres para el mismo fenómeno.

Preparación significa que el discípulo despierta: despierta a la verdad de que existimos en la oscuridad y hay que buscar la luz; despierta al hecho de que hemos estado malgastando nuestras vidas, de que ésta no es la forma correcta de vivir. A menos que uno comience a moverse hacia Dios, la vida permanece vacía, impotente. El discípulo tiene que ser sacudido, sacudido, fuera de sus sueños -sueños de dinero y política de poder y prestigio- y se le tiene que dar un nuevo sueño, el sueño último, en el que se consumirán TODOS los sueños. El sueño último es conocer la verdad, conocer lo que es, conocer aquello de lo que venimos, conocer esa fuente y conocer esa meta a la que nos dirigimos.

La segunda parte es la purificación. Cuando el deseo ha surgido entonces tienes que purificarte, porque para alcanzar la verdad última tendrás que soltar mucho peso innecesario, mucho equipaje que siempre has llevado. Lo has llevado porque has estado pensando que es muy valioso.

Tu sistema tiene que ser purificado de todas las cosas tóxicas que has absorbido en el camino. Y hemos estado bebiendo veneno, muchos tipos de veneno. Uno es hindú, otro es mahometano, otro es cristiano, todos son venenos, prejuicios. Te mantienen atado a la sociedad, a los condicionamientos de la sociedad.

Purificación significa que uno tiene que abandonar todos los condicionamientos, todas las ideologías, todos los prejuicios, todos los conceptos, todas las filosofías... todo lo que te han enseñado los demás. Uno tiene que convertirse en una pizarra limpia - un TABULA RASA - uno tiene que volverse completamente limpio. Sólo cuando estás completamente limpio, cuando no hay nada escrito en ti, Dios puede escribir algo. Sólo cuando estás completamente en silencio y todas las palabras dadas por la sociedad han desaparecido, Dios puede hablarte. La Verdad puede susurrar sus misterios en tus oidos solo cuando estas absolutamente vacio - el vacio es pureza.

La purificación es una parte purgativa. El hombre tiene que dejar muchas cosas. De hecho, la verdad no está lejos, simplemente has acumulado muchas cosas a tu alrededor. Has acumulado muchas capas a tu alrededor, muchas personalidades a tu alrededor, muchas máscaras que llevas puestas. Por eso no puedes ver tu cara original. Todas esas máscaras tienen que caer. Tienes que volverte auténtico, tal y como eres, completamente desnudo tal y como eres.

Purificación significa: ¡Deja de esconderte! ¡Deja de mentir! ¡Dejar de ser falso!

Y la tercera es la perfección. Cuando has dejado de ser falso, cuando has abandonado todos los venenos que habías acumulado en el camino, cuando el polvo se limpia del espejo, entonces la perfección empieza a suceder por sí misma.

La perfección es la parte unitiva - UNIO MYSTICA.

primero el deseo, deseo intenso, un deseo total... porque solo si estas totalmente deseoso de la verdad ENTONCES estaras listo para pasar por los dolores de la purificacion. Si el deseo es tibio no estarás listo para pasar por los dolores de la purificación.

Es doloroso ser purificado. Es como sacar pus de tu cuerpo - duele. Aunque a la larga es BUENO - si el pus está fuera, el veneno está fuera y sanarás pronto - pero duele. Sacar el pus es doloroso. Pero dejarlo dentro es ayudarle a crecer; se extenderá por todo el cuerpo.

Uno sólo puede estar dispuesto a pasar por la purificación si el deseo es tan total que uno está dispuesto incluso a morir por ello si es necesario. Y es una especie de muerte, porque la personalidad que siempre has creído ser tendrá que morir. Tendrás que abandonar todo aquello con lo que te identificas. Y ESO ha sido tu ego. Tendrás que renunciar a todo lo que has estado reclamando hasta ahora y presumiendo hasta ahora; todo lo que ha sido precioso para ti tiene que ser abandonado como basura absoluta. ES doloroso. Se siente como si estuvieras perdiendo tu reino y te estuvieras convirtiendo en un mendigo.

A menos que el deseo sea total, no estarás preparado para hacerlo. Y cuando se ha producido la purificación, cuando has abandonado todo lo que no es esencial, entonces lo esencial se perfecciona. No es necesario que te vuelvas perfecto. Sólo tienes que crear el espacio en el que la perfección crece, sucede. La perfección es un acontecimiento.

El primer sutra: la preparación:

RINDE A LOS DIOSES INMORTALES EL CULTO CONSAGRADO, GUARDA ENTONCES TU FE.

Lord Bacon, una gran mente científica, ha escrito en su famoso libro, NOVUM ORGANUM, que Pitágoras era un gran fanático. Esto es un completo disparate. El libro de Bacon es realmente grandioso; excepto por esta única afirmación, el libro es de inmenso valor.

Se dice que hay tres grandes libros en el mundo. El primero es ORGANUM de Aristóteles - ORGANUM significa principio. El segundo es NOVUM ORGANUM de Bacon - nuevo principio. Y el tercero es TERTIUM ORGANUM de Ouspensky - el tercer principio. Y SON realmente grandes libros, incomparables.

Pero es muy sorprendente cómo Bacon llegó a la conclusión de que Pitágoras era un fanático - porque Pitágoras era JUSTO lo contrario, lo absolutamente opuesto a un fanático. Si hubiera sido un fanático no habría entrado en todo tipo de escuelas esotéricas y ocultistas. Si hubiera sido un fanático no habría estado tan abierto a aprender de todas las fuentes posibles. De hecho, el fanatismo nunca ha formado parte de la mente griega.

La mente filosófica no puede ser fanática, no puede ser dogmática. Ese es un prerrequisito de la filosofía, que tienes que estar abierto, que tienes que indagar, que tienes que dudar, que tienes que cuestionar, y que tienes que permanecer disponible a la verdad en cualquier forma que venga. Que NO tienes que decidir de antemano; no tienes que caer en ese tipo de actitud que ya ha concluido sin saber. Que no debes ser víctima de la falacia del APRIORIISMO, que ya has aceptado desde el principio sin preguntar, sin saber, sin experimentar.

Me he esforzado por ver por qué Bacon debería llamar fanático a Pitágoras. El fanatismo surgió de la mente judaica; nunca formó parte de la mente hindú ni de la china ni de la griega. Surgió de los judíos. Y se extendió a cristianos y mahometanos porque ambos son vástagos del judaísmo.

La idea de que "somos el pueblo elegido de Dios" es peligrosa. Crea fanatismo. La idea de que "Nosotros tenemos la verdad, y nadie más" es peligrosa, que "Sólo hay un Dios y ningún otro Dios"

es peligroso - porque ese único Dios va a ser mi Dios. ¿Y entonces qué pasará con TU Dios? Entonces estás equivocado, entonces eres un pecador. Entonces tienes que ser persuadido, convertido. Si lo permites fácilmente, vale; si no, hay que forzarte y coaccionarte para que abandones al Dios equivocado.

Pitágoras vivió en tantos países, con tantas visiones diferentes de la vida, con tantos puntos de vista filosóficos, con tantas religiones... no podía ser un fanático. Parece que Bacon no sabía nada de Pitágoras.

El primer sutra dice:

RINDAN A LOS DIOSES INMORTALES...

No utiliza la palabra "Dios", sino "dioses", lo cual es significativo. Ese es el estado de una mente no fanática. Dioses", ¿por qué en plural? ¿Por qué no "Dios"? Porque en el momento en que dices "Dios" caes en una trampa peligrosa... ¿qué pasará con los dioses de los demás?

Pitágoras no es monoteísta; no cree en un Dios. Él dice: Todos los pueblos del mundo y todos sus planteamientos son verdaderos. Y lo SABE, porque ha seguido muchos muchos caminos; casi todos los caminos existentes Pitágoras siguió muchos muchos caminos; casi todos los caminos existentes Pitágoras siguió. Y siempre llegó a la misma cima.

Hay muchos caminos para llegar a la cima. La montaña tiene muchos caminos, pero todos llegan a la misma cima. Puedes ir desde el sur o desde el norte o desde el este o desde el oeste... puedes seguir una pista muy rocosa, o puedes seguir una pista muy diferente. Hay muchas alternativas.

Pitágoras sabe que la verdad es una, pero no lo dice. La verdad es una SIN DECIR. Una vez que lo dice, entonces por favor no use el singular; entonces es mejor usar el plural. Los Vedas dicen: La verdad es una, pero los sabios la han descrito de muchas maneras.

RINDAN A LOS DIOSES INMORTALES EL CULTO CONSAGRADO...

Había vivido con mucha gente, adoradores de diferentes dioses. Dice a sus discípulos: Cuando vayáis al templo, adorad al Dios del templo, y adorad como la gente adora allí.

Respeta a la gente que está rezando. Y cuando vayas a la mezquita, rinde culto de la misma manera en que la gente rinde culto allí. Y cuando vayas a la iglesia o a la sinagoga, rinde culto de la forma en que la gente rinde culto allí.

Este es también mi enfoque. Todas las oraciones son buenas. Todas las oraciones llegan a Él y todos los caminos acaban en Él. No hay necesidad de crear ningún antagonismo. Este es mi mensaje para mis sannyasins:

Si quieres un lugar silencioso y aislado, un templo o una iglesia o una mezquita, el que esté cerca, entra allí. Todos los templos y todas las iglesias y todas las mezquitas son tuyos. Afirma que "Cualquier lugar dedicado a Dios es nuestro. Jerusalén y Kaaba y Kailash y Girnar - todos son nuestros". Te doy todos los templos del mundo como tuyos y todas las escrituras del mundo como tuyas.

Pitágoras está diciendo a sus discípulos: Dondequiera que estés, observa a la gente, respeta su oración, respeta a su Dios, respeta su visión. Puede que sólo sea un aspecto, pero es un aspecto de Dios mismo.

Puede que sólo sea un rostro -Dios tiene muchos rostros-, pero todas las manifestaciones son suyas. De una manera desciende en Krishna, de otra desciende en Cristo, de otra desciende en Moisés. Todos los profetas son suyos, todos los mensajeros son suyos.

RINDAN A LOS DIOSES INMORTALES EL CULTO CONSAGRADO...

Y creas lo que creas, no te limites a creerlo: conságralo, santifícalo viviendo. Que no se quede sólo en una creencia intelectual en la cabeza: tiene que volverse existencial. Entonces está consagrada, entonces la has hecho santa y sagrada.

Las creencias, si son sólo pensamientos, son inútiles. A menos que se conviertan en tu propia sangre, huesos y médula, a menos que las VIVAS... si sientes que algo es verdad, ¡vívelo! porque esa será la única prueba de que sientes que es verdad. No hay ninguna otra prueba. Sólo tu vida es una prueba de tu creencia.

Pero eso no significa que debas imponerte una creencia. Eso no significa que debas imponerte una creencia y un carácter. Eso no será sacralizarlo: eso será hipocresía.

¿Y cómo puede ser sagrada la hipocresía? Vívela, no desde fuera hacia dentro, sino todo lo contrario: desde dentro hacia fuera. experimenta primero una verdad....

Por ejemplo: Yo digo que medites. Ahora bien, puedes hacer de ello sólo una creencia: que es bueno meditar, que la meditación contiene grandes verdades, que ahora puedes ARGUMENTAR con los demás sobre las bellezas, sobre los misterios de la meditación. Tú mismo nunca has meditado, y no tienes tiempo suficiente a causa de las discusiones y de pensar y leer sobre la meditación... y has olvidado por completo que la meditación hay que saborearla, no discutirla.

O puedes imponerte, violentamente, alguna postura meditativa. Puedes sentarte en silencio como un Buda, aunque en tu interior no haya Budeidad, ni silencio, ni pureza, ni inocencia. La charla interior continúa, pero en la superficie puedes sentarte como una estatua de piedra. Esto es hipocresía: simplemente estás fingiendo. Esta no es la forma de consagrarse. Así no se sacraliza nada.

Hay que entrar REALMENTE en meditación, no fingir. Y siempre que vives una verdad, la verdad se consagra.

RINDAN A LOS DIOSES INMORTALES EL CULTO CONSAGRADO...

Y todo lo que hayas conocido, ofrécelo a Dios, sigue ofreciéndolo a Dios, todo lo que hayas conocido. Cualquier experiencia que hayas tenido, de verdad, de belleza, de amor, ofrécela a Dios, ofrécela con profunda gratitud.

GUARDA, PUES, TU FE.

PERO NO SE LO DIGAS A LA GENTE. Guárdalo. Ofrécelo a Dios, pero no hables de ello, de lo contrario estarás en peligro. Las masas son tontas. No pueden entenderlo. Está más allá de ellos. ¡Cuidado!

Guárdalo en secreto en lo más profundo de tu corazón. Abre tu corazón a los Dioses. Abre tu corazón a tu Maestro, o abre tu corazón a los amigos que siguen el mismo camino, a los compañeros de viaje, a los compañeros de búsqueda. Pero no abras tu corazón en el mercado: serás malinterpretado.

Y el malentendido creará perturbación en ti, distraerá tu búsqueda, perturbará tus energías. Creará confusión en ti. Las verdades sólo pueden ser comunicadas a las personas que tienen cierta comprensión.

GUARDA, PUES, TU FE:

Y cualquier confianza que haya surgido en ti, cualquier fe que haya nacido en ti, guárdala en secreto. Tiene que convertirse en una semilla en tu corazón. Si tiras la semilla al suelo, no se convertirá en un árbol, porque está abierta. Tiene que adentrarse en el vientre de la tierra, en la oscuridad de la tierra.

Allí desaparecerá, se disolverá, y nacerá un árbol.

Cualquier confianza que haya surgido en ti, deja que se convierta en una semilla en tu corazón, deja que desaparezca en la tierra del corazón. Allí crecerá hasta convertirse en un gran árbol. Sí, un día sucederá que ya no podrás contenerla, pero entonces ¿qué puedes hacer? Mientras puedas contenerlo, conténlo. Mientras puedas mantenerlo en secreto, mantenlo en secreto. Igual que el niño en el vientre de la madre permanece en secreto durante nueve meses, pero un día la madre no puede contenerlo.... El niño ha crecido. Ahora el niño está listo para nacer, entonces está perfectamente bien.

¿Por qué lo dice Pitágoras? ¿Por qué en el primer sutra? Por una cierta razón: porque siempre que tienes un pequeño vislumbre de la verdad, la mente tiende a hablar de ella. Y en ese mismo hablar la pierdes. Es como un aborto. Deja que durante nueve meses sea un secreto, un misterio, conocido sólo por ti mismo, o por tu amada, o por unos pocos amigos, pero no por el público. Es un fenómeno privado.

Sí, un día se hará público. Un día ya no podrás contenerlo. Se habrá hecho tan grande, más grande que tú, que tendrá que desbordarse. Cuando empieza a desbordarse, ya es otra cosa. Entonces te convertirás en un Maestro. Pero hasta que llegue ese momento, sé muy precavido, sé muy vigilante. No hables de tus experiencias interiores con todo el mundo. Mantente alerta, porque la verdad es muy difícil de conseguir y es muy fácil perderla de vista. La confianza es muy difícil de nacer y muy fácil de disipar.

... VENERAR LA MEMORIA DE LOS HÉROES ILUSTRES, DE LOS ESPÍRITUS, SEMIDIOSES....

primero:

RINDE A LOS DIOSES INMORTALES EL CULTO CONSAGRADO, GUARDA ENTONCES LA FE:

Segundo sutra: Recuerda a todos los que han alcanzado la meta antes que tú, atesora su memoria, eso te ayudará en el camino. Habrá muchos momentos en los que surgirán sospechas, dudas; habrá largas noches oscuras del alma en las que te sentirás completamente perdido, en las que empezarás a pensar en volver atrás y ser sólo la persona ordinaria que habías sido antes. En esos momentos venera la memoria de Los Budas venera la memoria de todos esos grandes héroes que han alcanzado la verdad.

En el lenguaje de Pitágoras, el héroe significa aquel que se ha iluminado, que ha alcanzado la verdad. El único acto heroico en la vida es realizarse. Todo lo demás es muy ordinario.

Puedes hacerte muy famoso: es muy fácil. Puedes tener poder político: no hace falta mucha inteligencia. Puedes ganar dinero: sólo tienes que ser un poco astuto y calculador. No son grandes cosas.

Lo único grande que hace grande y sublime una vida es conocer la verdad, es conocer a Dios, es SER la verdad, es ser Dios. Pero el camino es muy solo.

... REVERENCIEN LA MEMORIA DE LOS ILUSTRES HÉROES...

... de Buda, de Lao Tzu, de Krishna, de Cristo, de Moisés, de Mahoma, de Mahavira. ¡Recuerda!

Por eso hablo de tantos Maestros: para que recuerdes que no estás solo en el camino. Muchos han tenido éxito antes que tú. Tú también tendrás éxito. Si TANTOS han tenido éxito, ¿por qué tú no? Muchos te han precedido y han llegado. No te mueves solo; muchos te preceden.

Es una LARGA procesión de buscadores de la verdad. Tú formas parte de una gran cadena. Puede que seas una pequeña gota, pero formas parte de un gran río: el río de los Budas, de todas las personas iluminadas del mundo.

Por eso hablo de TANTAS personas iluminadas: para darte valor, para darte confianza; para darte la sensación de que estás en una gran cadena, parte de una cadena dorada, y no te estás moviendo solo. No hay necesidad de tener miedo. No puedes perderte.

... REVERENCIAN LA MEMORIA DE LOS HÉROES ILUSTRES, DE LOS ESPÍRITUS, SEMIDIOSES...

Quien alcanza a Dios se convierte en un semidiós, se convierte él mismo en Dios. Quien lo ha conocido se ha convertido en él. Atesora el recuerdo, recuérdatelo a ti mismo. Y descubre con quién sientes afinidad.

¿Siente afinidad con Moisés? ¿Sientes afinidad con Zaratustra? Si sientes alguna afinidad, entonces lo mejor es que reflexiones sobre los dichos de Zaratustra o Moisés; medita, piensa en sus vidas, crea un clima a tu alrededor. Porque si sientes afinidad con alguien, eso significa que eres del mismo tipo.

Y no es una cuestión de nacimiento accidental. Puedes nacer mahometano y no sentir ninguna afinidad con Mahoma. No hay necesidad. El nacimiento es accidental. Puedes nacer hindú y no sentir NINGUNA afinidad con Krishna, o incluso puedes sentir cierto antagonismo.

¡Puede que no seas de ese tipo!

Así que no te identifiques demasiado con tu nacimiento. Deambula por ahí. Ten un poco más de libertad. Mira a tu alrededor. Cualquier flor que te atraiga, síguela. Cualquier fragancia que te llame, síguela. Así que puedes ser hindú de nacimiento, pero si sientes que el Corán simplemente hace sonar campanas en tu corazón, entonces el Corán es tu escritura. Olvídate del hinduismo. Entonces Mahoma es tu hombre, ¡olvídate de Krishna!

Puedes haber nacido mahometano, pero si al ver la estatua de Buda algo se instala inmediatamente en ti, se vuelve sereno, tranquilo y frío; sólo lo MISMO de Buda y sientes surgir en ti un gran amor por esta misteriosa persona desconocida - entonces olvida todo sobre el mahometismo y el Corán y Mahoma Entonces crea el clima de Buda a tu alrededor, porque eso será de ayuda, eso te nutrirá, eso te fortalecerá.

LA SEGUNDA PARTE purificación. Esta era la preparación: respeta a TODOS los dioses del mundo, todos los templos, todos los lugares sagrados; respeta todas las escrituras. Este es tu respeto por los demás seres humanos. Y recuerda con gran amor a todos aquellos que te han precedido en el camino y han alcanzado.

Esto preparará un clima en ti. Y esto creará un gran deseo en ti, esto se convertirá en un anhelo. Y serás atrapado por el anhelo, serás poseído por el anhelo. Si Buda ha tocado tu corazón, un gran anhelo está LIGADO a surgir: ¿Cómo convertirse en Buda? Si Cristo ha sido sentido en lo más profundo de tu ser, entonces es inevitable que empieces a trabajar, a buscar: ¿Cómo llegar a ser un Cristo? ¿Cómo alcanzar la conciencia de

Cristo? Una vez que el deseo está ahí, entonces la purificación es posible.

La segunda parte: la purificación.

SER BUEN HIJO, HERMANO JUSTO, ESPOSO TIERNO Y BUEN PADRE.

Te sorprenderá este sutra, pero tiene un valor inmenso:

SER BUEN HIJO, HERMANO JUSTO, ESPOSO TIERNO Y BUEN PADRE.

Pensarás: "¿Qué tiene que ver con la espiritualidad?". Tiene mucho que ver con la espiritualidad. Tienes que crear un entorno pacífico, sólo entonces podrás meditar. Tienes que crear una atmósfera, un campo de energía, sólo entonces puedes ir hacia dentro.

En la escuela de Gurdjieff en Fontainebleau estaba escrito en la puerta: "Si no has arreglado tus cuentas con tu padre, regresa". Primero arregla tus cuentas con tu padre, luego ven. Si no respetas a tu padre, no hay posibilidad de que crezcas. ¿Extraño? ¿Por qué? ¿Qué tiene que ver con la búsqueda?

Y desde otra esquina está el psicoanálisis que dice: "Arregla tus cuentas con tu madre". A menos que eso se arregle, nunca te sentirás tranquilo. Permanecerás tenso. Todo el trabajo psicoanalítico es cómo cerrar cuentas entre tú y tu madre - con gracia, amorosamente.

Pitágoras parece ser el primero en decirlo exactamente, simplemente: SÉ UN BUEN HIJO... ¿Qué significa ser un buen hijo? ¿Significa ser un esclavo, completamente obediente? Si eres un esclavo, no eres un buen hijo. Si eres completamente obediente, eres un hipócrita. Entonces, ¿qué significa ser un buen hijo?

Si preguntas a la gente te dirá: "Un buen hijo significa: haz lo que diga tu padre". No es tan sencillo, porque puedes hacerlo desde fuera y puedes resistirte desde dentro. Eso es lo que tienen que hacer los niños. Están indefensos. Digan lo que digan los padres, TIENEN que hacerlo, de buena gana, sin querer, a regañadientes - tienen que hacerlo. Eso crea una división en ellos. Se convierten en dos. Empiezan a ser falsos, farsantes.

Así que una manera que se piensa ordinariamente: sólo sé obediente al padre y serás un buen hijo. Ese no es el significado de Pitágoras. ¿Entonces quiere decir rebelarse contra el padre? ¿Ir contra él? ¿Hacer lo contrario de lo que él dice? ¿Ser un hippie o yippie o algo así? ¿Si dice ten el pelo corto entonces ten el pelo largo? ¿Si dice: "Báñate todos los días", entonces olvídate de bañarte durante años? Si dice: "La limpieza está al lado de Dios", ¿ser sucio y afirmar que la suciedad está al lado de Dios?

No, ese tampoco es el significado de ser un buen hijo.

De hecho, lo segundo ha sucedido en el mundo porque lo primero ha persistido demasiado tiempo. Demasiada obediencia forzada ha creado una reacción. Entonces, ¿quién es un buen hijo?

Un buen hijo es aquel que está alerta, es comprensivo, respetuoso; que escucha al padre porque el padre sabe mucho - ha vivido, ha experimentado la vida, tiene más experiencia. Escucha al padre. Intenta comprender al padre. Es abierto. No tiene prisa ni por obedecer ni por desobedecer.

Un buen hijo es aquel que está dispuesto a escuchar, a comprender, a aprender. Y si sientes que estás de acuerdo con el padre, hazlo. Si sientes que no estás de acuerdo con el padre, dilo. No es cuestión de reaccionar. Simplemente deja claro que no estás de acuerdo. Lo harás, pero lo harás con un esfuerzo forzado.

Te convertirá en un farsante. Si el padre quiere, lo harás, pero te hará falso, te hará dividido, esquizofrénico. Te dividirá.

Se necesita una buena comunión entre el padre y el hijo, porque el padre representa el pasado y el hijo representa el futuro. Se necesita un puente. Y no puede ser unilateral, así que no se trata sólo de que el hijo sea un buen hijo: lo último es ser también un buen padre. Crea una atmósfera familiar en la que la meditación pueda crecer fácilmente.

Un buen hijo es el que está alerta, listo para obedecer al padre cuando siente que tiene razón, listo para decirle al padre: "No estoy dispuesto a hacerlo, será falso, será farsante". Y listo para acompañar al padre si no puede decidir por sí mismo, porque puede haber cosas que no te parezcan ni bien ni mal. Entonces sigue al padre; él sabe más.

Y el padre simplemente representa el pasado. El padre simplemente representa a TODAS las figuras paternas, a todos los que son mayores que tú. El padre es simplemente un símbolo de todos aquellos que han vivido más que tú, experimentado más que tú - los maestros, los ancianos. Se necesita un gran respeto: respeto por su vida, respeto por su experiencia.

No hay necesidad de convertirse en esclavo, ni de reaccionar contra ellos. Se necesita comprensión, ni obediencia ni reacción. Y si la obediencia SALE de la comprensión, es hermoso. Y si a veces la rebelión SALE de la comprensión, es hermoso. Pero tiene que surgir de la comprensión, NO de la reacción.

Hay personas que no hacen una cosa porque su padre dice que la hagan. ¿Cómo pueden hacerlo? Sólo porque el padre lo dice, ellos NO PUEDEN hacerlo - harán lo contrario. Sus egos están en conflicto. Y hay personas que saben que está mal, pero lo harán porque el padre dice que lo hagan. Ambos están equivocados.

El buen hijo es el que escucha al padre, a TODAS las figuras paternas, intenta comprender con gran respeto, con apertura, sin conclusiones. Y entonces, cualquier decisión que surja en su ser, de seguir o no seguir, la toma. No es ni reacción ni obediencia: es simplemente actuar desde la comprensión.

SÉ UN HERMANO JUSTO... Con todos los de tu edad, sé justo, no seas injusto. No explotes, porque si explotas creas una tensión a tu alrededor. Crea amistad a tu alrededor, porque el crecimiento será más fácil en un ambiente amistoso.

... ESPOSO TIERNO... Con tu esposa, con tu marido, sé tierno, sé suave, porque el amor tiene la otra cara del odio en él, y a menos que entiendas lo que significa ser tierno, suave, amoroso, hay muchas posibilidades de que el amor traiga un gran odio en ti.

La gente ama a la misma persona, y a la misma persona odia. Y ese odio destruye todo amor, envenena todas las posibilidades de amar. Y el amor es un gran fenómeno. La persona que ha perdido el amor nunca sabrá lo que es la oración, nunca será capaz de orar. Sólo la experiencia del amor te prepara para rezar.

SER TERNURA DE ESPOSO... amar a la mujer o al hombre con gran ternura, gracia. Eso ha desaparecido del mundo. Las relaciones de la gente se han vuelto muy poco agraciadas. Han perdido todo el lenguaje de la ternura, su vida amorosa está llena de odio, ira y rabia.

Esa puede ser una de las razones por las que Dios ha muerto en este siglo. El amor ha desaparecido:

la oración no puede surgir. El amor es la flor, la oración es la fragancia. Si la flor no está allí, entonces no puede haber ninguna fragancia.

... Y BUEN PADRE. Y a tu vez, el círculo se completa: sé un buen padre. ¿Qué significa ser un buen padre? No impongas nada a tu hijo. Dale tu amor, dale tu comprensión, pero deja siempre claro que la elección es del niño. Si quiere seguirla, puede seguirla, pero está siguiendo SU elección. Si no quiere seguirla, es libre de no seguirla, pero está siguiendo su elección. Deja todo claro al niño. Tú le QUIERES, así que dale tu experiencia, pero no se la impongas, no le des órdenes. Deja que comprenda. Deja que la comprensión sea la única ley, y que él siga su comprensión.

Ahora puedes entenderlo: el padre tiene que ser sólo un ayudante. El padre no tiene que moldear al niño según el modelo que él quiera; no tiene que utilizar al niño para sus propias ambiciones. Tiene que amar al niño, hacerlo fuerte, hacerlo más despierto, para que pueda buscar su propio camino en la vida. Hacerle cada vez más independiente.

El buen padre no lisia al hijo, no le obliga a depender de él. Y si hay un buen padre, naturalmente el hijo será bueno, porque no se verá obligado a ninguna esclavitud y tampoco tendrá que reaccionar.

Y si has sido un buen hijo, a tu vez un día te convertirás en padre y serás un buen padre.

Este es el ambiente familiar, el espacio en el que vivimos. Este espacio tiene que ser de intimidad, de amor, de gracia. Sólo entonces la meditación será más fácil y el crecimiento espiritual mayor.

ELIGE PARA TU AMIGO, AL AMIGO DE LA VIRTUD; CÚMPLETE A SUS GENTILES CONSEJOS, PROFIÉTETE DE SU VIDA, Y POR UN AGRAVIO TRIUNFO NUNCA LO DEJES....

La AMISTAD también ha desaparecido del mundo. Lo que tú llamas amistad no tiene nada que ver con la antigua idea de amistad. Vuestra amistad es sólo accidental. Trabajáis en la misma oficina y os habéis hecho amigos. O estudiáis en la misma universidad y os habéis hecho amigos. Eso no es amistad de verdad.

Pitágoras dice: ¡ELIGE A TU AMIGO! No puedes elegir a tu

padre, no puedes elegir a tu madre, no puedes elegir a tu familia, pero puedes elegir a tu amigo. Puedes elegir a tu mujer, puedes elegir a tu hombre - eso también es una extensión de la amistad.

ELIGE PARA TU AMIGO, EL AMIGO DE LA VIRTUD...

... el que tiene alguna gracia, el que tiene algún florecimiento, el que tiene alguna cualidad a su alrededor, el que tiene un campo de energía de virtud. Por "virtud" no se entiende el justo, no; no el más santo que tú, no.

Por "virtud" se entiende alguien en cuya compañía de repente empiezas a sentir un tremendo bienestar; en cuya compañía, en cuya vibración, algo empieza a bailar en ti; cuya presencia te ayuda a elevarte.

Elige un amigo, y entonces, en última instancia, podrás elegir un Maestro, porque el Maestro es el amigo definitivo. Si no puedes elegir amigos, tampoco podrás elegir al Maestro.

Elige buenos amigos, y un día podrás elegir al amigo definitivo.

SIGUE SUS SUAVES CONSEJOS, PRUEBA SU VIDA...

Y cuando elijas a un amigo, escucha sus consejos. No los impondrá, serán susurros suaves. No será muy ruidoso. No discutirá, no ordenará, sólo sugerirá, sólo insinuará, sólo indicará. Y ése es el caso del amigo por excelencia, el Maestro.

Buda dice: Los Budas sólo señalan el camino. No lo hacen muy alto porque no quieren ser violentos. No quieren arrastrarte según ellos; no tienen ningún deseo de dominarte. Simplemente expresan lo que han sabido y comprendido; ahora depende de ti seguirlo o no.

Y aprender de su vida, ser beneficiado por su vida - no sólo sus palabras, pero ver la forma en que el amigo vive.

Vean su vida real y obsérvenla. Esta es la única manera de aprender en la vida. Las personas SON escrituras, tienes que aprender a leer su lenguaje. Las personas son grandes secretos, cada persona es portadora de un gran secreto; si sabes escucharlo serás tremendamente beneficiado.

Y POR UN AGRAVIO INSIGNIFICANTE NUNCA LO ABANDONES, SI AL MENOS PUEDES: PUES LA LEY MÁS RÍGIDA ATA EL PODER A LA NECESIDAD.

PITÁGORAS dice que hay dos leyes: una es de necesidad, la otra es de poder. La ley de la necesidad se aplica a las personas que son inconscientes. Las personas que viven mecánicamente, viven por necesidad. Hay otra ley superior a la necesidad: la ley del poder. Cuanto más consciente te vuelves, más sales de la necesidad, trasciendes la necesidad, empiezas a vivir del poder, del poder abundante. Entonces tu vida no es de necesidad.

Por ejemplo: una persona habla por necesidad porque no puede resistir la tentación de hablar.

Los Budas también hablan, pero sin necesidad: es por poder, por abundante poder Ellos callan; no hay tentación, no hay obsesión por hablar. Pueden permanecer en silencio para siempre. Pero aun así hablan.

Si hablan, lo hacen desde el poder.

Amas por necesidad. Los budas también aman - aman por... hay tanta energía que tiene que ser compartida. Hay tanto poder que tiene que ser dado. Tú vives por necesidad, ellos viven por poder.

Los budas son el mayor lujo que existe.

Estas dos leyes están enraizadas en una ley primordial. Son parte de una ley, dos aspectos de una ley.

En China esa ley se llama TAO, en la India esa ley se llama DHAMMA, en Grecia esa ley se llama LOGOS, los judíos la han llamado TORAH. Es la MISMA ley.

Toda la existencia se basa en una ley, pero esa ley tiene dos aspectos. Un aspecto para aquellos que son inconscientes - viven como esclavos, robots. Y otro aspecto de libertad, de poder, de inmensa alegría - ese aspecto ocurre sólo cuando estás despierto, iluminado. Y tener estas dos leyes armoniosamente ajustadas en tu vida es el mensaje básico de Pitágoras.

Cuando estas dos leyes están en armonía, tú estás en armonía. Cuando estas dos leyes están en armonía, entonces tu cuerpo sigue la ley de la necesidad y tu alma sigue la ley del poder. Entonces tu mente sigue la ley de la necesidad y tu corazón sigue la ley del poder. Entonces eres un encuentro del cielo y la tierra, el cuerpo y el alma, lo visible y lo invisible. Y eso es la budeidad, eso es la iluminación.

El amor llega sin rostro

La primera pregunta, Dharma Chetana,

Pregunta 1:

MAESTRO,

LA MEMORIA NO PUEDE RECORDAR TU ROSTRO, ASÍ QUE EL AMOR LLEGA, SIN ROSTRO.

DESCONOCIDA ES LA PARTE DE MÍ

QUE TE AMA.

NO TIENE NOMBRE,

Y VA Y VIENE

Y CUANDO SE HAYA

ME LIMPIO LA CARA MANCHADA DE LÁGRIMAS

PARA QUE SIGA SIENDO UN SECRETO.

Dharma Chetana, EL AMOR ES UN MISTERIO - el mayor misterio que existe. Se puede vivir, pero no se puede conocer; se puede saborear, experimentar, pero no se puede comprender. Es algo más allá de la comprensión, algo que sobrepasa toda comprensión.

De ahí que la mente no pueda tomar nota de ello. Nunca se convierte en un recuerdo - el recuerdo no es más que notas tomadas por la mente; el recuerdo son rastros, huellas dejadas en la mente. El amor no tiene cuerpo, no tiene cuerpo. No deja huellas.

En la mitología india, el dios del amor es conocido como Anang - ANANG significa sin cuerpo. Todos los demás dioses tienen cuerpo excepto el dios del amor, que no tiene cuerpo. Viene... se va... no puedes verle, no puedes oír el sonido de su aproximación. No hay nada visible en él, pero aún así se siente, aún así se vive.

El amor no tiene rostro. No tiene forma. Nunca podrás ver el amor; no es tangible. Y cuanto más alto está, más invisible se vuelve; en la cima más alta es pura nada. Y recuerda que el amor es una escalera que va de lo más bajo a lo más alto, de la tierra al cielo.

El amor terrenal tiene un cierto rostro; no es el rostro del amor, pero la forma terrenal le da un rostro, puedes reconocerlo. La forma más baja tiene una cierta tangibilidad impartida por lo terrenal. Pero a medida que te elevas más y más en el amor -y lo último es la oración- entonces toda tangibilidad desaparece. Y cuando por primera vez sientas el amor COMO oración, el amor como cielo puro, no contaminado por ninguna forma, entonces ciertamente surgirá la otra experiencia: que es sentido por algo en ti que no te es conocido.

Lo siente tu superconsciente.

El sexo es inconsciente, terrenal, la forma más baja del amor. El amor es consciente, más elevado que el sexo, justo a medio camino, una estación de parada entre la tierra y el cielo. Es más poético, pero aún así la poesía es definible, está contenida en las palabras. La forma más elevada de amor es la oración; ya no es expresable, ya no está contenida en ninguna definición. No hay palabras suficientes para expresarlo, es inexpresable. Y cuando se siente lo más elevado, sólo se puede expresar a través de las lágrimas - o la risa, o la danza - muy indirectamente. Y cuando se siente lo más elevado, provoca lo más elevado en ti: lo siente el superconsciente.

Estos son los tres estadios de la mente: inconsciente, consciente y superconsciente. Inconsciente es material, superconsciente es inmaterial, y consciente está justo a medio camino. Si caes hacia atrás, es sexo lo que se hace en nombre del amor; es noventa y nueve por ciento no amor - sólo uno por ciento amor. Lo que llamamos amor es cincuenta por ciento amor y cincuenta por ciento otra cosa. Y lo que llamamos oración es noventa y nueve por ciento amor, sólo uno por ciento otra cosa.

Y en la última etapa, el amor incluso trasciende la oración - entonces es puro silencio. Entonces ya no hay lágrimas, ni danza, ni canto... todo ha desaparecido. Uno simplemente es.

A medida que crezca tu amor llegarás a comprender muchas cosas de tu ser que han permanecido desconocidas para ti. El amor provocará en ti reinos superiores, y te sentirás muy extraño.

Así que, Chetana, tienes razón. Usted dice:

LA MEMORIA NO PUEDE RECORDAR TU CARA, ASÍ QUE EL AMOR VIENE, SIN ROSTRO.

DESCONOCIDA ES LA PARTE DE MÍ QUE TE AMA.

NO TIENE NOMBRE, VA Y VIENE Y CUANDO SE VA, ME LIMPIO LA CARA MANCHADA DE LÁGRIMAS PARA QUE SIGA SIENDO UN SECRETO.

Tu amor está entrando en el mundo de la oración. Es tremendamente significativo, porque más allá de la oración sólo está Dios. La oración es el último peldaño de la escalera del amor. Una vez que has dado un paso más allá, es el nirvana, es la liberación.

La segunda pregunta

Pregunta 2:

¿POR QUÉ TENGO TANTO MIEDO DE MORIR EN TI?

Bhagavato,

NO TIENES MIEDO, porque la muerte ya ha sucedido. Ya no es una cuestión de futuro, ya ha pasado.

El día que te convertiste en sannyasin, moriste - moriste a tu antigua identidad. El día que te convertiste en sannyasin, renaciste. Ha nacido algo nuevo. Ahora ya no tienes miedo: no puedes morir porque ya has muerto, ya ha sucedido.

Sannyas es una muerte y una resurrección. La muerte de todo lo que has sido y la resurrección de todo lo que ERES pero nunca has sido. Muerte al pasado y apertura al presente. Muerte a todo lo que has llamado identidad: nombre, forma... y entrada en un mundo sin nombre, sin forma.

Ya ha ocurrido.

Sannyas SIGNIFICA muerte, pero la resurrección sólo es posible cuando se ha producido la muerte. Si te aferras a ti mismo, la resurrección es imposible. Sannyas es una cruz. Y para aquellos que son ajenos sólo se verá como una cruz, sólo como una muerte. Ellos no pueden ver la resurrección, porque la resurrección ocurrirá en lo más recóndito de tu ser. No será visible para los espectadores externos. para los curiosos. Sólo será visible para los que participen en ella.

Hay cosas que pueden ver los observadores; todas esas cosas son superficiales, periféricas. Y hay cosas que sólo pueden ver los participantes: son cosas reales, porque pertenecen al núcleo mismo de tu ser.

Es sólo una vieja idea que te ronda, ¡olvídala! Ya no puedes morir, porque YA ha ocurrido. Y si olvidas esa vieja idea, desaparecerá. Si no te aferras a esa idea, si no sigues dándole energía, desaparecerá.

A veces se tarda mucho tiempo en comprender lo que te ha ocurrido. Cuando tomas sannyas, o cuando profundizas en la meditación, cuando entras en cualquier escuela de misterio, la muerte sucede.

La muerte es el primer rito, el primer proceso: la preparación. Pero es posible que tu mente consciente aún no se haya enterado.

primero sucede en el núcleo profundo de tu ser. Y te has alejado tanto de tu núcleo, tan lejos, que ni siquiera puedes recordar que existe un núcleo. Te has vuelto tan parte de la circunferencia que el centro está completamente olvidado, se ha vuelto desconocido para ti. Si de repente te encuentras con el centro, no serás capaz de reconocerlo como tu propio centro.

Eso es lo que decía Chetana en la primera pregunta; no lo sabe: ¿QUÉ ES ESTA PARTE QUE TE AMA...? Es TAN nuevo para ella. Es su PROPIO núcleo, pero tú no te has familiarizado contigo misma.

Hay una parábola de Friedrich Nietzsche:

Un loco entró en el mercado. Era pleno día, las tiendas abrían, la gente entraba y salía, el mercado se animaba cada vez más, bullía de gente: tenderos, compradores y todo tipo de gente. Y este loco vino de las montañas, con una lámpara encendida a plena luz del día. Y empezó a mirar aquí y allá, y la gente empezó a reírse y dijeron: "¿Qué estás buscando? Y a plena luz del día, ¿qué sentido tiene llevar una lámpara encendida?".

El hombre dijo: "Busco a Dios, ¿dónde está Dios?".

Empezaron a reírse, a bromear, y dijeron: "¿Es Dios un niño que se ha perdido? ¿Es Dios alguien que se esconde?" Y tantas preguntas... sólo en broma. Se reunió una gran multitud.

Y de repente el hombre dijo: "¿Sabes que NOSOTROS hemos matado a Dios? - Tú y yo. Pero parece que la noticia aún no te ha llegado. Se necesita tiempo. Tú y yo hemos matado a Dios. Pero lo hemos matado de una manera tan inconsciente que la noticia tardará en llegaros.

Entiendo por qué te ríes: porque no eres consciente de lo que has hecho".

Del inconsciente al consciente hay una gran distancia. Cuando te conviertes en sannyasin, si viene de tu inconsciente profundo, solo entonces tu sannyas tiene alguna autenticidad - pero entonces no seras consciente de lo que esta pasando. Veré que algo sucede, veré un gran cambio de gestalt en tu ser. Veré lo viejo desaparecer y lo nuevo aparecer... pero no serás consciente de ello.

Eres afortunado si puedes oír siquiera algunos susurros del inconsciente. Llevará tiempo, años. Pero ya ha ocurrido, Bhagavato.

Un criminal fue condenado a muerte cortándole la cabeza. Le buscaron el mejor verdugo. El día señalado, cuando todo estaba listo y el pobre delincuente estaba de pie ante una multitud de personas, llegó el verdugo y empezó a alabarse a sí mismo: cuántas cabezas había cortado ya, todos los personajes famosos a los que había matado y su tremenda habilidad para hacer el trabajo realmente rápido. Como una especie de demostración, blandió su espada por encima de su cabeza a tal velocidad que ni siquiera se podía ver la espada.

Esto era demasiado para el delincuente, y gritó: "¡Esto es demasiado! No aguanto más esta tensión. ¿Por qué no haces tu trabajo de inmediato?", ante lo cual el verdugo se apoyó en su espada y dijo: "Sólo nod....".

Y eso es lo que te digo, Bhagavato: Sólo asiente... y la cabeza caerá. Ya te han matado. Pero es una espada muy rápida: no puedes ver la espada, no puedes ver que te cortan la cabeza.

Así que ahora no hay por qué preocuparse; simplemente, si tienes mucho miedo, no asientas.

La tercera pregunta

Pregunta 3:

¿CUÁL ES LA DIFERENCIA ENTRE OBEDECER Y RENDIRSE?

Anand Bashir,

HAY UNA GRAN DIFERENCIA. Al obedecer, permaneces separado; al rendirte, ya no estás separado. Al obedecer, estás diciendo sí, y existe la posibilidad de que aún haya un no en tu interior. Estás yendo contra el no interior: estás diciendo sí. Al obedecer existe la posibilidad de una ruptura.

De hecho, el sí no puede existir sin que haya un no detrás: el sí y el no son aspectos de una misma moneda, dos caras. Cuando dices sí, en algún lugar ya has dicho no. Cuando dices no, en algún lugar ya has dicho sí: van en pareja.

Puedes observarlo en tu propia vida: siempre que dices sí, en algún lugar de tu inconsciente acecha un no. De hecho, cuanto más alto dices el sí, más fuerte es el no; por eso se necesita un sí más alto: para reprimir el no. Y este tipo de obediencia, en primer lugar te hace doble, destruye tu unidad; te divides en sí y no. En segundo lugar, el no que ha sido reprimido a través del sí se vengará tarde o temprano. Cuando llegue el momento oportuno, el no se impondrá, y se impondrá con venganza; cargará con la herida, la humillación, el insulto. Se convertirá en tu parte oscura.

Los psicólogos dicen que sólo una parte de la mente es consciente, nueve partes son inconscientes. ¿Cómo se crean estas nueve partes? ¿Y qué contienen estas nueve partes del inconsciente? Estos son los noes que has estado diciendo. El sí se ha convertido en tu consciente, pero es sólo una décima parte.

Y los noes se acumulan en el sótano de tu ser, y cobran impulso cada día y se hacen más y más grandes. Cada día que reprimes algo, un día se vengarán. O te volverás loco... si eres un hombre sincero entonces te volverás loco. Recuerda, la locura sólo le ocurre a la gente sincera; los hipócritas nunca se vuelven locos.

O, si eres una persona sincera, honesta, te volverás loco; o, si eres insincero, deshonesto, te convertirás en un hipócrita - dirás sí y seguirás no.

Hay una parábola de Jesús:

Un padre dice a dos de sus hijos que vayan al campo, que hay que hacer algún trabajo. El mayor dice: "Sí, padre. Iré", pero nunca va. El menor dice: "No, no iré", pero luego se siente culpable y va.

Ahora, Jesús pregunta: "¿Quién es realmente obediente?". El que dijo sí y nunca fue, o el que dijo no y aun así fue - ¿quién es obediente?".

Si sólo juzgas las palabras, entonces el primero es obediente - ¿pero qué clase de obediencia es ésta? Si juzgas los hechos, entonces el segundo es obediente - aunque haya dicho que no. Pero tanto si dices que sí como si dices que no, creas una división. Si dices que no, empiezas a sentirte culpable, y el sí está ahí reprimido y quiere afirmarse. En eso consiste la culpa. Si dices que sí, el no está ahí, y el no se afirma... y empiezas a decir una cosa y a hacer otra. Así nace la hipocresía. Y ambas son patológicas.

Rendirse no significa ni sí ni no. NO estás ahí para decir sí o no. La entrega es un acto total:

El sí y el no son actos parciales. Rendirse significa que te disuelves, que dices: "Ya no soy". Y no sólo lo dices - en el amor profundo así es como te sientes: no eres más.

Dos amantes se convierten en uno: dos cuerpos y un alma. El discípulo y el Maestro se convierten en uno: dos cuerpos y un alma. Esto es entrega. No es que el discípulo diga sí al Maestro; el discípulo NO está ahí para decir sí o no. El discípulo simplemente no existe; ha abandonado la idea misma del ego, la separación, así que no hay cuestión de obediencia o desobediencia.

Un discípulo no es obediente, recuerda, porque no puede ser desobediente - el discípulo simplemente no lo es.

Puedes llamarla obediencia real; si amas la palabra 'obediencia', puedes llamarla obediencia REAL. Pero, recuerda, no es ni obediencia ni desobediencia. No hay nadie que diga sí o no. El discípulo es sólo un vacío.

Estoy a favor de la entrega, porque la entrega es la verdadera obediencia, la obediencia no dual. Permaneces no dividido, permaneces entero. Y todo lo que te divide no es bueno, y todo lo que te divide es peligroso a largo plazo.

El hombre ha sufrido mucho a causa de esta obediencia cultivada, la idea de la obediencia. A lo largo de los siglos se te ha enseñado a obedecer. La obediencia ha sido alabada como uno de los mayores valores. De hecho, el cristianismo piensa que es el valor supremo.

Por eso Adán y Eva comiendo el fruto del árbol del conocimiento cometen el pecado original. ¿Por qué es el pecado original? No han hecho nada malo; sólo han hecho una cosa: han desobedecido. Dios ha dicho que no coman y ellos han comido - una simple desobediencia. Pero se convierte en el pecado original y son expulsados del paraíso.

Este tipo de filosofía es muy peligrosa. Ha creado TODO tipo de situaciones desagradables a lo largo de los siglos. Las guerras desaparecerán del mundo si se enseña a la gente más conciencia y menos obediencia.

Pero en el ejército no te enseñan a ser consciente; al contrario, destruyen metódicamente toda tu conciencia, para que te conviertas en un robot, para que simplemente obedezcas. Así que cualquiera que sea la orden, correcta o incorrecta, la sigues como una máquina.

Quedó muy claro después de la Segunda Guerra Mundial. Thomas Merton escribe:

"Uno de los hechos más inquietantes que salieron a la luz en el juicio de Eichmann fue que un psiquiatra lo examinó y lo declaró perfectamente cuerdo. No lo dudo en absoluto, y precisamente por eso me parece tan inquietante..... Si todos los nazis hubieran sido psicóticos, como probablemente lo fueron algunos de sus líderes, su atroz crueldad habría sido en cierto sentido más fácil de entender. Es mucho peor considerar a este funcionario tranquilo, "equilibrado", imperturbable, que realizaba concienzudamente su trabajo de oficina, su trabajo administrativo, que resultó ser la supervisión de asesinatos en masa. Era reflexivo, ordenado, obediente, poco imaginativo. Tenía un profundo respeto por el sistema, la ley y el orden. Era obediente, leal, un funcionario fiel de un gran Estado. Sirvió a su gobierno muy bien.... No le molestaba la culpa. No he oído que desarrollara ninguna enfermedad psicosomática. Al parecer, dormía bien. Tenía buen apetito, o eso parece....

"Empiezo a darme cuenta de que la 'cordura' ya no es un valor ni un fin en sí misma. La 'cordura' del hombre moderno le es tan útil como la enorme masa y los músculos del dinosaurio. Si estuviera un poco menos cuerdo, un poco más dubitativo, un poco más consciente de sus absurdos y contradicciones, tal vez habría alguna posibilidad de que sobreviviera. Pero está cuerdo, demasiado cuerdo... quizás debamos decir que en una sociedad como la nuestra la peor locura es totalmente sin ansiedad, totalmente 'cuerdo'...."

Merton tiene razón. A lo largo de los siglos se nos ha enseñado la virtud de ser obedientes. Eso significa: perder toda conciencia;

simplemente seguir lo que se nos diga, lo que se nos ordene - no dudar, no pensar, no contemplar. Esto ha transformado a toda la humanidad en máquinas. Los hombres han desaparecido; sólo hay máquinas eficientes. Y esto ha creado una humanidad muy estúpida.

No estoy a favor de la obediencia como tal -es un valor militar-, pero sin duda estoy a favor de la rendición. La rendición es una cuestión de amor. La obediencia es un fenómeno social: el amor es individual. Amas a una mujer, amas a un hombre... ríndete. Y cuando te rindas, recuerda que la rendición nunca es hacia la Mujer, la rendición nunca es hacia el hombre: la rendición es hacia el Dios sin cuerpo del amor -ambos os estáis rindiendo al amor. Así que no es una cuestión de dominación; en el amor real no hay dominación en absoluto.

El hombre se ha entregado al amor, la mujer se ha entregado al amor - ahora el amor impregna su ser.

El Maestro ya está entregado a Dios, el discípulo también se ha entregado a Dios - no el amor, o Dios, impregna su ser.

No es una obediencia ordinaria; no tiene nada que ver con la obediencia que nos han dicho, enseñado, condicionado. Es un fenómeno totalmente diferente, muy misterioso. Cuando dos personas se entregan al amor, y el amor toma posesión de ellas, nadie es dominante y nadie es dominado, nadie es superior al otro. De hecho, ambos no lo son. Y entonces empieza a suceder algo tremendamente importante: Dios comienza a suceder. Entonces ambos hablan el mismo idioma, porque ambos están sintonizados en la misma longitud de onda.

Desde fuera puede parecer obediencia, pero no lo es. Recuerda cuando estés contemplando a Pitágoras, eso es lo que quiere decir: Sé un buen hijo. No quiere decir que seas un hijo obediente; simplemente quiere decir que seas un hijo entregado. Sé un buen esposo: no quiere decir que seas una buena esposa o un buen esposo; simplemente quiere decir que te entregues al amor. Sé un buen padre, un buen hermano: no quiere decir que te dejes dominar; quiere decir simplemente que te entregues al amor.

Deja que el amor se convierta en toda tu vida. Cuando seas hijo, deja que el amor sea hacia el padre; deja que el padre sea el vehículo del amor. Cuando seas padre a tu vez, deja que el hijo se convierta en el vehículo del amor.

Son sólo excusas para rendirnos: hijo, padre, marido, mujer, amigo, Maestro... son sólo excusas. No podemos rendirnos al Dios sin rostro -todavía no somos capaces de ello-, así que tenemos que encontrar alguna excusa, alguna puerta. El Maestro es visible, el discípulo puede rendirse al Maestro. Pero la entrega es realmente hacia Dios. Cuando el discípulo ve a Dios en su Maestro, sólo entonces se produce la entrega. El hombre puede entregarse a su amada, pero la entrega sólo es posible cuando ha visto en la amada algo de lo desconocido, de lo misterioso - Dios ha venido en la forma de la amada o del amante.

La entrega es un valor espiritual: la obediencia, un valor político. Y cuidado con todo tipo de política.

La cuarta pregunta

Pregunta 4:

¿CUÁL ES EL SENTIMIENTO DE INTEGRACIÓN Y PODER QUE EMPEZÓ A SURGIR EN MI INTERIOR CUANDO LE OÍ HABLAR DEL ETERNO PEREGRINAJE DE PITÁGORAS BUSCANDO LOS SECRETOS OCULTOS DE LA VIDA Y EXPERIMENTANDO CON MUCHOS MÉTODOS A TRAVÉS DE DIFERENTES ESCUELAS ESOTÉRICAS?

Sudhir,

EN TODOS EXISTE ESE BUSCADOR ETERNO: Pitágoras existe en todos. Puede que no hayamos reparado en él, pero existe una búsqueda innata de la verdad: el hombre es un buscador. Y a menos que lo reconozcas conscientemente, no serás un hombre en el verdadero sentido de la palabra.

Ésa es la única diferencia entre el hombre y los demás animales: sólo el hombre busca la verdad, sólo el hombre quiere penetrar en los misterios de la vida y de la existencia. Sólo el hombre se pregunta de qué se trata. Sólo el hombre medita, contempla.

Quizá no sepas que la palabra inglesa "man" procede de una raíz sánscrita que significa contemplación: MANAN. El hombre es capaz de contemplar, de meditar. Así que, Sudhir, cuando me oíste hablar de Pitágoras, algo se agitó en tu corazón: Pitágoras, que está dormido en ti, se movió un poco, se puso un poco alerta, despierto. Tu sueño se hizo un poco menos denso; tus sueños se detuvieron por un momento. Algo se activó en ti.

Pitágoras es casi un arquetipo: el buscador de la verdad por excelencia, una persona que dedicó toda su vida a encontrar la PHILOSOPHIA PERENNIS, la filosofía perenne de la vida. La posibilidad existe en todos; hay que actualizarla. Pero estamos tan perdidos en juegos inútiles, innecesarios, estamos tan perdidos en acumular juguetes que son completamente infantiles - desperdiciando vida, desperdiciando energía, desperdiciando tiempo. Y la vida es corta, y la vida es muy fugaz. Y el tiempo se te escapa continuamente de las manos.

Haz que sea un punto, un deseo ardiente en ti, que antes de que llegue la muerte hayas llegado a casa - antes de que la muerte tome posesión de ti, ¡la verdad TIENE que suceder! Haz que sea un anhelo tan intenso que cada fibra de tu ser empiece a latir con él, que incluso mientras duermes, el anhelo siga moviéndose como una corriente subterránea. Lo que sea que estés haciendo, todo lo que hagas tiene que volverse periférico, y una búsqueda constante de la verdad y una sed constante de la verdad tiene que volverse tu centro mismo. Que ese sea tu apasionado amor.

Usted dice: ¿QUÉ ES ESTE SENTIMIENTO DE INTEGRACIÓN Y PODER QUE EMPEZÓ A SURGIR EN MI INTERIOR CUANDO TE OÍ HABLAR DE LA PEREGRINACIÓN ETERNA DE PITÁGORAS...?

Sí, si surge en ti el deseo de conocer la verdad, la integración viene por sí sola, porque el deseo de conocer la verdad es tremendamente poderoso. No es un deseo ordinario: no es el deseo de una casa mejor o un coche mejor o más dinero; no es el deseo de fama, éxito, poder, prestigio....

Son deseos muy ordinarios; no pueden integrarte. De hecho, te desintegran, porque son muchos. Un deseo te tira hacia el norte, otro deseo te tira hacia el sur.

Y son muchos, es una multitud, y cada deseo quiere atraerte, quiere tu atención. Claman a tu alrededor.

El deseo de dinero dice: "Deja todo lo demás. Ten todo el dinero que puedas". Y el deseo de éxito dice: "Aunque haya que perder dinero, no te preocupes: ¡tienes que convertirte en un hombre de éxito, tienes que ser famoso, tienes que dejar huella en la historia! Arriesga todo: dinero y todo".

Y el deseo sexual dice: "Dinero, poder y prestigio, ¿qué te van a dar? Disfruta de la vida mientras esté ahí - exprime cada momento de ella en placer sensual".

Estos tantos deseos siguen tirando de ti en tantas direcciones; por eso sientes siempre que te desmoronas. El deseo de la verdad es un deseo singular. Y es tan grande y tan enorme que todos los demás deseos simplemente desaparecen en él. Son pequeñas corrientes. Cuando llega el deseo de la verdad, el gran río, absorbe todas las pequeñas corrientes. Todos desaparecen en un deseo. Se convierte en tal pasión, una pasión tan ardiente, que te inflamas con ella. Esa misma unidad del deseo integra.

Fue una experiencia preciosa, Sudhir. No la olvides, recuérdala. Tiene que ser fortalecida, intensificada. Tiene que hacerse total, ¡porque estar en un anhelo total de Dios es todo lo que se necesita para alcanzar a Dios! Cuando el deseo es cien por cien, cuando no te guardas nada, cuando has abierto todas tus cartas, INMEDIATAMENTE, en esa totalidad... Dios sucede. No necesitas ir a ninguna parte; simplemente tienes que encenderte y Dios empieza a derramar toda su gracia.

La integración te lleva a la verdad, y el deseo de la verdad trae la integración.

Quinta pregunta

Pregunta 5:

MAESTRO, CREO QUE ESTOY CASI ILUMINADO.

ESTOY REALMENTE SORPRENDIDO de que en una sola frase casi todas las palabras estén mal. ¿Cómo lo has conseguido? Empieza con el "yo". El "yo" nunca se ilumina; el "yo" es la barrera. Soy yo quien lo impide.

Cuando te iluminas no lo estás; no hay nadie a quien reclamar. Los Upanishads dicen - y Zaratustra y Lao Tzu y Jesús todos dicen lo mismo una y otra vez de diferentes maneras.... Los Upanishads son muy claros; dicen: Si alguien dice: "Estoy iluminado", que sepa bien que no lo está.

La iluminación es algo que no se puede reclamar, porque quien la reclama tiene que desaparecer antes de que se produzca la iluminación. Sólo se está iluminado cuando no se está iluminado.

Y empiezas la frase: I... PIENSO.... Y la segunda palabra es "pienso". ¿Qué tiene que ver el pensamiento con la iluminación? Pensar está siempre muy lejos de la iluminación. Es el proceso constante del pensamiento en ti lo que te mantiene ahogado en tu propio fango; es el proceso constante del pensamiento en ti lo que te mantiene con los ojos vendados, lo que te mantiene ciego, lo que no permite que tus ojos reflejen lo que es, porque esos pensamientos siguen distorsionándolo todo. El pensamiento es un mecanismo de distorsión. Pero nos hemos acostumbrado....

La gente viene a mí y me dice: "Creo, MAESTRO, que me he enamorado", como si el amor formara parte del pensamiento.

Ni siquiera pueden decir: "Siento que estoy enamorado". Dicen: "Creo que estoy enamorado". Incluso el amor tiene que ser un pensamiento en ellos. ¿Y cómo puede ser el amor un pensamiento? El amor sólo puede ser un sentimiento.

Son tres capas: la primera es el pensamiento, la segunda es el sentimiento y la tercera es el ser: pensar, sentir, ser.

Puedes pensar en el mundo, puedes pensar en los objetos del mundo; no puedes pensar en el amor: el amor es superior al pensamiento, está más allá del alcance del pensamiento. Puedes sentir el amor: no puedes pensarlo.

Y ni siquiera puedes sentir la iluminación: está más allá del sentimiento. Así como el amor está más allá del pensamiento, la iluminación está más allá del sentimiento. Sólo puedes ESTAR iluminado: no puedes pensar, no puedes sentir.

Está ahí. Y cuando está ahí, está ahí.

Y tú dices: CREO QUE ESTOY CASI ILUMINADO.

¿Qué quiere decir con "casi"? Nunca se ha oído antes. O se está iluminado o no se está iluminado.

¿Casi? Es como decir que esto es casi un círculo, ¿casi un círculo? Un círculo tiene que ser un círculo perfecto, de lo contrario no es un círculo. Puede tener otra forma, no se puede decir "casi un círculo".

No puedes decir: "Estoy casi enamorado". Esa misma palabra "casi" dice que no lo estás.

Había un joven de la costa, que empezó a hacer el amor con un fantasma.

En el punto álgido del orgasmo, la she-ectoplasm dijo: "Creo que puedo sentirlo, casi".

Debes estar soñando, haciendo el amor con un fantasma. De ahí la palabra "casi". Déjate de tonterías.

Y si puedes dejarlo, no necesitas iluminarte, ya lo estás. Nadie necesita iluminarse. La iluminación no es algo que vaya a sucederte, ¡ya es así!

Ha sucedido. Es tu propia naturaleza.

Tira toda la basura que hayas acumulado a su alrededor.

Sexta pregunta

Pregunta 6:

SE QUE LA EXISTENCIA ES PERFECTA EN SU TOTALIDAD, PERO SOMOS ENCARNACIONES INDIVIDUALES Y SI LA TOTALIDAD ES INTELIGENTE, SUS PARTES NO LO SON. HAS DICHO QUE DIOS TE NECESITA TAL Y COMO ERES DE LO CONTRARIO NO TE HUBIERA CREADO. PERO SI TENGO UNA DURA Y HORRIBLE ENFERMEDAD DESDE MI TEMPRANA EDAD Y ESTE ERROR DE LA NATURALEZA ME HACE SUFRIR CONSTANTEMENTE, ENTONCES ¿DE QUIEN ES EL SUFRIMIENTO? NO DIGAS DE DIOS.

ES UNA TORTURA PARA ESTA MISMA PERSONA. ¿CÓMO DISFRUTAR ENTONCES DE LA VIDA? MI PROFESOR DE FISIOPATOLOGIA DIJO: 'LA NATURALEZA ES ESTUPIDA, DE LO CONTRARIO NO SE OPONDRIA A SI MISMA PONIENDO UNA PARTE CONTRA LA OTRA. LA NATURALEZA NOS HACE SUFRIR. ¿POR QUÉ DIOS NECESITA EL SUFRIMIENTO? ¿POR QUÉ, MAESTRO?

LUNACEK,

LA PREGUNTA ES SIGNIFICATIVA Pero sólo puede responderse si se está dispuesto a elevarse un poco más allá de la lógica ordinaria de la vida, si se está dispuesto a levantar la vista hacia unas matemáticas superiores.

Las matemáticas inferiores tienen un tipo de reglas; las matemáticas superiores son todo lo contrario.

Pitágoras dice que hay dos leyes: la de la necesidad y la de la potencia. La matemática inferior consiste en la necesidad; la matemática superior consiste en el poder. Y su funcionamiento es diferente, completamente diferente, aunque forman parte de un todo mayor, la ley primordial, LOGOS, TAO, DHAMMA.

lo primero: en las matemáticas inferiores la parte nunca es igual al todo, obviamente - ¿cómo puede ser la parte igual al todo? Pero en las matemáticas superiores la parte es igual al todo. Por ejemplo:

en las matemáticas inferiores, una gota de rocío no puede ser el océano; es tan pequeña y el océano es tan vasto.

Pero la diferencia es sólo de cantidad. Las matemáticas inferiores sólo tienen en cuenta la cantidad; las matemáticas superiores piensan en la calidad, no en la cantidad. Y entonces la gota de rocío es exactamente el océano. Contiene todos los océanos. Si puedes comprender una sola gota de rocío, habrás comprendido todos los océanos de todos los planetas y todas las estrellas y todas las tierras. Una sola gota de rocío puede revelarte la fórmula H_2O, que es la fórmula de todos los océanos. El secreto está contenido tanto en una pequeña gota de rocío como en un gran océano. La cantidad es diferente, pero la calidad no lo es. Cualitativamente, la pequeña gota de rocío es tan grande como el océano, porque contiene tanta verdad como el océano.

Tennyson ha dicho que si podemos comprender una pequeña flor, con raíz y todo, habremos comprendido todo el universo. Y tiene razón: se refiere a las matemáticas superiores.

El otro día mencioné tres grandes libros: primero, el ORGANUM de Aristóteles; segundo, el NOVUM ORGANUM de Bacon; y tercero, el TERTIUM ORGANUM de P. D. Ouspensky. El TERTIUM ORGANUM de Ouspensky ES UN libro de matemáticas superiores; él era matemático, uno de los más grandes matemáticos que ha habido. Y en el comienzo mismo del libro, Ouspensky dice: "Mi libro, TERTIUM ORGANUM, ES el tercero, pero el tercero existía antes que el primero". Ahora bien, hay una diferencia de dos mil años entre Ouspensky y

Aristóteles, pero Ouspensky dice que el tercero existía antes que el primero. Este es el comienzo de las matemáticas superiores; a partir de la primera afirmación comienzan las matemáticas superiores.

Alguien le preguntó a Jesús: "¿Qué dices de Abraham?" Y él respondió: "Antes que Abraham existiera, yo soy".

Ahora bien, esto es algo extraño, a primera vista absurdo. ¿Cómo puede ser Jesús anterior a Abraham? Pero la cualidad esencial de la conciencia crística es eterna. Jesús como cuerpo no puede ser anterior a Abraham, pero Jesús como conciencia esencial es CERTAMENTE anterior a Abraham. Las matemáticas superiores ponen las cosas patas arriba, porque las cosas ya están patas arriba.

Tú me preguntas: YO SÉ QUE LA EXISTENCIA ES PERFECTA EN SU TOTALIDAD...

No sabes lo que dices. Si la existencia es perfecta en su totalidad, entonces cada parte tiene que ser perfecta; de lo contrario, ¿cómo puede ser perfecto el total? Si todas las partes que constituyen el total son imperfectas, ¿cómo puede ser perfecta la suma de todas esas partes? - es imposible. Si cada gota que constituye el océano es imperfecta, ¿cómo puede ser perfecto todo el océano? Es sencillo: si el océano es perfecto, el corolario lógico será que cada gota es perfecta.

Los Upanishads dicen - de nuevo hablan de matemáticas superiores - dicen: Dios es perfecto. Incluso si le quitas a Dios todo, la perfección permanecerá. Quita todo del todo, pero el todo permanecerá. No puedes hacer la perfección más o menos. Si le quitas algo, seguirá siendo lo mismo; si le añades algo, seguirá siendo lo mismo.

Usted dice: SÉ QUE LA EXISTENCIA ES PERFECTA EN SU TOTALIDAD, PERO SOMOS ENCARNACIONES INDIVIDUALES Y SI LA TOTALIDAD ES INTELIGENTE, SUS PARTES NO LO SON.

Si las partes no son inteligentes, ¿cómo puede ser inteligente la totalidad? Así que sólo hay dos posibilidades para ti. Una es: si tú eres estúpido entonces Dios es estúpido - porque todas las partes estúpidas, de hecho, harán a Dios más estúpido en lugar de menos. Tantas partes estúpidas no sólo añadirán estupidez sino que la multiplicarán... Dios se volverá loco.

Si dices que Dios es inteligente, entonces cada parte tiene que ser inteligente - sólo entonces Dios puede ser inteligente.

Si Dios es perfecto, entonces cada parte tiene que ser perfecta, sólo así Dios puede ser perfecto.

Si tratas de entender, esto será obvio.

Y, la parte nunca es menos que el todo; contiene todas las cualidades del todo - cuantitativamente quizá menos, pero la cantidad no importa. Lo que importa es la calidad. Cualitativamente eres perfecto tal como eres.

Esta es la declaración de todos los místicos de todas las épocas - yo la declaro de nuevo: Sois perfectos tal como sois. Sois Dioses.

Lo segundo que dices:

DIJISTE QUE DIOS TE NECESITA COMO ERES, DE LO CONTRARIO NO TE HUBIERA CREADO.

Sí, si es inteligente, como tú mismo dices, ¿por qué habría de crearte si no te necesita?

La inteligencia siempre crea lo que se necesita. Ese es el significado de ser inteligente. Si has sido creado sin ninguna razón, sin ningún propósito, sin ninguna necesidad que vayas a cumplir, entonces Dios no puede ser inteligente.

Es totalmente inteligente "Dios es inteligente" no es correcto decirlo: será mejor decir "Dios es inteligencia". Toda la existencia está llena de inteligencia.

Pero puedo entender tu problema.

Usted pregunta: Pero SI TENGO UNA ENFERMEDAD HORRIBLE DESDE MI TEMPRANA EDAD Y ESTE ERROR DE LA NATURALEZA ME HACE SUFRIR CONSTANTEMENTE, ENTONCES ¿QUIÉN SUFRE?

El sufrimiento es tu interpretación. Te has identificado demasiado con él, ésa es tu decisión. Puedes desidentificarte y el sufrimiento desaparece. Tu sufrimiento es como una pesadilla: en el sueño crees que una gran roca ha caído sobre tu pecho, que te está aplastando hasta la muerte. Por miedo te despiertas... y lo único que encuentras es nada: tus propias manos apoyadas en el pecho. Pero el peso de tus manos desencadenó la imaginación en ti: se convirtió en una roca, y empezaste a sentirte muy muy asustado. Y a causa del miedo, te despiertas... y ahora te ríes.

Pregunta a los Budas, pregunta a los despiertos, y te dirán que no hay sufrimiento en el mundo: la gente está profundamente dormida y soñando todo tipo de sufrimientos.

Y conozco tu dificultad: si tienes un problema físico, si eres ciego, ¿cómo puedes creer que esto es sólo un sueño? Si estás lisiado, ¿cómo puedes creer que esto es sólo un sueño? Pero, ¿no lo has visto? - cada noche sueñas, y cada mañana sabes que era un sueño y todo un sinsentido - y otra vez soñarás, y en el sueño otra vez creerás que esto es verdad. ¿Cuántos sueños has soñado en tu vida? Millones de sueños. Cada noche estás soñando casi sin descanso; sólo durante unos minutos el sueño se detiene, y entonces de nuevo comienza otro ciclo de sueños.

Has soñado millones de sueños. Y cada mañana te has reído y has dicho que era irreal, pero no has aprendido gran cosa. Esta noche, cuando vuelvas a soñar, persistirá la misma falacia:

sabrás que esto es verdad - en el sueño sabrás que esto es verdad. El día que puedas recordar en tu sueño que esto es un sueño, inmediatamente el sueño desaparece... porque has traído conciencia a tu vida.

Parece muy difícil confiar en que todo lo que estás sufriendo no es más que un sueño creado por ti mismo, pero es así. Porque lo dicen todos los que han despertado. Ni una sola persona despierta ha dicho lo contrario. Y en los momentos lúcidos de consciencia tú también sentirás lo mismo.

Lunacek, esta es mi sugerencia para usted: su problema no puede ser resuelto sólo por una discusión intelectual - su problema sólo puede ser disuelto, no resuelto. Tu problema solo puede ser disuelto siendo mas consciente.

Uno de mis amigos, un viejo amigo, se cayó de una escalera y se rompió las dos piernas. Fui a verle; tenía un dolor tremendo. Y era una persona muy activa, aunque muy mayor, setenta y cinco años, pero muy activa, casi joven, y corría tanto tras esto y aquello, y hacía esto y aquello, que le era imposible descansar en la cama. Y los médicos habían dicho que durante tres meses por lo menos tenía que estar sólo en la cama. Esto era más calamidad que las dos piernas rotas.

Cuando le vi, se echó a llorar. Nunca había visto llorar a ese hombre -
es un hombre fuerte, muy fuerte, casi un hombre de acero, y ha visto todo
tipo de cosas en su vida, es un hombre muy curtido. Le pregunté: "Tú, y
llorando, ¿qué te pasa?".

Me dijo: "Bendíceme para que pueda morir. No quiero vivir más:
¡tres meses en la cama!

¿Te lo imaginas? Esto es una tortura. Sólo han pasado tres días y
parece como si llevara tres años en cama. Ya me conoces -dijo-, no puedo
descansar. Bendíceme para que pueda morir pronto.

No quiero seguir viviendo. Estos tres meses y luego los médicos dicen
que seguiré lisiado toda mi vida, ¿para qué?".

Le dije: "Por favor, haz una meditación. Yo me sentaré a tu lado, tú
haz una meditación sencilla:

que no eres el cuerpo".

Estaba dudoso. Dijo: "¿Qué me va a hacer eso? He oído todo lo
que dices sobre la meditación, pero no puedo meditar porque no puedo
sentarme en silencio."

Le dije: "Ahora no es cuestión de sentarse en silencio: ya estás en la
cama. Esto es una bendición.

Cierra los ojos y te enseñaré una meditación. Y te bendigo para que
mueras, porque si quieres morir entonces perfectamente bien. Pero mi
bendición puede funcionar, puede no funcionar, así que mientras tanto
medita".

Lo entendió: "No hay nada que hacer... así que ¿por qué no meditar?".
Le dije que era una meditación sencilla: "Simplemente entras, miras el
cuerpo desde dentro, dices 'No soy yo - el cuerpo está lejos, muy lejos,
alejándose cada vez más y más. Soy un observador en las colinas, y el
cuerpo está ahí abajo en el valle oscuro, y la distancia es inmensa'. "

Pasó media hora. Tuve que irme, y él estaba en tal meditación que
no quise molestarle, pero tampoco quería dejarle porque quería saber
qué pasaba, qué diría. Así que tuve que sacudirle. Me dijo: "¡No me
molestes!".

Le dije: "Pero tengo que irme".

Me dijo: "Puedes irte, pero no me molestes, es tan hermoso. El
cuerpo yace realmente tan lejos, a kilómetros y kilómetros de distancia;

en el valle lo he dejado y estoy sentado en la cima de la colina, una colina iluminada por el sol. Es tan hermoso, y tampoco siento ningún dolor".

Y esos tres meses resultaron ser el tiempo más valioso de su vida. Esos tres meses le convirtieron en un hombre totalmente diferente. Sigue lisiado, no puede andar, tiene que permanecer casi siempre en la cama, pero no se puede encontrar una persona más dichosa. Irradia felicidad.

Ahora dice que no fue una maldición, sino una bendición.

El sufrimiento puede transformarse en bendición. ¿Quién sabe? - estás transformando tus bendiciones en sufrimientos.

Usted dirá: PERO SI HE TENIDO UNA DURA Y HORRIBLE ENFERMEDAD DESDE MI TEMPRANA EDAD Y ESTE ERROR DE LA NATURALEZA ME HACE SUFRIR CONSTANTEMENTE, ENTONCES ¿DE QUIÉN ES EL SUFRIMIENTO?

NO DIGAS DE DIOS.

NUNCA DIRÉ ESO. No necesitas recordármelo. ¿Cómo puede Dios sufrir? Dios no es más que bendiciones, dicha, éxtasis, bendición. Dios no puede sufrir: Dios es SATCHITANANDA - verdad, conciencia, bienaventuranza.

Y tampoco voy a decir que sufres, porque eres parte de Dios, y la parte es igual al todo. Y si la parte sufre, entonces el todo sufre. Entonces, ¿quién sufre? Nadie sufre: sólo estás soñando. Lo estás interpretando de forma equivocada. No es un error de la naturaleza.

Es un error de su comprensión.

Y sé que es muy duro para una persona que está sufriendo, pero ¿qué puedo hacer? Esta es la verdad y tengo que decir la verdad, aunque duela, tengo que decir las cosas como son.

Usted dice: MI PROFESOR DE FISIOPATOLOGÍA DIJO...

Parece que él mismo es patológico, su profesor.

... QUE LA NATURALEZA ES ESTÚPIDA...

Si la naturaleza es estúpida, ¿cómo puedes ser tú inteligente? Tú formas parte de la naturaleza. La naturaleza no es estúpida: la naturaleza es inteligencia total. Pero así es como el ego del hombre sigue y sigue presumiendo de sí mismo.

Es por culpa de esta gente que toda la naturaleza ha sido destruida, la ecología ha sido destruida, la atmósfera está contaminada - es por culpa de tales profesores. Evita a esa gente. Evita a esta gente como evitas a los leprosos, no evites a los leprosos sino a los profesores.

Menuda afirmación sin sentido: La naturaleza es estúpida. Entonces, ¿quién eres tú? y ¿de dónde? ¡"El océano es estúpido" lo dice una ola! Ya ves la estupidez.

MI PROFESOR DICE: 'LA NATURALEZA ES ESTÚPIDA, DE LO CONTRARIO NO SE OPONDRÍA A SÍ MISMA PONIENDO UNA PARTE CONTRA LA OTRA...'

Así funciona la inteligencia, contraponiendo una parte a la otra. La inteligencia es un proceso dialéctico, de lo contrario no existiría nada. Si no hay muerte, tampoco habrá nacimiento: la muerte tiene que oponerse al nacimiento. Pero esta oposición es sólo superficial. En el fondo, representan la ley única, la ley primordial, LOGOS.

A la luz debe oponerse la oscuridad, de lo contrario no habrá luz. Y al amor debe oponerse el odio, de lo contrario tampoco habrá amor. Y al hombre debe oponerse la mujer... y así sucesivamente.

Pregúntale a tu profesor cómo puede existir la electricidad si no existen en ella las polaridades de negativo y positivo. ¿Puede hacer que la electricidad exista sin esta oposición de lo negativo y lo positivo? ¿Y piensa que la naturaleza es estúpida? ¡Esa es la única manera! ¿Puede existir un río sin dos orillas? Es imposible que el río exista sin dos orillas - esas dos orillas se oponen la una a la otra y crean el espacio para que el río fluya entre ellas.

La vida necesita polos opuestos: verano/invierno, nacimiento/muerte, yin/yang, Shiva/Shakti, positivo/negativo.

Tu profesor debe estar un poco loco, chiflado. Los profesores lo están. Pregúntale: ¿puede hacer algo sin la dialéctica? La naturaleza es dialéctica: la naturaleza sabe cómo hay que hacer las cosas. La naturaleza nunca ha sido de otra manera, y no será de otra manera.

Intenta comprender... entonces la dialéctica se verá en todas partes. La enfermedad y la salud, sólo pueden estar juntas. La belleza y la fealdad, el éxito y el fracaso, el dolor y el placer, el sufrimiento y la dicha, todo forma parte de la naturaleza. Una vez que lo has comprendido, se produce una trascendencia.

Esto es lo que dice Pitágoras: La ley de la necesidad y la ley del poder. La ley de la necesidad te arrastra hacia abajo, hacia lo mecánico; la ley de la fuerza te arrastra hacia arriba, hacia el mundo de la libertad.

Yo llamo a estas dos leyes: la ley de la gravitación y la ley de la gracia. Una te tira hacia abajo, la otra te tira hacia arriba.

La mente lógica dice: ¿Por qué opuestos? Pero la mente lógica no es realmente una mente comprensiva.

La lógica no es el verdadero proceso de la vida: la dialéctica lo es. La lógica es lineal: la dialéctica no es lineal - la dialéctica se mueve por tesis, antítesis, síntesis, y luego la síntesis se convierte de nuevo en tesis, antítesis, síntesis, y así sucesivamente... más y más alto llega la dialéctica. La lógica es monótona. Si Dios fuera lógico, como lo es tu profesor de patofisiología, habría creado sólo al hombre, no a la mujer.

¿Qué sentido tiene? O, sólo mujer - ¿qué sentido tiene crear al hombre y crear problemas en el mundo? Según tu profesor, sólo habría homosexualidad, nada de heterosexualidad.

Pero piensa en un mundo totalmente homosexual. Sería realmente feo. Está bien encontrarse de vez en cuando con una persona gay -¡es gay! - ¿pero todo el mundo homosexual, hombres abrazándose y diciéndose "cariño"? Eso sería mucho más patológico.

Este es un mundo hermoso: existe en polos opuestos. Pero esos polos opuestos son complementarios, y eso hace que la vida sea rica porque le da tensión a la vida, de lo contrario la vida sería plana, monótona, aburrida; no habría alegría. La alegría sólo surge de esta tensión.

Dondequiera que haya tensión, existe la posibilidad de la alegría. Siempre que la tensión se relaja, surge la alegría.

Amas a una mujer -es una gran alegría-, pero si la amas veinticuatro horas al día y sigues llamándola azúcar, azúcar, azúcar, ¡tendrás diabetes! Una pequeña pelea, un pequeño lanzamiento de almohadas, es muy necesario - eso te da espacio de nuevo.

Cuando te peleas con tu mujer, es un mini divorcio: os separáis. Por un momento piensas: "¡Se acabó! No voy a volver a hacer nada con esta mujer nunca: ya basta". Y ella también dice lo mismo. Te alejas, tanto como antes de enamorarte. Y cuando estás tan lejos, surge de nuevo el amor, porque empiezas a echar de menos a la mujer, la mujer empieza a echarte de menos a ti. Empiezas a acercarte. Y cuando vuelves a acercarte, otra vez una mini luna de miel.

Y así es como sigue: por la mañana os peleáis, por la tarde estáis juntos; por la noche os peleáis, por la mañana estáis juntos de nuevo. ¡Esto es ritmo! Esto es dialéctica.

Piensa en dos amantes cogidos de la mano por los siglos de los siglos... sin pelearse nunca. Será realmente agotador. Nunca se irán lejos, entonces no habrá alegría de estar juntos. La alegría de estar juntos depende de alejarse el uno del otro. De vez en cuando todo el mundo quiere estar solo; y entonces empiezas a echar de menos, entonces empieza la búsqueda. Cuando estáis juntos, tarde o temprano os cansáis el uno del otro y empezáis a buscar de nuevo ese espacio llamado soledad. Así es como se mueve el péndulo de la vida: derecha e izquierda, izquierda y derecha. Así es como progresa la vida.

Es perfectamente como debe ser.

Séptima pregunta

Pregunta 7:

MAESTRO, ¿CUÁL ES EL SENTIDO O EL OBJETIVO DE TODAS LAS NORMAS Y CONTROLES EN EL ASHRAM?

Christine,

HAY COSAS que puedes saber como espectador, y hay cosas que sólo puedes saber si te conviertes en participante. Hay cosas que se malinterpretarán desde fuera, y hay cosas que SÓLO se pueden entender cuando se está dentro. Esas normas y reglamentos tienen su propio significado. Son dispositivos. Si realmente quieres saber por qué, cuál es su propósito, entonces da un salto: entra a formar parte de esta comuna.

Y sólo en el momento adecuado llegarás a saber cuál es el propósito. No se puede decir de antemano; sólo las experiencias existenciales te lo harán saber. Esta es una escuela de misterio, una escuela pitagórica. Lo que se hace aquí se hace deliberadamente. Nada se hace accidentalmente. Yo soy el centro de todo. Incluso si algo parece muy absurdo, espera, ten paciencia, y un día le verás el sentido. Y sólo lo verás cuando forme parte de tu propia experiencia.

Te contaré una historia:

Garfield Goldwater ganó mucho dinero en el negocio de la ropa de caballero en Nueva York. Hacía donaciones a todas las organizaciones benéficas, asistía a todos los bailes elegantes, su nombre aparecía en la columna de Earl Wilson dos veces por semana... y seguía sin ser feliz. De hecho, estaba tan deprimido que un amigo le sugirió que fuera al psiquiatra.

El psiquiatra escuchó y luego dijo: "Mire, señor Goldwater. Usted ha hecho todo este dinero, pero su éxito carece de sentido porque no hace nada por placer. ¿No hay nada que siempre haya querido hacer? ¿Una fantasía infantil? ¿Una ambición juvenil?"

"Bueno", dijo Garfield Goldwater un poco a regañadientes, "cuando era niño quería ir a la selva en un safari. Ya sabes, algo así como Tarzán".

El psiquiatra le aconsejó: "Si eso es lo que querías hacer, hazlo. La vida es corta y la tumba profunda. Hazlo, hombre, y hazlo ahora".

Garfield decidió seguir el consejo. Dos días después, voló a África, donde se enfrentó al cazador de gorilas de safari más famoso del mundo.

Pacientemente, el cazador de safaris le explicó que se había retirado. Sin embargo, Garfield Goldwater no se amilanó fácilmente. "Por favor, señor cazador de safaris", le dijo, "haga un safari más. Le pagaré lo que me pida. Soy un hombre rico, el dinero no es problema".

El cazador de safaris se conmovió. "He oído hablar de ti", dijo. "Incluso he llevado sus trajes". Se quedó pensativo un rato y luego preguntó: "¿Lo que has dicho de que el dinero no es problema?".

"Absolutamente", prometió Garfield Goldwater.

"Muy bien, este es el trato. Además de mí, necesitarás un zulú, un perro y un cerdito con pistola. Te costará diez mil dólares".

Garfield Goldwater silbó. "¡Diez mil dólares!", exclamó. "Eso es un montón de coles".

"Sólo si no lo tienes", le recordó el cazador de safaris. Así que Garfield aceptó.

Se reunió a la tropa y la tarde siguiente el safari salió en su primera misión.

Al cabo de una hora, el cazador divisó un gorila en un árbol. Todos se quedaron quietos mientras el zulú trepaba al árbol. Agitó las ramas hasta que el gorila perdió el agarre y cayó al suelo. El perro saltó inmediatamente sobre el gorila y le mordió las pelotas, momento en el que el gorila se desmayó. Se le tendió una red y Garfield tuvo su primer gorila.

Estaba muy satisfecho. Pero esa noche, en su tienda, Garfield Goldwater volvió a pensar en los honorarios.

Fue a la tienda del cazador de safaris y le despertó. "Odio molestarte a estas horas", le dijo, "porque primero, has hecho un gran trabajo, y segundo, me alegro por el gorila, pero tercero, creo que te estás aprovechando de mí. Diez mil..."

El cazador de safaris se encogió de hombros. "Sr. Goldwater, un trato es un trato".

"Puedo entender", dijo Garfield, "la necesidad del zulú y el perro, pero ¿por qué necesitamos al cerdito con la pistola? Estás rellenando un poco la cuenta, viejo".

No hubo respuesta, el cazador de safaris se había quedado dormido.

A la tarde siguiente, salieron y vieron a un gorila más grande en un árbol. El zulú se subió al árbol y sacudió las ramas hasta que el gorila perdió el agarre y cayó al suelo. El perro saltó sobre el gorila y le mordió en los huevos; el gorila se desmayó y el cazador del safari le echó una red por encima.

Una vez más, Garfield quedó impresionado. Pero de nuevo empezó a preocuparse por la elevada tarifa. Fue a la tienda del cazador de safaris y le dijo: "Quiero un enfrentamiento. Quiero que te deshagas del cerdito de la escopeta y reduzcas mi factura".

"Sr. Goldwater", dijo el cazador de safaris, "usted hizo un trato.

Angustiado, Garfield Goldwater volvió a su tienda. Intentó soñar con trajes hechos por Angelo en Roma y helados en Bishoff's de Teaneck, Nueva Jersey, pero sus pensamientos siempre volvían a la cuota de diez mil dólares y al cerdito de la pistola.

Al día siguiente, el safari salió, y ahora fue el propio Garfield Goldwater quien avistó al gorila.

Esta vez era uno muy grande. El zulú se subió al árbol y sacudió las ramas. El zulú y el gorila se enfrentaron y empezaron a luchar. De repente, el gorila tiró al hombre.

Cuando el zulú cayó al suelo, gritó al cerdito: "¡Dispara al perro! Dispara al perro!"

Caída hacia arriba

La primera pregunta
Pregunta 1:
MAESTRO, GRACIAS POR LA DELICADA SÍNTESIS. SURGE UNA GRAN ALEGRÍA AL COMPRENDER LA FALTA DE PROPÓSITO DE LA EXISTENCIA.

Deva Nirguna,
LA VERDAD SIEMPRE DESENCADENA UN PROCESO EN TI, aunque la verdad no sea la tuya. El mero hecho de oírla crea un proceso paralelo en ti. No es causado por escucharla; no sigue la ley de causa y efecto sino la ley de sincronicidad.

Al escuchar buena música, la música surge en ti. No hay necesidad: puede surgir, puede no surgir.

No es inevitable. Pero si estás abierto, surge. Si estás disponible, surge. Viendo a un gran bailarín, algo empieza a bailar en ti. Eso es comunión.

La verdad de Pitágoras, la verdad de la síntesis más grande jamás intentada, PUEDE desencadenar un proceso en ti, PUEDE iniciar algo tan inmenso que jamás podrías haberlo soñado. Ese es todo el propósito del satsang: estar en comunión con un Maestro. Su presencia, sus palabras, sus silencios, empiezan a trabajar en ti Y a veces incluso a pesar de ti. A veces te das cuenta de esos procesos, a veces ni siquiera eres consciente de ellos; empiezan a trabajar por debajo de tu conciencia. Un día estallan en un gran florecimiento.

Pitágoras realmente intentó lo imposible. Y no sólo lo intentó, también lo consiguió. Pero el mundo quiere vivir dividido, porque sólo entiende el conflicto. No puede entender la síntesis. La síntesis sólo se puede entender cuando empieza a producirse alguna síntesis en tu interior; de lo contrario, la síntesis no se puede entender, se malinterpretará.

Todo el mundo estaba en contra de Pitágoras. Todas las religiones, todas las sectas, todos los llamados gurús de aquellos días, estaban en contra de Pitágoras. De hecho, deberían haber estado con él, porque estaba reuniendo todos los fragmentos dispersos de la verdad. Pero duele....

Si digo que el Corán es verdadero, TAN verdadero como los Vedas, si la gente fuera comprensiva, entonces tanto los mahometanos como los hindúes serían tremendamente felices, pero eso no sucede. Ambos se enfadan. El mahometano se enfada porque he comparado SU libro sagrado con el libro ordinario - ¿Vedas? ¿Y el hindú se enfada porque he comparado SU libro sagrado con un libro ordinario - el Corán? Ambos se enfadan porque sus egos están heridos.

Y puedes entender lo que le debió pasar a Pitágoras, porque me está pasando a mí, te está pasando a ti. ¡El MISMO proceso! Los hindúes están en contra, los mahometanos están en contra, los jainas están en contra, los budistas están en contra, los cristianos están en contra. ¿Por qué? Y yo estoy llevando a Cristo y a Buda y a Mahavira y a Zaratustra y a Lao Tzu y a Krishna a la síntesis más elevada posible.

Aun así, todos están en contra.

La razón es: están divididos dentro de sí mismos. Sólo pueden comprender AQUELLO QUE SON. TÚ nunca puedes entender nada más allá de tu conciencia. Si TÚ estás dividido, sólo podrás comprender un mundo dividido. Si estás en una armonía sutil en tu interior, entonces sólo entenderás cualquier armonía que ocurra en el exterior.

Es bueno, Nirguna, que hayas sentido surgir en ti una gran gratitud al escuchar la síntesis. Eso demuestra que algo ha empezado a integrarse en ti, algo que te está uniendo, que está creando una especie de unidad entre los dos hemisferios de tu cerebro, el izquierdo y el derecho.

Estos dos hemisferios del cerebro tienen que ser comprendidos, y muy profundamente - porque mucho depende de ello. Ahora los científicos también están de acuerdo con la antigua tradición mística de que, a menos que estos dos cerebros se unan y se unan correctamente, el hombre sigue siendo esquizofrénico. ESTÁN unidos, pero de una manera muy pequeña; sólo un pequeño hilo los une. Ese hilo puede cortarse.

A veces ocurre en un accidente, en un accidente de coche, por ejemplo: el puente puede estar dañado.

Es un puente muy delicado, como un hilo. Una vez que se corta, la persona se convierte en dos personas: una persona se convierte en dos personas. Empieza a comportarse como dos personas. Y se han observado cosas extrañas.

Por ejemplo: el lado izquierdo del cerebro es capaz de leer y recordar. La parte derecha del cerebro no es capaz de leer en absoluto. Así que ocurre algo extraño: puedes darle a la persona algo para leer, lo leerá, pero sólo una parte de su cerebro lo recordará. Si le anestesias el lado izquierdo, ni siquiera recordará que ha leído algo. Habrá leído algo, pero no lo recordará.

Puede que una de sus manos esté haciendo algo, pero la otra no cooperará, porque esas dos manos pertenecen a hemisferios diferentes. La mano derecha pertenece al hemisferio izquierdo. Por eso la mano derecha se ha vuelto tan importante. La derecha se ha convertido en la mano DERECHA, y la izquierda en la mano equivocada. ¿Por qué? Es muy simbólico.

La mano izquierda está conectada con el hemisferio derecho, y el hemisferio derecho representa la intuición, los poderes psíquicos, la meditación, el amor, la poesía - porque TODAS estas cosas son condenadas, la mano izquierda es condenada. La mano derecha representa la lógica, el cálculo, la aritmética, la ciencia - porque estas cosas son alabadas, la mano derecha es alabada.

El diez por ciento de los niños nacen zurdos; de cada diez, una persona es zurda. No se pueden encontrar tantos zurdos, porque desde el principio empezamos a obligarles a escribir con la mano derecha, a hacer las cosas con la mano derecha. Esto es destruir a una minoría. Es muy opresivo, porque la persona que nace zurda tiene que ser zurda si quiere ser una persona auténtica. Se convertirá en un farsante. Le obligarán a usar la mano derecha y, como todos son derechistas -el profesor, los padres, los demás alumnos del colegio-, se sentirá culpable si usa la izquierda. Está haciendo algo malo.

No está haciendo NADA mal: es de izquierdas por naturaleza. Tiene la capacidad de convertirse en poeta.

Tiene la capacidad de convertirse en una persona intuitiva. Puede desarrollar poderes proféticos. Puede que un día sea capaz de leer los pensamientos de otras personas. Puede llegar a ser un gran médium hipnótico.

Incluso puede tener poder de la mente sobre la materia. Tiene inmensas capacidades, pero está aplastado.

La sociedad le obliga a pasar a la mano derecha. La mano derecha es su mano débil. Vivirá una vida muy débil, infértil, poco creativa. Puede haberse convertido en un gran vidente; ahora vivirá como un matemático de tercera. La persona puede haber sido un poeta de primera clase, o un músico, o un pintor; ahora será sólo un empleado de tercera clase en alguna oficina, o un jefe de estación, o un diputado recaudador, o un político - algo de tercera clase. Has sido muy, muy violento con él.

Estos dos hemisferios están muy ligeramente unidos; normalmente hay un poco de comunicación. Cuanto más se integra uno, más profunda es la comunicación que empieza a producirse entre estos dos hemisferios. En un Buda esos dos hemisferios se convierten en uno. Es TAN lógico como se puede ser y TAN amoroso como se puede ser.

El hemisferio izquierdo, que está conectado con la mano derecha, está bajo la ley de la necesidad. Y el hemisferio derecho, que está conectado con la mano izquierda, está bajo la ley del poder. Y si estas dos leyes se convierten en una, surge LOGOS, surge DHAMMA, surge TAO, TORAH - la ley última, la ley de leyes. Entonces el hombre tiene una tremenda belleza y gracia. Él es el encuentro de la tierra y el cielo, del hombre y la mujer; él es el encuentro de todo lo que está dividido en la existencia. Y en ESE encuentro, Dios es conocido.

Todos los métodos secretos de todas las escuelas de misterios no son más que procesos alquímicos para crear un puente entre estos dos hemisferios, para acercarlos TAN cerca, tan completamente cerca, que casi se conviertan en uno. Cuando la lógica funciona como el amor, el amor funciona como la lógica, has alcanzado la cima más alta. En esa cima, el éxtasis simplemente sucede, igual que cuando llega la primavera, las flores empiezan a florecer.

Cuando esa síntesis, esa primavera, ha ocurrido en tu mundo interior, has vuelto a casa, has alcanzado el uno, el todo. Te has convertido en santo.

Nirguna, algo está ocurriendo en ti, como algo está ocurriendo en todos mis sannyasins. En los que están realmente cerca de mí, los que no son sólo formalmente sannyasins, los que están realmente enamorados de mí, los que me han dicho realmente un SÍ, sin que se esconda detrás ningún NO, está sucediendo esta síntesis. Oriente y Occidente se están encontrando, el cielo y la tierra se están encontrando, la mente y la materia se están encontrando.

Lo que Pitágoras hizo fue destruido. Toda su academia, toda su escuela, fue quemada. Cientos de sus discípulos fueron masacrados. Estamos intentando hacerlo de nuevo, nos estamos arriesgando de nuevo, el peligro está ahí. Nuestro destino puede ser el mismo. Pero no tiene por qué. Podemos aprender algo del experimento de Pitágoras. Él fue el primer pionero. Había tenido éxito en su vida; había tenido éxito con muchos de sus discípulos. Pero tal vez había llegado demasiado pronto; el mundo aún no estaba preparado.

Ahora el mundo está científicamente preparado. En aquella época el mundo no estaba científicamente preparado. Oriente era Oriente y Occidente era Occidente, y el puente era casi imposible. Ahora la ciencia ha acercado tanto a la gente que este es el clima en el que espiritualmente también es posible una síntesis. En aquella época la gente estaba aislada. De vez en cuando podía venir un visitante de Occidente a Oriente... y recuerda, siempre era un visitante de Occidente a Oriente; nunca era un visitante de Oriente a Occidente. ¿Por qué?

Occidente representa la mente masculina: toma la iniciativa. Oriente representa la mente femenina: simplemente espera, no toma ninguna iniciativa. Es como si un hombre siempre le propusiera matrimonio a la mujer y le dijera "te quiero". Nunca es la mujer la que se declara. Y si una mujer te lo propone, te gustaría escapar de ella porque no es una mujer; tiene más bien una mente masculina. Tendrás miedo. Te sentirás ofendido. No podrás aceptarlo fácilmente. La mujer tiene que esperar.

Por eso Occidente siempre ha estado enviando tanteos a Oriente. Oriente se ha limitado a esperar; no ha ido a ninguna parte. De vez en cuando puede llegar un visitante. Llevará consigo la sabiduría ancestral de Oriente a Occidente, y siempre será malinterpretado. Ocurrió con Pitágoras y, quinientos años después, con Jesús.

Jesús también había visitado Oriente; lo aprendió todo en Oriente. Y cuando volvió, tampoco le entendieron; era demasiado extraño. Lo mismo les pasa a mis sannyasins: cuando vayáis a Occidente vais a ser incomprendidos. Pero vosotros estáis en mejor posición: sois muchos. Un Pitágoras vino solo, volvió solo; un Jesús vino solo, volvió solo. Fueron grandes aventureros.

Jesús fue asesinado. Quemaron la academia de Pitágoras y masacraron a sus discípulos. El mundo aún no estaba tan unido como ahora. La ciencia y la tecnología han acercado mucho a las personas. Todas las barreras, al menos las físicas, se han desplazado. Ahora se puede dar el segundo paso: se pueden eliminar las barreras psicológicas; eso es lo que estamos haciendo aquí.

Es bueno que la síntesis pitagórica te haya tocado la fibra sensible, porque también es obra mía.

Y lo segundo, Nirguna, dices:
SURGE UNA GRAN ALEGRÍA AL COMPRENDER LA FALTA DE PROPÓSITO DE LA EXISTENCIA.

La ALEGRÍA SURGE sólo cuando comprendes que el todo no puede tener ningún propósito. Las partes pueden tener un propósito: el todo no puede tener ningún propósito.

Tu casa tiene un propósito: es un refugio para ti, una seguridad para ti. La comida tiene un propósito: te nutre, te mantiene vivo. Tu ropa tiene un propósito. tus máquinas... y todo lo que creas tiene un propósito. Pero, ¿qué propósito tienes tú?

Ahora empiezas a moverte en el mundo de la falta de propósito. Todavía puedes encontrar algunas cosas. Puedes decir: "Estoy aquí para ser feliz". Pero, ¿qué propósito tiene ser feliz? ¿Qué propósito tiene la felicidad? Puedes decir: "Estoy aquí para amar". Pero entonces el amor en sí mismo carece de propósito. Es TAN inútil como una flor de rosa, como una gota de rocío que resbala sobre una hoja de loto bajo el sol de la mañana. Es TAN inútil como el todo.

Cuanto más te acercas al todo, más se convierte en ley la falta de finalidad. La finalidad pertenece a la ley de la necesidad: la falta de finalidad pertenece a la ley del poder. ¿Cuál es la finalidad del todo? Ningún propósito en absoluto: es una pura celebración. Por eso los hindúes lo llaman LEELA - LEELA significa juego. Es sólo un juego.

El juego no tiene propósito. En el momento en que el juego se convierte en un propósito, se convierte en un juego, recuerda: esa es la diferencia entre juego y juego. Si simplemente juegas a las cartas sin apostar, sin dinero de por medio, es un juego. En el momento en que apuestas dinero, ya no es un juego, es un negocio. Ha entrado el propósito. Es un juego. Ahora estás jugando. Unos momentos antes estabas jugando; ahora jugar se ha convertido en algo secundario. Ahora la cuestión es cómo conseguir más dinero. La cosa se ha vuelto seria; ya no es ingrávida. Ha caído del mundo de la gracia al mundo de la gravitación. Ha caído del mundo del poder al mundo de la necesidad.

Estas dos leyes son tremendamente bellas. La ley de la necesidad equivale a la ley de la gravitación. La ciencia ha reconocido la ley de la gravitación, la ley de la necesidad. La ciencia aún no ha reconocido la ley superior: la ley de la gracia, la ley del poder. Por eso la ciencia sigue pensando en términos de causa y efecto. Todavía no es consciente de la existencia de una ley superior.

La religión ha descubierto la ley superior: la ley de la gracia. La gravitación te arrastra hacia abajo... ahora hay que meditar sobre esto. Si hay nacimiento, hay muerte - para contrarrestarlo. Si hay amor, hay odio. Si hay electricidad negativa, hay electricidad positiva. Si hay una ley que tira de las cosas hacia abajo, TIENE que haber una ley que tire de las cosas hacia arriba.

Es simple lógica. No hace falta demostrarla. Es MUY simple: en la vida todo está equilibrado por su polo opuesto. Entonces, ¿dónde está el polo opuesto de la gravitación? Yo pregunto. Tiene que haber uno. Y recuerde, ni siquiera la gravitación se conocía antes de Newton; sólo desde hace trescientos años la conocemos. Y no es que la ley de la gravitación empezara a funcionar después de Newton, ¡es que ya funcionaba desde siempre!

Newton no lo inventó: sólo lo descubrió. Y ahora el descubrimiento parece muy ordinario.

Newton sentado bajo un árbol, y cae una manzana, y contempla sobre ella: "¿Por qué la manzana cae siempre hacia abajo? ¿Por qué a veces no hacia arriba? o ¿hacia la derecha? o ¿hacia la izquierda? En cualquier dirección.... ¿Por qué siempre cae hacia abajo?" Y algo hizo clic en su mente, que debe haber algún poder que tira de ella hacia la tierra. Pero las manzanas siempre han estado cayendo.

Antes de Newton también. A las manzanas no les importa si Newton ha descubierto la ley o no. Las manzanas simplemente han estado cayendo sin conocer ninguna ciencia de la caída.

Y exactamente lo mismo ha estado sucediendo con la ley de gracia. Ha habido personas que han ido cayendo hacia arriba. Un Buda, un Jesús, un Pitágoras - estas personas han caído hacia arriba. Ellos SABEN que algo tira hacia arriba - si tu lo permites. Si simplemente te vuelves sin esfuerzo, si NO haces nada, si te rindes, si confías, algo empieza a llevarte hacia arriba, empiezas a levitar - no físicamente: espiritualmente. Algo en ti empieza a elevarse más y más y más y llega a la cima última de la consciencia. Igual que la manzana cae hacia abajo, tú empiezas a caer hacia arriba.

Hay una famosa parábola sufí:

Un místico sufí que fue conocido como un loco.... Muchos místicos han sido conocidos como locos. En cierto sentido lo SON. El mundo piensa que están locos, porque siguen algo totalmente absurdo a los ojos del mundo. El mundo acumula dinero, el mundo busca más y más poder y prestigio, y ellos simplemente no se preocupan por estas grandes cosas. El mundo quiere poseer y tener más y más. Y ha habido personas que no se preocupan por tener más y más. Ciertamente parecen locos. No tienen nada a su nombre... recuerden a Diógenes, sin tener nada a su nombre, pero aún así más feliz que Alejandro Magno, completamente alegre. Incluso Alejandro Magno sintió celos. Se dice que le dijo a Diógenes: "Si la próxima vez tengo que venir al mundo, le pediré a Dios: 'Esta vez, por favor, hazme Diógenes. No quiero volver a ser Alejandro Magno'"". Debió de sentirse muy celoso de Diógenes, el loco desnudo.

Pero, ¿qué dijo Diógenes? Se rió y dijo: "Si tengo otra oportunidad de venir al mundo, no puedo pedir que me hagan Alejandro Magno, porque no soy estúpido. ¿Y por qué quieres esperar a otra vida? Puedes convertirte en Diógenes ahora mismo, porque para llegar a ser un Alejandro se necesita un gran esfuerzo: para llegar a ser un Diógenes no se necesita ningún esfuerzo. Puedes convertirte inmediatamente".

Me dijo: "¡Tírate; la ropa! Túmbate a mi lado. Yo estoy tomando el sol, tú también. Y olvídate de conquistar el mundo... ¡En este momento eres un Diógenes! "

Esta gente parecerá enfadada. Solía parecer loco. Diógenes solía llevar una lámpara a plena luz del día.

Y cada vez que se encontraba con una persona, levantaba su lámpara y le miraba a la cara, ¡a plena luz del día!

Y la gente le preguntaba: "¿Qué haces?". Y él respondía: "Busco a un hombre, aún no lo he encontrado".

¿Y sabes lo que pasó cuando se estaba muriendo? Alguien preguntó a Diógenes: "Toda tu vida has estado buscando a un hombre de verdad. Incluso a plena luz del día con una lámpara, ¿lo encontraste?".

Diógenes abrió los ojos y dijo: "No, pero me muero feliz; al menos nadie me ha robado aún la lámpara".

Estas personas parecerán locas.

La historia, la historia sufí, dice:

Un místico sufí loco se alojó en casa de un discípulo. El discípulo estaba un poco preocupado porque este hombre era conocido por hacer cosas extrañas: "Puede que haga algo y cree alguna molestia. Y el vecindario y la gente, ¿qué pensarán? Pensarán que yo también estoy loco, por ser discípulo de un loco así".

Y se sabía que incluso en mitad de la noche se ponía a cantar, gritar o bailar, de alegría. Así que el discípulo pensó: "Será mejor encerrarlo en el sótano, para que al menos no empiece a hacer algo en mitad de la noche". Así que lo encerró en el sótano.

Y justo en medio de la noche, empezó a suceder: ¡gran regocijo! gritos y bailes. Y se quedó más perplejo porque ¡lo oyó bailar en el tejado! Subió corriendo. Preguntó: "¿Pero cómo te las has arreglado? ¿Cómo has llegado al tejado?".

Me dijo: "¿Qué puedo hacer? Abrí los ojos y vi que caía hacia arriba".

Esta es una hermosa historia: caer hacia arriba. Existe la ley de caer hacia arriba. Y a veces cuando meditas, bailas, cantas, lo sentirás: ser poseído por algo superior, de lo alto.

Y eres llevado a plenitudes más altas de las que jamás hayas conocido.

Esa es la ley de la gracia, o la ley del poder.

Y cuando se pueden usar los dos mundos.... Uno pertenece a la ciencia, el otro a la religión. Y el mundo está esperando una NUEVA forma de ver las cosas, en la que la ciencia y la religión se conviertan en una.

Llámelo "religiociencia" o llámelo "ciencia-religión", pero el mundo está esperando ALGO que haga que estas dos leyes funcionen como una sola en una gran síntesis.

A eso me refiero cuando digo que me gustaría que mis sannyasins fueran como Zorba el Griego y Gautam el Buda, los dos juntos. Mi esfuerzo aquí es crear a Zorba el Buda.

La segunda pregunta

Pregunta 2:

MAESTRO, ME ENCANTA LA FORMA EN QUE TUS MANOS SE MUEVEN Y DANZAN CON GRACIA MIENTRAS NOS HABLAS. ME SIENTO EMBRIAGADO CON TUS MANOS Y SUS EXPRESIVOS MOVIMIENTOS. ¿CUÁL ES EL SECRETO DE TUS MANOS?

NO HAY NINGÚN SECRETO: sólo soy un antiguo judío.

Y los hábitos son difíciles de perder.

Era una mañana de diciembre y hacía un frío glacial. Dos judíos caminaban por la acera y uno de ellos, entre grandes bocanadas de aliento humeante, hablaba y gesticulaba con seriedad. El otro, sin embargo, permanecía en silencio. Finalmente, el primer judío hizo una pausa en su discurso el tiempo suficiente para decir: "Bueno, Moe, ¿no estás de acuerdo conmigo, con lo que digo?".

A lo que Moe contestó: "Ikey, puedes hablar todo lo que quieras, pero yo voy a mantener las manos en los bolsillos".

La tercera pregunta

Pregunta 3:

¿CUÁL ES EL PROCESO DE DESACTIVACIÓN DE LA LEY DE LA NECESIDAD Y EL PROCESO DE ACTIVACIÓN DE LA LEY DEL PODER?

Anurag,

LA LEY DE LA NECESIDAD significa que eres inconsciente, que funcionas como un robot. Sólo entonces se aplica la ley de la necesidad. Así que si quieres desactivar la ley de la necesidad, la única manera es ser más consciente, estar más alerta.

Des-automatiza tus actividades. Caminar, caminar con conciencia. Comer, comer con conciencia. Al principio es muy difícil, porque siempre has vivido en la inconsciencia. Caminas mecánicamente - trae consciencia al caminar. Y para traer consciencia al caminar, se necesitan algunas cosas.

Uno: no camines al ritmo habitual, ve más despacio. Ve TAN despacio como puedas, porque si vas más despacio de lo que sueles ir, tu viejo hábito no puede persistir. Estás introduciendo algo nuevo y el cuerpo tendrá que adaptarse. Llevará tiempo, y ese tiempo puede utilizarse para tomar conciencia.

Si fuma cigarrillos, vaya MUY despacio, tómese su tiempo. Saca el paquete de cigarrillos MUY despacio del bolsillo, lo más despacio posible. Ve a cámara lenta. Y luego saca un cigarrillo lentamente, MUY despacio, como si no tuvieras energía... ¡y estuvieras atento! Luego golpea el cigarrillo en la cajetilla, lo más despacio posible, como si estuvieras casi muerto, y sigue haciéndolo durante más tiempo. Después, muy despacio, métetelo en la boca. Espera. No tengas prisa. Luego trae tu encendedor... y lo mismo, despacio... tómate tu tiempo. Fuma un cigarrillo en una hora. Y te sorprenderá cuánta conciencia surge en ti.

Y también te sorprenderá saber: en el momento en que pierdes la conciencia, vuelves a caer en el antiguo movimiento rápido. Más despacio....

Ese es todo el proceso de la vipassana. En vipassana hay que hacer dos tipos de meditación: una es sentarse, zazen; otra es caminar. CAMINAR DESPACIO.... Se puede hacer de cualquier manera. Simplemente respira lentamente, y la respiración se convierte en una meditación. Deja que tu mano se mueva muy lentamente de un lado a otro.

Y serás consciente.

Haz que tus actividades se desautomaticen. Y cuanto más consciente eres, más empieza a desaparecer la ley de la necesidad. Y cuando no hay ley de la necesidad funcionando, la otra ley funciona automáticamente, por sí misma: la ley del poder.

Se dice:

Un día, un gran astrólogo regresaba de Kashi. Llevaba veinte años aprendiendo astrología en Kashi; se había hecho muy famoso. Ahora regresaba a su ciudad natal.

Al pasar junto a un río, sobre la arena blanda y húmeda, vio unas huellas... ¡no daba crédito a sus vísperas! "¡Esas huellas sólo pueden ser de un hombre que gobierna el mundo entero!". Eso es lo que sus libros de astrología le habían estado diciendo durante veinte años. El gobernante de todo el mundo tiene un nombre especial en la India - se llama CHAKRAVARTIN - cuyo gobierno está en los seis continentes. "¿Qué hace un Chakravartin en este pobre pueblo? ¿Desnudo, descalzo, bajo el sol ardiente, en la orilla de este río pequeño y sucio?

¡Imposible!"

Surgió una gran duda en el astrólogo: "¿Están equivocados mis libros?". Estudió muy bien la huella; TODOS los síntomas estaban allí. Siguió aquellas huellas en busca de aquel hombre... y se encontró con Buda sentado bajo un árbol.

Ahora había aún más dificultad. El hombre parecía un gran emperador: su gracia, su belleza, y el silencio que le rodeaba, y la fiesta que había alrededor. Sólo con su presencia, el árbol brillaba, la roca en la que estaba sentado resplandecía. "¡Él ES un Chakravartin! Pero también parece un mendigo, con un cuenco de mendicidad".

Cayó a los pies de Buda y le preguntó: "Me has desconcertado mucho. ¿Debo tirar mis libros?

¡Veinte años he desperdiciado! ¿Puedo mirarte los pies?"

Miró los pies de Buda y dijo: "Ahora es absolutamente cierto: ¡debes ser un Chakravartin!

- el emperador más grande del mundo, el emperador de los emperadores. ¿Qué hace usted aquí? Ni siquiera veo un sirviente a tu alrededor. ¿Y qué es este cuenco para mendigar y estas ropas viejas que llevas?

¿Eres un mendigo?"

Buda se rió y dijo: "No tires tus libros: son correctos, pero sólo lo son para la gente que vive bajo la ley de la necesidad, los que viven inconscientemente. Una vez que una persona se vuelve consciente, va más allá de la astrología y de las predicciones astrológicas. Entonces la ley de la necesidad ya no se aplica a él. Entonces es parte del poder infinito, entonces es parte de Dios, ES un Dios. Vive de una manera totalmente diferente. No se le puede predecir, es imprevisible.

"No tires tus libros. No volverás a encontrarte con un hombre como yo en tu vida. No te preocupes.

Rara vez ocurre -muy rara vez ocurre- que una persona nazca como un Charkravartin; muy rara vez ocurre que una persona se convierta en Buda. Y, por supuesto, es absolutamente raro que un Chakravartin se convierta en Buda. Un Chakravartin en sí mismo es raro; un Buda en sí mismo es raro, y la combinación de un Chakravartin que se convierte en Buda es absolutamente rara. No volverás a encontrarte con una persona así en esta vida, ni en MUCHAS vidas, así que no te preocupes. Yo soy una excepción, y la excepción confirma la regla. Puedes seguir tus libros, puedes llevar tus libros, y SIEMPRE tendrás razón. Sólo esta vez te has equivocado".

Toma conciencia, Anurag. Cuanto más consciente eres, más estás más allá de la predicción.

Entonces vives CADA MOMENTO en libertad - poder significa libertad. Poder significa libre del karma pasado. Poder significa que ya no estás dominado por el pasado. El pasado ya no tiene poder sobre ti. Cada momento es libre del momento pasado. Cada momento es fresco, joven, virgen. Lo Vives en total libertad, pero nunca crea una atadura para el momento que le sigue. Tu cada momento permanece impoluto, puro, cristalino.

Y vivir en la ley de la necesidad es vivir en la esclavitud. Eso es lo que significa SAMSARA - la esclavitud, el encarcelamiento. Ese es todo el significado de la ley del karma. De hecho, la idea que Pitágoras tuvo de la ley de la necesidad es de la ley del karma; esa es su manera de expresarlo. La ley del karma dice: Lo que hayas hecho en el pasado sigue dominándote. Estás poseído por el pasado muerto; estás manipulado por el pasado muerto. Lo que hayas hecho ayer se ha convertido en un patrón, una estructura, un carácter, y hoy no haces más que repetirlo. Al repetirlo, lo estarás reforzando. Mañana será más fuerte, y pasado mañana aún más.

Y si sigues repitiendo una cosa una vida tras otra, se crean surcos en tu mente y se convierte en una necesidad absoluta. Simplemente vives como un robot.

Gurdjieff solía decir que el hombre es una máquina. Es verdad. A menos que te conviertas en Buda, eres una máquina. ¿Qué significa la palabra "Buda"? "Buda" significa alguien que está despierto, consciente.

Toma conciencia. El hombre consciente no tiene carácter. Te sorprenderás: Digo que el hombre consciente no tiene carácter, no en el sentido que tú le das a la palabra "sin carácter", sino en un sentido totalmente diferente. Porque no tiene pasado que lo domine, ni estructura, ni patrón. Es pura libertad. Es inocente. Responde al momento, sin respuestas prefabricadas, porque si una respuesta está prefabricada no es una respuesta en absoluto: es una reacción. Refleja el momento tal y como es y, en ese reflejo, actúa.

La persona inconsciente reacciona: la persona consciente actúa. Y si puedes actuar conscientemente, TOTALMENTE en el momento, no creas ningún karma, no creas ninguna estructura. Siempre eres libre, siempre vas más allá del pasado. Sigues deslizándote fuera del pasado como una serpiente se desliza fuera de su vieja piel.

Entonces la vida tiene una belleza tremenda, porque entonces hay poder. Y no es TU poder, así que no es cuestión de ningún viaje del ego. El ego viene del pasado; es parte de la ley de la necesidad. El ego es tu carácter, bueno o malo, pero el ego es la prisión que te mantiene en la esclavitud. El ego surge de todo tu pasado.

Piensa por un momento: si no tienes pasado, ¿quién eres? De repente, todo el edificio del ego se derrumba. El hombre de poder no es realmente poderoso por derecho propio: sólo es un vehículo del poder de Dios. No tiene pretensiones. Simplemente funciona como representante del todo. Es la libertad total, la alegría total. No conoce fronteras, es infinito. El espacio y el tiempo ya no son relevantes para él. Está más allá del espacio y del tiempo.

Ese es el significado de estar iluminado. Desaparecer como personaje, desaparecer como persona, desaparecer como ego... y volverse uno con el todo: UNIO MÍSTICA. Esa unión mística...

y ya no estás, y Dios está. Y Dios es poder.

El puente de la necesidad al poder es la conciencia. Anurag, vuélvete más y más consciente en lo que sea que estés haciendo. Y es tu derecho de nacimiento entrar en el mundo del poder, en el radiante mundo del poder, el luminoso mundo del poder.

La cuarta pregunta

Pregunta 4:

MAESTRO, ¿HA LLEGADO EL MOMENTO DE QUE ME CONVIERTA EN SANNYASIN? ¿PUEDO PREGUNTAR CUÁNDO HA LLEGADO EL MOMENTO?

OCURRIÓ EN UN VIAJE EN BARCO: el loro se sentía terriblemente aburrido y se puso muy contento cuando un día descubrió que también había un mono a bordo. Para pasar el rato, el loro dijo: "Vamos a jugar al escondite".

El mono dijo: "No conozco este juego. ¿Cómo va?"

Entonces el loro le explicó: "Es muy sencillo. Cierras los ojos, te pones de cara a la pared y cuentas hasta cien.

Mientras tanto me escondo y cuando llegues a cien empiezas a buscarme".

Así lo hicieron.

Pero sucedió que la nave explotó en el mismo momento en que el mono llegó a cien.

El loro consiguió encontrar un tablón flotando en el mar. Al cabo de un rato vio al mono mientras nadaba hacia el tablón totalmente agotado. Cuando el mono hubo subido, miró al loro y le dijo: "¡Qué juego más estúpido!".

Siempre que sientas la vida como un juego estúpido, es el momento de sannyas.

Quinta pregunta

Pregunta 5:

¿PUEDE DECIR ALGO MÁS SOBRE LA OBEDIENCIA? ¿NO ES BUENO SERVIR OBEDIENTEMENTE EN UNA CAUSA NOBLE?

LA CONCIENCIA ES LA ÚNICA VIRTUD CONMIGO RECUERDAN. Si sirves con conciencia, es bueno. Si sirves de forma inconsciente, es malo. No se trata de una causa noble. Si eres inconsciente, incluso una causa noble va a ser muy innoble. Lo que importa es la conciencia que aportes.

Puedes mirar en los libros de historia: todo tipo de maldades han continuado en la tierra en nombre de causas nobles. Cristianos. Los mahometanos, los hindúes, han estado luchando, destruyéndose unos a otros, por causas nobles. Comunistas, socialistas, fascistas, han estado trayendo más y más violencia al mundo y más y más asesinatos - por causas nobles.

¿Cree que la causa de Adolf Hitler no era noble? Si no hubiera sido noble, ¿cómo habría podido seguirle una raza tan inteligente como la alemana? Y recuerde que los alemanes son una de las razas más inteligentes del mapa mundial. Las cuatro grandes mentes de esta era que han dominado el mundo entero, todas han venido de Alemania. Friedrich Nietzsche, Sigmund Freud, Karl Marx, Albert Einstein - estos son los cuatro grandes nombres de nuestro tiempo. Todos ellos proceden de la mente alemana, de fuentes alemanas.

¿Cómo pudo un pueblo tan inteligente seguir a este estúpido megalómano, Adolf Hitler? En nombre de una causa noble. La noble causa era: el mundo es un caos y el mundo tiene que ser dominado y gobernado por la gente noble, por los arios. ¿saben ustedes? - la palabra 'arya' significa noble. El mundo tiene que ser dominado y gobernado por los más nobles de los nobles.

ARYA ES una palabra sánscrita. Significa el más noble. Ahora, detrás de la palabra "noble", Adolf Hitler escondía todo tipo de cosas feas. Y miles y miles de personas inteligentes le siguieron, obedientemente - ¡porque la causa era noble! Millones de judíos fueron quemados -en nombre de una causa noble- millones sufrieron en campos de concentración. Y la gente que los torturaba no era gente poco inteligente, era gente MUY eficiente e inteligente. Y cumplían con su deber, obedientemente, por una causa noble.

¿Qué ocurrió en Rusia? Joseph Stalin, otro hombre del mismo tipo que Adolf Hitler, asesinó y masacró a millones de personas, de nuevo en nombre de una causa noble: Hay que instaurar el comunismo, y cualquier sacrificio no es demasiado. Si el comunismo, el paraíso, la sociedad sin clases, puede llegar a la tierra, entonces ningún sacrificio es demasiado.

Y lo mismo ha venido sucediendo a lo largo de los tiempos: las cruzadas cristianas, los JEHADS mahometanos: guerras de religión para SALVAR la religión. Por supuesto, cuando el Islam está en peligro tiene que ser salvado, y la gente que está creando el peligro tiene que ser destruida - en nombre de una causa noble. Cuando el cristianismo está en peligro, entonces todo está permitido. ¿Y quién decide cuándo el Islam está en peligro? ¿Quién decide cuándo el cristianismo está en peligro? ¿Quién decide quién es ario y quién no?

Los judíos piensan que son el pueblo elegido de Dios, y Adolf Hitler piensa que los nórdicos, los arios más puros, son el pueblo elegido de Dios. Ahora bien, no pueden vivir dos personas que piensen que son el pueblo elegido de Dios: uno tiene que ser destruido, el competidor tiene que ser destruido. Mira toda la historia inhumana de la humanidad y siempre encontrarás que es la obediencia a causas nobles lo que ha causado una inmensa miseria, lo que ha hecho de toda la vida de la humanidad una pesadilla.

Tú me preguntas: ¿NO ES BUENO SERVIR OBEDIENTEMENTE EN UNA CAUSA NOBLE?

No. Sirve sólo con conciencia. Obedece sólo con conciencia. La obediencia NO debe ser para algo exterior. La obediencia debe ser algo interior. Debes ser capaz de ver lo que está en juego. Y podrás decir sí o no según tu propia conciencia. Sólo entonces el mundo será un poco mejor, un poco más humano.

Las personas que lanzaron la bomba atómica sobre Hiroshima y Nagasaki -¡sólo dos personas! - podían haber dicho que no. Era tan obvio que las cien mil personas que vivían en Hiroshima eran totalmente inocentes: niños pequeños, mujeres, ancianos. ¿Por qué lanzar una bomba atómica que los destruiría inmediatamente, en cuestión de segundos? En diez segundos Hiroshima era una ciudad muerta. Diez segundos antes, estaba viva. Era la hora... la gente desayunaba, la gente cantaba, la gente hacía TODO tipo de cosas. Sólo unos segundos antes, todo estaba tan vivo. Y después de sólo unos momentos, toda Hiroshima era sólo un cementerio: todo gente muerta.

La persona que lanzó la bomba podría haber dicho que no, pero estaba sirviendo obedientemente a una causa noble.

¿Cuál era la noble causa? - La democracia. Estas grandes palabras son muy peligrosas, porque detrás de ellas se puede esconder cualquier cosa. Ahora, en nombre de la democracia, se esconde el capitalismo. Y en nombre de la igualdad, se esconde el comunismo. Vigila todas las grandes palabras, y siempre que un político utilice una gran palabra, estate atento: debe haber algo sospechoso en ella.

Y no sigas. Es mejor morir... si el hombre que iba a lanzar la bomba atómica hubiera dicho NO, es posible que le hubieran hecho un consejo de guerra. ¿Y qué? Podría haber dicho: "Mátenme ustedes, me parece un mal menor. Me gustaría morir", ¡y habría sido una causa noble!

- "Tú me disparas, pero yo simplemente digo que no. No lanzaré esta bomba atómica sobre gente inocente".

La gente que estaba destruyendo el pobre Vietnam podía haber dicho que no. Y lo mismo se repite continuamente en todas partes, en todo el planeta. Ya es hora de que seamos más conscientes.

La obediencia ha sido explotada. La obediencia ha sido una estrategia muy sutil del político y del sacerdote. Si sale de tu conciencia, si ves que esto es bueno -no que tus líderes, tus políticos, tus sacerdotes, digan que es bueno, sino que tú sientes que es bueno, tiene que ser tu respuesta- entonces hazlo por todos los medios. Pero si ves... tu conciencia individual tiene que decidir. Ese es todo mi punto:

cada individuo tiene que crear su propia conciencia y consciencia - sólo entonces seremos capaces de crear un mundo mejor. De lo contrario, este mundo se suicidará dentro de veinticinco años.

A finales de este siglo, esta tonta idea de obediencia a causas nobles va a destruir a toda la humanidad, y no sólo a la humanidad - con la humanidad, toda la vida en esta tierra, todos los árboles, todos los pájaros, todos los animales - todo tipo de vida. Y hay millones de tipos de vida en esta tierra. Esta tierra es un festival.

Si sigues cargando con esta estúpida idea que te han metido en la cabeza a lo largo de los siglos... a lo largo de los siglos, te han alimentado con esta idea con la leche de tu madre: ¡Obedece! Te enseño la conciencia. Y, por supuesto, de la conciencia surge un tipo de obediencia totalmente diferente. Entonces dices sí porque tu corazón dice sí. Y si tu corazón dice no, entonces dices no, y arriesgas todo por tu no. Eso es dignidad humana.

ARTHUR KOESTLER ESCRIBE SOBRE UN EXPERIMENTO. Medita sobre ello:

El doctor Stanley Milgram puso en marcha una serie de experimentos muy originales. El objetivo de los experimentos era descubrir los límites de la obediencia de la persona media a la autoridad cuando se le ordena infligir un dolor intenso a una víctima inocente en aras de una causa noble.

La noble causa era la educación. En ella participaban tres personas: el profesor, que era la figura de autoridad a cargo del procedimiento; el alumno o víctima; y el sujeto experimental, a quien el profesor pedía que actuara como maestro y castigara al alumno cada vez que daba una respuesta incorrecta. El castigo consistía en descargas eléctricas de intensidad creciente, administradas por el profesor siguiendo sus órdenes. El alumno o víctima era atado a una especie de silla eléctrica. El profesor se sentaba frente a un impresionante generador de descargas que tenía un teclado con treinta interruptores que oscilaban entre quince voltios y cuatrocientos cincuenta voltios. También había inscripciones verbales en la máquina que iban desde "descarga leve" a "descarga intensa" y "peligro: descarga grave".

De hecho, todo el truculento montaje se basaba en la ficción: la víctima era un actor, el generador de descargas era un maniquí. Sólo el profesor, al que iba dirigido el experimento, creía en la realidad de las descargas que se le ordenaba administrar y de los gritos de dolor y de clemencia que profería la víctima.

El procedimiento básico era el siguiente: el alumno tenía que leer una larga lista de palabras emparejadas, como "caja azul", "buen día", "pato salvaje", etc. Luego, en el examen, se le daba una palabra de prueba, por ejemplo, "azul", con cuatro respuestas alternativas, es decir, "tinta, caja, cielo, lámpara", y tenía que indicar cuál era la respuesta correcta. El profesor había dado instrucciones de administrar una descarga cada vez que el alumno diera una respuesta incorrecta y, además, de subir un nivel en el generador de descargas cada vez que el alumno diera una respuesta incorrecta. Había un incremento de quince voltios de un interruptor al siguiente.

Para asegurarse de que el profesor era consciente de lo que hacía, el actor que interpretaba el papel del alumno emitía quejas que aumentaban en estridencia según el voltaje, desde leves gruñidos a partir de setenta y cinco voltios, en un crescendo, hasta que a ciento cincuenta voltios la víctima gritaba: "¡Sáquenme de aquí! No participaré más en el experimento. Me niego a seguir".

Recuerda que el profesor creía que la víctima también era voluntaria.

A trescientos quince voltios, tras un violento grito, la víctima reafirmó con vehemencia que ya no era un participante. No dio ninguna respuesta, pero gritaba de agonía cada vez que se le administraba una descarga. Después de trescientos treinta voltios, no se supo nada más de él... pero el profesor dio instrucciones al sujeto para que considerara la ausencia de respuesta como una respuesta errónea y siguiera aumentando el nivel de descarga según el programa. Después de tres descargas de cuatrocientos cincuenta voltios, suspendió el experimento.

¿Cuántas personas, en una población media, cree que obedecerían la orden de seguir con la tarea de torturar a la víctima hasta el límite de los cuatrocientos cincuenta voltios? La respuesta parece previsible: tal vez uno de cada mil: un sádico patológico.

Antes de iniciar sus experimentos, Milgram pidió a un grupo de psiquiatras que predijeran el resultado. Con notable similitud, predijeron que prácticamente todos los sujetos se negarían a obedecer al experimentador. El consenso de los psiquiatras era que la mayoría de los sujetos no irían más allá de los ciento cincuenta voltios, que es cuando la víctima pide por primera vez que la suelten. Esperaban que sólo el cuatro por ciento alcanzaría los trescientos voltios, y que sólo una franja patológica de aproximadamente uno de cada mil administraría la descarga más alta de la tabla.

En realidad, más del sesenta por ciento de los sujetos siguieron obedeciendo al profesor hasta el final: el límite de los cuatrocientos cincuenta voltios. Recuerde: sesenta por ciento.

Cuando el experimento se repitió en Italia, Sudáfrica y Australia, el porcentaje de sujetos obedientes fue algo mayor. En Munich fue del ochenta y cinco por ciento.

El acto de dar descargas eléctricas a la víctima no procede de impulsos destructivos, sino del hecho de que los sujetos se han integrado en un sistema social que se basa en la obediencia. Para probar este punto, Milgram llevó a cabo otra serie de experimentos en los que se dijo al profesor que era libre de infligir al alumno CUALQUIER nivel de shock de su elección en cualquiera de las pruebas. Aunque se le dio plena oportunidad, casi todos los sujetos administraron los choques más bajos, siendo el nivel medio de choque de cincuenta y cuatro voltios.

Recuerde que la primera queja leve de la víctima llegó sólo a setenta y cinco voltios.

En los experimentos originales, cuando el profesor actuaba siguiendo órdenes, una media de veinticinco de cuarenta sujetos administraron la descarga máxima de cuatrocientos cincuenta voltios. En el experimento de libre elección, treinta y ocho de los cuarenta no superaron los ciento cincuenta voltios -primera protesta en voz alta de la víctima- y sólo dos sujetos llegaron a los trescientos veinticinco y cuatrocientos cincuenta respectivamente. Algunos empezaron a sudar, otros suplicaron al profesor que se detuviera o protestaron porque el experimento era cruel y estúpido. Sin embargo, dos tercios siguieron hasta el final.

Durante siglos se nos ha enseñado a obedecer - y obedecer en la causa noble es una virtud; desobedecer es un vicio, es un pecado. Desobedecer cualquier causa noble te creará culpa. Obedecer te hará sentir bien. E incluso puede que obedezcas a pesar de tu propia conciencia. Verás la inutilidad, la estupidez, la crueldad de ello.

El hombre que lanzó la bomba sobre Hiroshima durmió muy bien esa noche, y por la mañana, cuando le preguntaron cómo se sentía, dijo: "¡Perfecto!". La gente no se lo podía creer. Le decían: "¿Pudiste dormir por la noche? Cien mil personas han sido quemadas por ti, ¿podrías dormir por la noche?".

Dijo: "Dormí MUY bien, porque había cumplido con mi deber. Y cuando uno cumple bien con su deber, se gana un buen sueño".

Truman era el Presidente de los Estados Unidos cuando se lanzó la bomba atómica. Cuando le preguntaron: "¿Cómo se siente?", respondió: "¡Me siento muy bien! Se ha servido a una noble causa: la democracia ha vencido a las fuerzas fascistas".

Recuerda siempre: las grandes palabras son muy peligrosas. Y las grandes palabras tienen un poder muy hipnótico: democracia, Dios, religión, Biblia... las grandes palabras tienen un poder MUY hipnótico sobre ti. Pueden crear una gran inconsciencia en ti, y puedes seguir haciendo cosas que ni siquiera habrías soñado hacer sin esas grandes palabras.

Así que recuerden, la "causa noble" es un juego muy peligroso. ¿Quién decide lo que es noble? Que cada individuo decida según su propia conciencia.

¿Y por qué en Munich el porcentaje era el más alto? - 85%. Porque los alemanes son muy obedientes. Ese ha sido su entrenamiento, ese ha sido su condicionamiento, y han sido alabados por ello. Se ha convertido en parte integrante de su mecanismo interno.

La desaparición del sentido de la responsabilidad es la consecuencia de mayor alcance de la sumisión a la autoridad.

Es muy fácil prescindir de tu responsabilidad. Siempre puedes decir: "¿Qué puedo hacer? - Me lo han ordenado". Y la persona superior puede decir que ha recibido órdenes de una autoridad superior, y así sucesivamente. Incluso el Presidente puede decir: "Me han aconsejado los expertos militares". Y así una y otra vez. Nadie es REALMENTE responsable. Siempre se puede echar la responsabilidad sobre los hombros de otro.

Y una persona realmente religiosa es una persona responsable. Dice: "Soy responsable. Si estoy haciendo algo, entonces soy responsable, y tengo que pensarlo bien, si hacerlo o no. Si mi PROPIA conciencia me lo permite, lo haré; de lo contrario, sean cuales sean las consecuencias, VOY A DESobedecer". "

Así que la obediencia no es un valor para mí en absoluto, ni la desobediencia es un disvalor. Tu propio entendimiento es el valor. FUERA de eso, la obediencia es buena; FUERA de eso, la desobediencia también es buena.

La moral no desaparece, sino que adquiere un significado totalmente distinto: el subordinado siente vergüenza y orgullo en función de la suficiencia con que haya realizado las acciones exigidas por la autoridad. El lenguaje proporciona numerosos términos para precisar este tipo de moral: lealtad, deber, disciplina, obediencia....

¡Grandes palabras! Cuidado con ellas. Siempre ten cuidado con las grandes palabras: MI país, madre patria, patria, iglesia, templo. ¡CUIDADO con todas las grandes palabras! Pueden llevarte a un comportamiento inconsciente y robótico.

Este es ahora el mayor peligro para la supervivencia humana: la capacidad del hombre para abandonar su humanidad, de hecho, la inevitabilidad de que lo haga a medida que fusiona su personalidad única con estructuras institucionales más amplias. No es la ira, la violencia, la agresión, la destructividad, lo que es tan peligroso, sino la idea tan valorada de la OBEDIENCIA.

Resulta irónico que las virtudes de lealtad, disciplina y abnegación que tanto valoramos en el individuo sean las mismas propiedades que crean las energías organizativas destructivas de la guerra y que ciegan a los hombres ante los sistemas malévolos de autoridad.

Recuerda, si queremos crear una nueva humanidad, tendremos que reconsiderar toda la mente del hombre.

El pasado ha creado una mente muy fea - por supuesto, con bellas etiquetas, con bellas sonrisas pintadas, y detrás hay una gran animalidad.

Hago hincapié en el individuo, no en la sociedad, ni en la nación, ni en la religión. Mi énfasis está en el individuo. El individuo tiene que ser liberado de todo tipo de ataduras sociales y esclavitudes. De eso se trata sannyas. Tomar conciencia... y fuera de tu conciencia, la obediencia es buena, la desobediencia es buena. Pero tiene que estar arraigada en tu conciencia - entonces todo es bueno.

Y por desconocimiento, la obediencia es mala, la desobediencia es mala.

Permíteme que te lo recuerde: No te estoy diciendo que seas desobediente, porque si es por desconocimiento, y dices NO, es tan malo como decir sí. No te estoy enseñando desobediencia, desorden, indisciplina. No estoy haciendo ese tipo de cosas en absoluto. Puedo ser incomprendido. Se me está malinterpretando. Lo que digo es que os hago responsables.

El individuo es TOTALMENTE responsable de todo lo que hace. Así que tienes que pensar, meditar y actuar a partir de tus meditaciones

- y todo lo que hagas será virtuoso, y todo lo que hagas será moral, y será un tipo de moral totalmente diferente.

La última pregunta

Pregunta 6:

AMADO MAESTRO, ESTA MAÑANA, CUANDO CONTASTE LA HISTORIA DE LOS DOS OCTOGENARIOS QUE HABLABAN A LA MAÑANA SIGUIENTE DE SU NOCHE DE BODAS, SOLTÉ UNA CARCAJADA AL OÍR EL CHISTE. AL DARME CUENTA DE QUE ESTABA FUERA DE CONTROL, ME TAPÉ LA BOCA CON LA MANO Y ME CONTROLÉ: NO PUEDO EVITARLO. ME ENCANTA ESCUCHARTE CONTAR HISTORIAS. ESPERO CON IMPACIENCIA LA SIGUIENTE DURANTE EL DISCURSO. ¿ESTOY SIENDO FRÍVOLO? ¿DEBERÍA SER MÁS SERIO?

Anand Bario,

LA SERIEDAD ES ENFERMEDAD. La seriedad es patológica. Sé sincero, pero nunca seas serio. Y la sinceridad es totalmente diferente. La seriedad es un fenómeno asumido, fingido; la sinceridad es del corazón. La sinceridad es una especie de intensidad en todo lo que haces.

¡Y estuvo bien que te echaras unas risas! Ahora, esconderla detrás de tus manos es falso, es pseudo. ¡Deja que esté ahí! La risa es buena - buena en todos los sentidos: físicamente, psicológicamente, espiritualmente.

Y esto no es ser frívolo. Nos han enseñado cosas equivocadas, por eso la gente se mueve con caras largas por el mundo. Nos han enseñado cosas TOTALMENTE equivocadas. Los cristianos dicen que Jesús nunca se rió. ¿Por qué? Y yo sé que se reía, lo conozco perfectamente. Pero los cristianos tenían miedo:

Jesús riendo parecerá frívolo. ¿Cómo puede reír un santo? El santo tiene que tener una cara larga. Los santos vienen sólo con caras largas. Y, de hecho, el hombre que tiene una cara larga nunca puede ser un santo.

La risa es una cualidad muy superior. Ningún otro animal, excepto el hombre, puede reír. Si de repente en la carretera ves a un búfalo riendo... te volverás loco. ¡Nunca volverás a ser el mismo! Ningún otro animal puede reír, excepto el hombre. Es dignidad humana que el hombre pueda reír - es dignidad humana, gloria.

La risa es algo espiritual. Pertenece sólo a la inteligencia superior. Cuanto más inteligente eres, más capaz eres de reírte de las cosas. No sólo de las cosas, sino también de ti mismo. Te vuelves capaz de ver todo el gran absurdo de la vida, esta gran ridiculez de la vida.

Los cristianos hicieron que Jesús pareciera muy triste. Por eso las pinturas de Jesús o las esculturas de su rostro son un poco feas. No tienen la alegría que expresa Krishna: su flauta, su danza. No tienen la risa que se ve en los cuadros de Bodhidharma o de Lao Tzu. No tienen esa cualidad soberbia que encontrarás en un genio como Chuang Tzu, el genio del absurdo.

Jesús debió de reírse, porque era un hombre muy terrenal. Le encantaba la buena comida, le encantaba la buena compañía, le encantaba la gente. Comía bien, y también era un borracho. Ahora, ¿un borracho y no reírse? - Eso es imposible. Y debe haber estado contando chistes. ¡Créanme! ¿Un borracho y no contando chistes? Los escritores del evangelio deben haberlos dejado caer. Incluso mis editores a veces piensan que esto es demasiado, ¡imprimible! Pero no les permito que omitan nada.

Los evangelios se escribieron después de la muerte de Jesús, trescientos años después, por lo que los redactores tenían libertad absoluta para hacer lo que quisieran. Sé que se han suprimido bellos chistes. Jesús era judío, y los judíos tienen los mejores chistes del mundo.

Bario, no te preocupes por la frivolidad. Y a veces incluso ser frívolo es hermoso. Incluso ser frívolo tiene a veces una grandeza, una ingravidez, una belleza, una bendición. Acepto la vida en todos sus colores, todo el arco iris: desde la frivolidad hasta la sinceridad.

Sólo para ti contaré dos chistes:

el padre de finkelstein estaba muy descontento porque su hijo hacía regularmente las dos cosas que se supone que no debe hacer un buen judío: comer jamón y salir con mujeres no judías. finalmente se quejó al rabino.

"Rabino", exclamó, "no sé qué hacer. Cada vez que mi hijo Ezra ve algo de jamón, inmediatamente le hinca el diente, y cuando ve a una chica no judía, la abraza y la besa."

Así que Esdras tuvo que ir a ver al rabino. "¿Qué es eso que me cuenta tu padre?", le preguntó el rabino en voz alta. "¿Le hincas el diente a bocadillos de jamón y besas a chicas cristianas? ¿Qué te pasa?"

"Rabino, ¿qué puedo hacer?", dijo Ezra disculpándose, "¡estoy loco!".

"Tonterías", dijo el rabino. "Si mordieras a la chica y besaras el bocadillo de jamón… ¡Entonces estarías loco! Pero tal como están las cosas, todo está en orden y eres perfectamente normal. Pero no lo vuelvas a hacer".

Y la segunda:

Había un dueño-operador de un bar que era constantemente asediado con peticiones de sus clientes masculinos sobre nombres de prostitutas y su paradero.

Un día decidió que era estúpido no aprovechar esta fuente de ingresos, así que fue a buscar un par de chicas y las instaló en un par de habitaciones sobre el bar. Cuando un cliente quería una chica, simplemente las enviaba arriba.

Un par de días después de comenzar este nuevo negocio, un cliente volvió del piso de arriba muy descontento y se quejó al hombre de la pésima mamada que le acababan de hacer.

El dueño ordenó al hombre que le siguiera escaleras arriba, llamó a las tres chicas que estaban trabajando para que se reunieran en el dormitorio, le dijo al hombre que volviera a la cama, se giró hacia las chicas y les dijo: "Vale chicas, os voy a enseñar CÓMO sólo UNA vez más, ¡así que joder, hacedlo bien!".

No te preocupes por la frivolidad: forma parte de la vida. Y una vida de verdad lo contiene todo; tiene todos los matices, todas las notas y todos los colores. Así que, Bario, puedes echarte unas risas. No hace falta que lo escondas.

Quiero que mi casa sea un lugar de risas, de alegría, de fiesta. Quiero ser un festival para ti.

Hablo en serio

La primera pregunta
Pregunta 1:

MAESTRO - BUDA, MAHAVIRA, MOHAMMED Y CRISTO FUERON HOMBRES ILUMINADOS. INTENTARON ENSEÑAR A SUS DISCÍPULOS LOS MÉTODOS PARA ILUMINARSE. ellos querían formar una cadena interminable de personas iluminadas y, en lugar de iluminarse, casi todos ellos trataron de ser lo suficientemente astutos como para engañar a la gente común haciendo negocios a gran escala detrás de estos grandes hombres. ¿PODRÍA EXPLICAR LA RAZÓN DE ESTO? ¿SE CONVERTIRÁ ESTE ASHRAM EN EL JEFE DE FUERZA DE TAL NUEVO NEGOCIO?

James P. Thomas,

TODO LO QUE NACE MUERE. La flor que está por la mañana, llena de vida y jugo, al atardecer habrá desaparecido. Es una ley natural: nada puede vivir para siempre. Con el tiempo, las cosas aparecen y desaparecen. Con el tiempo, todo es una burbuja de jabón. No condenas la flor de la mañana porque al atardecer los pétalos se hayan marchitado, ¿o sí? No condenas el amanecer porque una vez que ha salido el sol se acerca el ocaso.

Cuando hay un Buda, florece una flor. Pero no puede permanecer para siempre, el tiempo no es así. La flor desaparecerá. Y el hombre es astuto y calculador. Unas cuantas personas astutas y calculadoras se reunirán alrededor; harán un negocio de ello - eso también es natural. Cuando

Si un Buda no está allí, todo lo que haya hecho se convertirá en un negocio. Pero eso NO es razón para que un Buda deje de hacer lo que sea que esté haciendo. Incluso sabiendo perfectamente que las cosas se deteriorarán, un Buda lo intenta con todo su corazón: vive su luz, comparte su luz, vive su amor, comparte su amor. Y aquellos que son lo suficientemente receptivos se iluminan. Aquellos que son inteligentes absorben la energía del Buda, y se transforman a través de ella. No se preocupan por lo que va a ocurrir más tarde; no hay por qué preocuparse.

James P. Thomas, estás aquí - en lugar de convertirte en sannyasin estás preocupado por lo que pasará más adelante: ¿SE CONVERTIRÁ ESTE ASHRAM EN EL JEFE DE FUERZA DE TAL NUEVO NEGOCIO? Está destinado a serlo. Siempre ha sido así, siempre será así. Antes de que llegue a serlo, te conviertes en un sannyasin. Mientras estoy aquí, déjame transformarte. ¿Y por qué deberías preocuparte por el futuro? También habrá futuros Budas. Siempre siguen sucediendo.

Así que los que quieren iluminarse, buscan y buscan a un Buda viviente. Y SIEMPRE están ahí; nunca han faltado en la Tierra. A veces un Jesús, a veces un Mahavira, a veces un Mahoma, a veces un Pitágoras, siempre están ahí. Los que tienen sed, siempre los encuentran. Pero hay millones que no tienen sed.

Esos millones que no tienen sed, también quieren fingir que la tienen. Esos millones que no tienen sed y, sin embargo, quieren fingir que son religiosos, buscadores de la verdad, se convierten en las víctimas de los astutos y los listos, de los sacerdotes.

Los curas consiguen explotar porque hay gente que quiere ser explotada. Es un acuerdo perfecto. Los curas no pueden hacer negocio con la religión si hay verdaderos buscadores: se darán cuenta; no se les puede engañar. Pero, de hecho, hay millones de personas que no quieren saber la verdad y, sin embargo, no están dispuestas a aceptar que no quieren saber la verdad. Eso duele. Para esas personas se necesitan verdades de plástico. Para esas personas se necesitan flores de plástico. Y las flores de plástico tienen una cosa: nunca se marchitan.

Esto hay que entenderlo: lo falso tiene una vida más larga que la verdad, porque lo falso se adapta al proceso del tiempo; forma parte de él. Lo verdadero viene del más allá; no forma parte del tiempo, forma parte de la eternidad. No pertenece al tiempo. Entra en el tiempo, pero es extranjera. El tiempo no puede absorberlo, y no puede ajustarse al tiempo. Así que sólo por un momento ves la luz de un Buda... y luego desaparece. Sólo por un instante la eternidad deja entrever el mundo del tiempo.

Así es como muere una flor de verdad. Pero la flor de plástico permanece. De hecho, ahora los científicos, sobre todo los que están interesados en NO contaminar la naturaleza, los que están orientados a la ecología, están muy preocupados por el plástico, porque el plástico es algo que nunca muere. No puede ser absorbido de nuevo por la tierra; permanecerá por los siglos de los siglos. Si tiras una bolsa de plástico o cualquier cosa que esté hecha de plástico, permanecerá. La tierra no puede reabsorberlo, el mar no puede reabsorberlo. Es TAN irreal que persistirá.

Las mentiras persisten durante miles de años; las mentiras tienen su propia forma de permanecer, porque se ajustan al tiempo, forman parte del tiempo. Pero la verdad es algo extraño en el mundo del tiempo. Es intemporal.

Es un milagro que de vez en cuando se exprese en la dimensión del tiempo - es un milagro. El Buda, el Cristo - son milagros... algo que no debería ser, algo que va contra la ley de la necesidad; algo que sigue la ley del poder, de la gracia, y viene del más allá. Ese rayo va y viene.

Millones de personas quieren fingir ser religiosas. Esta es la gente que va a las iglesias y a las mezquitas y a los templos y a las GURUDWARAS. Son los que quieren una religión barata. Sólo quieren un tipo formal de religión, una religión de domingo. No quieren realmente comprometerse; están jugando a un juego. Y el juego parece ser rentable en su vida mundana - el que va a la iglesia es respetado, y la persona que es respetada puede engañar mejor que nadie.

Se piensa que el feligrés es religioso; nadie piensa que vaya a engañar, por lo que puede engañar más fácilmente. La iglesia encaja perfectamente en el mercado; forma parte del mercado.

Jesús siempre fue un inadaptado; si no, ¿por qué lo crucificó la gente? La gente nunca ha crucificado a los sacerdotes; siempre ha crucificado a los Budas. Un Sócrates es peligroso, perturbador, chocante; pero el sacerdote es perfectamente bueno: consuela, ayuda a hacer tu vida más fácil a través de sus mentiras. Sus mentiras funcionan como amortiguadores. Te ayuda de todas las maneras posibles a vivir la falsa, pseudo vida que estás viviendo. Te ayuda a olvidarte de la verdad, y te da la verdad y a Dios de formas tan baratas que no necesitas arriesgar nada en absoluto.

Siendo cristiano no arriesgas, siendo hindú no arriesgas. Siendo seguidor de Jesús, arriesgas. Estar conmigo es un riesgo. Estar con el Shankaracharya no es un riesgo. Estar conmigo es costoso, te creará mil y un problemas. A menos que uno esté REALMENTE comprometido con la verdad, REALMENTE involucrado, REALMENTE sediento y hambriento de Dios, uno no puede estar aquí conmigo.

Pero millones de personas quieren flores de plástico. Las flores de plástico son muy cómodas; no hace falta cultivarlas; no hay que tomarse la molestia de cultivarlas. Cultivar flores de verdad es problemático: pensar en la tierra, preparar el terreno, traer el abono y los fertilizantes y el agua, y luego proteger. Además, siempre es impredecible lo que va a ocurrir.

Las flores de plástico son muy prácticas, ya que vienen hechas. No se necesita tierra, ni preparación, ni jardinería, nada de eso. Y no se marchitan. De vez en cuando puedes darles un buen baño, y volverán a estar tan frescas como siempre. Sólo acumulan polvo, eso es todo; el polvo se puede lavar.

Así son las creencias: flores de plástico. Pero millones de personas quieren flores de plástico, de ahí que el cura pueda explotarte. Recuerda siempre una de las leyes más fundamentales de la economía: donde haya demanda, habrá oferta. Como se demanda lo falso, hay falsificadores.

Y este es un proceso natural. No estoy diciendo, no puedo decir, que mi lugar no se convertirá en un negocio un día - que va a llegar a ser. Mientras tanto, Tomás, si estás realmente interesado, aprovecha la oportunidad que YO SOY y no te molestes por estas cosas. Tú también debes haber estado cerca de Jesús - HABÍA un Tomás... se le conoce como Tomás el que duda. Su nombre se ha convertido en un símbolo de duda. Debes haber estado cerca de Budas y debes haber estado haciendo la misma pregunta. Y usted vuelve a hacerse la misma pregunta.

¿Cuál es TU preocupación? Unos pocos quieren ser engañados, y unos pocos quieren engañar, ¡así que está perfectamente bien! ¿Qué hay de malo en ello? Si no hay nadie que te engañe, ¿qué les pasará a los que quieren ser engañados? Se sentirán muy desgraciados. No podrán vivir sus vidas como quieren. Así que no pasa nada; juegan al escondite. Si quieres jugar al escondite, hay muchos negocios alrededor. Y debes formar parte de alguna iglesia, de alguna religión, de algún credo.

Toda verdad, tarde o temprano, será organizada. Y en el momento en que se organiza, muere.

Hay una historia famosa:

Un discípulo del Diablo vino corriendo hacia él y le dijo: "¿Qué haces aquí? Un hombre -mira a la tierra, sentado bajo ese árbol- se ha iluminado. Ha encontrado la verdad. Todo nuestro negocio está en juego, ¿y qué haces tú aquí? Tenemos que HACER algo".

Ciertamente, si alguien encuentra la verdad, entonces está en juego toda la existencia del Diablo, que vive de la mentira. Pero el discípulo debía de ser un nuevo discípulo, sólo un aprendiz. El viejo Diablo se rió y dijo: "No te preocupes. Deja que la encuentre - nosotros la organizaremos, y una vez que una verdad está organizada, muere".

Y todas las verdades SERÁN organizadas. No hay manera de protegerlas, no hay manera de hacer salvaguardas; no hay posibilidad. Toda verdad será organizada. Toda verdad se convertirá en una religión.

Así que el único camino para el perceptivo es: mientras el Buda esté allí, bebe de él todo lo que puedas, y olvídate de todo lo que vaya a pasar después. Esta es la única manera inteligente.

La segunda pregunta

Pregunta 2:

HAY MUCHAS COSAS SOBRE TU SANNYAS QUE NO ENTIENDO. QUIERO SER SANNYASIN, PERO ANTES DE DAR EL SALTO QUIERO ENTENDERLO TODO AL RESPECTO.

SIGNIFICA QUE NO QUIERES DAR EL SALTO. Si lo has entendido todo antes de dar el salto, no es un salto, es una conclusión. Tu mente está convencida de ello. Has llegado a ella a través de un proceso lógico.

Un salto significa algo ilógico. Un salto significa: CREDO QUIA ABSURDUM. Un salto significa: Me he enamorado, no de la lógica. El proceso lógico es un proceso del ego: decides y luego, ciertamente, sigues tu decisión. No es un salto. Un salto es ir hacia la oscuridad; un salto es ir hacia lo desconocido; abandonar lo conocido e ir hacia lo desconocido es el significado de un salto. Y cuanto más grande sea, mejor, porque en el MISMO salto te reencarnas, en el MISMO salto desaparece lo viejo y llega lo nuevo. Un salto tiene que ser una crucifixión, y luego le sigue una resurrección.

Una conclusión lógica es un continuo; no hay vacío. Una cosa lleva a la otra; están unidas en una cadena. Un silogismo es una cadena. Si quieres entenderlo todo sobre sannyas y entonces darás el salto, entonces no será un salto en absoluto. Y nunca saldrás de tu mente.

Será tu mente decidiendo, será tu mente funcionando, y a través de su funcionamiento se va a fortalecer más.

Un salto significa que estás cansado de tu mente, que estás completamente cansado. Ya has visto todos sus estúpidos juegos. Quieres abandonarla. El amor no es una conclusión: es abandonar la mente. Por eso la gente lo llama "enamorarse", ¿por qué "enamorarse"? La mente lo considera una caída; es una condena de la mente. Si

Si le preguntas al corazón, el corazón te dirá "enamorarse", no "enamorarse". Uno se levanta enamorado, no se cae. Pero la mente, la cabeza, lo condena llamándolo una caída, que has caído de tu claridad lógica; de tu perspicacia lógica, habilidad, has caído. Te has vuelto emocional, sentimental.

Has caído hacia atrás.

La logica es basicamente una condena de todo amor. Y sannyas tiene que ser una aventura amorosa. Es enamorarse de un Maestro. Es una relación de amor.

Y, en segundo lugar, sannyas no es una filosofía que puedas entender. No es una teología que se pueda poner intelectualmente a tu disposición. Es una experiencia. Y para entendér una experiencia, tienes que entrar en ella. No puedes poner como condición que "primero lo entenderé, luego entraré en ello". Eso sería tan absurdo como si alguien dijera: "Probaré este dulce sólo cuando haya comprendido su sabor".

Sólo lo comeré cuando haya comprendido su sabor". ¿Cómo vas a entender el sabor del dulce? Si esta es tu condición, que "primero tengo que conocer el sabor, sólo entonces comeré", entonces no vas a comerlo nunca - porque la única manera de saborearlo es saboreando.

Sannyas es una experiencia, un gusto. Tienes que convertirte en un participante. No puedes observar desde fuera. Sannyas no es algo objetivo: es algo totalmente subjetivo. Es pura subjetividad.

NO es como la ciencia. El científico va al rosal, comprende, intenta comprender, analiza, experimenta con la rosa. Diseccionará la rosa; encontrará muchas cosas, pero no encontrará la rosa y su belleza. Encontrará otros elementos. Encontrará cuánto hay de tierra, cuánto hay de agua, cuánto hay de aire y cuánto hay de sol: encontrará TODAS estas cosas. Sólo desaparecerá la rosa.

No encontrará una cosa que era muy, muy significativa, que era realmente el significado de la rosa: no encontrará ninguna belleza en ella. Ningún científico ha encontrado todavía belleza en una rosa. Si hablas de belleza, se ríe -se ríe a sabiendas-, estás diciendo tonterías. La belleza no es un componente en absoluto. Pero sabes que la belleza está ahí, aunque no se pueda demostrar en un laboratorio científico. Entonces, ¿cómo conoces la belleza?

No diseccionando la rosa, no leyendo sobre la rosa, sino participando con la rosa, haciéndote uno con la rosa, hay momentos en los que te haces uno con la rosa. Cuando el observador desaparece en lo observado, cuando el observador es el observador y el observador es lo observado, se produce un momento de profunda intimidad, de comunión. Cuando el poeta no está fuera de la rosa sino que ha entrado en ella, cuando la rosa no está ahí como un objeto sino que ha penetrado en el alma misma del poeta, en ese encuentro surge la comprensión.

Esa comprensión no es conocimiento científico - es experiencia poética. Sannyas es una experiencia poética no un conocimiento científico. Así que si haces de esto una condición, nunca podrás convertirte en un sannyasin, nunca serás capaz de conocer esta experiencia poética que se pone a tu disposición aquí.

Perderás esta oportunidad. Estás pidiendo lo imposible; el deseo no puede cumplirse.

El escenario era el restaurante Elaine's, en la Segunda Avenida de Manhattan, un sábado por la noche lleno de gente.

Un desconocido entró por la calle y anunció pomposamente que, incluso con los ojos vendados, podía identificar cualquier vino. El reto fue aceptado de inmediato. Le colocaron un paño oscuro sobre los ojos y le entregaron un vino tras otro.

"Lafite-Rothschild, 1958", anunciaba. O "Bernkasteler Badstube, 1951". Y siempre tenía razón.

Finalmente, alguien le entregó un vaso que no pudo identificar. Sorbió y volvió a sorber...

de repente lo escupió y se quitó la venda de los ojos. "¡Joder, tío! ¡Esto es orina! Simple orina fresca!"

"Sí", dijo una vocecita de fondo, "¿pero de quién?".

No me exijas cosas imposibles.

Sannyas tiene que ser experimentado, no entendido intelectualmente. Estás haciendo una demanda imposible. Y la exigencia parece muy lógica, al menos en apariencia. ¿Alguna vez has puesto como condición que antes de entrar en una relación amorosa tendrás que comprender qué es el amor, a menos que hayas comprendido todo sobre el amor nunca entrarás en el amor? Entonces, ¿cómo vas a entender el amor? ¿Consultando la Enciclopedia Británica? ¿Leyendo artículos y documentos eruditos sobre el amor?

escuchando a los grandes amantes y sus poemas? Puedes aprender mucho sobre el amor, pero el amor no es el amor. Saber sobre el amor es una cosa, y conocer el amor es totalmente diferente, completamente diferente. De hecho, la persona que sabe demasiado sobre el amor puede no llegar a conocerlo del todo, porque se sentirá engañada por su conocimiento. Pensará: "Ya lo he conocido". Pensará que ya lo sabe, así que no es cuestión de buscar otra forma de conocer.

Hay dos formas de conocer. Una es permanecer fuera como observador, distante, distanciado, frío: la vía científica. Y la otra es la forma mística: implicarse apasionadamente, no permanecer frío y distante; comprometerse, no permanecer en guardia; dar un salto, un salto cuántico. Se necesitan agallas, valor.

Y el mayor valor del mundo es abandonar lo conocido por lo desconocido. Es sólo para el alma aventurera. Sannyas no es para todos; no puede serlo. No es para la mentalidad de rebaño. Es sólo para unos pocos, los pocos leones que pueden precipitarse rugiendo de lo conocido a lo desconocido.

Y puedes seguir racionalizando tu cobardía de millones de maneras. Esta es una de las formas más bellas de racionalizar tu cobardía: "¿Cómo puedo dar el salto? porque a menos que lo entienda, el salto es ilógico - y uno debe ser lógico". Si sigues siendo lógico, toda tu vida seguirá siendo superficial.

La lógica no puede darte profundidad. La profundidad siempre viene con el amor, y el amor es un asunto de locos.

Un sannyasin, Al Masta... Al Masta significa loco, locamente enamorado. Hace sólo unos días tomó sannyas. Hoy ha dicho que se movía en tal beatitud, en tal éxtasis, estos pocos días que ha sido sannyasin; subía y subía en un crescendo. Ahora ha llegado su novio y el novio ha dicho: "¡Todo esto es un negocio!". Ella me ha preguntado: "¿Qué debo hacer? ¿Decirle que se largue? o ¿debo tener paciencia?".

Al Masta, ten paciencia - el amor sabe ser paciente. Deja que sienta tu energía. Puede que esté cerrado a mí, pero te ama, déjale sentir tu energía. Y tu energía es ahora mi energía, no te preocupes.

Baila, canta, Vierte tu energía en su ser. Hazle sentir que te ha ocurrido algo tremendamente importante. No intentes convencerle, porque no son cosas que se puedan discutir.

Sannyas nunca puede ocurrir por convicción. Es una conversión. Así que no trates de discutir. Si discutes, hay muchas posibilidades de que destruya tu alegría. Todos los argumentos son peligrosos para la alegría. Y una vez que

ha llegado a ser capaz de destruir tu alegría, empezarás a sentir que puede tener razón. Te creará dudas fácilmente.

Si discutes, perderás. No discutas. Hay una forma mucho mejor de conversión: bailar. Cuando discuta, ponte a bailar. Abrázale, quiérele, dale besos... cuando discuta, ¡vuélvele loco! Hazle sentir que ahora eres una persona totalmente diferente.

Y te he dado el nombre de 'Al Masta' - compórtate como un amante loco. Y no te preocupes por sus argumentos. Y si no te preocupas demasiado por sus argumentos, él se preocupará por el cambio que ha ocurrido en ti y que está ocurriendo cada día. Entonces sospechará de lo que está diciendo, entonces le crearás dudas.

Y esta duda será totalmente diferente de la que él puede crear en ti. Lo que el puede crear en ti sera solo una duda intelectual, solo una cosa impotente. Pero si puedes crear una duda existencial en él, que algo te ha pasado a ti y a él también le gustaría que le pasara, entonces el trabajo está hecho.

No le digas: "Piérdete". Si quiere perderse, se perderá por sí mismo; no hace falta que se lo digas. Si amas al hombre, hombre, esta es la oportunidad de compartir tu alegría con él. Y déjale decir que esto son negocios y todo... nada de lo que preocuparse. ¡Esto son negocios! ¡Quiero decir negocios!

Pero esto no es un asunto ordinario, es algo divino. ¿Pero cómo puede entenderlo? Debe tener miedo; ahora su mujer se ha ido. Debe aferrarse y discutir y tratar por todos los medios de distraerte, porque ahora ya no le perteneces a él, me perteneces a mí. Ese es el miedo. Debe sentirse muy celoso; debe sentir que te ha perdido. Intentará convencerte por todos los medios. Escucha sus argumentos, pero no discutas, disfruta. Cuando discuta, provoque que discuta más. Pronto se quedará sin argumentos; argumentos no hay muchos. Escúchale con paciencia y cariño, y verás cómo él también cambia.

Una vez que eres un sannyasin, estás conectado conmigo. Y si permaneces receptivo, mi energía puede derramarse a través de ti hacia cualquiera. Así es como estoy trabajando: No salgo de mi habitación en absoluto y mi trabajo continúa en los seis continentes. Es a través de mis sannyasins. Son mis extensiones, son mis manos, son mis ojos, son mis corazones. El que ha preguntado ha dicho que primero se necesita una convicción intelectual, luego sannyas... entonces nunca va a suceder. primero sannyas, luego convicción - así es como sucede, ese es el curso natural.

Hazte sannyasin. La idea ya ha agitado tu corazón, de lo contrario no habría surgido la pregunta. Tu corazón ya late un poco más rápido, tu respiración ya siente la fragancia.

Ya has tocado la periferia de este campo búdico, ahora sumérgete en él ....

Y las convicciones y conclusiones llegarán a su debido tiempo. Y cuando surgen de la experiencia tienen una tremenda validez, verdad en ellas. La única verdad válida es aquella a la que se llega a través de la experiencia.

La tercera pregunta

Pregunta 3:

QUERIDO MAESTRO, HOY HAS HABLADO DE LA HOMOSEXUALIDAD Y NOS HAS HECHO REÍR CON LA IDEA DE QUE TODOS LOS HOMBRES CAMINEN COGIDOS DEL BRAZO POR LAS CALLES Y SE LLAMEN "CARIÑO" LA RISA ES BUENA, POR SUPUESTO, PERO A VECES TIENE UN PUNTO DE BURLA. COMO GAY, ME SENTÍ MENOSPRECIADO EN ESE MOMENTO. POR FAVOR, HABLEN DE CÓMO LOS GAYS O LOS NEGROS O LOS JUDÍOS O CUALQUIER OTRA MINORÍA PUEDEN RECIBIR Y ACEPTAR ESAS RISAS.

Pradipam,

NO ERES LA ÚNICA PERSONA GAY AQUÍ. Tenemos muchos gays y también muchas lesbianas. Este es un mundo en miniatura: aquí hay todo tipo de gente; en mi jardín hay todo tipo de flores, todo tipo de plantas. No es tanto un jardín como una jungla. Y lo acepto todo: plantas silvestres y de todo tipo. Todo el mundo es bienvenido.

¿Por qué sólo tú te perturbaste? Aquí hay gays muy famosos. De hecho, nunca supe, Pradipam, que tú también eras uno de ellos. ¿Por qué te has molestado? ¿Por qué nadie más se ha ofendido? Han aprendido a aceptar - ¡porque esa es toda mi enseñanza! Acepta a quienquiera que seas. Sin condenas, sin juicios, sin evaluaciones. Si eres homosexual, ¡¿qué más da?! Disfrútalo. Dios te ha hecho así. Es su manera de expresarse a través de ti.

Y ha habido grandes homosexuales, desde Sócrates en adelante.

Si echas un vistazo a la larga historia de los homosexuales, te sorprenderás: han tenido mejor compañía que los heterosexuales. De hecho, grandes poetas de talento, pintores, músicos, artistas... todos tenían tendencia a la homosexualidad. Hay algo en ello, y ese algo hay que entenderlo: ¿por qué artistas, pintores y poetas? Porque son personas inventivas, nunca están satisfechas con las cosas tal y como las encuentran, intentan hacer cosas nuevas.

Ahora bien, la heterosexualidad es un fenómeno natural; es simplemente un hecho dado. Las personas inventivas empiezan a probar nuevas formas de relacionarse; son imaginativas. Enamorarse una y otra vez de una mujer o de un hombre les parece rutinario. Les gustaría probar nuevos experimentos. Éstas son las personas que han inventado la homosexualidad. Son inventores.

Y algunos han ido incluso un poco más allá: se han convertido en bisexuales. Ahora el bisexual piensa que el homosexual está un poco atrasado. El bisexual es más fluido, puede adaptarse a una mujer o a un hombre. Tiene muchas más oportunidades de hacer el amor. Nunca pasará hambre; siempre puede encontrar un amante, un amado.

En el fondo debes de sentirte culpable; por eso te has ofendido. De lo contrario, te habrías reído y habrías disfrutado de la broma. Y, de hecho, yo no soy responsable de haber dicho esas palabras; adivina quién es el responsable... Y no creo que puedas adivinarlo. ¡El Papa!

El Papa hizo un viaje a Tierra Santa. El último día fue a la montaña del Calvario y rezó sus oraciones. Bajó la colina con un aspecto muy santo y solemne, con su incensario colgando de la mano. Un homosexual que le había estado observando desde lejos se acercó al Papa, le tiró muy suavemente de la manga y le dijo: "Hola, cariño, tu bolso está ardiendo".

Esa idea me la dio el Papa. Pero, Pradipam, por favor, no te ofendas: no estoy en contra de nadie.

Negros, judíos u homosexuales: no estoy en contra de nadie. Mi mensaje es de aceptación total.

Pero yo no invento estos chistes: mis sannyasins me los siguen enviando. Así que si tienes algunos chistes contra los heterosexuales, por favor envíamelos. Los chistes que recibo, los utilizo.

A veces algunas mujeres me han escrito cartas diciendo: "Tus chistes son siempre contra las mujeres".

¿Qué puedo hacer? Envíenme chistes contra hombres. No me interesa inventar chistes, pero la gente sigue enviándomelos. Envíenme cualquier tipo de chiste y lo utilizaré.

Pero este sentimiento de culpa no es bueno. En el fondo sientes que estás haciendo algo mal, por eso te duele. Tienes una herida dentro;

puede que la hayas tapado, pero la herida está ahí. Y si me entiendes, descubre la herida. Sólo cuando la descubras podrá curarse. Deja que el sol la cure y que el viento la cure. ¡Descúbrela!

Es perfectamente correcto, seas lo que seas. No es asunto de NADIE más. Si dos hombres se sienten bien estando juntos, no es asunto de nadie más interferir. Ninguna ley, ningún gobierno, ninguna religión, ninguna iglesia, debe intervenir. Si AMBOS son felices, es perfectamente su propia decisión. Y queremos que el mundo sea feliz, y estas dos personas están contribuyendo a la felicidad del mundo al ser felices juntos.

Si dos mujeres se sienten bien estando la una con la otra, el mundo es más feliz por ello, mejor por ello. No les hagas sentirse culpables innecesariamente. Pero la culpa persiste, porque a lo largo de los siglos se os ha enseñado que la homosexualidad es un pecado; a lo largo de los siglos se os ha enseñado que es uno de los mayores pecados.

Quizá le sorprenda saber: ha habido estados en América, hace apenas cien años, en los que el castigo por homosexualidad era la cadena perpetua. Y ha habido países donde uno era decapitado si era sorprendido en alguna relación homosexual.

La humanidad ha sido tan estúpida en el pasado. Y TODOS llevamos esos condicionamientos en lo más profundo del inconsciente colectivo.

Un ventrílocuo -quizá fuera Sarvesh- conducía por el campo cuando se sintió atraído por una gran granja. Pidió que se la enseñaran y se la enseñaron.

Mientras le enseñaban el establo, al ventrílocuo se le ocurrió divertirse un rato. Procedió a hacer hablar a uno de los caballos.

El jornalero, con los ojos muy abiertos por el miedo, salió corriendo del granero hacia el granjero. "Sam", gritó, "¡esos animales están hablando! Si esa ovejita dice algo de mí, ¡es una maldita mentira!".

Así es como surge la culpa. No puedes esconderla, tiene su forma de manifestarse.

Condenas tu homosexualidad: así es como ha surgido tu pregunta. De lo contrario, te habrías reído, ¡lo habrías disfrutado! Y a menos que un hombre sea capaz de reírse de sí mismo, no sabe lo que es la risa y la belleza de la risa. Reírse de los demás es muy simple; es violento, es cruel. Reírse de uno mismo tiene algo de espiritual. Pero seguimos escondiéndonos detrás de racionalizaciones.

Ahora crees que se ofende a la minoría homosexual. Una cosa deberías saber: No soy ni heterosexual, ni homosexual, ni bisexual, por lo que no puedo estar en contra de esto y a favor de aquello. Ya no pertenezco al mundo del sexo. El sexo ya no tiene sentido - por eso puedo aceptarlos a todos.

Vuestros supuestos santos no serán capaces de aceptaros a todos, porque pertenecen al mundo del sexo; ellos mismos siguen siendo seres sexuales: reprimidos, obsesionados, quizá en contra, pero estar en contra significa que sigues obsesionado. No estoy ni a favor ni en contra, ni a favor de esto ni de aquello. Simplemente no importa. Se trata simplemente de juegos que la gente disfruta jugando, es diversión, eso es todo. No tiene nada de serio. Es infantil. Heterosexual, homosexual, bisexual, todo es infantil.

Un día espero que crezcas más allá de todo esto. Y entonces ocurre un fenómeno totalmente diferente: en Oriente lo hemos llamado BRAHMACHARYA. Occidente no tiene una palabra equivalente para ello - porque en Occidente la conciencia nunca ha penetrado hasta esa altura. La palabra 'celibato' es una mala traducción, y con feas connotaciones.

Celibato" significa simplemente no tener relaciones sexuales; es una palabra negativa. El célibe puede no estar más allá del sexo; puede estar simplemente absteniéndose. BRAHMACHARYA significa en realidad: vivir como un Dios.

El significado literal es: vivir como Dios. ¿Qué significa? - Vivir como Dios. Significa que el sexo simplemente ha desaparecido: ese humo ya no rodea la llama de tu ser; tu llama de ser no tiene humo. Y cuando el sexo ha desaparecido por completo, toda la energía que contiene la sexualidad se libera en amor, en compasión.

Pero al sentirte ofendido, te expusiste. En cierto modo, esto es bueno. Ya no te sientes culpable. Y siempre es bueno exponerse en total desnudez. No tengas miedo, porque es la única manera de conocerse a uno mismo: exponerse.

Cuenta la leyenda que Sigmund Freud y Carl Jung viajaban juntos en tren y que, durante el trayecto, Jung comenzó a analizar a Freud, indagando cada vez más en su psique en un intento de descubrir el origen de su neurosis. Freud se mostraba evasivo, así que cuando Jung estuvo a un pelo de la esencia de Freud, le pidió con impaciencia que le revelara su ser más íntimo, su verdadero yo.

"No puedo", se negó Freud. "Hacerlo sería renunciar a mi autoridad".

Ante eso, Jung se sentó y suspiró: "Entonces ya lo has perdido".

El verdadero hombre siempre está dispuesto a exponerse hasta la médula, porque no tiene miedo. Cuando Freud dice esto: "No puedo exponer mi verdadero yo porque hacerlo sería renunciar a mi autoridad", está diciendo simplemente que lleva consigo un pseudoyo. Lo llevó toda su vida, aunque fue el creador del psicoanálisis, nunca fue psicoanalizado. Muchas veces sus discípulos se le acercaron y le dijeron: "Podemos psicoanalizarte", pero él siempre se negó. Tenía miedo.

Esta leyenda es muy simbólica: tenía miedo de exponerse tal como era. Y el miedo era a perder la autoridad. Pero un VERDADERO hombre de autoridad nunca tiene miedo de perderla. No puede perderla. NO hay manera de perderla. Y esta es la diferencia entre un hombre de autoridad y un hombre autoritario. El hombre autoritario NO tiene autoridad real; es un farsante. El hombre de autoridad puede exponerse absolutamente, porque su autoridad no es algo impuesto desde el exterior - es su propio núcleo, su experiencia, su autenticidad.

Jung hizo bien en sentarse y decir: "Entonces ya lo has perdido".

Se dice que a partir de ese día comenzó la ruptura entre Jung y Freud, que luego no pudo volver a cerrarse.

Y no puedo decir que solo Jung fue responsable de la ruptura; de hecho, basicamente el mismo Freud fue responsable. Freud sufría de muchos tipos de cosas que pueden ser llamadas neuróticas. Aun asi no permitia ser analizado.

Todo mi trabajo aquí es ayudarte a exponerte en tu total desnudez. Seas lo que seas, estés donde estés, voy a buscarte y sacarte a vía luz. A veces duele, choca; a veces te sientes enfadado, ofendido, pero, por favor, ten paciencia. Esto es una operación, tiene que ser dolorosa.

La cuarta pregunta

Pregunta 4:

AMADO MAESTRO, NO ENTIENDO NI UNA PALABRA DE LO QUE DICES.

Lalit,

¿DE QUÉ ESTÁS HABLANDO? ¿Alguna vez he dicho una sola palabra? Yo soy el silencioso. Nunca he hablado. Y las palabras que te digo no son para expresar la verdad, porque la verdad no se puede expresar.

Las palabras que os digo no son más que un instrumento para mantener vuestras mentes ocupadas. El verdadero trabajo es algo totalmente distinto: cuando vuestras mentes están ocupadas con mis palabras, mis manos penetran cada vez más profundamente en vuestro ser. Cuando vuestra cabeza está ocupada, estáis más disponibles para mí. Cuando vuestra cabeza no está ocupada, os mantiene cerrados.

Sigo hablando contigo... estas palabras son sólo juguetes. Mientras juegas con los juguetes, debajo se está llevando a cabo una gran operación.

Pero la verdad no se puede decir, así que no hay palabra para decirla. Y si la verdad no puede decirse, entonces lo que se dice no se dice en absoluto. Por eso digo que no he pronunciado ni una sola palabra. NO he dicho nada, tú no has oído nada, así que ¿dónde está la cuestión de entenderlo? No es una cuestión de comprensión en absoluto: es una cuestión de COMUNIÓN.

Estás aquí para comerme, para beberme. Un discípulo tiene que ser un caníbal; tiene que absorber y digerir al Maestro. Las palabras son periféricas; no importan. Por eso puedo ser fácilmente incoherente, contradictorio: las palabras no importan. No estoy transmitiendo nada a través de las palabras, sólo manteniéndote ocupado para que tus cabezas estén en otro lugar de las palabras y tu ser total esté disponible para mí, esté expuesto a mi energía.

Usted dice: NO ENTIENDO UNA PALABRA DE LO QUE DICES.

Tampoco es necesario.

Un limerick de Yatri:

Hay un Maestro en Poona que he oído que jura que no ha dicho una palabra, Mil vienen allí a contemplar su silla, Y él ni siquiera está... ¡es absurdo!

Quinta pregunta

Pregunta 5:

MAESTRO, UNA VEZ DIJISTE QUE NO PODEMOS SEGUIR A UN MAESTRO MUERTO, ENTONCES, ¿QUÉ DEBEMOS HACER SI UN DÍA DEJAS TU CUERPO? ¿QUÉ PASARÁ CON SUS SEGUIDORES?

¿DEBEMOS BUSCAR UN MAESTRO VIVO? POR FAVOR, EXPLÍQUELO.

Barry Boudreaux,

TÚ AÚN NO ERES DISCÍPULO y estás preocupado. El Maestro vivo está aquí! y tú todavía no eres un discípulo, y estás preocupado por si cuando deje mi cuerpo tendrás que buscar un Maestro vivo. No hay más que ver las tonterías que la mente sigue hilando. Y si encuentras uno, ¡volverás a hacer la misma pregunta!

Sí, es cierto: no se puede seguir a un Maestro muerto. Así que mientras esté vivo, conviértete en discípulo. Y hay dos maneras de encontrar a un Maestro vivo.

La más fácil es cuando hay un Maestro vivo: disuélvete en él. Sólo se necesita un uno por ciento de esfuerzo por tu parte; el noventa y nueve por ciento del trabajo lo hace el Maestro. Pero si no hay un Maestro vivo, entonces es muy difícil: el noventa y nueve por ciento del trabajo tendrás que hacerlo tú, y sólo el uno por ciento puede hacerlo un Maestro que ya no está vivo.

Por ejemplo, puedes seguir a Cristo, puedes seguir a Buda, pero el noventa y nueve por ciento del trabajo tendrás que hacerlo tú; sólo el uno por ciento puede hacerlo Buda. Tendrás que crear tal intensidad, tal pasión; tendrás que volverte ardiente. Al convertirte en fuego, al convertirte en un tremendo anhelo por la verdad, harás que Buda reviva, a través de tu intensidad. Él está ahí, disuelto en la existencia, ya no reside en un cuerpo. No es que no esté ahí: está ahí, sin cuerpo. Cristo está ahí sin cuerpo.

Si puedes crear un tremendo anhelo, ese mismo anhelo funcionará como un cuerpo para Cristo. Él vivirá para ti. Si realmente amas a Cristo y estas listo para morir por el, el vivira por ti, porque te convertiras en su cuerpo. Empezarás a funcionar como SU cuerpo. Pero ese es un trabajo tremendo. Muy rara vez una persona ha sido capaz de hacerlo: un San Francisco, una Teresa, un Eckhart. Muy pocas veces.

A lo largo de los siglos, veinte siglos después de Jesús, no más de cinco personas han sido capaces de hacerlo. En cuatro siglos, una sola persona. Es muy raro.

Muchos han hecho lo mismo con Buda. Han pasado veinticinco siglos, pero esos muchos se pueden contar con los dedos de la mano: en realidad no son muchos, son pocos y están muy distanciados.

Si tu intensidad es tal que puedes decir: "Es total. Mi amor no tiene dudas, no tiene sombras, no tiene sombras", entonces un Maestro muerto se vuelve VIVO en ti y puedes seguirle. Entonces tu núcleo más íntimo se convierte en su vehículo.

La forma más fácil es encontrar un Maestro vivo que todavía esté en el cuerpo. No necesitas convertirte en su cuerpo. Puedes contactar con él fácilmente porque es visible. Ahora sobre Jesús... ni siquiera puedes confiar en si este hombre existió, si fue realmente histórico. No hay pruebas, no hay certeza de que fuera una persona historica. ¿Cómo vas a dejar de dudar?

Y lo que dicen los cristianos hace aún más dudosa su existencia; no ayudan. Dicen que nació de una virgen - ahora vea la estupidez de ello. Hace las cosas más difíciles. Para concebir la idea se necesita una mente tan idiota - porque es simplemente una tontería. Los niños no nacen de vírgenes. Ahora esto hace su existencia más dudosa, parece ser un mito, parece ser una historia, una leyenda. Y de hecho hay algunos eruditos que dicen que fue sólo un drama que se representó - un drama de Cristo - nunca fue una realidad; sólo una historia, una obra escrita por algún Shakespeare desconocido de antaño.

Los cristianos dicen que tras la crucifixión, después de tres días como cadáver resucitó de nuevo.

Ahora hacen las cosas aún más difíciles. Y todas las historias de milagros... y Cristo desaparece como persona histórica.

Buda parece ser más histórico, más histórico que Cristo. Por supuesto, es quinientos años anterior a Cristo, pero aun así parece más histórico. No hay nacimiento virginal, no hay resurrección después de la muerte. Pero los budistas hacen su historia inverosímil a su manera. Dicen que nació cuando su madre estaba de pie, y lo primero que hizo fue que declaró, de pie... después de nacer lo primero que hizo: caminó siete pasos y luego declaró: "¡No hay nadie más alto que yo, ni en la tierra, ni en los cielos!".

Ahora bien, el niño recién nacido que camina siete pasos y declara: "Nadie es más alto que yo, ni aquí ni en ninguna parte....". Para declarar semejante disparate se necesitan setenta años de experiencia: ¡siete pasos no bastan!

Se dice de Lao Tzu que vivió en el vientre de su madre durante ochenta y dos añosS. Ahora, piensa también en la madre, pobre madre. Nueve meses es demasiado - ¡ochenta y dos años! Nació con el pelo blanco, un anciano.

Ahora, esta gente hace las cosas imposibles - ¿cómo puedes creer estas historias? No puedes creerlas. Y debido a estas historias, si te encuentras con un Buda vivo tampoco creerás en él - porque harás estas preguntas tontas: "¿Nació de una madre virgen?"

Y el Buda viviente no puede decir que sí porque eso sería falso. "¿Y caminaste siete pasos inmediatamente después de nacer? ¿Declaraste? ¿Viviste en el vientre de tu madre durante ochenta y dos años?".

Y, por supuesto, todas las respuestas van a ser no, no, no. Entonces surge la pregunta: "Entonces, ¿qué clase de Buda eres?".

Estas historias no te permitirán creer en los antiguos Budas, y estas historias tampoco te permitirán creer en el Buda viviente. Estas historias han sido un gran veneno, una gran calamidad.

Te resultará difícil conectar con un Maestro muerto, muerto sólo en el sentido de que ya no tiene cuerpo. Por lo demás, está ahí. Nunca se pierde nada. La fragancia está ahí: la flor se ha ido.

Y si no puedes oler la fragancia mientras la flor está ahí, será miles de veces más difícil oler la fragancia cuando la flor desaparezca.

Eso es todo lo que quise decir, Boudreaux.

Tu dices: DIJISTE QUE NO PODEMOS SEGUIR A UN MAESTRO MUERTO.

Lo repito una vez más: te será casi imposible seguir a un Maestro muerto, porque entonces tendrás que convertirte en su vehículo. Y si eres capaz de convertirte en el vehículo de un Cristo, ¿por qué no puedes convertirte tú mismo en un Cristo? Si eres capaz de contactar con un Buda que desapareció hace veinticinco siglos, entonces ¿quién puede impedirte que te conviertas en un Buda por ti mismo?

Así pues, te será imposible seguir a un Maestro muerto. Y estos veinte siglos o veinticinco siglos o cincuenta siglos que han pasado, miles de expertos y sacerdotes han estado destruyendo las fuentes, distorsionando, contaminando, proyectando sus ideas, imponiendo sus interpretaciones. No sabes cómo era Jesús: todo lo que sabes es cómo lo pintan los cristianos. Y los cristianos no tienen nada que ver con Cristo, como los budistas no tienen nada que ver con Buda.

No podrás buscar a un Maestro muerto. Es más fácil, más pragmático, encontrar un Maestro vivo. Pero la dificultad con el Maestro vivo es que tienes que rendirte. Y por eso el ego se resiste. Con el Maestro muerto puedes seguir jugando al juego que estás siguiendo. El Maestro no está ahí para impedírtelo, para perturbar tu juego. Así que puedes seguir; es un monólogo, puedes seguir hablando contigo mismo, lo que quieras. Tú haces la pregunta, tú respondes la pregunta - el Maestro no está allí.

Pero cuando estás con un Maestro vivo, él está constantemente en tu cuello. Está empeñado en destruirte como ego. Eso es muy doloroso. Para evitarlo, seguimos haciendo preguntas innecesarias.

USTED DIJO UNA VEZ, pregunta usted, QUE NO PODEMOS SEGUIR A UN MAESTRO MUERTO, ¿PUES QUÉ DEBEMOS HACER SI UN DÍA ABANDONA SU CUERPO?

Aún no he dejado mi cuerpo, Boudreaux. Mañana puede que me vaya, así que hoy es el único día, este momento es el único momento. ¿Por qué te preocupa el mañana? Y yo digo que puedes iluminarte en este mismo momento, si estás dispuesto a rendirte totalmente, en esa VERDADERA rendición se produce la iluminación. Tú ESTÁS iluminado, sólo hay que quitarte el ego.

Es el ego el que no te permite ver que ya estás iluminado, que la iluminación es tu propia naturaleza. El falso ego sigue ocultando tu verdadero yo tras él. Entrega el ego -eso es sannyas, eso es convertirse en discípulo- y estarás iluminado. ¿Qué necesidad hay de buscar otro Maestro? La necesidad surgirá sólo si no has estado totalmente con ESTE Maestro. Y si no has estado totalmente con este Maestro, aunque encuentres otro tampoco estarás totalmente con él. No sabes cómo estar totalmente con alguien, no sabes cómo amar, no sabes cómo confiar.

Usted pregunta: ¿QUÉ PASARÁ CON SU SEGUIMIENTO? ¿DEBEMOS BUSCAR UN MAESTRO VIVO? EXPLÍQUENOSLO, POR FAVOR.

Estoy aquí... participa de mí. Ninguna otra explicación te ayudará. Experiméntame. ¿Por qué pides una explicación? Cuando la experiencia es posible, ¿por qué pides una explicación?

Sexta pregunta

Pregunta 6:

¿POR QUÉ SIEMPRE SE COMPARA A LOS SABIOS, A LOS ENTENDIDOS, A LOS EXPERTOS Y A LOS ERUDITOS CON LOROS ESTÚPIDOS? ¿ES JUSTO?

NO LO ES - no es justo en lo que respecta a los loros. Son mucho más inteligentes.

"Mi suegra me trata con desprecio", gritó Cohen al rabino. "No me respeta en absoluto".

"¿Cómo puedes decir eso?"

"Cuando llega mi cumpleaños, le envía a mi mujer una tarjeta de pésame".

"Es sólo su sentido del humor".

"Cuando nos envía por correo una invitación para una cena banquete, mi nombre suele quedar fuera".

"Probablemente un descuido".

"Cuando habla con mi mujer, siempre se refiere a mí como 'ese hombre'".

"'Ese hombre' es sin duda una expresión idiomática que ella utiliza".

"Cuando escribió su testamento, me dejó sólo un dólar".

"Tienes razón", dijo el rabino, "no le gustas".

Tarda tanto... tus supuestos eruditos están llenos de mierda, están llenos de supuestos conocimientos que han recogido de los libros, de la gente, pero ni un ápice de eXPeriencia. Si realmente los analizas en profundidad, descubrirás que son las personas más estúpidas de la Tierra. Todo su conocimiento es prestado; no hay conciencia detrás de él. Son buenos ordenadores, pero el hombre aún no ha llegado. No son seres humanos: son máquinas.

Un gran erudito se cruzó con su vecino, un granjero, mientras éste trabajaba en el campo. Le gritó: "Eh tú, ¿fuman tus vacas?".

Aparentemente sorprendido, el granjero respondió: "¡No! ¿Por qué?".

"Eso es lo que pensaba", respondió el erudito. "Entonces tu establo debe estar ardiendo".

Los loros son muy inteligentes.

Hace poco, una mañana, una joven salió de la cama, se puso la bata, subió la persiana, destapó al loro, puso la cafetera, contestó al teléfono y oyó una voz masculina que decía: "Hola, cariño. Mi barco acaba de tocar puerto y voy para allá".

Así que la joven sacó la cafetera del fogón, tapó al loro, bajó la persiana, se quitó la bata, se metió en la cama y oyó al loro murmurar: "¡Kee-rist, qué día tan corto ha sido!".

Y la última pregunta

Pregunta 7:

ESTE SENTIMIENTO QUE TENGO DE SER ALGUIEN EXCEPCIONAL Y DIFERENTE ME HA ALEJADO DE LA GENTE. ¿ES ESTE CONSTANTE JUZGAR MI BARRERA? ¿Y QUÉ ES ESTE MIEDO SUTIL A SENTIRME INFERIOR? ¿POR QUÉ NO PUEDO SER NATURAL Y ESPONTÁNEA?

¿POR QUÉ NO PUEDO DEJAR ESTE JUICIO CONSTANTE QUE ME TRAE MISERIA?

Raqib,

EN EL MOMENTO EN QUE UNO COMIENZA A PENSAR que tiene que ser excepcional, extraordinario, alguien especial, se quedará en la miseria para siempre - porque todo el mundo YA es especial, ya excepcional, ya extraordinario. Ahora, ¿cómo puedes hacer que una persona extraordinaria sea más extraordinaria? Vas a fracasar.

La gente fracasa en su intento de alcanzar lo extraordinario porque ya lo es. Si no lo fueran, podrían haberlo conseguido. Cada individuo es único, incomparable. Nunca antes ha habido nadie como tú, y nunca más habrá nadie como tú. Eres tú mismo, una clase aparte.

Intentar ser excepcional es una tontería. Tienes que relajarte y ver que eres único, no necesitas volverte único. Si intentas transformar el oro en oro fracasarás, porque... ¿cómo vas a conseguirlo? En primer lugar, el oro es oro; puedes transformar metales inferiores en oro, pero no puedes transformar el oro en oro.

Esta es una de las cosas más fundamentales que hay que comprender. Y todo el mundo es desgraciado en el mundo porque todo el mundo intenta hacer algo que ya es así. Y cuanto más lo intentas, más fracasas; cuanto más fracasas, más piensas que hay que hacer mayores esfuerzos. Cuanto mayores son los esfuerzos, mayor es el fracaso... y poco a poco toda tu vida se convierte en una larga historia de frustración y nada más.

La comparación no es posible. Nadie es superior a ti y nadie es inferior a ti, porque tú eres el único como tú. Entonces, ¿cómo puede alguien ser superior o inferior? Si comparas, entonces surge el problema. Una vez que la comparación entra en ti, entonces hay problemas. Entonces serás miserable.

Y tú preguntas: ¿POR QUÉ NO PUEDO DEJAR ESTE JUICIO CONSTANTE QUE ME TRAE MISERIA?

Trae miseria, pero a veces también trae alegría: ése es el problema. Produce miseria cuando te comparas con alguien y te sientes inferior; produce alegría cuando te comparas con alguien y te sientes superior: es un arma de doble filo. No puedes dejarlo porque no es una miseria total: también está mezclada con algunos momentos de alegría. Y no quieres perderte esos pocos momentos; de hecho, vives para esos pocos momentos. Y por esos pocos momentos, la miseria continúa.

Tendrás que comprender que el orgullo que sientes cuando te ves superior es la otra cara de la misma moneda que cuando ves a alguien superior a ti y te sientes humillado. Estas dos caras están juntas. Puedes tirar toda la moneda, pero no puedes salvar la mitad. La comparación a veces te produce un gran orgullo y te sientes muy bien.

Por eso la gente se relaciona con personas inferiores; la gente evita a cualquiera que considere superior.

Se asocian con personas que creen inferiores, porque entonces son los mejores y siempre pueden sentirse bien. Pero también es muy difícil y complicado, porque una persona puede ser inferior a ti en un sentido y puede ser superior en otro. Alguien puede ser feo y tú puedes tener una cara muy bonita, así que puedes sentirte superior, pero él puede ser más inteligente y tú puedes ser simplemente estúpido. Entonces el problema es muy complicado.

Un hombre es muchas cosas. Aunque llegues a la cima, algo te perturbará.

Napoleón no era un hombre alto - sólo 1,65 m. No hay de qué preocuparse, porque no creo que haya ningún problema... Yo mido 1,65 y nunca he sentido ningún problema. Mis pies llegan a la tierra tanto como los de las personas que miden dos o tres metros, así que ¿cuál es el problema? Si mis pies no llegaran a la tierra, entonces habría habido un problema. Pero Napoleón siguió perturbado toda su vida.

Y, por supuesto, en el ejército había gente más alta. De hecho, en el ejército se elige a la gente por su altura y su fuerza, y Napoleón parecía un cerdito ante sus propios soldados. Y siempre estaba herido.

Un día estaba arreglando algo en su habitación, se le había resbalado un calendario o algo así, y la mano no le llegaba al clavo. Su guardaespaldas le dijo: "Espere, señor. Yo soy más alto que usted, puedo hacerlo".

Y él dijo: "¡Cambia tus palabras! No eres más alto, simplemente eres más alto".

Napoleón no temía a los leones ni a los tigres -podría haber luchado con un león-, pero sí a los gatos. La vida es muy complicada. Si le traían un gato, empezaba a sudar, aunque hiciera frío, y se ponía muy nervioso.

Cuando tenía seis meses, un gato salvaje saltó sobre él y se le sentó en el pecho. Desde entonces se hizo de todo, pero no se le pudo ayudar de ninguna manera. De hecho, se dice que la primera guerra que perdió fue a causa de los gatos. El general inglés, Wellington, trajo setenta gatos justo en frente... entonces el ejército lo siguió. Y en el momento en que Napoleón vio setenta gatos, perdió todos sus sentidos. La guerra no la ganó Wellington: la ganaron los gatos.

Ahora, delante de un gato se siente muy inferior.

La idea de comparar crea el problema. Sólo eres tú mismo. No hay nadie superior, no hay nadie inferior. Las personas NO son similares, por lo que la comparación no es posible. Deja de comparar. Y, por supuesto, esos pocos momentos de alegría que sientes por ser superior desaparecerán, pero con ellos desaparecerán también millones de otros momentos en los que te sientes miserable. Y cuando tu supuesta alegría del orgullo y la miseria de sentirte inferior hayan desaparecido, surgirá la dicha.

La dicha no es felicidad ni infelicidad. Es un estado en el que se han abandonado todas las dualidades. Cuando no hay felicidad ni infelicidad... ese silencio, esa serenidad, es la dicha.

Una historia:

Mientras esperaba su bebida en el bar, Johnny se fijó en un caballo sentado a su lado con una enorme olla llena de dinero delante y sorbiendo lentamente de un vaso de cerveza. Sin dar crédito a lo que veía, Johnny preguntó al camarero qué estaba pasando.

El camarero le explicó fríamente: "Es una apuesta. Si consigues hacer reír al caballo, te llevas todo el dinero. Si fallas, pones 10 en el bote".

"¡Oh, eso no es problema para mí!" dijo Johnny e inmediatamente se inclinó hacia el caballo y le susurró algo al oído. El caballo se echó a reír a carcajadas, se cayó de la silla y rodó por el suelo, pataleando y gimiendo de risa.

Juanico cogió el bote de dinero y se fue a casa. Al día siguiente, mientras pedía su bebida, volvió a ver al caballo con otra enorme olla llena de dinero.

"Esta vez", explicó el camarero, "tienes que hacer llorar al caballo".

"Oh, no es un problema para mí", dijo Johnny. Se llevó el caballo fuera y al cabo de un rato volvió.

El caballo estaba llorando, completamente desconsolado, con las lágrimas inundando sus mejillas.

"¡Hombre!", exclamó el camarero, "¡toma el dinero pero tienes que decirme cómo lo has hecho!".

"¡Oh!", respondió Johnny, "fue muy fácil. La primera vez le dije que tenía una polla más grande que la suya, y la segunda se la enseñé".

¡Beep Beep!

La primera pregunta
Pregunta 1:

MAESTRO, POR FAVOR, CUÉNTANOS HOY UNA PEQUEÑA HISTORIA SOBRE JESÚS....

EN LA ZANJA DEL MERCADO yacía un perro muerto, para disgusto de los transeúntes. "¡Qué asco!", dijo uno, y volvió la cabeza. "¡Pah, cómo apesta!", dijo otro y se tapó la nariz al pasar. "Mirad qué costillas le sobresalen, ¡qué feo!, ¡qué nauseabundo!", dijo un tercero. "No tiene piel en el cuerpo ni para hacer un cordón de zapatos", dijo un cuarto. "No me extraña que haya tenido un mal final".

dijo un quinto.

Entonces una voz suave y reprensiva irrumpió en el coro de calumnias, diciendo: "¡Las perlas no están a la altura de la blancura de sus dientes!". Y la gente se apartó murmurando: "Seguramente debe de ser Jesús, pues ¿quién si no hablaría bien de un perro muerto?".

Ese es el espíritu mismo de Jesús. Amó al mundo tan totalmente que no pudo encontrar pecado en ninguna parte.

Amaba al mundo tan totalmente que nada le resultaba feo: todo se transformaba en una belleza luminosa.

La existencia es lo que proyectas en ella. La existencia te refleja. Si tienes fealdad en tu corazón, la verás en todas partes. Si tu corazón es inocente, verás la existencia virgen. Sigues escuchando tus propios ecos.

El verdadero santo es aquel que no puede encontrar al pecador en el mundo. Pero sus supuestos santos son sólo supuestos. Para ellos, el mundo entero está lleno de pecadores; viven de la condena. Cuanto más condenan a la gente, más elevados se sienten; cuanto más te menosprecian, mejor se gratifica su ego.

Recuérdalo: un verdadero santo nunca se encuentra con un pecador. Aunque lo busque, no lo encontrará.

Esa es la definición de un verdadero santo: aquel que no puede encontrar nada feo en la existencia, para quien toda la existencia se transforma, se transporta. Es increíblemente bello, es absolutamente bello, es totalmente bello.

En el momento en que la existencia se vuelve totalmente bella para ti, has ,conocido a Dios. Dios no es una persona; nunca lo encontrarás en ninguna parte. No tiene forma ni nombre. Dios es una presencia, pero la presencia sólo puede ser sentida por aquellos que tienen esta sensibilidad estética, esta conciencia estética....

Jesús pudo ver en el perro muerto algo inmensamente bello. Dijo: "Las perlas no igualan la blancura de sus dientes". En esa blancura apareció Dios. En esa blancura se sentía la presencia. ¿Y ni siquiera puedes verlo en un hermoso amanecer? ¿Y no puedes verlo en una flor de rosa? ¿No puedes verlo en el rostro de una mujer o un hombre hermosos? ¿No lo veis en los ojos inocentes de los niños? Y sigues buscando en las iglesias, en los templos y en las mezquitas: toda tu búsqueda es en vano.

La religión no es más que alcanzar una conciencia tan sensible que todo se transforma en increíble belleza. La belleza es Dios.

La segunda pregunta

Pregunta 2:

EL OTRO DÍA, POCO DESPUÉS DE MI LLEGADA, COMENZÓ LA BATALLA ENTRE EL SEXO Y EL SILENCIO, LA RELACIÓN Y LA SOLEDAD. SENTÍ ENTONCES QUE ERA IMPOSIBLE UNA SÍNTESIS. ERA COMO SI TUVIERA QUE ELEGIR UNO U OTRO Y QUE, DE CUALQUIER FORMA, ME PERDERÍA. ENTONCES PARECÍA POSIBLE IR DIRECTAMENTE AL CIELO SIN PASAR POR LA TIERRA.

Prem Harish,

ESTE HA SIDO UNO DE LOS MAYORES PROBLEMAS a lo largo de los tiempos: meditación y amor, soledad y relación, sexo y silencio. Sólo los nombres son diferentes: el problema es uno. Y a lo largo de los siglos el hombre ha sufrido mucho porque el problema no se ha entendido correctamente: la gente ha elegido.

Los que han elegido la relación se llaman los mundanos, y los que han elegido la soledad se llaman los monjes, los del otro mundo. Pero ambos sufren, porque permanecen a medias y ser a medias es ser miserable. Ser íntegro es estar sano, ser feliz; ser íntegro es ser perfecto. Seguir siendo la mitad es miserable porque la otra mitad sigue saboteando, la otra mitad sigue preparándose para vengarse. La otra mitad nunca puede ser destruida porque es TU otra mitad. Es una parte esencial de ti, no es algo accidental que puedas desechar. Es como si una montaña decidiera que "voy a

no tengo valles a mi alrededor". Ahora bien, sin los valles, la montaña no puede ser. Los valles forman parte del ser de la montaña; la montaña no puede existir sin los valles. Son complementarios entre sí. Si la montaña elige estar sin valles, ya no habrá montaña. Si el valle elige estar sin la montaña, tampoco habrá valle - o, se convertirá en un fingidor. La montaña fingirá que no hay valle, pero el valle ESTÁ ahí. Puedes ocultar el valle, puedes ahogarlo en lo más profundo de tu inconsciente, pero permanece, persiste, es existencial, no hay forma de destruirlo. De hecho, la montaña y el valle son una misma cosa, al igual que el amor y la meditación, la relación y la soledad. La montaña de la soledad sólo se eleva en los valles de la relación.

De hecho, sólo se puede disfrutar de la soledad si se puede disfrutar de la relación. Es la relación la que crea la necesidad de soledad, es un ritmo.

Cuando has entablado una relación profunda con alguien, surge una gran necesidad de estar solo. Empiezas a sentirte agotado, exhausto, cansado: alegremente cansado, felizmente cansado, pero cada emoción es agotadora.

Fue tremendamente hermoso relacionarse, pero ahora te gustaría pasar a la soledad, para que puedas volver a reunirte, para que vuelvas a desbordarte, para que vuelvas a enraizarte en tu propio ser.

En el amor te trasladas al ser del otro, pierdes el contacto contigo mismo. Te ahogaste, te emborrachaste.

Ahora tendrás que volver a encontrarte a ti mismo. Pero cuando estás solo, vuelves a crear una necesidad de amor. Pronto estarás tan lleno que querrás compartir, estarás tan desbordado que querrás alguien en quien volcarte, a quien entregarte. El amor surge de la soledad.

La soledad te colma. El amor recibe tus dones. El amor te vacía para que puedas volver a llenarte. Siempre que el amor te vacía, la soledad está ahí para nutrirte, para integrarte.

Y esto es un ritmo.

Pensar que estas dos cosas están separadas ha sido la estupidez, la estupidez más peligrosa, que ha padecido el hombre. Algunas personas se vuelven mundanas, están agotadas, vacías. No tienen espacio propio. No saben quiénes son; nunca se encuentran consigo mismos. Viven con otros, viven para otros. Forman parte de una multitud, no son individuos. Y recuerda: su vida de amor no será de plenitud, será a medias. Y ninguna mitad puede ser una plenitud. Sólo se realiza el todo.

Y luego están los monjes que han elegido la otra mitad. Viven en los monasterios. La palabra "monje" viene de la misma raíz que "monogamia", "monotonía", "monasterio", "monopolio". Significa uno, solo.

El monje es alguien que ha elegido estar solo, pero pronto se encuentra desbordado, maduro, y no sabe dónde verterse. ¿Dónde verterse? No puede permitirse el amor, no puede permitirse las relaciones; no puede ir y encontrarse y mezclarse con la gente. Ahora sus energías empiezan a agriarse. Cualquier energía que deja de fluir se vuelve amarga. Incluso el néctar, estancado, se convierte en veneno, y viceversa - incluso el veneno, fluyendo, se convierte en néctar. Fluir es saber lo que es el néctar. Y estancarse es saber lo que es el veneno.

El veneno y el néctar no son dos cosas, sino dos estados de la misma energía. Fluyendo es néctar: congelado es veneno. Cuando una energía está ahí y no hay salida para ella, se agria, se vuelve amarga, se vuelve triste, se vuelve fea. En lugar de darte plenitud y salud, te enferma.

TODOS los monjes están enfermos. Todos los monjes están OBLIGADOS a ser patológicos.

La gente mundana está vacía, aburrida, exhausta, arrastrándose de alguna manera, en nombre del deber, en nombre de la familia, en nombre de la nación -todas vacas sagradas- arrastrándose de alguna manera hacia la muerte, sólo esperando que la muerte venga y los libere. Sólo conocerán el descanso en sus tumbas.

No conocerán el descanso en la vida. Y una vida que no conoce el descanso no es realmente una vida.

Es como la música que no tiene silencio, entonces es sólo ruido, nauseabundo; te pondrá enfermo.

La gran música es una síntesis entre el sonido y el silencio. Y cuanto mayor es la síntesis, más profunda es la música. El sonido crea silencio, y el silencio crea receptividad para recibir el sonido.

Y así sucesivamente: el sonido crea más amor por la música, más capacidad para hacer silencio.

Escuchando buena música siempre te sentirás en oración, algo completo - algo se integra en ti. Te centras, te enraizas. La tierra y el cielo se encuentran, ya no están separados. El cuerpo y el alma se encuentran y se funden, pierden sus definiciones.

Y ése es el gran momento: el momento de la unión mística.

Harish, dices: EL OTRO DÍA, POCO DESPUÉS DE MI LLEGADA, COMENZÓ LA BATALLA ENTRE EL SEXO Y EL SILENCIO.

Esta es una batalla antigua, y tonta, completamente tonta. Por favor, ten cuidado: no crees ninguna batalla entre el sexo y el silencio. Si creas una batalla, tu sexo será feo, enfermo, tu silencio será aburrido y muerto.

Deja que el sexo y el silencio se encuentren y se fundan.

De hecho, los mejores momentos de silencio son los que van seguidos de amor, de gran amor, de cumbres de amor. Y las cumbres del amor siempre van seguidas de grandes momentos de silencio y soledad.

La meditación conduce al amor: el amor conduce a la meditación. Son compañeros. Es imposible dividirlos.

Por tanto, no se trata de crear una síntesis -es imposible dividirlos-, sino de comprender, de ver que son indivisibles.

Usted dice:... LA BATALLA COMENZÓ INMEDIATAMENTE ENTRE EL SEXO Y EL SILENCIO, LA RELACIÓN Y LA SOLEDAD. SENTÍ EN ESE MOMENTO QUE UNA SÍNTESIS ERA IMPOSIBLE.

La síntesis es imposible, porque son uno. No es necesario sintetizarlos. Tu síntesis no será más que un abracadabra; tu síntesis será básicamente errónea, porque donde no se necesita síntesis estarás imponiendo una síntesis falsa.

La síntesis YA está ahí, ya es el caso. Son dos aspectos de la misma moneda. No es necesario sintetizarlos: nunca han existido por separado. Y el hombre lo ha intentado, y mucho, pero siempre ha fracasado.

La religión aún no se ha convertido en la noe-esfera de la tierra; la religión aún no se ha convertido en una fuerza muy vital y mareante en el mundo. ¿Y cuál es la razón? Esta división. O tienes que ser mundano o tienes que ser de otro mundo - ¡elige! Y en el momento en que eliges, te pierdes algo. Elijas lo que elijas, serás un perdedor.

Eso digo yo: No elijas. Yo digo: Vive ambas cosas juntas. Por supuesto, hace falta arte para vivir ambos. Es sencillo elegir y apegarse a uno. Cualquier idiota puede hacerlo; de hecho, sólo los idiotas lo hacen. Unos pocos idiotas han elegido ser mundanos y otros pocos idiotas han elegido ser de otro mundo. El hombre inteligente querría ambas cosas.

Y de eso se trata mi sannyas. Puedes tener el pastel y comértelo también - eso es inteligencia.

Mantente alerta, consciente, inteligente. Ve el ritmo y muévete con el ritmo sin elección. Permanece consciente sin elección. Observa ambos extremos. En la superficie parecen opuestos, contradictorios, pero no lo son. En el fondo se complementan. Es el mismo péndulo que va a la izquierda y a la derecha. No intentes fijarlo a la izquierda o a la derecha; si lo fijas habrás destruido todo el reloj. Y eso es lo que se ha hecho hasta ahora.

Acepta la vida en TODAS sus dimensiones.

ENTIENDO TU PROBLEMA; el problema es simple, bien conocido. El problema es: cuando empiezas a relacionarte, no sabes estar solo. Eso simplemente demuestra falta de inteligencia. No es que relacionarse esté mal, simplemente demuestra que aún no eres lo suficientemente inteligente. Entonces, la relación se convierte en demasiado y no encuentras espacio para estar solo, y te sientes agotado y cansado.

Entonces un día decides que la relación es mala, que no tiene sentido: "Quiero convertirme en monje. Me iré a una cueva del Himalaya y viviré allí solo". Y verás grandes sueños de estar solo. Qué hermoso será: nadie coartando tu libertad, nadie intentando manipularte; no tienes que pensar en el otro para nada.

Jean-Paul Sartre dice: "El otro es el infierno". Eso demuestra simplemente que no ha sido capaz de comprender la complementariedad del amor y la meditación: el otro es el infierno. Sí, el otro se convierte en un infierno si no sabes estar solo a veces, en medio de todo tipo de relaciones. El otro se convierte en un infierno. Es tedioso, cansino, agotador, aburrido. El otro pierde toda belleza, porque el otro se ha hecho conocido. Te conoces bien; ahora ya no hay sorpresa. Conoces perfectamente el territorio, lo has recorrido durante tanto tiempo que ya no te sorprende. Simplemente estás harto de todo.

Pero tú te has apegado y el otro se ha apegado a ti. El otro también está en la miseria, porque tú eres su infierno, igual que él o ella es tu infierno. Ambos se están creando un infierno, y ambos se aferran el uno al otro, temerosos de perder porque... cualquier cosa es mejor que nada.

Al menos hay algo a lo que agarrarse, y aún se puede esperar que mañana las cosas vayan mejor.

Hoy no están mejor, pero mañana las cosas irán mejor. Todavía se puede esperar y se sigue esperando. Se vive en la desesperación y se sigue esperando.

Entonces, tarde o temprano, uno empieza a sentir que sería mejor estar solo. Pero si entras en la soledad, durante unos días será tremendamente hermoso, como es hermoso con el otro, durante unos días. Igual que hay una luna de miel en la relación, también la hay en la meditación. Durante unos días te sentirás tan libre, sólo para ser tú mismo, sin nadie que te exija, sin nadie que espere nada de ti. Si quieres levantarte temprano por la mañana, puedes levantarte; si no quieres levantarte temprano por la mañana, puedes seguir durmiendo. Si quieres hacer algo, vale; si no quieres hacer nada, no hay nadie....

Durante unos días te sentirás tremendamente feliz, pero sólo durante unos días. Pronto te cansarás. Estarás desbordado, y no habrá nadie que reciba tu amor. Estarás maduro, y la energía

necesita ser compartida. Te volverás pesado, te cargarás con tu propia energía.

Te gustaría que alguien acogiera tu energía, que recibiera tu energía. Te gustaría desahogarte.

Ahora, la soledad no se parecerá a la soledad, sino a la soledad. Ahora habrá un cambio - la luna de miel ha terminado. La soledad empezará a convertirse en soledad. Tendrás un gran deseo de encontrar al otro. En tus sueños el otro empezará a aparecer.

Ve y pregunta a los monjes qué sueñan: sólo sueñan con mujeres; no pueden soñar con otra cosa. Sueñan con alguien que los desahogue. Pregunta a las monjas: sólo sueñan con hombres. Y la cosa puede volverse patológica. Debes ser consciente de la historia cristiana.

Las monjas y los monjes empiezan a soñar incluso con los ojos abiertos. El sueño se convierte en una realidad tan sustancial que no es necesario esperar a la noche. Incluso de día, la monja está sentada y ve venir al Diablo, y el Diablo intenta hacer el amor con ella.

Te sorprenderás: muchas veces ocurrió en la Edad Media que muchas monjas fueron quemadas porque confesaron que habían hecho el amor con el Diablo. Ellas mismas confesaban, y no era sólo que habían hecho el amor con el Diablo: incluso se quedaban embarazadas del Diablo -un falso embarazo, sólo aire caliente en el vientre, pero sus vientres empezaban a hacerse cada vez más grandes. Un embarazo psicológico. Y describieron al Diablo con tanto detalle - que el Diablo era su propia creación. Y el Diablo les seguía día y noche....

Y lo mismo ocurría con los monjes.

Se trata de una patología. El hombre ha sufrido mucho a causa de ella. Y otras patologías que los llamados religiosos condenan fueron creadas por los monasterios. Esos mismos santos son responsables de ellas. Los primeros casos de homosexualidad sucedieron en los monasterios; no podrían haber sucedido en ningún otro lugar - porque los hombres vivían en un monasterio, las mujeres vivían en otro monasterio, y no había manera de encontrarse, y la energía estaba hirviendo.

Cuando hay demasiados hombres viviendo juntos y ninguna mujer, es natural que la heterosexualidad dé un giro, que se convierta en homosexualidad, que las monjas se conviertan en lesbianas.

Esta elección de estar solo ha creado una humanidad muy enferma. Y las personas que viven en el mundo, no son felices, y los monjes no son felices - nadie parece ser feliz. El mundo entero es una miseria CONSTANTE. Y puedes elegir entre una miseria y otra: puedes elegir la miseria de este mundo o la miseria de aquel mundo, pero no deja de ser miseria. Durante unos días te sentirás bien.

Os traigo un nuevo mensaje. El mensaje es que no elijas más - permanece alerta sin elegir en tu vida, y vuélvete inteligente en lugar de cambiar las circunstancias. Cambia tu psicología, hazte más inteligente. Se necesita más inteligencia para ser dichoso. Y entonces puedes tener soledad junto con relación.

Haz que tu mujer o tu hombre también estén atentos al ritmo. Hay que enseñar a la gente que nadie puede amar veinticuatro horas al día; se necesitan periodos de descanso. Y nadie puede amar por encargo. El amor es un fenómeno espontáneo: siempre que sucede, sucede, y siempre que no sucede

no ocurre . No se puede hacer nada al respecto. Si HACES algo, crearás un pseudo fenómeno, una actuación.

Los verdaderos amantes, los amantes inteligentes, harán que el otro esté alerta ante el fenómeno: "Cuando quiero estar solo no significa que te esté rechazando. De hecho, es gracias a tu amor que has hecho posible que esté sola". Y si tu mujer quiere quedarse sola una noche, unos días, no te sentirás herido. No dirás que te ha rechazado, que tu amor no ha sido recibido y acogido. Respetarás su decisión de estar sola unos días. De hecho, ¡te alegrarás! Tu amor fue tan grande que ella se siente vacía; ahora necesita descansar para volver a llenarse.

Esto es inteligencia.

De ordinario, crees que te rechazan. Vas a tu mujer, y si ella no está dispuesta a estar contigo, o no es muy cariñosa contigo, sientes un gran rechazo. Tu ego está herido. Este ego no es algo muy inteligente. Todos los egos son idiotas. La inteligencia no conoce el ego; la inteligencia simplemente ve el fenómeno, trata de entender por qué la mujer no quiere estar contigo. No es que te rechace -tú sabes que te ha amado tanto, que te ama tanto-, sino que en este momento quiere estar sola. Y si la quieres, la dejarás en paz; no la torturarás, no la obligarás a hacer el amor contigo.

Y si el hombre quiere estar solo, la mujer no pensará: "Él ya no está interesado en mí - tal vez se ha interesado en alguna otra mujer". Una mujer inteligente dejará al hombre solo, para que pueda volver a reunir su ser, para que vuelva a tener energía para compartir. Y este ritmo es como el día y la noche, el verano y el invierno; sigue cambiando.

Y si dos personas son realmente respetuosas -y el amor es siempre respetuoso, reverencia al otro; es un estado muy adorador, de oración-, entonces poco a poco se irán comprendiendo más y más.

Y tomarás conciencia del ritmo del otro y de tu ritmo. Y pronto descubrirás que por amor, por respeto, vuestro ritmo se acerca cada vez más: cuando tú te sientes amoroso, ella se siente amorosa.

Esto se asienta. Esto se asienta por sí mismo. k es una sincronicidad.

¿Has visto alguna vez? Si te cruzas con dos amantes de verdad, verás muchas cosas parecidas en ellos. Los verdaderos amantes se vuelven como si fueran hermanos y hermanas. Te sorprenderás: ni siquiera los hermanos se parecen tanto. Su expresión, su forma de caminar, su forma de hablar, sus gestos - dos amantes se parecen, y sin embargo son tan diferentes. Esto empieza a suceder de forma natural. Sólo con estar juntos, poco a poco, se van compenetrando el uno con el otro. Los verdaderos amantes no necesitan decirse nada, el otro lo entiende inmediatamente, lo comprende intuitivamente.

Si la mujer está triste, puede que no lo diga, pero el hombre lo entiende y la deja en paz. Si el hombre está triste, la mujer lo entiende y le deja en paz - encuentra alguna excusa para dejarle en paz.

Los estúpidos hacen justo lo contrario: nunca dejan al otro en paz, están constantemente con el otro, cansándose y aburriéndose mutuamente; nunca dejan espacio para que el otro pueda estar.

El amor da libertad y el amor ayuda al otro a ser él mismo. El amor es un fenómeno muy paradójico. Por un lado, te conviertes en un alma en dos cuerpos; por otro, te da individualidad, unicidad. Te ayuda a desprenderte de tu pequeño yo, pero también te ayuda a alcanzar

el ser supremo. Entonces no hay problema: el amor y la meditación son dos alas, y se equilibran mutuamente. Y entre las dos creces, entre las dos llegas a Dios.

La tercera pregunta

Pregunta 3:

EL OTRO DÍA HABLASTEIS DE LOS BISEXUALES. YO SOY UNO DE ELLOS, PERO ESTOY COMPLETAMENTE

CANSADO TANTO DE HOMBRES COMO DE MUJERES. POR FAVOR AYUDAME...

ESO ES NATURAL Eso es obvio - el amor te cansa a menos que sepas meditar. Y el bisexual se cansará más, porque está completamente acabado, ha conocido hombres y mujeres.

El hombre que es heterosexual puede tener algún deseo acechante de saber qué es la homosexualidad: "¿Quién sabe? - ¡esta gente gay puede ser realmente gay! Puede que disfruten de verdad. Al menos en apariencia lo parece".

El homosexual sigue pensando que, en el fondo, quizá le falta algo que el heterosexual sí consigue. Y parece natural, quizás le falta algo de alegría natural. Y parece natural - tal vez le falta algo de alegría natural. Y los heterosexuales DEBEN estar recibiendo algo, de lo contrario, ¿por qué se meten en tantos problemas? - los niños y la familia y esto y lo otro. Tantos problemas si te metes en ellos - eso significa que debes estar obteniendo algo de ellos. ¿Cómo puede ser tan estúpida tanta gente?

El homosexual sigue pensando: "No arriesgo mucho: ningún problema de hijos, familia, criar a los hijos y enviarlos a la escuela y al colegio y a la universidad... el trabajo de toda la vida".

La sospecha de que el heterosexual está ganando algo es inevitable. Puede que no lo muestre; puede que sea tan valioso que lo mantenga oculto, que nunca se lo muestre a nadie....

Es normal que sea así: la hierba siempre es más verde en el jardín del vecino, al otro lado de la valla. Puede que no lo sea, pero parece más verde. Pero quien es bisexual está realmente cansado, porque ya no hay esperanza. No hay posibilidad de esperanza: has conocido a los dos.

He oído hablar de un marinero que naufragó: fue arrojado a una isla con una ninfómana. finalmente, tras un largo periodo de tiempo, llegó a un acuerdo con ella por el que debía tener un día libre a la semana para recuperarse.

De repente, un día miró hacia el mar y vio a un hombre en una balsa que, obviamente, también había naufragado. Pensando que por fin encontraría alivio a su trabajo con la ninfómana, nadó para saludar al recién llegado. El nuevo hombre parecía bastante afeminado y lo confirmó gritando: "¡Hola, cariño, me alegro de verte!"

Entonces el marinero gritó: "¡Dios mío, ahí van mis domingos!".

Puedo entender lo cansado que debes estar, aburrido, sin esperanza, pero este estado puede transformarse en una bendición. Porque cuando el hombre realmente ha terminado con el sexo, puede profundizar mucho en la meditación.

Cuanto más profunda es tu frustración con el sexo, más profunda es la posibilidad de entrar en meditación. Ahora sólo la meditación puede ayudarte.

Habéis estado demasiado tiempo juntos. Habéis vivido intensamente la relación, ahora necesitáis una relajación profunda para poder olvidaros de los demás. Y tu entrada en tu propio ser va a ser sin duda más profunda de lo que pueda llegar cualquier heterosexual u homosexual, porque tu impotencia y tu desesperanza son dobles.

En lugar de seguir intentando el mismo juego de siempre, pásate a la soledad. Durante unos días, olvídate por completo de las relaciones. Por primera vez, relaciónate contigo mismo: en eso consiste la meditación. Sé tú mismo. Relájate. Disfruta de ti mismo. Has intentado disfrutar de los demás, ahora intenta disfrutar de ti mismo.

Meditar es disfrutar de uno mismo. Sentarse en silencio sin hacer nada. Feliz, alegre - ¡sin ninguna razón! porque todas las razones vienen de fuera. Conoces a una mujer hermosa y eres feliz, o conoces a un hombre hermoso y eres feliz. Pero el meditador es simplemente feliz. Su felicidad no tiene ninguna razón del mundo exterior; su felicidad brota dentro de sí mismo.

La relación es la felicidad que viene del otro. Pero, ¿has observado? - cuando la felicidad viene del otro, debe estar brotando en el otro, de lo contrario, ¿cómo va a llegar a ti? Y tu felicidad está llegando al otro... ambos estáis disfrutando de la felicidad del otro; estáis bebiendo del pozo del otro. Pero el pozo está ahí, si no, ¿cómo podríais beber? Pero la mujer que amas piensa que está disfrutando de tu felicidad, que tú la estás haciendo feliz, que tú eres la causa de su felicidad. Y tú piensas que ella es la causa de tu felicidad. Pero si ambos pueden ser causa de la felicidad del otro, ¿no puedes tú ser causa de tu propia felicidad?

En eso consiste la meditación. Sentarse en silencio, disfrutar, mecerse de alegría, deslizarse hacia el mundo interior....

Y si estás muy cansado, será más fácil entrar. Y no estoy diciendo que eso tenga que convertirse en tu estilo de vida. No. Nunca hagas un estilo de vida fijo, de lo contrario volverás a aburrirte. Cuando vuelvas a estar lleno de alegría, cuando estés lleno de energías, fluyendo, rejuvenecido, cuando te hayas bebido tu propio vino y estés listo para compartir, tienes que compartir, entonces relaciónate de nuevo. Entonces entra en relación.

Relación y meditación: meditación y relación. Que sea la música, la armonía entre estos dos. Esto es lo que te convertirá en un sabio, en un verdadero sannyasin. El antiguo sannyas era de renuncia; el nuevo sannyas que te enseño es de regocijo ¡Alégrate en el amor, alégrate en la meditación! ¡Alégrate en todas las cosas de la vida! Dios te ha dado una gran oportunidad - no la pierdas. Perderla será el único pecado.

¿Sabes que el significado original de la palabra "pecado" es "falta"? Viene de una raiz que significa faltar. El pecado no tiene nada que ver con lo que haces; el pecado tiene que ver con lo que te falta.

Los mundanos son pecadores porque les falta meditación; y los monjes son pecadores porque les falta amor. Y ambos serán culpables, ambos lo son.

No se pierda nada. Es todo tuyo, ¡reclámalo! Es tu derecho de nacimiento tener las dos alas. ¿Y cómo puedes volar con una sola ala?

Hay una parábola sufí:

Un Maestro llevó a su discípulo al río. El discípulo debió de preguntar algo parecido a tu pregunta, algo sobre el amor y la meditación, algo sobre estar juntos o solos. El Maestro llevó

al río. Esa es la manera Sufi - crear una situación. No decir verbalmente; no decir sino mostrar.

Llevó al discípulo a una barca; tomó los dos remos en sus manos y empezó a remar. Cuando estaban en el medio, empezó a remar la barca con un solo remo. Y la barca empezó a dar vueltas y vueltas - con un solo remo, la barca dará vueltas y vueltas.

El discípulo se echó a reír y dijo: "¿Qué haces? ¿Qué quieres enseñarme? ¡Nunca llegaremos a la otra orilla!"

Y el Maestro dijo: "¿Por qué?".

Y el discípulo dijo: "¡Es tan sencillo! Se necesitan dos remos para llevar la barca a la otra orilla. Si usas un solo remo dará vueltas y vueltas por los siglos de los siglos".

El Maestro dijo: "Así que lo has entendido: ahora puedo usar las dos. Volveremos a la antigua orilla; no me interesa ir a la otra orilla. Pero he respondido a tu pregunta: el amor y la meditación son dos remos. El hombre que sólo ama da vueltas y vueltas; el hombre que sólo medita da vueltas y vueltas. Así nadie puede llegar a la otra orilla, nadie puede llegar al más allá. ¡Utiliza ambos remos! Dios te ha dado las dos cualidades de ser meditativo y de ser amoroso. ¿Por qué te ha dado dos posibilidades de amor y meditación? ¿Crees que Dios ha cometido algún error? Ha llegado el momento: has estado utilizando un solo remo y tu barca ha estado dando vueltas. Es hora de comprender y traer el otro remo".

Y una vez que hayas aprendido a usar ambos remos juntos, en profunda armonía, tu vida, por primera vez, tendrá la cualidad de la bendición en ella. Entonces será una bendición para ti y también para los demás.

La cuarta pregunta

Pregunta 4:

MAESTRO, ¿POR QUÉ LA GENTE ES ATRAÍDA AQUÍ COMO POR UN IMÁN? ¿POR QUÉ LA GENTE ES RETENIDA AQUÍ? ¿ES NUESTRA NECESIDAD? ¿O ES TU MAGNETISMO? A VECES PIENSO QUE ERES UN DIOS QUE JUEGA PARA NOSOTROS Y ME ALEGRO. LUEGO PIENSO QUE ERES UN MAGO SINIESTRO QUE NOS MANIPULA Y TENGO MIEDO Y RESENTIMIENTO.

OJALÁ PUDIERA CREER TOTALMENTE EN TU DESINTERÉS. ¿ES TODO ESTO SÓLO MI CREACIÓN DE MÁS TONTERÍAS?

Julian Holdsworth,

NO ESTOY AQUÍ - DE AHÍ EL MAGNETISMO. No es el imán de mi presencia; estoy ausente.

Y siempre que una persona desaparece y se ausenta, Dios se hace presente. Dios sólo puede estar presente cuando tú estás ausente; no podéis existir los dos juntos. En el momento en que tú entras, él sale; en el momento en que tú sales, él entra. Nunca se encuentran. Son como la oscuridad y la luz.

Hay una antigua parábola:

Un día, las tinieblas se acercaron a Dios y le dijeron: "No he hecho nada malo contra el sol, pero el sol no deja de torturarme, ¡sin motivo alguno! ¿Por qué tu sol está tan en contra mía? Me sigue y dondequiera que viene, tengo que escapar, tengo tanto miedo. Está empeñado en matarme. Y he sufrido durante millones de años. ¡Ya es suficiente! No puedo contenerlo más; he venido a presentar una queja".

Dios dijo: "¡Es verdad! ¿Por qué habría de torturarte?"

Llamaron al sol y le preguntaron por qué estaba en contra de la oscuridad, y él respondió: "¿Qué quieres decir con 'oscuridad'? Nunca la he conocido. ¿Dónde está la oscuridad? primero, por favor, déjame que me la presenten - ¿cómo puedo torturar a alguien a quien ni siquiera he visto? Tráela aquí para que pueda verla y entonces no habrá queja".

Ahora han pasado millones de años; Dios ha intentado reunirlos, pero ha fracasado. Dicen que Dios es omnipotente, pero no en este asunto. ¿Cómo puede unir la luz y las tinieblas? Y a menos que ambos estén presentes en el tribunal, no se puede dictar sentencia.

Por lo tanto, la sentencia está pendiente. El caso está en la corte todavía, pero Dios no ha sido capaz de producir los dos juntos. Se han recibido citaciones por oscuridad, pero es imposible...

Lo mismo ocurre con el ego y Dios: el ego no es más que una oscuridad - SU presencia es una oscuridad, la presencia de Dios es luz. Cuando una persona desaparece, Dios aparece. Cuando no hay nada en tu interior, la totalidad comienza a expresarse a través de ti. Siempre que te conviertes en un bambú hueco, te conviertes en una flauta en sus labios - una gran canción comienza a fluir a través de ti.

No soy... ese es el imán. No es mi imán. Jesús no era... ese era su imán, pero no el suyo realmente - sólo aparece como suyo. Cuando Jesús dice: "Yo soy la puerta, yo soy el camino, yo soy la verdad,"

no se refiere a Jesús, el hijo de José y María. Cuando dice: "Yo soy el camino", es Dios declarando a través de la ausencia de Jesús. Cuando dice: "Nadie viene a Dios sino por mí".

él no está declarando que todo el mundo tiene que venir a través de Jesús.

Eso es lo que los cristianos han estado intentando demostrar al mundo: "Jesús dice: 'Todo el que viene, viene sólo a través de mí' - así que no puedes venir a través de Buda y no puedes venir a través de Lao Tzu. Tienes que venir sólo a través de Jesús". Eso es un completo disparate. Cuando Jesús dice: "Tú vienes sólo a través de mí", su "yo" no es suyo. Él ha sido utilizado sólo como un vehículo vacío.

Es el mismo "yo" que utilizó Krishna. Krishna le dice a Arjuna "A menos que vengas a mis pies, no lo lograrás". El mismo "yo", el mismo "mí" ....

Buda dice: "Ven a mí y te mostraré el camino". El mismo 'yo' - es el 'yo' de DIOS. No tiene nada que ver con el cristianismo o el budismo.

Cuando digo: "Ven, sígueme", es el mismo yo. Es el "yo" del universo.

Cuando un hombre desaparece, el magnetismo de Dios comienza a irradiar.

Holdsworth, me preguntas: ¿POR QUÉ LA GENTE ES ATRAÍDA AQUÍ COMO POR UN IMÁN?

Hay un imán, pero yo no soy ese imán. No soy el que se te aparece: ocurre algo más, algo más allá de la visibilidad, algo que no pueden ver los ojos, algo que no pueden oír los oídos, algo intangible... eso es el imán.

Van a venir millones y millones de personas.

Usted pregunta: ¿POR QUÉ SE RETIENE A LA GENTE AQUÍ?

Nadie está retenido aquí, nadie los retiene aquí. Es su propia elección. Es por su propio amor. India no tiene nada que ofrecer, excepto este arte de ser un no-ser. Los que están aquí han dejado hermosas casas, trabajos bien pagados, todas las instalaciones modernas, lujos, comodidades, conveniencias para vivir aquí en todo tipo de dificultades. ¡India no es un lugar para vivir! Nadie les retiene, pero no pueden irse.

El mundo entero ha perdido sentido para ellos. Han probado algo - algo por lo que están dispuestos a sufrir, algo por lo que están dispuestos a pasar por todo tipo de problemas - legales, gubernamentales, sociales, médicos. Nadie puede garantizarte cuándo se producirá tu iluminación.

Sólo se puede garantizar una cosa: ¡que la hepatitis es segura!

Usted me pregunta: ¿ES NUESTRA NECESIDAD? ¿O ES TU MAGNETISMO?

Es tu necesidad y es el magnetismo de Dios. Y no se trata de una cosa o de la otra. Es tu sed y es el río de Dios que fluye aquí, que ha aparecido aquí. No estarías aquí sin sed, y no estarías aquí si el río no estuviera aquí aunque tuvieras sed. No es cuestión de una cosa o la otra: el río está aquí, tú tienes sed.

A VECES PIENSO QUE ERES UN DIOS QUE JUEGA PARA NOSOTROS Y ME ALEGRO.

ENTONCES PIENSO QUE ERES UN MAGO SINIESTRO QUE NOS MANIPULA Y TENGO MIEDO Y RESENTIMIENTO.

Eso simplemente demuestra tu relación amor/odio. No tiene nada que ver conmigo, es tu proyección. Sólo soy un vacío, un lienzo en blanco: puedes pintar lo que quieras en él. Esta es TU dualidad:

TÚ estás dividido. Tienes esta división entre Dios y el Diablo dentro de ti, entre lo bueno y lo malo, entre el debería y el no debería. Es tu división; no tiene nada que ver conmigo.

Así que cuando mires por un lado de tu ser, verás a un Dios y estarás muy alegre. Cuando mires por el otro lado de tu ser, verás un Diablo y estarás resentido. Y recuerda: todo es tu creación - el Dios y el Diablo, ambos son tu creación.

Pero te han enseñado y condicionado de esta manera dual. No eres total - por eso está sucediendo de esta manera. Un día estarás enamorado de mí, y otro día sentirás un odio tremendo hacia mí. Y yo no soy responsable ni del amor ni del odio. Si te vuelves total, entonces desaparecerá la idea del bien y del mal, y será entonces cuando por primera vez podrás ver quién soy yo. De hecho, esa es la experiencia de Dios. Pero NO es tu Dios quien está en contra del mal: es Dios quien es una trascendencia - trascendencia de todo bien y todo mal.

Así que recuerda: cuando yo uso la palabra "Dios" y tú usas la palabra "Dios", nuestros significados son diferentes.

Cuando utilizo la palabra "Dios", me refiero a más allá de vuestro Dios y Diablo, donde todas las dualidades han desaparecido y sólo prevalece la unidad. Cuando uso la palabra "amor" no es vuestra palabra, porque vuestra palabra siempre

lleva en sí el color del odio. Cuando utilizo la palabra "amor" me refiero a cuando la relación amor/odio ha desaparecido... entonces surge un tipo de amor totalmente diferente: amor absoluto, amor total, amor puro, amor inocente, amor trascendental.

Así sucederá una y otra vez. Yo utilizo la palabra en un sentido, y tú la entiendes de una forma totalmente distinta, y es natural. Al principio tiene que ser así. Holdsworth, eres nuevo aquí - esto le ha pasado a mi gente, a casi todo el mundo. No se preocupe por ello; disfrute de ambos. Cuando estés enamorado de mí, alégrate y disfrútalo. Y cuando me odies, disfruta también de tu odio, disfruta de tu resentimiento. Entonces odia de verdad.

Si puedes estar en el amor real y en el odio real, pronto podrás ver que tanto el odio como el amor desaparecen - la REALIDAD los une a ambos, la autenticidad es un puente. Si puedes amarme de verdad y odiarme de verdad, entonces una cosa es similar en ambos - lo real, la autenticidad. Eso los unirá.

Y más allá de ese puente, un día, el amanecer. Y me ves como puro vacío. Y a través de ese vacío, fluye Dios - Dios que está más allá de Dios y del mal, más allá del bien y del mal, más allá del pecado y de la virtud.

DESEARÍA, dices, PODRÍA CREER TOTALMENTE EN TU DESINTERESADO.

¿Crees que Dios está desinteresado por el mundo? Entonces, ¿por qué lo creó? Los evangelios dicen que Dios creó el mundo en seis días, luego miró el mundo y dijo: "Es bueno. Es hermoso". Lo creó y lo amó.

¿De dónde has sacado esa idea del desinterés? Dios es interés total. No podemos decir que está interesado en el mundo porque lo entenderías mal. Es mejor decir que es interés absoluto, no que hay alguien que está interesado: todo su ser es interés. Tiene un amor tremendo, es amor.

Jesús dice: "Dios es amor". Si Dios es amor ¿cómo puede ser desinteresado, desinteresado?

No estoy desinteresado por nada. NO LO ESTOY. Y sólo hay un tremendo amor, un tremendo interés, en todo - en los árboles, en la gente, en los pájaros, en el sol, en la luna, en las estrellas.

Pero puedo entenderlo.

Tus santos te han estado enseñando que a menos que seas desinteresado, no serás religioso - desinterésate por todo y serás religioso.

Eso es una especie de encogimiento. Cuanto más desinteresado te vuelves, más aburrido y muerto te vuelves.

No enseño desinterés: Enseño inmenso interés. Ampliar, amar más y más...

Deja que tus ondas de amor lleguen hasta los límites de la existencia, si es que hay límites. Deja que toda esta existencia se llene de tu amor e interés. ¡Involúcrate! ¡Participa en estos misterios!

Pero es natural: cuando vienes a mí, vienes con todas tus expectativas. Ahora dices:

OJALÁ PUDIERA CREER TOTALMENTE EN TU DESINTERÉS.

¿Por qué? ¿Por qué me exiges tanto a mí y te exiges tanto a ti mismo? Estás haciendo una demanda imposible. No puedo cumplirla, porque Dios no puede cumplirla. Si Dios se desinteresara del mundo, el mundo habría desaparecido mucho antes.

En uno de sus hermosos poemas, Rabindranath dice: "Siempre que veo a un niño recién nacido, doy gracias a Dios y le digo: "¿Así que aún tienes esperanza? ¿Así que aún no te has cansado del hombre?"".

Cuando Rabindranath estaba muriendo, la última oración que hizo fue: "Dios, si sientes por mí que te he sido de alguna utilidad, devuélveme a la tierra. No pido deshacerme del mundo, quiero que me devuelvas al mundo. Tu mundo ha sido tan hermoso. Si me consideras digno, envíame de vuelta".

Esto es muy extraño, porque en la India los santos han estado rezando a lo largo de los siglos: "No queremos volver. Por favor, no nos envíes de vuelta al mundo. Es un castigo volver al mundo".

Y Rabindranath canta una canción, una plegaria: "Si crees que valgo algo, devuélveme".

Estoy de acuerdo con Rabindranath. Para mí, Rabindranath es mucho mejor vidente y mucho más sabio que los llamados santos. Todos ellos son anti-vida. Yo no soy anti-vida porque DIOS NO ES anti-vida. Dios es vida.

¿Cómo puedo estar en contra de la vida?

Amo este mundo, amo este mundo absolutamente. No estoy desinteresado en absoluto, estoy TOTALMENTE interesado.

Soy TODO INTERÉS. Así que por favor, Holdsworth, olvídalo. No serás capaz de manejarlo.

¿Y por qué deberías exigirte tanto? ¿Y cómo puedes confiar totalmente? ¿Cómo puede tu confianza ser total, tu creencia ser total? A menos que seas total, estás dividido. Y estas son las formas de división: interesado, desinteresado. Ser interesado es un pecado, ser desinteresado es una virtud, y éstas son las cosas que te dividen. Abandona todas estas divisiones. Sé inocente. No seas calculador.

En esa inocencia podrás ver que hay un interés que es también desinterés. En este momento será muy difícil de comprender porque será una gran paradoja. Hay un amor que no es apego. Hay una implicación que no es un compromiso. Uno puede vivir como una flor de loto en el estanque - en el agua y sin embargo no ser tocado por el agua. Pero esa no es TU idea de desinterés.

Mi mensaje a mis sannyasins es: Estar en el mundo y estar más allá de él. Estar en el mundo, estar totalmente en él y, sin embargo, no estar en absoluto en él. Cuando se cumple esta paradoja, uno ha llegado.

Quinta pregunta

Pregunta 5:

HE INTENTADO TODA MI VIDA CAMBIARME A MI MISMO; PERO PARECE QUE NADA CAMBIA NUNCA - SIGO SIENDO EL MISMO. ¿NO HAY ESPERANZA PARA MÍ?

EN PRIMER LUGAR ¿por qué quieres cambiar?

Eres hermoso tal y como eres, ¿por qué no te aceptas a ti mismo? Y el milagro es: cuando te aceptas, se produce el cambio. No puede ocurrir por tu esfuerzo, porque ¿QUIÉN te cambiará? En

¿La misma mente intentando cambiarse a sí misma? ¿La mente violenta intentando ser no violenta? ¿Cómo va a suceder? Incluso siendo no violento seguirá habiendo violencia.

¿La mente enfadada intentando no estar enfadada? Puedes arreglártelas, puedes cultivar una dureza a tu alrededor. Puedes reprimir la ira, pero es la misma mente: la ira está ahí. Estás sentado encima de ella; estás sentado sobre un volcán.

¿La mente estúpida intenta ser inteligente? En el propio esfuerzo, la estupidez será cada vez más arraigada....

Entonces, ¿cuál es la salida? La salida es la aceptación: la aceptación es una llave mágica. Acéptate tal y como eres. Y en esa aceptación surge la inteligencia. En esa aceptación, ¿por qué surge la inteligencia? Porque cuando aceptas, ya no estás dividido; la división desaparece. La división es entre tú y el debería, entre tú y el debería. Ahí es donde radica todo el secreto de la esquizofrenia: "Soy esto y tengo que ser aquello".

Así que ahora sólo hay dos cosas: o volverte loco convirtiéndote en eso... y será como un perro intentando atrapar su propia cola, o como tirar de ti mismo por tus propios cordones. Puedes saltar un poco, brincar un poco, pero eso no hará mucho. Eso es lo que hacen las personas que se llaman religiosas: saltan, se tiran de los cordones de los zapatos. Por un momento están un poco más altos que la tierra, pero vuelven a caer, y con estrépito.

Este no es el camino. La división se hará aún más profunda. Cuanto más lo intentes, más fracasarás. Y cuanto más fracases, más perderás la confianza en ti mismo, el respeto por ti mismo: en las drogas, en el alcohol, en esto y aquello, en la política del poder, en el dinero, en el mercado... y la gente ha inventado mil y una maneras de escapar de sí misma. Y tienen que inventarlas porque se han creado una idea fea de sí mismos. Decirles "¡Conócete a ti mismo!" es escandalizarles. No quieren conocerse a sí mismos.

Así que gente como Sócrates sigue diciendo "Conócete a ti mismo" - nadie oye, nadie escucha. Nadie quiere conocerse a sí mismo - porque ya has decidido que eres un ser nauseabundo, que estás enfermo, que eres feo, anormal, que todo tipo de pus y heridas están ahí dentro de ti. ¿Quién quiere ir allí? Es mejor no mirar esas heridas; olvídate de ellas.

Y si intentas cambiar, ¿qué harás? Podarás esta rama, aquella rama. Y el problema está en las raíces, no en las ramas. Si podas un árbol, el árbol se volverá más grueso. Tendrá mejor follaje; crecerán más hojas, porque el árbol aceptará el reto. ¿Quieres destruir el árbol? Si cortas una hoja, saldrán tres: ésa es la respuesta del árbol. Corta una rama:

tres ramas lo reemplazan. El árbol no puede ser derrotado tan fácilmente. Tiene que sobrevivir. Y puedes seguir cortando las hojas y las ramas: no pasará nada. En el fondo seguirás siendo el mismo, porque las RAÍCES están intactas.

El japonés era cliente de este restaurante griego desde hacía mucho tiempo porque había descubierto que hacían un arroz frito especialmente sabroso. Cada noche que entraba pedía piojos de mosca.

El dueño del restaurante griego se partía de risa. A veces hacía que dos o tres amigos se pusieran cerca para oír al cliente japonés pedir sus "piojos voladores".

Al final, el orgullo del cliente quedó tan herido que tomó una clase especial de dicción sólo para poder decir correctamente "arroz frito".

La siguiente vez que fue al restaurante dijo muy claro: "Arroz frito, por favor".

Incapaz de creer lo que oía, el dueño del restaurante griego le dijo: "Señor, ¿podría repetir eso?".

El japonés replicó: "¡Ya me has oído, maldito Gleek!".

Así no se cambia. Puedes cambiar una palabra, pero en el fondo sigues siendo japonés. Se impondrá desde otro lugar. O te vuelves loco o te conviertes en un hipócrita. Tu sociedad, tu demente sociedad, sólo te deja dos alternativas: o te vuelves loco intentando superarte a ti mismo, tirando de ti mismo; o si eres un poco más inteligente, sé un hipócrita, finge decir una cosa, haz justo lo contrario - mantén una puerta trasera en tu vida. En la puerta principal ten una bonita fachada -pinta el debería, el ideal, el deber- y vive desde la puerta trasera, vive realmente de forma natural desde la puerta trasera.

Pero eso también crea una división: nunca puedes estar tranquilo, mientes constantemente y te pillarán una y otra vez. ¿Cuánto tiempo puedes fingir? Y no puedes tener éxito fingiendo porque tus vecinos también fingen. Así que todo el mundo conoce a todo el mundo. Saben que tienen puertas traseras, así que saben que tú debes tenerlas.

Por eso, cuando oyes algo malo sobre otra persona, te lo crees INMEDIATAMENTE: no pides pruebas. Cuando oyes algo bueno sobre otra persona, pides pruebas. Si alguien dice: "Ese santo es falso; en realidad no es un santo. De hecho, es un asesino, un libertino, codicioso, violento", ¡lo crees inmediatamente! Y si alguien dice: "Ese hombre es realmente un santo", sospechas. Dices: "Ya veré. Tendremos que investigarlo; tendré que indagar".

Conoces a los hombres y cómo son las personas - ¿cómo puedes creer tan fácilmente que la gente puede ser buena? Sabes que tu bondad es falsa - eso te da la idea de que la bondad de todos los demás está destinada a ser falsa. Toda esta sociedad está formada por hipócritas.

Por favor, deja de superarte, deja de cambiarte. ¿Y cómo vas a cambiar y para qué? ¿Y quién va a decidir lo que debes ser? Si permites que otro decida quién debes ser, será una imposición externa. El cura, el político, intentan imponerte unos ideales. Y debido a esos ideales, no puedes ser natural, no puedes ser sencillo; tienes que cargar con grandes pesos sobre ti. Y siempre eres antinatural, arbitrario, artificial.

No se puede imitar a nadie.

El famoso libro de Thomas a Kempis es IMITACIÓN DE CRISTO - pero nunca he encontrado un título más falso y más feo. ¿IMITACIÓN DE CRISTO? Y el libro es muy respetado; es uno de los tratados cristianos más respetados. Pero la idea de quién es es errónea. Si imitas a Cristo, sólo serás un imitador - nunca serás un Cristo. Y ser un imitador es ser un hipócrita.

¿Cómo se puede imitar a Cristo? Él era un hombre totalmente diferente. Nunca imitó a nadie. Si hubiera imitado habría sido amado y respetado por los judíos; si hubiera imitado a Moisés o a Abraham, no habría sido crucificado. NUNCA imitó a nadie. Simplemente se afirmó tal como era; se respetó tal como Dios le había hecho - sin imitación alguna. Era un hombre original, no un calco.

Thomas a Kempis será un calco; si tiene éxito, también será un calco, y un calco es feo. Sé el original. Si puedes ser el original, ¿por qué ser un calco? No imites a Buda, no imites a Jesús, no me imites a mí, ¡nunca imites a nadie!

Aprende de todas partes, pero nunca imites. Sé tú mismo. Sólo tienes que ser tú mismo. Y no hay forma de saber quién eres de antemano. ¿Cómo decidirás quién eres? A menos que entres y veas quién eres.

Así que lo primero no es el esfuerzo por cambiar, lo primero es el esfuerzo por familiarizarte con tu propio ser: ¿quién reside en ti? Mira a este invitado que ha venido a ti. Tu cuerpo es un anfitrión...

algún extraño reside en el cuerpo, algún extraño del más allá ha descendido en el cuerpo.

Eso eres tú. Sólo mira, observa, medita, sé consciente de ello.

Abandona TODOS los esfuerzos por cambiarte a ti mismo. Pon toda tu energía en conocerte a ti mismo, y de ese conocimiento viene el crecimiento. Y ese crecimiento traerá tu rostro original. Tienes que ser sólo tú mismo. Tienes que ser sólo lo que ya eres.

La última pregunta

Pregunta 6:

¿QUÉ ES LA LEY DE LA NECESIDAD?

PITÁGORAS HABLA DE DOS LEYES: la ley de la necesidad y la ley del poder. La ley de la necesidad significa vivir una vida accidental, como un robot, como una máquina. La ley de la necesidad significa que las cosas te suceden; no eres el amo, no eres lo suficientemente consciente para ser el amo.

La ley del poder significa que las cosas no te pasan a ti: tú le pasas a las cosas. No eres sólo un accidente, eres un poder. La conciencia trae poder; entonces la vida no es sólo como un trozo de madera a la deriva, entonces la vida tiene una dirección. Entonces la vida tiene cierta integridad; entonces la vida tiene una continuidad. Tienes algo sólido en ti, y es tan poderoso que empiezas a sucederle a la gente. Tienes una presencia. Y todo lo que haces, lo haces; no es una reacción inconsciente: es una respuesta consciente. No estás a merced de las cosas, de los acontecimientos. Surge en ti una maestría.

Por eso en Oriente al sannyasin se le llama swami. swami' significa alguien que se ha convertido en maestro de sí mismo, alguien que ha pasado de la ley de la necesidad a la ley del poder. La ley de la necesidad significa que estás caminando como un hombre que está dormido, tropezando aquí y allá, cayendo en esto, en aquello, tratando de andar a tientas en la oscuridad. Tu vida seguirá sin tener sentido:... UN CUENTO CONTADO POR UN IDIOTA, LLENO DE RUIDO Y FURIA, QUE NO SIGNIFICA NADA. Tu vida será como el galimatías de un loco. No tendrás ninguna poesía, no tendrás ninguna canción, no tendrás ninguna música que surja de ti. Todo eso sólo ocurre cuando tu inconsciencia desaparece y te vuelves consciente. La meditación es la clave para volverse consciente; la meditación es la puerta a la ley del poder.

Usted pregunta: ¿QUÉ ES LA LEY DE LA NECESIDAD?

Estás viviendo bajo ella....

Estaba leyendo la autobiografía de un hombre. Dice que su padre estaba de viaje y el tren se retrasó.

Cuando llegó a su destino bajó del tren, pero éste iba tan retrasado que todos los taxis habían

k era plena noche y hacía mucho frío. Como no encontraba taxi, entró en el restaurante; acababan de cerrar y la mujer del mostrador estaba a punto de marcharse.

Al ver a este hombre, le preparó café. Él se bebió el café; no había nadie más, así que empezaron a hablar. La mujer le dijo: "Te será difícil conseguir un taxi; ¿por qué no vienes en mi coche? Te dejaré por el camino".

Así que se fue con la mujer, y así fue como se enamoraron el uno del otro. Y la mujer se convirtió en la madre de este hombre que está escribiendo la autobiografía.

Ahora dice: "Si el tren no hubiera llegado tarde, no habría estado en el mundo. Si hubiera habido un taxi disponible, no habría estado en el mundo. Si la mujer no le hubiera invitado a ir en su coche, yo no habría estado en el mundo".

Todo accidental.... La gente vive en esta inconsciencia. Tu amor es accidental, tu odio es accidental, tu amistad, tu enemistad - TODO es accidental.

Deja de ser accidental. Reúnase, sea un poco más consciente. Observa lo que está ocurriendo. Y, poco a poco, cuando empieces a actuar desde tu conciencia, verás surgir en ti un tremendo poder. Y entonces toda tu vida tendrá un sabor totalmente diferente.

Una historia:

Un millonario de ochenta años se casó con una campesina de catorce. Él estaba bastante contento, pero al cabo de unas semanas ella le dijo que le iba a dejar si no conseguía hacer el amor muy pronto.

Hizo que su limusina con chófer lo llevara a un especialista de alto precio que lo estudió y luego le puso una inyección de espermatozoides. "Ahora mira", le dijo el médico. "La única forma de que se te ponga duro es decir 'bip', y luego para que se te vuelva a ablandar dices 'bip bip'".

"¡Qué maravilla!", dijo el anciano.

"Sí, pero debo advertirte", dijo el médico, "sólo funcionará tres veces antes de que mueras".

De camino a casa, el viejo decidió que, de todas formas, no iba a sobrevivir a tres de ellos, así que decidió malgastar uno probándolo: "¿Vamos a ver si realmente funciona o no? Quién sabe, a lo mejor el médico sólo ha hecho trampas: la cosa parece casi increíble". Así que dijo: "¡Bip!".

y funcionó. Tuvo una gran erección. No se lo podía creer, era fantástica. Nunca antes había tenido algo así, ni siquiera cuando era joven.

Satisfecho, dijo: "Bip, bip", y se fue por donde había venido. Se rió con alegría y expectación.

En ese momento, un pequeño Volkswagen amarillo pasó junto a su limusina haciendo "bip", y el coche del carril contrario respondió con un "bip, bip".

Alerta ante el peligro que corría, el anciano ordenó a su chófer que "acelerara". Corrió hacia la casa tan rápido como pudo para aprovechar su última gran oportunidad. "Cariño", le gritó, "no hagas preguntas.

Deja la ropa y métete en la cama".

Atrapada por su excitación, lo hizo. Él se desnudó nervioso y se apresuró a entrar tras ella. Justo cuando se metía en la cama, dijo: "¡Bip!", y su tierna y joven esposa respondió: "¿Qué es toda esa mierda de 'bip, bip'?".

Logos: Poder: Necesidad

AÚN TE ES DADO FRIGURAR Y VENCER ESAS LOCAS PASIONES: APRENDE A SOMETERLAS.

SÉ SOBRIO, DILIGENTE Y CASTO; EVITA TODA IRA. NI EN PÚBLICO NI EN SECRETO PERMITAS MAL ALGUNO; Y SOBRE TODO RESPÉTATE A TI MISMO.

NO HABLES NI ACTÚES ANTES DE HABER REFLEXIONADO; SÉ JUSTO.

... RECUERDA QUE UN PODER INVENCIBLE ORDENA MORIR; ... QUE LAS RIQUEZAS Y LOS HONORES FÁCILMENTE ADQUIRIDOS, SON FÁCILES ASÍ DE PERDER.

EN CUANTO A LOS MALES QUE ENTRAÑA EL DESTINO, JÚZGALOS COMO SON; SOPÓRTALOS TODOS Y ESFUÉRZATE, EN CUANTO PUEDAS, POR MODIFICAR LOS RASGOS. LOS DIOSES, A LOS MÁS CRUELES, NO HAN EXPUESTO AL SABIO.

IGUAL QUE LA VERDAD, EL ERROR TIENE SUS AMANTES; CON PRUDENCIA EL FILÓSOFO APRUEBA O CULPA; SI TRIUNFA EL ERROR, SE ALEJA Y ESPERA.

PITÁGORAS FUE EL PRIMERO EN acuñar y utilizar las palabras "filosofía" y "filósofo".

Filosofía" significa amor a la sabiduría, y "filósofo", amigo de la sabiduría. Antes de Pitágoras, se utilizaban otras palabras con el mismo propósito. Para la filosofía se utilizaba la palabra SOPHIA - SOPHIA significa sabiduría; y para el filósofo, SOPHOS - SOPHOS significa el sabio, el sabio. Eran palabras hermosas, pero habían caído, se habían asociado con personas equivocadas. Habían caído en malos tiempos. Las palabras también tienen buenos y malos tiempos, días de gloria y días de humillación.

SOPHOS ES una hermosa palabra - el sabio. Recuerda, el sabio no significa el santo. El santo está en contra del pecador; tiene un polo opuesto. El santo es aquel que no es pecador; ha elegido ser virtuoso, contra el vicio. El pecador es aquel que ha elegido el vicio contra la virtud. Son polaridades como lo negativo y lo positivo. El santo no puede existir sin el pecador; el pecador no puede existir sin el santo: son compañeros, sólo pueden coexistir. Un mundo sin santos será también un mundo sin pecadores. Si realmente quieres que los pecadores desaparezcan del mundo, deja que los santos desaparezcan primero, e inmediatamente no habrá pecadores.

La existencia del santo crea al pecador. Y cuanto más se respeta al santo, más se condena al pecador, y la grieta se hace cada vez más grande. Y la ironía es que existen juntos, dos caras de la misma moneda. No son diferentes, su lógica no es diferente, sólo su elección es diferente. Uno ha elegido la parte nocturna de la vida, el otro ha elegido la parte diurna.

Pero la vida consiste en el día y la noche; no es ni el día solo ni la noche sola. Ambas son mitades de un todo, de ahí que ambas permanezcan en la miseria.

Vuestros pecadores son desgraciados porque siguen perdiéndose las bellezas de la virtud, las bellezas de la otra parte que han decidido no elegir. Y vuestros santos son miserables porque han reprimido algo que no puede ser destruido, que es una parte absolutamente esencial de su ser.

Si miras en lo más profundo de tu santo, encontrarás un pecador escondido en algún lugar de su inconsciente. Y lo mismo ocurre con el pecador: mira profundamente, y encontrarás un santo escondido en algún lugar de su inconsciente. El consciente del santo es el inconsciente del pecador, y el consciente del pecador es el inconsciente del santo.

El sabio no es ni esto ni aquello. Él es NETI, NETI - ni esto ni aquello - no ha elegido.

Ha aceptado su totalidad; es total, tanto de día como de noche. Ha abandonado el ego que elige constantemente. Simplemente ha aceptado lo que sea. Vive la verdad en su total desnudez, sea lo que sea, no tiene por qué interferir en la corriente de la vida.

El sabio es un fenómeno tremendamente bello, por su totalidad. El sabio es un círculo perfecto. Lo contiene todo, no rechaza nada. Esa era la idea de SOPHOS; era una palabra hermosa.

Pero su reputación se vino abajo.

Cayó porque también es una palabra peligrosa: puede ser utilizada fácilmente por la gente astuta. Como el sabio es completo, es ambos, ahora el pecador puede usarla. El puede decir, "Yo soy ambos. No elijo - cualquiera que sea el caso...." Ahora el pecador puede pretender ser un sabio. Puede decir: "Porque es así, en este momento soy así. Esto está sucediendo, ¿qué puedo hacer? He dejado de elegir. He aceptado la vida en su totalidad".

Ahora, el sabio es un fenómeno totalmente diferente de esta persona astuta. Esta persona astuta usó la palabra y la palabra se asoció con esta mente astuta. Se convirtió en un camuflaje para hacer cualquier cosa que quieras hacer. En el fondo hay elección, pero puedes fingir en la superficie que no eliges y que vives en una conciencia sin elección. Es una astucia muy sutil.

Así que la PALABRA SOPHOS cayó de su pedestal y se convirtió en 'sofista'. La palabra "sofista" es fea - significa un pretendiente. Significa alguien que pretende ser un sabio y no lo es, alguien que pretende ser un sabio y ni siquiera es un santo. Es simplemente un pecador, pero ha encontrado una hermosa racionalización para seguir siendo un pecador.

El asesino puede decir: "¿Qué puedo hacer? - Dios quiso asesinar a través de mí". El ladrón puede decir: "¿Qué puedo hacer? - así me lo ordenó Dios. Simplemente lo seguí". Y será muy difícil discutir con él; tiene ahí una hermosa racionalización.

Así que el SOPHOS cayó y se convirtió en sofista. Y lo mismo ocurrió con SOPHIA: la sabiduría NO ES conocimiento, pero se parecen. El conocimiento sólo pretende ser sabiduría; es justo lo contrario de la sabiduría. El conocimiento es siempre prestado, y por ser prestado es básicamente falso.

La sabiduría surge en ti, es tu florecimiento, es tu fragancia. Es autocomprensión, autoconocimiento.

Te vuelves luminoso; alcanzas una presencia sólida. Tienes un centro, te sientes enraizado, integrado; ya no eres fragmentario, eres una pieza.

La sabiduría es una revolución en tu ser: el conocimiento no es más que basura. Puedes recogerlo de otros; no te cambia, sigues siendo el mismo. Por supuesto que te decoras mucho, adquieres muchas máscaras hermosas, pero tu propio rostro sigue siendo el mismo. Sigues acumulando conocimientos, tu memoria se vuelve cada vez más rica, pero tu ser sigue siendo tan pobre como siempre. Pero el conocimiento puede pretender ser sabiduría; ambos utilizan el mismo lenguaje.

¡Por ejemplo: cuando Al Hillaj Mansoor declaró "ANA'L HAQ! - ¡Yo soy Dios! "era sabiduría. Salía de su interior. Era una declaración no hecha por él, sino a través de él. Tú puedes aprenderlo. ¡Puedes empezar a declarar "ANA'L HAQ! ¡Yo soy Dios! "pero será sólo conocimiento. Tu vida no lo apoyará; tu existencia no será una prueba de ello. De hecho, tu existencia lo refutará continuamente; tu vida será justo lo contrario.

En la India ha sucedido, en Grecia sucedió, en China sucedió... ha estado sucediendo a lo largo de los tiempos una y otra vez. Los Upanishads dicen lo mismo con sus propias palabras; declaran "¡AHAM BRAHMASMI! - Yo soy Dios!" Y no sólo eso "Yo soy Dios - todos son Dioses".

Los brahmanes, los sacerdotes indios, llevan miles de años repitiendo esta hermosa afirmación: "¡AHAM BRAHMASMI! - Yo soy Dios y todos son Dioses". Pero la intocabilidad sigue existiendo. Sigue habiendo personas que ni siquiera son dignas de ser llamadas seres humanos.

Por un lado sigues repitiendo como loros las bellas afirmaciones de los Upanishads, de los videntes, de los sabios, de los que han conocido.... Eran verdaderos brahmanes: un brahmana es alguien que ha conocido el Brahma, alguien que ha conocido el Absoluto. No se puede ser brahmán por nacimiento, y siempre que encuentres un brahmán por nacimiento, es un hipócrita. Un brahmán sólo puede serlo por experiencia, experiencia existencial; un brahmán sólo puede serlo por autorrealización. Pero, ¿cómo puede existir la intocabilidad entre personas autorrealizadas? Es imposible. La intocabilidad existe.

Por un lado, la gente sigue declarando: "Todo es Dios, no hay nada más que Dios. Toda la existencia está impregnada de Dios. Cada átomo de ella está lleno de Dios". Y, sin embargo, hay personas que ni siquiera son dignas de ser llamadas seres humanos: ¿qué decir de que sean Dioses? No se les puede tocar; es un crimen si te tocan. En el pasado, incluso su sombra... si su sombra caía sobre ti era un crimen. Un intocable podría haber sido quemado vivo sólo porque su sombra hubiera caído sobre ti.

Y no creas que son cosas del pasado: siguen siendo quemados vivos, ¡todos los días! Violan a sus mujeres, queman sus casas, matan a sus hijos. Y esto sigue ocurriendo en un país que se autodenomina el más religioso del mundo. ¿Qué clase de sabiduría es ésta? Y detrás de todas estas violaciones, asesinatos, incendios provocados, están sus brahmanes, los reivindicadores. Repiten los Vedas, los Upanishads, pero sólo es una cinta en sus mentes. Repiten sin saber lo que están repitiendo.

SOPHIA ES sabiduría. La sabiduría ocurre en el santuario más íntimo de tu ser. Nunca es prestada, no tiene nada que ver con el conocimiento, la información, nada que ver con escrituras, doctrinas, sistemas de pensamiento. Es tu propia experiencia, individual, auténtica. Has conocido. Has llegado. Entonces es SOPHOS - ES sabiduría.

Si te limitas a repetir las experiencias de otras personas, eso es sofistería, es conocimiento: muerto, sin sentido, nada más que galimatías. Puedes adornarte con ello, puedes fortalecer tu ego a través de ello, pero no conocerás la verdad.

Cayó SOPHOS y surgió ese feo fenómeno que es el sofista. SOPHIA cayó y lo que surgió fue la sofística. El sofisma es puro argumento por el argumento, sin preocuparse por la verdad.

Es sólo análisis lingüístico, lógico, racional, por supuesto, pero no intuitivo, no experiencial.

Y uno puede seguir discutiendo y adivinando, y sin embargo, aunque discuta durante milenios no llegará a la verdad - porque la verdad nunca es una conclusión, no es una conclusión de ningún proceso lógico. La verdad no tiene que ser inventada por la lógica: la verdad tiene que ser descubierta por el amor. El camino hacia la verdad no es la lógica, sino el amor.

La sabiduría es amor: el conocimiento es lógica.

Y cuando la lógica empieza a pretender que "yo soy la puerta, yo soy el camino hacia la verdad", la verdad desaparece del mundo.

PITÁGORAS TUVO QUE ACUÑAR PALABRAS NUEVAS, y acuñó palabras hermosas. Filosofía" significa amor a la sabiduría, no amor al conocimiento, sino amor a la sabiduría. El conocimiento es intelectual, la sabiduría es intuitiva. El conocimiento es de la cabeza, la sabiduría es del corazón. De ahí el amor: no lógica, sino amor; no cálculo, sino inocencia; no astucia, sino inteligencia; no intelectualidad, sino inteligencia.

Y también acuñó la palabra "filósofo", amigo de la sabiduría. ¿Has observado alguna vez? - siempre que empiezas a discutir con alguien estás más preocupado por tu ego que por la verdad.

A veces incluso ves la falsedad de tu argumento, pero no puedes aceptarlo porque hiere al ego. Argumentas porque es tu opinión, no porque sea cierta. Argumentas contra la opinión del otro porque es SU opinión, no porque sea falsa.

La argumentación no surge por la verdad sino por viajes egoístas - entonces es sofistería, entonces es un fenómeno muy feo.

Amar a una mujer es una experiencia hermosa. El amor entre un hombre y una mujer tiene una tremenda verdad, una fragancia propia, una bendición. Es uno de los misterios más increíbles de la vida. Pero ir con una prostituta no es lo mismo - físicamente es lo mismo, espiritualmente es totalmente diferente. La prostituta es un fenómeno feo: la amada es algo divino.

La filosofía es como tu amada: la sofística es una prostituta. Y los sofistas hacían exactamente eso: prostituirse. Estaban dispuestos a argumentar para cualquiera que estuviera dispuesto a pagarles. Si pagas al sofista, argumentará para ti. Si otro le paga más, argumentará a su favor. Incluso está dispuesto a argumentar en tu contra si alguien está dispuesto a pagarle más.

Lo he oído:

Todos los domingos, a un sacerdote le molestaba mucho un anciano que era un hombre muy respetable, rico, adinerado, de su congregación, Solía sentarse justo delante del sacerdote, y se quedaba dormido en cuestión de segundos y roncaba fuertemente. Y, por supuesto, era muy perturbador - sólo sentado frente a él. roncando.

El sacerdote estaba turbado: ¿qué hacer? Y el hombre era tan rico que no podía decirle: "Esto no está bien". Así que encontró una manera. Un niño pequeño seguía al anciano, su bisnieto. El cura llamó al niño y le dijo: "Te daré cuatro ANNAS todos los domingos: cada vez que tu viejo empiece a dormirse, le das un codazo, lo despiertas". El chico se puso muy contento y lo hizo, y la idea funcionó.

Durante tres domingos todo fue perfectamente bien: cada vez que el viejo empezaba a roncar, el chico le sacudía. Pero el cuarto domingo, el viejo roncaba, el cura esperaba, pero el niño estaba sentado en silencio. Después del sermón, llamó al chico y le preguntó: "¿Qué te pasa? ¿Te has olvidado?"

Pero ahora me paga una rupia por domingo. Dice. 'Si no me molestas, te daré una rupia'".

Ese era el caso de los sofistas. Estaban dispuestos a argumentar por cualquiera, por quien estuviera dispuesto a pagar. Eran grandes argumentadores. Pero la sabiduría no tiene nada que ver con la argumentación.

Buda no es un argumentador: ha experimentado algo. Si utiliza la lógica y el lenguaje, es sólo para expresar lo que ha experimentado, no para demostrarlo. No es que llegue a su experiencia a través del lenguaje y la lógica: primero la ha experimentado a través de la meditación, luego utiliza la lógica y el lenguaje para expresarla.

La lógica y el lenguaje son perfectamente correctos en lo que se refiere a la expresión, pero no son creativos, sino expresivos. La VERDAD ES necesaria en primer lugar para ser expresada, luego son útiles. Pero desde fuera es muy difícil saber quién está expresando su experiencia y quién sólo está jugando con las palabras. Es muy difícil para los que aún no han experimentado nada por sí mismos.

Pitágoras llegó a la India, conoció a grandes sabios; conoció a grandes videntes, a grandes brahmanes. Vio por primera vez lo que es un sabio. Meditó durante años... se convirtió en un sabio por derecho propio, se iluminó. Y luego volvió a Grecia, y allí vio lo que había sucedido: la amada había desaparecido, sólo había una prostituta.

Acuñó estas nuevas palabras -estas palabras son hermosas, pero han vuelto a caer en la misma trampa. Ahora, si vas a las universidades, ya sea en Oriente o en Occidente, no existe la filosofía en el sentido pitagórico; no existe ningún filósofo, al menos en las universidades, en el sentido en que Pitágoras utiliza la palabra. En las universidades es de nuevo sofisma, y los filósofos y los profesores de filosofía en las universidades son de nuevo sofistas. Por lo tanto, la filosofía está en el lecho de muerte - entra en cualquier universidad y lo verás.

Miles de estudiantes vienen por ciencias, por matemáticas, por física, por química, por biología, por geología. Pregunte cuántos estudiantes vienen por filosofía: no hay ni para contarlos con los dedos.

Cuando estudiaba filosofía sólo había tres estudiantes. Yo era uno, y los otros dos eran chicas. Sólo tres personas, y el departamento tenía diez profesores: tres y un tercio de profesores por cada estudiante. Y esas dos chicas no estaban interesadas en la filosofía en absoluto. Su único interés era obtener un título de maestría, que les ayudara a conseguir un marido mejor. Y no podían ser admitidas en ninguna otra asignatura, por eso habían elegido filosofía. No les interesaba en absoluto.

Solía repetirse una y otra vez.... Uno de mis profesores era un hombre muy ascético; había decidido no mirar a las mujeres. Ahora, dos chicas en la clase - así que él enseñaba con los ojos cerrados . Y esas dos chicas casi siempre estaban ausentes, así que sólo yo estaba sentado y él de pie con los ojos cerrados. Así que aprendí a escuchar con los ojos cerrados; de hecho, él hablaba y yo dormía.

Un día lo descubrió. Primero pensó que yo también era un asceta y que también había decidido no mirar a las mujeres, y se alegró mucho de encontrar al menos un alma gemela. Toda la universidad se reía de él, y él pensaba: "Esto está muy bien, al menos una persona está aquí....". Pero un día se dio cuenta, porque esas dos chicas no estaban allí, así que abrió los ojos y yo estaba profundamente dormida.

Me preguntó: "¿Qué te pasa?".

Le dije: "La cuestión es que no veo NINGUNA filosofía en lo que estás enseñando. Es mucho mejor y más beneficioso dormir bien. Lo que enseñas es basura, está podrido. No sabes nada".

Y ese era realmente el caso. Y el hombre fue sincero: primero se escandalizó, pero luego reconoció la verdad. Porque aquel día estaba hablando de Patanjali y del samadhi, y yo le pregunté: "¿Sabes lo que es el samadhi? ¿Lo has experimentado alguna vez? Todo lo que dices es erudito, pero no sabio. Todo lo que dices es mecánico; lo puede hacer un ordenador de una manera mucho mejor y mucho más eficaz que tú. Has leído sobre el samadhi, pero leer sobre el samadhi no es conocer el samadhi. Es como un ciego que ha leído mucho sobre la luz y puede hablar de la luz, incluso puede ser capaz de escribir una gran tesis sobre la luz, pero no sabe nada de ella. No sabe nada, en absoluto. No tiene ojos".

Esto está sucediendo en todo el mundo, y la razón no es que la gente ya no esté interesada en la verdad - la razón es que la filosofía se ha convertido de nuevo en sofistería. Ahora los grandes filósofos de este siglo no son más que lingüistas, positivistas lógicos, sofistas de la lógica. Bertrand Russell, G.E.

Moore, Ludwig Wittgenstein, grandes nombres de la filosofía, pero todos se ocupan del lenguaje. No les preocupa si Dios existe o no; les preocupa de cuántas maneras se puede utilizar la palabra "Dios", y si el uso es válido o no, si la palabra "Dios" se puede utilizar o no, y si se utiliza, qué significado tiene. NO les preocupa la verdad de Dios: sólo les preocupa la palabra "Dios". Y siguen analizando.

Piensa en una persona que analice la palabra "amor": ¿le llamarías amante? El amor es algo que hay que experimentar, algo que hay que vivir. Una filosofía, para ser realmente una filosofía, tiene que ser una filosofía de la vida. Una filosofía digna de ese nombre debe ser existencial, experiencial; debe basarse en la meditación, no en la argumentación.

Una vez más, la palabra "filosofía" ha caído en descrédito. Se necesita una nueva palabra. Por ejemplo, ahora sería mejor cambiar "filosofía" por "philousia". OUSIA viene de la raíz de 'esencia'.

Philousia" significará alguien que desea la esencia o el Isness, alguien que no sólo quiere pensar en ello, sino experimentar, realizar, ver.

Ese es realmente el significado de la palabra india para filosofía, DARSHAN. DARSHAN significa ver.

Ahora será mejor hacer exactamente lo mismo que hizo Pitágoras hace veinticinco siglos.

Cambió SOPHIA por "filosofía". Ahora hay que volver a cambiar "filosofía". Yo propongo "philousia": el deseo de ver y experimentar la esencia o el Isness y no contentarse con pensar en ello.

El sutra... la segunda parte, la purificación, continúa. El sutra anterior era:

SI AL MENOS PUEDES; PUES UNA LEY MUY RÍGIDA ATA EL PODER A LA NECESIDAD.

PITÁGORAS RECONOCIÓ DOS MOTIVOS PARA LAS ACCIONES HUMANAS: el primero procedente de la naturaleza inferior, llamado necesidad, y el segundo emanado de una naturaleza superior, llamado poder; pero ambos dependen de la ley primordial implícita: TAO, DHAMMA, TORAH, LOGOS. En Oriente hemos llamado a la primera PRAKRITI y a la segunda PURUSH.

Es muy posible que Pitágoras, sentado en comunión con los sabios indios, conociera estas dos leyes. También las experimentó en su propio ser, pero la primera visión parece haber ocurrido en Oriente en una profunda comunión con un Maestro iluminado.

PRAKRITI significa naturaleza inferior, la naturaleza material, lo visible. PURUSH significa conciencia, conocimiento, la naturaleza superior. Prakriti es como la circunferencia de un círculo y purush es como el centro de un círculo. Pitágoras tiene sus propias palabras: la primera la llama ley de la necesidad. Cuanto más desciendes, más y más funciona la ley de la necesidad. Cuanto más subes en consciencia, menos y menos funciona la ley de la necesidad y más y más la ley del poder, la ley de la libertad.

En lo más bajo, causa y efecto es la única ley, y como la ciencia sólo reconoce causa y efecto no puede reconocer a Dios, no puede reconocer la conciencia. Su propia metodología se lo prohíbe.

La ciencia sigue atada al peldaño más bajo de la escalera; y la existencia es una escalera, de muchos peldaños.

Y la escalera existe en ti, en cada ser humano, a menor escala.

Tu cuerpo es prakriti, naturaleza inferior; tu cuerpo sigue la ley de la necesidad. Incluso el cuerpo de un Buda seguirá la ley de la necesidad. Después de la juventud, envejecerá; después de la vejez, morirá. Incluso para un Buda, la naturaleza no va a ser diferente, es una ley muy rígida. No hay excepciones.

Por eso digo que Jesús no nació de una madre virgen - porque el nacimiento sigue la ley más baja de la necesidad. Nadie puede ser una excepción a ella. Ciertamente nació de una mujer muy inocente. Si la virginidad es simbólica, entonces es perfectamente cierto; si es una expresión poética de la inocencia de Mariam, entonces es perfectamente correcto. Pero si insistes en que es un fenómeno fisiológico, que Mariam era virgen, entonces simplemente estás siendo estúpido. El nacimiento sigue la ley de la necesidad.

Y exactamente lo mismo ocurre con la idea de la resurrección. Una vez que Jesús ha muerto no hay posibilidad de resurrección, porque la ley de la necesidad no permite ninguna excepción. Pero si por "resurrección" entiendes que la vida real nunca muere, que hay algo eterno en ti que sigue y sigue, continúaS, que sólo el cuerpo grosero muere y el núcleo más sutil de tu ser es eterno...

si usted entiende por "resurrección" un renacimiento espiritual, entonces es perfectamente cierto. Pero no es cierto en un sentido histórico.

Y lo mismo ocurre con todo el mundo.

Los jainas dicen que Mahavira nunca transpiró - esto es imposible. Tu cuerpo está compuesto en un ochenta y cinco por ciento de agua, y la transpiración es la forma que tiene el cuerpo de evitar el calor excesivo. Cuando transpiras, el cuerpo está creando un cierto tipo de aire acondicionado; cuando transpiras, el agua sale a la superficie de tu piel y esa agua empieza a evaporarse. Para evaporarse necesita calor, así que absorbe el calor del cuerpo y tu interior permanece a una temperatura fresca. Se trata de un fenómeno muy natural, a menos que tu cuerpo sea de plástico o acero, en cuyo caso la cosa cambia por completo.

Y Mahavira se movía desnudo; y en la parte más calurosa de la India, Bihar, por carreteras polvorientas. Incluso hoy en día son polvorientas, así que piensa en veinticinco siglos atrás.... ¿Y no transpiraba? Habría muerto; sin transpiración no habría podido sobrevivir. Forma parte del mecanismo de supervivencia.

Pero cada religión quiere que su fundador sea excepcional. En cierto sentido van por buen camino. ¿En qué sentido tienen razón? Tienen razón porque un hombre como Mahavira, Jesús, Buda, también ha alcanzado la otra ley -la ley del poder-, pero sus cuerpos no la seguirán. El cuerpo pertenece a la tierra; seguirá la ley terrenal. Su conciencia pertenece ahora al mundo del poder, a purush, no a prakriti. Su conciencia tendrá libertad total, libertad absoluta; su conciencia no conocerá ninguna limitación. Pero no podemos ver su conciencia.

A menos que también alcancemos esas cimas, esos clímax, esos éxtasis, sólo podemos ver el cuerpo. Así que empezamos a crear historias, mitos, sobre sus cuerpos, como si sus cuerpos formaran parte de la ley superior del poder. Eso nunca sucede. Como metáfora, bien; como mito, hermoso; pero no intentes demostrarlo históricamente.

Los Jainas dicen que cuando una serpiente mordió el dedo del pie de Mahavira, en lugar de sangre, comenzó a fluir leche. Esto es muy peligroso. Eso significa que en lugar de sangre, en el cuerpo de Mahavira circulaba leche - y la leche no puede seguir siendo leche durante mucho tiempo: se vuelve cuajada. Mucho antes de que esta mordedura de la serpiente ocurriera, Mahavira habría empezado a apestar a cuajada.

Pero como expresión poética es hermosa. Simplemente muestra... que la leche es un símbolo de amor. Cuando nace un niño de una mujer, la leche empieza a fluir de sus pechos, por amor. La leche es un símbolo, un símbolo poético, del amor. La historia dice simplemente que aunque le haya mordido una serpiente venenosa, de Mahavira no puede obtener nada excepto amor - eso es todo. Para representarlo, se ha escrito la historia de que nunca salió sangre - en lugar de sangre, empezó a fluir leche. Pero no seas tonto y no trates de probarlo fisiológicamente, que en realidad la leche estaba fluyendo.

El cuerpo sigue siendo parte de la tierra; tu conciencia puede llegar a ser parte del cielo, pertenece realmente al cielo.

El hombre es un encuentro de estas dos leyes: necesidad y poder, purush y prakriti, esclavitud y libertad, tierra y cielo, cuerpo y alma, lo visible y lo invisible, lo grosero y lo sutil. El hombre es un punto de encuentro. Esa es la gloria del hombre, y también su miseria. Esa es la angustia si no se comprende bien - porque si no comprendes que eres un punto de encuentro de dos poderes inmensos, polos opuestos, permanecerás en un estado de ansiedad, de angustia; te sentirás desgarrado, dos fuerzas tirando de ti.

Tu vida se convertirá en una gran ansiedad: ¿qué ser? ¿esto o aquello?

La tierra tira de ti hacia abajo, el cielo te llama hacia arriba. El cuerpo dice: "¡Sígueme!" y el alma dice: "¡Ven conmigo!". Y sus caminos son diferentes; no puedes seguir a ambos simultáneamente. Parece casi imposible. Si sigues al cuerpo empiezas a sentirte culpable, porque no has escuchado la voz más profunda de tu ser, esa voz quieta y pequeña. Si sigues esa vocecita, empiezas a sentir que estás siendo duro con tu cuerpo. El cuerpo empieza a sentirse desnutrido, no amado, y el cuerpo empieza a rebelarse contra ti.

Así que, ¡elijas lo que elijas...! Si eliges el cuerpo, el alma se siente sofocada; si eliges el alma, el cuerpo se siente desnutrido, descuidado, ignorado. De cualquier manera te sientes en un estado de tensión.

Esta es la miseria del hombre.

Pero SI se entienden estas dos leyes, y se puede entender el ritmo de estas dos leyes, que PARECEN opuestas, pero en el fondo son complementarias.... Todos los opuestos son siempre complementarios. La vida y la muerte son opuestos y sin embargo complementarios. El hombre y la mujer son opuestos, pero complementarios. El bien y el mal, opuestos y sin embargo complementarios. Si puedes ver la complementariedad, entonces surge una trascendencia en ti - y tu gloria entra en manifestación, te conviertes en un esplendor.

Ese es el estado de un Buda, el estado de un Jesús - llámalo conciencia de Cristo o conciencia de Buda o conciencia de Krishna, no importa el nombre que uses, pero el significado es este. Cuando tu tensión se disuelve, tu ansiedad se resuelve, cuando puedes ser el cuerpo y el alma juntos en armonía, cuando has aprendido a jugar con tu cuerpo y tu conciencia juntos, simultáneamente, sin fricción, entonces tu vida crea una gran música. Esa música es la meditación.

Entonces tu vida se convierte en una melodía de tremenda importancia. Te conviertes en un festival, una celebración. Floreces.

Utilizas el cuerpo como cimiento y utilizas tu conciencia para crear un templo. El cuerpo se convierte en los cimientos, la conciencia se convierte en el templo. Utilizas tu cuerpo como una flauta, y la conciencia se convierte en una canción a través de la flauta. Utilizas el cuerpo como un sitar, y tu consciencia se convierte en la música que surge de él.

¿No lo has visto? En un instrumento físico, material, surge una música que no tiene nada de material, que es totalmente espiritual. De la misma manera, dice Pitágoras, estas dos leyes fundamentales, la ley de la necesidad y la ley del poder, están enraizadas en una ley primordial.

Lao Tzu llama a esa ley TAO, Jesús llama a esa ley LOGOS, Buda llama a esa ley dharma. Moisés llama a esa ley TORAH. Hay una ley fundamental en la que todas las dualidades se disuelven y se convierten en no-duales - ese uno es Dios, esa ley primordial es Dios, esa ley primordial es la verdad.

La verdad tiene un cuerpo - ese cuerpo consiste en la ley de la necesidad; y la verdad tiene un alma - esa alma consiste en la ley del poder. El hombre es ambas cosas: una cuerda tendida entre dos eternidades. Así lo ha expresado Friedrich Nietzsche: una cuerda tendida entre dos eternidades, entre el pasado y el futuro, entre la materia y la conciencia. Y para caminar sobre esta cuerda floja se necesita una gran habilidad. Tendrás que convertirte en un equilibrista.

En eso consiste el sannyas, el discipulado. La persona religiosa es aquella que aprende el arte de caminar sobre esta cuerda floja. Está llena de peligros. Es muy peligrosa también: un solo paso en falso y te caes, un solo paso en falso y te extravías; un pequeño error y grande será tu caída.

Cuanto más alto llegas, más peligrosa se vuelve tu vida. Pero cuanto más peligrosa es la vida, más merece la pena vivirla, más sentido tiene y más significado tiene.

Nietzsche también ha dicho: ¡Vive peligrosamente! ¿Qué quiere decir con "vive peligrosamente"? Quien sólo vive convenientemente no vive en absoluto; su vida no es más que una muerte gradual, un lento suicidio. La vida existe en su nitidez, en su brillantez, sólo cuando vives peligrosamente. Y el mayor peligro es moverse entre la ley de la necesidad y la ley del poder, como si te movieras entre dos cumbres del Himalaya, sobre una cuerda tendida entre estas dos cumbres... si caes estás perdido. Pero si llegas, la mayor gloria es tuya: Dios es tuyo, el nirvana es tuyo.

El hombre es ambas cosas... una cuerda... una escalera... un encuentro de tierra y cielo, cuerpo y alma, esclavitud y libertad, samsara y nirvana... Si NO entiendes esto permanecerás en agonía. Si lo comprendes, llega el éxtasis. ES la misma energía que se convierte en agonía, la que se convierte en éxtasis. En la ignorancia, la misma energía se vuelve amarga y venenosa y crea el infierno. Cuando te vuelves consciente, más alerta, más vigilante, un testigo, la misma energía se transforma - se convierte en un paraíso.

Continuación de los sutras de hoy:

AÚN ASÍ TE ES DADO FRIGURARTE Y VENCER TUS LOCAS PASIONES: APRENDE A DOMINARLAS.

HABRÁ QUE MEDITAR SOBRE ESTAS PALABRAS, porque han pasado veinticinco siglos desde que se pronunciaron y el significado de todas ellas ha cambiado. Fueron escritas antes de Freud. Fueron escritas en un medio totalmente diferente, en una atmósfera totalmente diferente. Tendrás que entender ESE significado, no el significado que tú asocias a esas palabras.

AÚN... Pitágoras dice:... aunque es difícil, porque una ley muy rígida ata el poder a la necesidad.

Es peligroso crear la armonía, es moverse en el filo de una espada, pero aun así es posible, no es imposible. Es difícil, pero no imposible.

AÚN TE ES DADO . .

¡Es tu derecho de nacimiento!

... PARA FIJARTE Y SUPERAR TUS FALSAS PASIONES.

Aquí "lucha" no significa lo que usted asocia con la palabra "lucha". Aquí "lucha" tiene un significado totalmente diferente. En la escuela pitagórica del misterio, la palabra "lucha" significa crear fricción.

Gurdjieff solía dar los mismos métodos a sus discípulos: métodos de fricción. Crea una fricción en ti mismo, porque de la fricción se libera energía.

Por ejemplo, te sientes enfadado, surge en ti una gran ira. El método pitagórico es: cuando la ira surge en ti, simplemente enfréntate a ella; deja que surja en ti una gran compasión. Será difícil, porque cuando estás enfadado no puedes ser compasivo. Pero no es imposible.

De hecho, la ira y la compasión no son dos energías diferentes. Es la ira la que se convierte en compasión; es la compasión la que permanece en la ira. Así que si puedes crear compasión cuando la ira está ahí, esto es lucha, fricción, estás creando una dualidad, estás creando dos picos. Y tienes que caminar entre estos dos picos en la cuerda floja, de la ira a la compasión. Y si puedes llegar de la ira a la compasión, habrás superado la ira.

Cuando surja el sexo, crea el amor -son la misma energía- y pasa del sexo al amor. Al principio será difícil, porque hemos olvidado por completo los métodos de fricción. Pero ¡inténtalo!

Por ejemplo, si te sientes triste, ponte a bailar. Y te sorprenderá el cambio que se produce inmediatamente. La tristeza está ahí en una esquina, y en otra esquina, justo en el lado opuesto, empieza a surgir una sutil alegría. Estarás sorprendido, totalmente sorprendido. No podrás creer lo que está sucediendo. Cuando ocurre por primera vez que estás triste Y a la vez alegre, y ambos están juntos, esto es lucha, esto es fricción. Y de esta fricción se libera una gran energía, surge en ti un gran fuego, y ese fuego purifica. Y el fuego siempre surge a través de la fricción.

El primer hombre que creó el fuego, debió crearlo por fricción, frotando dos piedras una contra otra. La primera idea del fuego debió de surgir al ver cómo se incendiaban los bambúes u otros árboles cuando soplaba un viento fuerte, al ver cómo se producía la fricción de forma natural. Siempre ocurre en un bosque de bambúes:

si el viento es excesivo, los bambúes empiezan a rozarse entre sí, se calientan y pronto surge el fuego. La primera idea del fuego debió de surgir al ver algún estado natural de fricción.

Lo mismo ocurre también hacia dentro: crea fricción. Crea siempre lo contrario de lo que ocurre en ti. primero dirás que no es posible, porque nunca lo has intentado. Pero recuerda que todo lo que sientes permanece siempre en ti. A veces está en una forma manifiesta, y a veces está en una forma latente. Así que cuando intentas crear lo contrario, lo único que haces es despertar algo que está latente.

Has amado antes, has sido muy compasivo antes, sabes lo que es la compasión.

Ahora hay ira. En algún lugar, en alguna cámara de tu ser, la compasión está profundamente dormida: despiértala. Y una vez que hayas aprendido que puede ser despertada, habrá una gran fricción en ti. La ira y la compasión empezarán a luchar.

Y recuerda siempre: siempre que hay una lucha entre lo inferior y lo superior, lo superior gana; lo pitférior no puede ganar. Lo inferior sólo puede ganar si lo superior está ausente; lo inferior sólo gana en ausencia de lo superior. Una vez que está lo superior, lo inferior no tiene poder.

Por eso Pitágoras llama a lo superior la ley de la potencia.

AÚN ASÍ TE ES DADO FRIGURARTE Y VENCER TUS LOCAS PASIONES: APRENDE A DOMINARLAS.

Tus pasiones son tontas. Recuerda, Pitágoras no está en contra de las pasiones - porque contienen toda la energía que tienes. Está en contra de la estupidez. En el momento en que tus pasiones toman el color de la inteligencia, son perfectamente bellas Cuando el sexo es sólo un impulso inconsciente y mecánico en ti, está mal. Recuerda, el sexo no es malo:

lo mecánico c está mal. Si puedes traer algo de luz de inteligencia a tu sexualidad, esa luz la transformará. Ya no será sexualidad, será algo totalmente diferente, tan diferente que no tendrás una palabra para describirlo.

En Oriente tenemos una palabra para ello, "tantra". En Occidente no tenemos ninguna palabra para ello. Cuando el sexo se une a la inteligencia, se crea una energía totalmente nueva: esa energía se llama Tantra.

La palabra "tantra" significa capacidad de expansión, aquello que sigue expandiéndose. El sexo te encoge, el tantra te expande. Es la misma energía, pero da un giro. Ya no es egoísta, ya no es egocéntrica. Empieza a expandirse - empieza a expandirse a toda la existencia. En el sexo, por un momento puedes alcanzar el orgasmo, y a un gran coste. En el Tantra puedes vivir en el orgasmo veinticuatro horas al día, porque tu propia energía se vuelve orgásmica. Y tu encuentro ya no es con ninguna persona individual: tu encuentro es con el universo mismo. Ves un árbol, ves una flor, ves una estrella, y hay algo parecido al orgasmo.

El hombre que se ha vuelto absolutamente inteligente, alerta, consciente, vive de una manera orgásmica. Todos sus movimientos están llenos de picos orgásmicos, y picos sobre picos. Y cuando el Tantra ha sucedido, el sexo desaparece. El sexo es una semilla, el Tantra es el árbol - deja que la semilla muera y el árbol nacerá.

Cada una de vuestras energías puede tener dos formas: una es inteligente, la otra es tonta. Pitágoras no está en contra de vuestras pasiones -ningún Sabio puede estar jamás en contra de vuestras pasiones-, pero todo Sabio está en contra de la necedad, está en contra de la ignorancia, está en contra de la oscuridad, está en contra de la estupidez, de la mecanicidad.

En el sexo funcionas como un robot. Algo de la ley de la necesidad, algo de prakriti, algo de la naturaleza inferior, se apodera de ti, y ya no eres tú mismo, eres un esclavo. Cuando eres dueño de tu propio ser, entonces vives en el mismo mundo pero con ojos totalmente diferentes - el mismo mundo se vuelve divino.

Ese es el significado de la declaración de los Maestros Zen: el samsara ES el nirvana, este mismo mundo es la iluminación. Todo lo que se necesita es un cambio en ti de la necedad a la sabiduría, de la inconsciencia a la consciencia.

AÚN TE ES DADO FIJARTE Y VENCER TUS LOCAS PASIONES, APRENDE A SOMETERLAS.

No hay que destruirlos, sólo someterlos. Y recuerda, dominar no significa reprimir, no en la metodología de Pitágoras. Avasallar significa simplemente: si tomas conciencia, te conviertes en el amo y las pasiones en tus esclavas. Como esclavas son hermosas, como dueñas son peligrosas.

Libertad significa dominio sobre uno mismo, y esclavitud significa no tener dominio sobre uno mismo. Cuando estás inconsciente eres víctima de mil y una pasiones estúpidas: ira, sexo, avaricia, orgullo, etcétera, etcétera. A medida que te vuelves alerta, a medida que observas tus pasiones, a medida que observas lo que te sucede, a medida que desautomatizas tus acciones, a medida que aportas más y más alerta a tus reacciones mecánicas, y las transformas en cosas cada vez menos mecánicas, surge una maestría. Y todas esas pasiones que clamaban por ser los amos, simplemente se convierten en sirvientes.

Ocurre casi como cuando en una clase pequeña todos los niños se pelean y se abalanzan unos sobre otros y se tiran cosas... y entonces el director entra en la sala. De repente todo el mundo está en su pupitre; han abierto sus libros. De repente reina el silencio. El director no ha dicho ni una palabra, sólo su presencia.

Cuando entra tu maestro -y por "maestro" me refiero a cuando se despierta tu conciencia- todas tus pasiones se alinean inmediatamente. Ya no claman por el dominio: el amo ha llegado. Luchaban por el dominio porque el verdadero amo estaba ausente.

Esto es sometimiento. Conviértete en testigo de tus pasiones y la subyugación sucede.

SÉ SOBRIO, DILIGENTE Y CASTO; EVITA TODA IRA. EN

PÚBLICO O EN SECRETO NO PERMITAS NUNCA NINGÚN MAL, Y SOBRE TODO RESPÉTATE A TI MISMO:

EL PRIMER PRINCIPIO DE LA FILOSOFÍA PITAGÓREA ES EL RESPETO A SÍ MISMO:

Tus sacerdotes te han estado diciendo que no te respetes a ti mismo. Te enseñan a respetar a otro -respetar a Buda, Mahavira, Cristo-, a respetar a otro y condenarte a ti mismo. Hay una sutil estrategia en ello: si respetas a alguien más, sólo puedes respetarlo si primero te condenas a ti mismo. Si NO te condenas a ti mismo, entonces no hay posibilidad de respetar al otro. Si te respetas a ti mismo, entonces no hay nadie superior y nadie inferior, nadie superior y nadie inferior. Entonces ocurre un fenómeno totalmente diferente que no puede llamarse respeto: está más cerca del amor que del respeto.

El verdadero discípulo ama al Maestro - porque ha visto en el Maestro algo de su propio ser, algo de su propio ser desconocido se ha dado a conocer a través del Maestro. Se respeta a sí mismo y respeta al Maestro porque se respeta a sí mismo. Pero ahora el respeto tiene un color diferente:

no es formal, no es impuesta - es parte del amor. El amor no conoce a nadie como superior, a nadie como inferior.

El amor nunca piensa en términos de superior e inferior. El respeto es algo formal: el amor es informal. El respeto es de nuevo algo cultivado: el amor, no cultivado, espontáneo... algo surge en ti.

Por ejemplo, si naces cristiano respetas a Cristo; si naces hindú respetas a Krishna. Si el hindú se encuentra con Cristo no lo respetará; y si un hindú que se encuentra con Cristo no puede respetarlo, ¿cómo puede respetar realmente a Krishna? Tampoco sabe nada de Krishna, porque el hombre que ha comprendido a Krishna y ha amado a Krishna amará también a Cristo, porque Cristo será otra forma de la misma energía.

Si has amado a Buda, amarás a todos los Budas del mundo - en cualquier forma que aparezcan, de cualquier manera que aparezcan, serás capaz de reconocerlos inmediatamente, al instante.

Pero el hombre que respeta no podrá reconocerlos porque su respeto es sólo formal.

Sólo puede respetar a Buda porque se lo han enseñado. No respetará a Mahavira, no respetará a Mahoma, no - imposible. ¿Cómo puede un Jaina respetar a Mahoma? Imposible. Pero eso simplemente demuestra que ni siquiera ha amado a Mahavira, que no ha conocido a Mahavira; de lo contrario, conociendo a Mahavira, habrá conocido el sabor de todos aquellos que están iluminados.

Puedes saborear el mar desde cualquier lugar, siempre tiene el mismo sabor: el sabor de la sal. Da igual que sea el océano Índico, el Pacífico o el Atlántico: el sabor es el mismo.

Lo primero es: SOBRE TODO... RESPÉTATE A TI MISMO - porque a menos que te respetes a ti mismo no podrás conocerte. Sólo podemos conocernos si nos amamos, si nos respetamos. Entraremos en nosotros mismos solo si pensamos que estamos entrando en la gloria. Si piensas que eres un ser miserable y podrido, un pecador, condenado desde el principio, si te odias a ti mismo, si te sientes indigno, ¿cómo puedes entrar?

¿Quién quiere entrar en un infierno? Lo evitarás, nunca entrarás.

Y estoy absolutamente de acuerdo con Pitágoras en que para la meditación el requisito básico es un enorme respeto por uno mismo. Y recuerda, no es egoísmo. Al respetarte a ti mismo, respetas a todos los demás, porque todos tienen un yo del mismo modo que tú. Si respetas TU ser interior, en ese mismo respeto habrás respetado a todos los seres del mundo. Al respetarte a ti mismo, respetarás al árbol y a la montaña porque ellos también tienen su propio ser.

El amor propio no es egoísmo, sino todo lo contrario. Es gloriarse del gran don que Dios te ha dado.

Es gratitud.

Entonces... SE SOBRIO... El principio pitagórico es el de la media áurea: con "sobrio" quiere decir que no seas demasiado serio y que tampoco seas demasiado poco serio. Eso es sobriedad, justo en el medio.

La persona demasiado seria está enferma; la persona demasiado poco seria también está enferma. Sé sobrio, exactamente en el medio.

El exceso es malo según Pitágoras. Estar en el medio es estar equilibrado.

Eso es lo que dice Buda: MAJJKIM NIKAYA - el camino del medio.

Eso es lo que dice Confucio: Estar en el medio es el camino del sabio. Estar exactamente en el medio es ir más allá de la dualidad. En el medio exacto está la tranquilidad, el equilibrio, el balance y la trascendencia.

SÉ SOBRIO, DILIGENTE...

De nuevo, recuerda la media áurea, que es lo fundamental de la filosofía pitagórica. Diligencia" no significa demasiada actividad, actividad febril, no. Ni demasiada actividad ni demasiada inactividad - exactamente en el medio, un equilibrio entre inactividad y actividad es la diligencia. No te vuelvas loco en la actividad, no estés inquieto, como se ha vuelto Occidente. La gente no puede descansar en absoluto; están como poseídos por demonios. Tienen que seguir trabajando. No pueden sentarse en silencio ni siquiera unos instantes.

Oriente se ha ido al otro extremo: se ha vuelto letárgico, inactivo, fatalista; nadie quiere hacer nada. Todo el mundo en Oriente es alérgico al trabajo. Occidente está cada vez más loco por exceso de actividad; y Oriente está cada vez más pobre, cada vez más enfermo, por exceso de inactividad.

Necesitamos un hombre nuevo en la tierra, un hombre pitagórico: el hombre que camina por el medio. Necesitamos un hombre que no sea ni oriental ni occidental. Necesitamos un hombre que sepa ser activo y que sepa ser inactivo. Necesitamos un hombre capaz de armonizar la inactividad y la actividad, capaz de permanecer totalmente relajado incluso mientras trabaja; que no sea alérgico al trabajo y que tampoco sea alérgico al no-trabajo Eso es la diligencia.

... Y CHASTE... Tanto el santo como el pecador han llegado al exceso. Ni el santo es casto ni el pecador. El pecador se ha adentrado demasiado en el vicio, y el santo se ha adentrado demasiado en la virtud. El santo se ha vuelto recto; ha surgido en él un gran orgullo y ego de que "¡soy un santo!". Y el pecador se ha metido tanto en los malos caminos que ha surgido en él una gran condenación de que "soy un pecador, no valgo nada".

¿Quién es la persona casta? La persona casta es aquella que no tiene ningún exceso en ella - el exceso es impureza según Pitágoras, y según yo también. El exceso es impureza. Y no excederse es ser puro, casto, exactamente en el medio; sin tensiones que te tiren hacia un lado o hacia otro.

La castidad significa que eres natural, relajado; no has elegido un determinado carácter para ti. Todos los caracteres son castos No has elegido una cierta moralidad O inmoralidad. No has elegido nada. Simplemente permaneces vigilante y respondes momento a momento desde la castidad de tu vigilancia. La vigilancia es castidad, es virgen, es pura.

Recuerda, cuando te conviertes en testigo de tu ser, te vuelves como el cielo. Las nubes van y vienen, nubes negras y nubes blancas, todas van y vienen, pero el cielo permanece incontaminado.

Ninguna nube deja ningún rastro, ninguna mancha en él. Exactamente de la misma manera hay un cielo interior en ti - el cielo de la conciencia. ¡Es casto! Si eliges algo - si has elegido esta nube o aquella - has caído de tu castidad, has caído de tu virginidad. Te has identificado. Identificarse es volverse impuro. Permanecer no identificado es permanecer puro.

Y... EVITA TODA IRA. Evita toda ira, porque todo lo que hagas en la ira, en una agitación violenta, va a estar mal. Incluso si haces algo bien, va a estar mal.

Sucedió en la propia vida de Pitágoras - este sutra se basa en esa experiencia. Había regresado de Oriente y muchos buscadores habían empezado a reunirse a su alrededor. Había traído ese magnetismo del no-ser. Había traído algo tremendamente valioso, un tesoro, y la gente que buscaba empezó a venir. Él estaba muy entusiasmado por dar el mensaje que había traído, por compartir el tesoro. Y se estaba haciendo viejo, y había traído tanta riqueza de Oriente, riqueza interior, que temía si sería capaz de compartirla o no. Toda su vida había buscado.

Así que tenía prisa, y los discípulos que se habían reunido, el primer grupo de discípulos, fue muy duro con ellos. Naturalmente. Quería que crecieran lo más rápido posible. ¿Quién sabe? - Mañana puede morir. Se estaba haciendo viejo. Y no sólo eso era un peligro: la mente del rebaño, la mente de la multitud, iba en su contra.

Los buscadores de la verdad se estaban enamorando de él, pero hay gente que vive tan metida en sus mentiras... que todos salían perjudicados. Había todas las posibilidades de que lo mataran. Si la muerte natural no iba a llegar. había todas las posibilidades de que la manada lo matara. Así que, naturalmente, tenía prisa. Y fue más duro con los que eran más capaces.

El discípulo MÁS capaz hizo algo mal, actuó de forma inconsciente. Y Pitágoras, por amor y compasión, le reprendió, fue muy duro con él. Al discípulo le pareció que el Maestro estaba enfadado. No estaba enfadado, pero incluso parecer enfadado para el discípulo resultó muy fatal.

El discípulo debía de ser de verdadero calibre: se suicidó. Y la herida caló hondo en Pitágoras. Nunca más se le oyó ser duro con ningún discípulo. Ni una sola palabra pronunció que pudiera tomarse como que el Maestro estaba enfadado. El discípulo se sintió tan culpable que se suicidó.

Debe haber sido esa clase de hombre... Buda dice que hay caballos buenos y caballos malos, y que los caballos buenos son aquellos a los que les basta con la sombra del látigo. No hace falta pegarles: basta con la sombra del látigo....

Aquel discípulo debía de estar muy cerca de la verdad. Esas grandes cualidades son raras: sentirse tan mal porque había traicionado al Maestro. Había prometido ser consciente y había caído de la conciencia. No podía pensar en otra cosa. Se suicidó.

Desde ese día, Pitágoras se propuso: EVITA TODA LA IRA - aunque sea por el bien, no te enfades. La ira funciona como un veneno; aunque esté asociada al bien, envenenará el bien, destruirá su belleza.

EN PÚBLICO O EN SECRETO NUNCA PERMITAS NINGÚN MAL...

¿QUÉ ES EL MAL? La inconsciencia es el mal. Actuar inconscientemente es malo. ¿Y qué es la virtud? Actuar conscientemente es virtud. Pitágoras nunca ha dado ninguna moralidad al mundo; ningún sabio real ha dado nunca ninguna moralidad al mundo; ningún sabio real ha dado nunca ninguna moralidad al mundo. De la verdadera sabiduría siempre ha venido una sola voz: Sé más alerta en lo que sea que estés haciendo. En privado o en público, funciona conscientemente, actúa conscientemente.

Se dice:

Un día Buda paseaba -debió de ser justo antes de iluminarse- con un discípulo.

Había reunido a unos cuantos discípulos incluso antes de iluminarse, porque una luz había empezado a extenderse -igual que temprano por la mañana, el sol aún no ha salido pero el cielo se enrojece y la tierra se llena de luz. El sol está a punto de salir por encima del horizonte.

Justo antes de que Buda se iluminara, tenía cinco discípulos. Iba caminando con esos cinco discípulos; una mosca se posó en su cabeza. Estaba hablando con los discípulos; sin prestar mucha atención, mecánicamente movió la mano, la mosca se fue. Entonces se detuvo, cerró los ojos. Los discípulos no entendían lo que ocurría, pero todos se quedaron en silencio: estaba ocurriendo algo precioso.

Su rostro se volvió muy luminoso, levantó la mano muy lentamente y volvió a acercarla a la frente, como si la mosca estuviera allí sentada. Ya no estaba allí. Los discípulos preguntaron: "¿Qué haces? La mosca ya no está allí".

Dijo: "Pero ahora muevo la mano conscientemente; aquella vez lo hice inconscientemente. Perdí la oportunidad de ser consciente. Estaba demasiado ocupado hablando contigo y la mano se movía mecánicamente. Debería haberlo hecho conscientemente. Ahora la muevo como debería haberla movido".

Este es el camino de la virtud: llegar a estar tan alerta que incluso los pequeños actos, incluso los pequeños gestos, los movimientos, todos lleguen a estar llenos de conciencia.

NO HABLES NI ACTÚES ANTES DE HABER REFLEXIONADO; SÉ JUSTO.

También hay que entender esta palabra "reflexión". No significa, como dicen los diccionarios, pensar - significa exactamente, literalmente, reflejar, reflejarse. Si lees este sutra, pensarás: NO HABLES NI ACTÚES ANTES DE HABER REFLEXIONADO... Pensarás que primero hay que reflexionar y luego actuar. No. Lo has leído mal.

Hay que ser un espejo. Pensar es justo lo contrario de reflejar. Reflexión significa simplemente SIN pensar, sólo estar alerta, ser un espejo, y DEJAR QUE EL ACTO SURJA DE ESE ESPEJO - y entonces siempre será bueno. Si piensas, ¿qué pensarás? Traerás el pasado - experiencias pasadas, recuerdos - y actuarás a partir del pasado. Y actuar a partir del pasado es ser irresponsable. Actuar desde el pasado no es actuar, sino reaccionar; es mecánico. Actuar en el momento, actuar espontáneamente ahora y aquí, requiere reflexión, no pensamiento.

Conviértete en un espejo. Ponte en estado de meditación antes de actuar o antes de decir una palabra, y entonces nada saldrá mal. Nunca tendrás que arrepentirte.

Y... Sé JUSTO. ¿Qué quiere decir Pitágoras con ser justo? No tengas un doble rasero; no uses un rasero para ti y otro para los demás. Mantén un solo criterio: el de la justicia.

Todos seguimos teniendo un doble rasero.

El hijo de Mulla Nasruddin le preguntó: "Papá, si un mahometano se hace cristiano, ¿cómo lo llamarás?".

Dijo: "¡Es un renegado!".

Y el hijo lo pensó y dijo: "Si un cristiano se hace mahometano, ¿cómo lo llamarás?".

Se rió y dijo: "Es un hombre de entendimiento".

Se trata de un doble rasero. Si un hindú se hace cristiano, los cristianos piensan que ha surgido el entendimiento en él; si un cristiano se hace hindú, ha traicionado, tiene que ser condenado. Es un doble rasero.

El hombre justo tendrá una sola norma para sí mismo y para todos los demás.

... RECUERDA QUE UN PODER INVENCIBLE ORDENA MORIR...

La muerte está llegando. Ya ha llegado con tu nacimiento. El nacimiento ha determinado tu muerte. No puedes evitarla; no hay forma de evitarla. La única manera de evitar la muerte es no nacer. Pero ya has nacido, así que la muerte te seguirá como el día sigue a la noche.

Recuérdalo, porque seguimos olvidándonos de la muerte. Seguimos viviendo aquí como si estuviéramos aquí para siempre, y así es como perdemos todas las oportunidades de buscar el verdadero yo, el verdadero tesoro, el reino de Dios. Seguimos preocupados por lo trivial, pensando: "Vamos a estar aquí, así que ¿cuál es la prisa? Mañana buscaremos a Dios; hoy tengamos un poco más de dinero en el banco".

... QUE LAS RIQUEZAS Y LOS HONORES FÁCILMENTE

ADQUIRIDOS, SON FÁCILES ASÍ DE PERDER.

La muerte te lo quitará todo. Con las manos vacías vienes y con las manos vacías te irás... a menos y hasta que MIRES hacia dentro, permanecerás vacío. Mira dentro, y te convertirás en un emperador; el mendigo desaparecerá inmediatamente de ti. La mente es un mendigo, y el alma es un emperador.

Conocerse a sí mismo es saber que no se necesita nada, que todo está ya dado: "Tengo el mayor tesoro, tengo todo el reino de Dios. No tiene sentido añadirle nada: no se le puede añadir nada, ya es perfecto".

Así que si quieres buscar y buscar, busca y busca el verdadero tesoro, el que no puede ser arrebatado por la muerte. Este es el criterio: lo que puede ser arrebatado por la muerte es un falso tesoro; lo que no puede ser arrebatado por la muerte es un verdadero tesoro.

EN CUANTO A LOS MALES QUE ENTRAÑA EL DESTINO, JÚZGALOS COMO SON; SOPÓRTALOS TODOS Y ESFUÉRZATE, EN CUANTO PUEDAS, POR MODIFICAR LOS RASGOS. LOS DIOSES, A LOS MÁS CRUELES, NO HAN EXPUESTO AL SABIO.

Y HABRÁ MUCHOS PROBLEMAS y muchos dolores en la vida: forman parte del crecimiento. Acéptalos como son. Eso no significa volverse morboso; eso no significa volverse masoquista. Pase lo que pase, sopórtalo, pero si puedes mejorarlo, si puedes modificarlo, modifícalo. Un consejo muy sensato.

El peligro está ahí. Un peligro es que la gente empiece a luchar contra cada dolor de la vida; quieren evitar todos los dolores, pero entonces se evita el crecimiento. Este es un peligro. El otro peligro es que la gente empieza a aceptar los dolores, no sólo a aceptarlos, sino a invitarlos, no sólo a invitarlos, sino a crearlos. Como si pasando por muchos dolores fueran a crecer más rápido. Se vuelven autodestructivos, suicidas. Ambos son extremos y hay que evitarlos.

Si aparece algún dolor en tu vida, acéptalo, sopórtalo, crece a través de él. Si ves que puedes modificarlo un poco aquí y allá, entonces modifícalo, porque modificarlo también forma parte del crecimiento.

Y recuerda siempre:

LOS DIOSES, A LOS MÁS CRUELES NO HAN EXPUESTO

AL SABIO.

Y el sabio no está expuesto, en realidad, a ninguna agonía, a ningún infierno. A lo que se expone el sabio es parte - parte de una vida en crecimiento. La vida no puede crecer sin desafíos; y los dolores, las miserias, los sufrimientos traen desafíos. No puedes ser consciente sin sufrimiento. El sufrimiento evoca la conciencia en ti.

AL IGUAL QUE LA VERDAD, EL ERROR TIENE SUS AMANTES; CON PRUDENCIA EL FILÓSOFO APRUEBA O REPROCHA, SI TRIUNFA EL ERROR, SE ALEJA Y ESPERA.

Recuerda, el mundo entero no está enamorado de la verdad - de hecho, la mayoría está en contra de ella, la mayoría no está preparada para aceptar la verdad. Ha invertido demasiado en mentiras. Estarán en tu contra. Por eso dice:

ASÍ COMO LA VERDAD, EL ERROR TIENE SUS AMANTES...

No te enfades con ellos, es su elección. Si aman los errores, las mentiras, está perfectamente bien. Tienen la libertad; no te enfades con ellos, no los condenes.

CON PRUDENCIA EL FILÓSOFO APRUEBA O REPROCHA...

Y si a veces el filósofo aprueba o culpa, es siempre con gran vigilancia, conciencia.

No se trata de condenar a nadie ni de alabar a nadie, sino de ayudar, de convertirse en una bendición para todos.

SI TRIUNFA EL ERROR, PARTE Y ESPERA.

Y no es necesario que triunfes porque tienes la verdad contigo. Jesús fue crucificado - ¡esa es la verdad crucificada! Sócrates fue envenenado, esa es la verdad envenenada. Así que no sigas pensando que si tienes la verdad vas a ganar. La mente del rebaño cree en su propia ignorancia, en su propia ceguera, en sus propias supersticiones. Y la mente del rebaño es poderosa; es la mayoría en la Tierra.

ENTONCES, SI TRIUNFA EL ERROR... hay todas las posibilidades de que triunfe el error... entonces el sabio, el filósofo, SE APARTA -se aparta de sí mismo- Y ESPERA... espera el momento oportuno. No se enfada, no se frustra. No espera que la verdad triunfe.

Pasa lo que pasa, lo acepta y espera el momento adecuado. Si llega el momento adecuado, volverá a declarar la verdad.

Pero siempre está esperando. No es asunto suyo imponerse a la gente, nunca se impone.

Ama y respeta a las personas, su libertad, su dignidad y su capacidad de elección. No piensa en dominar a la gente. Espera....

Siempre ha sido así. El Maestro espera a que venga el discípulo. El verdadero Maestro siempre espera a que venga el discípulo. De hecho, nunca va en busca del discípulo, porque eso sería, de alguna manera, imponerse a los demás. Aquellos que tienen sed vendrán. Si vienen, bien: comparte lo que tiene. Si no vienen, está bien... es su libertad venir o no venir.

Concienciación: La llave maestra

La primera pregunta

Pregunta 1:

MAESTRO, HOY HAS HABLADO DE CONCIENCIA Y CONOCIMIENTO Y PARECÍA COMO SI ESTO FUERA TODO LO QUE SE NECESITA PARA GUIAR NUESTRAS ACCIONES. ¿SIGNIFICA ESTO ENTONCES QUE EL ASESINATO, LA VIOLACIÓN Y EL ROBO SÓLO ESTÁN MAL EN LA MEDIDA EN QUE SE HACEN SIN CONCIENCIA?

Pradipam,

SÍ - EL ÚNICO PECADO ES LA INCONSCIENCIA, y la santa virtud es la consciencia. Lo que no puede hacerse sin inconsciencia es pecado. Lo que sólo puede hacerse mediante la consciencia es virtud. Es imposible asesinar si eres consciente; es imposible ser violento en absoluto - si eres consciente. Es imposible violar, robar, torturar... son imposibilidades si hay consciencia. Es sólo cuando prevalece la inconsciencia que, en la oscuridad de la inconsciencia, todo tipo de enemigos entran en ti.

Buda ha dicho: Si la luz está encendida en una casa, los ladrones la evitan; y si el vigilante está despierto, los ladrones ni siquiera lo intentarán. Y si la gente está paseando y hablando dentro, y la casa aún no se ha dormido, no hay posibilidad de que los ladrones entren ni siquiera lo piensen.

Exactamente lo mismo ocurre contigo: eres una casa sin luz. El estado ordinario del hombre es el de un funcionamiento mecánico: HOMO MECHANICUS. Sólo en el nombre eres un hombre; de lo contrario, sólo una máquina entrenada y hábil, y todo lo que hagas estará mal. Y recuerda, estoy diciendo QUE HAGAS LO QUE HAGAS -

incluso tus virtudes no serán virtudes si no eres consciente. ¿Cómo puedes ser virtuoso si no eres consciente? Detrás de tu virtud vendrá un gran, enorme ego - está destinado a ser así. Incluso tu santidad, practicada, cultivada con gran trabajo y esfuerzo, ¡es inútil! porque no traerá simplicidad, y no traerá humildad, y no traerá esa gran experiencia de lo divino que ocurre sólo cuando el ego ha desaparecido.

Vivirás una vida respetable como un santo, pero tan pobre como todos los demás - interiormente podrido, interiormente una existencia sin sentido. No es vida, es sólo vegetar. Tus pecados serán pecados, tus virtudes también serán pecados. Tu inmoralidad será inmoralidad, tu moralidad también será inmoralidad.

No te enseño moralidad, ni te enseño virtud, porque sé que sin conciencia no son más que pretensiones, hipocresías. Te convierten en un farsante. No te liberan, no pueden liberarte. Al contrario, te aprisionan.

Sólo basta una cosa: la conciencia es una llave maestra. Abre todas las cerraduras de la existencia.

Conciencia significa que vives momento a momento, alerta, consciente de ti mismo y consciente de todo lo que ocurre a tu alrededor, en una respuesta momento a momento. Eres como un espejo.

Eso es lo que Pitágoras quiere que entiendas: reflexionas. Y reflexionas tan totalmente que de esa reflexión nace cualquier acto que es correcto - porque encaja, es armonioso con la existencia. En realidad, no surge en ti, no eres tú quien lo hace. Surge en el contexto total: la situación, tú y todo, estáis implicados en ella. De esa totalidad nace el acto - no es tu acto. No has decidido HACERlo de esa manera; no es tu decisión, no es tu pensamiento, no es tu carácter. No lo estás haciendo: sólo estás permitiendo que suceda.

Igual que cuando caminas temprano por la mañana, el sol aún no ha salido, y te cruzas con una serpiente en el camino, no hay tiempo para pensar... sólo puedes reflexionar. No hay tiempo para decidir qué hacer y qué no hacer. ¡Saltas INMEDIATAMENTE! Recuerda la palabra "inmediato": no pierdes ni un instante. Saltas inmediatamente. Más tarde puedes sentarte debajo de un árbol y pensar en ello -qué ha pasado, cómo lo has hecho- y puedes darte palmaditas en la espalda por haberlo hecho bien. Pero en realidad no lo has hecho tú: ha ocurrido. Ocurrió fuera de todo contexto. Tú, la serpiente, el peligro de muerte, el esfuerzo de la vida por protegerse... y mil y una cosas más están implicadas en ello. La situación total causó el acto. Tú sólo fuiste un medio.

Ahora, este acto encaja. Tú no eres el que lo hace. A la manera religiosa podemos decir: Dios lo ha hecho a través de ti. Eso es sólo una forma religiosa de hablar, eso es todo. El todo ha actuado a través de la parte - esto es virtud. Nunca te arrepentirás de ello.

Y esto es realmente un acto liberador. Una vez que ha sucedido, ha terminado. Vuelves a ser libre para actuar; no llevarás esta acción en la cabeza. No formará parte de tu memoria psicológica; no dejará ninguna herida en ti. Fue tan espontáneo que no dejará ninguna huella.

Este acto nunca se convertirá en un karma. Este acto nunca te dejará ningún rasguño. El acto que se convierte en un karma es el acto que no es realmente un acto sino una reacción que viene del pasado, de la memoria, del pensamiento. Tú eres el que decide, el que elige. No es por consciencia sino por inconsciencia.

Entonces todo es pecado.

Pradipam, para mí, la conciencia es todo. Yo te enseño la conciencia.

Fue Platón quien, intentando transmitir el significado del proceso educativo, contó la parábola de la caverna. Encadenado en una cueva subterránea, uno de los prisioneros que sólo ha percibido las sombras ilusorias del mundo real es desencadenado y liberado para viajar hacia la luz.

Al salir de la cueva, queda cegado por el resplandor del sol y por un momento desea volver atrás. Pero se da cuenta de que la única vida auténtica para el hombre es la que se vive con una visión clara de las cosas tal como son. Aunque antes cegado por la luz y deseando la oscuridad, resuelve dejar atrás la cueva de las sombras y su mundo de ilusiones. Pero habiendo visto, habiendo tomado conciencia, habiendo percibido con claridad, sabe que debe volver y liberar a los demás para que vean a través del velo de ilusiones que los encadena y aprisiona en un mundo irreal.

En el momento en que tomas conciencia, no es sólo que tu vida se transforma: inmediatamente empiezas a funcionar de una manera nueva - empiezas a ayudar a otros a transformarse. Porque una vez que has visto la luz de la consciencia, una vez que has salido de la cueva de la mente inconsciente, te sorprenderás de que todo lo que habías conocido antes no era real, sólo eran sombras de lo real. Habías soñado con lo real.

Y una vez que has visto la luz, te gustaría compartirla. Te gustaría volver a la cueva y desencadenar a otros prisioneros. Eso es lo que han hecho todos los grandes Maestros a lo largo de los tiempos.

Eso es lo que hacía Pitágoras. Se hizo libre - libre, fuera de la cueva.

Por primera vez estarás deslumbrado. Por primera vez sentirás que te duelen los ojos: es el dolor del crecimiento. Por primera vez surgirá el deseo, un gran deseo, de volver a la oscuridad, porque te has acostumbrado a ella. Era relajante. Pero una vez que has visto aunque sea un poco de realidad, no puedes volver atrás; has cruzado el punto de no retorno. Tendrás que vivir en la luz. Tendrás que aprender a absorber la luz, porque la realidad es tan dichosa. Y a partir de la experiencia de lo real, la vida se vuelve religiosa. A partir de la experiencia de lo real, no puedes actuar como antes.

Pradipam, sé por qué ha surgido la pregunta: porque has intentado no enfadarte, lo has decidido muchas veces, pero sigue ocurriendo. Has intentado no ser avaricioso, pero una y otra vez caes en la trampa. Has intentado TODO tipo de cosas para cambiarte a ti mismo, pero parece que nunca pasa nada. Sigues siendo el mismo.

Y aquí estoy diciendo que hay una clave sencilla: la conciencia. No puedes creerlo. ¿Cómo puede la consciencia, sólo la consciencia, ayudar cuando nada más ha sido de ayuda? Las llaves son siempre muy pequeñas; las llaves no son cosas muy grandes. Una llave pequeña puede abrir una cerradura muy grande. ¿Y por qué la consciencia funciona como una llave?

La persona que vive en un sueño, está profundamente dormida, tiene una pesadilla, la están torturando, la están matando. Y, por supuesto, lucha, se defiende, tiene mucho miedo, quiere que alguien le salve y no encuentra forma de escapar. A su alrededor hay enemigos con espadas desnudas. La muerte parece segura. Tembloroso, sudoroso, recién salido del dolor de la pesadilla, se despierta. Todavía su respiración no es natural, todavía está sudando, temblando, pero empieza a reír. No hay problema... el sueño ha desaparecido. Todos esos enemigos y las espadas desnudas no eran realidades. No necesita pedir que le salven, no necesita organizar ninguna defensa. Todo aquello no era más que un mundo de sombras.

Una vez despierto, todo el sueño ha desaparecido. Y en el sueño había intentado todas las formas posibles de protegerse y le resultaba imposible. Así es el caso contigo, con todo el mundo.

La ira es una sombra. No puedes salir victorioso luchando con una sombra. La codicia es una sombra... no son realidades. La realidad es aquello que permanecerá incluso cuando la consciencia haya sucedido. Y este es el milagro: aquellos que han conocido la consciencia no han conocido nada de ira o codicia. No es que las hayan abandonado, ¡simplemente no las encuentran! Una vez que la luz está ahí, la oscuridad no está ahí.

Se cuenta que Buda dijo que cuando se iluminó, en el primer momento, sonrió y dijo: "¡Esto es increíble! - ¿¡Así que he estado iluminado desde el principio!? ¿Y todas esas cadenas y todos esos encarcelamientos eran sólo sueños?".

Cuando la gente le preguntaba: "¿Qué debemos hacer para no enfadarnos, o qué debemos hacer para no ser avariciosos, o qué debemos hacer para no obsesionarnos tanto con el sexo o la comida?", su respuesta era siempre la misma: Sé consciente. Lleva la consciencia a tu vida.

Su discípulo, Ananda, escuchando una y otra vez a todo tipo de personas -problemas diferentes, pero la prescripción del médico sigue siendo la misma- se quedó perplejo. Dijo: "¿Qué les pasa? Traen diferentes tipos de enfermedad -alguien trae codicia y alguien sexo y alguien comida y alguien algo más- ¡pero tu prescripción sigue siendo la misma!"

Y Buda dijo: "Sus enfermedades son diferentes, igual que las personas pueden soñar sueños diferentes".

Aquí tenéis: si todos vosotros, los dos mil sannyasins, os dormís tendréis dos mil sueños. Recuerda, no puedes invitar a nadie a compartir tu sueño -es muy privado- ni siquiera a tu mujer o a tu marido, nadie puede compartirlo. Así que dos mil personas tendrán dos mil sueños. Pero si vienes a mí y me preguntas cómo deshacerte de este sueño, la medicina seguirá siendo la misma: ¡Despierta! No va a ser diferente; la receta va a ser la misma. Puedes llamarlo conciencia, puedes llamarlo ser testigo, puedes llamarlo recordar, puedes llamarlo meditación... son nombres diferentes para la misma medicina.

Actúa con más conciencia.

HABÍA UN HOMBRE que volvía a casa del trabajo en tren. Poco después de su salida se había quedado dormido, arrullado por el movimiento del tren. En algún punto entre estaciones, el tren se detuvo de repente ante una señal roja de emergencia.

El hombre, al despertarse de repente, pensó que el tren había llegado a su destino, salió por la puerta y cayó de bruces a la vía. Bastante conmocionado y magullado, fue ayudado por los demás pasajeros a volver al vagón.

Se sacudió el polvo, se arregló la corbata y se secó la nariz ensangrentada:

"¡Qué estúpido he sido al salir por el lado equivocado!" y luego procedió a salir por la puerta de enfrente ¡y se puso delante del expreso que venía en dirección contraria!

El único problema del hombre es que está profundamente dormido, ¡con los ojos abiertos! Por eso ni siquiera es consciente de que no es consciente. Tus ojos están abiertos y estás soñando - mil y un sueños, mil y un deseos. No eres consciente, ese es el significado de no ser consciente.

Estás en el pasado, en los recuerdos: eso es un sueño. O estás en el futuro, en la imaginación: eso es un sueño.

¡Sé ahora, aquí!

Si el pasado está ahí, no eres consciente. Si el futuro está ahí, no eres consciente. Consciencia significa presencia en el presente. Estar aquí en este momento. Incluso si un solo pensamiento pasa dentro de ti, no eres consciente. Estar en un proceso de pensamiento es estar dormido. No estar en un proceso de pensamiento es estar despierto.

Y esa pureza cristalina de estar aquí, de ser ahora... ¿cómo puedes cometer ningún pecado? En ESA claridad, el ego desaparece - y es el ego el que trae todo tipo de problemas en la vida. El ego es violento.

Y si intentas volverte humilde, puede que te vuelvas humilde, pero el ego seguirá ahí escondiéndose detrás de tu humildad. A menos que te vuelvas consciente, el ego seguirá jugando nuevos juegos. Los juegos cambiarán; puede que pases de una celda a otra, eso es todo, pero no saldrás de la prisión.

La única manera de salir de la prisión es estar completamente alerta. En ese estado de alerta te cristalizas, en ese estado de alerta te centras. Y ese mismo centrado te lleva al núcleo mismo de la realidad. Y esa experiencia es tan dichosa que ya no puedes seguir siendo un ladrón, porque todo lo que necesitas, todo lo que siempre has deseado, se ha cumplido. De hecho, nunca habías pedido tanto como lo que está cayendo sobre ti por sí mismo. ¿A quién le gustaría ser ladrón? ¿Para qué?

¿A quién le gustaría asesinar? ¿Para qué? Ni siquiera puedes imaginarte asesinando porque ahora sabes que nada puede ser asesinado - todo es eterno. Es un esfuerzo inútil. No puedes matar nada. Como mucho, puedes quitarte la ropa, pero el ser interior continúa. Una vez que has visto tu propio ser interior, a la luz de la consciencia has visto el ser de todo. Es la eternidad. La muerte es una falsedad. La muerte sólo ocurre en los sueños, no en la verdad, no en la realidad.

¿Cómo se puede violar cuando se es consciente? La conciencia trae consigo un amor tremendo, y una persona que ama no puede violar. La violación sólo es posible cuando la persona nunca ha conocido nada de amor. Y, recuerda, las personas que son violadoras no son las únicas que violan: puedes ser un buen marido, y una buena esposa, casado legalmente y todo, y tu relación puede no ser más que una violación. Si no eres consciente no puedes hacer otra cosa; tu relación seguirá siendo la de un violador. Puede que estés violando de forma legal, autorizada, sancionada por la sociedad, pero eso no importa. Si tu mujer te hace el amor porque es su deber hacérselo al marido siempre que el marido quiera, es una violación. No lo hace REALMENTE, es una violación. Simplemente está cumpliendo con sus deberes de esposa. Si estás haciendo el amor con tu mujer y no estás totalmente presente en ese momento, es violación. La mujer te está violando; tú la estás violando a ella.

El amor es amor sólo cuando es meditativo. El amor es amor sólo cuando hay una gran conciencia por ambas partes. Dos "ahora" que se encuentran, dos "aquí" que se encuentran; dos presencias que se funden, que se funden la una en la otra, entonces es amor, y entonces tiene una cualidad espiritual.

Pero has aprendido a vivir sin conciencia. Sabes cómo moverte sin consciencia; conoces las puertas de tu casa, y las habitaciones, y te has familiarizado con todo tipo de habilidades.... Puedes ir a la oficina y volver sin necesidad de ser consciente. Puedes seguir haciendo estas cosas mecánicamente.

Todos los pecados surgen de esta mecanicidad. Tu vida se convierte en un infierno. Infierno significa simplemente no estar en el presente, y paraíso significa simplemente estar en el presente.

Un joven granjero de Arkansas fue enviado a Nueva York por su padre para aprender el negocio de las empresas bajo la tutela del gran Frank E. Campbell.

Unos meses más tarde, el padre visitó a su hijo en la gran ciudad. "Dime", le dijo, "¿has aprendido mucho?".

"Claro, papá", dijo el hijo. "He aprendido mucho. Y ha sido muy interesante".

"¿Qué fue lo más interesante que aprendiste?"

El hijo pensó un momento y luego dijo: "Bueno, tuvimos una experiencia salvaje que me enseñó una lección".

"¿Qué ha sido eso?"

"Bueno", dijo el hijo, "un día recibimos una llamada del Hotel Taft. Al parecer, el ama de llaves había revisado una de las habitaciones y descubrió que un hombre y una mujer habían muerto mientras dormían sobre la cama y completamente desnudos."

"¡Vaya!", dijo el padre. "¿Qué hizo el Sr. Campbell?"

"Bueno, él se puso su esmoquin y me hizo ponerme el mío. Luego nos llevaron en una de sus limusinas al Hotel Taft. El gerente nos llevó al recepcionista que nos dio el número de habitación.

Entonces el director subió con nosotros en el ascensor. Nos quedamos callados porque el Sr. Campbell siempre cree que hay que hacer las cosas con mucha dignidad".

"¡Qué maravilla!", exclamó el padre. "Entonces, ¿qué pasó?"

"Bueno, llegamos a esta habitación. El Sr. Campbell empujó la puerta con su bastón de punta dorada. Él, el gerente y yo entramos en silencio. Efectivamente, allí en la cama estaba esta pareja desnuda tumbada boca arriba".

"¿Y luego qué pasó?", preguntó el padre.

"Bueno, el Sr. Campbell vio un problema inmediato. El hombre tenía una gran erección".

"¿Y luego qué pasó?", preguntó el padre.

"El Sr. Campbell, como de costumbre, estuvo a la altura de la situación. Balanceó su bastón de punta dorada y golpeó con mucho estilo al capullo".

"¿Y luego qué pasó?", preguntó el padre.

"Bueno, papá", dijo el hijo, "se desató el infierno. Verás, nos equivocamos de habitación".

Así es como sigue y sigue... ESTÁS en la habitación equivocada, siempre estás en la habitación equivocada.

La inconsciencia es el nombre de la habitación equivocada. Y lo que sea que estés haciendo, bueno o malo, respetable o no respetable, es TODO lo mismo en el último análisis final - porque estás en la habitación equivocada, y en la habitación equivocada no puedes hacer nada bien. Puedes convertirte en un santo en la habitación equivocada, pero permanecerás exactamente en la misma habitación que el pecador. Puedes llegar a ser muy moral - puede que no seas un ladrón y puede que no seas un violador y puede que no seas un asesino - pero la SALA está equivocada y seas lo que seas, no puedes ser correcto.

Tu estado mental total tiene que transformarse, y ése es el significado de la conciencia. Estás en el pasado, en el futuro; eso significa que estás en la mente. La mente es el nombre de la habitación equivocada.

¡Sal de la mente! Estate en el presente... y cuando estás en el presente, no formas parte de la mente. Entonces cada acto tiene una claridad tremenda, porque eres un espejo. Y no hay polvo en el espejo porque no hay pensamiento.

Eso es todo lo que enseño aquí: cómo ser consciente, cómo ser consciente - cómo ser, y sin pensamientos.

Y entonces la vida empieza a cambiar por sí misma. Yo no enseño la no violencia. La no violencia se ha enseñado a lo largo de los siglos en este país y la gente no es para nada no violenta. De hecho, es difícil encontrar gente más violenta en otro lugar que en este país. Todos los días, de todas las formas posibles, estalla la violencia: cualquier excusa es suficiente. Y se queman autobuses y se asesina a gente, y la policía tiene que disparar. Todos los días. No es noticia en absoluto, no es nuevo, ¿cómo puede ser noticia? Puedes estar seguro de que ocurrirá en algún lugar de este país.

Madhura ha formulado una pregunta: ¿Por qué en la India hay tanta violencia pública? Se debe a las enseñanzas de la no violencia. Durante cinco mil años se ha enseñado a la gente a ser no violenta; han aprendido el truco de fingir. Y lo único que ha ocurrido es que han reprimido su violencia. Están sentados sobre volcanes: cualquier excusa, cualquier pequeña excusa, y la violencia se desencadena. Y entonces se extiende como un incendio.

Siempre que hay disturbios entre hindúes y mahometanos, se puede ver la verdadera cara de la gente de este país: asesina. Y justo un día antes, el hindú estaba rezando en el templo y el mahometano en la mezquita, y uno leía los Vedas y el otro el Corán, y parecían tan piadosos. Si se produce un disturbio, toda esa piedad simplemente se evapora como si nunca hubiera existido, y están dispuestos a matar, violar.... Están dispuestos a todo.

Esta violencia estalla una y otra vez en este país debido a la enseñanza, una enseñanza errónea, que se basa en la represión. Siempre que reprimas algo, surgirá una y otra vez.

Te enseño conciencia, no represión. Por eso no hablo de no violencia. No digo: "No seas violento". Sólo digo: "Estad alerta, sed conscientes". Hagas lo que hagas, hazlo con tanto cuidado, con tanta meditación, que estés absolutamente ahí, en ello, implicado; que no estés haciendo sólo gestos vacíos. Tu presencia está ahí, y esa misma presencia produce un cambio alquímico. Nunca te reprimirás, nunca te sentarás en un volcán. Y cuanto más consciente seas, más se acercará tu vida al silencio, a la paz, al amor. Son subproductos de la conciencia.

La segunda pregunta

Pregunta 2:

¿POR QUÉ ME RESULTA INCREÍBLE LA GENTE ATRACTIVA?

LAS PERSONAS ATRACTIVAS DAN MIEDO - por muchas razones. en primer lugar, cuanto más atractiva te resulta una persona, mayor es la posibilidad de caer en su esclavitud - ése es el miedo. El encanto, el magnetismo, la magia: serás poseído, serás reducido a un esclavo.

Las personas atractivas SON atrayentes y a la vez aterradoras. Son bellas, te gustaría relacionarte con ellas, pero relacionarte con ellas significa perder tu libertad. Relacionarte con ellas significa dejar de ser tú mismo. Y como son atractivas, no podrás dejarlas; te aferrarás.

Conoces tu tendencia, que cuanto más atractiva es una persona, más aferramiento surgirá en ti; te volverás más y más dependiente. Ese es el miedo.

Nadie quiere convertirse en dependiente. La libertad es el valor supremo. Ni siquiera el amor es superior a la libertad. La libertad es el valor supremo; después está el amor. Y hay un conflicto constante entre el amor y la libertad. El amor intenta convertirse en el valor supremo. No lo es. Y el amor intenta destruir la libertad; sólo entonces puede ser el valor supremo. Y los que aman la libertad tienen miedo del amor.

Y amar significa sentirse atraído por una persona atractiva. Y cuanto más hermosa sea la persona, cuanto más atraído te sientas, más miedo surgirá, porque ahora estás entrando en algo de lo que no será fácil escapar. Puedes escapar de una persona ordinaria, una persona hogareña, más fácilmente. Y si la persona es fea, eres libre; no necesitas volverte demasiado dependiente.

Mulla Nasruddin se casó con la mujer más fea de la ciudad. Nadie podía creerlo. La gente le preguntaba: "Nasruddin, ¿qué te ha pasado?".

Dijo: "Tiene su lógica. Esta es la única mujer de la que puedo escapar en cualquier momento. De hecho, será difícil no escapar. Es la única mujer de la ciudad en quien puedo confiar. La gente guapa no es de fiar. Pueden enamorarse fácilmente porque mucha gente se siente atraída por ellas.

Puedo confiar en esta mujer; siempre será sincera conmigo. No necesito preocuparme por ella; puedo salir de la ciudad durante meses, no tendré ningún miedo. Mi mujer seguirá siendo mía".

Fíjate bien: si la persona es fea, puedes poseerla. La persona fea dependerá de ti. Si la persona es bella, la persona bella te poseerá. La belleza es poder, es un poder tremendo.

La persona fea se convertirá en un esclavo, un siervo. La persona fea sustituirá por todos los medios la belleza que le falta. La mujer fea será mejor esposa que una mujer hermosa.

Tendrá que serlo. Te cuidará más, será mejor enfermera, porque sabe que falta belleza y que hay que suplirla con algo. Será muy buena contigo; nunca te regañará, nunca se peleará contigo, no estará en una disputa constante contigo - no se lo puede permitir.

Las personas guapas son peligrosas. Pueden permitirse el lujo de luchar. Así que estas son las razones.

Usted me pregunta: ¿Por qué encuentro a la gente atractiva aterradora?

Lo son. A menos que comprendas y tomes conciencia, este miedo permanece. Atracción/miedo son dos aspectos del mismo fenómeno. Siempre te sientes atraído por la misma persona con la que sientes un gran miedo. El miedo significa que serás secundario. De hecho, la gente quiere lo imposible.

Una mujer quiere un hombre, el más bello, el más poderoso del mundo, pero también quiere que sólo se interese por ella. Es una exigencia imposible. La persona más bella y poderosa está obligada a interesarse por mucha más gente. Y muchas más personas estarán interesadas en él.

Al hombre le gustaría tener a la mujer más bella del mundo, pero también le gustaría que ella le fuera muy fiel, devota. Eso será difícil; es pedir lo imposible.

Y recuerda: si alguna mujer te parece muy guapa, eso simplemente demuestra que tú no eres muy guapo. Y también tienes miedo: si la mujer te parece tan hermosa, ¿qué ocurre desde el otro lado? Tú no estarás tan guapo. Tienes miedo de que te deje.

Todos estos problemas están ahí. Pero estos problemas surgen sólo porque tu amor no es realmente amor, sino un juego. Si es realmente amor entonces nunca piensa en el futuro. Entonces no hay problema del futuro.

El mañana no existe para el amor verdadero; el tiempo no existe para el amor verdadero.

Si amas a una persona, amas a una persona. ¿Qué va a pasar mañana - a quién le importa? Hoy es mucho, este MOMENTO es una eternidad.

Lo que pasará mañana, lo veremos... cuando llegue mañana. Y el mañana nunca llega. El amor verdadero es del presente.

Recuerda siempre: cualquier cosa real tiene que formar parte de la conciencia, tiene que formar parte del presente, tiene que formar parte de la meditación. Entonces no hay problema. No hay atracción ni miedo. El amor verdadero comparte; no es para explotar al otro, no es para poseer al otro. Cuando quieres poseer al otro, entonces surge el problema: el otro puede poseerte. y si el otro es más poderoso, más magnético, naturalmente serás un esclavo. Si quieres convertirte en el amo del otro, entonces surge el temor de que "pueda quedar reducido a un esclavo". Si no quieres poseer al otro, entonces nunca surge el temor de que el otro pueda poseerte. El amor nunca posee.

El amor nunca posee y el amor nunca puede ser poseído. El verdadero amor te lleva a la libertad. La libertad es la cima más alta, el valor supremo. Y el amor es lo más cercano a la libertad; el siguiente paso después del amor es la libertad. El amor NO está en contra de la libertad; el amor es un peldaño hacia la libertad. Eso es lo que la conciencia te dejará claro: que el amor tiene que servir de peldaño hacia la libertad. Si amas, haces libre al otro. Y cuando haces libre al otro, el otro te hace libre a ti.

El amor es compartir, no explotar. Y, de hecho, el amor tampoco piensa nunca en términos de fealdad y belleza. Te sorprenderás: el amor nunca piensa en términos de fealdad y belleza. El amor sólo actúa, reflexiona, medita, nunca piensa.

Sí, a veces ocurre que encajas con alguien: de repente, todo entra en armonía. No es una cuestión de belleza o fealdad: es una cuestión de armonía, de ritmo.

Alguien ha hecho una pregunta sobre lo que Gurdjieff solía decir: que para cada hombre hay una mujer correspondiente en algún lugar de la tierra, para cada mujer hay un hombre correspondiente en algún lugar de la tierra. Cada uno nace con el polo opuesto. Si puede encontrar al otro, todo entrará en armonía inmediatamente. Todos sus centros funcionan armoniosamente - eso es el amor. Es un fenómeno muy raro. Es muy raro encontrar una pareja que realmente encaje. En nuestra sociedad existen tales tabúes, tales inhibiciones, que es casi imposible encontrar la verdadera pareja, el verdadero amigo.

En la mitología oriental tenemos una historia, un hermoso mito, según el cual al principio, cuando se creó el mundo, cada niño no nació solo, sino en pareja: un niño, una niña, juntos, de la misma madre. Gemelos, que encajaban totalmente el uno con el otro: ésa era la pareja. Estaban en sintonía en todos los sentidos el uno con el otro.

Entonces el hombre cayó de la gracia - sólo la idea del pecado original - el hombre cayó de la gracia, y como castigo las parejas no nacieron más de la misma madre. Pero siguen naciendo. Gurdjieff tiene razon - esa es mi propia observacion tambien. Cada persona tiene una pareja divina en alguna parte. Pero encontrarla es muy difícil, porque puedes ser blanco y tu otra polaridad puede ser negra; puedes ser hindú y tu otra polaridad puede ser mahometana; puedes ser chino y la otra polaridad puede ser alemana.

En un mundo mejor, la gente buscará y buscará, y a menos que puedas encontrar a la persona real que encaje contigo, permanecerás en una especie de tensión, de angustia. Si estás solo, estás angustiado; si encuentras a otra persona, estás angustiado si la otra persona no encaja contigo, o sólo encaja hasta cierto punto. Ahora, a través de la investigación científica también se ha descubierto que hay gente que encaja y gente que no encaja. Ahora se pueden hacer arreglos científicos; cada persona puede declarar sus centros, su carta natal, su ritmo - ahora hay todas las posibilidades de encontrar a la otra persona que encaje exactamente. El mundo se ha vuelto muy pequeño, y una vez que has encontrado a la otra persona... no es en absoluto una cuestión de belleza y fealdad. De hecho, no hay nadie feo ni nadie bello. La persona fea puede encajar con alguien; entonces, la persona fea es bella para esa persona.

La belleza es una sombra de la armonía. No es que te enamores de personas bellas; el proceso es justo el contrario: cuando te enamoras de alguna persona, ésta te parece bella. Es el amor el que introduce la idea de belleza, no al revés.

Pero es raro encontrar a una persona que encaje totalmente contigo. Cuando alguien tiene la suerte, la vida se vive con una melodía; entonces dos cuerpos y un alma. Eso es una verdadera pareja. Y siempre que puedas encontrar ese tipo de pareja, habrá una gran gracia y una gran música alrededor de esa pareja, una gran aura, una hermosa luz, un silencio. Y entonces el amor conduce naturalmente a la meditación.

Hay que permitir que la gente se conozca y se mezcle para encontrar.... La gente no debería tener prisa por casarse.

Las prisas son peligrosas; sólo traen divorcios, o traen una vida de larga miseria. Hay que dejar que los niños se conozcan. Y deberíamos abandonar todos los tabúes e inhibiciones pretecnológicos; ya no son relevantes.

Vivimos en una era post-tecnológica; el hombre HA madurado y TIENE que cambiar muchas cosas, porque muchas cosas están mal. Se desarrollaron en los viejos tiempos; entonces era una necesidad; ahora ya no lo es. Por ejemplo, ahora la gente puede vivir junta, hombres y mujeres; no hay necesidad de tener prisa por casarse. Y si has conocido a muchos hombres y a muchas mujeres, sólo entonces sabrás quién encaja contigo y quién no. No es cuestión de una nariz larga o una cara bonita; alguien puede tener una cara bonita y te sientes atraído, y puede tener unos ojos bonitos y grandes y te sientes atraído, y el color del pelo... ¡pero estas cosas no importan!

Cuando viváis juntos, al cabo de dos días no notaréis el color del pelo, y al cabo de tres días no notaréis la longitud de la nariz; y al cabo de tres semanas os habréis olvidado por completo de la fisiología del otro. Ahora la realidad incide sobre ti. Ahora lo real será la armonía espiritual.

Hasta ahora, el matrimonio ha sido un asunto muy feo. Y los sacerdotes estaban felices de permitirlo - no sólo felices de permitirlo, sino que fueron los que lo inventaron. Y había alguna razón por la que los sacerdotes de todo el mundo han estado a favor de este feo matrimonio que ha existido en la tierra durante cinco mil años. La razón era: si la gente es miserable, sólo entonces va a las iglesias, va a los templos; si la gente es miserable, sólo entonces está dispuesta a renunciar a la vida. Si la gente es miserable, sólo entonces está en manos de los sacerdotes. Una humanidad feliz no tendrá nada que ver con los sacerdotes. Evidentemente. Si estás sano, no tienes nada que ver con el médico. Si estás sano psicológicamente, no tienes nada que ver con el psicoanalista. Si estás espiritualmente íntegro, no tendrás nada que ver con el sacerdote.

Y la mayor desarmonía espiritual la crea el matrimonio. Los

sacerdotes han creado el infierno en la tierra.

Ése es su secreto profesional: seguro que la gente viene a preguntarles qué hacer. ¡La vida es tan miserable! Y entonces pueden decirles cómo liberarse de la vida. Entonces pueden darles rituales de cómo no volver a nacer, cómo salir de la rueda del nacimiento y la muerte. han hecho de la vida un infierno, y entonces les enseñan cómo librarse de ella.

Mi esfuerzo es justo el contrario: Quiero crear el cielo aquí y ahora, para que no haya necesidad de deshacerse de nada. No hay necesidad de pensar en deshacerse del nacimiento y la muerte, y no hay necesidad de las viejas religiones. Se necesita más música, se necesita más poesía, se necesita más arte, ciertamente se necesita más misticismo, se necesita más ciencia - y entonces nacerá un tipo de religión totalmente diferente, una nueva religión. Una religión que no te enseñará ideologías anti-vida, sino que te ayudará a vivir tu vida con más armonía, más artísticamente, más sensiblemente, más centrada, enraizada en la tierra. Una religión que te enseñará el arte de la vida, la filosofía de la vida, y te enseñará a ser más festivo.

Deva Vilas, tú preguntas: ¿POR QUÉ ME RESULTA TEMIBLE LA GENTE ATRACTIVA?

PORQUE EN LO PROFUNDO DE TI hay una búsqueda, como en todo el mundo, de los demás.

Y no quieres involucrarte con alguien que puede no ser el otro polo. Pero no hay otra manera de encontrar el otro polo excepto involucrándose en muchas muchas amistades, en muchas muchas aventuras amorosas. Si realmente quieres encontrar a tu amado, tendrás que pasar por muchas aventuras amorosas. Esa es la única manera de aprender. Deja el miedo...

Y si empiezas a relacionarte con gente fea por miedo a la gente guapa, eso no te va a satisfacer.

Los Cohen alquilaban un apartamento amueblado. Cohen pere había encontrado el lugar que cumplía con todos sus requisitos, pero Cohen mere puso reparos: "No me gusta este piso".

"¿Qué pasa, Rachel? ¿No es un buen piso? Tiene todas las últimas mejoras: lavabos, luces indecentes, fontanería de semiplanta y dos tipos de agua. ¿Por qué no?".

"Sé todo lo que dices, pero en el baño no hay cortinas. Cada vez que me baño los vecinos pueden verme".

"Está bien, Rachel - si los vecinos te ven, comprarán las cortinas".

La fealdad puede tener su utilidad, pero no te dará satisfacción. Y si tienes miedo de la gente guapa, entonces recuerda, que en realidad tienes miedo de involucrarte en una relación íntima profunda, que quieres mantener una distancia, que quieres mantener una distancia para poder escapar en cualquier momento si surge la necesidad. Pero esta no es la manera de entrar en ella, esta no es la manera de conocer los secretos del amor.

Hay que ir en absoluta vulnerabilidad. Hay que abandonar toda armadura y defensa.

Si te asusta, que te asuste, pero hazlo. El miedo desaparecerá. La única forma de perder el miedo es adentrarse en aquello a lo que se teme. Si alguien viene y me dice: "Tengo miedo a la oscuridad", yo siempre le digo: "La única manera es: vete a la noche oscura, siéntate solo fuera de la ciudad, bajo un árbol. Tiembla. Transpira, ponte nervioso, ¡pero siéntate ahí!

¿Cuánto tiempo puedes temblar? Poco a poco, las cosas se calmarán. El corazón empezará a latir normalmente...

y de repente verás que la oscuridad tampoco da tanto miedo. Y poco a poco te darás cuenta de las bellezas de la oscuridad - que sólo la oscuridad puede tener: la profundidad, el silencio, su tacto aterciopelado, la quietud, la música de la noche oscura, los insectos, la armonía. Y poco a poco, a medida que desaparezca el miedo, te sorprenderá que la oscuridad no sea tan oscura: tiene su propia luminosidad. Podrás empezar a ver algo -vago, no claro. Pero la claridad da superficialidad a las cosas; la vaguedad, profundidad y misterio. La luz nunca puede ser tan misteriosa como la oscuridad. La luz es muy prosa; la oscuridad es poesía. La luz está desnuda; por tanto, ¿cuánto tiempo puedes seguir interesado en ella? Pero la oscuridad está velada; provoca gran interés, gran curiosidad, desvelarla.

Si tienes miedo a la oscuridad, entra en la oscuridad. Si tienes miedo al amor, entra en el amor. Si tienes miedo de estar solo, vete al Himalaya y estate solo. Esa es la única manera de dejarlo. De lo contrario, las cosas pequeñas pueden ser muy, muy pesadas.

Hace sólo dos días, un joven italiano muy guapo tomó sannyas. Su problema es que no puede tocarse el ombligo, tiene miedo. No puede permitir que nadie le toque el ombligo; eso está fuera de lugar.

No puede tocarlo; nunca se ha tocado el ombligo, es imposible. Morirá. Le da mucho miedo. Ahora parece absurdo, pero a ti te parece absurdo sólo porque tienes otros miedos. Este es su miedo.

¿Qué voy a hacer ahora? Le dije: "Espera aquí y al cabo de unos días le diré a todo el mundo, a quien se cruce contigo, que se toque el ombligo". Puede que la primera vez se sobresalte, puede que caiga en coma, pero nadie ha muerto nunca; eso será sólo psicológico. Y cuando tanta gente le haya tocado el ombligo, se reirá de todo el asunto.

Esa es la única manera. Y a veces, si puedes hacer algo deliberadamente, te aporta una gran conciencia.

Una vez me trajeron a un joven -era profesor en una universidad- y el problema era que caminaba como una mujer. Y estar en una universidad y ser profesor y andar como una mujer es problemático. Se sentía muy avergonzado. Y había probado todo tipo de métodos.

Le dije: "Haz una cosa, ¡porque es imposible lo que estás haciendo! Un hombre no puede caminar como una mujer. Estás haciendo algo parecido a un milagro. Porque caminar como una mujer significa que tienes que tener un útero en tu vientre. Es debido a esa redondez del vientre que la mujer camina de una manera diferente. La alineación de su cuerpo es diferente. Pero un hombre no puede caminar así, si es que puede hacerlo....". Le dije: "¡Esto debería ser motivo de orgullo! Estás haciendo un milagro. Enséñamelo".

Me dijo: "¿Cómo que un milagro?".

Le dije: "Camina aquí delante de mí y camina como una mujer".

Lo intentó y fracasó. No podía caminar. Y le dije: "Esta es la clave. Vuelve a la universidad: hasta ahora has intentado NO caminar como una mujer. A partir de ahora, intenta caminar como una mujer con cada esfuerzo deliberado. Tu esfuerzo por NO caminar como una mujer ha sido la causa de todo el problema. Se ha convertido en una obsesión, una hipnosis. Te has hipnotizado a ti mismo. La única manera de deshipnotizarte es: hacerlo deliberadamente. Ve a la universidad inmediatamente", le dije, "y pasea, e intenta de todas las formas posibles demostrar que eres una mujer".

Lo intentó y fracasó. Y desde entonces no ha tenido éxito.

Si tienes miedo - el miedo surge en ti acerca de las personas atractivas - es lo mismo, Vilas, recuerda.

Si tienes miedo de que nadie te toque el ombligo, o tienes miedo de la oscuridad, o tienes miedo de caminar como una mujer, o tienes miedo de esto o aquello, XYZ, no importa. El miedo tiene que ser disuelto, porque el miedo es un proceso paralizante, un proceso que paraliza.

Y la única forma de disolverla es adentrarse en ella. La experiencia libera. Y tenemos tanta gente hermosa aquí - no se puede encontrar tanta en ningún otro lugar en un solo lugar. Si, Vilas, tienes miedo de la gente guapa, ¡tendrás que suicidarte porque cada vez va a venir más gente guapa aquí!

Es mejor aprender. Es mejor abandonar el miedo. Es mejor relacionarse con la gente. Y, de hecho, si empiezas a relacionarte, descubrirás que cada persona tiene algo hermoso en ella. Nadie viene sin belleza. Quizá la belleza tenga diferentes dimensiones: la cara de alguien es bella, la voz de alguien es bella, el cuerpo de alguien es bello, la mente de alguien es bella. Nadie viene sin belleza; Dios da a todo el mundo algún tipo de belleza. Hay tantas bellezas como personas.

Y la única forma de entrar en contacto con la belleza de una persona es intimar, abandonar todo miedo, dejar caer todas las defensas. Y te sorprenderás: Dios se expresa de diferentes formas: Dios es belleza.

Tenemos tres palabras para Dios: SATYAM - verdad - SHIVAM - bien supremo - SUNDARAM - belleza suprema. Y la belleza es la última. Dios es bello, Dios es belleza. Dondequiera que encuentres belleza, es un reflejo de la belleza de Dios. Y si tienes miedo del reflejo, ¿cómo te relacionarás con lo real?

La reflexión está ahí para aprender la lección, para que un día puedas relacionarte con lo real.

La tercera pregunta

Pregunta 3:

TODA MI VIDA HA SIDO UN INFIERNO. PARECE QUE ALGO HA IDO MAL DESDE EL PRINCIPIO. ME HE

ESFORZADO POR VIVIR UNA VIDA MORAL Y RELIGIOSA HONESTA, PERO NI SIQUIERA HE TENIDO UN ATISBO DE LO QUE USTEDES LLAMAN DICHA. ¿QUÉ ME PASA?

EL CAMINO QUE HAS ESTADO SEGUIENDO es el camino de ser falso. Eso es lo que te pasa: no eres auténtico. No te has permitido ser tú mismo; eres un imitador.

¿A qué te refieres?

DESDE EL PRINCIPIO ME HE ESFORZADO POR LLEVAR UNA VIDA HONESTA, MORAL Y RELIGIOSA...

¿Cómo puedes vivir una vida religiosa? No tienes ninguna experiencia de Dios. Tu vida religiosa será sólo pseudo. Imitarás a otras personas que crees que son religiosas. ¿Y cómo vas a decidir si son religiosos o no? Eso también lo decidirá la sociedad.

Has estado en una trampa. Has vivido según el rebaño, has vivido según la multitud, y la multitud significa el estado más bajo de conciencia. Vivir según la multitud significa vivir en el mínimo. Y a la multitud NO le interesa Dios. Su moralidad es una conveniencia social, no es moralidad real. Su moralidad es sólo una especie de lubricación; ayuda a la gente a estar junta. Su honestidad no es verdadera honestidad, no puede serlo.

Ya conoces el proverbio: la honestidad es la mejor política. Ahora bien, pensar en la honestidad en términos de política es el principio de ser deshonesto. La honestidad no es una política, no es política. Honestidad es vivir tu vida en libertad, con sinceridad, desnudo; nunca ser falso y nunca fingir - eso es honestidad. No importan las consecuencias: si te odian o te quieren, si te respetan o te faltan al respeto. Una persona honesta es aquella que vive en su total desnudez tal y como Dios la ha creado.

Se respeta tanto a sí mismo que está dispuesto a arriesgarlo todo por ello.

Dices que has vivido muy duro - la honestidad debe haber sido una imposición para ti, por eso parecía dura. Por lo demás, una persona realmente honesta nunca se siente así. Lo que tenga que sacrificar por la honestidad, lo sacrifica, pero vale la pena. Su alegría es tremenda, su dicha es infinita. Y cuanto más se sacrifica, más gana la alegría, más se regocija.

Tú dices: HE TRATADO DE VIVIR UNA VIDA HONESTA, MORAL Y RELIGIOSA.

Sí, debes haber vivido de forma ardua, de forma ascética. Debes haberte esforzado por cultivar cierto carácter. La dicha nunca surge en caracteres cultivados. Los caracteres cultivados son falsos, falsos, plásticos - por lo tanto la dicha no puede sucederles. Una flor de plástico no puede tener fragancia, sólo una rosa real. Pero la rosa real tiene que estar arraigada en la tierra; la rosa real tiene que asumir todos los riesgos de ser real.

Lo falso está muy protegido. Lo real está expuesto al sol, al viento y a la lluvia. Para ser real, esa exposición es necesaria. La flor de plástico no necesita estar expuesta al viento, la lluvia y el sol; puedes tenerla dentro de tu habitación. No necesita tierra, no necesita raíces, no necesita nada porque es falsa.

Y es eterna. La verdadera rosa nace al sol de la mañana y al atardecer ya está desapareciendo. La verdadera rosa al atardecer empieza a caer, los pétalos caen. La rosa real vive sólo un momento, luego desaparece. La real conoce el nacimiento y la muerte; la real vive en peligro.

Tu moralidad, tu honradez, tu religión, no eran en realidad una forma de vivir una vida peligrosa, sino, al contrario, medidas de defensa. Te estabas creando una vida segura, a salvo. Por eso has fallado.

Vive en la inseguridad si realmente quieres vivir, y vive con la verdad. Y cuando digo vivir verazmente, no me refiero a la verdad que enseñan los Vedas o el Corán o la Biblia - quiero decir simplemente: ser tú mismo es ser veraz, seas lo que seas. No lo ocultes, no engañes. Exponte a la lluvia, al viento y al sol. Hay peligro, pero en ese mismo peligro está la alegría, y en ese mismo peligro surge la dicha: la fragancia de la rosa.

Debes haber vivido a través de las escrituras; por eso millones de personas siguen esforzándose por vivir una vida moral y religiosa, y aun así nunca saben lo que es la dicha. Viven de acuerdo con los libros; nunca intentan escuchar su propia vocecita. Se han traicionado a sí mismos, han traicionado a su Dios.

Clem compró una bicicleta nueva para su hijo de diez años, Harvey. "No te preocupes, Harvey", le aseguró. "Montaré la bici en un santiamén".

Harvey esperó impaciente mientras Clem sacaba las piezas de la bicicleta de una enorme caja.

"Aquí están las instrucciones", murmuró Clem. "Coge la rueda A y alinéala con los agujeros X y Z. Luego coge el perno B y mételo por el agujero Y".

"¿Estás seguro de que puedes hacerlo, papá?", preguntó Harvey al ver que su padre empezaba a sudar frío.

"Por algo fui mecánico del ejército", replicó Clem.

Cinco horas después, Clem gritaba jubiloso: "¡Aleluya! Lo he conseguido!"

Harvey arrancó la bicicleta. "Papá, ¿cómo se monta una bici al revés y boca abajo?".

Si estás organizando tu vida según las instrucciones de algún libro, tendrás problemas.

Vive según tu pequeña luz. Se te ha dado suficiente luz. La has traído contigo mismo. No necesitas vivir según Buda, según Mahavira, según Krishna. Ellos nunca vivieron de acuerdo a nadie más, recuérdalo.

He oído hablar de un maestro zen, Bokoju, que celebraba el cumpleaños de su maestro. Alguien preguntó a Bokoju: "Pero tú NO le sigues, ¿por qué celebras su cumpleaños? Eres justo lo contrario del Maestro, ¿por qué le rindes pleitesía?".

Y Bokoju dijo: "Mi Maestro nunca siguió a su Maestro y yo estoy haciendo lo mismo. Y mi Maestro me ha dicho que no le siga: ése es su mensaje para mí. Y es por NO seguirle por lo que ha surgido una gran luz en mí. De ahí el respeto y la gratitud".

Pero la gente vive muy tontamente. Son imitadores. Después de la muerte de Pitágoras, una gran superstición se extendió entre sus seguidores: que las judías no se deben comer. ¿Frijoles? ¡Pobres frijoles! Y a lo largo de los siglos la gente se ha preguntado por qué los pitagóricos no comen judías. Pitágoras era vegetariano, pero las judías no son no-vegetarianas. Pitágoras tenía toda la razón al no comer carne ni pescado, pero ¿por qué judías?

De hecho, nunca le sentaban bien, sólo por eso. Cada vez que comía judías, le dolía el estómago. Ahora bien, Pitágoras sufría comiendo judías; dejó de comer judías, ¡eso es perfectamente correcto! Escuchó su voz. No se molestó. Había estado en la India; el vegetarianismo lo aprendió de aquí. Buda solía comer judías, y Mahavira también - los grandes vegetarianos. A él no le importaban los vegetarianos. Dejó las judías porque nunca le sentaron bien.

Pero mira a los discípulos necios: a lo largo de los siglos no han comido habas, y tampoco pueden responder por qué. Piensan: "Debe haber algún secreto en ello que hemos olvidado".

Pitágoras solía caminar descalzo. Es un hermoso ejercicio para contraer la tierra. Así es como solía caminar Mahavira: descalzo. Si caminas sobre tierra blanda, lo mejor es caminar descalzo, sin zapatos. Tienes un contacto tremendo con la tierra. Pertenecemos a la tierra. La mitad de nosotros es parte de la tierra y la otra mitad es parte del cielo. Y cuando caminas bajo el sol de la mañana sobre la tierra húmeda, disfrutas tanto del cielo como de la tierra. ¡Era perfectamente correcto! Pero ahora, en las carreteras de alquitrán de hulla, los monjes jaina caminan descalzos. Eso es muy peligroso, dañino, perjudicial para el sistema nervioso. Caminar sobre cemento o alquitrán de hulla sin zapatos es muy malo para todo el sistema nervioso, particularmente para las células cerebrales; las afecta. Caminar sobre tierra mojada es hermoso para el sistema nervioso; lo calma.

Mahavira caminaba descalzo; estaba perfectamente bien. Zaratustra andaba descalzo; perfectamente bien.

Pitágoras andaba descalzo, perfectamente. Pero los monjes Jaina siguen caminando - en Bombay, en Delhi - descalzos. Esto sí que es estupidez.

Recuerda siempre que cada uno tiene que vivir según su propia luz. Al Maestro no hay que imitarlo literalmente; hay que comprenderlo.

Habrás estado siguiendo reglas y dogmas muertos. Y como nunca te han convenido, ha surgido una gran contradicción en tu ser. Y crear contradicción es crear infierno.

Dave y Mabel subían en tándem una empinada cuesta. Cuando llegaron arriba, Dave saltó y se tumbó en la hierba: "¡Cristo, qué cuesta más dura!".

Mabel dijo: "Sí, y si no hubiera puesto los frenos habríamos retrocedido".

Esa es la historia de la vida de millones de personas. Estás haciendo la cuesta innecesariamente dura y difícil. Los frenos están puestos: estás creando una contradicción en tu energía vital. Siempre que sigas a alguien literalmente, crearás una contradicción. Sólo puedes ser tú mismo. Si quieres ser una unidad, una armonía, comprende, pero nunca imites; aprende, pero nunca imites.

Y la gente tiene tanta prisa por imitar. ¿Por qué la gente quiere imitar? - Porque es más fácil.

No se necesita inteligencia para imitar. Cualquier idiota puede imitar. De hecho, sólo los idiotas imitan. Una persona inteligente aprende, comprende y sigue su propia luz que surge de su comprensión.

Abandona tu supuesta moralidad y honestidad y tu vida religiosa. Por favor, déjalo, aún no es demasiado tarde. Empieza desde el ABC. Y si estás aquí, las cosas pueden suceder. Te permito absoluta libertad para ser tú mismo. Te ayudo a alcanzar esa libertad. No te ayudo a cultivar un carácter: Te ayudo a crear una conciencia. Y entonces esa conciencia trae su propio carácter. Pero ese carácter es un fenómeno líquido; no tiene rigidez.

La última pregunta

Pregunta 4:

MAESTRO, ¿CÓMO TE LAS ARREGLAS PARA HABLAR TODOS LOS DÍAS, AÑO TRAS AÑO, Y TAN BELLAMENTE? ¿CUÁL ES TU SECRETO?

No hay ningún secreto...

Era una noche oscura y tormentosa, y el capitán le dijo al oficial:

"Amigo, cuéntanos una historia."

Y así empezó el mate:

"Era una noche oscura y tormentosa y el capitán le dijo al oficial:

"Amigo, cuéntanos una historia".

Y así empezó el mate:

Era una noche oscura y tormentosa..."""

Tengo que decir lo mismo una y otra vez. No digo nada nuevo cada día. La verdad es muy sencilla y se puede decir en pocas líneas. Pero si no la escuchas, tengo que repetirla una y otra vez....

Niseema lo ha expresado en un hermoso limerick:

Había un Buda loco de Poona que de egos era un podador fanático.

Pero sin querer asustar Bromeó ad infinitum Y atrapó a todos tarde o temprano.

Sigo hablándoos para que un día pueda convenceros de que escuchéis el silencio que me ha sucedido. Y los que han empezado a comprenderme, ya no escuchan mis palabras: escuchan mi presencia. Muchos de los que estáis aquí ya habéis entrado en contacto conmigo sin palabras. Si escucháis mis palabras, también es porque esas palabras contienen algo de lo que no tiene palabras.

Por eso, cuando viene gente nueva que no me conoce a mí ni a mis métodos, no puede entender lo que ocurre aquí. Es una escuela de misterio como la escuela de Pitágoras en Grecia.

Aquí pasa algo, pero es muy difícil de entender. No se puede explicar a los de fuera. Es una relación de amor.

Yo sigo hablando contigo... las mismas cosas. Tú sigues escuchándome... las mismas cosas. Yo hablo por amor, tú me escuchas por amor. Hablar y escuchar no es relevante, sino la comunión. Hablar y escuchar es sólo una excusa para que se produzca la comunión.

Pronto llegará el día en que haya atrapado a suficientes personas capaces de escuchar mi silencio. Entonces me sentaré en silencio contigo, cada día, año tras año.

Así que los que tengáis deseo de palabras, satisfacedlo todo lo que podáis. Pronto las palabras desaparecerán...

pero entonces seré sólo para los de dentro. Entonces no habrá posibilidad de que entren nuevos forasteros, porque sólo podrán entrar por la puerta de las palabras. Hablaré un poco más para que puedan entrar algunos más.

Una vez que tenga a MI gente, a TODA mi gente, entonces no habrá necesidad de hablar. Me sentaré en silencio, tú te sentarás en silencio. Estaremos juntos y dejaremos que Dios suceda.....

Estás sin mancha

La primera pregunta
Pregunta 1:

MAESTRO, POR FAVOR COMENTA SOBRE LA EXPULSION DE INDIRA GANDHI DEL PARLAMENTO INDIO, Y SU ENCARCELAMIENTO POR EL GOBIERNO DE MORARJI DESAI, QUE HA CAUSADO TAL CAOS EN TODO EL PAIS.

Kamal Bharti,

INDIRA GANDHI NO ES CASTIGADA SINO RECOMPENSADA. Este es el destino de todo revolucionario.

Cualquiera que quiera hacer algo en este mundo, que no esté de acuerdo con el statu quo, va a ser recompensado de la misma manera una y otra vez.

El rebaño, la multitud, nunca perdona a una persona que intenta crear algo nuevo. La multitud siempre está orientada al pasado. Vive en lo que ya está muerto. No tiene visión de futuro.

Y los visionarios, los utópicos y los soñadores están destinados a ser castigados o recompensados de esta manera.

Yo lo llamo una recompensa. Ha aumentado el prestigio de Indira Gandhi y ha desenmascarado a Morarji Desai. Ha expuesto su hipocresía, ha expuesto su supuesta no violencia, ha expuesto su supuesta mahatmaidad. Simplemente ha demostrado una cosa: su miedo, su paranoia.

La mente pequeña siempre teme a la mente grande. Los pigmeos siempre temen a los gigantes, los poco inteligentes siempre temen a los inteligentes. Pero los no inteligentes son siempre mayoría. Tienen un poder del que los inteligentes no pueden presumir: siempre pueden contar con el apoyo del rebaño. Eso es lo que ha ocurrido.

Morarji Desai tiene la mayoría en el parlamento. Y toda su banda tiene tanto miedo de Indira, que si ella permanece en el parlamento entonces sus días de poder son muy limitados, se pueden contar con los dedos. Cualquier excusa es buena para echarla. Y todo lo que han encontrado no es más que una excusa.

Muestra los celos de los mediocres: los mediocres siempre están celosos. Están celosos de lo que no pueden alcanzar. Morarji Desai no tiene gracia de personalidad, ni elegancia. Está celoso de Indira Gandhi. Le gustaría destruirla. Eso es lo que ha estado tratando de hacer.

A las masas tampoco les gusta nunca alguien que sea realmente agraciado. A las masas también les gusta alguien que se parece a ellas. Cualquiera que tenga cierta gracia aristocrática no gusta mucho a las masas.

En el fondo, la persona agraciada no les pertenece.

Y también es un feo acto de venganza política. Es simplemente un esfuerzo para castigarla por algo de tremenda importancia que estaba tratando de hacer. Ella estaba tratando de llevar a este país a un cierto orden - que era su culpa. Ella estaba tratando de llevar a este país a una cierta disciplina, estaba tratando de destruir a los contrabandistas, los hooligans, los dacoits, los explotadores, y todos ellos se han unido detrás de Morarji Desai. Todos tienen miedo. Si vuelve al poder, de nuevo habrá problemas. Morarji es una protección.

El verdadero poder no es el de Morarji Desai: el verdadero poder está en manos de los fascistas hindúes de este país. Morarji Desai dijo cuando castigó a Indira Gandhi, la expulsó del parlamento y la encarceló: "Ahora la gente puede saberlo, ahora está demostrado, que no soy una persona impotente. Puedo hacer cosas".

Pero en realidad demuestra todo lo contrario: simplemente demuestra que es impotente. Es impotente frente a las fuerzas fascistas que actúan detrás de él. Él es sólo una fachada; las fuerzas reales están en manos de los fascistas hindúes. Este acto simplemente ha demostrado que es totalmente impotente, que no es ÉL quien está en el poder, sino otras pocas personas que están detrás de él, que tienen el poder real. Quieren aplastar a Indira Gandhi, destruirla. Quieren destruir todas las fuerzas revolucionarias y progresistas de este país.

Este acto también es antidemocrático. Es un insulto al pueblo que eligió a Indira Gandhi para el Parlamento. Es totalmente antidemocrático. Pero siempre que la gente está en el poder, tiende a volverse antidemocrática. La gente utiliza la democracia sólo como una escalera para llegar al poder; una vez en el poder, ¿a quién le importa la democracia?

Pero estoy feliz de que Morarji Desai lo haya hecho. Estoy feliz porque este es el principio del fin de su poder. Estoy feliz porque esto ha mejorado el prestigio de Indira Gandhi.

Hay una lógica sutil de la historia, y esa lógica es que siempre que alguien es castigado de tal manera - fea, antidemocrática - las masas empiezan a sentir cierta simpatía por la persona. Y eso es lo que ha ocurrido: la gente siente más simpatía por Indira Gandhi de la que había sentido antes del castigo. Por eso digo que estoy contento.

Esto es simplemente el principio del fin de Morarji Desai y su banda.

Recuerden, este país vive en el caos. No hay orden, no hay ley. Este país vive casi sin gobierno. Y, naturalmente, cualquiera que esté en minoría está sufriendo. Y lo que Morarji Desai ha dado en veinte meses es un gobierno muy falso. Ciertamente impotente. - No ha hecho nada. Depende absolutamente de una burocracia podrida, y ha estado obstaculizando TODO lo que es progresista y todo lo que puede anunciar un nuevo comienzo, un nuevo futuro.

El otro día leí en los periódicos: ha dicho de mí que intento destruir la religión y él intenta protegerla. ¿Qué tipo de religión intenta proteger? No entiende nada de religión. Pero puedo entender lo que quiere decir. Se refiere a todo lo que está podrido, muerto, del pasado.

Quiere proteger la tradición, él la llama religión.

La religión no es una tradición: la religión es siempre una revolución.

Y dijo que está en mi contra porque estoy destruyendo la religión. Estoy dando a luz a una nueva religión.

Y la religión siempre necesita renovarse. La religión siempre necesita que se viertan nuevas energías en ella para mantenerla viva y fluyendo. La religión siempre necesita nacer una y otra vez según el momento y las circunstancias.

Lo que era correcto hace cinco mil años ya no lo es hoy. Y lo que era moral en el pasado se ha convertido en inmoral hoy. Por ejemplo, en tiempos de Krishna, la guerra era un fenómeno moral:

ahora la guerra es inmoral. Porque en tiempos de Krishna no había bombas atómicas ni bombas de hidrógeno.

Ahora guerra significa guerra total; ahora guerra significa suicidio universal.

La nueva religión no puede enseñar la guerra: sólo puede enseñar el amor.

Todas las religiones antiguas se basaban fundamentalmente en la persona dividida. La nueva religión tiene que crear un hombre nuevo - HOMO NOVUS. ¡Yo declaro un hombre nuevo! ¡Yo enseño un hombre nuevo! Y el hombre nuevo será uno, completo. El hombre nuevo no estará dividido en cuerpo y alma, en inferior y superior. El hombre nuevo no conocerá divisiones de ningún tipo: el hombre nuevo vivirá una vida integrada.

Las viejas religiones, todas las viejas religiones, crearon una atmósfera anti-vida en la tierra. Por eso la vida se ha vuelto tan fea, miserable, llena de sufrimiento. La nueva religión no será anti-vida: será todo para la vida. Tendrá una enorme reverencia por la vida. Para la nueva religión, la vida será sinónimo de Dios.

En las antiguas religiones, Dios estaba en contra de la vida; había que renunciar a la vida para llegar a Dios. Yo enseño el regocijo, no la renuncia.

Así que entiendo lo que quiere decir con que intento destruir la religión. Ciertamente, estoy tratando de destruir el viejo concepto de religión, tiene que ser destruido. Si el hombre quiere vivir, si el hombre quiere ser dichoso, la vieja estructura tiene que ser destruida. Sólo con la muerte de lo viejo puede nacer lo nuevo.

Pero es un tradicionalista, un ortodoxo. Sólo puede pensar en términos del pasado. No tiene ni idea de que vivimos en el siglo XX. No es un hombre contemporáneo en absoluto; pertenece a un siglo pasado que ya no existe. Pero en la India esas personas pueden llegar a ser poderosas, porque las grandes masas también viven en el pasado, tampoco son contemporáneas.

Se trata de una situación muy irónica, porque las masas sólo pueden ser ayudadas por una nueva visión; sólo una nueva visión puede inspirarlas a nuevas alturas. Pero todos están en contra de la nueva visión. Todos están a favor de la vieja visión, y la vieja visión no tiene ninguna relevancia. Está en contra de todo lo que es revolucionario y rebelde. Representa la mente podrida y estúpida de este país. Es muy representativo. Pero tiene que irse si queremos que este país viva.

Y toda la gente de su tipo tiene que irse si este país quiere alcanzar nuevas cotas de alegría y felicidad.

Este país ha vivido tanto tiempo bajo la sombra de actitudes contrarias a la vida que ha olvidado cómo bailar, cómo cantar, cómo amar, cómo vivir. Este país simplemente está vegetando.

En cierto modo tiene razón en que él protege la religión y yo la destruyo. Ciertamente estoy destruyendo lo que ya no es relevante, pero lo que ya no es relevante no puede llamarse religión en absoluto. Religión significa algo que es relevante para la gente que está viva en ESTE momento, algo que puede ser una bendición ahora mismo.

Hay que anunciar a un hombre nuevo. Y el hombre nuevo está llegando. El hombre nuevo viene a cada instante.

Puede que no seas consciente del hombre nuevo, pero el hombre nuevo está llegando. Y el hombre nuevo traerá una forma de vida totalmente nueva. Su vida será terrenal, arraigada en la tierra y, sin embargo, disponible para el cielo. El hombre nuevo traerá consigo un mundo nuevo. Hará de esta tierra un paraíso; no buscará ningún paraíso después de la muerte. Transformará la vida misma en un paraíso. El hombre nuevo no sólo sobrevivirá: vivirá y vivirá con gran regocijo porque Dios es.

¡Alegraos! Te repito una y otra vez: ¡Alégrate! porque Dios está. Y la única manera de relacionarse con Dios es estar en un tremendo regocijo. Sólo aquellos que están extasiados, pueden entrar en Dios.

Morarji Desai es una persona demasiado seria y muerta. No puede alegrarse. No puede entender, experimentar, el significado de la alegría. Políticamente está en contra de los revolucionarios políticos. Religiosamente está en contra de los revolucionarios religiosos. Artísticamente está en contra de los revolucionarios artísticos.

Básicamente está en contra de la revolución. Quiere aferrarse a algo que ya no existe.

Mi esfuerzo aquí es ayudaros a desabrocharos, a desabrocharos, para que vuestras manos puedan estar libres para recibir el nuevo don - el don del hombre nuevo que está naciendo, para recibir el HOMO NOVUS.

La segunda pregunta

Pregunta 2:

MAESTRO, ENCONTRAR UN ALMATE SUENA BIEN, PERO CASI IMPOSIBLE. ¿PODRÍA DECIRNOS ALGO MÁS AL RESPECTO? ¿Y CÓMO SE PUEDE ACERCAR A ENCONTRAR UN MAESTRO?

Prem Aniruddha,

ES CASI IMPOSIBLE encontrar el alma gemela, aunque se disponga de TODAS las facilidades.

La tierra es grande, millones y millones de personas; y la vida es muy corta - ¿cómo vas a encontrar a tu alma gemela? Y recuerda, incluso si todas las facilidades están disponibles... ahora mismo, no hay facilidades disponibles.

Se hace aún más imposible cuando no hay facilidades, cuando se te impide por todos los medios encontrar el alma gemela. Pero incluso si se te ayuda, se te educa en cómo encontrar el alma gemela, entonces también será difícil encontrarla en una pequeña vida de setenta años. Raramente ocurre; es un fenómeno raro.

El hombre tiene siete centros. El más bajo es el centro sexual y el más alto es el centro samadhi, y entre estos dos hay cinco centros más. Es una escalera. Cuando los siete centros de un hombre están en sintonía y armonía con los siete centros de una mujer, entonces has encontrado el alma gemela.

Sólo ha ocurrido de vez en cuando: con Krishna y Radha, con Shiva y Shakti. También podría haber ocurrido con Majnu y Laila si se les hubiera permitido encontrarse, con Shiri y Farihad si se les hubiera permitido encontrarse, pero la sociedad se lo impidió.

Y recuerda: Krishna y Radha tampoco eran permitidos por la sociedad; no era un matrimonio legal, era ilegal. Radha no era la esposa de Krishna, sino sólo una novia. Y con Shiva y Shakti, los padres estaban muy en contra de que Shakti se casara con Shiva. Parecía un hombre muy extraño - lo era. Fue en contra del consejo de los padres que Shakti se lanzó a una relación amorosa con Shiva.

Pero esto sólo ocurre de vez en cuando, y parece natural. Cada vez que ocurre, se siente una unidad absoluta, unidad, no unión. Dos personas desaparecen completamente la una en la otra; no hay ni siquiera una pequeña y delgada pantalla que las divida; no hay división en absoluto. Es UNIO MYSTICA. Dos personas funcionan como si fueran una sola; dos cuerpos, pero una sola alma. Es armonía absoluta. Es el amor en su máxima expresión. No se necesita meditación, este amor es suficiente.

Seguro que has visto los templos de Shiva en la India; seguro que has visto el SHIVALINGA. SHIVALINGA representa simplemente el estado orgásmico de estos dos amantes. SHIVALINGA simplemente representa a Shiva como energía masculina; y justo debajo de SHIVALINGA - el símbolo fálico - está el símbolo de Shakti: YONI. SHIVALINGA y YONI de Shakti se encuentran; se han hecho uno, han desaparecido el uno en el otro. Han perdido TODA personalidad. Por eso es la única imagen en el mundo que no tiene rostro.

La energía pura está simbolizada por LINGA y YONI, por el órgano sexual masculino y el órgano sexual femenino. Simplemente se representa la energía - energía creativa, energía vital; energía de la que fluye toda la vida. Ni Shakti tiene rostro ni Shiva tiene rostro; esos rostros ya no tienen sentido, las personalidades han desaparecido. Es un encuentro de energía pura, y sólo las energías puras pueden disolverse la una en la otra, porque si tienes una personalidad sólida obstruirá la disolución. Sólo las energías puras, líquidas, pueden entrar la una en la otra y convertirse en una. Si pones dos rocas juntas, pueden estar juntas pero no pueden convertirse en una. Pero si viertes agua en agua, se convierten en una.

En este pico más alto, donde se encuentran los siete centros, las personas desaparecen, sólo quedan energías, un juego de energía, un juego de conciencia. Y la alegría es constante, es orgásmica. Es una comunión espiritual. No se necesita meditación para una pareja así, porque para una pareja así el amor es meditación suficiente. Es un fenomeno mistico, es trascendental. Pero es muy raro. Entre millones y millones de personas, una vez sucederá. Será casi un encuentro casual.

Debajo hay otra reunión: la de los seis centros. Eso también es raro. Si el primero es el uno por ciento, el segundo es sólo el dos por ciento. Es unión, no unidad. No es una unión cósmica, mística, pero sí algo muy cercano a ella: una unión estética, un fenómeno artístico, una experiencia poética.

La primera sólo puede ser comprendida por quienes han conocido el samadhi, el satori. La segunda puede ser comprendida por poetas, pintores, bailarines, músicos.

La tercera, inferior, es la reunión de cinco centros. Es un tres por ciento posible. Ni siquiera es una unión; es dualidad. Dos personas siguen siendo dos, pero aún así hay una gran armonía. Los dos funcionan en armonía, como si dos instrumentos musicales tocaran en armonía. Los dos siguen siendo dos. No hay unión, no hay unidad. Están separados.

Así lo ha descrito Kahlil Gibran: "Los amantes deben ser como dos pilares de un templo que sostienen el mismo techo, aunque separados y separados". Esto está un poco por debajo de la experiencia estética, artística, musical. Es una experiencia moral, casta, pero hermosa.

El cuarto es la reunión de cuatro centros. Tiene una posibilidad del cuatro por ciento. Dualidad. La armonía ha desaparecido, pero sigue habiendo una gran comprensión: una gran comprensión mutua, un gran cuidado mutuo. No hay armonía espontánea, pero a partir de la comprensión se mantiene un cierto ritmo. Es una experiencia de gran inteligencia; ni siquiera es moral. Si uno no es consciente, caerá de este cuarto estado.

Luego está la quinta: reunión de tres centros. posibilidad del cinco por ciento. La dualidad se acentúa cada vez más. La comprensión sigue ahí, pero no es constante: vacilante, inestable. De vez en cuando surge el conflicto, pero no interrumpe el amor. Al contrario, se suma a él, lo hace un poco más picante. Es una experiencia psicológica.

Debajo hay dos centros que se encuentran - Seis por ciento de posibilidad. Gran dualidad, clara dualidad. Momentos, sólo momentos, de entendimiento. Y el conflicto llega demasiado. Es casi un cincuenta por ciento: cincuenta por ciento de comprensión, cincuenta por ciento de conflicto. Es una experiencia fisiológica. Aún así hay un gran equilibrio debido a este cincuenta por ciento de comprensión, cincuenta por ciento de conflicto.

Y debajo hay una reunión de centro - 7% de posibilidades. Demasiados conflictos. Raros momentos de alegría, muy raros. De vez en cuando, pocos. Pero aún así vale la pena. Es una experiencia sexual.

Y por debajo de ella, la más baja, no hay centros de reunión - el común, variedad jardín. Estas son las parejas que se encuentran. Ni siquiera es una experiencia sexual; está incluso por debajo de la experiencia sexual. Es más o menos masturbatoria. Es sólo un cierto tipo de arreglo social, económico, político. Es explotación. Es un negocio. Es más o menos parte del mercado, del matrimonio concertado.

Sin amor. Ni respeto. Ni siquiera odio. Porque el odio sólo puede existir si hay amor. No es ni amistad ni enemistad. Es una relación muy formal - una relación que no es una relación en absoluto. Es un acuerdo masturbatorio mutuo. Tú explotas al otro y el otro te explota a ti. Es una especie de prostitución. La posibilidad más fea... pero esto es lo que está ocurriendo en la tierra.

Un viernes por la tarde, el jefe de Harold le dijo que ese día tendría que hacer horas extras. A Harold le pareció bien, salvo porque no tenía forma de avisar a su mujer de que llegaría tarde a casa, ya que acababan de mudarse a una casita nueva en las afueras y aún no tenían teléfono.

"Ya que paso por allí, se lo diré", se ofreció el jefe.

Unas horas más tarde, el jefe llegó a la casa y llamó al timbre. La mujer de Harold salió a la puerta con un vestido transparente. El jefe no podía apartar los ojos de su cuerpo.

"¿Sí?", dijo ella.

"Soy el jefe de Harold", dijo el jefe de Harold. "Está haciendo horas extras y me ha pedido que le diga que llegará tarde a casa".

"Gracias", dijo ella.

"¿Qué tal si subimos a hacer el amor?"

La mujer de Harold sintió que sus mejillas se sonrojaban hasta adquirir un rojo furioso. "¡Cómo te atreves!"

El jefe se encogió de hombros. "¿Y si te doy cincuenta dólares?"

"¡Claro que no! ¿Por qué, nunca he oído tal nervio ... "

"¿Cien dólares?"

"Uh... no."

"¿Ciento cincuenta?"

"No creo que eso esté bien, ¿y tú?"

En ese momento el jefe ronroneó: "Escucha, cariño, Harold no se va a enterar. Es una forma fácil de ganar ciento cincuenta pavos, y sólo pasaremos un rato juntos".

Ella asintió, le cogió de la mano y le llevó arriba, a la cama, donde se divirtieron y jugaron durante una hora.

Esa noche, cuando Harold llegó a casa, preguntó: "¿Ha venido el jefe a decirte que llegaría tarde?".

"Sí, Harold", dijo la dulzura. "Pasó por aquí unos segundos".

"Bien", dijo Harold. "¿Entonces te dio mi sueldo?"

Este es un mundo muy de negocios, muy astuto. Y todos tus arreglos que llamas relaciones, que llamas aventuras amorosas, no tienen nada que ver con una relación o con una aventura amorosa. Son básicamente arreglos económicos.

Había una vez un escocés llamado Dave que tenía una puta muerta en una cueva.

Me dijo: "Admito que soy un poco mierda, pero piensa en el dinero que me ahorro".

Y encontrarás a estos escoceses por todas partes. El mundo entero es realmente una Escocia.

Aniruddha, tú preguntas: ENCONTRAR UN ALMA SUEÑA BIEN, PERO CASI IMPOSIBLE.

SÍ ES CASI *IMPOSIBLE - si se deja en manos de la propia naturaleza, es casi imposible. Pero en Oriente hemos desarrollado una ciencia: si no puedes encontrar un alma gemela, puedes crearla. Y esa ciencia es el Tantra. Encontrar un alma gemela significa encontrar a la persona con la que tus siete centros se encuentran de forma natural.

Eso es imposible. De vez en cuando, un Krishna y una Radha, un Shiva y una Shakti. Y cuando sucede, es tremendamente hermoso. Pero es como un relámpago, no puedes depender de él. Si quieres leer tu Biblia, no puedes depender de que cuando haya un relámpago vayas a leer. El relámpago es un fenómeno natural, pero no fiable.

Si esperas a que tu alma gemela natural se reúna contigo, será como esperar a que un rayo lea tu Biblia. Y tampoco podrás leer mucho. Por un momento está ahí, y para cuando has abierto la Biblia ya ha desaparecido.

De ahí surgió el Tantra. El Tantra es un enfoque científico. El Tantra es alquimia: puede transformar tus centros, puede transformar los centros del otro; puede crear un ritmo y una armonía entre tú y tu amado. Esa es la belleza del Tantra. Es como traer electricidad a tu casa. Entonces puedes encenderla y apagarla cuando quieras. Y puedes darle mil y un usos: puede enfriar tu habitación, puede calentar tu habitación.... Entonces es un milagro. Estos siete centros en ti no son más que centros de electricidad corporal. Así que cuando hablo del rayo, no pienses en él sólo como un símbolo, lo digo literalmente.

En tu cuerpo existe una corriente sutil de electricidad, muy sutil. Pero cuanto más sutil es, más profunda es. No es muy visible. Los científicos dicen que toda la electricidad que hay en tu cuerpo, si se junta, puede servir para encender una bombilla de cinco velas. No es mucho. Cuantitativamente no es mucho; cuantitativamente el átomo no es mucho, pero cualitativamente... si explota, tiene una energía tremenda.

Estos siete centros, estos siete chakras, de los que el Yoga y el Tantra han hablado a lo largo de los siglos, no son más que cinco nudos en la corriente eléctrica de tu cuerpo. Pueden ser cambiados, pueden ser reorganizados.

Se les puede dar una nueva forma. Dos amantes pueden transformarse tan profundamente que sus siete centros pueden empezar a encontrarse.

El Tantra es la ciencia que transforma a los amantes corrientes en almas gemelas. Y esa es la grandeza del Tantra. Puede transformar toda la tierra; puede transformar cada pareja en almas gemelas. Aún no se ha utilizado; es uno de los mayores tesoros que yace ahí, sin utilizar. El día en que la humanidad lo utilice, un nuevo amor rodeará la tierra; la tierra resplandecerá con un nuevo amor. Sólo el hombre nuevo puede utilizarlo - el Homo NOVUS PUEDE utilizarlo.

Por eso anuncio al hombre nuevo. Sólo el hombre nuevo puede usarlo porque sólo el hombre nuevo aceptará su cuerpo en su totalidad. El hombre viejo NUNCA aceptó su cuerpo. Siempre estaba luchando con su cuerpo, peleando con su cuerpo, tratando de destruir su cuerpo.

El viejo era suicida; el viejo era esquizofrénico.

El nuevo hombre estará completo. No será suicida. Estará tan tremendamente enamorado de la vida que querrá volver una y otra y otra vez. Sólo el hombre nuevo puede transformar estos centros de energía vital.

Eso es lo que intento hacer aquí. Está ofendiendo a todo el país, no sólo a todo el país, sino a todo el mundo, porque nunca han oído hablar de algo así. Es un gran experimento.

Del éxito de este experimento dependerá mucho.

Si podemos ayudar a la gente a crecer en tal profundidad de amor que CADA pareja se convierta en un Krishna-Radha, que cada pareja se convierta en un Shiva y Shakti, sólo piensa en el mundo, en lo hermoso que puede llegar a ser.

El paraíso palidecerá ante él. Esta misma tierra puede ser el paraíso.

Pero la ciencia es sutil, y sólo pueden entenderla quienes estén realmente dispuestos a comprenderla sin prejuicios. Y el trabajo es muy delicado, misterioso. Los de fuera nunca podrán entender lo que está pasando; están destinados a malinterpretarlo.

Es lo mismo: si llevas a personas ajenas a un laboratorio científico donde se investiga la energía atómica, ¿crees que podrán entender algo? Se trata de un experimento mucho más profundo, porque trabajar sobre la energía atómica es trabajar sobre la materia, y trabajar sobre la energía humana, la energía del amor, es trabajar sobre la conciencia. Se necesita gente muy perspicaz para verlo.

Pero esta es mi intención al crear una comuna, un campo búdico, donde pueda transformar a cada pareja en Krishna-Radha, donde cada pareja pueda tener esa alegría, esa alegría cósmica, ese orgasmo cósmico, ese éxtasis total, cuando los siete centros del hombre y la mujer se encuentran y se mezclan y desaparecen el uno en el otro.

Ahora mismo se encuentra en el punto más bajo, en el que no se reúne ni un solo centro.

Aniruddha, es imposible si dependes de la naturaleza. Es muy posible si dependes del Tantra.

La tercera pregunta

Pregunta 3:

¿CUÁL ES EL PROPÓSITO DE LA EXISTENCIA? ¿QUÉ HAREMOS DESPUÉS DE LA ILUMINACIÓN?

Dharma Bhikshu,

¿QUÉ HAGO DESPUÉS DE LA ILUMINACIÓN? Como cuando tengo hambre y duermo cuando tengo sueño. Hago exactamente lo mismo que tú, pero la calidad ha cambiado, el significado ha cambiado, mi enfoque ha cambiado. Tú también bebes té, yo también bebo té; pero cuando tú bebes té, sólo bebes té. Cuando bebo té estoy bebiendo a Dios, Dios en forma de té. Estoy bebiendo a Dios a sorbos.

Por fuera es igual; por dentro es totalmente diferente.

Se cuenta que un Maestro Zen dijo... que alguien le había hecho la misma pregunta: "¿Qué solías hacer cuando no estabas iluminado?"

Me dijo: "Solía cortar leña y acarrear agua del pozo".

Y el hombre le preguntó: "¿Y ahora qué haces desde que te has iluminado?".

Dijo: "Corto leña y acarreo agua del pozo".

Naturalmente, el interrogador se quedó perplejo. Dijo: "¿Cuál es la diferencia? No veo ninguna diferencia.

Cortar leña, acarrear agua del pozo, hacías antes, haces ahora.

Y el Maestro se rió. Dijo: "Sí, antes lo hacía yo, ahora simplemente sucede. Ahora ya no hay hacedor. Yo ya no existo. Se corta la madera, se transporta el agua... yo ya no existo".

Los zen no utilizan la palabra "Dios". Si se lo preguntaran a un sufí, diría: "Ahora Dios corta la madera, Dios lleva el agua". La gente Zen dice: "Corta la madera, lleva el agua". Ese es su nombre para Dios; no personifican a Dios.

Todo sigue IGUAL y, sin embargo, nada es igual.

Usted pregunta: ¿CUÁL ES EL PROPÓSITO DE LA EXISTENCIA?

La idea de propósito sólo surge en una mente no iluminada, porque la mente no iluminada no puede vivir sin propósito. No sabe cómo vivir alegremente, sin propósito. Necesita un propósito que le impulse hacia adelante, necesita un propósito que le empuje hacia adelante. Necesita un propósito para manipularse a sí mismo. Sin propósito está perdido; necesita el propósito para seguir adelante. Y por eso sigue agonizando.

La palabra "agonía" procede de una raíz AG; de la raíz AG proceden dos palabras: una es acción y la otra es agonía. Es hermoso. El significado básico de AG es empujar: la acción es empujar cosas, empujar el río, empujarte a ti mismo contra el río, intentar nadar río arriba. Y eso trae agonía, te hace miserable, porque puedes ver que estás condenado al fracaso. Puedes ganar una batalla aquí y otra allá, pero la guerra está perdida desde el principio. ¿Cuánto tiempo puedes seguir empujando el río?

Tarde o temprano estarás cansado, exhausto, y entonces el río te llevará hacia abajo.

Y como tienes que luchar, la lucha crea agonía, ansiedad: si lo vas a conseguir o no, si vas a ser capaz de triunfar o no.

Propósito es la idea del hombre no iluminado. El hombre iluminado simplemente vive sin propósito - no necesita propósito, por eso no tiene agonía. Vive momento a momento. Su vida no tiene propósito ni sentido. Es como una flor de rosa, o el cuco que llama desde el bosque, o el sol que sale por la mañana, o la gota de rocío que se desliza en el océano.... No tiene propósito. Simplemente es. No tiene propósito porque no tiene futuro. Está en el momento, está presente en el presente.

Propósito significa deseo, y propósito significa crear algo especial en ti mismo. No puedes creer que careces de propósito y, de repente, empiezas a caer de bruces contra el suelo. ¿Sin propósito?

Tu ego no puede sostenerse sin los puntales del propósito, así que sigues creándote un propósito.

Incluso donde no existe nada, sigues fingiendo, proyectando.

Es tu ego el que ha escrito en tus Biblias que Dios creó al hombre a su imagen y semejanza, y que Dios te ha dado un gran destino que cumplir: ¡eres especial! Pregúntale a un burro: también dirá que Dios creó al burro a su imagen y semejanza.

El otro día leía un poema de Don Marqués: WARTY BLIGGENS.

EL OTRO DIA ME ENCONTRE CON UN SAPO LLAMADO WARTY BLIGGENS EL ESTABA SENTADO DEBAJO DE UNA SETA SINTIENDOSE CONTENTO ME EXPLICO QUE CUANDO EL COSMOS FUE CREADO ESA SETA ESTABA ESPECIALMENTE PLANEADA PARA SU REFUGIO

PERSONAL DEL SOL Y LA LLUVIA PENSADA Y PREPARADA PARA EL NO ME DIGAS DIJO WARTY BLIGGENS QUE NO HAY UN PROPOSITO EN EL UNIVERSO EL EL PENSAMIENTO ES BLASFEMIA UN POCO MAS DE CONVERSACION REVELO QUE WARTY BLIGGENS SE CONSIDERA EL MISMO EL CENTRO DEL UNIVERSO LA TIERRA EXISTE PARA HACER CRECER BASTONES PARA QUE EL SE SENTARA BAJO EL SOL PARA DARLE LUZ DE DIA Y LA LUNA Y CONSTELACIONES DE RUEDA PARA HACER BELLA LA NOCHE POR EL BIEN DE WARTY BLIGGENS Le preguntas a cualquiera... y todo el mundo piensa que él es el centro de la existencia, y que Dios lo ha creado para un cierto propósito especial. De hecho, no hay ningún propósito especial en la existencia. El propósito es una creación de la mente no iluminada, porque la mente no iluminada no puede existir sin un futuro.

Vive en el futuro, necesita objetivos.

La mente no iluminada está orientada hacia un objetivo, la mente iluminada simplemente vive el herenow. ¿Y qué propósito puedes tener ahora? A veces estás cortando leña, y a veces estás acarreando agua del pozo. ¿Qué propósito puedes tener? Es el sostén del ego - no hay propósito. La existencia simplemente es. Y porque NO hay propósito, la existencia es completamente hermosa.

Si crees que hay un propósito determinado, entonces estarás cayendo en una regresión. Entonces cabe preguntarse ¿Cuál es el propósito del propósito? Y así sucesivamente.... Entonces no habrá fin. Sólo los necios responderán que existe una finalidad, necios porque no son conscientes de que están cayendo en una regresión.

Alguien dirá: "Dios ha creado al hombre para que el hombre pueda alcanzar la salvación" - ¿pero no podía dar al hombre la salvación desde el principio? "Dios ha creado al hombre para que pueda alcanzar la moksha" - ¡pero ya estaba en moksha desde el principio! ¿Por qué este mundo? "Dios ha creado al hombre para que pueda encontrar la verdad" - ¿por qué este problema innecesario? Podría haberle dicho simplemente cuál es la verdad.

Todo parece innecesario, si es que hay un propósito. Pero no lo hay.

Es simplemente la energía desbordante de Dios. Dios se deleita en su energía, desbordándose en todas direcciones.

Se convierte en el árbol y se convierte en la roca y las estrellas y el hombre y los animales y los pájaros - no hay jerarquía. El propósito trae la idea de jerarquía: entonces alguien es inferior y alguien es superior, porque tienes un propósito superior.

NO hay jerarquía. La existencia es una, que fluye en todo tipo de expresiones. En algún lugar Dios se ha convertido en un árbol verde, y en algún lugar se ha convertido en una flor roja, y en algún lugar se ha convertido en una mariposa y en algún lugar es un arco iris, y en algún lugar es un hombre y en algún lugar es una mujer... y es la única realidad. ¿Qué propósito puede haber? Pero es solo cuando tu mente desaparece, tu pensamiento desaparece, tu ego desaparece, y cuando eres completamente herenow... que de repente ves la belleza de la falta de proposito.

La vida no es un negocio: es un regocijo. Los negocios tienen un propósito, el regocijo no lo tiene. La lógica tiene un propósito, el amor no lo tiene.

La cuarta pregunta

Pregunta 4:

HACE TRES DÍAS QUE VENGO CON MI MARIDO A ESCUCHARLE, PERO SE DUERME DURANTE EL DISCURSO. ¿QUÉ DEBO HACER?

SÉ AMABLE CON ÉL. Puede que simplemente venga porque le has estado obligando a venir; puede que simplemente venga como un soborno para ti. O puede que no le dejes dormir por la noche y no tenga otro sitio donde dormir. Y aquí está tranquilo, no puedes tirarle almohadas. ¿Sabes? - por eso aquí no se permiten las almohadas. Viendo que nadie puede molestarle, debe estar disfrutando - déjale disfrutar.

Dormir es una actividad perfectamente espiritual, no estoy en contra de ella. Sólo dile que no ronque, porque eso perturba el sueño de los demás.

Sue siempre insistía en que su marido Jack la llevara al teatro una vez al mes, pero Jack odiaba el teatro.

"Sue", se quejó, "preferiría quedarme en casa y ver el partido.

"¿Sólo piensas en eso, en partidos de pelota?", replicó Sue. "Piensa en mí de vez en cuando, encerrada en casa sola todo el día".

Así que esa noche fueron al teatro con amigos.

Al final del Acto II un fuerte ronquido los sobresaltó. Todos miraron y allí estaba Jack profundamente dormido. Sue se puso roja de vergüenza.

"¡Cómo se atreve a dar un espectáculo así! Nunca lo olvidaré".

"No le molestes", se rió uno de los espectadores cercanos. "Es el único que se divierte".

Así que, por favor, sea amable con su marido. Deje que disfrute de unos momentos, que se relaje, que se duerma. No hay nada malo en ello. De hecho, la ciencia médica aún no ha sido capaz de mejorar los discursos religiosos en lo que al insomnio se refiere: los discursos religiosos son la mejor medicina Cuando un médico falla con una persona, y las pastillas para dormir no ayudan, le sugiere: "Ve a un discurso religioso". Ésa es la medicina más antigua contra el insomnio.

Que disfrute. Y no se está perdiendo nada, porque incluso mientras me estás escuchando, ¿qué estás ganando, qué estás obteniendo? Si obtienes algo, te iluminarás, saldrás realmente de tu sueño metafísico. Tú estás dormido metafísicamente: él también está dormido físicamente. Estás dormido con los ojos abiertos, sólo aparentas escuchar, aparentas ver, pero no me has escuchado, no me has visto - porque en el momento en que me escuches y en el momento en que me veas, nunca volverás a ser el mismo. Tu vida habrá dado un giro absoluto: te habrás llenado de luz.

Así que no te preocupes: tú duermes con los ojos abiertos, él duerme con los ojos cerrados. Su manera es mucho más natural. Sé amable con él, no empieces a torturarle. Si te resulta demasiado difícil sentarte a su lado, puedes sentarte en otro sitio.

Y a veces ocurre que PUEDES quedarte dormido y puede que no sea sueño en absoluto. En Oriente existe la palabra TANDRA, que no tiene equivalente en español. No es un sueño ordinario; es un tipo de sueño entre el sueño y la vigilia. Y ese es el momento JUSTO en el que algo puede entrar en ti. Puedes llamarlo sueño hipnótico; no utilizo la palabra "hipnótico" porque tiene muy malas asociaciones en tu mente. De hecho, la palabra "hipnosis" simplemente significa sueño, pero un sueño de un tipo diferente: no el sueño ordinario, sino un sueño en el que puedes oír, aunque estés dormido, pero todavía puedes oír.

Hay unas pocas personas - Sheela es una... está profundamente dormida. Pero esto no es dormir: esto es HYPNOS - esto ES TANDRA. Ella me está escuchando; no escuchará a nadie más. Debes haber visto a algún hipnotizador: si el hipnotizador hipnotiza a alguien, la persona hipnotizada no oirá nada más sino que seguirá escuchando al hipnotizador. Su puerta permanece abierta para el hipnotizador; permanece un hilo entre ellos.

Los que están profundamente enamorados de mí pueden quedarse dormidos, y aun así están conectados conmigo. Y lo que digo puede que no lo reproduzcan de memoria, pero lo han oído, lo han asimilado.

Así que no se preocupe. Si su marido simplemente tiene un sueño fisiológico, eso también es bueno. Si está teniendo algo como HYPNOS, que está dormido para usted, pero dormido para mí, eso es aún mucho mejor.

Y hay una tercera cosa también en Oriente - para eso tampoco hay palabra en español - se llama YOGA NIDRA. Uno se vuelve tan silencioso y relajado, que todo el mundo desde fuera pensará que uno está dormido. Si te hubieras encontrado a Buda sentado bajo su Árbol Bodhi, habrías pensado que estaba dormido, pero no lo estaba. Aparentemente perfectamente dormido, por dentro lleno de luz y consciente.

Ramakrishna solía caer en coma. Los médicos habían declarado muchas veces que no era más que un ataque, un ataque epiléptico, porque estaba muy inconsciente y su boca empezaba a echar espuma, como cualquier ataque epiléptico. Y durante horas permanecía inconsciente; su cuerpo se ponía muy, muy rígido.

Una vez permaneció seis días en ese estado. Era muy difícil cuidar de él: había que darle de comer con cuchara... estaba casi muerto. Y después de seis días, cuando regresó, trajo consigo tanta luz y tanta alegría. Y lo primero que dijo fue: "Así que me he dormido otra vez".

¡Esos seis días estuvo despierto! Abriendo los ojos, dijo: "Así que ahora voy a dormirme otra vez".

Lo que tú llamas tu vigilia es sueño para aquellos que realmente están despiertos. Ese es el tercer estado... No espero que tu marido esté en ese tercer estado, de lo contrario tampoco sería tu marido.

Pero no te preocupes por él; déjalo en paz.

Las esposas deben aprender a dejar en paz a los maridos; los maridos deben aprender a dejar en paz a las esposas.

No te entrometas en todo. No te quejes de todo.

Quinta pregunta

Pregunta 5:

LAO TZU DIJO 'LAVANDO Y LIMPIANDO LA VISIÓN PRIMIGENIA, ¿PUEDES ESTAR SIN MANCHA?' MAESTRO, ¿ESTÁS SIN MANCHA?

Christopher,

YO SOY SIN MANCHA, TÚ ERES SIN MANCHA - todos somos sin mancha desde el principio. En realidad no hay nada que limpiar. No hay nada que purificar. Nuestra virginidad es absoluta.

Una vez un Maestro Zen quiso encontrar un sucesor para él. Declaró en su monasterio -había quinientos grandes monjes- y dijo a la asamblea de monjes: "Ahora estoy envejeciendo y quiero nombrar a mi sucesor. Y ésta va a ser la prueba: el que piense que puede ser mi sucesor, el que piense que se ha despertado y ha conocido la verdad, debe venir a mi cabaña y escribir en mi puerta cuatro líneas de su comprensión. Expresa tu experiencia total de la verdad en cuatro líneas".

De día no aparecía nadie, porque conocían a aquel viejo: no se le podía engañar. Y si te pillaba escribiendo algo mal, te pegaba allí mismo. Y el viejo se sentaba allí con su gran bastón y nadie aparecía.

Por la noche, cuando se durmió, un hombre entró a hurtadillas. Era el mayor erudito de la comunidad.

Escribió cuatro líneas, hermosas líneas: "La mente es un espejo, y en el espejo de la mente se acumula el polvo de los deseos y los pensamientos y los recuerdos. Limpia el polvo y esto es la verdad". Pero tenía tanto miedo de que el anciano no se dejara llevar por las palabras que no lo firmó. Pensó: "Si dice que es correcto, declararé que lo he escrito. Si dice que no es correcto, entonces me callaré".

A la mañana siguiente, temprano, el anciano se enfadó mucho, porque "¿Quién ha escrito toda esta mierda?

¿Dónde está ese hombre? ¡Tráiganmelo! Le daré una paliza. " El erudito escapó de la comuna porque alguien podría contarlo - unas pocas personas sabían que había ido allí. Simplemente escapó al bosque por unos días.

Toda la comunidad estaba entusiasmada; sólo se hablaba de una cosa de la mañana a la noche, porque a todo el mundo le gustaban las líneas. Eran tan hermosas y tan claras como el cristal, y representaban la verdad: ¿cómo se pueden mejorar? "La mente es un espejo. Se acumula polvo de deseos y pensamientos. Limpia el polvo... y esto es la verdad". En esto consiste la meditación. Esto es pureza" Esto es reflejo; reflejarás lo que es cuando te hayas convertido en un espejo.

Sí, las palabras son buenas, pero no de la máxima comprensión.

Había un monje; durante doce años se había limitado a limpiar arroz. Doce años antes había acudido al Maestro, y le había dicho: "He venido aquí para conocer la verdad". El Maestro le había preguntado: "¿Quieres conocer ACERCA de la verdad? o ¿quieres conocer la verdad misma?".

El monje miró a los ojos del Maestro y dijo: "¿De qué estás hablando? ¿Por qué debería interesarme por la verdad? ¿En qué me va a ayudar eso? Quiero la verdad y la verdad y nada más. No me interesa saber sobre la verdad: quiero conocer la verdad misma".

Entonces el Maestro le dijo: "Entonces haz una cosa: vete a la cocina y ponte a limpiar arroz, y no vuelvas a venir a verme. Cuando llegue el momento, vendré a ti. Y tú haz una sola cosa: desde la mañana hasta la noche, ponte a limpiar arroz".

Quinientas personas necesitaban arroz... y aquel hombre no había vuelto a dirigirse al Maestro. Habían pasado doce años, y sólo hacía una cosa: temprano, a las cuatro de la mañana, se levantaba, porque los monjes necesitarían pronto el desayuno. Y tarde en la noche trabajaba.

Lentamente desaparecieron todos los pensamientos. Poco a poco dejó de pensar. Esto se convirtió en su meditación.

Dos monjes pasaban por allí discutiendo sobre esta gran cosa: "¡El Maestro ha llamado tonterías a esas bellas líneas! El Maestro es demasiado duro, y si éste es el camino entonces no encontrará sucesor". Este monje limpiador de arroz se echó a reír -una carcajada panzuda- y aquellos dos monjes se detuvieron y preguntaron: "¿Qué te pasa? ¿Por qué te ríes?"

Dijo: "El Maestro tiene razón: ¿quién es este estúpido que ha escrito estas palabras? - Totalmente equivocado, no tiene entendimiento . Habría que darle una buena paliza".

Aquellos dos monjes se quedaron estupefactos al escuchar esto. Dijeron: "Entonces, ¿crees que puedes mejorar esas palabras?".

Él dijo: "He olvidado cómo escribir - doce años.... Pero puedo decir, puedes ir y escribir, y puedes decirle al Maestro que ha dicho estas palabras".

Aquellos monjes dijeron: "¿No quieres venir con nosotros?".

Me dijo: "No me interesa convertirme en el sucesor de nadie. Simplemente ve y escribe".

Fueron y escribieron. Él les había sugerido: "Vayan y escriban: La mente no es un espejo, ¿dónde puede acumularse el polvo de los deseos y los pensamientos? Quien conoce esto, conoce la verdad".

El Maestro leyó esas líneas, permaneció en silencio, no dijo una sola palabra de desaprobación o aprobación.

Pero en mitad de la noche se acercó al monje y le dijo: "Yo sabía quién podía tener ESTA perspicacia. Ahora, toma mi túnica y desaparece de esta comuna - eres mi sucesor. Pero desaparece de aquí antes de que amanezca, antes de que la gente se entere, porque esto creará grandes celos. Los eruditos, los expertos y los profesores son gente muy celosa, te matarán. Simplemente escapa de aquí. Vete a otras montañas, pero sigue llevando mi llama: me has entendido. Has triunfado".

Tú me preguntas: LAO TZU DIJO "LAVANDO Y LIMPIANDO LA VISIÓN PRIMIGENIA, ¿PUEDES ESTAR SIN MANCHA?"

Si crees que algo tiene que ser limpiado y lavado, no puedes estar sin mancha. Pero no hay nada que limpiar ni nada que lavar: no tenéis ninguna mancha. Desde el principio sois budas. No necesitáis mejoraros a vosotros mismos: todo lo que necesitáis es tomar conciencia de quiénes sois.

Y la última pregunta

Pregunta 6:

AMADO MAESTRO, INCLUSO DADAS LAS LIMITACIONES DE NUESTRO LLAMADO AMOR, ¿ALGUIEN EN EL MUNDO HA SIDO ALGUNA VEZ TAN AMADO COMO TÚ?

Anuradha,

ES CIERTO - nadie ha sido nunca tan amado como yo lo soy por ti. Pero recuerda, nadie ha sido nunca tan odiado como yo lo soy por los demás. Esto es natural: el amor y el odio se equilibran....

La dicha más allá de la dualidad

La primera pregunta
Pregunta 1:

MAESTRO, ¿QUÉ ES LA TOTALIDAD DE MÍ MISMO? ¿POR QUÉ SIGO EVITÁNDOLO?

Vasumati,

LA TOTALIDAD DE TI MISMO no tiene nada que ver contigo. No es tu totalidad o mi totalidad; la totalidad es una - en la que todos desaparecemos. Ese es el miedo. Sólo puedes permanecer si eres parcial, si eres sólo una parte. En el momento en que quieras ser el todo, tendrás que cometer una especie de suicidio, un suicidio espiritual. Tendrás que desaparecer.

Si la gota de rocío quiere ser el océano, la única manera posible es desaparecer en el océano, morir como gota de rocío. En el momento en que una gota de rocío muere como gota de rocío, se convierte en el océano. Eso crea miedo.

La gente habla de Dios, pero nadie quiere perderse a sí mismo. De ahí que hablar de Dios siga siendo impotente, sin sentido. La gente adora a Dios, pero se mantiene a distancia. Van a los templos, pero en realidad nunca van, porque siguen aferrados a la idea que tienen de sí mismos.

Hay dos maneras de ser. Una es como ego, separado del todo, lo cual es ilusorio porque no hay forma de estar realmente separado. Sólo puedes creer que estás separado; en el fondo, sigues siendo uno con el todo. De ahí que todo lo que creas en torno a la idea del ego siga siendo ilusorio. En Oriente lo llamamos MAYA: MAYA significa un mundo de sueños fútiles.

La otra manera de ser es: no estar separado -perder la propia definición, perder todas las demarcaciones, distinciones. Entonces entras en el mundo de lo real, el mundo de BRAHMA. Entonces trasciendes los sueños. Y el sueño básico, fundamental, es el sueño del ego, el sueño de que "yo soy". Tú no eres, yo no soy, sólo Dios es.

Pero es un gran riesgo. Desaparecer en la inmensidad de la existencia asusta, asusta. Te sientes tan a gusto en tu pequeño mundo de sueños; rodeado de tus propios sueños es tan cálido, estás tan protegido, seguro.

Por eso la gente sigue aferrándose a las miserias, porque esas miserias son parte, una parte esencial del mundo de los sueños en el que vives. Tu felicidad, tu infelicidad, son dos aspectos de tus sueños. Lo real no conoce la felicidad ni la infelicidad: lo real está más allá de toda dualidad. Existe la dicha absoluta. Pero recuerda, la dicha no es felicidad; no encontrarás felicidad en la dicha, tampoco encontrarás infelicidad.

Es un mundo totalmente diferente del que no puedes tener ninguna noción a menos que lo hayas probado. La dicha no puede tener significado para ti. La dicha sólo tiene sentido para los Budas, para aquellos que la han conocido. Pero para conocer, tienes que cumplir un requisito básico: tienes que desaparecer. Es un requisito muy paradójico: para ser, tienes que no ser.

Vasumati, preguntas: ¿QUÉ ES LA TOTALIDAD DE MI MISMO?

Cuando existe la totalidad, no queda el yo, ni el mío ni el tuyo. Y cuando el yo está ahí, no hay totalidad.

El yo sólo puede ser un fragmento, el yo sólo puede existir como fragmento. Y cuanto más pequeño es el fragmento, mejor puede existir el yo. Por eso los egoístas se vuelven cada vez más mezquinos, cada vez más pequeños.

Cuanto más egoísta es una persona, más mezquina, mediocre y pequeña es. No tiene espacio en su interior. No puede contener nada excepto su propio ego. Es tan pequeño que sólo esta pequeña palabra "yo" es suficiente para llenar todo su espacio.

Cuanto más pierdes el ego, más se funde, se fusiona, más espacio tienes. Por supuesto, el ego es muy definido: puedes definirlo, puedes precisarlo, puedes decir: "Este soy yo". Tiene cierta claridad. El total es una nube muy misteriosa. No puedes precisarlo, no puedes indicarlo: "Esto es". Es tan grande y se extiende por todas partes. No tiene principio, no tiene fin, es infinito.

A menos que uno esté preparado para adentrarse en este misterioso caos de la totalidad, no podrá dar ni un solo paso en él. Es peligroso para el ego, es peligroso para tu supuesta inteligencia. Es una loca aventura amorosa.

A menos que estés tan enamorado de la existencia que estés dispuesto a morir por ella, seguirás aferrado a tu pequeño ego.

Lo he oído:

Dos internos de un manicomio intentan escapar. Alcanzan el muro más exterior, pero no consiguen escalarlo. "¿Qué hacemos ahora?", pregunta el primero.

"Lo sé", respondió el segundo. "Yo encenderé mi antorcha hasta lo alto del muro. Sube tú por el haz de la antorcha hasta arriba y luego ayúdame a subir".

"Nada que hacer", respondió el primero. "No estoy TAN loco. Sólo llegaría a la mitad y apagarías la luz".

Para entrar en el todo, tendrás que estar TAN loco. Es una muerte, es una desaparición, es arriesgado, es una apuesta. No puedes saber lo que va a pasar. Sólo puedes saber lo que vas a perder; no puedes saber de antemano lo que vas a ganar. A menos que seas tremendamente valiente, no darás ese paso: es saltar a un abismo y el abismo no tiene fondo.

Pero los que han saltado han llegado. En el momento en que murieron como egos separados resucitaron como divinos. Morir como gota es la única forma de convertirse en océano.

De eso se trata sannyas, de volverte loco, de ayudarte a abandonar tu supuesta inteligencia, tu intelectualidad, tus conocimientos. Sannyas está creando en ti un anhelo tan intenso de morir en Dios - y eso es posible sólo si no estás demasiado preocupado por lo que va a suceder entonces. Si no estás demasiado preocupado por el resultado, sólo entonces puedes dar el salto.

Poco a poco, estando con alguien que ha dado el salto, te infectas. La religión es una infección: no hay otra forma de aprender religión. No se puede enseñar, sólo se puede contagiar.

La segunda pregunta

Pregunta 2:

EL OTRO DÍA HABLASTE DEL TIPO QUE TIENE MIEDO DE TOCARSE EL OMBLIGO. MAESTRO, EL NO ESTA SOLO AQUI, PORQUE YO SUFRO DEL MISMO PROBLEMA.

TODO EL MUNDO PUEDE SUFRIR SI TIENE OMBLIGO. Y si no tienes ombligo, seguirás sufriendo; encontrarás alguna otra excusa. Puede que tengas miedo de tocarte las orejas.

Recuerda, la excusa no es el verdadero problema; el problema está en algún lugar profundo. ¿Por qué tiene miedo de tocarse el ombligo? Tocarse el ombligo parece una actividad tan inocente, como lo es tocar cualquier parte del cuerpo. El problema está en otra parte; esto es sólo un síntoma.

El ombligo está conectado con los dos centros vitales de tu vida, los más vitales. Uno es el sexo, el otro es la muerte. Y estos dos son los únicos miedos del mundo. El ombligo no es la cuestión, pero el ombligo está muy cerca del centro sexual. Si has reprimido tu sexualidad entonces tu ombligo se vuelve muy sensible - porque la sexualidad reprimida empieza a acumularse detrás del ombligo. De ahí el miedo. El miedo es básicamente al sexo, no al ombligo.

Cuando reprimes tu energía sexual, ¿adónde va a ir? Empezará a acumularse, empezará a desbordar el centro sexual. Y el centro más cercano al sexo es el ombligo. Empezará a tocar los límites del ombligo.

Y como el ombligo ha sido tu conexión vital con tu madre... la vida de tu madre solía fluir hacia ti a través del ombligo, así que el ombligo es un bambú hueco, un vehículo de energía muy muy eficiente. Solía llevar la energía de tu madre a tu vida; durante nueve meses en el vientre materno vivías a través del ombligo. El ombligo era el pasaje; la energía HAS fluía a través de él, es como un túnel.

El túnel no está vacío. Si reprimes tu sexo, la energía sexual llenará el túnel - y ese es el miedo. Si alguien te toca el ombligo, tendrás miedo, porque puede hacerte inmediatamente consciente de tu sexualidad.

El ombligo de una persona reprimida se convierte en una de las zonas más erógenas. No es naturalmente una zona erógena, pero ocurre sólo si el sexo natural ha sido reprimido demasiado. Entonces el túnel vacío, que siempre ha sido capaz de transportar mucha energía, empieza a transportar sexualidad. De ahí el miedo.

Y la segunda posibilidad es: justo detrás del ombligo está el centro de la muerte. Por eso en japonés, el suicidio se llama HARA KIRI - HARA significa ombligo. Los japoneses lo han sabido a lo largo de los tiempos, que hay un punto sutil detrás del ombligo - si la flecha o la daga llega a ese punto, uno muere inmediatamente, y sin dolor, casi sin dolor, sin tortura. Morir de cualquier otra parte es más tortuoso porque la muerte está más cerca del ombligo, está justo detrás del ombligo. Y tiene que ser así porque el sexo es vida: vida y muerte son dos aspectos de la misma moneda.

El ombligo contiene dos posibilidades: la vida y la muerte. Si reprimes la vida, tu ombligo se convierte en una zona muy muy erógena - y eso creará miedo en una persona represiva, en una psicología represiva.

O, detrás del ombligo está tu muerte. Si te has obsesionado demasiado con la muerte, si tienes demasiado miedo a la muerte... y eso también les ocurre a las personas que están reprimidas. La persona que vive su vida naturalmente no tiene miedo a la muerte, en absoluto - de hecho la muerte vendrá a él, no como un final de la vida sino como el clímax de la vida. La muerte vendrá, no como el enemigo de la vida, sino como el crescendo de la música de la vida.

El hombre que ha vivido su vida totalmente, intensamente, apasionadamente, sin ningún miedo -sin ningún miedo que te hayan creado los sacerdotes durante siglos y siglos-, si una persona vive su vida sin ningún miedo, auténtica, espontáneamente, la muerte no le creará ningún miedo, en absoluto. De hecho, la muerte vendrá como un gran descanso. La muerte vendrá como el último florecimiento de la vida. También podrá disfrutar de la muerte, también podrá celebrarla.

Y recuerda, ese es el criterio. Si una persona puede disfrutar y celebrar su muerte, eso demuestra que ha vivido correctamente; no hay otro criterio. Tu muerte demostrará cómo has vivido. El fruto prueba el árbol, y la muerte es el fruto último del árbol que eres. ¿Cómo has vivido? ¿Con alegría?

¿Ha sido tu vida una canción y un baile? ¿Ha sido tu vida una bendición? ¿Has estado agradecido a Dios por darte la vida? Entonces la muerte vendrá como el último regalo - de las mismas manos, de la misma totalidad. Y te sentirás tremendamente extasiado. Recibirás la muerte, le darás la bienvenida, la abrazarás. La muerte será tu amor definitivo.

Pero la persona que ha estado reprimiendo la vida, que ha estado reprimiendo su sexualidad, que ha estado reprimiendo todo, que nunca ha vivido de manera verdadera, tampoco podrá aceptar la muerte.

¿Cómo puede? Ni siquiera ha vivido todavía. El árbol ni siquiera ha brotado, ¿cómo puede dar fruto? No está maduro para la muerte, de ahí el miedo. El miedo es que aún no he vivido y la muerte se acerca cada día, cada momento".

El represor tiene miedo al sexo, y el represor tiene miedo a la muerte. Y ambos están profundamente relacionados con el ombligo. Pero aunque te extirpen el ombligo -¿mm? - puede hacerse mediante cirugía plástica - eso no cambiará el problema en absoluto. Puede que se desplace a otra parte; encontrará otra salida.

Así que recuerde que el problema debe examinarse en profundidad. Nunca te dejes engañar por el síntoma.

Durante años, un tipo va cada día al bar, pide una cerveza y dos cebollas en vinagre que se mete en las orejas. El camarero decide por fin ir al meollo del asunto y, ante la petición habitual, le dice: "No hay cebollas, pero sí zanahorias".

El cliente dice: "Vale, pues que sean las zanahorias", y se las mete en las orejas. El camarero, sin poder aguantarse más, pregunta: "¿Por qué te metes las zanahorias en las orejas?".

A lo que el cliente responde: "Porque no tienen cebollas en vinagre".

Examina a fondo el problema; nunca te dejes engañar por las apariencias. De lo contrario, seguirás haciendo preguntas, y en el mundo abundan los necios que seguirán respondiendo a tus preguntas. Y esas respuestas no te ayudarán, incluso pueden crearte más problemas. El problema debe ser examinado en su desnudez, en su total desnudez.

Así que permítanme repetirlo: todo el mundo tiene un ombligo, y todo el mundo tiene miedos, porque todo el mundo ha sido enseñado - hindú, cristiano, mahometano, jaina, budista... en todo el mundo, todo el pasado de la humanidad ha sido un pasado represivo, ha sido un fenómeno feo.

Y es bueno que el pasado esté en su lecho de muerte. No lloro, me alegro de que el pasado muera, porque con la muerte del pasado puede llegar a la tierra un hombre nuevo. Un hombre nuevo que podrá alegrarse, que no tendrá miedo de vivir. Un hombre nuevo que no pensará en el otro mundo y que no creará paraísos en su imaginación. Todos los paraísos son pornográficos.

Una persona se interesa por la pornografía sólo si no puede encontrar personas reales a las que amar. Si no puedes encontrar a la mujer, si no puedes encontrar al hombre, te vuelves pornográfico. Tu imaginación empieza a sustituir a la realidad. Por eso te digo: todos los cielos y todos los paraísos son pornográficos. Han salido de una mente que no ha vivido, que no ha conocido las bellezas de esta tierra. Ahora sólo hay una esperanza: que después de la muerte serás recompensado.

El miedo está ahí. El primer miedo es al sexo, porque el sexo significa nacimiento, el sexo significa vida. Y el segundo miedo es a la muerte, porque la muerte significa el final. Y la historia es corta entre el principio y el final, muy corta en realidad. Un tercio de vuestra vida se desperdiciará durmiendo; el segundo tercio se desperdiciará en vuestras oficinas, tiendas, fábricas, y el tercio restante en peleas, pleitos, tribunales, regañándoos unos a otros, torturándoos unos a otros y haciendo cosas totalmente estúpidas.

¿Cuántos días tienes realmente para vivir? Observa tus veinticuatro horas: ¿cuántos minutos, o cuántos segundos tienes realmente para vivir, para celebrar? ¿Dónde está el tiempo? Así que sigues posponiéndolo: "Mañana viviré". Y mañana sólo llega la muerte. Y aún no has vivido, y la oportunidad se te escapa de las manos. Surge un gran miedo.

Este miedo puede expresarse de mil y una maneras. Alguien tiene miedo de tocarse el ombligo, alguien tiene miedo de mirar su propio cuerpo. Alguien tiene miedo de enamorarse, alguien tiene miedo de no comer lo suficiente y sigue atiborrándose. Alguien tiene miedo de que si no tiene poder en el mundo, ¿cómo va a protegerse? Alguien teme que si no tiene suficiente dinero en el mundo, ¿cómo va a sobrevivir? Y así una y otra vez - sólo observa a la gente y encontrarás TODO tipo de miedos dominando sus vidas.

Sherlock Holmes llegó al cielo. Los ángeles salieron en masa a su encuentro; el Señor mismo descendió de su trono para darle la bienvenida. "Holmes", le dijo, "tenemos un pequeño misterio aquí arriba que quizá puedas ayudarnos a resolver. Adán y Eva parecen haber desaparecido; nadie ha sido capaz de localizarlos durante eones. Si usted pudiera descubrirlos para nosotros..."

Holmes se acercó a la asamblea y arrastró ante el Señor a dos ángeles asustados y sorprendidos. "Aquí están", dijo.

Adán y Eva confesaron su identidad. "Nos cansamos de que nos miraran y nos pidieran autógrafos todos los ángeles nuevos que venían por aquí", explicaron. "Asumimos alias y estos sencillos disfraces y nos salimos con la nuestra durante siglos hasta que este listillo nos descubrió".

"¿Cómo lo has hecho?", se maravilló el Señor.

"Elemental, Dios mío", dijo Holmes. "Eran los dos únicos que no tenían ombligo".

Pero aun así tenían miedo, se escondían. No tenían ombligo, ¿cómo iban a tenerlo? Dios los creó de barro y luego les insufló vida. No habían nacido, no habían vivido en el vientre materno durante nueve meses, ¿cómo iban a tener ombligos? Pero aun así tenían miedo, se escondían por miedo.

Con ombligo o sin él, tienes que mirar en tu corazón asustado. ¿Por qué tienes tanto miedo? ¿Quién te ha hecho este envenenamiento? Los curas y los políticos te han asustado. Viven de tu miedo. Te han explotado porque han sido capaces de asustarte.

LA PRIMERA COSA BÁSICA para hacer que un hombre tenga miedo es decirle lo que está mal y que nunca haga el mal; y hacer que el mal sea algo tan natural que se sienta tentado a hacerlo. Ahora está atrapado. Dile que alguna cosa natural es tan absolutamente un pecado que si lo comete será arrojado al infierno. Por miedo al infierno, empezara a negar algo natural para si mismo. Y en esa misma negación, se crea el infierno: se asusta. Tiene miedo de si mismo, no puede confiar en si mismo. Sabe que si simplemente se relaja durante un día, va a cometer lo mismo que se le ha dicho que NO haga.

Si lo hace se siente culpable: de nuevo está en la trampa. Si no lo hace se siente desgraciado, porque está negando algo natural que era una necesidad de su ser, para su bienestar.

Los sacerdotes y los políticos que han estado dominando a la humanidad han estado en una profunda conspiración:

hacer que el hombre tenga miedo. Dile que algo en su naturaleza está mal, es malo. Divídelo en dos: bueno y malo, santo y pecador. Y una vez que divides a una persona puedes gobernarla. Divide y vencerás: ese ha sido el secreto hasta ahora. Y el hombre está dividido, el hombre está dividido.

Te han dicho tantas cosas que están mal en ti que te sientes condenado. Y aun así, esas cosas no pueden abandonarse simplemente pensando que están mal. Como mucho puedes reprimirlas - pero reprimiéndolas te vuelves más y más feo; reprimiéndolas te vuelves más y más indigno. Llegas a la autocondena, empiezas a pensar que eres el peor pecador del mundo. Y te han dicho tantas veces que sufrirás en el infierno que puede que conscientemente no pienses en el infierno, pero está ahí en tus raíces. Y se te ha dicho que serás recompensado en el cielo si sigues a los sacerdotes y a los políticos.

Estos son los trucos básicos para adiestrar animales. Es toda la psicología skinneriana. Si quieres modificar y cambiar el comportamiento de alguien, estos son los dos trucos: lo que quieras que haga, siempre que lo haga prémialo; y siempre que no lo haga, castígalo. Así es como se adiestra a las ratas, y así es como se adiestra a los elefantes en el circo - y eso es lo que han estado haciendo con los hombres.

Los sacerdotes y los políticos han insultado tanto a la humanidad que es simplemente un milagro cómo seguimos tolerando a esta gente. Su mayor insulto ha sido tratar a los hombres como ratas.

No te enfades con los psicólogos que experimentan con ratas y, a través de esos experimentos, sacan conclusiones sobre los seres humanos. No os enfadéis con ellos: esto es lo que se ha hecho durante miles de años antes de que el psicólogo apareciera en escena; es un recién llegado. Pero la psicología del hombre siempre ha estado dominada por una especie de estrategia materialista, una estrategia conductista:

hacer que el hombre tenga miedo del infierno. "Come esto - si no comes esto nunca irás al cielo. No comas esto - si lo comes irás al infierno". Y sobre las cosas pequeñas...

¿Lo sabías? En las escrituras budistas hay treinta y tres mil reglas para un monje. ¡Treinta y tres mil reglas! - Incluso recordarlas es imposible. Hay que seguir treinta y tres mil reglas para vivir. Sólo una pequeña vida y treinta y tres mil reglas. Te sentirás culpable. Te encontrarán falto de muchas reglas; no serás capaz de seguirlas todas... y entonces el infierno es seguro.

Y piensen en el infierno. Tus supuestos santos han sido muy muy imaginativos sobre el infierno y el cielo.

Han creado todo tipo de torturas en el infierno. De hecho, Adolf Hitler debe haber aprendido de las escrituras religiosas cómo torturar a la gente. Adolf Hitler no hizo nada nuevo. Simplemente implementó lo que sus santos han estado diciendo sobre el infierno - creó un infierno real en la tierra.

Y piensa en tu paraíso: toda clase de placeres. Los mismos placeres que tus sacerdotes te condenan por disfrutar aquí en la tierra están disponibles allí. Aquí el alcohol es pecado, y en el paraíso, en fiRDAUS, es la recompensa para los santos. Y no hace falta que vayas a una taberna: en el cielo corren ríos de alcohol. ¡Ríos! No necesitas beber, puedes nadar. Puedes ahogarte.

Aquí, mirar a una mujer hermosa es pecado, sentirse atraído por una mujer hermosa es pecado. ¿Y qué hacen tus santos en el cielo? Disfrutar de mujeres hermosas. Por supuesto, en el cielo esas mujeres hermosas tienen mucha más belleza que la que pueda tener cualquier mujer en la tierra. Son eternamente jóvenes; están estancadas en la edad de dieciocho años. No encontrarás ninguna mujer vieja en el cielo - yo no he encontrado.

He buscado en todas las escrituras: Aún no he encontrado ni una sola referencia a una anciana. Todas tienen dieciocho años, y han pasado siglos y siglos pero siguen estancadas en los dieciocho años.

Y tienen cuerpos de oro, no transpiran. No necesitan desodorantes en el cielo ni perfumes ni cosméticos; no hay necesidad. Tienen cuerpos de oro, sus ojos son diamantes, son eternamente bellas - y están disponibles. Pero sólo están pitponibles para los santos. Si eres un pecador.... ¿Y quién es un pecador? El que amó a una mujer en la tierra es un pecador. Y el que renunció a todo amor, se torturó de todas las maneras posibles, se fue al Himalaya, durmió en un lecho de clavos, ése es un santo.

He oído hablar de un gran santo que murió. Y al cabo de un día murió también su discípulo principal - el discípulo principal no podía vivir sin el maestro. El discípulo estaba muy alborozado porque se lo llevaban al cielo y pensaba: "Mi maestro debe estar nadando en los ríos de alcohol, vino, y la mujer más hermosa debe habérsele dado - porque era un gran asceta."

¡Y era realmente así! Cuando llegó, bajo un árbol dorado, hojas de oro y flores de diamantes y esmeraldas, el maestro estaba sentado allí desnudo, como solía vivir en la tierra, y una mujer muy hermosa, una edición muy mejorada de Marilyn Monroe, le abrazaba.

El discípulo simplemente cayó a los pies del maestro y le dijo: "¡Señor mío, lo sabía! que serías recompensado. ¿Y por qué no? Has sufrido tanto en el mundo: nunca tocaste a una mujer, nunca miraste a una mujer, nunca amaste a una mujer. Escapaste a las cuevas. Pero toda esa austeridad está bien pagada: ahora, por toda la eternidad, adelante y adelante...."

El maestro miró al discípulo y le dijo. "¡Estúpido, para! No entiendes lo que está pasando. Esta mujer no es una recompensa para mí: Yo soy un castigo para ella".

Vuestros cielos y vuestros infiernos no son más que imaginaciones de personas reprimidas. Pero os han enseñado de tal manera, os han educado con una educación tan estúpida, llamada "educación religiosa", que vivís siempre en un conflicto interior.

Este conflicto interior crea miedo y codicia en ti, y entonces tu miedo y codicia tienen que encontrar alguna salida. De donde lo encuentre es irrelevante; si detienes una salida vendrá de otra salida. Así que en lugar de detener las salidas, por favor entiende la causa raíz de ello.

Si sigues dividido en ti mismo, si sigues escindido, si no puedes aceptarte tal como eres, si sigues dominado por los curas y los políticos, seguirás teniendo miedo, temblando. Ellos quieren que sigas temblando, porque sólo una persona que tiembla profundamente puede ser dominada, puede ser poseída, puede ser reducida a una cosa, a una mercancía.

La persona que tiene miedo está dispuesta a convertirse en esclava de cualquiera. En el momento en que abandonas todos tus miedos... y pueden ser abandonados porque han sido creados artificialmente. Te han sido impuestos, no forman parte de tu naturaleza, así que puedes deshacerte de ellos fácilmente. En el momento en que te deshagas de todos tus miedos, por primera vez empezarás a existir como una sola unidad. Serás unitario, te convertirás en un individuo.

Recuerda el significado de la palabra "individuo": uno que es indivisible. Ese es el significado raíz de la palabra "individuo". Todavía no sois individuos. Tendréis que entrar en una especie de individuación. Y el camino hacia ella significa abandonar todas las falsas divisiones que se os han impuesto. Una vez que sois un individuo, todos los miedos desaparecen.

Y NO ESTOY DICIENDO que la desaparición del miedo signifique que el conductor del autobús seguirá tocando el claxon y tú seguirás caminando por en medio de la carretera. Eso es estupidez, no intrepidez. No quiero decir con la desaparición del miedo que una serpiente pasará justo delante de ti y no te importará - eso es estupidez de nuevo. Hay miedos que son inteligentes. Tienes que saltar fuera del camino de la serpiente - eso es inteligente; ese miedo no es un problema. Ese miedo es útil; te protege, es tu amigo.

Pero miedos como el miedo a tocarse el ombligo, el miedo a estar enamorado, el miedo a estar solo, el miedo a sentarse en silencio desocupado, o el miedo a la multitud, o el miedo a sentarse en una celda pequeña, o el miedo a viajar en avión, o el miedo a permanecer en una paranoia constante de que estás siendo perseguido, de que el mundo entero está contra ti - todos estos miedos desaparecerán. Los miedos anormales desaparecerán; los miedos normales están perfectamente bien.

Lo he oído:

El Sr. O'Hara se tomó unas copas en el bar del barrio. "No le tengo miedo a nada", presumía.

"Oh, sí", cantó uno de los ebrios clientes.

"¡Oh, sí! He pasado por los huracanes de Florida, los tornados del Medio Oeste, las inundaciones del Mississipi y los terremotos de Los Ángeles, y ninguno de ellos me ha asustado. Es más", continuó, tras dar otro sorbo a su bebida, "luché en la Segunda Guerra Mundial, en la guerra de Corea y en Vietnam, y nada me asusta".

"O'Hara", se lamentó otro compañero de copas. "Acabo de ver a tu mujer bajando por la calle."

"¡Oh, no!", gimió O'Hara mientras se arrodillaba y empezaba a rezar.

Puede que no tengas miedo de ir a la guerra, puede que no tengas miedo de luchar con un tigre, pero tienes miedo de tu propia mujer, tienes miedo de tu propio marido, tienes miedo de tus propios hijos, tienes miedo de tus propios padres. Esto es patológico. Pero así es como vivimos. Todas nuestras relaciones se basan en el miedo. El marido piensa que a menos que haga que la mujer tenga miedo, no es un hombre de verdad. Y la mujer también piensa que a menos que haga que el marido le tenga miedo, ella ya no tiene poder. Todo es política de poder.

Y, naturalmente, el hombre es el perdedor, porque tiene que luchar en el mercado -tantos competidores, tanta competencia, cada uno en la garganta del otro- y cuando llega a casa está cansado de la batalla de todo el día. Y la mujer está fresca. Lleva todo el día esperando a que el marido vuelva a casa. Ahora el marido no está en condiciones de luchar. Ya está cansado, agotado. Quiere descansar y relajarse porque mañana tiene que volver a empezar la misma lucha en el mercado. Y la esposa ha estado esperando todo el dia - su rabia se acumula, su frustracion se acumula, sin salida. Se abalanza sobre el marido. Cualquier mínima excusa y estalla la pelea.

El marido TIENE que comprometerse.

Y entonces las maneras de la mujer son muy sutiles. Llorará, llorará, puede que no cocine la comida, o puede que le ponga demasiada sal - sus maneras son muy, muy sutiles. Ahora, después de todo el día de conflicto, el marido no quiere más conflicto; está dispuesto a decir que sí a cualquier cosa. Por eso casi todos los maridos se convierten en maridos gallináceos. Es muy raro encontrar un marido que no sea un gallinazo. Esa es la situación normal.

El coche de policía dobló la esquina para descubrir a un hombrecillo desgreñado que se arrastraba por la acera. Sangraba, tenía la ropa rota y estaba casi en estado de shock.

"Ayúdeme, oficial", suplicó.

El oficial saltó del coche patrulla. "¿Qué ha pasado?"

"Me golpeó. Se llevó todo mi dinero, también mi coche".

"¿Quién?"

"Esa amazona".

"¿Quieres decir que una mujer te hizo esto?"

"¡Sí!"

"¿Puede dar una descripción de esta mujer?"

Los ojos aturdidos del hombrecillo miraron al agente. "Mide un metro setenta, pesa setenta kilos, tiene el pelo rubio con un mechón gris en la espalda, lleva zapatos de la talla diez y tiene un lunar en el hombro derecho".

"Es extraordinario que puedas dar una descripción tan exacta, ¡hasta su número de zapato! ¿Cómo has podido hacerlo?"

El hombrecillo inclinó la cabeza. "Ella es mi esposa".

Antes, los hijos temían a los padres. Ahora la rueda ha dado una vuelta completa: ahora los padres tienen miedo de los hijos. Antes, los alumnos temían a los maestros y profesores; ahora la cosa ha cambiado: los maestros y profesores temen a los alumnos. Pero el miedo continúa de una forma u otra.

Un hombre que se comprende a sí mismo, que se integra, que se convierte en individuo, estará libre del miedo. Y no sólo estará libre de miedo, sino que tampoco hará que los demás tengan miedo.

Por eso digo que tus santos son sólo supuestos santos. Todavía no están libres del miedo, porque siguen infundiéndote miedo. El verdadero hombre que está más allá del miedo también está más allá de hacer que otras personas tengan miedo, porque hacer que alguien tenga miedo es envenenar su sistema. Es muy inhumano.

No puedo hacer que tengas miedo de nada. No puedo decirte que si haces una pequeñez irás al infierno. Y tampoco puedo haceros codiciosos, porque la codicia y el miedo van juntos. No puedo deciros que si os convertís en sannyasins iréis al cielo. Todo lo que puedo decir es: si eres un individuo integrado ESTÁS en el cielo. No es una cuestión de futuro.

ESTE MISMO CUERPO EL BUDA, ESTA MISMA TIERRA EL PARAÍSO.

No hay cielos ni infiernos, sólo dos tipos de psicología. Una psicología: la de la persona individual, integrada. La otra psicología: la de la persona escindida, esquizofrénica.

La tercera pregunta

Pregunta 3:

USTED DICE QUE LA MENTE ES UN ESPACIO
EQUIVOCADO, Y TAMBIEN DICE QUE LA CIENCIA ES UNA
PARTE ESENCIAL DE UN MUNDO NUEVO. ¿SE PUEDE
HACER CIENCIA SIN MENTE? EXPLIQUE.

Werner Scholz,

LA CIENCIA REAL SIEMPRE SE HA HECHO sin mente. Todo
lo que es grande en la ciencia no ha llegado a través del intelecto, sino
a través de la intuición. Todos los grandes descubrimientos, todos los
grandes avances, han venido del más allá, desde Arquímedes hasta Albert
Einstein.

¿Conoces la historia de Arquímedes? El descubrimiento ocurrió
cuando estaba tumbado en su bañera disfrutando de un baño caliente, y
de repente en ese estado de relajación.... Llevaba días muy preocupado:
el rey del país le había hecho cierta pregunta. El rey tenía una hermosa
corona de oro: quería saber si era absolutamente de oro o si tenía alguna
mezcla. Y quería saberlo sin que la corona se destruyera.

Ahora bien, esto era un enigma "¿Cómo saberlo? - ¿cuánto es oro y
cuánto es otro metal?"

Y lo intentó con todas sus fuerzas; no pudo dormir durante noches.
Y no había esperanza de encontrar la solución. Pero sucedió.

La bañera estaba llena. Cuando se metió en la bañera, algo de agua
salió de ella. Y como un relámpago, un relámpago, le vino la idea de que
"El agua que sale de la bañera debe tener algo que ver con mi peso". Y la
cosa encajó. "Ahora, si ponemos oro en una bañera llena de agua, algo de
agua saldrá. Esa agua tendrá algo que ver con la cantidad de oro".

Y estaba tan emocionado. Estaba desnudo - se olvidó por completo
de la desnudez, el éxtasis era tanto. Salió corriendo a la calle gritando:
"¡Eureka! ¡Eureka! ¡Lo he encontrado! Lo he encontrado!"

Fue una intuición, no una conclusión intelectual.

¿Sabías que Albert Einstein solía sentarse en la bañera durante horas?
- quizá sólo por Arquímedes.

Uno de los grandes intelectuales indios, el doctor Ram Manohar
Lohia, fue a verle. Me contó toda la historia. Fue uno de los políticos más
honestos que ha conocido este país, y un agudo observador de las cosas,

un gran visionario, un genio. También se había educado en Alemania, por lo que tenía muchos amigos que conocían a Albert Einstein. A través de algún amigo común, se concertó el encuentro.

El doctor Lohia llegó justo a tiempo, pero la mujer de Albert Einstein le dijo: "Tendrás que esperar, porque está en la bañera y nadie sabe cuándo saldrá".

Pasó media hora, pasó una hora, y el doctor Lohia preguntó a la esposa: "¿Cuánto tarda?".

Dijo: "Es impredecible".

El doctor Lohia preguntó: "¿Qué hace sentado en la bañera?".

La mujer se echó a reír. Dijo: "Juega con pompas de jabón".

"¿Para qué?" Preguntó el doctor Lohia.

Y ella dijo: "Es jugando con las pompas de jabón cuando siempre ha llegado a ciertas intuiciones por las que ha estado pensando y pensando pero fracasaba y fracasaba. Es siempre en su bañera donde las intuiciones relampaguean en su mente".

¿Por qué en la bañera? Estás relajado, y la relajación es la base de la meditación. Cuando te relajas, todas las tensiones desaparecen. El agua caliente, el silencio del baño y tu soledad....

Y ahora, en Occidente, los cuartos de baño son tan bonitos que parecen templos. Algunas personas incluso han empezado a hacer su sala de estar en el cuarto de baño. Es tan hermoso - uno puede relajarse, uno puede meditar. En ese estado de meditación, ocurren cosas.

Ahora Divya está haciendo algunas entrevistas a sannyasins mayores que llevan años viviendo conmigo. También quería hacerle una entrevista a Vivek, y a Vivek le preocupaba cómo hacerla, porque sólo se le ocurren ideas cuando está en la bañera. Luego está el flujo.

Así que le dije: "No te preocupes, llama a Divya y dile que se siente en el baño. Que esté en la bañera y luego empiezas a hablar".

Pero no pudo armarse de valor.

La bañera siempre ha sido un gran provocador. Todos los grandes científicos del mundo están de acuerdo en ello. A veces se trabaja durante años para llegar a una conclusión y no se llega a ella, y de repente un día aparece... de la nada, del más allá. No se puede decir que sea una conclusión; no lo es en absoluto.

Werner Scholz, usted pregunta: USTED DICE QUE LA MENTE ES UN ESPACIO EQUIVOCADO, Y TAMBIÉN DICE QUE LA CIENCIA ES UNA PARTE ESENCIAL DE UN MUNDO NUEVO.

Sí. La ciencia siempre está fuera de la meditación, no de la mente. Y siempre que algo está fuera de la mente, no es ciencia sino sólo tecnología. La tecnología es algo pobre; no es la intuición, sino la puesta en práctica de la intuición. La tecnología está fuera de la mente, porque la mente MISMA es un dispositivo tecnológico, una tecnología biológica.

Todas las máquinas salen de la mente, porque la mente misma es una máquina. Pero de la mente nunca sale una visión, porque ningún ordenador puede dar una visión. Las percepciones vienen del más allá. La mente es sólo la superficie de tu ser; las percepciones vienen del centro de tu ser. La meditación te lleva al centro.

Así que no hay contradicción en mis afirmaciones. Cuando digo que la mente es un espacio erróneo, quiero decir que no te identifiques con la mente. No te conviertas simplemente en tu mente: tú eres más, mucho más que la mente. La mente es sólo un pequeño mecanismo en ti: úsala, pero no te identifiques con ella. Del mismo modo que conduces tu coche -es un mecanismo, lo utilizas- no te conviertes en tu coche. La mente es una máquina dentro de ti, pero no te identifiques con ella, no hay necesidad. Esa identificación crea un espacio equivocado.

Cuando empiezas a pensar: "Yo soy la mente", entonces estás en un espacio equivocado. Si sabes: "No soy la mente, sino el maestro de la mente, puedo usar la mente", entonces la mente es una buena máquina, de tremendo valor. Puede crear una gran tecnología.

La ciencia surge de la no-mente, igual que la religión surge de la no-mente. La fuente de la religión y de la ciencia no están separadas, sino que son la misma fuente, porque ambas dependen de los avances, de las intuiciones, de los destellos intuitivos.

La tecnología surge de la mente, y la tecnología religiosa también surge de la mente: Yoga, mantra, yantra. Yoga significa posturas corporales que pueden ayudarte a profundizar en tu interior: son creadas por la mente. Eso es tecnología religiosa. Por eso el Yoga no forma parte de ninguna religión en particular.

Puede haber Yoga cristiano, puede haber Yoga hindú, sin duda hay Yoga budista, Yoga jaina... puede haber tantos yogas como religiones.

El yoga es sólo una tecnología. Ninguna máquina es hindú, ninguna máquina es mahometana. No vas al mercado a comprar un coche mahometano o un coche hindú. Las máquinas son simplemente máquinas.

El yoga es tecnología. El mantra es tecnología, lo crea la mente. De hecho, mantra proviene de la misma raíz que "mente": ambas proceden de la palabra sánscrita MAN. Una rama se convierte en 'mente', otra rama se convierte en 'mantra' - ambas son parte de la mente.

la tecnología científica es creada por la mente, la tecnología religiosa es creada por la mente. Todos los rituales de las religiones -templos, mezquitas, iglesias, oraciones, escrituras- son creados por la mente.

Pero el destello, el insight, Buda sentado bajo el árbol Bodhi.... Cuando por primera vez se hizo consciente, totalmente consciente, eso no era algo fuera de la mente. No era parte de la mente, era algo más allá. Era algo que no tiene nada que ver contigo, con tu ego, con tu mente, con tu cuerpo. Es algo puro, virgen, es parte de la eternidad. En ese momento en que la mente de Buda estaba completamente en reposo, el más allá penetró en él. Se convirtió en un dios.

Por supuesto, durante siete días permaneció en silencio. El impacto fue tal que no pudo pronunciar ni una sola palabra. Y la historia dice que los dioses del cielo se turbaron mucho, porque es muy raro que un hombre se convierta en Buda, y si permanece en silencio, ¿quién enseñará a los millones de personas que están ciegas y a tientas en la oscuridad?

Es sólo una mitología, una bella historia, pero de significado y sentido. Esos dioses vinieron, se inclinaron ante Buda y le rogaron: "¡Habla! Dile a la gente lo que has logrado".

Y cuando Buda empezó a hablar, entonces estaba fuera de la mente, entonces era parte de la mente. El fenómeno en sí había ocurrido en silencio, pero entonces tuvo que usar palabras. Esas palabras pertenecen a la mente.

Lo que sé está más allá de la mente, lo que te digo es a través de la mente. Mis palabras son parte de la mente, pero mi conocimiento no es parte de la mente.

La cuarta pregunta

Pregunta 4:

¿QUÉ ES LA FELICIDAD?

LA FELICIDAD ES LA OTRA CARA DE LA INFELICIDAD.
Si quieres ser feliz, tendrás que seguir siendo infeliz. La afirmación parecerá muy paradójica, pero no lo es. Así es la vida. Sólo una persona infeliz puede ser feliz. La infelicidad crea la situación en la que se puede sentir la felicidad.

Si has estado enfermo durante muchos meses, de repente, cuando vuelves a estar sano, te sientes tremendamente feliz. Y has estado sano antes de la enfermedad durante años y años, y nunca fuiste tan feliz, en absoluto; ni siquiera habías tomado nota de ello. Ahora estás feliz de estar sano.

¿Por qué? ¿De dónde viene esta felicidad? Viene de tu enfermedad. Tu enfermedad creó la infelicidad, el trasfondo. Ahora estás sano de nuevo y puedes sentir - y puedes sentir sólo cuando algo sucede en contraste.

Cuando un pobre se hace rico es feliz, tremendamente feliz. Pero a los ricos no se les ve felices. Ellos SON ricos, así que no tiene sentido que sean felices; no lo sienten en absoluto. Cuanto más rico te haces, menos feliz eres. Si te conviertes en el hombre más rico del mundo, te olvidarás por completo de la felicidad.

Eso es lo que ocurre cada día. La felicidad es sólo una parte, como una isla en el océano de la infelicidad.

Lo he oído:

El Sr. Jones se encogía de dolor mientras escuchaba a su hijo Junior practicar con el violín en el piso de arriba. "¡No puedo soportarlo más!", le gritó a la señora Jones. "Un año de lecciones, el mejor violín que el dinero puede comprar, y nuestro hijo hace sonidos como un gato siendo torturado".

"Sé que estás decepcionado", dijo la señora Jones tratando de consolar a su marido. "Nunca será un virtuoso".

"¡Nunca será un jugador callejero! Le tirarían basura".

Al día siguiente, a la misma hora, se produjo un extraño silencio. "Qué curioso", observó la señora Jones.

"Junior siempre practica a esta hora".

Una sonrisa se dibujó en el rostro del Sr. Jones. "Paz - es maravilloso."

"¿Qué has hecho?", preguntó su mujer con suspicacia.

"Muy sencillo", respondió el Sr. Jones. "Si el gobierno de EE.UU. puede pagar a los agricultores para que no cultiven. yo puedo pagar a mi hijo para que no toque el violín".

Nadie está tocando un violín en tu casa, nadie está haciendo sonidos como un gato siendo torturado, pero no sientes la paz. No dices: "Paz, es maravilloso".

Sólo el prisionero sabe lo que significa la libertad. Cuando sale de la prisión y mira los árboles y el sol y el cielo y mira a la gente y sabe que ya no hay cadenas en sus pies, en sus manos, sabe lo que es la libertad. Pronto lo olvidará.

No eres consciente de tu libertad, ¿o sí? ¿Has disfrutado alguna vez de tu libertad? ¿Has bailado alguna vez porque no tienes cadenas en las manos? ¿Has bailado alguna vez porque no estás en una prisión? ¿Has bailado alguna vez porque puedes ver todo el cielo, no necesitas mirar por el ojo de la cerradura? No, nunca has sentido felicidad.

Un hombre muy rico quería ser feliz. Lo había intentado de todas las maneras posibles, pero todo había fracasado. Acudió a muchos santos, pero nadie pudo ayudarle. Entonces alguien le sugirió: "Ve a Mulla Nasruddin. Vive en un pueblo, es el único que puede ayudarte".

El hombre se fue con una bolsa llena de diamantes y se la enseñó a Mulla Nasruddin, que estaba sentado bajo un árbol en las afueras de la ciudad, descansando bajo el sol. Y le dijo: "Soy un hombre muy miserable, quiero la felicidad. Estoy dispuesto a dar cualquier cosa por ella, pero no he probado ni una sola vez lo que es la felicidad, y la muerte se acerca. ¿Puedes ayudarme? ¿Cómo puedo ser feliz? Tengo toda clase de cosas que el mundo puede darme y, sin embargo, soy infeliz. ¿Por qué?"

Mulla miró al hombre, y todo sucedió tan rápido que el hombre rico no pudo entender lo que estaba pasando. Se abalanzó sobre el hombre, le quitó la bolsa y echó a correr.

Por supuesto, el hombre le siguió, llorando, gritando: "¡Me han engañado, me han robado!".

Mulla conocía todas las calles de la ciudad, así que iba en zigzag, por aquí y por allá. Y el hombre rico nunca había corrido en su vida, y estaba llorando y se le caían las lágrimas, y dijo: "Me han robado absolutamente -eso eran las ganancias de toda mi vida. ¡Sálvenme, gente! Ayudadme!"

Y una multitud les siguió. Y cuando llegaron a Mulla, éste había vuelto al lugar donde lo había encontrado el hombre rico. El caballo del hombre rico seguía allí, Mulla estaba sentado bajo el árbol. El hombre rico lloraba y respiraba con dificultad. Y Mulla le devolvió la bolsa.

El rico dijo: "¡Gracias a Dios!". Y qué lágrimas de alegría, y qué paz.

Mulla le dijo: "Mira, te he hecho feliz. ¿Ahora sabes lo que es la felicidad? Esta bolsa ha estado contigo durante años y eras infeliz. Había que quitártela".

La felicidad forma parte de la infelicidad. Por eso la felicidad no debe ser el objetivo de tu vida, porque si quieres la felicidad tendrás que seguir siendo infeliz. Cuanto más infeliz seas, entonces sólo unos pocos momentos, pocos y distantes entre sí, serán los de la felicidad.

El objetivo no es la felicidad, el objetivo es la dicha. No me preguntes: "¿Qué es la felicidad?", porque eso demuestra que estás buscando la felicidad. Si has venido aquí en busca de la felicidad, has venido al lugar equivocado. Ve a Mulla Nasruddin.

Mi esfuerzo aquí es crear dicha, no felicidad. La felicidad no vale nada: depende de la infelicidad.

La dicha es trascendencia: uno va más allá de la dualidad de ser feliz e infeliz. La felicidad llega, uno la observa y no se identifica con ella. Uno no dice: "Soy feliz. La paz es maravillosa". Uno simplemente observa, uno dice: "Sí, una nube blanca que pasa".

Y entonces llega la infelicidad, y uno tampoco se vuelve infeliz. Uno dice: "Una nube negra que pasa - yo soy el testigo, el observador".

En eso consiste la meditación, en convertirse en un observador. Viene el fracaso, viene el éxito, te alaban, te condenan, te respetan, te insultan... vienen todo tipo de cosas, todas son dualidades. Y tú sigues observando. Observando la dualidad, surge en ti una tercera fuerza, una tercera dimensión. La dualidad significa dos dimensiones - una dimensión es felicidad, otra es infelicidad. Observando ambas, surge en ti una profundidad - la tercera dimensión, el ser testigo, SAKSHI.

Y esa tercera dimensión trae la dicha. La dicha no tiene opuesto. Es sereno, tranquilo, fresco. Es éxtasis sin ninguna excitación.

Y no puedo definir lo que es la felicidad, porque depende del tipo de persona que seas. Lo que es felicidad para ti puede ser infelicidad para tu hermano. Lo que es infelicidad para ti puede ser felicidad para tu vecino.

Cuatro mujeres se sientan durante horas bajo los secadores del salón de belleza. Tras agotar sus cotilleos, recurrieron a la filosofía. La primera dama dijo: "La felicidad es cuando mi marido trae el sueldo a casa".

La segunda dama declaró: "La felicidad es apostar en Las Vegas y ganar".

La tercera señora comentó: "La felicidad es ir de vacaciones sin mi marido ni mis hijos".

La cuarta señora concluyó: "La felicidad es comer sin preocuparse por las calorías".

Al escuchar, una peluquera susurró a la otra: "La felicidad es no tener que escuchar a estas gallinas cacareando".

Depende. Tu felicidad es tu idiosincrasia; puede ser infelicidad para otra persona. No tiene nada de verdad; es sólo tu sueño. Y puedes tener el sueño que quieras. Para alguien, el poder es la felicidad; para alguien, el dinero es la felicidad; para alguien más, el dinero es la miseria - él escapa, renuncia al dinero; escapa de todo poder, se va a la jungla. Para alguien, la gente es felicidad; para alguien, la soledad. Depende de ti.

Pero la felicidad no me interesa en absoluto. Porque básicamente tiene que depender de su opuesto - y todo lo que depende de su opuesto te mantiene dividido. Y vivir dividido es vivir en el infierno.

Me gustaría que alcanzaras algo que no depende de su opuesto, de hecho, que no tiene opuestos. La dicha no tiene opuestos. Y ser dichoso es haber llegado a casa: uno se convierte en un Buda: sereno, tranquilo, frío, silencioso y, sin embargo, completamente dichoso.

La última pregunta

Pregunta 5:

EN LA CONFERENCIA DE AYER USTED DIJO QUE LA GENTE ES DEMASIADO SERIA, Y LA GENTE DEMASIADO SERIA ESTÁ ENFERMA. YO ME SIENTO DEMASIADO SERIO.
cuando estoy con un grupo de gente que se ríe y bromea, muchas veces

me quedo sentado y no le encuentro la gracia a la situación. ME SIENTO FUERA DE LUGAR E INCÓMODO.

ESTOY HARTO DE MI SERIEDAD Y ME GUSTARIA PODER SOLTARME MAS. ¿ESTOY MUY ENFERMO?

Anutosha,

LA SERIEDAD FORMA PARTE DE LA MENTE EGOÍSTA. El ego tiene que permanecer muy serio; tiene que fingir que "no soy ordinario, soy especial". Estas personas ordinarias se ríen y bromean; estas personas ordinarias viven una vida ordinaria, mundana. Yo soy una persona santa. No me interesan las cosas mundanas; mi interés está en la verdad, en Dios, en la iluminación".

TODOS estos son viajes del ego. El ego es serio, y el ego siempre acumula mucho conocimiento para aparentar solidez. El ego siempre está acumulando más y más conocimientos. El ego es incapaz de disfrutar de la vida, porque siempre que disfrutas, el ego desaparece. La alegría y el ego no pueden existir juntos. El ego sólo puede existir cuando mantienes una cara muy larga, no disfrutas y dices: "No merece la pena. Está por debajo de mí".

Eso es lo que te está pasando, Anutosha. ESTÁS gravemente enferma. Deja ese saber estar y esa mirada de santurrón. Conoce y mézclate con la gente, disfruta de las pequeñas cosas. Ríe, bromea, ama... ¡pequeñas cosas! Y si no tienes ninguna estructura egoísta a tu alrededor, esas pequeñas cosas empiezan a convertirse en grandes esplendores.

Si estás demasiado lleno de conocimiento, demasiada piedad, demasiada santidad, demasiada religiosidad, permanecerás cerrado. Entonces nada te sorprenderá, porque no puedes permitir que nada te sorprenda. ¿Cómo puedes permitir que algo te sorprenda? Eso demostraría tu ignorancia.

Mira a los niños pequeños: todo les sorprende, todo les maravilla. La mariposa, la flor, la hoja que cae del árbol... y mira a los niños, qué llenos de asombro, de admiración están sus ojos. Y qué inocentes, transparentes y abiertos son. Por eso no dejan de hacer preguntas sobre esto y aquello, sobre todo lo que se preguntan. Sus preguntas son tremendamente bellas. Simplemente dicen: "No lo sé y quiero saberlo". Su vida es la de la indagación.

La persona egoísta no puede aceptar que no sabe.

Cuando estudiaba en la universidad tenía un profesor. Le mencionabas cualquier libro y te decía: "Sí, lo he leído". Así que un día mencioné tres libros que no existen; los autores nunca han existido. Y él dijo: "Sí, los he leído, son libros preciosos".

Pregunté entonces: "¿De dónde los has sacado?".

Dijo: "De la biblioteca".

Le dije: "Ven conmigo".

Me dijo: "¿Qué quieres decir?".

Le dije: "Me gustaría ver estos tres libros".

Ahora se volvió un poco indeciso. De camino a la biblioteca, dijo: "Hace muchos años que no los leo".

Le dije: "¿Seguro que los ha leído?".

Dijo: "Sí". Pero ahora el sí no era muy seguro. Cuando llegamos a la biblioteca, dijo: "Escucha, en realidad no los he leído, sólo he oído hablar de ellos".

Le dije: "Eso servirá. Ven a la biblioteca, tenemos que encontrar esos tres libros". Y buscamos, y por supuesto no pudimos encontrarlos. Y la bibliotecaria dijo: "Pero esos libros nunca han estado aquí, y yo tampoco he oído hablar de esos autores".

Y le dije al profesor: "Por favor, recuerde: nunca más diga que sí, que ha leído este libro, si no lo ha leído - porque estos tres libros son inventados. no existen. Le han pillado. Pero durante dos años he estado escuchando tu..." Lo que sea que hayas mencionado, él lo había leído. Era incapaz de decir "No lo sé".

Se trata de un tipo de enfermedad grave.

Anutosha, ríete con la gente: la vida está llena de sorpresas. Queda mucho por saber. Y siempre quedará mucho por saber: nadie lo ha sabido nunca todo. Abandona esta actitud de conocimiento.

Y no te creas especial. Nadie es especial, porque todo el mundo es especial. Nadie es extraordinario, porque todo el mundo lo es. Y cada momento de la vida está tan lleno de lo desconocido que, si estás alerta y abierto, te sorprenderás a cada paso. Y cuando te sorprendes a cada paso de la vida, y cada momento te trae nuevas sorpresas, tu vida se convierte en una danza, una canción, una celebración.

Su mujer le pide que compre un pollo vivo para una cena especial. Compró el pollo y se dirigía a casa cuando recordó que no tenía la llave de casa y que su mujer no llegaría hasta dentro de unas horas.

Decidió pasar el tiempo yendo al cine. Para poder entrar en el cine, se metió el pollo en los pantalones.

Se sentó y empezó a ver la película. Le fascinó tanto que no se dio cuenta de que el pollo asomaba la cabeza por la bragueta.

Dos mujeres estaban sentadas a su lado y una de ellas le dio un codazo a la otra. "Mira", le dijo. "Mira esa cosa que sobresale de los pantalones del hombre".

El otro respondió: "Si has visto uno, los has visto todos".

El primero dijo: "¡Sí, pero éste se está comiendo mis palomitas!".

La dicha más allá de la dualidad

La primera pregunta
Pregunta 1:

MAESTRO, ME HE ENAMORADO DE TI. ¿POR QUÉ?
Larry Obenfeld,

LO SIENTO, SU PREGUNTA NO TIENE RESPUESTA. Es la única pregunta que no tiene respuesta, de ahí su belleza. Cuando te encuentras con una pregunta que no tiene respuesta, estás muy cerca de Dios.

El amor es un misterio, no un problema. Se puede vivir, pero no se puede resolver. De hecho, no es una pregunta, por eso no tiene respuesta. Puedes plantearlo como una pregunta, pero tu pregunta no es más que una formulación lingüística de algo que nunca puede reducirse a una pregunta.

El amor no tiene motivo, el amor simplemente es. El amor es absurdo, sin sentido, sin propósito. Y por eso es tan hermoso. No es una mercancía, no es una cosa del mundo. Es algo del más allá, es un visitante del más allá. Por eso no podemos encontrarle ninguna razón.

Si puedes encontrar alguna razón para tu amor, entonces no es amor; entonces debe ser otra cosa. Si puedes responder por qué, eso significará simplemente que era otra cosa, no amor.

El amor es el fin de todo, de ahí que el amor mismo no pueda tener ningún fin. El amor es el fin de todo; todo lo demás es un medio hacia el amor, de ahí que el amor no pueda ser un medio para otra cosa. Es el valor supremo.

Pero la pregunta surge porque la mente sólo sabe crear preguntas. No puede aceptar algo que es un misterio. Lo misterioso crea miedo en la mente, porque la mente no puede manipularlo. La mente empieza a plantear preguntas, mil y una, y la mente no se sentirá tranquila a menos que esas preguntas sean respondidas. Si esas preguntas no se responden, la mente tiende a negar todo el fenómeno. Entonces la mente dirá: "Si no se puede saber el porqué, entonces el amor no puede ser".

La mente sólo cree si es capaz de manipular alguna cosa. Por eso la mente sigue negando a Dios, porque Dios no es más que la esencia misma del amor. Y la mente sigue negando el amor, y la mente sigue negando la belleza, y la mente sigue negando todo lo que viene como un misterio. O la mente tiene que reducirlo a conocimiento... y si la mente se siente impotente para reducirlo a conocimiento empieza a negarlo: "No hay Dios, no hay amor, no hay misterio."

Lo misterioso asusta, porque lo misterioso es vasto. Y la mente se siente perdida en lo misterioso. Por eso en todos los idiomas existe la expresión: "enamorarse". Es una condena de la mente. La mente está diciendo: "Estás cayendo. Estás cayendo más bajo que tú mismo. Te estás moviendo hacia algo que no es verdad, porque no puede formularse en conceptos claros. Estás cayendo en algo vago, algo turbio; te estás convirtiendo en un caos. Evítalo".

La mente siempre dice: "Evita el amor". Y por eso en el mundo encuentras tan poco amor - porque el mundo está lleno de mente. Enseñamos la mente. Desde la infancia, desde el jardín de infancia hasta la universidad, seguimos enseñando mente, y evitamos el corazón. Hemos aprendido las formas de eludir el corazón por completo, porque el corazón es la puerta de lo misterioso, donde no se puede responder a los porqués.

Y si un hombre ha evitado el corazón, ha evitado todas las alegrías de la vida. Ha evitado su propio núcleo interior, su interioridad. Ha evitado su subjetividad. Ha evitado la mayor experiencia que la vida hace posible: la experiencia del amor.

Obenfeld, por favor, deja el por qué. Si te has enamorado, sigue cayendo más y más. No tiene fin; es un abismo sin fondo: cuanto más caes, más capaz eres de seguir cayendo.

Y cuanto más te adentras en el abismo, mayores y más grandes son los misterios que se vuelven disponibles. Entonces la vida es una poesía, no una prosa. Entonces la vida no es un ruido, sino una melodía. Entonces la vida no es materia, sino Dios.

Pero poco a poco desaparecerán todos los porqués, todos los cómos. Vivirás en el ser del momento. Tu vida tendrá una presencia tremenda, pero no tendrá respuestas. Sabrás lo que es la vida pero no tendrás ningún conocimiento.

Una cosa es saber y otra conocer. El amor es un fenómeno que se puede experimentar: saber es posible, pero conocer no es posible. No se puede comunicar con palabras. Sigue siendo un sabor tan profundo en ti, que no puedes llevarlo a ninguna comunicación verbal.

Si alguien le pregunta por qué, no sabrá qué hacer. Pero puedes preguntar: aquí hay muchos amantes.

Cada uno de mis sannyasins es un amante. No es la relación entre un profesor y un alumno: es una relación amorosa entre un Maestro, y D significa el ello "el juego loco". M significa Maestro, y D significa el discípulo: Master And Disciple game. k es un juego loco, completamente loco.

Usted pregunta a mi gente loca. Usted puede preguntar a Vivek - para dos vidas ella ha estado cayendo en amor; ésta es su segunda vida conmigo. Usted le pregunta porqué, y será imposible contestar. Ella puede llorar o ella puede reír o ella puede bailar, pero ella no puede contestar porqué - porque no hay porqué en él.

El amor simplemente sucede, es un acontecimiento. Si lo haces, puedes responder al por qué. Pero tú no eres el hacedor. Sólo eres el anfitrión de algo que viene del más allá. Un invitado viene del más allá y llama a tus puertas: ¿cómo puedes responder al por qué? Nunca antes lo habías conocido. E incluso si lo conoces ahora, es tan abrumador que todas las palabras son inadecuadas. Las lágrimas pueden decir algo, quizá, tal vez, o un baile, una canción o un abrazo. Pero las palabras son muy inadecuadas.

Las palabras están destinadas a la vida mundana del mercado. No puedes usarlas en el amor, ni en la oración, ni cuando y donde sientas lo desconocido. Cuando llegas a la frontera de lo conocido y lo desconocido, las palabras empiezan a desaparecer de ti como las hojas muertas que caen del árbol. Y surge una experiencia totalmente nueva: una experiencia sin palabras.

Haces la pregunta porque debes sentir un poco de miedo. Es aterrador, porque en el amor ya no tendrás el control. k Es aterrador, porque en el amor el ego desaparecerá. Da miedo porque tendrás que morir. El amor requiere tanto sacrificio. Pero vale la pena, porque a través de la muerte está la resurrección.

Muere en el amor, y nacerás como el amor. Y nunca volverás a ser el mismo, y el mundo será totalmente diferente. El mismo mundo estará tan lleno de Dios si tú estás lleno de amor. Yo enseño el amor: el amor es mi mensaje. Pero la forma de enseñarlo no es hablando de él. Yo existo aquí como amor, y eso se convierte en un agente catalizador y algo se desencadena en ti y algo empieza a crecer en ti: te quedas embarazada.

Y cuando una mujer se queda embarazada por primera vez tiene mucho miedo, y siente muchos dolores y muchas agonías y el peso. Y algo tan totalmente nuevo está sucediendo... ella no sabe a dónde va y lo que va a suceder. Una nueva vida está naciendo.

En el amor te quedas embarazada. Un nuevo espíritu está naciendo, y al principio es pesado. Y al principio es tan nuevo que te gustaría escapar de él. Pero nunca escapes del amor, porque el amor es el templo de Dios. Cuando suceda, deja que suceda, ayuda a que suceda. Incluso si tienes que morir y desaparecer en él, muere y desaparece. Acepta el reto, acepta el reto. Y por primera vez tendrás algo valioso en tu vida, algo de la fragancia divina.

Pero no puedo responder por qué te has enamorado. Estoy enamorado de la existencia, estoy en estado de amor.

Debe de haber creado en ti algún fenómeno paralelo. Debe de ser algo que no se parece a causa y efecto, sino a lo que Carl Gustav Jung ha llamado "la ley de la sincronicidad".

Se dice que si tocas un sitar en una habitación pequeña y pones otro sitar en un rincón de la habitación, cuando empieces a tocar un sitar, el otro empezará a responder. Vibrará, sus cuerdas empezarán a bailar. Estás tocando en un sitar, el otro ni siquiera se toca, pero estás tocando en el sitar... y algo se ha movido en el otro sitar. No es una relación de causa y efecto, es sincronicidad.

Soy amor: si te acercas a mí, algo empezará a bailar en tu corazón. Permítelo. Tu sociedad está en contra, tu educación está en contra, tu propia vida hasta ahora ha estado en contra. Será difícil dar los primeros pasos, pero esos pasos TIENEN que darse, de lo contrario te perderás la gloria de la existencia, el esplendor de la existencia.

Los esplendores sólo se revelan a los enamorados. Un verdadero discípulo está enamorado.

En lugar de preguntar por qué, Obenfeld, da un salto. Píntate de mi color, entra a formar parte de esta creciente comuna, entra a formar parte de este maremoto, y te será muy fácil llegar a Dios.

Solo, es difícil. Cuando son muchos los que se mueven, resulta fácil: se apoyan mutuamente.

Sannyas no es más que un esfuerzo por crear una escuela de misterios en la que la gente pueda apoyarse en el camino. El viaje es arduo y largo, y la meta está lejos y hay mil y un peligros en el camino y trampas, y uno puede extraviarse en cualquier momento. Y cuanto más alto se avanza, más difícil se hace. Incluso respirar se hace difícil. Y cuanto más alto te mueves, mayor es el peligro de caer.

Pero si son muchos los que se mueven pueden sostenerse unos a otros, pueden apoyarse mutuamente.

Te has enamorado de mí: en lugar de preguntarte por qué, profundiza en ello. Conoce sus profundidades: no responderán a tu pregunta, pero la disolverán. Esa experiencia no se convertirá en conocimiento, pero te hará más inocente.

Las experiencias reales siempre te hacen más inocente en lugar de hacerte más conocedor.

Los problemas no se resuelven aquí, sino que se disuelven.

La segunda pregunta

Pregunta 2:

LA MAYORÍA DE NOSOTROS SÓLO HEMOS CONOCIDO A PITÁGORAS POR SU TEOREMA SOBRE LOS TRIÁNGULOS RECTÁNGULOS: EL CUADRADO DE LA HIPOTENUSA ES IGUAL A LA SUMA DE LOS CUADRADOS DE LOS OTROS DOS LADOS.

¿tiene algún significado místico?

Anurag,

Debido a este teorema, y sólo debido a él, Pitágoras ha sido malinterpretado a lo largo de los siglos. En Occidente, la gente ha olvidado por completo que era un Buda. Sólo lo consideran un gran matemático. En los libros de historia se le menciona como matemático. En las escuelas, institutos y universidades sólo se le recuerda por este teorema.

Este teorema resultó muy fatal. Si no lo hubiera descubierto, habría sido mucho mejor: se le habría conocido como un místico. Y en cuanto al teorema, otro lo habría encontrado. Estas cosas no pueden esperar mucho tiempo. Se dice que cualquier descubrimiento científico ESTÁ OBLIGADO a producirse; puede tardar unos años más o menos.

Incluso la teoría de la relatividad de Albert Einstein, un fenómeno tan complejo - ahora se sabe perfectamente que si Einstein no la hubiera descubierto, entonces también dentro de dos o tres años alguien más la habría descubierto. ¿Por qué? Porque la ciencia es más o menos un fenómeno colectivo.

La religión es individual, la ciencia es social. La religión no tiene tradición, la ciencia es una tradición. Si Edison ha sucedido entonces algo más que llevará los descubrimientos de Edison más lejos está obligado a suceder.

Si Newton ha llegado, Einstein es imprescindible. Es el mundo de la causa y el efecto... una cosa lleva a la otra.

Pero en el mundo de la religión no hay tradición posible. Si Buda no hubiera existido, no habría necesidad de que otro hubiera descubierto lo que él descubrió. Si Jesús no hubiera existido, no habría ninguna necesidad de que alguien hubiera encontrado la misma puerta que encontró Jesús. Es individual, completamente individual - esa es la belleza de la religión. No es un esfuerzo social.

La ciencia puede seguir y seguir; depende del pasado. La religión no depende del pasado. Sin Newton no habría existido Einstein; Newton tiene que estar ahí como eslabón necesario. Pero sin Krishna, Buda habría estado ahí; no hay vínculo necesario. Yo podría haber estado aquí sin que Buda hubiera estado allí en el pasado; no hay ningún vínculo necesario.

La religión es ir hacia el interior de uno mismo. La ciencia va hacia el exterior para ver las leyes de la naturaleza; están al alcance de todos, así que sólo es cuestión de tarde o temprano. Todos los descubrimientos científicos son inevitables.

Pero Pitágoras se perdió a causa de este teorema: se identificó demasiado con él, se le conoció como matemático. Y su realidad no era la de un matemático; era sólo un pasatiempo.

Las matemáticas no eran más que un pasatiempo para él, igual que tocar la flauta era un pasatiempo para Krishna. Es bueno que la gente no haya olvidado que era un místico; es bueno que la gente no lo recuerde sólo como un flautista.

Pero eso es lo que le ocurrió a Pitágoras. Ocurrió por culpa de Occidente. La mente occidental presta más atención a cualquier cosa que pueda utilizarse en el mundo exterior. Su teorema tenía sentido; sin su teorema habría faltado algo muy esencial en el mundo de la geometría.

Él satisfizo la necesidad.

En Occidente se piensa que, básicamente, era matemático, y que el misticismo no era más que su excentricidad. Es justo al revés: el misticismo era su alma, las matemáticas sólo su afición.

Y no hay ningún significado místico en ello.

Además, no entiendo mucho de geometría. Todo lo que he entendido del teorema de Pitágoras es esto:

Había una vez un jefe indio muy rico que tenía tres esposas. Por una extraña coincidencia, todas quedaron embarazadas al mismo tiempo. Así que cuando llegó el momento de que dieran a luz los frutos de su trabajo, decidió que había que hacer algo un poco novedoso.

Colocó a la primera esposa en un tipi sobre una piel de león importada, a la segunda en otro tipi sobre una piel de tigre importada y a la tercera en otro tipi sobre una piel de hipopótamo.

Ahora la primera esposa dio a luz a un niño. "¡Maravilloso! Se convertirá en un gran guerrero". La segunda dio a luz a una niña. "¡Estupendo! Otra india y madre tierra para la tribu". La tercera dio a luz gemelos. Esto demuestra que la india del hipopótamo es igual a la suma de las indias de las otras dos pieles.

Más que eso no sé de geometría pitagórica, el teorema.

La tercera pregunta

Pregunta 3:

ESTÁ ESCRITO QUE EL ÁRBOL DEL CONOCIMIENTO

FORMABA PARTE DE LA CREACIÓN, Y A ADÁN Y EVA SE LES PROHIBIÓ COMER SUS FRUTOS.

¿QUÉ OCURRE CUANDO UN HOMBRE SE ILUMINA?

¿CÓMO UTILIZA ESTE ÁRBOL Y SUS FRUTOS?

Madhumati,

EN EL JARDÍN DEL EDÉN había dos árboles, árboles especiales. Uno era conocido como el árbol del conocimiento, y Dios había prohibido a Adán y Eva este árbol - el árbol del conocimiento. No debían comer su fruto.

Había otro árbol especial: el árbol de la vida. También de él había dicho Dios a Adán y Eva que no comieran. Pero ellos nunca se preocuparon por el árbol de la vida; se interesaron por el árbol del conocimiento.

Esta parábola es hermosa - recuerden, es sólo una parábola, de gran significado. No tiene nada que ver con Dios, Adán y Eva. Tiene que ver contigo.

ESTAMOS en el Jardín del Edén y hay dos árboles: el árbol de la vida y el árbol del conocimiento.

Y todo el mundo se interesa por el árbol del conocimiento; es muy raro que una persona se interese por el árbol de la vida. Cuando una persona se interesa por el árbol de la vida, se convierte en un Buda, un Jesús, un Mahavira, un Mahoma. Pero muy pocas personas se interesan por el árbol de la vida.

Por ejemplo, la primera pregunta: Larry Obenfeld preguntó: "Me he enamorado de ti. ¿Por qué? "Esto es avanzar hacia el árbol del conocimiento. El "por qué" es el camino. No puede detenerse en el amor; tiene que preguntarse por qué. Si te detienes en el amor, comerás del árbol de la vida, porque el amor es vida. Si te preguntas por qué, te habrás alejado del árbol de la vida para acercarte al árbol del conocimiento.

E incluso si llegas a saber por qué, todo es inútil, no te va a alimentar. Puedes saber todo lo que hay; un solo cerebro humano puede contener todas las bibliotecas del mundo -esa es la capacidad de un solo cerebro humano-, pero aun así no habrás sabido nada realmente. No habrás vivido.

La parábola es una expresión simbólica: es nuestra historia. Cuando ves una flor de rosa, en lugar de acercarte a ella y tocarla y olerla y bailar a su alrededor y estar con ella en profunda oración, amor, meditación -te haces preguntas: "¿De dónde viene? ¿Qué tipo de rosa es? Empiezas a compararla con otras rosas que has visto en el pasado: más grandes, más pequeñas, más bonitas, menos bonitas. Inmediatamente, en cuanto ves la rosa, empiezas a avanzar hacia el árbol del conocimiento. No vives la experiencia. No bailas la rosa, no sientes la rosa.

En el Zen se dice que si quieres pintar bambúes, primero ve y conviértete en un bambú.

Una vez un Maestro Zen envió a su discípulo -él era un gran pintor, el discípulo también era un gran pintor- y le dijo que fuera al bosque y estuviera con los bambúes y se convirtiera en un bambú. "Y cuando te hayas convertido en un bambú entonces ven y pinta, porque antes de convertirte en un bambú, todo lo que pintes va a ser básicamente erróneo - porque no conoces el bambú desde dentro".

Esa es la diferencia entre un cuadro y una fotografía. La fotografía sólo muestra la circunferencia, el bambú desde fuera. Y si el pintor también muestra el bambú desde el exterior, entonces ¿qué necesidad tiene el pintor? La cámara puede hacerlo mucho mejor, de forma más eficaz, rápida y veloz.

Pero la cámara nunca podrá sustituir al pintor, porque hay algo que la cámara nunca podrá hacer: no puede convertirse en el bambú. El pintor puede convertirse en el bambú.

El discípulo se fue al bosque. Durante tres años no se supo nada de él. Entonces el Maestro se preocupó: "Es demasiado tiempo". El Maestro estaba envejeciendo, así que envió a algunas personas a buscarlo: "¿Dónde está?" Y dijo a la gente: "Buscad donde encontréis bambúes. Se le encontrará en algún lugar como un bambú".

Y fue encontrado como un bambú - estaba de pie entre muchos bambúes. Era una hermosa mañana, hacía viento y los bambúes se mecían y él se mecía con los bambúes. La gente que había ido a buscarlo estaba desconcertada. Veían que ya no era un hombre; se había olvidado por completo de sí mismo. Era un bambú, bebía el sol como bebe un bambú.

Estaba de pie en el barro, tenía los pies casi como raíces y se balanceaba.

Tuvieron que levantarle, tuvieron que sacarle, tuvieron que obligarle a venir al Maestro. El Maestro le echó un vistazo y le dijo: "Tienes toda la razón. Ahora vas a pintar bambúes de verdad. No sólo has visto bambúes por fuera, ahora también los conoces por dentro. Y eso es conocimiento real: eso es conocimiento vivo".

Adán y Eva se interesaron por el árbol del conocimiento, igual que todos nosotros nos interesamos por el árbol del conocimiento. Fíjate en los niños pequeños: enseguida hacen preguntas: "¿Por qué? ¿Por qué es así?"

Adán y Eva de nuevo, avanzando hacia el árbol del conocimiento.

Puedes seguir comiendo del árbol del conocimiento, pero no te alimentará ni te llenará. Te llenarás de basura, porque el conocimiento es información, no experiencia. Y sólo la experiencia libera. De hecho, sólo la experiencia te convierte en conocedor.

Saber es una cosa, conocer es otra totalmente distinta. El filósofo moderno es un conocedor; come del árbol del conocimiento. El filósofo pitagórico, el concepto que Pitágoras tiene del filósofo, es el de un vidente, un conocedor. Medita y, poco a poco, se sumerge en la existencia. Se vuelve parte del todo, se vuelve uno con el todo, y entonces hay un conocimiento de un tipo totalmente diferente, cualitativamente diferente.

Me preguntas, Madhumati: ESTÁ ESCRITO QUE EL ÁRBOL DEL CONOCIMIENTO ERA PARTE DE LA CREACIÓN, Y A ADÁN Y EVA SE LES PROHIBIÓ COMER SUS FRUTOS.
¿QUÉ OCURRE CUANDO UN HOMBRE SE ILUMINA?

Si comes del árbol del conocimiento nunca te iluminarás. Recogerás mucha información, tal vez incluso sobre la iluminación y sobre personas iluminadas del pasado, pero esto no será tu propia comprensión; no surgirá de ti. No será tu propio despertar.

Pero si comes del árbol de la vida, si experimentas la vida y el amor y la alegría y la tristeza -la amargura y la dulzura, todo-, si experimentas la vida en su totalidad, en sus alturas y sus profundidades, los valles y las cumbres, las noches oscuras y los días soleados, las agonías y los éxtasis... si experimentas la vida en su totalidad, te iluminarás. Sólo la vida vivida en su totalidad trae la iluminación.

Y cuando te iluminas, tú mismo te conviertes en un árbol del conocimiento. Pero nadie se convierte en árbol del conocimiento por comer el fruto del árbol. Uno se convierte en el árbol del conocimiento comiendo el fruto del árbol de la vida.

Buda habló durante cuarenta y dos años. El día que se iluminó, se convirtió él mismo en el árbol del conocimiento. Ahora, si llegas a un Buda, no sigas comiendo las frutas que hay. Cada persona iluminada es un árbol del conocimiento: en lugar de comer los frutos, que son dulces y deliciosos, intenta vivir la Budeidad. En lugar de recoger información del Buda, imprégnate de su espíritu.

Muchas veces la gente viene aquí y, diga lo que diga, empiezan a tomar notas, sobre todo los indios.

Venía un médico y no paraba de garabatear y garabatear. Le llamé y le pregunté: "¿Qué haces?" Me dijo: "Todo lo que dices es tan hermoso que tengo que escribirlo por si se me olvida".

Ahora este hombre está comiendo frutas, recopilando información. No me está escuchando. Ni siquiera está atento a lo que digo, está más interesado en escribirlo, en memorizarlo. Ni siquiera entenderá lo que se le dice, porque para entenderlo tienes que estar totalmente atento, tienes que estar en sintonía conmigo.

No es una cuestión de comunicación verbal: es una cuestión de comunión no verbal. Y entonces te impregnas del espíritu. Por eso digo una y otra vez que un verdadero discípulo es un caníbal: se come al Maestro, se bebe al Maestro, se emborracha. Sigue recibiendo la energía.

La transferencia no debe ser de conocimiento, sino de energía. La transferencia tiene que ser de luz. Está más allá de las escrituras. Lo que digo, si te quedas sólo con eso, has recogido muchos frutos hermosos - pero estás haciendo lo que Adán y Eva hicieron.

¿Y quién es esta serpiente? Representa tu mente. Tu mente es curiosa, tu mente está continuamente anhelando más información. Tu mente es la serpiente. Tu mente te persuade, te seduce y te dice: "Come todo lo que puedas del árbol del conocimiento, porque cuanto más sepas, más divino serás".

Pero llegar a ser semejante a un dios es una cosa, llegar a ser Dios es totalmente otra. Cuando puedes convertirte en Dios, ¿por qué asemejarte a Dios? Es un sustituto muy pobre. Cuando puedes convertirte en un vidente, en un conocedor, ¿por qué convertirte en conocedor? Cuando puedes convertirte en un Buda por derecho propio, ¿por qué conformarte con algo inferior a eso? ¿Por qué conformarse con algo inferior a eso? ¡Pruébalo tú mismo! Y entonces el mismo árbol que es el árbol del conocimiento puede convertirse en el árbol de la vida.

Buda ha dicho: "Los Budas sólo señalan el camino, tú tienes que caminar".

La gente Zen dice: "los dedos apuntan a la luna". No te intereses demasiado por los dedos; olvida los dedos y mira la luna. El hombre comprensivo mirará la luna y olvidará el dedo. Y el hombre que no está alerta, atento, consciente, empezará a masticar el dedo y se olvidará de la luna.

Así nace un experto, un erudito. Los eruditos son las personas más estúpidas de la tierra. Por supuesto, su estupidez es muy erudita; está adornada con un gran conocimiento.

Pueden citar el Corán y la Biblia y el Gita - saben todo lo que se ha sabido, y no saben nada al mismo tiempo. En el fondo están vacíos, huecos.

Si te interesas demasiado por el conocimiento permanecerás vacío, hueco y pobre.

¡Interésate por la vida! - Vivir es lo auténtico. No sigas recopilando información sobre qué es la meditación: ¡medita! Hay enciclopedias sobre la danza, pero toda la enciclopedia carece de sentido si no bailas. Y si llevas encima esas enciclopedias son una gran carga. Aunque sea la enciclopedia sobre la danza, si la llevas encima su propio peso no te permitirá bailar, será un obstáculo.

¡Tira todas esas enciclopedias! Y la gente se ha convertido en enciclopedias andantes. Libérate del conocimiento y empieza a vivir. Y cuando empiezas a vivir, entonces las cosas ordinarias se transforman en belleza extraordinaria. Sólo pequeñas cosas -la vida consiste en pequeñas cosas- pero cuando aportas la cualidad del amor intenso y apasionado se transforman, se vuelven luminosas.

El hombre que se ilumina se convierte él mismo en el árbol del conocimiento. Cuidado con los Budas. Por eso Buda dice: "Si me encuentras en el camino, ¡mátame!". Cuidado con los Budas.

Lo último que Zaratustra dijo a sus discípulos fue: "¡Cuidado conmigo!" Se marchaba a las montañas, para desaparecer y morir en las montañas; en el silencio, en la eterna virginidad de las montañas iba a morir. Había vivido hermosamente, una larga vida. Ahora quería tener una muerte hermosa en los valles rodeados por las montañas, con el sonido del agua corriendo y los pájaros y las flores y la fragancia.

Los discípulos preguntaron: "¿Tu último mensaje, Maestro?".

Y él dijo: "Cuidado conmigo".

Ese ha sido siempre el último mensaje de todos los grandes Maestros. Cuando Buda abandonaba su cuerpo, Ananda, su principal discípulo, le preguntó: "Bhagwan, ¿cuál es tu último mensaje?".

Abrió los ojos y dijo: "Sé una luz para ti mismo. Olvídate de mí: sé una luz para ti mismo".

Vive, baila, ama, sé. Y si tienes que aprender algo de un Buda, de cualquiera que se haya despertado, aprende esto: olvida los dedos y mira la luna. La luna es la vida, los dedos son sólo conocimiento.

La cuarta pregunta

Pregunta 4:

DESPUÉS DE CASI TRES MESES, SIGO PENSANDO EN TOMAR SANNYAS Y NO ENTIENDO POR QUÉ TENGO TANTA RESISTENCIA A ELLO MIENTRAS QUE PARECE TAN FÁCIL PARA TANTOS OTROS. ¿PUEDE DECIR ALGO AL RESPECTO?

Carol Baker,

TENDREMOS QUE PROFUNDIZAR EN ESTE PROBLEMA. Te has vuelto incapaz de querer; has olvidado cómo querer por ti mismo. Y esto le ocurre a casi todos en este mundo. Desde tu infancia, los padres empiezan a decidir por ti, no te dejan decidir. No te permiten querer por ti mismo: quieren por ti, piensan por ti, deciden por ti.

Y puedo entenderlo. El niño está indefenso - es obligado que sea así, los padres tienen que decidir por él. De lo contrario, el niño no sobrevivirá. Es obligación de los padres pensar, querer y decidir por el niño. Pero también hay otra obligación, que todos los padres a lo largo de los siglos han ignorado, y la otra es mucho más importante.

Cuando el niño sea capaz de decidir, de querer, de pensar, deben relajarse con él. Deben permitirle que decida por sí mismo, deben ayudarle, de hecho deben apoyarle, provocarle, deben tentarle para que piense por sí mismo.

Pero ningún padre lo hace. Disfrutan con la idea de que el niño sigue dependiendo de ellos, disfrutan con la idea de que el niño es obediente. Disfrutan de la idea de que el niño siempre les admira, es muy satisfactorio para su ego. Cumplen con el primer deber, que es necesario, pero nunca cumplen con el segundo, que es mucho más importante.

Si los padres quieren de verdad al niño, estarán muy atentos. En cuanto vean que el niño puede decidir por sí mismo, lo dejarán en paz. No le impondrán nada.

Pero esto no sucede. Esta sociedad está muy enferma, y la razón de su enfermedad es que a nadie se le permite querer y pensar por sí mismo. Así que todo el mundo busca a alguien que le dé órdenes.

"Durante tres meses", dices, Baker, "he estado pensando y pensando en tomar sannyas". ¿Durante tres meses? Puedes seguir pensando durante tres años y tres vidas, pero has olvidado cómo pensar y no sabes cómo dar un paso hacia lo desconocido. No te han apoyado en tu infancia para que quieras, para que experimentes.

Incluso si a veces el experimento te lleva a cometer errores y equivocaciones, entonces también merece la pena, porque sólo se aprende a través de los errores. No hay otra forma de aprender, no hay una forma más segura de aprender.

Sólo se aprende por este peligroso camino: hay que probar y experimentar. Recuerda siempre que lo que hagas puede salir mal: no hay garantías.

¿Cómo se puede garantizar lo "nuevo"? Y tus padres no están aquí, y tus profesores no están aquí, y tus sacerdotes no están aquí, y tus supuestos líderes no están aquí. Te quedas solo aquí, en una situación muy nueva, y no sabes qué hacer. Parece que nunca os habéis enfrentado a ningún problema por vosotros mismos.

Es lo que Thomas Hanna ha llamado "el estado de un humanoide". Es muy raro encontrar un ser humano en el mundo. Las personas a las que se conoce como seres humanos son humanoides. Un humanoide es una persona a la que nunca se le ha permitido tener voluntad propia y que se ha quedado tullida, paralizada, y siempre está en busca de alguien que le dé órdenes.

El humanoide es una persona que siempre está buscando algún tirano, que necesita un tirano que le diga qué hacer y qué no hacer, que siempre está buscando un líder, que siempre está buscando un estado de esclavitud en el que pueda arrojar su responsabilidad de pensar. Pensar es una carga para un humanoide; no es una alegría, no le entusiasma. Se siente ansioso. No puede tomar ninguna decisión, teme equivocarse.

Un humanoide es una persona que no ha llegado a ser adulta. Y de eso está lleno el mundo: de humanoides. Nadie es realmente una persona adulta; todo el mundo busca una figura paterna.

Párate sobre tus propios pies. Y no estoy diciendo que tomes sannyas o no tomes sannyas. ¿Quién soy yo para decirlo?

Párate sobre tus propios pies: medita sobre ello. Y no hay nadie más que te lo ordene. Asume toda la responsabilidad sobre tus hombros. Eso es lo que significa ser adulto: "Asumo la responsabilidad.

Entro en esta experiencia, sabiendo plenamente que puedo estar avanzando en una dirección equivocada o puedo estar avanzando en una dirección correcta, ¿quién sabe?". Siempre es un "quizás".

Y el humanoide tiene mucho miedo del quizás. Necesita garantías; siempre está buscando a alguien que le diga que es así. Y entonces puede llegar a extremos insensatos: puede consultar las cartas del tarot para decidir qué hacer y qué no hacer. Puede acudir a Sona, a un astrólogo o a un quiromántico.

Pero quiere que otro decida por él. Si algo sale mal, siempre puede decir: "¿Qué puedo hacer? La tarotista se equivocó.

¿Qué puedo hacer? Ese palmero era estúpido".

Quieres que otro asuma la responsabilidad de tu vida. Entonces, ¿cómo vas a crecer? ¿Y cómo te convertirás en libertad? Permanecerás enjaulado.

Deja este estado de ser un humanoide. Y la única manera de abandonarlo es empezar a querer por ti mismo, a decidir por ti mismo. Y cuando cometas algún error, asume la responsabilidad. Y no hay nada malo en cometer un error. Sólo cometiendo errores se sabe lo que es correcto.

Conociendo lo falso, uno sabe qué es lo verdadero. Cayendo una y otra vez se sabe cómo no caer. Extraviándose una y otra vez, uno llega a reconocer cómo no extraviarse de nuevo. No hay otro camino.

Pero has sido educado con un condicionamiento erróneo - y todo el mundo ha sido educado de esa manera. Tus padres, tus maestros, tus líderes, tus sacerdotes, son humanoides - porque sus padres, sus maestros y sus sacerdotes eran humanoides, y así sucesivamente... puedes volver atrás.

Y todo humanoide convierte a otras personas en humanoides.

Cuando te nazca un hijo, cometerás el mismo error que tus padres han cometido contigo.

No permitirá que el niño funcione por sí solo. Si no, te sorprenderás: los niños son muy inteligentes. Sí, necesitan tu guía y tu ayuda: están indefensos, pero también son muy inteligentes. Por eso, los padres deben estar muy atentos para saber hasta dónde ayudar y cuándo dejar de hacerlo. Es bueno coger a tu hijo de la mano cuando está aprendiendo a andar, pero no sigas cogiéndole de la mano toda la vida.

Y esto es lo que ocurre psicológicamente. Aunque tus padres ya no estén, sigues caminando con las manos en sus manos; sigues apoyándote, aferrándote a ellos. Y si no puedes encontrar a tu padre, acudes inmediatamente al sacerdote. No es casual que llames "padre" al sacerdote. No es un padre en absoluto, especialmente el sacerdote católico; es tan estúpido y tonto llamarle padre. ¿Qué clase de padre es? Es un monje célibe. ¿Cómo puede ser padre? Pero tú le llamas padre.

También llamas a Dios "padre". ¿Y dónde está la madre? En toda vuestra trinidad ni una sola mujer: Dios padre, Cristo hijo y el Espíritu Santo... a no ser que el Espíritu Santo sea una mujer. O tal vez toda la trinidad es simplemente gay.

¿Por qué llamáis a Dios "el padre"? Una búsqueda, una profunda búsqueda psicológica, de tener un padre que siempre está ahí protegiéndote, salvaguardándote, guiándote, enviándote mandamientos: haz esto, no hagas aquello. Puedes confiar en él, y cuanto más confías en él, menos eres.

Y la tendencia se ha arraigado tanto, te has habituado tanto a ella que ni siquiera eres consciente de lo que estás haciendo. Esta esclavitud tiene que ser abandonada. ¡Y de eso se trata sannyas! No es una nueva prisión. No estoy aquí para actuar como tu padre.

¿Recuerdas una afirmación muy extraña de Jesús? Los cristianos no le prestan mucha atención; de hecho, se sienten avergonzados. Jesús dijo a sus discípulos: "Si no odias a tu padre y a tu madre, no podrás seguirme". No parece una declaración de Jesús - un hombre de amor, de tremendo amor, que dice: "Dios es amor", que enseña el amor, está diciendo: "Odia a tu padre y a tu madre - sólo entonces podrás seguirme."

Si se lo enseñas a un sacerdote cristiano, se siente avergonzado. Lo he hecho muchas veces, y se sienten muy avergonzados y quieren librarse de alguna manera. Pero no puedes evitarlo: está ahí.

Pero es una afirmación tremendamente significativa.

Jesús no se refiere a tu padre o a tu madre, sino a la búsqueda psicológica del padre y de la madre. La búsqueda psicológica de depender de algo o de alguien, eso hay que dejarlo. Tienes que empezar a odiar esta dependencia, tienes que empezar a odiar esta esclavitud.

Pero si alguien te ayuda a abandonar esta esclavitud, lucharás con él, porque crees que esta esclavitud es algo muy valioso.

Te peleaste con Jesús, te peleaste con Sócrates, te estás peleando conmigo. Y lo único que te perturba es que estoy tratando de quitarte todas las cadenas. Pero tú no piensas que esas cadenas sean cadenas -piensas que son grandes ornamentos, dorados, muy valiosos, que si te los quitan estarás desnudo, serás más pobre. Este es el estado de un humanoide. Y cada humanoide tiene que convertirse en un ser humano.

Cada niño nace como un ser humano, pero la sociedad lo lisia y crea un ser muy artificial:

el humanoide. Y todas las sociedades lo hacen - cristianos, hindúes, mahometanos, budistas, jainas - todas las sociedades lo hacen. Toda la historia de la humanidad hasta ahora ha sido una historia de gran esclavitud.

Sólo de vez en cuando un hombre ha escapado de la rueda de la esclavitud - un Buda, un Krishna, un Bahauddin, un Pitágoras, un Zaratustra - pero sólo de vez en cuando. Es realmente sorprendente cómo estas personas consiguieron escapar, y se convirtieron en seres humanos reales y auténticos, porque la rueda es grande y la estructura es inmensa y muy complicada. Y la sociedad se apodera de ti de tal manera, y desde todos los rincones de tu ser, y desde una edad tan temprana, que su esclavitud penetra, impregna tu propio inconsciente.

No eres consciente de lo que la sociedad te ha hecho. Tu sociedad te ha hecho muy mal, te ha hecho muy miserable. Por eso te gustan estas cosas: cuando alguien dice que la vida es sufrimiento, inmediatamente estás de acuerdo. No porque la vida sea sufrimiento, no porque esta afirmación de que la vida es sufrimiento tenga algún apoyo lógico, no lo tiene. ¿Pero por qué la gente está de acuerdo inmediatamente? Porque su experiencia lo apoya. Sólo conocen la miseria, conocen el sufrimiento, e inmediatamente están de acuerdo. "Sí", dicen, "la vida es una miseria. ¿Cómo librarse de ella?"

Os lo declaro: ¡La vida es dicha! No necesitas deshacerte de la vida, tienes que deshacerte de la forma en que has aprendido a ser. Tienes que deshacerte de tu humanoide, tienes que deshacerte de todo lo que se ha impuesto a tu naturaleza y que es ajeno a ti. Tienes que convertirte en un auténtico ser humano.

Convertirse en sannyasin es un simple gesto de que estás dispuesto a ser libre. Libre de nacionalidad:

el sannyasin no pensará en sí mismo como indio, alemán o italiano. Aunque tenga que llevar pasaporte, no pensará en el fondo de su conciencia que es italiano. Es simplemente universal.

Un sannyasin no pensará en sí mismo como cristiano o hindú o mahometano -aunque no hay necesidad de seguir contándoselo a la gente, porque no quiero que os creéis problemas innecesarios. Ya tenéis suficientes problemas. Pero en el fondo sabréis: "Ahora sólo soy un ser humano". Trascenderéis todas las barreras de nación, raza, color, religión.

Y básicamente, fundamentalmente, dejarás tu educación, y volverás a ser inocente y empezarás a explorar la vida.

¿Cuál es el miedo? Durante tres meses has estado pensando - tres meses desperdiciados innecesariamente. Si te hubieras convertido en sannyasin, ¡en tres meses habrías experimentado lo que es! Estás comiendo del árbol del conocimiento, podrías haber comido del árbol de la vida.

Que la experiencia sea el factor decisivo, siempre y en todo momento. Carol Baker, ya has pensado bastante. Y no creo que quede nada más que pensar. Tres meses es mucho tiempo, y habrás dado vueltas y más vueltas. ¿Qué más hay que pensar ahora? ¡Experimenta! Te invito a experimentar. Participa. No veas las cosas desde fuera.

Si para pintar un bambú uno tiene que convertirse en un bambú, entonces para saber sobre sannyas uno tiene que convertirse en un sannyasin.

Quinta pregunta

Pregunta 5:

¿PODRÍA HABLAR SOBRE LO QUE SIGNIFICA Y CÓMO SER TOTALMENTE UNO MISMO? MI MENTE ESTÁ FABRICANDO EJEMPLOS Y SITUACIONES, PERO NO LO SÉ.

Deva Madir,

NO ME HAS ESCUCHADO ATENTAMENTE Ser uno mismo, ser totalmente uno mismo, no necesita conocimientos técnicos. Ya lo eres. No se trata de conocer los medios, los caminos y los métodos. No se trata de llegar a ser, ¡ya lo eres!

Pero tu mente se ha habituado tanto al deseo, al devenir, a las metas, al futuro, que cuando digo: "Sé tú mismo", inmediatamente lo transformas en tu mente en otra cosa. Empiezas a preguntar: "¿Cómo ser uno mismo?".

No digo que tengas que CONVERTIRTE en ti mismo: ¡ya lo eres! No es una cuestión de "cómo". No preguntes cómo llegar a ser porque eso te alejará de ti mismo. Abandona todo devenir, deja que el devenir cese. Vive el momento tal y como eres: vívelo tal y como eres. No juzgues, no evalúes. Simplemente vive el momento TAL COMO ERES. Si estás triste, vive el momento como tristeza. Y no digas que la tristeza es mala. En el momento en que dices que la tristeza es mala, has creado una contradicción. Ahora vuelves a intentar NO estar triste.

No condenes ningún estado que te ocurra. Vívelo - con una aceptación tan total que no haya deseo de ser otra persona, otra cosa. Y de esa aceptación surge la GRAN comprensión, que es un subproducto. En esa comprensión, muchas cosas simplemente desaparecen - no es que tengas que hacerlas desaparecer.

La tristeza DESAPARECERÁ, la ira DESAPARECERÁ, la avaricia DESAPARECERÁ, pero no es que tengas que hacerlas desaparecer. Simplemente aceptándote tal y como eres surge la comprensión, un subproducto de la aceptación. Y en la comprensión, a la luz de la comprensión, muchas cosas simplemente desaparecen. Y muchas cosas que nunca antes habías conocido empiezan a aparecer.

Aparece la alegría. Y es la misma energía que solía convertirse en tristeza. Pero como ahora, a través de la comprensión, la tristeza no puede ocurrir, la energía está disponible para convertirse en alegría; puede pasar a un reino superior. La misma energía que era ira se convierte en compasión. Y la misma energía que era codicia, lujuria, posesividad y celos, ahora se convierte en amor y en compartir.

Pero estas cosas SUCEDEN. No debes HACERLAS - si las haces no me has entendido en absoluto.

Tengo que usar palabras, las mismas palabras que tú usas. Pero tengo que usarlas con nuevos significados. Y escucha el significado con mucha atención, y escucha la nueva asociación. De lo contrario, yo diré una cosa y tú entenderás otra.

Una chica entra corriendo en una comisaría, con la ropa rota y desaliñada. "¡Ayúdenme, ayúdenme! "dijo.

"¡He sido grapado!"

"¿Violada?", dijo el policía. "¿Seguro que quiere decir violada?"

"No, graped - había un montón de ellos."

O tengo que usar palabras como 'graped'... pero entonces no lo entenderás. Tengo que usar palabras que tú has estado usando pero con un significado particular. Tengo que cambiar el significado. Tengo que dar un nuevo color a las palabras antiguas. Tengo que darles una nueva forma, un nuevo significado.

Por favor, cuando use palabras recuerden con qué significado las estoy usando. El significado es más importante; la palabra es sólo un portador, el portador de un nuevo significado. Por eso tienes que escuchar MUY atentamente. De lo contrario, no es muy difícil: puedes escuchar mis palabras, no necesitas atención, pero eso no es escuchar, es sólo oír. Puedes oírme muy fácilmente, pero para escuchar tendrás que estar muy alerta, consciente, atento. Tendrás que estar TOTALMENTE conmigo.

No estoy diciendo: "Conviértete en ti mismo". Digo: "Deja de convertirte y serás tú mismo". ¿Qué otra cosa puedes ser?

Madir, dices: ¿PUEDES POR FAVOR HABLAR SOBRE LO QUE SIGNIFICA Y CÓMO SER TOTALMENTE TÚ MISMO?

Eres totalmente tú mismo, sólo que no lo aceptas. Sigues rechazando. Deja caer rechazos - porque siempre que rechazas algo esa parte rechazada en ti se vuelve agria, amarga, se convierte en una herida. Y esas heridas son el problema - son partes rechazadas de tu ser. Les has negado la expresión; están hirviendo para expresarse. Y siguen acumulándose dentro de ti y te están volviendo loco.

Sigues manteniendo una cara en la superficie - en el fondo estás loco. Permíteles, ellos también son parte de ti, una parte esencial de ti. Permitirlo es muy importante.

Por eso, en esta comuna, he organizado muchas psicoterapias. Serán malinterpretadas por las masas, OBLIGADAS a ser malinterpretadas - porque en una situación psicoterapéutica tienes que sacar a la superficie todas las partes negadas.

Si alguien ha estado negando su ira, tiene que permitírselo en una situación psicoterapéutica. Sólo entonces la psicoterapia puede ser de ayuda, puede ser terapéutica, puede curarte. Tiene que abrir todas tus heridas: empieza a fluir mucho pus.

Si ves al grupo de encuentro te sentirás mal. Te sentirás mal porque verás salir tanta animalidad; nunca habrías imaginado que los seres humanos puedan ser tan animales. Pero esa animalidad también está dentro de ti, sólo que reprimida. Reprimiéndola no puedes disolverla.

En el grupo de encuentro -ese es el significado de la palabra "encuentro"- tienes que encontrarte contigo mismo en tu totalidad. Tienes que sacar todo lo que está reprimido; tienes que sacarlo todo - sin ninguna evaluación sobre lo que es bueno, lo que es malo. Y de repente ves grandes animales rugiendo dentro de ti.

Ellos son violentos, y a ti te han enseñado a ser no violento. Vuestra no violencia ha reprimido vuestra violencia.

Surgirá una gran rabia, SIN motivo alguno. Empezarás a golpear la pared; puede que empieces a golpearte a ti mismo. Y dirás: "¿Qué estoy haciendo? Nunca lo he hecho antes. ¿De dónde viene?"

Pero viene en grandes oleadas, en grandes olas. Y todo el proceso consiste en dejarlo ser.

Y cuando todas las partes se han expresado -tu sexo, tu ira, tu codicia, tus celos, tu rabia-, cuando todas las partes se han expresado, surge una gran calma, el silencio que sigue a la tormenta.

Las masas no pueden entenderlo. De hecho, están muy en guardia. Tampoco quieren entenderlo, porque para entenderlo tendrían que mirar en su interior, y encontrarían las mismas cosas dentro de sí mismas.

Pero si sigues guardando estas cosas en tu interior, permanecerás siempre en una especie de enfermedad.

Esto es lo que tu sociedad te ha dado - tu sociedad te ha convertido en una persona muy enferma. Toda esta sociedad es patológica. Y siempre que una patología es social nunca te das cuenta de ella, porque todo el mundo sufre de lo mismo.

Ser total significa: piensa en ti mismo como si fueras el primer hombre -eres Adán o eres Eva- y aún no has conocido a ningún sacerdote y aún no has conocido a ningún puritano. Aún no has conocido a ningún Morarji Desai. Nadie te ha dicho cómo ser, qué ser. Piensa que eres el primer hombre o la primera mujer, y acepta, porque no hay otra forma de trascendencia que la aceptación.

Buda lo llamó "talidad": TATHATA. Acéptalo: si Dios te ha dado estas cosas, debe haber un significado en ellas. Deben ser semillas de alguna flor desconocida - tienen que ser utilizadas. En el suelo de la aceptación esas semillas caen, desaparecen, y surgen grandes árboles de comprensión, y millones de flores de éxtasis, de alegría, de celebración.

Dices, Madir: MI MENTE ESTÁ FABRICANDO EJEMPLOS Y SITUACIONES, PERO NO LO SÉ.

¿Qué ejemplos? ¿Qué situaciones? Si tu mente está calculando desde el principio, eso significa que estás planeando cómo ser. Y cualquier planificación va en contra de la aceptación.

No tienes que planearlo, no tienes que descubrirlo. Sólo tienes que descubrirte. Tienes que enfrentarte a ti mismo en tu desnudez.

Nos hemos vuelto tan temerosos de la desnudez. Desnudez espiritual, desnudez física, desnudez psicológica: nos hemos vuelto tan temerosos de la desnudez que nos escondemos. La desnudez física a través de la ropa, la desnudez psicológica a través de las palabras, las teorías, las escrituras, y la desnudez espiritual a través de los ideales, los grandes ideales: Dios, el nirvana, la iluminación. Y seguimos escondiéndonos y escondiéndonos y escondiéndonos....

Salid de vuestros escondrijos, salid de estas cuevas. Salid al sol, al viento, a la lluvia. Eres hermoso como eres. Eres perfecto como eres. Dios nunca hace seres imperfectos, no puede. De la perfección sólo nace la perfección.

Esto es lo que te enseño: aceptación total.

La última pregunta

Pregunta 6:

SE HABLA MUCHO DE GENTE OBSESIONADA CON EL SEXO, PERO ¿QUÉ ES LA OBSESIÓN?

OBSESIÓN POR LA COMIDA O LA ROPA O LA LIMPIEZA, ETCÉTERA?

Prem Aniruddha,

OBSESIÓN SIMPLEMENTE SIGNIFICA que estás prestando demasiada atención y energía a algo que no es tan importante. Fuera de toda proporción te has centrado, hipnotizado por algo.

La obsesión es una especie de hipnosis que has creado dentro de ti. Entonces todo lo demás desaparece en tu vida y sólo queda una cosa que se convierte en tu punto focal. Tu vida se vuelve unidimensional: eso es la obsesión.

La vida tiene que ser multidimensional. Hay personas que sólo piensan en sexo, sólo en sexo, veinticuatro horas al día. En el fondo de sus mentes siempre está al acecho. Puede que estén haciendo otra cosa, pero piensan en el sexo. Entonces es una obsesión. El sexo en sí no es una obsesión, recuerda, no estoy en contra del sexo. No estoy en contra de nada. Obsesión significa que ahora el sexo ha ocupado el lugar de todo.

Hay personas que están obsesionadas con la comida; están continuamente pensando en la comida. Y puede haber una obsesión positiva o una obsesión negativa.

Seguro que has oído hablar del gran emperador Nerón. Estaba obsesionado con la comida. Solía tener cuatro médicos siempre a su lado, sólo para ayudarle a vomitar. Comía demasiado y sentía un gran malestar y dolor de estómago. Los médicos estaban allí para ayudarle a vomitar, y una vez que le habían ayudado a vomitar, volvía a comer, INMEDIATAMENTE. A veces comía veinte veces al día y, evidentemente, veinte veces tenía que vomitar.

Esto es obsesión. La comida no es una obsesión - dos o tres veces está bien, como es tu necesidad. Es una necesidad física, necesitas alimentarte, pero convertirte en Nerón es patológico.

También hay gente negativamente obsesionada con la comida. Las puedes encontrar en la India: ayunan. Están continuamente pensando en la comida, como si la comida fuera la única barrera para llegar a Dios y el ayuno bastara para llevarles a lo último. Son masoquistas torturándose a sí mismos. Es una obsesión negativa.

Y cuando ayunas estás pensando en la comida, tanto como Nerón pensaba en la comida... Nerón quizá no pensaba tanto. No había tiempo para pensar: si comes veinte veces, ¿cuándo vas a pensar? Pero la persona que ayuna dispone de veinticuatro horas. Y cuando ayunas no puedes dormir, porque el cuerpo tiene hambre.

Dormir es una necesidad cuando el cuerpo está completamente nutrido. No se puede dormir en ayunas: una o dos horas como máximo. Así que veintidós horas estás pensando, y esas dos horas estarás soñando con comida. Es una obsesión negativa.

Hay personas positivamente obsesionadas con el sexo, que sólo piensan en sexo y nada más. En todo piensan en el sexo. Y hay personas negativamente obsesionadas: estas personas que llamas célibes, monjes, brahmacharines, también piensan continuamente en el sexo, de forma negativa.

Obsesión significa que algo se convierta en toda tu vida. Nada debe convertirse en toda tu vida - cada cosa tiene su propio lugar, la vida debe ser una orquesta. No debería ser sólo comida, no debería ser sólo sexo, no debería ser sólo dinero, no debería ser sólo poder. No debería ser UNA cosa, debería ser muchas cosas, toda la variedad. Todas las dimensiones deben permanecer disponibles, entonces serás rico.

Un millonario apasionado se ha enamorado y ha roto innumerables veces el corazón de las mujeres. Comienza cada carta a sus nuevas novias:

"Querida mía, y caballeros del jurado..." porque el matrimonio significa divorcio.

Esto es obsesión.

Había una vez una señora de España a la que le gustaba un poco de vez en cuando.

No de vez en cuando, sino de vez en cuando, y de vez en cuando, y de vez en cuando.

Obsesión significa que tu vida está hipnotizada por una cosa, que has perdido todo sentido de la proporción. Entonces tu vida será fea, estúpida.

Herman amaba la comida, la comida era su amada. La comida era su religión, la comida era su Dios. Habría estado absolutamente de acuerdo con los videntes indios que declararon: "ANAM BRAHM - la comida es Dios". Por supuesto, en un sentido totalmente distinto.

Temiendo una futura hambruna mundial -y siempre tuvo miedo de una hambruna mundial-, Herman acumuló una reserva de alimentos enlatados para diez años.

"Herman", se quejó su mujer, "¿qué vamos a hacer? El garaje y la casa están apilados hasta el techo de conservas".

"No te preocupes", respondió Herman. "Sé lo que hago".

"Herman", se lamentaba su mujer, "¿no te cansas de mover estas cajas de latas cada vez que nos vamos a la cama? Nuestro dormitorio parece un almacén".

"No te preocupes", le aseguró Herman. "Nunca pasaremos hambre".

Pero una noche Herman tuvo unos retortijones de estómago tan terribles que hubo que llamar a un médico. Llevando su botiquín por un laberinto de maletas, el médico encontró al paciente gimiendo.

"Doctor", gritó Herman, "¿es posible que comer tanta conserva me haya afectado al estómago?".

El médico examinó a Herman. "No, no es la comida que comiste", diagnosticó el médico. "Es la comida que levantaste. Tienes una hernia".

Y estas personas se encuentran en todas partes. Hay gente que sólo piensa en el dinero, como si toda su vida tuviera un único objetivo: dejar en el mundo un saldo bancario lo más abultado posible. Hay gente que sólo quiere algo de poder político. Toda su vida está dedicada a una sola cosa: cómo llegar a ser presidente de un país, o primer ministro de un país. Son personas obsesionadas.

Han perdido toda su vida, no pueden disfrutar de nada. No están preparados, siempre están centrados en una sola idea.

Y cualquier cosa puede convertirse en una obsesión. La limpieza puede convertirse en una obsesión. Solía vivir en una casa, la casa de un amigo - su esposa era una neurótica de la limpieza, una perfeccionista. Ahora bien, la limpieza no es mala, ese es el problema, que estas personas neuróticas pueden racionalizar. La limpieza no es mala, pero uno no está aquí sólo para estar limpio.

Estaba tan enfadada que se pasaba el día fregando suelos y limpiando paredes y muebles.

Su casa era digna de verse, pero sólo digna de verse, no de utilizarse en absoluto. No invitaba a nadie, porque si venían sus hijos habría problemas. Ni siquiera su marido usaba los muebles, porque si se rayaba algo, habría problemas.

Ahora bien, la limpieza es una cosa, buena, pero la limpieza no lo es todo.

La media de oro

ESCUCHA, Y EN TU CORAZÓN GRABA MIS PALABRAS, MANTÉN CERRADOS OJO Y OÍDO CONTRA LOS PREJUICIOS, DE OTROS EL EJEMPLO TEME; PIENSA POR TI MISMO.

CONSULTAR, DELIBERAR Y ELEGIR LIBREMENTE.

DEJA QUE LOS NECIOS ACTÚEN SIN RUMBO Y SIN CAUSA, TÚ DEBES, EN EL PRESENTE; CONTEMPLAR EL FUTURO.

LO QUE NO SABES, NO FINJAS QUE LO SABES.

INSTRÚYETE, PUES EL TIEMPO Y LA PACIENCIA FAVORECEN A TODOS.

NO DESCUIDES TU SALUD...

... DISPENSAR CON MODERACIÓN ALIMENTO AL CUERPO Y A LA MENTE REPOSO.

DEMASIADA ATENCIÓN O DEMASIADO POCO REHUIR; PORQUE LA ENVIDIA ASÍ, A CUALQUIERA DE LOS DOS EXCESOS SE UNE POR IGUAL.

EL LUJO Y LA AVARICIA TIENEN RESULTADOS SIMILARES. UNO DEBE ELEGIR EN TODAS LAS COSAS UN MEDIO JUSTO Y BUENO.

PITÁGORAS TAMBIÉN INTRODUJO LA PALABRA "COSMOS".

Cosmos" significa orden, ritmo, armonía. La existencia no es un caos, sino un cosmos.

Pitágoras ha aportado mucho al pensamiento humano, a la evolución humana. Su visión del cosmos se convirtió en el fundamento mismo de la investigación científica.

La ciencia sólo puede existir si la existencia es un cosmos. Si es un caos, no hay posibilidad de ciencia alguna. Si las leyes cambian cada día, cada momento -un día el agua se evapora a cien grados, otro día a quinientos-, si el agua funciona de forma caprichosa y no sigue ningún orden, ¿cómo puede existir una ciencia?

La ciencia presupone que la existencia funciona de forma coherente, de forma racional, que la existencia no es una locura, que si buscamos en lo más profundo de la existencia, encontraremos leyes, y que esas leyes son las claves de todos los misterios.

Lo mismo que es cierto para la ciencia, también lo es para la religión, porque la religión no es más que la ciencia de lo interior. La ciencia exterior se llama ciencia; la ciencia interior se llama religión, pero ambas sólo pueden existir en un cosmos.

Existen leyes del mundo interior. Esas leyes se han descubierto tanto como se han descubierto las leyes científicas. Ni se han inventado leyes científicas, ni se han inventado leyes religiosas. La verdad es - no necesitas inventarla Y todo lo que inventes será falso - todas las invenciones son mentiras.

La verdad hay que descubrirla, no inventarla. Einstein descubre una cierta ley; Patanjali también descubre una cierta ley; Newton descubre la gravitación, Krishna descubre la gracia - ambas son leyes. Una pertenece a la tierra, la otra pertenece al cielo; una pertenece al mundo de la necesidad, la otra pertenece al mundo del poder. Una pertenece a lo visible y la otra a lo invisible.

Es en la visión de un cosmos donde Pitágoras se convirtió en el creador de una concepción científica del mundo. Fue el primer científico porque proporcionó la base misma.

Hay que entender su idea del cosmos, porque sin entenderla no se podrá comprender de qué está hablando.

El mundo interior, el mundo del espíritu, sigue ciertas leyes, y esas leyes son inmutables, son perennes. De ahí que haya llamado a esta serie PHILOSOPHIA PERENNIS - la filosofía perenne. Esas leyes no están ligadas al tiempo, están más allá del tiempo. El tiempo mismo funciona dentro de esas leyes. Si quieres hacer algo en el mundo exterior, necesitarás saber cómo funciona la existencia exterior, porque a menos que sepas cómo funciona estás destinado al fracaso.

La naturaleza no tiene ninguna obligación de adaptarse a ti: tú tendrás que adaptarte a ella. Sólo puedes conquistar la naturaleza adaptándote a ella. Puedes convertirte en un conquistador también, pero no contra la naturaleza - con la naturaleza, en sintonía con la naturaleza. También puedes convertirte en un maestro del reino interior, no en contra de las leyes, sino en sintonía con ellas.

Gracias a esta visión mística -de que el mundo no es accidental, ni anárquico, sino un mundo absolutamente armonioso, cósmico y ordenado- Pitágoras pudo descubrir muchas cosas para los buscadores. Una de las cosas que descubrió fue que la música puede convertirse en el medio para la meditación. Él4 fue el primero en introducir esa idea también en Occidente. En Oriente sabemos desde hace siglos que la música es la mejor ayuda para la meditación. ¿Por qué? Porque la música crea armonía a tu alrededor, y la armonía a tu alrededor puede provocar armonía en tu interior. Si el exterior es armonioso, el interior también empieza a alinearse con él, y eso lo has observado muchas veces.

En el mercado, sientes una gran perturbación en tu interior: con la multitud nunca te sientes como en casa. En el mercado todo el ambiente es antimusical; no hay armonía, es un caos. Y el caos exterior provoca el caos interior.

Ve a un manicomio y estate con gente loca durante unas horas y verás: empiezas a sentir que algo se vuelve loco dentro de ti. Vayan al hospital y estén con los pacientes enfermos durante unas horas, y empezarán a sentir que algo está entrando en ustedes, una especie de sensación de enfermedad. NO estás enfermo; no estabas enfermo cuando entraste en el hospital.

¿Qué ha ocurrido? La vibración enferma a tu alrededor empieza a sincronizarse dentro de ti, porque lo exterior y lo interior oro están divididos; forman parte de un todo. El interior es el interior del exterior, y el exterior es el exterior del interior. No pueden separarse. Así que cada uno afecta al otro.

Si conoces profundamente la meditación, puedes sentarte en el mercado y nada te molestará, porque tienes una música poderosa dentro de ti. Es tan poderosa que el mercado y su ruido no pueden afectarla;

al contrario, la gente que está a tu alrededor puede empezar a sentir un cierto efecto calmante, una calma que llega. Si un verdadero Buda se sienta en el mercado, crea también allí un campo de Buda, y quienquiera que entre en el campo de Buda se ve afectado inmediatamente: empieza a entrar en armonía. Algo empieza a asentarse dentro de él; algo empieza a unirse dentro de él. Se vuelve más centrado, más unido.

Ese es el secreto del SATSANG: estar con un Buda. Todo el secreto es el siguiente: estar con el Maestro significa simplemente permitir que su vibración provoque tu armonía interior, que está profundamente dormida y de la que no eres consciente. Pero normalmente, si vas al mercado, vuelves a casa un poco perdido, agotado, cansado, te falta algo. Necesitas descansar; sólo después de una buena noche de descanso podrás ir de nuevo al mercado.

La música es una armonía: es la armonía entre el sonido y el silencio. El sonido pertenece a la tierra, el silencio pertenece al más allá. La música es, como creía Pitágoras y la llamaba, numinosa. La palabra "numinoso" procede de la raíz latina NUMEN. Es una palabra tremendamente significativa, muy cargada de significado. NUMEN significa un guiño de lo alto, un sí del más allá.

La música crea tal armonía que hasta Dios empieza a asentirte, a decirte que sí.

La música es numinosa... de repente el cielo empieza a tocarte; te sobrecoge el más allá. Y cuando el más allá está más cerca de ti, cuando se oyen los pasos del más allá, algo dentro de ti recibe el desafío, se vuelve silencioso, más tranquilo, más calmado, frío, sereno.

En la escuela pitagórica de los misterios, la música era una de las grandes cosas, y ése es también mi esfuerzo aquí. Tenemos que crear una gran música para que los grandes estados meditativos sean posibles. La música es meditación exterior: la meditación es música interior. Van juntas, de la mano, abrazándose. Es una de las mejores experiencias de la vida cuando la música te rodea, te abruma, te inunda, y la meditación empieza a crecer en ti - cuando la meditación y la música se encuentran, el mundo y Dios se encuentran, la materia y la conciencia se encuentran. Eso es UNIO MYSTICA, la unión mística.

En Oriente lo hemos llamado "yoga". Yoga significa simplemente unión. La mejor definición de yoga, y la más corta, es la del gran vidente Vyasa. Dice que yoga es samadhi, yoga es ENSTASIS. Ordinariamente samadhi se traduce como éxtasis - eso no es correcto, porque éxtasis significa literalmente sobresalir. Samadhi es estar dentro. Debería traducirse como ENSTASIS, no como ECSTASIS. Yoga es ENSTASIS - permanecer, no hacer nada, sólo ser. Ese estado es la meditación.

Y todo lo que pueda ayudar desde fuera tendrá algo de música, sólo así podrá ayudar. El sonido del agua corriendo por las colinas puede ayudar, porque tiene su propia música. Las olas rugientes del océano pueden ayudar, porque tienen su propia música. El canto de los pájaros por la mañana puede ayudar, o el sonido de los insectos en la noche silenciosa, o la lluvia cayendo sobre el tejado: cualquier cosa que cree música también puede crear meditación.

La escuela pitagórica era una escuela de música, de canto y danza. de grandes celebraciones.

Vuelves a vivir en ese tipo de escuela.

La gente ha olvidado que la música puede llevarte hacia abajo y también hacia arriba. La música moderna te lleva hacia abajo; tiene que ver con el centro más bajo de tu ser, con el centro sexual. Te da sexualidad; es pornográfica. Ha perdido toda altura. Es fea, en realidad es ruido y nada más, ruido que te ahoga, jazz u otra música pop. Es simplemente una especie de intoxicante. Es tan ensordecedor que te sientes perdido y crees que algo está pasando. Lo único que ocurre es que te atrae cada vez más hacia la tierra, cada vez más hacia el animal que hay en ti.

La música antigua, la música clásica, tiene un efecto totalmente distinto: tira de ti hacia arriba, te lleva más allá de la gravitación. Es parte de la levitación; empiezas a flotar hacia arriba y hacia arriba. Tiene una cualidad más meditativa. Llega a tus centros superiores. La verdadera música que vale la pena llamar música tendrá algo que ver con SAHASRAR - tu séptimo centro, pero muy raramente un genio llega allí para crear tal música. Pero si incluso tu centro del corazón se mueve, es más que suficiente. Si tu centro del corazón comienza a bailar y girar, estás muy cerca de la meditación.

ASÍ COMO LA MÚSICA es el encuentro del silencio y del sonido, para J Pitágoras la filosofía es el encuentro de la religión y de la ciencia.

Su concepto de la filosofía es el de una gran síntesis. Es uno de los más grandes sintetizadores de la historia: siempre une los polos opuestos y los hace complementarios. Es un gran artista de la destrucción de la oposición. Dondequiera que encuentre oposición, empieza a buscar algo que sirva de puente entre la oposición, y ese puente es importante.

La religión y la ciencia han estado en conflicto durante siglos porque no han escuchado a Pitágoras. De lo contrario, esta división nunca se habría producido. Y esta división ha demostrado ser una de las calamidades más fatales. La religión y la ciencia han luchado como enemigas; durante siglos la iglesia no permitió que la ciencia se desarrollara y creciera. Gente como Galileo y Kepler y otros fueron castigados.

La religión tenía miedo de la ciencia. Esto es estúpido, porque la ciencia sólo puede ayudar a la religión, la ciencia sólo puede preparar el terreno para la ciencia interior. La gente de la iglesia y los papas que estaban en contra de la ciencia simplemente se comportaban de una manera muy estúpida - sin saber lo que estaban haciendo.

La verdad no puede ser aplastada; nadie puede crucificar la verdad.

Poco a poco, la ciencia fue ganando terreno, se hizo poderosa - fue bueno que se hiciera poderosa. Pero empezó a comportarse de la misma manera estúpida destruyendo la religión. Se convirtió en una venganza. Durante trescientos años, la corriente dominante de pensadores científicos ha intentado destruir la religión lo más duramente posible. Han declarado que Dios está muerto. Han declarado que no hay alma. Han declarado que no hay vida después de la muerte. Han declarado que NO hay un ser interior en el hombre. Han reducido al hombre a una máquina.

El hombre ha perdido toda grandeza. El hombre ya no tiene sentido. Es debido a este enfoque estúpido de la ciencia, este enfoque vengativo de la ciencia, que todo el significado ha desaparecido del mundo. La gente simplemente se arrastra. No hay poesía, no hay posibilidad de poesía, porque sin Dios el mundo no puede ser un cosmos.

Entonces es sólo un fenómeno mecánico; no hay conciencia detrás de él. Sin Dios, el mundo no puede ser bondadoso, no puede ser tu madre, está destinado a ser neutral.

Tanto si vives como si mueres, a la naturaleza no le preocupa en absoluto.

La ciencia ha creado la idea de una naturaleza indiferente al hombre. Esto es peligroso, porque el hombre es tan pequeño y la naturaleza tan vasta. Y si esta vasta existencia es absolutamente indiferente hacia ti, ¿cómo puedes sentirte significativo, con sentido? Te sentirás un extraño, un intruso, algo accidental.

Y la ciencia se hizo tan prominente que incluso los filósofos empezaron a seguir la forma científica de pensar, que es una forma muy sesgada. Incluso los filósofos perdieron esa gran visión de unidad, de unicidad, de que la existencia es un hogar.

El filósofo moderno no tiene belleza comparado con Pitágoras, Heráclito, Buda, Sócrates, Lao Tzu, Zaratustra. El filósofo moderno es muy ordinario; no es más que un profesor de filosofía. Su filosofía no es un deleite en su ser, no es una canción, no es una música. Todo lo que hace es análisis lingüístico. El filósofo moderno es un fenómeno feo. La filosofía moderna NO tiene filosofía de la vida. A lo sumo, es un esfuerzo constante por seguir afilando la lógica, pero ¿para qué? Todo el esfuerzo parece inútil.

Y la filosofía moderna se ha convertido en una mera sombra de la ciencia. Ha perdido su gloria. Ya no es la ciencia de las ciencias; ya no es la reina.

Para Pitágoras, la filosofía era la cima más alta de la comprensión, el vuelo más alto hacia la verdad. Un ala tenía que ser la ciencia, otra la religión. Eran los tiempos de los grandes filósofos; el mundo conoció REALMENTE a los grandes filósofos.

En China, Confucio, Lao Tzu, Chuang Tzu, Mencio, Lieh Tzu, todos ellos contemporáneos cercanos de Zaratustra. En la India, Gautam Buda, Mahavira, Prakuddha Katyayana, Sanjay Vilethiputta, Makkhli Goshal, Poorna Kashyapa, y muchos más. En Grecia, Pitágoras, Heráclito, Sócrates, Platón, Aristóteles.... Y la cadena continúa. En Kan, el gran Zaratustra. Hace veinticinco siglos, el mundo conoció los más altos vuelos de la filosofía.

Ahora, en lugar de un filósofo, lo que se encuentra es un pobre espécimen: un profesor de filosofía.

He oído una historia:

El rey de los caníbales decidió abrir su país al turismo. Un filósofo de fama mundial, que tenía un interés especial por lo primitivo, se mostró sumamente ansioso por añadir este pueblo atrasado a sus estudios.

A su llegada al País Caníbal, el filósofo exigió una visita privada y una audiencia personal con el Rey Caníbal. No sólo se la concedió, sino que el propio Rey Caníbal condujo al dignatario visitante a todos los puntos de interés, mientras el filósofo se afanaba en tomar notas en su libreta amarilla. Hacia el final del día, el Rey se animó a sugerir una visita a la estructura más especial y sagrada de su pueblo. Anunció que se trataba del Supermercado Caníbal. Allí, en un moderno y reluciente edificio, se encontraba la más completa y variada selección de partes anatómicas humanas disponible en todo el mundo.

El filósofo accedió con entusiasmo a verlo, y pronto llegaron al edificio y entraron. Allí, iluminadas por luces fluorescentes, había hileras y hileras de relucientes vitrinas de cromo y cristal. Dentro, empaquetados cuidadosamente en plástico transparente y con los precios bien visibles, había cientos de artículos: piernas, brazos, manos, orejas, etcétera. El filósofo garabateaba notas mientras recorrían el mercado.

Por fin llegaron a lo que, según el Rey Caníbal, era su departamento más preciado: los cerebros humanos. Mientras caminaban lentamente por el pasillo, el filósofo observó los siguientes carteles: "Cerebros de exploradores - diez centavos la libra"... "Cerebros de misioneros - veinte centavos la libra"... "Cerebros de hombres de negocios - un dólar la libra"... "Cerebros de generales en jefe - diez dólares la libra". El último artículo tenía su propia vitrina y su cartel era especialmente grande: "Cerebros de filósofos", decía, "¡cincuenta dólares la libra!".

El filósofo apenas pudo contener su alegría. Sin poder contenerse, se dirigió al Rey Caníbal y le preguntó con suficiencia cómo era posible que, de todos los artículos del supermercado, los cerebros de los filósofos fueran, con diferencia, los más caros.

"Vamos, vamos, buen hombre", dijo el Rey Caníbal, "¿sabes a cuántos filósofos tenemos que matar sólo para conseguir una libra de sesos?".

La filosofía moderna y el filósofo moderno no valen nada. Ha perdido sus cumbres: ya no se mueve en el más allá. No es ni ciencia ni religión. Hoy en día es un asunto muy confuso.

Para Pitágoras, la ciencia es una búsqueda de la verdad en el mundo objetivo y la religión es una búsqueda de la verdad en el mundo subjetivo, y la filosofía es una búsqueda de la verdad. Así pues, ciencia y religión son como dos manos o dos alas. No son opuestas, sino complementarias.

Y el mundo sería mejor si nos lo recordaran de nuevo.

La iglesia, el templo y el laboratorio no tienen por qué ser enemigos. Deben existir en una especie de amistad. Entonces el hombre será mucho más rico. Si elige la ciencia, se enriquece por fuera y se empobrece cada vez más por dentro. Si elige la religión, se enriquece por dentro, pero se empobrece cada vez más por fuera. Y ambas son escenas feas.

Occidente ha elegido la ciencia; tiene todas las riquezas del mundo, pero el hombre está completamente perdido, se siente sin sentido, suicida. El hombre, cuando mira en su interior, no encuentra más que vacío. El mundo interior se ha empobrecido mucho en Occidente.

En Oriente, ha ocurrido justo lo contrario: la gente ha elegido la religión frente a la ciencia.

Su mundo interior es más tranquilo, más sosegado, más rico; pero en el exterior se mueren de hambre, sin comida, sin medicinas, sin facilidades para llevar una vida humana, viviendo casi como animales o incluso peor.

Esta es la consecuencia de no haber escuchado a Pitágoras. Toda la historia de la humanidad habría sido totalmente diferente si se hubiera escuchado, comprendido a Pitágoras. No hay necesidad de que Oriente sea Oriente y Occidente sea Occidente. No hay necesidad de que nadie sea sólo materialista o sólo espiritualista. Si el cuerpo y el alma pueden existir juntos -existen juntos en ti, en todo el mundo-, ¿por qué no pueden existir juntos el materialismo y el espiritualismo? Deberían.

Un hombre debe ser materialista y espiritualista. Elegir es fatal. No hay necesidad de elegir; puedes tener ambos mundos - DEBERÍAS tener ambos mundos; ese es tu derecho de nacimiento.

Te enseño esta síntesis: tienes que ser materialista, tan materialista como cualquier materialista, y espiritualista, tan espiritualista como cualquier espiritualista. Y recuerda: ambos se enfadarán contigo, porque el espiritualista no podrá perdonarte tu materialismo, y el materialista no podrá perdonarte tu espiritualismo.

Por eso la gente está en mi contra, ¡todo tipo de gente! Los religiosos están contra mí porque no pueden aceptar mi enfoque materialista; y los materialistas están contra mí porque no pueden aceptar mi enfoque espiritualista. Me gustaría recordarles que tienen que ser ambas cosas a la vez. Esto traerá un nuevo hombre y una nueva humanidad a la tierra, y es totalmente necesario, absolutamente necesario: un nuevo hombre, una nueva humanidad, un nuevo concepto.

No hay necesidad de elegir. Dios te ha dado un cuerpo, lo que significa que tienes que ser materialista, y Dios te ha dado un alma, lo que significa que tienes que ser espiritualista. Tienes que ser un encuentro de los dos: tienes que ser un yogui, una unión. Y si tu cuerpo y tu alma ESTÁN equilibrados, y tu espiritualismo y tu materialismo están equilibrados, en un ritmo, alcanzarás la mayor música posible. Y esa música es meditación, esa música es samadhi.

Los sutras... la purificación continúa:

ESCUCHA, Y EN TU CORAZÓN GRABA MIS PALABRAS, CIERRA OJO Y OÍDO A LOS PREJUICIOS, DE OTROS EL EJEMPLO TEME; PIENSA POR TI MISMO.

ESCUCHA, DICE PITÁGORAS. A través de los siglos los Maestros siempre han estado diciendo:

Escuchar. Pero lo que más haces es oír, no escuchar. Y hay una diferencia tremenda entre estas dos palabras.

Oír es muy superficial. Puedes oír porque tienes oídos, eso es todo. Cualquiera que tenga oídos puede oír. Es un fenómeno ordinario. Escuchar tiene una cualidad diferente.

Cuando oyes atentamente, entonces es escuchar. Oír es sólo físico; cuando tu alma también se involucra en ello, entonces se convierte en escuchar.

Y escuchar es comprender. La verdad no necesita pruebas. La verdad es evidente. Todo lo que se necesita es la capacidad de escuchar.

El estudiante oye; el discípulo escucha. El curioso escucha, porque su indagación es intelectual. Pero el que es un buscador, cuya indagación no es sólo una especie de curiosidad, cuya indagación es una cuestión de vida o muerte para él, escucha. Todo está en juego.

¿Cómo puede permitirse no escuchar?

Escuchar significa que tu cuerpo y tu alma funcionan juntos en una profunda armonía. Te conviertes en todo oídos; todo tu cuerpo funciona como un oído: tus piernas, tus manos, cada célula de tu cuerpo y todo tu ser interior están atentos. Se te transmite algo inmensamente importante. Algo se comunica y no querrás perdértelo.

Si eres un buscador, un discípulo, sólo entonces sabes lo que es escuchar. Cuando escuchas con gran amor, intensidad, pasión, cuando escuchas enardecido, cuando escuchas totalmente, cuando escuchas en silencio, eso es escuchar.

Pitágoras dice: ¡ESCUCHA...!

Uno de los grandes contemporáneos de Pitágoras, Mahavira, ha dicho que hay dos maneras de entrar en el mundo de la verdad. Una es escuchando CORRECTAMENTE - simplemente escuchando correctamente.

Los que fracasan en la escucha correcta, para ellos lo otro es por la práctica correcta. Te sorprenderás. La práctica correcta es necesaria para aquellos que han fracasado en la escucha correcta. De lo contrario, escuchar a un hombre que ha llegado es suficiente. Escuchar a un Buda es SUFICIENTE. Él ES fuego, y al escuchar te convertirás en fuego. Algo saltará de la persona iluminada al discípulo; algo misterioso se comunicará - una transmisión más allá de las escrituras y más allá de las palabras. Pero para eso es necesario escuchar.

Estuve viajando por este país durante muchos años, casi quince, hablando con millones de personas, pero oían, no escuchaban. Intenté por todos los medios ayudarles a escuchar, pero fue imposible. Tuve que dejar de viajar. Ahora sólo espero a los que saben escuchar.

Puedes ver este silencio, esta presencia tuya, esta total atención, este estar conmigo... en este preciso momento empieza a suceder una transformación. Algo se desencadenará en ti. Estos momentos son preciosos, y estos momentos son tan preciosos como tú seas capaz de escuchar.

Si tu mente está divagando en otra parte, entonces físicamente estarás oyendo pero no serás capaz de escuchar. Si muchos pensamientos se están moviendo dentro de ti y hay un gran tráfico, entonces estarás escuchando. Esos pensamientos no permitirán que te llegue lo que estoy diciendo, Y no permitirán que te llegue lo que soy. Cuando la mente no tiene pensamientos, cuando el tráfico interior se ha detenido, cuando la charla interior se interrumpe, en ese vacío, en ese silencio, en ese estado de amor y de ser, sucede la escucha.

Y escuchar CORRECTAMENTE ES comprender. No es necesario ningún otro esfuerzo. No hay necesidad de practicar la verdad porque la verdad ya es - si entiendes, está ahí; si abres los ojos, la has encontrado. La verdad no está perdida, sólo te has dormido. Si escuchas, despertarás. La verdad está donde siempre ha estado.

ESCUCHA, dice Pitágoras, Y EN TU CORAZÓN GRABA MIS PALABRAS...

Si escuchas, sólo entonces las palabras llegarán al corazón. Si oyes, las palabras sólo llegarán a la cabeza. El corazón es tu núcleo más íntimo. Si guardas silencio absoluto, sólo entonces estará disponible el pasaje para que el Maestro llegue a ti, toque tu corazón, grabe allí el mensaje.

... Y EN TU CORAZÓN GRABA MIS PALABRAS...

Y eso es suficiente. Una vez que la semilla de la verdad caiga en el corazón, te convertirás en un jardín, florecerás. Entonces sólo es cuestión de tiempo y paciencia. La semilla que cae en la tierra del corazón está destinada a crecer. Brotará cuando llegue la estación; llegará a crecer un gran follaje. Y cuando llegue la primavera, florecerá en miles de flores, florecerá.

Por eso Mahavira dice que escuchar correctamente es suficiente. En la escucha correcta, tu corazón está disponible para el Maestro. Y una vez que el Maestro puede llegar al corazón del discípulo, no se necesita nada más. Entonces la llama salta de un ser al ser del otro. Entonces la vela encendida puede seguir compartiendo su llama con todas las velas que aún no están encendidas. Es literalmente un salto de la llama de un ser a otro.

MANTÉN LOS OJOS Y LOS OÍDOS CERRADOS CONTRA LOS PREJUICIOS...

Cualquier cosa que pueda perturbarte, cualquier cosa que no te permita escuchar, es prejuicio. Si vienes aquí como hindú no me escucharás, porque constantemente estarás juzgando, criticando, evaluando, comparando. Si vienes aquí como mahometano, como cristiano, como comunista, como católico, no escucharás. Escucharás, pero estarás constantemente ocupado en el trabajo interior; no estarás disponible. Los prejuicios nos mantienen cerrados.

Y cuando tienes prejuicios, cuando ya has decidido algo a priori, entonces sólo escucharás de una manera muy selectiva. Sólo escucharás lo que apoye tus prejuicios. No serás capaz de escuchar aquello que vaya en contra de tus prejuicios.

Y así es como la gente oye, y así es como la gente ve. Incluso la visión tiene prejuicios. Sólo ves lo que quieres ver, y sólo oyes lo que quieres oír. Y entonces sigues interpretando según tus prejuicios. Si no sales de tu prejuicio, nunca saldrás a la luz. Tu prejuicio es tu prisión.

Y hay prejuicios y prejuicios... sociales, políticos, religiosos, filosóficos, capas y capas de prejuicios. Y estás rodeado de tantas capas que es casi imposible llegar a ti. Tendrás que abandonar esos prejuicios.

Y Pitágoras no está diciendo: "Diga lo que diga, tienes que creer en ello". No. Simplemente está diciendo: "¡Escucha!" No es cuestión de creer o no creer. Y eso es lo que te estoy diciendo. No se trata de creer o no creer en lo que se te dice. La verdad no NECESITA nada. La verdad sólo necesita ser escuchada. Una vez que la hayas escuchado, se convertirá en tu verdad. Y no necesitarás creer en ella. Sólo tienes que creer en las cosas cuando no las has conocido por ti mismo, cuando no las has conocido por ti mismo, cuando no son tu propia experiencia, entonces tienes que creer.

La persona que esté dispuesta a escuchar no necesitará creer en nada ni dejar de creer. Su claridad resolverá inmediatamente las cosas. Cuando escuchas con los oídos y los ojos abiertos, con claridad y transparencia, la verdad se entiende inmediatamente como verdadera, y la falsedad se entiende inmediatamente como falsa. No necesitas pensar en ello; no necesitas reflexionar sobre lo que está bien y lo que está mal.

En una mente transparente, lo correcto se conoce como correcto, y lo incorrecto se conoce como incorrecto. La mente transparente es el factor decisivo: concluye inmediatamente. Y la conclusión tampoco es un proceso lógico.

Pero seguimos cargando con prejuicios. Y los pequeños prejuicios pueden impedir. Basta una pequeña partícula de polvo en el ojo para impedirte ver este hermoso mundo. No podrás abrir los ojos. Puedes estar viendo el Himalaya y una partícula de polvo entra en tus ojos - y el Himalaya desaparece. Ahora bien, la partícula de polvo es tan pequeña, pero ayuda a que desaparezca el gran e inmenso Himalaya.

Y tus ojos no sólo están llenos de polvo, sino de montañas de prejuicios.

Lo primero para un discípulo es estar completamente desnudo en cuanto a prejuicios se refiere. Abandónalos. No has experimentado; te han dicho qué creer y qué no creer. Déjalo todo, conviértete en un espejo puro y escucha.

ESCUCHA, Y EN TU CORAZÓN GRABA MIS PALABRAS; CIERRA OJO Y OÍDO A LOS PREJUICIOS; DE LOS DEMÁS TEME EL EJEMPLO, PIENSA POR TI MISMO.

Y MIRA A LOS DEMÁS Y VERÁS: todos están llenos de conclusiones, prejuicios, escrituras, filosofías, dogmas y credos - y sin embargo, ¿a dónde han llegado? Míralos, y teme, teme que si no dejas tus prejuicios seguirás igual.

Sal fuera y mira a la gente: sus vidas no tienen alegría. sus vidas no tienen autenticidad, y todos son grandes creyentes. Alguien va a la mezquita, alguien va a la iglesia, alguien va al templo - y todos son personas religiosas. Alguien lee la Biblia y alguien lee DAS KAPITAL y alguien lee el Gita - ¡todos son creyentes! Alguien cree en la Kaaba y alguien en Kashi y alguien en el Kremlin, pero TODOS son creyentes. ¿Pero qué ha pasado en sus vidas? Dios aún no ha asentido. Sus vidas no son numinosas: Dios aún no les ha dicho que sí. No saben nada de Dios.

Puedes mirarles a los ojos y sólo encontrarás tristeza y nada más: frustración a raudales. Observa sus vidas y verás que se arrastran; no hay danza en sus pasos. Mira de qué hablan y no encontrarás música en ello. Observa sus vidas y no encontrarás gracia en ellas. ¡Cuidado! ¿Vas a ser como esta multitud que rodea al mundo? ¿Vas a ser sólo parte del rebaño? ¿O vas a volverte numinoso? Eso lo tienes que decidir tú.

DE OTROS EL EJEMPLO MIEDO...

Pitágoras tiene toda la razón. Observa a los demás y eso te ayudará. Observa a tus padres, dónde han llegado. Y te están guiando, ciegos guiando a otros ciegos. Observa a tus líderes, ¿a dónde han llegado? Locos que guían a otros locos. Observa a tus sacerdotes, ¿cuál es su experiencia?

Míralos a los ojos, encuéntralos, y los encontrarás tan temerosos como tú, tan oscuros como tú. No encontrarás ni un rayo de luz en su ser. Vuestros rabinos, vuestros expertos, vuestros sacerdotes... id y vedlo.

Estate un poco más alerta al observar a la gente, e inmediatamente te sucederá esto de comprender: "¿Voy a ser así? ¿Como esta gente? Entonces la vida está perdida". Y si puedes aprender algo de la multitud que te rodea -de tus padres, de tus amigos, de tus vecinos-, una cosa es cierta: que el camino hacia la verdad nunca pasa por los prejuicios, y el camino hacia Dios no es el camino de las escrituras y las creencias. El camino de Dios pasa por el silencio, la pureza de la mente, la claridad de la mente. Y la mente sin prejuicios es una mente pura, recuerda.

Por "pureza" no entiendo nada moral; por "pureza" entiendo simplemente algo científico.

Cuando dices: "Esta agua es pura", ¿quieres decir que es moral? ¿Esta agua es moral?

Cuando dices: "Esta agua es pura", la palabra "pura" no se utiliza en ningún sentido moralista. Simplemente dice: esta agua no contiene nada extraño. Es simplemente ella misma, clara, sin polvo, sin contaminación. Es simplemente ella misma, natural, como debe ser.

Considero que una mente es pura cuando no tiene prejuicios; entonces hay claridad y la mente funciona como un espejo, un espejo puro.

La mente del moralista nunca es pura, porque tiene un prejuicio: qué es bueno y qué es malo. Trata de ser bueno y trata de no ser malo. Y está en contra de lo malo, y no sabe lo que es malo, porque no sabe lo que es bueno: sólo se lo han dicho. Simplemente sigue a otros: forma parte de una larga cadena de esclavitud.

Si naces en una familia Jaina, comer patatas está mal. ¿Patatas? ¿Pobres patatas?

Son gente tan inocente, ¿acaso hay gente más inocente que las patatas? Pero está mal. Los jainas evitan todo lo que crece bajo la tierra; eso es inmoral. Puede que nunca hayas pensado en ello; pero si hubieras nacido Jaina, entonces éste habría sido tu prejuicio.

Ten cuidado con tus prejuicios. Son TODOS iguales: a menos que algo esté arraigado en tu propia experiencia, sigue siendo una esclavitud.

MANTÉN CERRADOS OJO Y OÍDO CONTRA LOS PREJUICIOS; DE LOS DEMÁS EL EJEMPLO TEME; PIENSA POR TI MISMO.

Observa, mira... nunca creas en los demás. Sé consciente de lo que ocurre a tu alrededor con la gente, pero piensa siempre por ti mismo.

Sócrates dice: Conócete a ti mismo - pero sólo puedes conocerte a ti mismo si empiezas a pensar por ti mismo. Pero todos hemos cedido el derecho a pensar -que es un derecho muy intrínseco, muy fundamental- se lo hemos cedido a otros. ¡Otros piensan por ti! Tus padres deciden lo que está bien y lo que está mal, y tus profesores y tus curas y tus políticos... has cedido tu derecho a que otros piensen por ti, que es el derecho más fundamental. Nada puede ser más básico que eso.

Nunca des tu derecho de pensar a nadie más, sea quien sea. Y el verdadero Maestro nunca te quita tu derecho. De hecho, te ayuda a recuperarlo, a reclamarlo, a redescubrirlo. Te ayuda a convertirte en una luz para ti mismo.

Recuerda las últimas palabras de Buda a sus discípulos: Sé una luz para ti mismo.

Pitágoras dice: PIENSA POR TI MISMO... lo mismo en otras palabras. Observa, experimenta, ve lo que ocurre, pero la decisión última tiene que ser tuya, totalmente tuya.

Nunca digas: "Hago esto porque mis padres lo han hecho", eso es estúpido. Hazlo si TÚ sientes que es correcto hacerlo, si crees que es correcto es porque has llegado a ello a través de tu propia meditación. Si ha sido la conclusión de todas tus experiencias, entonces hazlo por todos los medios; si tus padres lo hacían o no, no importa.

Nunca digas: "Porque siempre se ha hecho, por eso lo hago". Nunca digas: "Porque está escrito en los Vedas o en el Corán o en la Biblia, por eso lo hago". Todo ha cambiado, los tiempos han cambiado. Lo que era correcto en los tiempos de los Vedas ya no lo es. Y lo que era correcto en los tiempos del Corán ya no lo es, no puede serlo.

Por ejemplo, Mahoma dijo a sus discípulos: "¡Dad a luz tantos hijos como sea posible!". Esto era perfectamente correcto para la gente con la que Mahoma hablaba. Hablaba con guerreros; y en aquellos días, y en particular en los países árabes, era tan sangrienta la lucha por sobrevivir que cada vez se necesitaba más gente, y en particular cada vez se necesitaban más niños varones para ser soldados. Había muchas mujeres; casi cuatro veces más que hombres. Por eso Mahoma dijo: "Puedes tener cuatro esposas".

Era perfectamente moral y perfectamente correcto, porque si Mahoma hubiera insistido en una sola esposa, entonces tres mujeres se habrían quedado sin maridos, sin familias, sin hijos - y eso habría creado una gran prostitución, eso habría creado una gran inmoralidad. Así que tenía toda la razón al decir: "Puedes casarte con cuatro esposas".

Él mismo se casó con nueve, por poner un ejemplo. Y, por supuesto, el Maestro tiene que hacerlo más perfectamente que el discípulo. Y estoy absolutamente de acuerdo con él; lo hizo bien.

Y todo lo que decía era lógico, racional, pertinente. Estaba dando un mandamiento muy responsable: Cásate con cuatro esposas.

Pero los mahometanos siguen casándose con cuatro esposas, ése es el problema. Dicen: "¡Lo ha dicho el profeta!". Ahora el número de mujeres en el mundo es igual, de hecho, en algunos países, menor que el de hombres. En general es igual, así que una mujer por un hombre parece ser la salida racional. Ahora bien, si te casas con cuatro mujeres, tres hombres se quedarán solteros y crearán problemas, están destinados a crear problemas. De hecho, crearán más problemas que tres mujeres solteras. Las mujeres son pasivas, pacientes, aceptan. ¿Has oído alguna vez que una mujer viole a un hombre? Eso no ocurre. Pero esos tres hombres sin mujeres se convertirán en violadores; destruirán toda la sociedad, destruirán todo lo que es bello y bueno e íntimo. Se convertirá en una fea sociedad sexual y pervertida.

Mahoma tenía razón, pero la razón sólo puede ser relevante en un momento determinado. Y luego dijo: "Tened tantos hijos como podáis". Los mahometanos siguen haciendo lo mismo. Ahora el mundo está superpoblado, Mahoma nunca fue consciente de ello, lo que iba a suceder - nadie puede decir sobre el futuro. Ahora el mundo está superpoblado; no necesitamos más gente. Cada vez necesitamos menos gente.

Si India tiene la mitad de la población que tiene hoy, será la mayor bendición para ella.

Pero los mahometanos dicen que no pueden parar porque está escrito en sus escrituras.

Ahora, porque estoy diciendo esto, algún mahometano va a estar en mi contra. Se reunirán en algún lugar protestando porque estoy hablando en contra del profeta. No estoy hablando en contra del profeta; simplemente estoy hablando en contra de su estupidez. Simplemente estoy diciendo que han pasado mil cuatrocientos años desde Mahoma, y mucha agua ha bajado por el Ganges.

Han pasado cinco mil años desde que Manu escribió el código hindú de moralidad - han pasado CINCO mil años. Todo ha cambiado, pero la mente hindú sigue orientada hacia Manu. Han pasado tres mil años desde que Moisés os dio los mandamientos, pero seguís siguiéndolos.

Cada MOMENTO la vida va cambiando, y el hombre realmente consciente responderá cada momento - ¡a la situación! No llevará ningún prejuicio... no llevará ningún pasado en su cabeza. Será un puro espejo de la situación en la que se encuentra, y actuará FUERA de la situación - será responsable. Ese es el significado de la palabra "responsable": una persona responsable es una persona moral según yo. Pero tu supuesta gente moral NO es gente responsable.

La responsabilidad es MÁS fundamental que la moralidad. Y por "responsabilidad" entiendo la capacidad de responder al momento presente, no según fórmulas preestablecidas, no según prejuicios ya acumulados, sino según la situación. Y cuando respondes al momento, es liberador, y siempre es bueno, y siempre es adecuado.

... PIENSA POR TI MISMO Mahoma no puede pensar por ti, ni Krishna ni Cristo. Yo no puedo pensar por ti. Puedo ayudarte a convertirte en un espejo para que puedas pensar por ti mismo.

Recuerda, esta es la diferencia entre un verdadero Maestro y un pseudo Maestro. El pseudo Maestro te da qué pensar; el verdadero Maestro te da CÓMO pensar. El pseudo Maestro te da fórmulas ya hechas; el verdadero Maestro simplemente te ayuda a convertirte en un espejo, de modo que siempre, estés donde estés, respondas adecuadamente a la situación, tus respuestas nunca sean inadecuadas.

El pseudo maestro te da una filosofía, un credo, una creencia; el verdadero Maestro te da sabiduría, conciencia, comprensión. Entonces cada acto tiene que salir de esa comprensión.

El mundo puede convertirse realmente en un paraíso si la gente es responsable. Pero es más fácil echar la responsabilidad de pensar a los demás. A la gente no le gusta pensar. Quieren que otro mastique por ellos, entonces pueden simplemente tragarse la comida. No quieren masticar por sí mismos, y a menos que mastiques por ti mismo no te nutrirás.

A menos que mastiques por ti mismo, nunca llegarás a ser un individuo integrado. Sólo serás un número anónimo, no un individuo real.

Y ser un individuo es la meta de la vida - sólo entonces eres aceptado por Dios, estás listo para ofrecerte a Dios. Sólo entonces tienes algo que ofrecer. Antes de eso sólo estás vacío, lleno de paja; no tienes nada valioso.

CONSULTAR, DELIBERAR Y ELEGIR LIBREMENTE.

Pitágoras dice: CONSULTA... no está diciendo que no escuches a los demás. Consulta: hay gente con más experiencia que tú.

CONSULTA, DELIBERA... pero no aceptes. Acepta el consejo, luego contempla, delibera, medita sobre él... Y ELIGE LIBREMENTE. La elección final tiene que ser tuya. Elige libremente porque si no eliges libremente, nunca tendrás libertad.

La libertad es el efecto acumulado de todas las elecciones libres que has hecho en tu vida.

Si nunca has hecho una elección libre, ¿cómo puedes tener libertad? La libertad no es una mercancía; la libertad es un efecto acumulativo de todas las elecciones que has hecho en tu vida.

Tú no eliges a tu mujer - tu padre elige a la mujer por ti. No tendrás libertad. No eliges tu templo: tu nacimiento ya lo ha decidido, que irás a la iglesia -católica, protestante- o irás al templo, hindú, jaina, budista. Tu nacimiento lo ha decidido. Tu matrimonio lo deciden tus padres, tu educación la deciden los padres. ¡¿Y luego quieres libertad?! Y entonces todo lo deciden otros. Y la libertad es acumulativa. Si vas decidiendo en cada paso de tu vida por ti mismo, poco a poco, vas acumulando libertad.

Entonces la libertad se convierte en un poder en ti, y la libertad es el mayor don de Dios. Pero tienes que ser digno de ella.

No eches tus responsabilidades a los demás. Es más fácil, porque te da la oportunidad de decir: "¿Qué puedo hacer?". Si has encontrado una esposa equivocada, ¿qué puedes hacer? Tus padres son los responsables, o los astrólogos, los quirománticos... tú no eres responsable. Has eludido una responsabilidad, pero con ello has eludido algo valioso. Eligiendo a tu propia mujer, eligiendo a tu propio hombre, te habrías integrado, cristalizado. Cada elección te cristaliza.

DEJA QUE LOS NECIOS ACTÚEN SIN RUMBO NI CAUSA, TÚ DEBES, EN EL PRESENTE, CONTEMPLAR EL FUTURO.

LOS TONTOS ACTÚAN SIN RUMBO Y LOS SABIOS ACTÚAN SIN RUMBO. Por eso a veces el sabio parece un tonto y viceversa: el tonto a veces parece un sabio. Hay una cosa común entre el sabio y el tonto, y esa cosa común es: ambos actúan sin rumbo - pero por diferentes razones actúan sin rumbo.

El necio actúa sin rumbo porque no tiene conciencia; funciona mecánicamente, inconscientemente. El sabio actúa sin rumbo porque es tan plenamente consciente, es tan totalmente consciente, que no hay necesidad de pensar en el objetivo. La conciencia misma es suficiente para llevarlo en la dirección correcta, a la meta correcta.

Pero tú estás entre los dos: no eres ni un tonto ni un sabio. Los sabios son tan raros como los tontos. Millones de personas están justo en medio, en el limbo. Este sutra es para los que están en el limbo, y esa es la mayoría; el noventa y nueve por ciento de la gente está en el limbo.

DEJA QUE LOS NECIOS ACTÚEN SIN RUMBO NI CAUSA, TÚ DEBES, EN EL PRESENTE, CONTEMPLAR EL FUTURO.

Actúa conscientemente, deliberadamente, elige, piensa en las consecuencias. Hagas lo que hagas, piensa en las consecuencias. Pero recuerda: Pitágoras no está diciendo que te orientes demasiado hacia el futuro. Por eso dice:

... EN EL PRESENTE, CONTEMPLA EL FUTURO.

Permanece en el presente, orientado al presente. No te involucres demasiado en la fantasía del futuro. Pero lo que dice es que aún no puedes dejar de lado el futuro por completo. Sólo podrás dejarlo cuando estés totalmente alerta. Así que ahora mismo tienes que hacer una cosa: permanecer en el presente -eso te ayudará a ser cada vez más consciente- y pensar en las consecuencias -eso te hará cada vez menos estúpido-. Y, poco a poco, una gran inteligencia se libera por estas dos cosas: estar en el presente y moverse siempre con puntería, con un objetivo, con una dirección.

En última instancia, la dirección y el objetivo, todo desaparece. Por eso San Francisco se llama a sí mismo un "tonto de Dios"; Jesucristo también era conocido como un tonto, Ramakrishna es un tonto - pero en un sentido totalmente diferente. Son tan inocentes, son de nuevo como niños. Actúan espontáneamente, sin objetivo, sin idea de las consecuencias. Pero su conciencia es tal que no pueden equivocarse. Tienen ojos, así que no necesitan pensar en la puerta, en dónde está la puerta. Pero tú estás ciego. Si no piensas en la puerta, puedes tropezar con algún mueble, con la pared; puedes hacerte daño, herirte.

LO QUE NO SABES, NO FINJAS QUE LO SABES.

INSTRÚYETE: PORQUE EL TIEMPO Y LA PACIENCIA LO FAVORECEN TODO.

LO QUE NO SABES... lo que no sabes, por favor, no finjas que lo sabes. Así es la mente mediocre; sigue fingiendo. No puede aceptar: "Hay algo de lo que no tengo conocimiento, no lo sé". Sigue fingiendo. Sigue comportándose como si supiera, y así se vuelve cada vez más tonta. Esas pretensiones no te ayudarán a ser sabio. Esas pretensiones se convertirán en barreras para la sabiduría.

Cuando P. D. Ouspensky llegó a su Maestro, Gurdjieff, por primera vez, Gurdjieff le miró a los ojos y sin decir una sola palabra le dio un trozo de papel, vacío, y le dijo que fuera a la habitación contigua y escribiera en un lado lo que creía saber y en el otro lo que creía que no sabía.

Ouspensky se quedó un poco perplejo: "¿Qué clase de comienzo es éste?". Ni siquiera le había preguntado su nombre, ni se había presentado formalmente. Ni siquiera le había preguntado: "¿Por qué has venido?". Simplemente le dio el trozo de papel y le dijo: "Ve a la habitación de al lado y escribe en un lado lo que sabes y en el otro lo que no sabes".

Ouspensky entró en la habitación. Era una noche fría, una fría noche rusa, pero empezó a sudar. No pudo escribir ni una sola palabra en el lado donde debía escribir lo que sabía. Por primera vez fue consciente de que no sabía nada. Pensó en muchas cosas -Dios, la verdad, el amor, la vida, la muerte- y no es que no supiera nada. Ya era un autor muy famoso; ya había escrito su mayor libro, TERTIUM ORGANUM.

Hace unos días les dije que es el tercer libro más grande del mundo. El primero es el ORGANUM de Aristóteles, el segundo es el NOVUM ORGANUM de Bacon, el tercero es el TERTIUM ORGANUM de Ouspensky - el tercer canon del pensamiento. Ya lo había escrito. Ya era mundialmente famoso. Gurdjieff no era conocido en absoluto; de hecho, Gurdjieff se hizo conocido gracias a Ouspensky.

Un matemático de fama mundial, un filósofo y pensador de fama mundial, un gran autor...

podría haber escrito miles de cosas que sabía. Podría haber presentado su gran libro, TERTIUM ORGANUM, a Gurdjieff: "Estas son todas las cosas que sé". Y en ese libro habla como un vidente de los Upanishads, como un profeta. Si lees el libro te sorprenderás de cómo un hombre que aún no se ha iluminado puede escribir tales cosas.

Pero se pueden escribir: sólo hace falta un poco de ingenio.

Pero esa noche no pudo escribir ni una sola palabra. Volvió con lágrimas en los ojos, cayó a los pies de Gurdjieff, le dio el papel en blanco y le dijo: "No sé nada. Empieza a instruirme - desde el principio. Empieza desde el ABC".

Este es el comienzo del discipulado. Sólo una persona así puede ser discípulo, porque ha abandonado todos los prejuicios, y debe de haber sido difícil para un hombre que era tan famoso.

LO QUE NO SABES, NO FINJAS QUE LO SABES. INSTRÚYETE...

Aprender. Si crees que ya sabes, ¿cómo vas a aprender?

... PARA QUE EL TIEMPO Y LA PACIENCIA FAVOREZCAN A TODOS.

Y si aprendes, no te preocupes: EL TIEMPO Y LA PACIENCIA LO FAVORECEN TODO. La existencia siempre se preocupa por ti. Si eres auténtico, si tu búsqueda es verdadera y no eres un farsante, el tiempo te ayudará, cooperará contigo. Tiempo por parte de la existencia, y paciencia por tu parte.

La palabra inglesa "patient" es hermosa, pero se ha vuelto muy fea, ha ido a parar a manos equivocadas. Ahora paciente significa alguien que está enfermo. De hecho, antiguamente se llamaba "paciente" a la persona enferma, porque la enfermedad significa que no has aprendido a estar sano y completo. Por lo tanto, tienes que aprender. En el mundo antiguo, el paciente era simplemente el estudiante. El paciente tenía que aprender a estar sano y completo. Y como necesitaba mucha paciencia para aprenderlo, por eso se le llamaba paciente. No tenía nada que ver con la enfermedad. Y todo el mundo está enfermo. Ocurre casi todos los días.

La gente viene aquí... uno ha venido sólo para cuatro semanas, y luego es difícil irse, y vienen y me preguntan: "MAESTRO, ¿podemos escribir a nuestra oficina, a nuestro jefe, que estamos enfermos? porque sólo si estamos enfermos se puede prolongar nuestra estancia". ¿Pero no será falso? ¿Qué me dices?"

Yo digo: "¡Escribe! - porque no puede faltar a la verdad. ¡Estáis todos enfermos! No necesitas un certificado para ello. Es la verdad absoluta. Puedes seguir escribiendo una y otra vez durante años y será verdad".

No estar enfermo significa convertirse en un Buda. Puedes escribir hasta que te hayas convertido en un Buda.

INSTRÚYETE: PORQUE EL TIEMPO Y LA PACIENCIA LO FAVORECEN TODO.

NO DESCUIDES TU SALUD...

PARA PITÁGORAS, LA SALUD TIENE DOS ASPECTOS. Uno es el físico, el otro es el espiritual. El cuerpo es tu templo, no lo descuides. Tus tontos y estúpidos ascetas te han estado diciendo que lo descuides, no sólo que lo descuides, sino que destruyas tu cuerpo.

Pitágoras no es un asCético: es un hombre de entendimiento.

Dice: Respeta, no descuides, tu cuerpo. Si descuidas tu cuerpo, no podrás encontrar la armonía interior, porque si el cuerpo es armonioso, ayuda a alcanzar la armonía interior. Cuida tu salud, tu cuerpo; ámalo, respétalo, es un gran regalo.

Es un milagro, un misterio.

... PRESCINDIR CON MODERACIÓN ALIMENTO AL CUERPO Y A LA MENTE REPOSO.

Lo que el alimento es para el cuerpo, el reposo es exactamente lo mismo para el alma: el alimento nutre el cuerpo y el reposo nutre el alma. El materialista se olvida del reposo; por eso en Occidente hay tanta inquietud: han olvidado el reposo, no saben relajarse. No saben cómo estar en un estado de desocupación; no saben cómo sentarse en silencio sin hacer nada. Lo han olvidado por completo. El materialista está destinado a olvidar. Sigue comiendo demasiado, y ha olvidado que sólo su cuerpo sigue engordando y engordando, y su alma sigue adelgazando y adelgazando.

A veces veo gente que sólo tiene cuerpo y nada de alma. Sólo capas y capas de grasa, y nada detrás: verduras, coles. Por muy sofisticados que sean, educados, llenos de conocimientos, no hay mucha diferencia.

Dicen que la diferencia entre una coliflor y una col no es mucha: cuando la col pasa por la universidad se convierte en coliflor.

El reposo es mucho más esencial incluso que la comida. Si a veces se hace un pequeño ayuno está bien, pero nunca se debe olvidar el reposo, porque en el fondo el cuerpo es sólo un templo:

la deidad está dentro. El cuerpo debe ser amado sólo porque es un templo de la deidad. El cuerpo es sólo un medio; el fin está dentro.

El reposo es alimento, la meditación es alimento para el alma. Reposo significa silencio, descanso, relajación, calma, frialdad, tranquilidad, meditación. Un estado de mente desocupada, vacía, silenciosa, sin idea de hacer nada, sin ir a ninguna parte, sin prisa por llegar a ninguna parte, simplemente estar ahora. Eso es el reposo. Y estar en calma es tremendamente nutritivo, porque entonces estás profundamente en sintonía con Dios, y la música te invade.

El pasado ya no existe, está muerto; el futuro aún no existe, no ha nacido. Sólo el presente existe. Sólo el presente está vivo. Cuando estás vivo, la vida fluye en ti. Cuando estás vivo, estás en Dios. Y eso es alimento, es comida de verdad.

En ese sentido los Upanishads han dicho: ANAM BRAHM - el alimento es Dios, Dios es alimento. En el sentido de reposo es REALMENTE alimento. Así como el cuerpo muere sin alimento, el alma muere sin reposo.

El materialista sólo piensa en el cuerpo, y el espiritualista sólo piensa en el reposo, y ambos quedan ladeados. Uno tiene un alma muy nutrida pero un cuerpo desnutrido; el templo está en ruinas. Y uno tiene un templo hermoso, un templo de mármol, pero la deidad está muerta, o no ha venido todavía. A ambos les falta algo.

Necesitamos una música de tierra y cielo, de cuerpo y alma; necesitamos una armonía entre lo visible y lo invisible. La comida es visible, el reposo es invisible. Se necesitan ambos, y se necesita un ritmo entre los dos.

La persona que no ha sabido lo que es el reposo empieza a atiborrarse de demasiada comida.

Nada puede ayudarle a menos que aprenda el reposo - ninguna dieta le va a ayudar, ningún ejercicio le va a ayudar, ninguna disciplina le va a ayudar. Tarde o temprano empezará a comer de nuevo, porque su ser interior se siente tan vacío y no conoce otra manera de llenarlo - sólo conoce una manera: seguir echando comida dentro de sí.

Cuando la gente acude a mí con el problema de obsesionarse demasiado con la comida, mi única sugerencia es: sé más meditativo. No te preocupes por la comida. Vuélvete más amoroso, más meditativo, y el problema desaparecerá. Cuando estés lleno de amor y meditación, no necesitarás atiborrarte de comida. La comida es sólo un sustituto, porque te falta el alimento interior y tratas de sustituirlo con comida exterior.

El hombre de reposo siempre permanece muy, muy alerta, consciente, de lo que está comiendo, de cuánto está comiendo. No puede comer más de lo necesario, y no comerá menos de lo necesario.

Siempre está en el medio, es un equilibrio.

DEMASIADA ATENCIÓN O DEMASIADO POCO REHUIR, PUES LA ENVIDIA ASÍ, A CUALQUIERA DE LOS DOS EXCESOS SE UNE POR IGUAL.

Pitágoras siempre te está recordando sobre la media de oro: estar en el medio - tanto como Buda sigue recordando sobre MAJJHIM NIKAYA, el camino del medio.

DEMASIADA ATENCIÓN O MUY POCA...

No anheles que la gente te preste demasiada atención: eso es un viaje del ego. No trates de ser muy famoso, muy conocido, esto y aquello, eso es un viaje del ego. Pero eso no significa que empieces a intentar convertirte en una nulidad, que nadie te conozca, que permanezcas en el anonimato:

eso es el mismo viaje en el otro extremo. Evita ambos.

Hay que evitar todos los extremos. Según Pitágoras, el exceso es el mal, y lo es. Y estar en el medio, exactamente en el medio, es la virtud. Nunca seas un asceta, y nunca te vuelvas indulgente. No comas demasiado ni hagas largos ayunos. No te obsesiones demasiado con el lujo, y no te vuelvas demasiado anti-lujo, anti-comodidad.

EL LUJO Y LA AVARICIA TIENEN RESULTADOS SIMILARES. UNO DEBE ELEGIR EN TODAS LAS COSAS UN MEDIO JUSTO Y BUENO.

No renuncies al mundo, y tampoco seas mundano. Regocíjate en el equilibrio: baila, porque el equilibrio es danza. Canta porque el equilibrio es canción. Vuélvete musical porque el equilibrio crea música.

Y recuerda, en todas y cada una de las cosas hay que seguir la media de oro. Y si puedes seguir la media áurea, te convertirás en oro, tu metal más bajo se transformará en el metal más elevado, el oro.

El oro es un símbolo de la cima suprema - por eso Pitágoras ha llamado a estos sutras, VERSOS DE ORO. Es una expresión alquímica. A lo largo de los siglos, los alquimistas han tratado de encontrar la manera de transmutar los metales básicos en oro. Recordemos que no se preocupaban en absoluto por los metales inferiores ni por el oro: su objetivo era transformar al hombre de animal sexual en conciencia extática, transformar el animal que hay en el hombre en Dios. Ese estado está representado por el oro.

Sigue el medio dorado y te convertirás en el oro. Sigue el camino del equilibrio y todos los misterios te serán revelados. Ese es también mi mensaje para mis sannyasins: No dejes el mundo sin ser de él.

Zorba El Buda

La primera pregunta

Pregunta 1:

MAESTRO, AHORA MISMO, AQUÍ, PODRÍA BEBERTE, COMPARTIR TU BUDEIDAD, PERO NO LO HAGO. DÍA TRAS DÍA, NO LO HAGO. AMADO MAESTRO, ¿ES NUESTRO CONDICIONAMIENTO TAN DIFÍCIL DE ABANDONAR?

Rashid,

LO MÁS DIFÍCIL EN LA VIDA ES DEJAR EL PASADO, porque dejar el pasado significa dejar toda la identidad, dejar toda la personalidad. Es abandonarte a ti mismo. No eres más que tu pasado, no eres más que tus condicionamientos.

No es como dejar caer la ropa: es como si te arrancaran la piel. Tu pasado es todo lo que sabes que eres. Dejar caer es difícil, arduo, lo más difícil de la vida.

Pero los que pueden se atreven a dejarlo, sólo ellos viven. Otros simplemente fingen vivir, otros simplemente siguen arrastrándose de alguna manera. No tienen vitalidad, no pueden tenerla. Viven al mínimo. Y vivir al mínimo es perderse todo.

Sólo cuando vives al máximo de tu potencial se produce el florecimiento. Sólo en la expresión óptima de tu ser, de tu verdad, llega Dios, empiezas a sentir la presencia de lo divino.

Cuanto más desapareces, más sientes la presencia de lo divino. Pero la presencia sólo se sentirá más tarde. La primera condición que hay que cumplir es desaparecer. Es una especie de muerte.

Por lo tanto, Rashid, es difícil. Y el condicionamiento ha llegado muy hondo -porque has estado condicionado desde el principio; desde el primer momento en que naciste, empezó el condicionamiento. Para cuando te volviste alerta, un poco consciente, ya había llegado al núcleo más profundo de tu ser. A menos que penetres en ese núcleo más profundo que no estaba condicionado en absoluto, que estaba antes de que empezara el condicionamiento, a menos que te vuelvas así de silencioso e inocente, nunca sabrás quién eres.

Sabrás que eres hindú, cristiano o comunista. Sabrás que eres indio, chino, japonés, y sabrás muchas cosas, pero esas cosas no son más que condicionamientos que te han impuesto. Habías venido al mundo completamente silencioso, puro, inocente. Tu inocencia era absoluta.

Meditar significa penetrar hasta ese núcleo, hasta lo más íntimo. Los zen lo llaman CONOCER EL ROSTRO ORIGINAL.

Primero hay que comprender este condicionamiento. Debido a este condicionamiento has perdido algo esencial, algo natural, algo espontáneo en ti. Ya no eres un ser humano, sólo aparentas serlo. Te has convertido en un humanoide.

El humanoide es un ser incapaz de conocerse a sí mismo, que no tiene ni idea de quién es. Todas sus ideas sobre sí mismo son prestadas, se las dan otros humanoides.

El humanoide es incapaz de movilizar sus propias intenciones; ya no tiene capacidad de querer, de ser. Es un fenómeno dependiente, ha perdido su libertad. Esta es, en esencia, su psicopatología.

Y toda la humanidad actual es psicopatológica. La gente que te parece normal no lo es en absoluto. Toda esta tierra se ha convertido en un gran manicomio. Pero como toda la tierra es un manicomio, es difícil de ver. La gente en todas partes es como tú, así que crees que tú eres normal y ellos son normales.

Es muy raro que una persona normal suceda en este mundo - este mundo no permite que lo normal suceda. Buda es normal, Jesús es normal, Mahoma es normal. Pero parecen anormales porque son una pequeña minoría.

La mayoría es patológica. Y esta mayoría es muy decisiva. Crucifica a Jesús, envenena a Sócrates, mata a Mansoor.

El humanoide es alguien que no puede decidir por sí mismo, que siempre busca autoridades, que siempre necesita que OTRO le diga lo que tiene que hacer. Está dispuesto a obedecer: nunca está dispuesto a elegir. Eso es lo que Pitágoras quiere que hagas, y todos los grandes Maestros del mundo: elegir, querer, ser una luz para ti mismo.

El humanoide no puede querer por sí mismo porque nunca ha aprendido a hacerlo. Por eso, Rashid, dices:

AHORA MISMO, AQUÍ, PODRÍA BEBERTE, COMPARTIR TU BUDEIDAD.

PERO NO LO HAGO.

Porque no puedes querer por ti mismo, no puedes elegir por ti mismo. Te has vuelto totalmente dependiente. El humanoide no puede querer por sí mismo porque nunca se le ha enseñado a hacerlo. La incapacidad de querer por sí mismo no es un rasgo genético. No es en absoluto una incapacidad heredada, sino una incapacidad adquirida.

Naciste para ver la verdad, fuiste capaz. Cada niño es capaz de ver a Dios, de comunicarse con la existencia, de querer... pero se lo impedimos. Poco a poco, todas las puertas se cierran. Lentamente, lentamente, alcanza una especie de incapacidad, una especie de impotencia. Y entonces, incluso cuando ve que las puertas de la prisión están abiertas, no puede salir. Se aferra a los barrotes.

Es como un loro que ha vivido tanto tiempo en la jaula que ha olvidado que tiene alas. Deja la puerta abierta... no saldrá de ella. Si intentas sacarlo, se aferrará a los barrotes.

Eso es lo que te está pasando, Rashid. Esta es tu incapacidad alcanzada. Especialmente, esta incapacidad significa que la crianza y la educación anteriores de un ser humano desalentaron o nunca dieron la oportunidad de que esta voluntad activa tuviera lugar.

Los padres no permiten que los niños quieran. Luego están los profesores, y esos profesores están contratados por los padres y la sociedad. Están al servicio del pasado. Todo el sistema educativo está al servicio del pasado, no a tu servicio, recuérdalo. Desde la guardería hasta la universidad, todos los maestros y profesores están al servicio del pasado; están ahí para mantener el pasado. No están para ti, no están para ayudarte, están para condicionarte.

Y luego el cura y los políticos... TODOS intentan condicionarte. Nadie quiere que seas un hombre libre, todos quieren que seas un esclavo - porque cuanto más esclavo seas, más fácilmente te podrán explotar. El líder necesitará seguidores. ¿De dónde va a sacar seguidores? A menos que la gente sea esclava y necesite constantemente a alguien que la domine, ¿de dónde va a sacar seguidores?

Y los políticos estúpidos dominan a millones de personas. La única razón es que millones de personas han sido reducidas a tal esclavitud psicológica que no pueden moverse por sí mismas. Aunque tengan que seguir a un ciego, es mejor seguirle que estar solos. Se han convertido en ovejas: ya no son personas, ya no son seres humanos. Un humanoide es una oveja, un humanoide es un animal de rebaño.

¿Has visto ovejas caminando? ¿Acurrucándose unas con otras, manteniéndose en el rebaño? Todas tienen miedo. El condicionamiento BÁSICO del humanoide es el del miedo. Desde el principio has sido envenenado a través del miedo - todo tipo de miedo. El miedo al infierno, el miedo a ser irrespetado, el miedo a ser un fracasado en el mundo... miedos y miedos y miedos.

Y si sigues a los líderes, a los sacerdotes y a los pedagogos, entonces te han prometido todo tipo de zanahorias. Te han prometido todo tipo de recompensas, aquí y en el más allá.

El humanoide simplemente demuestra que durante los años de formación de una persona ésta se habituó a que otra persona enmarcara sus proyectos, orientaciones y propósitos. Alguien hizo su voluntad por él, y lo hizo de forma tan eficaz y convincente que nunca aprendió a hacerlo por sí mismo. Un humanoide es un ser humano al que se le ha negado intencionadamente el derecho de nacimiento dado por Dios a sus plenas posibilidades humanas. Y ahora esta persona seguirá siendo un humanoide que necesita tiranos y los busca durante el resto de su vida, a menos que forme parte de un campo búdico y sea despertado de su sueño.

Ese despertar es el satori, ese despertar es el samadhi, ese despertar es la iluminación.

El Maestro no puede darte nada que no tengas ya. El Maestro simplemente te quita los condicionamientos y te deja tal y como naciste. Te hace niño de nuevo: ese es todo el propósito de un Maestro.

Pero esto no se te puede imponer, Rashid. Tendrás que ser lo suficientemente valiente como para abandonar el condicionamiento. Se necesitarán grandes agallas. Pero ya has demostrado valor al convertirte en sannyasin. Ya has demostrado valor al estar aquí en mi presencia, al estar conmigo.

Sólo un poco más.... Y una vez que empieces a soltar tus condicionamientos serás consciente de tus alas. Y esas alas pueden llevarte a la última realidad: el vuelo del solo hacia el solo. Pero allí sólo puedes ir como un ser inocente: incondicionado, totalmente desidentificado del pasado.

Sé que PUEDES beberme ahora mismo. Nadie te lo impide. Te estoy invitando. Toda la situación es de apoyo.

Aún así dices: NO LO HAGO. DÍA TRAS DÍA, NO LO HAGO.

Sólo tú puedes hacerlo. No se puede hacer en tu nombre - porque hacerlo en tu nombre ayudará de nuevo a tu humanoide a permanecer. Esto es lo que tienes que hacer. No has hecho nada antes: esto tienes que hacerlo, tardes lo que tardes. Pero yo no lo haré por ti. Lo haré cada vez más tentador, seductor, pero tendrás que actuar.

Ese será el primer acto de libertad en tu vida. Y el primer paso es la mitad del camino - la otra mitad es muy fácil, viene por sí sola.

Una vez los demonios estaban teniendo una conferencia sobre como destruir el mundo rapida pero facilmente.

Juntan la cabeza y la cola para pensar.

Por fin se produjo un revuelo en la asamblea y todas las miradas se dirigieron a Ira, que se levantó para hablar. "Dejadme ir y destruir el mundo", dijo. "Pondré hermano contra hermano. Haré que los hombres se enfaden unos con otros y se destruirán a sí mismos".

Pero el líder de los demonios no estaba satisfecho. Lujuria se levantó para hablar a continuación: "Profanaré las mentes de los hombres. Haré desaparecer el amor y los hombres se convertirán en bestias".

Meneando la cabeza con disgusto ante la respuesta, Greed tomó la palabra: "Permíteme ir e infundiré en los corazones de los hombres la más destructiva de todas las pasiones. Los propios deseos incontrolados del hombre lo destruirán".

Los gemelos, la Gula y la Borrachera, contaron cómo podían enfermar los cuerpos de los hombres y embriagar sus mentes. La Envidia, los Celos y el Odio contaban cómo podían destruir al hombre.

Ocioso afirmó que podía hacer el trabajo.

Pero ninguno de ellos satisfizo al líder. Finalmente, su último ayudante tomó la palabra. Éste dijo: "Hablaré al hombre persuasivamente en términos de todo lo que Dios quiere que sea. Le diré cuán buenos son sus planes de ser honesto, limpio y valiente. Le animaré en el buen propósito de su vida".

El líder se quedó atónito ante semejante charla, pero el ayudante continuó: "Sin embargo, le diré al hombre que no hay prisa, que puede hacer todas estas cosas mañana. Le aconsejaré que espere hasta que las condiciones sean más favorables antes de empezar".

El jefe de los demonios se alegró. Dijo: "Tú eres el que irá a la tierra a destruir al hombre".

Siempre que tu mente diga "Mañana..." recuerda, la mente está funcionando como el diablo.

El momento es ahora y aquí. Nunca lo pospongas: el aplazamiento se convierte en adicción.

Y lo más destructivo en la vida es la idea del mañana. El mañana nunca llega.

Uno sigue posponiendo... y en lugar de mañana, la muerte llega un día. Y entonces es demasiado tarde.

Rashid, no lo pospongas más. Este es el único momento que tienes CERTAMENTE - el siguiente momento no es seguro. Hay que vivir este momento en su totalidad.

La segunda pregunta

Pregunta 2:

MAESTRO, ¿QUÉ MENSAJE TIENES PARA EL SIMPOSIO MUNDIAL SOBRE LA HUMANIDAD?

Krishna Prem,

ENSEÑO UN HOMBRE NUEVO, una nueva humanidad, un nuevo concepto de estar en el mundo. Proclamo el HOMO NOVUS. El hombre viejo se está muriendo y ya no es necesario ayudarle a sobrevivir. El hombre viejo está en el lecho de muerte: no llores por él, ayúdale a morir. Porque sólo con la muerte de lo viejo puede nacer lo nuevo. El cese de lo viejo es el comienzo de lo nuevo.

Mi mensaje a la humanidad es un hombre nuevo. Menos que eso no servirá. No algo modificado, no algo continuo con el pasado, sino totalmente discontinuo.

El hombre ha vivido hasta ahora no verdaderamente, no auténticamente; el hombre ha vivido una vida muy pseudo.

El hombre ha vivido en una gran patología, el hombre ha vivido en una gran enfermedad. Y no hay necesidad de vivir en esta patología - podemos salir de la prisión, porque la prisión está hecha por nuestras propias manos. Estamos en la prisión porque hemos decidido estar en la prisión - porque hemos creído que la prisión no es una prisión sino nuestro hogar.

Mi mensaje a la humanidad es: Ya es suficiente. ¡Despertad! Vean lo que el hombre le ha hecho al hombre mismo. En tres mil años el hombre ha librado cinco mil guerras. No se puede llamar sana a esta humanidad. Y sólo de vez en cuando ha florecido un Buda. Si en el jardín sólo de vez en cuando una planta da una flor, y por lo demás todo el jardín permanece sin flores, ¿lo llamarás jardín? Algo muy básico ha fallado. Cada persona nace para ser un Buda: menos que eso no te va a llenar.

Te declaro tu Budeidad.

Pero, ¿qué ha fallado? ¿Por qué el hombre ha vivido durante miles de años en una especie de infierno?

Durante miles de años hemos vivido con un concepto del hombre como una especie de campo de batalla entre lo inferior y lo superior, lo material y lo espiritual, lo mundano y lo de otro mundo, entre el bien y el mal, entre Dios y el Diablo. Las consecuencias de ello han limitado gravemente el potencial humano.

Para destruir al hombre, para destruir su poder, se ha utilizado una gran estrategia: dividir al hombre en dos. El hombre ha vivido con el concepto de o lo uno o lo otro: o ser materialista o ser espiritualista. Se le ha dicho que no puede ser ambas cosas. O ser el cuerpo o ser el alma - se le ha enseñado que no puede ser ambas cosas.

Esta ha sido la causa fundamental de la miseria del hombre. Un hombre dividido contra sí mismo permanecerá en el infierno. El cielo nace cuando el hombre ya no está dividido contra sí mismo. El hombre dividido significa miseria y el hombre integrado significa dicha.

Hasta ahora, la humanidad ha sido esquizofrénica, porque te han dicho que reprimas, rechaces y niegues muchas partes de tu ser natural. Y al rechazarlas, al negarlas, no puedes destruirlas, simplemente se vuelven subterráneas. Siguen funcionando desde tu inconsciente; se vuelven realmente más peligrosas.

El hombre es un todo orgánico. Y todo lo que Dios ha dado al hombre tiene que ser utilizado; nada tiene que ser negado. El hombre puede convertirse en una orquesta; todo lo que se necesita es el arte de crear una armonía dentro de uno mismo.

Pero tus llamadas religiones te han estado enseñando formas de desarmonía, formas de discordia, formas de conflicto. Y cuando estás luchando contigo mismo sigues disipando tu energía. Sigues siendo aburrido, poco inteligente, estúpido, porque sin una gran energía nadie es inteligente. Cuando la energía rebosa hay inteligencia. El desbordamiento de energía es lo que hace crecer la inteligencia. Y el hombre ha vivido en una pobreza interior.

Mi mensaje a la humanidad es: Crear un hombre nuevo - no dividido, integrado, completo.

Buda no está entero, como tampoco lo está Zorba el Griego. Ambos son mitad y mitad. Amo a Zorba, amo a Buda. Pero cuando miro en lo más profundo de Zorba, falta algo: no tiene alma. Cuando miro a Buda, también le falta algo: no tiene cuerpo.

Enseño un gran encuentro: el encuentro de Zorba y Buda. Enseño a ZORBA EL BUDDHA: una nueva síntesis. El encuentro de la tierra y el cielo, el encuentro de lo visible y lo invisible, el encuentro de todas las polaridades - del hombre y la mujer, del día y la noche, del verano y el invierno, del sexo y el samadhi. Sólo en ese encuentro llegará a la tierra un hombre nuevo.

Mis sannyasins, mi pueblo, son los primeros rayos de ese hombre nuevo, de ese HOMO NOVUS.

La división interna ha llevado a la humanidad a un estado de suicidio. Ha creado sólo esclavos - y los esclavos NO PUEDEN vivir realmente, no tienen nada por lo que vivir. Viven para los demás.

Se han reducido a máquinas: hábiles, eficientes, pero una máquina es una máquina.

Y la máquina no puede tener la alegría de vivir. No puede celebrar, sólo puede sufrir.

Las antiguas religiones creían en la renuncia. La renuncia ha sido una maldición. Yo te traigo una bendición: Enseño el regocijo, no la renuncia. No hay que renunciar al mundo, porque Dios no ha renunciado a él, ¿por qué deberías hacerlo tú? Dios ES... ¿por qué deberías estar fuera de él?

Vívela en su totalidad - y vivir la vida en su totalidad aporta trascendencia. Entonces el encuentro de la tierra y el cielo es tremendamente bello; no hay nada malo. Entonces las polaridades desaparecen la una en la otra y los polos opuestos se convierten en complementarios.

Pero el anciano no era realmente humano. Era un humanoide, un HOMO MECHANICUS, un hombre que no está realmente completo. Y el hombre que no está completo nunca puede ser santo.

El hombre nuevo viene, llega, cada día. Está en minoría, es natural, pero han llegado los nuevos mutantes, han llegado las nuevas semillas. Y este siglo, el final de este siglo, va a ver o la muerte de toda la humanidad o el nacimiento de un nuevo ser humano.

Y todo depende de ti. Si sigues aferrado a lo viejo, entonces el viejo se ha preparado en todos los sentidos para cometer un gran suicidio, un suicidio universal. El viejo está preparado para morir; el viejo ha perdido las ganas de vivir.

Por eso todos los países se preparan para la guerra. Y la Tercera Guerra Mundial será una guerra total. Nadie va a ser un ganador, porque nadie va a sobrevivir a ella. No sólo el hombre va a ser destruido, sino toda la vida en la tierra.

¡Cuidado! Cuidado con los políticos, todos son suicidas. Cuidado con el viejo condicionamiento que os divide como indios, como alemanes, como japoneses, como americanos. El nuevo hombre tiene que ser universal. Trascenderá todas las barreras de raza, religión, sexo y color.

El hombre nuevo no será de Oriente ni de Occidente; el hombre nuevo reclamará toda la tierra como su hogar.

Sólo entonces podrá sobrevivir la humanidad -y no sólo sobrevivir- con la llegada de un nuevo concepto de man..... El viejo es el concepto de lo uno o lo otro: el nuevo será lo uno o lo otro. El hombre tiene que vivir una vida rica hacia fuera y una vida rica hacia dentro; no hay necesidad de elegir. La vida interior no está reñida con la exterior; forman parte de un mismo ritmo.

No necesitas ser pobre por fuera para ser rico por dentro. Y no hace falta ser rico por fuera para dejar de serlo por dentro. Así ha sido hasta ahora: Occidente ha elegido un camino: Ser rico por fuera. Oriente ha elegido otro: Ser rico por dentro. Ambos están desequilibrados. Ambos han sufrido, ambos sufren.

Te enseño la riqueza total. Sed ricos por fuera a través de la ciencia, y sed ricos en vuestro interior a través de la religión. Y eso es lo que os convertirá en individuos únicos y orgánicos.

El hombre nuevo no es un campo de batalla, ni una personalidad escindida, sino una imagen del hombre unificada, única, plenamente sinérgica con la vida en su totalidad. El hombre nuevo encarna una imagen más viable y mutante del hombre, una nueva forma de estar en el cosmos, una manera cualitativamente distinta de percibir y experimentar la realidad. Así que, por favor, no llores la muerte de lo viejo. Alégrate de que lo viejo está muriendo, la noche está muriendo y el amanecer está en el horizonte.

Me alegro, me alegro enormemente, de que el hombre tradicional esté desapareciendo, de que las viejas iglesias se estén convirtiendo en ruinas, de que los viejos templos estén desiertos. Me alegro inmensamente de que la vieja moral se esté derrumbando.

Esta es una crisis muy grande. Si aceptamos el reto, es una oportunidad para crear lo nuevo. Nunca ha estado tan maduro en ningún momento del pasado. Estás viviendo una de las épocas MÁS hermosas, porque lo viejo está desapareciendo, o ha desaparecido, y se ha creado un caos. Y sólo del caos nacen las grandes estrellas.

Tienes la oportunidad de volver a crear un cosmos. Es una oportunidad que sólo se presenta de vez en cuando, muy rara. Tienes suerte de estar vivo en estos tiempos críticos. Aprovecha la oportunidad para crear al hombre nuevo.

Y para crear al hombre nuevo tienes que empezar por ti mismo.

El hombre nuevo será un místico, un poeta, un científico, todo junto. No mirará la vida a través de viejas divisiones podridas. Será un místico, porque sentirá la presencia de Dios. Será un poeta, porque celebrará la presencia de Dios. Y será un científico, porque buscará esta presencia a través de la metodología científica. Cuando un hombre reúne estas tres cualidades, está completo.

Ese es mi concepto de un hombre santo.

El viejo era represivo, agresivo. El viejo hombre estaba destinado a ser agresivo porque la represión siempre trae agresión. El hombre nuevo será espontáneo, creativo.

El viejo hombre vivía a través de ideologías. El nuevo hombre vivirá no a través de ideologías, no a través de moralidades, sino a través de la conciencia. El nuevo hombre vivirá a través de la conciencia.

El hombre nuevo será responsable: responsable consigo mismo y con la existencia. El hombre nuevo no será moral en el sentido antiguo; será amoral.

El hombre nuevo trae consigo un mundo nuevo. Ahora mismo, el hombre nuevo está destinado a ser una minoría mutante, pero es el portador de una nueva cultura, la semilla. Ayudadle. Anunciad su llegada desde los tejados: ese es mi mensaje para vosotros.

El nuevo hombre es abierto y honesto. Es transparente, real, auténtico y comunicativo.

No será hipócrita. No vivirá a través de metas: vivirá ahora. Sólo conocerá un tiempo, ahora, y sólo un espacio, aquí. Y a través de esa presencia sabrá lo que es Dios.

¡Alégrense! El hombre nuevo viene, el viejo se va. El viejo ya está en la cruz, y el nuevo ya está en el horizonte. Alegraos. Repito una y otra vez: ¡Alégrense!

La tercera pregunta

Pregunta 3:

¿POR QUÉ ENSEÑAN DESNUDEZ A LA GENTE?

Señor,

¿VES A ALGUIEN DESNUDO AQUÍ? ¿Estás completamente ciego? Yo enseño la verdad - la verdad está obligada a estar desnuda. La verdad no puede ocultarse. No enseño desnudez: ciertamente enseño almas desnudas. Y tus ropas a veces se convierten en un estorbo; se esconden, se convierten en defensas.

De vez en cuando, siempre que sea posible y nadie se moleste por tu desnudez, desnúdate. No te estoy diciendo que vayas desnudo al mercado, pero siempre que tengas la oportunidad y siempre que puedas estar desnudo al sol, al viento y a la lluvia, hazlo. Sólo con dejar la ropa sentirás una tremenda liberación, porque tu ropa es representativa de tu civilización, de tus condicionamientos.

Tu ropa no es sólo ropa: te oculta de los ojos de los demás. A veces es bueno estar con los pájaros, los animales y los árboles, tal como son, completamente desnudos. No digo que vayas desnudo a la oficina o que te sientes desnudo en la tienda. Pero sí te digo que si de vez en cuando no puedes estar desnudo y al natural, te perderás algo de inmenso valor.

Pero, ¿por qué ha surgido la pregunta en ti? Deberías preguntarle a Dios por qué crea personas desnudas.

No te envía con ropa. Aún no ha aprendido que el hombre tiene miedo de estar desnudo.

La señorita Winklethrop era una dulce anciana, pero el matrimonio había pasado de largo y vivía sola, excepto por sus amigos los peces. Por toda la casa, en peceras y peceras, revoloteaban, se agitaban y resplandecían entre las rocas y la maleza. Incluso la bañera estaba llena de cientos de sus delicados amigos.

Un día, el vicario vino a visitarla y, al ver la exótica bañera, exclamó: "Pero, señorita Winklethrop, ¿qué hace usted cuando quiere bañarse?".

Ella se coloreó ligeramente y dijo: "Oh, Vicario, está bien. Les vendo los ojos".

He oído hablar de una monja que solía bañarse con la ropa puesta. Alguien le preguntó: "¿Qué te pasa?".

Ella dijo: "Es sencillo. He oído que Dios te mira dondequiera que vayas, y yo no puedo estar desnuda ante Dios".

Si no puedes estar desnudo ni siquiera ante Dios, ¿qué clase de fealdad llevas dentro?

Pero, por favor, no me malinterpretes. No te estoy diciendo que estés desnudo veinticuatro horas al día; eso sería un extremo. Mahavira lo hizo: vivió desnudo veinticuatro horas al día durante cuarenta años. Yo no enseño ese tipo de extremismo, porque cuando hace frío, no hay que estar desnudo. Y cuando te desenvuelvas en una sociedad en la que se respeta la ropa, no estés desnudo. Pero no puedo decirte que te bañes con la ropa puesta, eso es otro extremo.

Enseño simplicidad y enseño la media de oro. Pero debes estar escuchando otra cosa.

Seguro que has visto algunas fotos de desnudos en el ashram. Algunas personas vienen aquí y miran a su alrededor... especialmente los indios porque están muy interesados en los cuerpos desnudos. No han visto - son gente pobre - no han visto la belleza de un cuerpo desnudo, los bellos contornos de un cuerpo desnudo. Están demasiado obsesionados. Vienen aquí, miran a su alrededor y se sienten un poco frustrados porque no ven a nadie desnudo.

Debes haber venido con esa idea. Sí, a veces hay desnudez en los grupos de terapia, porque los grupos de terapia están pensados para destruir toda tu hipocresía. Y dejar caer tu ropa es un gran paso para dejar caer tu hipocresía. Dejar caer tu ropa es un gran paso para aceptar tu cuerpo tal como es.

¿Por qué tienes tanto miedo de que se te caiga la ropa?

Muchas personas tienen cuerpos feos. Y la razón por la que tienen cuerpos feos es porque nunca han permitido el crecimiento natural de sus cuerpos. Y la ropa es una buena estrategia para esconder sus cuerpos feos detrás. La gente tiene miedo de estar desnuda porque saben que sus cuerpos no se ven bien. No aceptan sus cuerpos.

A veces, dejar caer la ropa te proporciona una gran aceptación de tu cuerpo. Y dejar caer la ropa también te ayudará a tener un cuerpo bonito, porque entonces empezarás a contemplarlo. Ni siquiera has visto tu propio cuerpo en total desnudez, así que no eres consciente de lo que haces con él: de que comes demasiado o de que no comes lo suficiente, de que tu forma de vida no es saludable.

Está perfectamente bien estar desnudo: perfectamente bien estar desnudo con los amigos, perfectamente bien estar desnudo en familia con los hijos, porque si los niños pequeños conocen los cuerpos de sus padres desde el principio nunca se obsesionarán. Nunca se obsesionarán con el cuerpo de nadie; tendrán un enfoque totalmente distinto. Ellos SABEN lo que son los cuerpos: han conocido a su madre, han conocido a su padre, a sus hermanos. Pero incluso eso es imposible.

En las relaciones amorosas profundas hay que estar desnudo. - Con los amigos, con la familia. De vez en cuando es tremendamente útil; te acerca a la naturaleza.

Pero cuando digo estas cosas ustedes están allí con sus mentes para interpretar. No escucháis lo que digo - tenéis vuestros prejuicios y seguís escuchando a través de vuestros prejuicios.

Eres sordo. Tus prejuicios y tus viejas ideas claman en tu mente.

Tres monjas paseaban por la calle y una describía con las manos el tremendo pomelo que había visto en Florida.

La segunda, también con las manos, describió los enormes plátanos que había visto en Jamaica.

La tercera monja, un poco sorda, preguntó: "¿Padre qué?".

Yo digo una cosa, hablo del pomelo, y tú preguntas: "¿Padre qué?". Tu mente está llena de basura. Aunque llames a esa basura muy sagrada, tal vez - pero estiércol de vaca es estiércol de vaca. Que lo llames estiércol de vaca sagrado o no, no importa. Vuestras mentes están llenas de estiércol de vaca.

Y es debido a estas mentes que no puedes entenderme, lo que estoy diciendo. Lo que digo es muy sencillo. Si abandonáis vuestros prejuicios, si dejáis un poco de lado vuestras ideas y escucháis en silencio, la verdad de lo que digo será evidente.

Toda la naturaleza está desnuda excepto el hombre. Y con tu ropa te has desconectado de la naturaleza. A veces es tremendamente significativo estar desnudo en la playa y tumbarse en la arena bajo el sol, y sentir la arena con todo el cuerpo y el sol con todo el cuerpo. A veces es absolutamente hermoso bailar desnudo bajo las estrellas, para poder sentir de nuevo el ritmo cósmico que te rodea, la vibración cósmica.

Pero hemos creado un mundo totalmente de plástico. No estamos rodeados de la naturaleza de Dios, sino de ropa hecha por el hombre. No vivimos con árboles, sino con grandes y feas estructuras de cemento. No nos movemos sobre la tierra desnuda sino sobre carreteras de alquitrán de hulla, carreteras de cemento.

Hemos creado un mundo a nuestro alrededor y nos hemos aislado de la naturaleza. Nos hemos desarraigado, y este desarraigo es una de las causas básicas de tu miseria.

Enraízate de nuevo en la tierra.

El futuro de la humanidad dependerá de ello. Debemos devolver la naturaleza a nuestras vidas.

Cuando estás sentado a la orilla de un río, el fenómeno es totalmente distinto al de una piscina. La piscina no tiene vida, no fluye, es aburrida, está muerta. Cuando estás en las montañas, el mundo es totalmente distinto.

Te será más fácil entender a Pitágoras, a Buda, a Zorba y a mí si vas a las montañas, a los ríos, a los árboles. Pero los árboles no entenderán tu ropa: los árboles se reirán de ti.

He oído hablar de un gran Maestro Zen. El emperador de Japón fue a verle - había oído que el Maestro vivía totalmente desnudo. El emperador pensó que tal vez no tenía ropa, así que se preparó, encargó las mejores ropas posibles. Llevó hermosas ropas de terciopelo y vestidos tachonados de diamantes como regalo para el faquir desnudo.

El Maestro se echó a reír. Dijo: "Gracias por tu regalo, pero tendrás que devolverlo".

El emperador dijo: "¿Por qué?"

El Maestro dijo: "Sabes, soy el único ser humano aquí. Todos mis amigos son árboles, pájaros y animales; se reirán de mí, pensarán que me he vuelto loco. Todos están desnudos, entienden la desnudez. No entenderán estas hermosas ropas, no entenderán estos diamantes, no entenderán nada. Y si llevo esta ropa, no sólo se reirán de mí y no sólo me ridiculizarán, sino que empezarán a alejarse de mí. Perderemos el contacto. Por favor, llévate la ropa".

Si vives en la montaña y si el tiempo te lo permite, desnúdate. Y eso te dará una emoción tremendamente nueva. Una nueva vida surgirá en ti.

En un mundo mejor, aprenderemos cada vez más a estar desnudos. La ropa debe usarse para estar cómodo, no por otra razón. La ropa debe usarse por comodidad, no por ninguna otra razón. La ropa no tiene moralidad.

La cuarta pregunta

Pregunta 4:

MAESTRO, WILLIAM BLAKE DIJO, 'EL CAMINO DEL EXCESO CONDUCE AL PALACIO DE LA SABIDURIA', Y, 'EL HOMBRE NUNCA SABE LO QUE ES SUFICIENTE ANTES DE SABER LO QUE ES DEMASIADO'. CREO QUE LA MEDIA DE

ORO ES EL CAMINO PARA AQUELLOS QUE YA ESTAN EN LA VERDAD, PERO PARA UN BUSCADOR PARECE SER EL CAMINO DE LA ASTUCIA Y LA COBARDIA. POR FAVOR, COMENTEN.

Vivarto,

WILLIAM BLAKE tiene razón. Es uno de los más grandes poetas místicos del mundo - no puede estar equivocado. Tiene razón cuando dice: "El camino del exceso conduce al palacio de la sabiduría". Pero el nombre del palacio de la sabiduría es "el justo medio". El camino del exceso LLEVA a la media de oro.

Y no estoy diciendo, como tampoco Pitágoras, que seamos astutos y cobardes. Todo lo que se quiere decir es: recuerda que la meta es la media áurea. En el exceso ya estás viviendo, y ésta tampoco es tu primera vida. Has vivido mucho, muchas muchas vidas, en los caminos del exceso. Ya has vivido bastante, ¿cuándo vas a despertar?

¿No has vivido en los excesos? A veces comiendo demasiado, a veces ayunando; a veces consintiendo, a veces renunciando - todo el mundo ha estado haciendo eso. Si hubieras dejado de hacerlo, ya te habrías iluminado. ¿Por qué sigues sin estar iluminado? Por el exceso.

Sigues moviéndote como el péndulo de un viejo reloj -de derecha a izquierda, de izquierda a derecha- y sigues moviéndote. Recuerda, cuando vas a un extremo, estás tomando impulso, ganando impulso, para ir al otro extremo. Y esto sigue y sigue...

esto es un círculo vicioso.

Pitágoras se dirige a los buscadores; Pitágoras se dirige a los discípulos, como yo me dirijo a los discípulos. Un discípulo es alguien que se ha cansado de los caminos del mundo y quiere tener una nueva perspectiva, quiere tener una nueva visión.

Sí, Blake tiene razón, ¡pero Pitágoras no se equivoca! Hasta ahora has vivido según Blake. Ahora no sigas moviéndote en el mismo círculo vicioso para siempre jamás. "El camino del exceso conduce al palacio de la sabiduría". ¿Dónde está el palacio de la sabiduría?

¡Y ya has vivido bastante tiempo en el camino del exceso! Ya debes haber llegado.

Tal vez tu vida sea de extremos, pero no es consciente.

Toma conciencia de tus extremos. Lleva la conciencia a tu vida y a tus actos, y poco a poco verás que los extremos van desapareciendo. El péndulo no se mueve tan rápido, se está ralentizando. Sus oscilaciones no son tan grandes como antes - oscilaciones más pequeñas. Y, poco a poco, un día el péndulo se habrá detenido exactamente en el centro. Y cuando el péndulo se detiene en el centro, entras en la eternidad. Cuando el péndulo se para, el reloj se para, el tiempo se para: entras en la eternidad.

William Blake tiene razón, pero Pitágoras tiene mucha más razón. William Blake sólo habla del camino: Pitágoras habla de la meta.

Y Blake dice: "El hombre nunca sabe lo que es suficiente antes de saber lo que es demasiado".

Pero, ¿aún no sabes qué es demasiado? Reflexiona sobre ello. No pongas a Blake como excusa, de lo contrario estarás siendo astuto. ¿No has vivido en los extremos, pasando continuamente de una polaridad a otra? ¿Cuánto tiempo quieres vivir en ello para saberlo? Y sólo por vivirlo, ¿crees que lo sabrás? Tendrás que introducir algo: tendrás que introducir la contemplación, la meditación. Y sólo entonces podrás saber qué es demasiado y qué es demasiado poco.

La meditación aporta equilibrio. Y el equilibrio es belleza, y el equilibrio es música, y el equilibrio es Dios.

En Oriente, todas las grandes palabras que hemos utilizado para lo último están hechas a partir de una raíz que significa "equilibrio". Samadhi: viene de SAM - SAM significa equilibrio. SANGEET, música - de nuevo viene de sam, equilibrio. SAMBODHI, iluminación - viene de SAM. SAM significa equilibrio. Equilibrio es samadhi, equilibrio es iluminación.

Has vivido lo suficiente para saber lo que es suficiente y lo que es demasiado. Pero, Vivarto, quieres encontrar alguna excusa para seguir viviendo como hasta ahora.

DICES: CREO QUE LA MEDIA DE ORO ES EL CAMINO PARA LOS QUE YA ESTAN EN LA VERDAD.

Los que ya están en la verdad, no necesitan ningún camino. Ya han llegado. No te hagas el listo, no seas diplomático conmigo. No intentes encontrar formas de escapar de la verdad. El camino no es para los que han llegado, obviamente. Ellos no necesitan ningún camino. El camino es para los que aún no han llegado.

Y tú dices: PERO PARA UN BUSCADOR PARECE SER EL CAMINO DE LA ASTUCIA Y LA COBARDÍA.

No lo es. Es el camino de la conciencia, no de la astucia y la cobardía, porque ser cobarde es de nuevo un extremo. El llamado valiente y el llamado cobarde son extremos. Y también la astucia es un extremo, el otro extremo de la simplicidad.

El justo medio no es ni valentía ni cobardía, es conciencia. No es ni astucia ni simplicidad, es consciencia. Siempre es conciencia: el sabor del justo medio es el de la conciencia.

Pitágoras no te está diciendo: "Imponte algún carácter". Simplemente te está diciendo: "Sé vigilante. Observa cómo pasas de un extremo a otro". Observa...

y observando, encontrarás el justo medio por ti mismo. No tienes que aprenderlo de otra persona. Surgirá en tu propio ser, será un descubrimiento.

Quinta pregunta
Pregunta 5:
TENGO MUCHO MIEDO DE MI MUJER. ¿POR QUÉ? Y A ELLA TAMPOCO LE PASA NADA. ELLA ES UNA DE LAS MUJERES MAS PERFECTAS QUE UNO PUEDA ENCONTRAR.

NUESTRO AMOR SIEMPRE ESTÁ CONTAMINADO POR EL MIEDO. La mujer tiene miedo del marido, el marido tiene miedo de la mujer. Los hijos tienen miedo de los padres, los padres tienen miedo de los hijos. Vivimos con miedo. Incluso en el amor, el miedo sigue envenenando nuestras relaciones.

Usted pregunta: TENGO MUCHO MIEDO DE MI ESPOSA. ¿POR QUÉ?

¿Quién no lo tiene? ¿Te has encontrado con una persona que no tenga miedo de su mujer? Todo el mundo lo tiene - - porque no sabemos amar sin miedo.

El amor hay que aprenderlo, es un arte. Necesita una gran inteligencia. No se ama; por eso hay miedo. Si hay amor, el amor disipa todo el miedo. Si hay miedo, eso simplemente demuestra que tu amor es falso, debe ser otra cosa que se hace pasar por amor. Puede ser lujuria pretendiendo ser amor. Sí, la lujuria está obligada a seguir teniendo miedo, porque la lujuria significa que estás explotando a la mujer, que la estás utilizando. Y el miedo siempre está ahí: ella puede dejarte. Puede negarse, puede decir que no. Y como es sólo lujuria, una lujuria sexual, siempre tienes miedo de que si ella dice que no, tus necesidades sexuales no se verán satisfechas. En el momento en que ven que el marido está sexualmente interesado empiezan a retirarse. Porque no quieren ser utilizadas como medios; ¡no quieren ser reducidas a mercancías! Se resisten, luchan.

Lo he oído:

Un hombre de ochenta años se encontró en un lugar de veraneo con una mujer de su misma edad. Se enamoraron. No puede suceder en la India, debe haber sucedido en Estados Unidos. En la India ni siquiera los jóvenes se enamoran. En América se enamoran hasta los de ochenta años. Ambas situaciones son feas. Un joven que no se enamora es feo, un hombre de ochenta años que se enamora es feo. El joven que no se enamora demuestra que no es joven, y el anciano que se enamora, de ochenta años, simplemente demuestra que aún no es adulto.

Se enamoraron y se casaron. La primera noche, el anciano cogió la mano de la anciana, la apretó cariñosamente; durante unos minutos estuvieron cogidos de la mano y apretándose, y luego se fueron a dormir. Aquella fue su luna de miel.

Al día siguiente, el viejo presionó, pero no tanto.

Al tercer día, cuando él. iba a apretar la mano de la anciana, ella dijo: "Pero hoy me duele la cabeza".

Incluso pulsando .... Nadie quiere ser utilizado. La mayor humillación en la vida es ser usado. Y porque estás usando a tus mujeres, por eso tienes miedo. Y ellas te mantienen en el miedo. Si las usas, seguirás teniendo miedo. Si las usas, te torturarán de todas las maneras posibles. Se vengarán.

Así ha sido hasta ahora. Tendrás que entender más sobre el amor. El amor nunca utiliza al otro. El amor comparte - pero el otro no es utilizado, nunca. Y entonces el miedo desaparece.

El amor no es realmente una necesidad, sino un desbordamiento. Cuando necesitas a alguien, te aferras.

Cuando te aferras, tienes miedo. Aferrarse es siempre por miedo, y el otro sabe que te estás aferrando y empieza a explotar la situación. Y el otro también se aferra. La mujer tiene miedo de que el marido se vaya, el marido tiene miedo de que la mujer se vaya. Ambos tienen miedo constante, celos, se vigilan, se protegen mutuamente.

Esposos y esposas se convierten en enemigos en lugar de amigos.

Mulla Nasruddin estaba hablando con su médico. El médico le dijo: "Nasruddin, confiesas que tienes mal genio. Supongo que no hace falta que te diga que la ciencia ha descubierto que tu mal genio está causado por un pequeño y feo microbio".

Mulla Nasruddin dijo: "Por el amor de Dios, habla en voz baja. Está sentada en la habitación de al lado".

Los maridos y las esposas viven con miedo, y toda la relación se ha vuelto venenosa. Y como ésta es una de las relaciones más fundamentales de la vida, toda la vida está envenenada por su veneno. Los hijos saldrán de tu matrimonio, y tu matrimonio ya es amargo, agrio. Los hijos saldrán de él y desde el principio cargarán con las sombras.

El matrimonio es la institución más fundamental. A partir de ella crece todo. Es la más central de la sociedad, el núcleo central. Hay que transformarlo. Es feo. La gente no se casa por amor, sino por otras razones -financieras, sociales, religiosas- y hay mil y una razones.

Si estás enamorado de alguien, el requisito básico es: hacer al otro lo más libre posible, porque si haces al otro libre, sólo entonces puedes tener libertad. Y en la libertad, el miedo desaparece. El miedo forma parte de la esclavitud.

El recepcionista atiende a un hombre que ingresa en el hospital con un ojo morado y otras heridas leves: "¿Casado?"

"No, accidente de coche."

El matrimonio que hoy existe en la tierra es casi un accidente de automóvil.

Todavía no es el florecimiento de dos seres juntos. Es casi una calamidad. Tenemos que cambiar todos los cimientos. La gente no debe casarse demasiado pronto; debe experimentar tantas relaciones amorosas como sea posible ANTES de decidir casarse.

El primer amor es realmente estupendo, porque es el primero; de lo contrario, es muy peligroso. Es el primero, así que es muy romántico, pero el romanticismo desaparecerá pronto. No se convertirá en una base estable; no se convertirá en tu verdadero matrimonio.

Un hombre, antes de decidir casarse, debería haber conocido a muchas mujeres. Y la mujer debería haber conocido a muchos hombres. Sólo entonces puede elegir, sólo entonces puede sentir con quién está en sintonía. Sólo entonces puedes entender con quién empiezas a elevarte. Pero, a lo largo de los siglos, no hemos permitido esto.

Se necesita una gran experiencia de otras personas antes de comprometerse. Pero ahora nuestra ideología sigue siendo pretecnológica. Antes era peligroso, porque la mujer podía quedarse embarazada y habría habido problemas para ella, para la familia, para toda su vida. Por eso nunca se ha planteado que el hombre permanezca virgen antes de casarse. Pero para la mujer ha sido un requisito absoluto en todo el mundo ser virgen.

¿Por qué este doble rasero? ¿Por qué la mujer debe ser virgen? ¿Y por qué no el hombre?

Dicen: "Los chicos son chicos...". ¿Y las chicas no son chicas?

Simplemente porque no había protección tecnológica para la mujer. Ahora la protección está ahí. Después de la invención del fuego, la píldora es el mayor invento del mundo. Y los mayores revolucionarios no son nada comparados con la revolución que la píldora ha traído al mundo. Puede que no lo sepas, pero la píldora ha cambiado el mundo entero, porque ha cambiado todo el código sexual.

Vivimos en una era postecnológica. No necesitas cargar con ideologías pretecnológicas; todas son perjudiciales. Fueron necesarias una vez, ya no lo son. Están obstaculizando tu progreso; son cargas innecesarias. Las llevas sin motivo y te perturban la vida.

Los hombres y las mujeres deben encontrarse, conocerse, y no debe haber prisa por casarse. Poco a poco aprenderán el arte de amar, y aprenderán las formas de estar con la gente, y también aprenderán con quién hay afinidad espiritual .

El matrimonio es un asunto espiritual, no un fenómeno físico, en absoluto. Es una unión espiritual. Cuando empiezas a sentir con alguna mujer o con algún hombre que está surgiendo una gran música algo del más allá penetra. sólo entonces establécete. De lo contrario no debe haber prisa.

Pregúntame a mí: Y NO LE PASA NADA.

No le pasa nada a nadie más en el mundo. Veo a un hombre hermoso y a una mujer hermosa, y ambos son hermosos por separado. Juntos, ambos son feos. Algo va mal; no encajan. El hombre es hermoso, la mujer es hermosa, pero el matrimonio es feo. No encajan; no están hechos el uno para el otro.

Y cuando el matrimonio se pone feo, los dos empiezan a ponerse feos, poco a poco. Nunca me he encontrado con una persona fea: todas las personas son bellas. Pero necesitan relaciones hermosas para seguir creciendo en su belleza, para seguir trayendo nuevas flores, nuevas canciones.

Tú dices: "ES UNA DE LAS MUJERES MÁS PERFECTAS QUE UN HOMBRE PUEDA ENCONTRAR".

Puede que sea así: si tú lo dices, yo te creo. Si no, la gente perfecta no existe. La gente perfecta no existe. La imperfección es parte de la vida, una parte esencial de la vida.

En el momento en que alguien se vuelve perfecto, empieza a desaparecer de la vida.

Por eso decimos que los Budas no vuelven a nacer: se hicieron perfectos, no necesitan volver. Han aprendido todo lo que había que aprender aquí en la Tierra; no necesitan encarnarse de nuevo.

Usted dice que su esposa es la mujer más perfecta que se puede encontrar. Puede que sea una moralista, puede que sea una perfeccionista, pero una perfeccionista es algo totalmente distinto de una persona perfecta. Un perfeccionista es una persona neurótica - y la neurosis puede esconderse detrás del perfeccionismo muy fácilmente. Y las mujeres tienden a convertirse en perfeccionistas, porque no se les permite ningún otro tipo de dominación.

Durante siglos, el hombre ha dominado en todos los demás aspectos: económico, social, político y religioso. En todas partes domina. No ha dejado a la mujer ningún camino para dominar; ella ha tenido que inventar sus propios caminos.

Toda mujer se vuelve moralista, perfeccionista. Esa es su estrategia, su política, dominarte. No te permitirá fumar cigarrillos porque está mal; no te permitirá beber porque está mal. No te permitirá comer esto o aquello, porque está mal. No te permitirá nada. Es su manera de dominarte.

Si a las mujeres se les permiten todas las demás formas posibles de competir con los hombres en el mundo, dejarán de ser perfeccionistas. Eso es lo que está ocurriendo en Occidente: las mujeres han empezado a fumar ellas mismas. Nunca lo habían hecho antes; siempre estaban en contra de que el marido fumara. Ahora fuman ellas. ¿Qué ha ocurrido?

Era la única forma posible de que tuvieran el control.

Y recuerda, esa puede ser la razón por la que tienes miedo - porque ella es una perfeccionista. Puede que te esté creando un gran sentimiento de culpa por no ser digno de ella. Esa es su estrategia: ten cuidado con ella. Es un truco muy sutil para dominar y poseer.

Dos jóvenes discutían sobre el tema de siempre: las chicas. "Busco una chica", dijo uno, "que no beba, fume ni tenga malos hábitos".

Y cuando la encuentres", preguntó el otro tipo, "¿qué demonios vas a hacer con ella?".

Si encuentras una mujer perfecta tendrás problemas. No será humana; será muy inhumana en sus exigencias. Y tú parecerás un gusano, feo, comparado con ella.

Esa es toda la alegría del puritano, del moralista.

Vuestros supuestos santos están disfrutando de viajes de ego. Están dispuestos a sacrificarlo todo y a pasar por cualquier ascesis sólo para torturaros, para demostraros que sois feos, que sois inmorales, que sois pecadores. Toda su alegría consiste en una cosa: cómo demostrar que son santos. Y todo lo que les pidas, están dispuestos a hacerlo. Sólo tienen que seguir cumpliendo una cosa: seguir creyendo que son santos. Están dispuestos a hacer CUALQUIER estupidez que les pidas.

Había un santo cristiano y detrás de él surgió una gran secta. El santo solía golpearse todos los días por la mañana por sus pecados. Por supuesto, era muy respetado, y se reunieron muchos seguidores. Y APALIZARSE se convirtió en lo más importante de esa secta. Y la persona más grande era la que más se golpeaba, la que más heridas se hacía en el cuerpo, la que más se torturaba. Sería el mayor santo. Ahora, mira que estupidez.

Pero la gente está dispuesta a ayunar, a pasar hambre, a estar desnuda en el frío... ¡a hacer CUALQUIER COSA! - si les das respeto, si satisfaces sus egos.

Es una política muy astuta. Y como las mujeres no tienen otra forma de dominar, dominan a través del perfeccionismo. Pero lo fundamental es que aún no has amado a la mujer, y tampoco has permitido que la mujer te ame. La relación es de miedo. Y tú también debes estar haciendo que ella tenga miedo: esta es tu versión de la historia. No conozco la otra historia, la de ella. Tu tambien debes estar asustandola, amenazandola de maneras sutiles.

Deja todos esos juegos. La vida es corta y el amor es valioso. No pierdas la oportunidad de tener un amor íntimo y profundo, porque sólo el amor abre las puertas a la oración.

La última pregunta

Pregunta 6:

¿ES CIERTO QUE TRES SIGLOS DESPUÉS DE LA MUERTE DE JESÚS SE INTRODUJO EL CELIBATO EN LA IGLESIA? ¿VA A SER ESTE EL DESTINO DE TODAS LAS IGLESIAS TRAS LA MUERTE DE SU MAESTRO?

Geetam,

HASTA AHORA HA SIDO ASÍ. Recuérdalo: no debería ocurrir después de mí. Ha sido así y hay muchas posibilidades de que siga siendo así.

¿Por qué ocurre esto? ¿Por qué, siempre, cada religión que afirma la vida se convierte en una religión negativa para la vida? Hay una causa profunda para ello.

Cuando el Maestro está vivo vive una vida de sí - porque no tiene ninguna necesidad de dominarte. Es un Maestro de sí mismo; no necesita a nadie más como apoyo para su Maestría. Aunque esté solo, es un Maestro, es un emperador. No necesita seguidores.

Tiene el tesoro, el reino de Dios. Vive afirmativamente, se alegra, celebra. Su vida es una danza, una canción; su vida es poética. Su vida tiene la fragancia de las flores, la belleza de los árboles, el silencio de las montañas y la alegría de los amantes.

Se ha aceptado a sí mismo. Ha conocido su totalidad, y al conocer tu totalidad, todo lo que es destructivo y negativo desaparece, es absorbido por lo positivo. Incluso los noes se convierten en síes. El Maestro es numinoso: Dios le ha dicho sí, Dios está con él.

Una vez que el Maestro se haya ido, surgirá el problema. Alguien se convertirá en el sucesor:

a menos que el propio sucesor esté iluminado, lo que no siempre es el caso.... Sucedió con Jesús: los sucesores no eran personas iluminadas. Eran grandes eruditos, muy eruditos. Hicieron un gran trabajo en la creación de la iglesia. Pero la iglesia no fue creada por personas iluminadas; la iglesia fue creada despues de que pasaron trescientos años.

En estos trescientos años la luz ha desaparecido por completo. Ahora la única manera de dominar a la gente es crear una religión negativa para la vida. El sacerdote sólo puede dominar creando una religión negativa para la vida. Dile a la gente que esto está mal, que aquello está mal - y cuanto más NO digas, más miedo y culpa les provocas. Y cuando alguien es culpable, es fácil dominarlo.

El celibato entra en casi todas las religiones por una sola razón: el sexo es un poder tan tremendo que nadie puede realmente lograr reprimirlo. Se puede lograr trascenderlo.

Pero no puedes lograr reprimirlo. Así que ese ha sido el truco: enseñar a la gente el celibato, y sabes que nunca serán capaces de tener éxito. Y cuando fracasen, una y otra vez se sentirán culpables. Cuando fracasen una y otra vez, perderán la confianza en sí mismos; cuando fracasen una y otra vez, se convertirán en hipócritas. Y sabrán lo feos que son, lo grandes pecadores que son. Sabrán que son una cosa por fuera y todo lo contrario por dentro.

Y el cura también puede estar seguro de que las personas que intentan ser célibes deben encontrar alguna forma vicaria de satisfacer su deseo sexual, si no en la realidad, al menos en la fantasía. El cura puede estar seguro de que no puedes levantar los ojos delante de él. Sentirás vergüenza, y tu propia vergüenza es su poder.

El celibato es negativo para la vida. Es decir NO a la vida, porque el sexo es fuente de vida. Y cuando dices no a la vida es casi imposible reprimir el deseo. Sigue viniendo, y otra vez. otra vez - de este lado a aquel lado, encuentra sus caminos. Crea perversiones. Pero una persona pervertida se vuelve cada vez más autocondenatoria.

El párroco no pudo resistirse a la hermosa joven. Ella estaba recitando su confesión, y todo era demasiado para él. Le dijo que le acompañara a su habitación. Allí la abrazó.

"¿El joven te hizo esto?", preguntó. "Sí. Padre, y peor", respondió la chica.

"Hmm", dijo el cura. La besó. ¿Hizo esto?" "Sí, padre, y peor", dijo la chica.

"¿Él hizo esto?", el sacerdote abrazó apasionadamente a la chica.

"Sí, padre, y peor", dijo la muchacha.

Para entonces, el cura estaba completamente excitado. Tiró a la chica sobre la alfombra y le hizo el amor, respirando agitadamente mientras le preguntaba: "¿Lo ha conseguido?".

"Sí, padre, y peor", dijo la muchacha.

Cuando el cura terminó con la niña, preguntó: "También hizo esto, ¿y peor? Mi querida hija, ¿qué peor podría haber hecho?".

"Bueno", dijo la tímida joven, "creo, padre, que me ha contagiado la gonorrea".

Vuestros supuestos célibes y vuestros supuestos monjes y sacerdotes y Padres, están obligados a encontrar algunas puertas traseras a la vida. Y no estoy diciendo que haya nada malo en encontrar las puertas traseras. Lo malo es que han cerrado su puerta principal - no hay necesidad. Su hipocresía es absolutamente innecesaria. Deberían ser auténticos, y sólo una persona auténtica puede trascender.

Se puede trascender el sexo. Y entonces surge una cualidad totalmente diferente en tu vida. Surge un CELIBATO, pero no es impuesto. No es tu esfuerzo, es un regalo de Dios. Surge de la experiencia profunda de la vida - te vuelves más y más maduro, y un día de repente el sexo parece un fenómeno infantil. Lo es. Parece que sólo es posible cuando no eres consciente, cuando vives en la oscuridad de la inconsciencia.

Cuando ha surgido algo de luz en ti y tu corazón está encendido, empieza a desaparecer igual que desaparece la oscuridad cuando traes la luz. Pero ese es un fenómeno totalmente diferente.

En Oriente le hemos dado un hermoso nombre, lo llamamos BRAHMACHARYA.

BRAHMACHARYA no puede ser traducido por el mundo 'celibato'. El celibato es represión del sexo: el sexo está ahí hirviendo dentro de ti. Brahmacharya es la trascendencia del sexo: te has vuelto tan maduro que los juguetes con los que solías jugar ya no son relevantes para tu conciencia, se han caído por sí mismos.

La palabra "BRAHMACHARYA" significa vivir como Dios. Literalmente significa 'comportarse como Dios', 'vivir como la gracia de Dios'. Es un fenómeno totalmente diferente.

El Maestro vive en esa gracia. Pero cuando el Maestro se va, llegan a escena los políticos, competidores que quieren triunfar, que quieren dominar a los discípulos, que quieren poder. Y sólo pueden tener poder si empiezan a destruir tu flujo natural. Destruye el flujo natural de una persona y siempre estará en tu poder, bajo tu dominio; siempre será tu esclavo.

Pervierte el ser natural de cualquier persona, y entonces nunca podrá afirmar su libertad. El sacerdote lo ha sabido, a través de los tiempos, y lo ha usado. Es un dispositivo muy feo.

Geetam, es cierto que sólo después de tres siglos se introdujo el celibato entre los seguidores de Jesús. No fue posible durante tres siglos porque la gente había recordado a Jesús -algo de su fragancia aún estaba presente. Todavía estaba vivo en el corazón de algunas personas. Pero, poco a poco, la fragancia desaparece. Ocurre después de cada Maestro, Y entonces sucede algo muy extraño. Después de Cristo, surge un Cristianismo que está absolutamente en contra de Cristo. Después de Buda, surge un Budismo que está absolutamente en contra de Buda. Este es el fenómeno más extraño del mundo.

Puedes decidir: cualquier cosa que enseñe el cristianismo, puedes decidir a PRIORI que Jesús debió enseñar justo lo contrario. El sacerdote está obligado a ir en contra del iluminado, aunque afirme que lo sigue. El sacerdote es un tipo de persona totalmente diferente - todo su deseo es dominar. Es un político disfrazado.

Esto puede suceder aquí también, Geetam - a menos que mis sannyasins estén muy alertas, muy conscientes.

A menos que sigas persistiendo en ser afirmativo con la vida. Era más posible con Jesús porque lo que decía sólo se recordaba auditivamente - cambiarlo era fácil.

Lo que yo diga no se recordará auditivamente. Estará ahí. Y lo estoy diciendo tan claramente que pervertirlo será casi imposible. No es que usted puede dejar caer una frase aquí y allá. Tendrás que quemar todos mis libros - sólo entonces serás capaz de pervertir mi enseñanza afirmativa de la vida.

Afirmo la vida en su totalidad. Toda la vida es buena, toda la vida es santa, sagrada.

¡No escupas en el techo!

La primera pregunta

Pregunta 1:

MAESTRO, TODO PARECE TAN IRREAL, COMO UN SUEÑO. PARA MÍ, TÚ PARECES TAN IRREAL, FLOTANDO DENTRO Y FUERA DEL DISCURSO CADA DÍA. SIENTO ALGO PROFUNDO EN MI INTERIOR QUE OCURRE EN TU PRESENCIA, Y MÁS CADA MOMENTO QUE ESTOY AQUÍ CONTIGO, PERO PARECE QUE NO PUEDO SENTIR UNA COMPRENSIÓN CLARA. ¿PODRÍA EXPLICARME QUÉ ME ESTÁ PASANDO?

Sofía.

EL DESEO DE UNA COMPRENSIÓN CLARA es un deseo lógico. Es un deseo de desmitificar las cosas - y las cosas no pueden ser desmitificadas. La vida ES misteriosa, más misteriosa de lo que puede ser cualquier sueño.

No se puede conocer con claridad, no se puede reducir al conocimiento, porque una vez que algo se reduce a un conocimiento claro deja de ser misterioso.

Eso es lo que la ciencia lleva siglos intentando hacer, todo un esfuerzo por desmitificar la existencia.

Siempre que la ciencia huele algún misterio se vuelve sospechosa, porque si se acepta el misterio habrá que abandonar el deseo de una comprensión clara. No se pueden cumplir ambos. Si te aferras al deseo de una comprensión clara y lógica, entonces la única manera es negar el misterio, decir que no existe.

Por eso se niega la existencia de Dios, se niega la existencia del alma, se niega la existencia del amor.

Y cuando Dios, el alma, el amor, la belleza, la verdad, todo desaparece, ¿qué queda? Un muy plano, feo.

claridad sin sentido - claridad aburrida.

La ciencia ha hecho que el hombre se aburra por completo.

La religión es una dimensión totalmente distinta. Es un esfuerzo por volver a mistificar el universo, por quitarte tu supuesta claridad lógica, por devolverte la misteriosa inocencia de un niño, por hacerte consciente de la belleza, de la poesía, de la música del amor; por hacerte consciente de que estás rodeado de un inmenso misterio. Y ese misterio es tan profundo que no hay forma de comprenderlo ni de medirlo: es inconmensurable.

Y los que han ido a medirlo han desaparecido en el misterio, se han disuelto en él. Esa es la diferencia entre un científico y un místico. El científico se vuelve temeroso de lo sin fondo, se vuelve temeroso de lo inconmensurable.

¿Lo sabe? La palabra "materia" procede de una raíz que significa "mensurable", es decir, lo que se puede medir. Proviene de la misma raíz que "metro". La ciencia sólo cree en lo mensurable; niega lo inconmensurable, cierra sus vísperas a lo inconmensurable. Pero es lo inconmensurable lo que da esplendor a la vida, es lo inconmensurable lo que da danza y fiesta a la vida. Y está ahí. - Al negarlo, no se destruye. Al negarlo, sólo ocurre una cosa: te cierras a él.

Lao Tzu dice: "Excepto yo, todo el mundo parece tener una comprensión muy clara de la vida". Excepto yo", dice, "todo el mundo parece tener una comprensión muy clara de la vida. Yo soy un cabeza de barro".

Está afirmando un hecho de tremenda importancia. Está diciendo: "Soy un místico. No quiero claridad, ¿qué voy a hacer con la claridad? No quiero explicaciones lógicas. Quiero amar este misterio que es la vida. Quiero bailar con los árboles y florecer con las flores y cantar con los pájaros".

Es una manera totalmente diferente. El misterio no se disuelve, sino que se vive, no se resuelve, ni siquiera se intenta .resolverlo, sino que se hace todo lo posible por participar en él.

Sophia, estar aquí conmigo significa abandonar los caminos de la lógica y aprender los caminos del amor, abandonar los caminos de las explicaciones y aprender los caminos de las experiencias. Y eso es lo que te está ocurriendo. No te preocupes: siéntete dichosa.

Tú dices: TODO PARECE TAN IRREAL, COMO UN SUEÑO.

Porque tienes una cierta idea de la realidad. La realidad tiene que ser tangible, y la belleza no lo es. Si te digo: "¡Mira, qué bonita es la rosa!", enseguida me preguntas: "¿Dónde está la belleza? ¿Puedo tocarla? ¿Puedo tenerla en la mano? ¿Se puede medir? ¿Se puede analizar químicamente?". Y yo tendré que responder cada vez con un no.

Entonces puedes decir simplemente: "Entonces no existe. Es tu imaginación; estás soñando.

La rosa no tiene belleza: has proyectado un sueño sobre ella".

Si dices: "Me he enamorado", alguien puede preguntarte: "¿Dónde está el amor? ¿Qué ES el amor?

¿Hay alguna prueba científica de ello? ¿Puede explicarlo lógicamente?". Tendrás que encogerte de hombros. Y la persona puede decir: "Si no se puede demostrar lógicamente, científicamente, entonces no lo es. Vives en una ilusión; todo es cosa de sueños".

Pero si sigues por este camino, ¿qué quedará finalmente? Sólo un caos materialista: materia sin sentido, materia sin destino, gran velocidad pero sin destino. Entonces la vida será sólo un accidente, un fenómeno fortuito. No habrá dignidad en la vida. La dignidad viene de esos reinos misteriosos que tú llamas irreales.

Tendrás que cambiar tu definición de la realidad. Son mucho más reales. Lo superior es mucho más real que lo inferior, aunque lo superior sea cada vez más invisible que lo inferior. El barro es más explicable que el loto; el loto tiene algo de sueño. El lodo es lodo; no hay cuestión de belleza y no hay cuestión de poesía, ninguna relación amorosa con él. No hay ninguna pregunta que no pueda responderse sobre el barro; el barro es completamente real. Eso es lo que se llama realidad: lo más bajo.

Pero escondido en el barro hay un loto, y un día ese loto surge. Ahora, el loto tiene algo que es poesía de ensueño, música, belleza. Ahora te estás elevando; ahora algo empezará a parecer irreal. A menos que estés preparado para permitir que este misterio penetre en tu ser y te impregne, lo negarás. Entonces intentas reducir el loto al barro otra vez. Entonces estás diciendo que el loto no es más que barro.

Así siguen respondiendo los científicos. Si preguntas: "¿Qué es el hombre?", responden: "El hombre es materia y nada más, nada más que materia". Si preguntas: "¿Qué es este mundo? "Nada más que materia". Si preguntas: "¿Qué es el amor?" "Nada más que biología, nada más que la química de las hormonas". Si preguntas CUALQUIER COSA, se reduce inmediatamente al mínimo denominador - porque sólo lo mínimo es asible.

El loto se ha trasladado a una dimensión que no está disponible para la ciencia, sino sólo para la poesía, no está disponible para la mente científica ni para el enfoque y la metodología científicos, pero está disponible, inmensamente disponible, tremendamente disponible para la visión poética.

Ahora se piensa que la visión poética no es más que un sueño. El poeta es un soñador; a los poetas se les llama "comedores de lotos". Pero el poeta ha subido un poco más. El científico vive en el barro. El poeta ES un comedor de lotos, se ha convertido en un loto.

Pero hay reinos aún más elevados. Un día el capullo de loto se ha abierto, ha florecido, y se desprende una gran fragancia. Ahora bien, el loto era al menos visible, se podía tocar; esta fragancia es invisible, casi inexistente, pero está ahí. Ese es el mundo del místico: el mundo de la fragancia. Incluso el poeta se sentirá un poco receloso al respecto, incluso el poeta dudará en seguirlo, incluso para el poeta parecerá ir un poco más allá de la mente humana.

Al poeta le gustaría quedarse en el loto, igual que al científico le gustaría quedarse en el barro. Pero el místico no conoce fronteras, ni límites. El místico se mueve con la fragancia. Ése es el fenómeno más elevado, la cima, pero ahora es totalmente onírico.

Desde otro punto de vista, es el núcleo esencial, pero los que están demasiado apegados al barro lo negarán. Incluso los poetas dudarán en aceptarlo.

Mi visión de un hombre total es la de un científico, más un poeta, más un místico. Pero el místico sigue siendo el Everest, el pico más alto del Himalaya.

Aquí, por favor, no intentes reducirlo todo a la llamada comprensión clara. Estamos hablando de cosas que son esencialmente confusas, estamos hablando de cosas que existen crepuscularmente. Estamos hablando de cosas que no son cosas en absoluto, sino esencias. Y escuchándome y estando aquí conmigo, formando parte de esta comunión, es natural, Sophia, que la vida empiece a parecer un sueño.

TODO PARECE TAN IRREAL, dices, COMO UN SUEÑO. A MI ME PARECES TAN IRREAL, FLOTANDO DENTRO Y FUERA DEL DISCURSO CADA DIA.

Sí, en cierto sentido soy irreal. Sólo soy la fragancia.... Y a menos que estés dispuesto a llenarte de esta fragancia incognoscible, te pareceré irreal, como un sueño. Pero algo está ocurriendo.

Dices: SIENTO QUE ALGO PROFUNDO SUCEDE EN TU PRESENCIA.

Puede que no seas capaz de captar mi presencia, pero puedes ver que algo se sincroniza en ti, que algo se activa en ti. La fragancia ha llegado a tus fosas nasales; puede que no seas capaz de cogerla con las manos, pero ha llegado a tus fosas nasales. Tu corazón ya está conmovido. Por eso, Sophia, te has convertido en sannyasin.

Usted dice: SIENTO ALGO PROFUNDO EN MI INTERIOR QUE SUCEDE EN TU PRESENCIA, Y MÁS A CADA MOMENTO ESTANDO AQUÍ CONTIGO, PERO PARECE QUE NO PUEDO SENTIR UNA CLARA COMPRENSIÓN.

Nunca podrás sentir una comprensión clara. No puedo prometer una comprensión clara. Sólo puedo prometerte más y más misterio. Cuanto más lejos vayas conmigo, más y más misterioso te estará esperando.

¿Pero a quién le importa la comprensión clara? Es en un estadio mental mucho más bajo donde se necesita una comprensión clara. En las cumbres más altas, donde las montañas se adentran en las nubes, donde las montañas susurran con las estrellas, es un mundo totalmente diferente. No es el mundo de lo ordinario, es el mundo de lo sagrado.

Tendrás que venir conmigo. Tu mente te tirará hacia atrás, tu mente te dirá: "¿A dónde vas? ¿Te estás volviendo loco?"

Y de hecho lo que estoy poniendo a disposición aquí es sólo para los locos - para aquellos que están lo suficientemente cuerdos como para abandonar la llamada cordura, para aquellos que son lo suficientemente valientes como para ir más allá de los límites lógicos, para aquellos que están dispuestos a entrar en una tremenda inseguridad, dejando caer toda la seguridad, la seguridad, la familiaridad, el conocimiento. Es saltar a una dimensión totalmente diferente: la dimensión de las esencias.

Esta es una escuela de misterio. No debes preguntar por la comprensión clara. Pide la experiencia de lo misterioso y lo milagroso. Y está ocurriendo. Si lo ayudas, coopera con ello, Sophia, pronto serás transportada a otro mundo.

Fíjate en lo que ha ocurrido en Occidente, y lo mismo está ocurriendo ahora en Oriente: cuanto más científica, informada y educada se vuelve la gente, más y más siente una especie de falta de sentido. Su vida se vuelve cada vez más insignificante; pierde toda dignidad, se vuelve fea.

Camus dice que el único problema filosófico importante es el suicidio. ¿Por qué? Porque el hombre moderno siente la inutilidad de vivir: ¿qué sentido tiene seguir viviendo cada día? Si no hay nada misterioso, no tiene sentido vivir. Entonces, sólo los cobardes siguen viviendo; como no pueden reunir el valor para desaparecer, para suicidarse, siguen viviendo.

Pero entonces la vida no puede tener alegría. Sólo será una larga y penosa aventura. Y en el fondo estarás esperando que llegue la muerte y te libere de todo este sinsentido, de toda esta agitación sin sentido, este cuento contado por un idiota, lleno de furia y ruido, que no significa nada.

Si la ciencia consigue destruir totalmente lo misterioso del mundo, el hombre se suicidará tarde o temprano. Sólo se puede vivir alegremente y con danza cuando te rodea la poesía, y se puede vivir con inmenso regocijo cuando se siente a Dios. Pero estas cosas no son para la comprensión clara. Aquellos que insisten en la comprensión clara, están pidiendo matemáticas, no música, y ciertamente no misticismo.

Tienes que aprender a abandonar ese deseo insano de reducirlo todo a claridad. ¿Qué vas a hacer entonces con la claridad? Te quedarás atascado con ella. Pide aquellas cosas que son esencialmente confusas - esencialmente, digo. Eso significa que nunca pueden ser claras. Entonces te abres al amor, te abres a la belleza, te abres a Dios.

Y la vida sólo florece cuando está enraizada en lo misterioso. Te enseño el misterio de la vida, no una comprensión clara de ella. Te conduzco más y más profundamente en el mundo donde también puedes disfrutar de estar embarrado como Lao Tzu.

La segunda pregunta

Pregunta 2:

JESÚS DIJO: 'EL QUE NO ESTÁ CONMIGO ESTÁ CONTRA MÍ'. AHORA SURGE LA PREGUNTA: ¿ES CIERTA LA MISMA AFIRMACIÓN EN RELACIÓN CONTIGO? ¿O PODRÍA HABER UNA TERCERA VÍA: NO ESTAR CONTRA TI PERO NO PODER SEGUIRTE?

Pit Kortenhorst,

LA DECLARACIÓN HECHA POR JESÚS aparentemente parece la de un fanático. No lo es.

Sólo tendrá que cambiar una palabra y se entenderá inmediatamente. Jesús dice: "El que no está conmigo, está contra mí". Cambia una palabra por "verdad" y las cosas estarán muy claras - y ese es el significado de Jesús: "Quien no está con la verdad está contra la verdad". Entonces no hay tercera vía posible.

Jesús no habla como persona, habla como verdad. Dice: "Yo soy el camino, yo soy la puerta, yo soy la verdad". Jesús es sólo una revelación de la verdad. Cuando dice "yo" no lo dice en el mismo sentido que cuando tú dices "yo". Él no tiene "yo" - el "yo" ha desaparecido mucho antes, y el "yo" es sólo una sombra del "yo". Cuando no hay yo, cuando no hay ego, no hay yo. Pero tiene que usar el lenguaje que tú usas; no hay otra manera, no se puede evitar.

Pero lo que dice es: "Quien no está con la verdad, está contra la verdad".

Y tú me preguntas: AHORA SURGE LA PREGUNTA: ¿ES CIERTA LA MISMA AFIRMACIÓN EN RELACIÓN CONTIGO?

Siempre es cierto en relación con todas las personas iluminadas, sean quienes sean, estén donde estén. Es verdad con Krishna, es verdad con Lao Tzu, es verdad con Pitágoras, es verdad con Patanjali, es verdad con Buda, es verdad conmigo. Y será verdad contigo si tú también desapareces, si abandonas esta fea idea de que estás separado de la existencia.

Eso es el ego: la idea de separación. No es verdad, es sólo una idea. Una vez que se abandona esta idea y ves la verdad de que eres parte del todo, que no eres una isla -ningún hombre es una isla, pertenecemos al continente llamado Dios, todos somos partes de una isla infinita-, en el momento en que ya no estás ahí como una entidad separada, todo lo que se habla a través de ti es hablado por Dios.

Por eso Jesús dice: "Yo y mi Padre que está en los cielos somos uno". Krishna le ha dicho a Arjuna: "Deja todas tus religiones y ven a mis pies". Parece como si fuera el mayor egoísta que pueda existir. "Deja todas las religiones y ven a mis pies. Ríndete a mí!" dice una y otra vez.

Si lo entiendes de acuerdo a tu entendimiento te perderas todo el punto. No está diciendo que te rindas a Krishna la persona. Está diciendo: "Ahora ya no existe Krishna la persona. Puedes rendirte y la rendicion llegara a Dios. He desaparecido, ya no estoy en medio. Tocar mis pies no será tocar mis pies: estarás tocando los pies de Dios".

¿Cómo puedes ser neutral ante la verdad? O se está a favor o se está en contra. No hay posibilidad de una tercera vía.

Y es bueno, Kortenhorst, que la idea haya surgido en ti. La idea misma muestra un anhelo -quizá aún inconsciente en ti- de estar conmigo. Pero hay cierta vacilación; siempre es así, toda persona inteligente vacila antes de dar el salto.

Estar conmigo es un salto cuántico. Tendrás que abandonar toda la identidad que has llevado toda tu vida. Tendrás que abandonar todo lo que has sido hasta ahora: ese será el significado de estar conmigo. Parece demasiado arriesgado, demasiado repentino. Y no hay garantías de lo que va a ocurrir después.

No puedo garantizarte nada: la verdad no puede garantizarse. La verdad no se puede asegurar.

Y Kortenhorst es un gran banquero, así que la seguridad, el seguro, la garantía, deben estar en lo más profundo de su inconsciente.

Y uno piensa antes de dar un salto. Pero éste no es un salto que pueda pensarse, es un salto de amor. No puedes decidir de antemano si es correcto darlo o no. Sólo puedes decidirlo cuando ya lo has hecho, pero entonces no tiene sentido decidirlo. Ya empieza a suceder. Puedes estar conmigo, sólo entonces sabrás lo que significa estar conmigo. Tienes que participar, tienes que disolverte, tienes que perder la idea de tu ego.

El Maestro es sólo un dispositivo para ayudarte a perder la idea del ego. Una vez que el ego haya desaparecido, te sorprenderás de que no existe ninguna persona como el Maestro. No encontraras a Jesus, tampoco me encontraras a mi. Cuando pierdas la idea del ego, te enfrentarás a una profunda nada en mí, un tremendo cero.

Pero en ese cero empezarás a ver que Dios se desborda. En ese vacío no encontrarás vacío sino divinidad desbordante. Esa nada es todo. Pero una vez que abandones tu idea de ser una persona, sólo entonces serás capaz de ver que aquí no hay ninguna persona.

Abhinandan ha conseguido el punto en un limerick:

Oh, qué extraño Maestro tenemos, Él no siente ni el frío ni el calor.

Se sienta en su silla con los deditos de los pies desnudos, supongo que porque no lo está.

Acércate cada vez más a mí para descubrir que no soy. Pero sólo podrás descubrirlo cuando no lo seas. Sólo dos nada pueden encontrarse, verse y comprenderse. El Maestro no es, el discípulo tiene que desaparecer. El Maestro es sólo un dispositivo para que el discípulo desaparezca.

Pero Jesús tiene razón: "El que no está conmigo, está contra mí". La afirmación parece la de un fanático - no lo es. Es uno de los más grandes Maestros iluminados del mundo.

La tercera pregunta

Pregunta 3:

CIERTAMENTE NO HE TRASCENDIDO EL SEXO. ¿POR QUÉ ENTONCES, CADA VEZ QUE LO HAGO, NO ME SIENTO BIEN?

Sona,

NO SE SIENTE CORRECTO porque aún no has entrado en él nunca, o has ido sólo hasta cierto punto pero no lo suficiente. Has entrado en ella sólo con una mente condicionada.

No has sido capaz de disolverte en ella ni un solo instante. Has entrado en él con toda la culpa que los sacerdotes han producido en ti.

No has entrado en él con inocencia; no has entrado en él como una virgen.

Ahora te sorprenderá el uso que hago de la palabra "virgen". Una persona virgen es aquella que puede practicar el sexo inocentemente. No tiene nada que ver con la virginidad fisiológica; es algo inmenso, profundamente psicológico, casi rozando el límite de lo espiritual.

La virginidad significa una persona que puede practicar el sexo sin ninguna idea que otros le hayan impuesto.

En ese sentido, es muy raro encontrar a una persona virgen, porque la sociedad contamina a todo el mundo. Te han inculcado ideas contra el sexo: que el sexo es pecado, que el sexo es feo, que el sexo es animal, que el sexo no es divino, que el sexo es la barrera entre tú y Dios. Con todas estas ideas te has metido en ello, Sona, ¿cómo puedes ir con tantas cosas reteniéndote? Una larga cadena de sacerdotes reteniéndote, ¿cómo puedes entrar? Has ido sólo parcialmente.

Pero incluso cuando has estado en ella, tus sacerdotes han estado clamando dentro de ti, gritando contra ti, condenándote. De eso se trata la conciencia. Tu llamada conciencia no es más que la voz del sacerdote que te han implantado. Es uno de los mayores daños que se han hecho a la humanidad a lo largo de los tiempos.

Ahora los científicos han descubierto un método mucho más eficaz: colocan electrodos en el cerebro. Y si te ponen un electrodo en la cabeza, nunca te darás cuenta, porque dentro de la cabeza no tienes ninguna sensibilidad. Se sorprenderá, ha ocurrido muchas veces: en tiempos de guerra una persona recibe un balazo en la cabeza y se olvida por completo de ello, y al cabo de los años, accidentalmente, se encuentra la bala dentro del cerebro. Y no ha sido consciente de ello.

Dentro del cerebro no hay sensibilidad. Por eso, si te meten una piedra en la cabeza, no te darás cuenta. Se pueden poner electrodos en la cabeza.

Uno de los psicólogos más famosos de esta época, Delgado, ha experimentado con animales. Se coloca un electrodo en la cabeza de un toro; ahora se le puede controlar desde fuera. Una pequeña caja con unos cuantos mandos y botones, y el toro puede recibir órdenes. Por ejemplo, el toro puede enfadarse pulsando un botón. Recibe el mensaje inalámbrico en su cabeza e inmediatamente se vuelve feroz, sin motivo alguno. Nadie le ha provocado desde fuera, nadie le ha dado una señal o una bandera roja, no ha visto a ningún sannyasin. No hay ninguna provocación externa. Pero Delgado simplemente aprieta un botón, toca algún centro en su cabeza - un centro que funciona para crear ferocidad, ira, rabia - y la rabia se libera. El toro se abalanza sobre Delgado, loco por matarlo.

Cuando se hizo por primera vez el experimento, cincuenta mil personas habían acudido a verlo. Se les paró la respiración; nunca habían visto un toro tan feroz. Y el experimento se hizo en España, que sabe de toros y corridas. Nunca habían visto un fenómeno tan feroz; era seguro que Delgado iba a morir.

Y no tenía protección, en absoluto, sólo esa pequeña caja.

Y el toro se acercó más y más y más, y justo cuando estaba a medio metro y la gente miraba - "Ahora se acabó"- pulsó otro botón, y una parada inmediata. El toro se paró ENTONCES y AHÍ, casi como si se hubiera quedado congelado.

Ahora Delgado dice que se puede hacer lo mismo con el hombre. Ha colocado estos electrodos en el cerebro de ratas y les ha dado también una caja para que pulsen los botones. El electrodo está conectado al centro sexual. Usted se sorprenderá - las ratas se vuelven locas. Simplemente siguen presionando el botón, ¡sesenta veces por minuto! Cada segundo tienen orgasmos, todo su cuerpo tiembla de alegría, emocionado. Se olvidan de la comida, se olvidan de todo. Día y noche, no duermen. Sólo siguen empujando, hasta que exhaustos caen en coma. Ahora ya no se necesita a la mujer; no se necesita a nadie más.

De hecho, eso es lo que ocurre cuando haces el amor. La mujer activa tu centro sexual en el cerebro, el hombre activa el centro sexual de la mujer en el cerebro. Delgado dice que ahora estos son métodos viejos y anticuados. Puedes tener una cajita, del tamaño de una caja de cerillas, en el bolsillo; basta con apretar el botón e inmediatamente se produce un gran orgasmo, un orgasmo total.

Este es uno de los descubrimientos más peligrosos que ha hecho Delgado, porque lo van a utilizar los políticos, lo van a utilizar los dictadores. Es posible que ya se haya utilizado en países como Rusia o

China. Cada niño puede ser fijado con un electrodo; nadie lo sabrá. En el hospital, justo cuando el niño está siendo dado a luz, puede ser... sólo una pequeña operación, una operación muy pequeña, y una pequeña cosa electrónica sólo del tamaño de un botón puede ser forzada en la cabeza. Y puede ser conectado con el centro que te hace obedecer. Eso es suficiente. Entonces Morarji Desai puede apretar un botón en Delhi y todo el país dice: "Morarji Desai, JINDABAD. ¡Viva Morarji Desai!" Basta con ordenar: "¡Gira a la derecha!" y todo el país gira a la derecha; "¡Ve a matar al enemigo!" y la gente empieza a matar.

Delgado ha dado a conocer un fenómeno más peligroso que la energía atómica. La gente aún no ha comprendido todas sus implicaciones. Cambiará todo el futuro del hombre - el hombre puede desaparecer a causa de ello, porque el hombre puede perder toda libertad. El hombre puede convertirse en una máquina.

Pero esto es exactamente lo que los sacerdotes han estado haciendo a lo largo de los siglos. Sus métodos no eran tan sofisticados, pero aún así lo han estado haciendo. Crean conciencia en ti - es paralelo a un dispositivo electrónico. Crean conciencia en ti; desde la infancia empiezan a decir y repetir una cosa: el sexo es pecado. En la escuela, en la iglesia, en casa, en todas partes hablan en contra del sexo. Están creando un mecanismo en ti. Repetido miles de veces, de miles de maneras, te hipnotizas con la idea. Se convierte en parte de tu ser interior. No es nada diferente de Delgado.

Delgado sólo ha hecho las cosas de una manera más científica, precisa, sofisticada - pero los sacerdotes fueron los verdaderos descubridores. Durante cinco mil años han estado haciendo esto a la humanidad. Y una vez que la idea se instala en tu mente, entonces el sacerdote está dentro de ti.

Puede que estés haciendo el amor, Sona, pero no estás sola. El sacerdote está tirando de tus cuerdas desde atrás; está diciendo: "Esto es pecado. Sufrirás en el infierno". Estás haciendo el amor y en tu mente estás viendo el fuego del infierno. ¿Cómo puedes entrar en él?

Tú dices: CIERTAMENTE NO HE TRASCENDIDO EL SEXO...

Ni puedes entrar en ella ni puedes trascenderla, porque para trascender hay que entrar primero en ella. Sólo quien se adentra totalmente en ella puede alcanzar la trascendencia. El conocimiento, la experiencia, te ayudan a trascender. La experiencia libera.

Ahora el truco es que el sacerdote no te permite experimentarlo - su belleza, su liberación, su alegría, no te permite experimentarlo. Y la mente sigue pensando en ello una y otra vez. Y cada vez que te adentras en ella te encuentras en un dilema: no puedes adentrarte totalmente en ella, así que sigues perdiéndote la experiencia.

Cuando no estás en ella, la mente fantasea con ella, porque necesita la experiencia. Es un deseo natural, un anhelo natural; la mente quiere sentirse satisfecha. Y cuando entras en ella, el sacerdote te tira hacia atrás. Así que te vuelves pornográfico: en tu mente piensas en sexo, en tus sueños se filtra el sexo, en tu comportamiento... en todas partes es tan obvio. Negativo o positivo, pero estás lleno de sexo. Pero cada vez que entras en él, el sacerdote te tira para atrás. Siempre que entras en él, Delgado está ahí: aprieta el botón y te detienes. A medio metro, el toro se para.

Sales de ella frustrado. Y debido a la frustración deseas más. Este es un dilema que el sacerdote ha creado en la humanidad. El sacerdote ha sido el mayor enemigo de la humanidad.

Nunca trascenderás el sexo. Puedes volverte pervertido, pero no puedes trascender el sexo.

La trascendencia es sólo cuando has entrado en ella totalmente y has visto su momentaneidad, y has visto que en realidad no era el sexo lo que anhelabas, sino otra cosa. El sexo era sólo una excusa para experimentar otra cosa. Cuando hayas experimentado el sexo totalmente, serás consciente de ESA otra cosa.

¿Qué es eso? En el gozo orgásmico total del sexo, el tiempo desaparece, el ego desaparece - estas dos cosas desaparecen. Ese es el mayor anhelo en ti. Una vez que has sabido que en el sexo profundo dos cosas desaparecen - el ego y el tiempo.... No eres consciente del tiempo, te mueves hacia la eternidad; y no eres consciente de la separación, el ego no funciona en absoluto - esa es la alegría. Una vez comprendido que esta es la raíz de la alegría, te liberas del sexo. Porque ahora todo el asunto es que puedes soltar el ego y el tiempo sin entrar en el sexo. Y el sexo puede hacer que suceda sólo por un momento, luego la oscuridad se instala de nuevo. Esa luz viene solo por un momento.

Pero a través de la meditación, esa luz se hace realidad en ti. Empiezas a vivir fuera del tiempo y del ego. Lo que alcanzas en un orgasmo sexual por un solo momento, Buda lo vive veinticuatro horas al día. Por eso no necesita el sexo. Eso es trascendencia.

Sona, la trascendencia sólo es posible cuando has conocido todo el secreto del sexo. El secreto es que es un dispositivo biológico, natural, para hacerte consciente de la meditación. Es a través del orgasmo sexual que se descubrió la meditación. La primera persona que descubrió la meditación es porque la descubrió a través del sexo; no hay otra manera, porque el sexo es un fenómeno natural. La meditación es un descubrimiento, no es un fenómeno natural. Va más allá de la naturaleza, es una trascendencia.

Tú dices: CIERTAMENTE NO HE TRASCENDIDO EL SEXO. ¿POR QUÉ ENTONCES, CADA VEZ QUE ENTRO EN ÉL, DE ALGUNA MANERA NO SE SIENTE BIEN?

AMBOS SON INTERDEPENDIENTES No has trascendido el sexo y no trascenderás hasta que empieces a sentir que es absolutamente correcto. La idea de que no está bien es de Delgado. La idea de que no es correcto es de la sociedad, de la religión en la que has nacido accidentalmente. Te es dada por otros, y fue dada a esos otros por otros.

Te ha hecho dividirte. Y sigues haciendo algo por lo que tu corazón total no puede decir sí. Y tampoco puedes resistirte, porque tu corazón tampoco puede decir no. Te separan en diferentes direcciones; empiezas a caer en pedazos.

Y recuerde que el fenómeno es muy complicado. Siempre que algo es reprimido se vuelve más y más atractivo. Cada vez serás menos capaz de experimentarlo, pero cada vez te resultará más atractivo. Y encontrarás formas vicarias, formas astutas... o puede que simplemente pongas toda tu vida patas arriba.

Rajen me ha enviado un hermoso limerick:

Había un anciano de Darjeeling que viajaba de Hyde Park a Ealing.

Un cartel en la puerta decía "No escupir en el suelo", así que escupió con cuidado en el techo.

¿Qué otra cosa puedes hacer? La antiidea te hará ponerte de pie. Si

no puedes ponerte de pie, ¿qué otra cosa puedes hacer? SIRSHASANA
- tienes que pararte sobre tu cabeza - la parada de cabeza. Esa parece ser
la consecuencia lógica de la represión.

La represión no puede ayudarte hacia la trascendencia. Sólo la
expresión puede llevarte a la trascendencia.

Sona, que desaparezca el cura. Hay que dejar caer al cura, hay que
dejar caer todos los sentimientos de culpa. Y sé que es difícil dejarlo caer,
porque esa es toda tu mente, y toda la sociedad lo apoya. Toda la sociedad
cree en ello. Te sentirás muy solo al dejarlo, te sentirás muy temeroso al
dejarlo, porque al dejarlo ya no serás parte de la multitud. Ya no serás una
oveja, te convertirás en un individuo. Y es aterrador estar solo.

De ahí que la gente siga al rebaño. El rebaño sigue repitiendo viejas
estupideces, supersticiones, tonterías sin sentido. Sigue repitiendo cosas
positivamente dañinas, pero seguimos creyendo en ellas, porque si no
creemos, nos quedamos solos. Y la gente tiene mucho miedo de quedarse
sola.

Ese es el coraje que necesita un sannyasin. Sona, sé lo suficientemente
valiente para estar solo. Y experimenta con tu vida y tu energía vital sin
ningún impedimento de ninguna fuente.

Dios te ha dado esta energía: utilízala para profundizar en las
experiencias.

El sexo es una de las experiencias más profundas. Y lo más grande es
que si entras en él lo trasciendes. Del sexo nace BRAHMACHARYA,
nace el verdadero celibato - pero sólo del sexo, sólo del verdadero y
auténtico sexo.

Esto es un problema. Te enseño a profundizar en el amor y el sexo,
sólo porque es la única manera de ir más allá. Mi esfuerzo es ayudarte a ir
más allá - porque sin ir más allá, permanecerás atado a la tierra, no serás
capaz de volar hacia el cielo.

Sin ir más allá, permanecerás en la prisión de la biología. Sin ir
más allá, seguirás formando parte del reino animal. No llegarás a ser
realmente humano, ¿qué decir de ser divino?

Yendo más allá del sexo, vas más allá de los animales. Más allá del
sexo, rompes la celda biológica que te rodea. Al ir más allá del sexo, vas
más allá de la Tierra. Por primera vez empiezas a mirar al cielo y a las

estrellas, y las luces lejanas empiezan a llover sobre ti. Y se oye una música lejana y distante. Te diriges hacia tu verdadero destino, hacia tu verdadera realización.

Animal, humano, divino: estas son las tres capas que hay en ti. La capa animal consiste en el sexo, la capa humana consiste en el amor, la capa divina consiste en la oración. Es la misma energía, que se expresa en formas cada vez más elevadas: el barro, el loto, la fragancia.

Por favor, no sigas escupiendo en el techo. ¡Escupe en el suelo! Sé natural. Y recuerda la paradoja: ser totalmente natural es la forma de ir más allá de la naturaleza, de entrar en la supernaturaleza.

Tu mente está pervertida por los sacerdotes. Tienes que estar muy alerta al respecto. El condicionamiento es muy largo, de siglos y siglos de antigüedad. Y se nos ha enseñado a respetar todo lo que es antiguo - cuanto más antiguo es, más se nos enseña a respetarlo; cuanto más antiguo es, más respetabilidad y crédito tiene.

¿Y por qué el sacerdote se opuso al sexo en primer lugar? Los Budas nunca estuvieron en contra. Estaban TODOS a favor de la trascendencia, como yo estoy a favor de la trascendencia. Los Budas estaban a favor de la trascendencia - pero escucha: cuando digo que tienes que ir más allá del sexo, se puede interpretar como si estuviera en contra del sexo, porque estoy diciendo que tienes que ir más allá del sexo. Se puede interpretar que estoy en contra del sexo; de lo contrario, ¿por qué iba a decir que hay que ir más allá del sexo?

Los Budas siempre han dicho: "Trasciende el sexo", pero nunca han estado en contra de él. Hay que utilizarlo como un trampolín.

Pero el sacerdote no puede entender lo que dicen los Budas. Interpreta a los Budas a su manera. Dice: "Evita el sexo, ponte en contra del sexo. Escucha lo que Buda ha dicho".

La trascendencia del sexo se convierte en antagonismo hacia el sexo. Es un malentendido natural que siempre se produce. Yo digo una cosa, tú entiendes otra totalmente distinta, incluso diametralmente opuesta.

Me recuerda a una vieja compañía de ópera que actuaba una vez en un pequeño pueblo de las afueras.

Un viejo veterano de la tonsura lloraba entre temblorosos pero sonoros acordes de Pagliacci.

Al final del aria, un oyente se levantó y gritó: "¡Bravo! Bravissimo!"

Un hombre sentado a su lado se quedó estupefacto de que un espectador de ópera aplaudiera esa actuación de mala calidad. Se volvió hacia él y le preguntó: "¿Le ha gustado su actuación?".

"No aplaudo su voz, sino su colosal valor".

Es fácil malinterpretar, las palabras siempre pueden ser malinterpretadas. Y tú vives en un plano, en el valle, el valle oscuro, y los Budas se mueven en las cumbres iluminadas por el sol, Lo que dicen pertenece a la cima iluminada por el sol. Cuando llega a ti, ya no es lo mismo. Es un eco de un eco de un eco.

Y el pueblo, el pueblo astuto entre vosotros, se convierte en intérprete, se convierte en sacerdote. Dicen: "Lo hemos entendido. Ahora os lo explicaremos - éste es el significado".

Los budas siempre han sido malinterpretados, siempre serán malinterpretados. Es algo natural que no se puede evitar, porque la lengua que se habla en las cumbres iluminadas por el sol no es la lengua que se habla en el oscuro valle de la ignorancia. El lenguaje de la mañana no es el lenguaje de la noche.

Pero hay personas astutas que siempre se convierten en mediadores. Dicen: "Sabemos lo que Buda quiere decir; nosotros lo interpretaremos".

Y una razón más: esta interpretación, la de que los Budas están en contra del sexo, da a los sacerdotes un gran poder sobre ti. Si trasciendes el sexo el sacerdote no se hará poderoso, pero si reprimes el sexo se hará poderoso - porque reprimiéndolo te harás culpable, antinatural, feo, en conflicto, conflicto continuo, disipando tu energía en una guerra civil.

Cada día serás más débil. Y cuanto más débil seas, más fácil será dominarte, poseerte.

El sacerdote ha sido poderoso, no porque él sea poderoso, sino porque tú eres débil. Su poder se encuentra en tu debilidad. Una vez que te vuelvas poderoso, el sacerdote se desvanecerá por sí mismo.

En mi visión de una humanidad futura, cuando el hombre nuevo haya llegado realmente a la tierra -poderoso, afirmativo de la vida, tremendamente festivo, alegre, positivo, afirmativo- los sacerdotes desaparecerán. Se marchitarán. ¿Quién se preocupará de los sacerdotes? La vida es más que suficiente para enseñarte todo lo que necesitas.

Y cuando aprendas de la vida, serás capaz de entender a los Budas más fácilmente, con menos malentendidos - porque viviendo tu vida totalmente, empezarás a tener unas pocas experiencias, unas pocas experiencias cumbre. Vendrán como relámpagos y desaparecerán, pero tendrás unos pocos vislumbres de las cumbres más altas, de las plenitudes de la conciencia.

Y los Budas podrán hablar contigo más cómodamente.

La comunicación será más fácil entre tú y los Budas si los sacerdotes desaparecen como mediadores. No son mediadores, no son puentes; son muros, son barreras. De ahí que esté en contra de todo tipo de sacerdocio.

Si puedes encontrar un Maestro, estate totalmente con él, pero evita a los sacerdotes. Evita a esas personas que no han conocido la verdad por sí mismas, sino que son simplemente como loros repitiendo a otros. Si alguien ha conocido la verdad, si ves que alguien tiene la presencia y la fragancia, si sientes entonces SER... estate totalmente con la persona. No pierdas la oportunidad, porque sacerdotes hay millones, Budas son raros.

De vez en cuando te cruzas con un Buda, y puede que no vuelvas a cruzarte con un Buda en muchas vidas. Así que siempre que te encuentres con un Buda, no pierdas la oportunidad: ¡arriésgalo todo! Siempre que te encuentres con una persona que tiene la verdad, autoridad.... Y recuerda, el hombre de autoridad no tiene autoridad; el hombre de autoridad es muy humilde.

El autoritario; el hombre no es el hombre de autoridad - no es humilde, es arrogante. De hecho pretende ser poderoso, pretende ser autoritario, pero su autoridad descansa en los Vedas, en el Corán, en la Biblia. Su autoridad no tiene ninguna fuente en su propio ser, no es su propia experiencia.

Un Jesús es un hombre de autoridad.

Alguien preguntó a Jesús: "¿Con qué autoridad hablas?". El interlocutor preguntaba: "¿Hablas con la autoridad de Moisés, Abraham o Ezequiel? ¿Con qué autoridad hablas? ¿Con la autoridad del Talmud? ¿La autoridad de los antiguos videntes, los profetas judíos? ¿Con la autoridad de QUIÉN?"

Y Jesús dijo: "Hablo con autoridad propia. Antes que Abraham fuera, yo soy".

Abraham fue tres mil años antes que Jesús, y Jesús dice: "Antes que Abraham fuera, Yo soy. Estoy en la fuente misma, estoy en el principio mismo. Puedes profundizar en tu ser y puedes alcanzar esa fuente".

Cuando te encuentres con una persona que ES una fuente, quédate con ella por todos los medios. Y recuerda que nunca te dirá: "Sígueme". Simplemente te dirá: "Quédate conmigo", y eso es algo totalmente distinto. Dice: "Imbúyete de mí". Dice: "Comulga conmigo". Dice: "Tengamos un puente", y ese puente es el arte del discipulado.

Si se lo permites, Buda empieza a verter su energía en ti. No es una cuestión de comunicación verbal, sino que existe a nivel energético. Y entonces comprenderás que los Budas nunca están en contra de la vida. Siempre están a favor de la vida. La vida es Dios, ¿cómo pueden estar en contra de ella?

Los sacerdotes siempre están en contra de la vida, porque los sacerdotes sólo pueden tener poder sobre ti si eres débil. Y ponerte en contra de la vida te hace débil. Entonces se instalan todo tipo de perversiones.

SONA AÚN NO HAS CONOCIDO LO QUE ES EL SEXO
Puede que hayas amado, puede que te hayas adentrado en los gestos del amor, puede que incluso hayas hecho el amor con personas... pero ha seguido siendo algo fisiológico. No has sido capaz de adentrarte en él espiritualmente.

Has permanecido ajeno, no has participado en su misterio.

No sabes cómo participar, de ahí el problema. No conoces el lenguaje de la participación, el arte de sintonizar con la energía de la otra persona, de conectar con la otra persona en todos los niveles posibles de energía, no sólo del cuerpo, sino de la mente, del alma; no sólo de los centros inferiores, sino también de los superiores.

Pero no se lo han dicho a nadie. Y recuerda, en los animales el sexo es un instinto; en el hombre es un arte. En el hombre todo es un arte, en los animales todo es un instinto. Por ejemplo, si traes un búfalo al jardín, el búfalo comerá sólo ciertas hierbas y dejará todo lo demás. Su elección está predeterminada; no es consciente. No está eligiendo realmente; la elección es mecánica, funciona como un robot. Es instintiva.

Con el hombre, nada es instintivo. El hombre se ha liberado de las garras del instinto, y eso es un gran fenómeno. Es tu gloria que ya no seas instintivo. Tienes cierta libertad.

Por eso el hombre come de todo. Ningún animal come como el hombre; cada animal tiene un alimento fijo. Sólo el hombre come TODO tipo de cosas - imaginables, inimaginables. Es increíble. He estado observando los hábitos de la gente en todo el mundo y tengo la sensación de que no hay ni una sola cosa en el mundo que no se coma en algún lugar.

Se comen insectos, se comen serpientes. ¿Serpientes? Pero es una comida muy deliciosa en China. En África se comen hormigas. Es muy bueno para los niños pequeños, que empiezan a recolectar hormigas. No hay nada que no se coma.

Y no hay ni una sola cosa que no haya sido condenada. Todo ha sido condenado también. El hombre tiene libertad absoluta.

Instintivamente, el hombre debe ser vegetariano - porque sus intestinos demuestran absolutamente que instintivamente debe ser vegetariano, no debe comer carne. Los animales que comen carne tienen intestinos pequeños. El hombre tiene un intestino muy largo. El intestino largo pertenece a los vegetarianos, porque el animal carnívoro puede comer una vez y entonces es suficiente para veinticuatro horas.

El león sólo come una vez al día, pero el mono come todo el día, no para de comer, porque cuando comes verduras tienes que comer en mucha mayor cantidad. En una verdura hay mucha fibra que hay que tirar; sólo se absorbe una parte muy pequeña. La carne puede absorberse totalmente; ya es algo absorbido. Algún otro animal ha hecho el trabajo de absorberla; estás comiendo algo ya hecho. Pero si comes verduras, se tarda mucho tiempo en absorberlo, y necesita un paso más largo para que pueda permanecer en tu cuerpo durante más tiempo.

Fisiológicamente el hombre es vegetariano, pero el instinto ya no decide. Incluso el sexo ya no es sólo un instinto. Por eso se pueden encontrar tantas variaciones en el hombre, que no se encuentran en los animales. Los animales no son homosexuales, los animales no son bisexuales. Y recuerda, no estoy hablando de los animales que viven en el zoo, porque en el zoo aprenden de los seres humanos. Hablo de los animales salvajes. En un zoo encontrarás animales haciendo todo tipo de cosas; es un estado antinatural. Pero en la naturaleza son siempre heterosexuales.

¿Por qué el hombre tiene tantas formas de relacionarse: heterosexual, autosexual, homosexual, bisexual, individual o en grupo? El hombre tiene libertad para elegir. Y esta elección puede convertirte en patológico o esta elección puede convertirte en un Buda. Ahora depende de ti, de cómo uses tu libertad.

La libertad es un fenómeno peligroso, inmensamente importante, pero también peligroso. Puedes caer por debajo de los animales y puedes elevarte por encima de los dioses: esa es toda la gama de la libertad. Ningún animal puede caer del estado en que se encuentra. Sólo Adán y Eva cayeron; los demás animales siguen viviendo en el Jardín del Edén. Ningún otro animal ha comido todavía el fruto del árbol del conocimiento - ni siquiera la serpiente que persuadió a Adán y Eva, él mismo no lo ha comido. Todavía está en el Jardín del Edén. ¿Has oído hablar de la caída de la serpiente? Aún no ha ocurrido.

El hombre tiene una libertad inmensa, de ahí que pueda caer. Ya no está anclado en los instintos, está muy suelto. No es como un árbol, enraizado, fijo; puede moverse, es un árbol en movimiento. Sus raíces no están fijas, sino que fluyen. Eso es algo grandioso, pero muy poca gente lo usa correctamente.

Puedes caer como Adán o puedes resucitar como Jesús.

El sexo hay que aprenderlo. Y no hay nadie que lo enseñe; no hay escuelas. No se PERMITE que existan escuelas. A todo el mundo se le permite envenenarte contra el sexo; a nadie se le permite enseñarte el camino correcto hacia el sexo. A nadie se le permite convertirlo en un arte exquisito - lo es.

Había un niño que a los cuatro años fue arrastrado por la corriente hasta una isla desierta y vivió allí muchos años, hasta que un día, cuando tenía veintiuno, apareció en la playa una rubia guapísima.

Se encontraron. Ella le preguntó: "¿Quién eres?", y él respondió: "Pues yo soy el único habitante de esta isla".

Me preguntó: "¿Qué haces todo el día?".

Dijo: "Yo cazo y pesco y trepo a los árboles y me siento en lo alto de esa roca de ahí y tiro guijarros al mar".

Me dijo: "Bueno, ¿qué haces con el sexo?".

Dijo: "¿Sexo? ¿Qué es el sexo?"

Así que allí mismo, en la playa, se lo enseñó. Cuando todo terminó, ella dijo: "¿Qué piensas de eso, entonces?"

Me dijo: "Bueno, todo esto es muy bonito... ¡pero mira lo que has hecho con mi volteador de guijarros!".

Al hombre hay que enseñarle todo. El hombre no tiene bases instintivas, así que todo es posible. Y si no se le dan las indicaciones correctas, tendrá que andar a tientas en la oscuridad.

La escuela de Pitágoras era una escuela donde se enseñaba a trascender el sexo profundizando en él. Por eso fue torturado, perseguido toda su vida, de una ciudad a otra. Estuvo huyendo toda su vida, de una isla a otra isla. Y finalmente tuvo que convertirlo en algo absolutamente secreto. No había necesidad de hacerlo secreto, porque estaba teniendo experiencias hermosas. Quería relacionarse con la gente, pero la gente ni siquiera estaba dispuesta a escuchar. De ahí que entrara el secreto.

El secreto es sólo una medida de seguridad. Pitágoras tuvo que ser secreto. Entonces sólo a aquellos que formaban parte del núcleo más íntimo se les contaron los verdaderos secretos. Y se mantuvieron orales - a nadie se le permitió escribir sobre ellos. Incluso Lysis no los menciona. Y todo lo que dice ... usted se sorprenderá. Parece que no hay nada que valga la pena mantener en secreto.

Dice cosas sencillas: "Cuida tu salud", ¿cuál es el secreto? O la media de oro: "Mantente siempre en el centro", ¿por qué mantenerlo en secreto? No encontrarás ni un solo secreto en todos los sutras, porque si los secretos estuvieran en los sutras, éstos se habrían quemado mucho antes; no los habrías encontrado en absoluto.

El día que Pitágoras murió, toda la escuela fue quemada. discípulos asesinados, masacrados, y toda la tradición secreta que él había hecho viva en Occidente por primera vez.... Había buscado en Oriente durante años - toda su vida la había dedicado a la búsqueda. Todas esas enseñanzas secretas fueron destruidas.

Esta ha sido siempre la actitud de la gente. Esta es su actitud hacia mí, porque hablo abiertamente de algunos secretos.

Al hombre hay que enseñarle todo: cómo comer, cómo amar, cómo ser. Si no se le enseña, sigue siendo una chapuza, sigue siendo algo muy malo, vago, ambiguo, algo incierto, algo siempre vacilante. Continúa haciendo algunas cosas porque puede sentir algunos impulsos del instinto en él. Pero no hay una dirección clara, no hay sentido de la dirección.

Sona, tendrás que aprender lo que es el sexo. Y cuando digo eso, la gente entiende que estoy diciendo que no has conocido el sexo. No, lo has conocido, pero tu conocimiento es muy superficial. Tu conocimiento aún no es un arte, aún no es una filosofía. Puede que también tengas algunos hijos, así que puedes pensar que sabes lo que es el sexo porque tienes hijos.

Tener hijos no significa saber lo que es el sexo. Tener hijos es tan fácil como encender y apagar la luz. Por encender y apagar la luz, no creas que sabes lo que es la electricidad. ¿O crees que sabes lo que es la electricidad porque puedes encender y apagar la luz? Algunas personas creen que saben lo que es la electricidad.

He oído la bonita historia del hombre que fabricó la primera bombilla eléctrica: Edison.

Durante tres años se esforzó y luego lo consiguió. Fue un milagro: por primera vez, la electricidad funcionaba en manos humanas. Esa gran energía, ese tremendo poder, se canalizó hacia el servicio humano. Y había trabajado durante casi treinta años de forma intermitente, y durante tres años de forma continua.

Y, por supuesto, cuando se encendió la primera bombilla eléctrica, se quedó aturdido, desconcertado. Se quedó sentado mirándola. Pasó la mitad de la noche, y cada vez se le escapaban más horas. Y vino la esposa y le dijo: "¿Te has vuelto loco o algo así? ¿Qué haces aquí mirando esa estúpida luz? Vete a dormir".

La llamó "esa estúpida luz". Y se dice que Edison lloró. Dijo: "¿La llamas luz estúpida? ¿Sabes lo que es la electricidad?"

Y ella dijo: "Lo sé", porque siempre le había visto poner y quitar cosas, esto y lo otro. Y ella dijo: "Lo sé, tú enciendes o apagas eso. Eso es electricidad".

Otra historia que he oído sobre Edison: Fue a un pequeño pueblo, sólo por vacaciones. La escuela del pueblo celebraba su función anual, y los niños pequeños de la escuela habían hecho muchas cosas para exponer. Él también fue. Nadie sabía que era Edison.

Habían fabricado unos cuantos juguetes eléctricos, y Edison preguntó al niño que mostraba los juguetes - - que los había fabricado y estaba muy orgulloso - "¿Qué es la electricidad?".

Y el niño dijo: "¿Qué es la electricidad? No lo sé. Le preguntaré a mi maestro - espera".

Trajo a su profesor, un posgraduado en ciencias, y Edison le preguntó: "¿Qué es la electricidad?".

Y el profesor dijo: "Pero si nadie se hace esas preguntas: '¿Qué es la electricidad? La electricidad es la electricidad. Pero espera, llamaré a mi director: es doctor en ciencias, quizá pueda explicarlo".

Él vino, y trató de explicar de alguna manera. Pero, ¿cómo se puede explicar a Edison? Fue el primer hombre que supo algo de electricidad, uno de los mayores genios del mundo, el único hombre que hizo al menos mil inventos. Pero el director tampoco sabía con quién estaba hablando. Y siguió dándole explicaciones, pero Edison le decía: "Eso no cuela. Dígame qué es la electricidad, SIMPLEMENTE. Lo que está diciendo no responde a mi pregunta: está intentando explicarlo".

El director empezó a sudar y se congregó una multitud. Entonces Edison sintió una gran compasión. Dijo: "No se preocupen, soy Edison y yo mismo no sé lo que es la electricidad".

Por el mero hecho de tener hijos no se sabe lo que es el sexo. El sexo es un fenómeno mucho más profundo que la electricidad: es bioelectricidad. Aún está por descubrir. Es un fenómeno totalmente diferente. La electricidad que conoces es una contrapartida material del sexo; el sexo es su contrapartida espiritual. La electricidad que conoces es sólo un fenómeno muerto.

El sexo está vivo: es electricidad más vida. Es una síntesis muy superior, aún por descubrir.

Ha habido algunas personas que han estado trabajando, pero siempre han sido torturadas por la sociedad. Wilhelm Reich era una de las personas que estaba trabajando en la electricidad sexual, pero fue condenado, forzado a ingresar en un manicomio, declarado loco. No estaba loco, era una de las personas más sanas de este siglo.

Pero como se adentraba en esos secretos de los que los curas y los políticos siempre tienen miedo, se adentraba en los misterios que los curas y los políticos no quieren que se revelen a la humanidad ordinaria -porque una vez revelados, el hombre será libre-, fue perseguido toda su vida, y luego obligado a ingresar en un manicomio. Murió condenado, como un criminal, como un loco, y no era ninguna de las dos cosas.

Este ha sido el caso del Tantra todo el tiempo. Durante tres mil años la ciencia se ha desarrollado en fragmentos, pero siempre la sociedad la destruye. Tiene demasiado miedo de dar a los hombres grandes secretos que los conviertan en individuos independientes.

SONA NO SABES QUE ES EL SEXO Por favor despídete de todos los curas.

Deshazte de todas las tonterías que te han contado sobre el sexo. Experimenta de nuevo, inocentemente. Adéntrate en él meditativamente: es oración. Es una de las cosas más sagradas, la más santa de las santas, porque es a través del sexo que llega la vida, y es a través del sexo que puedes penetrar hasta la fuente misma de la vida. Si profundizas en el sexo encontrarás a Dios. Encontrarás las manos de Dios en algún lugar profundo del mundo de la experiencia sexual.

El sexo tiene que ser una meditación y tienes que aprender su arte. Canta, baila, celébralo. El sexo no debe ser un asunto precipitado, no debe ser un asunto de golpe y porrazo, como lo es. Saboreadlo. Debe ser un gran ritual. Así surgieron los rituales del Tantra. Prepárate para ello. Vuélvete más sensible, abierto, silencioso. Cuando haces el amor estás entrando en el templo de Dios. Entra sólo cuando estés en oración, de lo contrario no.

No entres con lujuria, entra con oración - entonces podrás conocer el secreto del sexo.

No entres para explotar al otro, entra para compartir con el otro. No entres como si el sexo fuera sólo una especie de alivio: ésa es la forma más baja de sexo. La forma más elevada no es el alivio, sino el éxtasis.

El alivio es negativo.

Sí, el sexo te desahoga de cierta energía, pero simplemente te desahoga - entonces te has perdido la parte positiva. La parte positiva es cuando esa energía te nutre, no sólo te libera, sino que te nutre, crea algo superior en ti. Cuando el sexo se utiliza sólo como alivio, como un estornudo, es la forma más baja de él.

La forma más elevada es tremendamente creativa: la energía no se expulsa de tu ser, la energía se recircula en planos superiores. La energía toma vuelo, empieza a elevarse por encima de la gravitación. Empieza a penetrar en tus chakras superiores. No es sólo una liberación, sino un tremendo vuelo extático. Y sólo entonces sabrás que en el momento más profundo del orgasmo, el ego y el tiempo desaparecen. Cuando lo sepas, ya no necesitarás el sexo. El sexo te ha revelado sus secretos, te ha dado la llave, la llave de oro.

Ahora puedes usar esa llave de oro sin entrar en ninguna actividad sexual. Ahora puedes sentarte en silencio en zazen, vipassana. Ahora puedes sentarte en silencio, dejando caer tu ego y olvidando el tiempo. Y alcanzarás las mismas alturas y permanecerás en esas alturas cada vez más tiempo.

Y llega un día en que uno se convierte en residente permanente en esas cumbres. Ese día es el día del gran regocijo: uno se convierte en Buda.

El perfume de la satisfacción absoluta

La primera pregunta
Pregunta 1:

MAESTRO, ADEMÁS DE SER ALGUIEN COMO TÚ, PITÁGORAS TAMBIÉN FUE UN GRAN MATEMÁTICO. ¿CÓMO ES POSIBLE?

Bruno,

EL HOMBRE NO ES SÓLO LO EXTERIOR, y tampoco es sólo lo interior: es ambas cosas. Y más: es interior, es exterior y también es trascendental. El hombre es un ser tridimensional. Esas tres dimensiones son representadas por el Cristianismo como la Trinidad, y por el Hinduismo como TRIMURTI - tres caras de Dios. Y el hombre que vive sólo en una dimensión vive una vida parcial. Nunca conocerá la belleza del todo y la alegría del todo.

Vivir una vida parcial es vivir en la enfermedad, porque las partes que no están permitidas siguen peleándose contigo. Quieren expresarse. El ser negado se vengará de ti, saboteará tu vida. No te permitirá vivir en paz; estarás en una guerra civil constante.

Si reniegas del cuerpo, el cuerpo se enfadará contigo. Si reniegas del alma, el alma se enfadará contigo. Y una casa dividida contra sí misma no puede estar entera, no puede estar en paz, no puede estar tranquila.

Por eso ves a millones de personas en una miseria tan grande. La miseria se debe a que viven una vida fragmentaria. Sólo aceptan una parte de su ser y rechazan la mayor parte. Es como un árbol que rechaza sus raíces porque son invisibles: el árbol empezará a morir, las raíces se enfadarán. O es como el árbol que niega sus flores, su follaje, sus ramas, y acepta sólo las raíces, entonces no tendrá sentido.

El hombre ha vivido de forma parcial, de ahí la pregunta.

El hombre total estará arraigado en el cuerpo como un árbol arraigado en la tierra, y crecerá hacia el cielo como las ramas de un árbol: se moverá hacia el cielo interior.

Y también tendrá algo más, algo trascendental a esta dualidad, una tercera dimensión.

La primera dimensión es muy visible, es material. Se puede medir: es el mundo de las matemáticas, el mundo de la ciencia. La segunda, la interior, no es tan visible: es vaga, turbia, misteriosa. Es una zona crepuscular, ni diurna ni nocturna, justo en medio de ambas. Existe en los límites de lo material y lo último, de esto y aquello. Ese es el mundo de la poesía, del arte.

Y la tercera es absolutamente invisible. Nadie la ha visto jamás, nadie puede verla jamás, porque es el ser mismo del vidente. No se puede reducir a un objeto: es su propia subjetividad. Es siempre el testigo y nunca el presenciado. Es siempre el observador y nunca el observado. Ese es el mundo del místico: lo trascendental.

Y un hombre completo será un científico, un poeta y un místico. Pitágoras era un hombre completo, un hombre santo.

Cuando digo esto, que el hombre completo será los tres juntos, por favor no me tomen literalmente. Uno no necesita ser literalmente un científico y, sin embargo, puede ser íntegro, pero su enfoque será científico. Puede que no sea un Albert Einstein, un Newton o un Edison. Buda no es un Albert Einstein, pero aún así su enfoque científico está ahí: es totalmente científico en su enfoque. No permite ninguna superstición. No permitirá ningún enfoque ilógico. Será muy lógico, aunque te llevará más allá de la lógica, pero te guiará muy lógicamente, paso a paso, con un método.

Buda es tan científico como Albert Einstein; puedes examinar sus palabras. Dice: "No creas lo que digo a menos que lo hayas experimentado. A menos que se haya convertido en tu propio entendimiento, no creas en mí". Esto sólo puede decirlo una mente totalmente científica.

Dice: "No creas nada porque esté escrito en las Escrituras. Las Escrituras pueden estar equivocadas, ¿quién sabe? A menos que te hayas convertido en testigo de ello, no hay garantía de su verdad". Puede estar en los Vedas, en los Upanishads - no hay necesidad de creer o no creer. Experimenta, experimenta. Conviértete en un laboratorio - tu propio laboratorio. Y a menos que hayas concluido, todas las creencias no son más que prejuicios, supersticiones, ilógicas, infundadas.

Y la verdad creída es una mentira. La verdad experimentada es un fenómeno totalmente diferente. La verdad creída es una mentira.

Este es el enfoque de una mente científica.

Buda tampoco es un poeta en el sentido ordinario: nunca compuso poesía. Pero es un poeta. Su forma de caminar es poesía, su forma de ver la vida es poesía. La forma en que muestra su compasión es poesía. Puede que no sea un poeta en el sentido literal ordinario, pero es pura poesía. Su propia existencia es poética. La tremenda gracia que le rodea, la infinita belleza que vive y el esplendor que ha traído a la tierra: la tierra nunca ha vuelto a ser la misma. Era otra cosa antes de Buda, es totalmente otra cosa después de Buda.

¿Qué ha aportado Buda al mundo? Caminó sobre la tierra y pertenecía al más allá. Estaba encarnado como tú y como yo, pero procedía de la fuente última. Vivía aquí y ahora, pero COMO la fuente última. Su fragancia sigue presente en los vientos. Aquellos que estén atentos seguirán sintiendo su presencia. Esa preSencia es eterna.

También Jesús, también Pitágoras... todos son místicos, poetas, científicos. El verdadero hombre está obligado a ser un hombre total. Y esa es también mi enseñanza: No me gustaría que fueras parcial, no me gustaría que fueras parcial. No me gustaría que vivieras sólo en el cuerpo, o sólo en el alma. La gente lo ha intentado. Y debido a esos esfuerzos, el hombre no ha llegado a ser lo que tiene derecho a ser por nacimiento. El hombre no ha florecido, no ha florecido. No puede.

A menos que las tres dimensiones estén juntas, algo faltará. Y esa parte faltante seguirá persiguiéndote, seguirá creándote miseria.

La parte que te falta no te permitirá estar realmente contento. La parte que falta no te permitirá estar agradecido a Dios. La parte faltante no te permitirá liberar la fragancia en tremenda gratitud, agradecimiento - ser orante. No te permitirá orar. Solo un hombre satisfecho puede orar. Sólo un hombre satisfecho puede orar: la satisfacción es oración. La oración es el perfume de la satisfacción absoluta.

Vive en el cuerpo como Epicuro vivía en el cuerpo. Vive en el alma como todos los místicos han intentado siempre vivir en el alma, pero no niegues a Epicuro. Mi visión del hombre completo implica también a Epicuro, tanto como a Jesús, tanto como a Zaratustra. Y el poeta está justo entre los dos, el punto de encuentro del místico y el científico que hay en ti. Es ahí donde existe el poeta, en los límites, en las fronteras. Deja que tu poeta también hable.

Baila, canta, crea música. Vive una vida arraigada en la ciencia, con la gracia y la belleza de la poesía y la profundidad del misticismo.

Bruno, Pitágoras es un hombre completo. Así debería ser también con todos los demás.

Usted me pregunta: ADEMÁS DE SER ALGUIEN COMO TÚ, PITÁGORAS FUE TAMBIÉN UN GRAN MATEMÁTICO. ¿CÓMO ES POSIBLE?

No soy matemático, pero lo que te estoy diciendo es absolutamente matemático. No soy lógico, pero lo que te digo es absolutamente lógico. Aunque mi lógica te ayudará a ir más allá de la lógica; a eso me refiero cuando digo "absolutamente lógico".

Porque lo ilógico forma parte de la existencia tanto como lo lógico. Si alguien es realmente lógico aceptará también lo ilógico, porque está ahí y no se puede rechazar.

Ser lógico significa aceptar también lo ilógico, entonces la lógica se convierte en un peldaño hacia lo ilógico. Entonces la lógica se convierte en un peldaño hacia el amor.... Y cuando todo en ti se ha utilizado y nada se ha descuidado, te conviertes en una orquesta, entonces eres armonía de una gracia tremenda. Esa armonía es la meta de la religión.

La segunda pregunta

Pregunta 2:

ANTES DE TOMAR SANNYAS, ME HUBIERA RESULTADO MUY FÁCIL RELACIONARME CON PITÁGORAS. AHORA ME SEGUIRÍA GUSTANDO, PERO ALGUNAS COSAS ME PARECEN TAN MORALISTAS Y REPRESIVAS, COMO SU CONSEJO DE NO ENFADARSE. ¿DÓNDE ME ESTOY PERDIENDO?

Sarlo,

RECUERDA SIEMPRE UNA COSA: que el tiempo lo cambia todo - el lenguaje, las formas del lenguaje... ¡el tiempo lo cambia todo! Si Pitágoras vuelve, no podrás relacionarte con él. Él hablará una lengua que ya no se usa, y tú hablarás una lengua que él tampoco podrá entender... habrá una brecha de veinticinco siglos. Veinticinco siglos es mucho tiempo. De hecho, entre dos generaciones surge la brecha; entre tu padre y tú hay una brecha, y una brecha tal que la gente siente que es insalvable.

A los niños les resulta casi imposible relacionarse con sus propios padres. La distancia no es mucha, quizá veinte años. Veinte o veinticinco años de diferencia y los niños sienten que es imposible comunicarse. Y los padres sienten que es imposible comunicarse. En veinticinco años el mundo ha cambiado tanto, ¿qué decir de veinticinco siglos?

Por eso necesitarás que alguien que te pertenezca te transmita cuál es el significado de Pitágoras. ¿Por qué hablo de Pitágoras? Para salvar la distancia de veinticinco siglos, para que Pitágoras vuelva a ser una fuerza viva entre vosotros. Si tratas de entender a Pitágoras directamente, no serás capaz de entenderlo en absoluto. Él habla un lenguaje totalmente diferente que ha desaparecido del mundo. Es el lenguaje de Patanjali, es el lenguaje de Mahavira. Pero Patanjali y Mahavira eran pre-Freudianos. Usaban las palabras de una manera totalmente diferente; nunca habían oído hablar de Freud. Pitágoras utiliza el lenguaje de la misma manera. Tendrás que ser un poco paciente.

Cuando dice que no te enfades, no se refiere a la represión en el sentido en que tú entiendes la palabra represión. Cuando dice que no te enfades, no te está diciendo que reprimas la ira:

te está diciendo que trasciendas la ira. Y son tremendamente diferentes, no sólo diferentes, sino diametralmente opuestas.

Si intentas no enfadarte, reprimirás la ira. Si intentas trascender la ira, no reprimirás la ira: al contrario, tendrás que comprender la ira, tendrás que observar la ira. En la observación está la trascendencia.

Si reprimes la ira, la ira se va a tu inconsciente; te envenenas cada vez más. No es bueno, no es sano; tarde o temprano te volverá neurótico.

Y un día u otro la ira acumulada explotará, y eso será mucho más peligroso porque entonces será absolutamente incontrolable por ti. Entonces es mejor acabar con ella cada día en pequeñas dosis. Esas dosis son homeopáticas: de vez en cuando te enfadas, enfádate. Eso es mucho más sano que acumular rabia durante unos años y luego un día explotar. Entonces será demasiado; ni siquiera podrás ser consciente de lo que estás haciendo. Será una auténtica locura. Puede que hagas algo tremendamente dañino para ti o para otra persona; puede que asesines o que te suicides.

Pitágoras no dice que lo reprimas, ningún iluminado puede decir que lo reprimas.

Está diciendo trascenderlo, ir más allá. La trascendencia es un proceso totalmente diferente. En la trascendencia no reprimes la ira y tampoco la expresas. Sólo conoces dos maneras de lidiar con la ira: expresión o represión. Y la verdadera manera de tratarla no es ninguna de las dos. No es la expresión, porque si expresas la ira creas ira en el otro; entonces se convierte en una cadena... entonces el otro la expresa, entonces de nuevo te provocan... entonces ¿dónde va a terminar? Y cuanto más la expresas, más se convierte en un hábito, un hábito mecánico. Y cuanto más lo expresas, más lo practicas. Te será difícil salir de ello.

De este miedo surgió la represión: no expreses, porque te trae una gran miseria a ti, a los demás... y para nada. Te hace feo, crea situaciones feas en la vida, y luego tienes que pagar por todo eso. Y, poco a poco, se convierte en tal hábito que se convierte en tu segunda naturaleza.

Del miedo a expresarse surgió la represión. Pero si reprimes, estás acumulando el veneno. Está destinado a explotar.

El tercer enfoque, el enfoque de todas las personas iluminadas del mundo, es no expresar ni reprimir, sino OBSERVAR. Cuando surja la ira, siéntate en silencio, deja que la ira te rodee en tu mundo interior, deja que la nube te rodee, sé un observador silencioso. OBSERVA... esto ES ira.

Buda ha dicho a sus discípulos: Cuando surja la ira, escúchala, escucha su mensaje. Y recuerda una y otra vez, repitiéndote a ti mismo: Ira, ira.... Mantente alerta, no te duermas. Mantente alerta porque la ira te rodea. Tú no eres ella. Tú eres el vigilante de ella. Y ahí es donde está la clave.

Poco a poco, observando, te separas tanto de ella que no puede afectarte. Y te vuelves tan distante de ella y tan frío y tan lejano, y la distancia es tal que no parece importar en absoluto. De hecho, empezarás a reírte de todas las cosas ridículas que has estado haciendo en el pasado, debido a esta ira. No eres tú. Está ahí, fuera de ti. Te rodea. Pero en el momento en que te desidentifiques de ella, no volcarás tu energía en ella.

Recuerda, vertemos nuestra energía en la ira, sólo entonces se vuelve vital. No tiene energía propia; depende de nuestra cooperación. Al observar, la cooperación se rompe; ya no la apoyas. Estará ahí unos momentos, unos minutos, y luego desaparecerá. Al no encontrar raíces en ti, al no encontrarte disponible, al ver que estás lejos, un observador en las colinas, se disipará, desaparecerá. Y esa desaparición es hermosa. Esa desaparición es una gran experiencia.

Al ver desaparecer la ira, surge una gran serenidad: el silencio que sigue a la tormenta. Te sorprenderá que cada vez que surja la cólera y si puedes observar, caerás en tal tranquilidad como no has conocido antes. Caerás en una meditación tan profunda...

cuando la ira desaparezca te verás tan fresco, tan joven, tan inocente, como nunca te habías conocido. Entonces le estarás agradecido incluso a la ira; no te enfadarás con ella, porque te ha dado un nuevo y hermoso espacio para vivir, una nueva experiencia completamente fresca por la que pasar. La has utilizado, has hecho de ella un trampolín.

Es el uso creativo de las emociones negativas. Eso es lo que quiere decir Pitágoras.

Recuerde que la lengua sigue cambiando.

Caperucita Roja caminaba por el bosque de camino a visitar a su abuela, cuando de repente un lobo saltó de detrás de un árbol.

"¡Ajá!" dijo el lobo. "¡Ahora te tengo, y voy a comerte!"

"¡Come! ¡Come! Come!" Dijo enfadada Caperucita Roja. "¡Maldita sea! ¿Es que ya nadie hace el amor?".

El lenguaje sigue cambiando... las metáforas cambian, los símbolos cambian. Las mismas palabras que antes significaban una cosa significan otra totalmente distinta.

Un hombre y una mujer solteros asisten a una gran convención. Por un descuido accidental del hotel, les asignaron la misma habitación. Como ambos eran personas maduras y sabían lo difícil que iba a ser arreglar el asunto en condiciones de tanta aglomeración, les pareció más sensato aceptar la situación.

Cada uno eligió una cama y una cómoda y procedió a ignorar al otro con una especie de tacto cortés.

Pero la segunda noche resultó que la mujer no sabía cuánto frío iba a hacer. Se estaba congelando. Vacilante, gritó: "¿Serías tan amable de traerme una de las mantas del arcón?".

El hombre, que había estado casi dormido, se lo pensó mejor y le dijo: "Escucha, si vas a ser tan amable y mientras estemos en la misma habitación, ¿qué tal si actuamos como si fuéramos marido y mujer?".

La chica se lo pensó mejor, soltó una risita y dijo: "Bueno, creo que... quizá esté dispuesta".

El hombre dijo: "¡Bien! En ese caso, como mi esposa, consíguete tu propia maldita manta y déjame en paz".

Después de veinticinco siglos, no podrás entender directamente lo que Pitágoras ha dicho. Necesitarás a alguien que sea contemporáneo tuyo en el tiempo, y que también sea contemporáneo de Pitágoras en la eternidad - sólo entonces esas metáforas tomarán un nuevo color, esas metáforas tendrán nuevos significados.

Esa ha sido la razón básica por la que, en Oriente especialmente, a lo largo de los tiempos, los iluminados han comentado a otros iluminados que les han precedido.

Shankara comentó sobre Krishna, sobre los Upanishads, sobre los Brahma Sutras. Ramanuja comentó sobre los antiguos iluminados, Vallabha hizo lo mismo. Siempre ha sido así en Oriente, porque se acumula mucho polvo con el paso del tiempo. Ahora bien, los Upanishads fueron escritos en un mundo totalmente diferente. Ese hombre ha desaparecido, esa mente ha desaparecido, ese mundo ya no existe.

Si algún vidente upanishádico viene a verte, se quedará totalmente perplejo; si visitas algún monasterio antiguo -Nalanda, Takshashila, o alguna antigua escuela de misterios como la de Pitágoras- no serás capaz de entender lo que está ocurriendo, porque entendemos a través del lenguaje. A menos que puedas comprender a través del silencio... el silencio es eterno, nunca cambia, porque no forma parte del mundo humano. Si te vuelves profundamente silencioso, entonces serás capaz de entender a Pitágoras. En ese silencio, él estará en comunión contigo, tú podrás estar en comunión con él. De lo contrario, sentirás dificultades.

Puedo entender tu problema, Sarlo. Usted dice:

ANTES DE TOMAR SANNYAS, ME HUBIERA RESULTADO MUY FÁCIL RELACIONARME CON PITÁGORAS.

Porque has sido criado por una sociedad represiva -cristiana, hindú, jaina, no importa. Te has criado en una sociedad represiva; por eso dices que antes de tomar sannyas, antes de conocerme, habrías entendido a Pitágoras. Pero yo te digo que eso habría sido un malentendido, no comprensión.

Habrías pensado que te estaba enseñando la represión de la misma manera que tus padres te han estado enseñando a ti. Habrías pensado que era el mismo tipo de persona que el sacerdote de la iglesia - Roma o Canterbury o La Meca. Todos son represivos.

Los sacerdotes siempre han sido represivos. Sólo el iluminado puede darte la libertad, porque no necesita esclavos. Los sacerdotes necesitan esclavos; no pueden darte la libertad. Tienen que hacerte cada vez más prisionero. Y esto es un artificio psicológico: reprime los instintos naturales y seguirás siendo un prisionero, y estarás siempre tan enfermo que necesitarás a alguien en quien apoyarte. Y permanecerás tan ignorante que necesitarás guía, que necesitarás líderes.

tu dices: ANTES DE TOMAR SANNYAS, ME HUBIERA SIDO MUY FÁCIL RELACIONARME CON PITÁGORAS.

Eso no habría sido una verdadera comunión; eso habría sido falso. AHORA puedes relacionarte, porque ahora estás de nuevo con otro Pitágoras. Pero ahora sientes dificultades.

Tú dirás:

AHORA TODAVÍA ME GUSTARÍA, PERO ALGUNAS COSAS ME PARECEN TAN MORALISTAS Y REPRESIVAS, COMO SU CONSEJO DE NO ENFADARSE. ¿QUÉ ME FALTA?

Te falta porque has olvidado por completo que veinticinco siglos de diferencia es una gran diferencia. Necesitas que Pitágoras renazca. Eso es lo que estoy haciendo al comentarlo. Esto es darle un nuevo significado, un nuevo cuerpo de palabras - palabras que puedas entender, palabras que tengan sentido para ti, palabras que puedan relacionarse contigo.

Una posada en el bosque tenía un modesto cartel en el porche: "Se alquilan habitaciones. Comida. Ambiente rural". La posada no era un hotel sofisticado, pero una noche un reluciente Cadillac negro se detuvo frente a ella. Los dueños del coche se habían perdido y querían pasar allí la noche.

El hombre y su esposa eran gente de la gran ciudad con ropa elegante, y salieron del Cadillac como si fueran los dueños del mundo. Despreciativos de la vida en el campo, pero desesperados por una noche de alojamiento, la pareja ni siquiera fingió que les gustara la idea de alojarse en la posada. Estaban por encima de todo.

Tras registrarse en el mostrador, la pareja entró en el comedor de la posada. Ignorando el sencillo menú, el hombre depositó un dólar y dijo: "Por esto, quiero comida, bebida y entretenimiento".

Al cabo de unos minutos, el posadero regresó con dos rodajas de sandía. "¿Pediste comida, bebida y entretenimiento?", dijo. "Aquí tiene. Cómete la pulpa, bébete el zumo y juega con las pepitas".

La tercera pregunta

Pregunta 3:

MAESTRO, ¿QUÉ PERCEPCIONES NOS PERMITEN SOLTAR EL PASADO Y NO REPRIMIRLO?

Prem Shahido,

NO UNA VISIÓN, SINO UNA ÚNICA VISIÓN que te permita dejar atrás el pasado. De hecho, decir "te permite dejar el pasado" no es correcto. Con una sola intuición, el pasado cae por sí mismo. No es que tú lo dejes caer.

¿Cuál es esa visión única? La percepción única es ésta: que el pasado ya no existe... sólo existe el presente. Vivir simplemente significa estar en el presente; no hay otra forma de vivir, no hay otra forma de ser. El pasado ya no existe, y el futuro aún no exíste; ambos son inexistentes. Y aferrarse a algo que no existe es estúpido.

El pasado es sólo memoria, y el futuro es sólo imaginación. Y lo que es se pierde entre estos dos monstruos, el pasado y el futuro. Siguen explotándote; son parásitos, son fantasmas, no existen. Pero puedes seguir dándoles energías; entonces pueden seguir existiendo. Al menos, parece que existen cuando no eres consciente del presente.

Te sorprenderá saber que en la antigua lengua griega la palabra "Dios" significaba simplemente el presente. G" significa eso, "O" significa que, y "D" significa es - lo que es. Este es el significado de la antigua palabra "Dios".

Dios no es una persona, sino AQUELLO QUE ES. Ahora, en este momento, Dios está presente. Dios no se encuentra en el pasado. Y Dios no puede encontrarse en el futuro. Dios siempre es. No puedes usar con Dios palabras como "fue", "será" - no puedes decir "Dios fue" - eso sería un completo sinsentido. No se puede decir "Dios será", lo que también sería un completo disparate. Sólo puedes usar "es". De hecho, decir "Dios es" es repetir; es una tautología. Dios significa "es". No se puede decir "Dios es". Dios es otro nombre para "es", lo que es.

Una única percepción de estar en sintonía con el presente. Y en eso consiste la meditación:

estar en sintonía con lo que es, estar totalmente libre de pensamientos. Porque ya sea pasado o futuro, el pasado y el futuro sólo existen a través de los pensamientos. Llámalo memoria, llámalo imaginación, pero todos son pensamientos, formas de pensamiento.

Estar en un estado de conciencia sin pensamientos... y como un relámpago, un solo golpe de espada, el pasado desaparece para siempre y el futuro también. Y en ese momento está la liberación.

Shahido, ¡es una visión única! Es satori, es samadhi. No se necesitan muchas percepciones para ello, es un solo golpe de espada. Y puedes tenerlo ahora mismo, a menos que decidas lo contrario. En este mismo momento, Dios está en todas partes, por todas partes. Sólo Dios es. Siente este silencio. Deja que ese silencio penetre en tu corazón. Deja que te impregne. Deja que palpite en tus latidos. Deja que se convierta en tu respiración, en tu propio ser.... ¿Y dónde está el pasado?

Ha desaparecido por sí sola.

No hay que dejarlo caer. Desaparece igual que la oscuridad cuando traes la luz. No lentamente, ni parte por parte, ni gradualmente. Cuando enciendes una vela en la habitación oscura, no es que poco a poco, lentamente, la oscuridad se vaya - renuente, no dispuesta a irse. No. ¡Simplemente no se encuentra!

La vela está encendida y no hay oscuridad. La vela de la meditación, de ser herenow.

La vela de Dios significa lo que es... y todo el pasado se ha ido. Y nunca surgirá de nuevo, porque una vez que has aprendido la belleza, la bendición del presente, es tan tremendo - ¿a quién le importa todo el polvo que se ha ido acumulando en el espejo de la mente?

Sigues pensando en el pasado porque no sabes cómo relacionarte con el presente.

Uno sigue pensando en el pasado porque tiene que hacer algo, tiene que mantenerse ocupado. Los niños piensan en el futuro y los ancianos en el pasado; como los niños no tienen pasado, no pueden pensar en el pasado; tienen que pensar en el futuro.

Y los ancianos ya no tienen futuro: la muerte se yergue como una Muralla China. Saben que ya no hay futuro; puede que el mañana nunca llegue. Asustados, miran hacia atrás.

Y eso les ocurre a los individuos, les ocurre también a los países, a las sociedades, a las naciones. Por ejemplo, un país joven como Estados Unidos piensa en el futuro; su edad de oro está aún por llegar.

Un país como la India, muy antiguo, viejo, piensa en el pasado; su edad de oro ha pasado. En los días de Rama ha sido; ya es cosa pasada. Es simplemente una indicación de que el país es muy muy viejo y no puede concebir ningún futuro. En el futuro está la muerte.

Pero ser niño es perderse; y ser viejo es perderse. El meditador está exactamente en el medio: tiene algo de eterna juventud en él.

Te sorprenderá saber que en Oriente nunca hemos representado vieja a ninguna persona iluminada; siempre las hemos representado jóvenes. No has visto ningún cuadro de Buda anciano, ni de Mahavira, ni de Rama, ni de Krishna; siempre han sido pintados, representados, esculpidos, jóvenes. Para indicar algo: que el meditador no es ni un niño que piensa en el futuro, ni un anciano que piensa en el pasado. Está exactamente en el medio, tan joven, tan fresco, que no sabe nada del pasado ni del futuro, sólo sabe de este momento.

No es que Krishna nunca envejeciera; envejeció. Tenía ochenta años cuando murió. No es que Buda nunca envejeciera; tenía ochenta y dos años cuando murió, muy viejo, enfermo, el cuerpo en muy mal estado.

Mahavira envejeció mucho. Pero aún así no hemos llevado las historias de su vejez, porque esas historias no son verdad sobre sus seres - son verdad sólo sobre su periferia exterior, no sobre sus centros. Y el centro es lo real; la periferia es sólo una sombra. El centro es sustancial.

Shahido, se necesita una única percepción: que sólo el presente es - nada más es, nada más ha sido, nada más será. Sólo el presente es.

Pero tiene que ser tu visión. Mi visión no servirá de nada. Puedo compartir mi intuición contigo, eso es lo que estoy haciendo, pero tiene que convertirse en tu intuición. Y una vez que sucede, y sólo una vez, que has contactado con el presente, eres una persona totalmente diferente. Es un renacimiento, una resurrección.

La cuarta pregunta

Pregunta 4:

HABLASTE CONVINCENTEMENTE DE QUE LA CONCIENCIA ES LA ÚNICA VIRTUD Y LA INCONSCIENCIA EL ÚNICO PECADO. ¿CÓMO PUEDE UN SER ORDINARIO NO ILUMINADO ENCONTRAR LA ENERGÍA SUFICIENTE PARA PERMANECER EN CONCIENCIA TANTO COMO SEA POSIBLE?

DE HECHO, SE NECESITA MÁS ENERGÍA PARA SER MISERABLE que para ser dichoso.

Porque la felicidad es un estado natural. No se necesita energía para ser feliz. Es natural.

Se necesita energía para ser desgraciado, porque no es natural. Cuanto más natural seas, menos energía necesitarás; cuanto más antinatural quieras ser, más energía necesitarás.

Si te pones de pie, necesitas menos energía; si intentas ponerte de cabeza, necesitas más energía. Dondequiera que veas que se necesita más energía, sabe bien que estás intentando hacer algo antinatural. La meditación no necesita energía, porque la meditación es pasiva, inacción, silencio. No estás haciendo nada, ¿por qué necesitarías energía?

La ira necesita energía, el pensamiento necesita energía, la violencia necesita energía, porque estás haciendo algo contra la naturaleza, estás luchando contra la naturaleza. Es como si intentaras nadar contra la corriente. Si vas con el río, no necesitas energía. Puedes ir e intentarlo en el río: si vas con el río, ¿qué energía? ¿para qué? El río te lleva....

Pero si intentas ir río arriba, necesitarás mucha energía, porque estarás luchando contra la corriente.

Mulla Nasruddin estaba sentado delante de su casa. Estaba lloviendo y alguien vino corriendo y le dijo: "¿Qué haces aquí? Tu mujer se ha caído al río".

Mulla se precipitó al río. Se había reunido una gran multitud, pero nadie se atrevía a saltar al río: era muy peligroso, la crecida era muy grande. Mulla saltó inmediatamente y empezó a nadar río arriba.

La multitud se reía y la gente decía: "Mulla, ¿qué haces? ¿Por qué intentas nadar contracorriente?".

Me dijo: "¡Cállate! - Conozco a mi mujer. Si se ha caído en el arroyo, tiene que haber ido río arriba, no puede ir río abajo. No puede hacer nada de forma natural. Conozco a mi mujer".

Pero cuando vayas río arriba, tendrás que luchar. ¿Por qué la gente parece tan cansada? Todos están luchando. Tu religión te enseña a luchar. Toda tu educación se basa en el conflicto, porque sólo a través de la lucha puede crearse el ego. Cuando te relajas, el ego desaparece. Relajarse significa no tener ego. Si vas con el río, no puedes crear el ego. El ego es un fenómeno antinatural; se necesita una gran energía para crearlo. Y necesita mucha energía para seguir creándolo; necesita mucha energía para mantenerlo. Tener un ego es un fenómeno muy costoso. Toda tu vida se desperdicia en él.

Así que lo primero. Preguntón, me gustaría decirte: la consciencia no necesita energía. Te sorprenderás: la inconsciencia necesita energía. La meditación no necesita energía: el pensamiento necesita energía. La relajación NO necesita energía. La tensión necesita energía; la angustia, la ansiedad necesitan energía.

Por lo tanto, que quede claro desde el principio: la persona iluminada vive sin conflictos, no necesita tener energía. Y porque no está en lucha y porque no está disipando su energía, ocurre un milagro: La energía de Dios comienza a fluir a través de él.

Cuando no estás luchando con el río, el río te lleva sobre sus hombros. Cuando no luchas con la vida, Dios te lleva sobre sus hombros.

No empujes al río -el río no es tu enemigo- y se liberará en ti una gran energía.

Lo segundo que dices: ¿CÓMO PUEDE UN SER ORDINARIO NO ILUMINADO....?

Nadie es un ser ordinario - iluminado o no iluminado, pero nadie es un ser ordinario. Nada puede ser ordinario, porque todo está lleno de Dios - ¿cómo puede Dios ser ordinario? Dios puede estar dormido, puedo entenderlo, pero no puede ser ordinario. La diferencia entre tú y un Buda no es de ordinariez y extraordinariedad, sino sólo de una cosa muy simple: tú estás profundamente dormido roncando, él está despierto. ÉL ES extraordinario, tú eres extraordinario; o, si te gusta la palabra "ordinario", entonces él es ordinario y tú eres ordinario.

O toda la existencia es extraordinaria o es ordinaria: puedes elegir la palabra que quieras. A mí no me interesa la palabra "extraordinaria". Pero recuerda, toda la existencia tiene un único sabor; no la dividas en ordinaria y extraordinaria. ¿Por qué seguimos dividiendo? Ese es de nuevo el camino del ego. Queremos hacer grandes cosas, así que tenemos que dividir entre lo que es grande y lo que no lo es.

Justo la otra noche, estaba leyendo unas memorias de David Manners. Él escribe:

En una ocasión, un amigo trajo a mi cabaña del desierto a un "hombre santo", un viejo monje zen:

Zenzaki San. El amigo lo sentó en una silla de mi habitación y lo dejó allí mientras yo estaba seriamente ocupado en el pequeño cuarto de baño, desde el que se oían todos los ruidos en la otra habitación. Nunca había sentido una vergüenza y un bochorno tan profundos. ¡Semejante saludo para un "hombre santo"! Por fin me atreví a salir y presentarme, pero el viejo monje se levantó de un salto, se quitó el abrigo y dijo: "Ahora voy yo", y se dirigió rápidamente al cuarto de baño. Tuve que reírme y esa risa me quitó toda la vergüenza. Empecé a admirar a aquel viejo monje antes de haberle dirigido la palabra.

De hecho, el Maestro debe haberlo hecho a sabiendas, sólo para quitarle la vergüenza.

Nada es profano... ni siquiera los sonidos que salen del baño son profanos.

Todo es divino, sagrado. De hecho, incluso tu sueño es divino y sagrado, tu inconsciencia es divina y sagrada. Son dos formas de ser - inconsciente o consciente - pero el ser es siempre lo sagrado, lo santo. Puedes darle el nombre que quieras, pero recuerda que el sabor de la vida, la vida entera, es uno.

HAS HABLADO CONVINCENTEMENTE DE QUE LA CONSCIENCIA ES LA ÚNICA VIRTUD Y LA INCONSCIENCIA EL ÚNICO PECADO. ¿CÓMO PUEDE UN SER ORDINARIO NO ILUMINADO ENCONTRAR LA ENERGÍA SUFICIENTE PARA PERMANECER EN LA CONSCIENCIA TANTO COMO SEA POSIBLE?

No ha entendido nada. No se trata de esforzarse por ser consciente. Si te esfuerzas por ser consciente, crearás tensiones en tu interior: todos los esfuerzos provocan tensiones. Si INTENTAS ser consciente, estás luchando contigo mismo; no hay necesidad de luchar. La consciencia no es un subproducto del esfuerzo: la consciencia es una fragancia de dejar ir: la consciencia es un florecimiento de la entrega, de la relajación.

Simplemente siéntate en silencio en un estado relajado, sin hacer nada... y la conciencia empezará a suceder.

No es que tengas que sacarlo de algún sitio, no es que tengas que traerlo de algún sitio. Te lloverá de la nada. Surgirá de tus propias fuentes. Sólo tienes que estar en silencio, sentado.

Pero entiendo, Asker, tu problema. Es muy difícil sentarse en silencio; los pensamientos SIGUEN viniendo. Así que ¡déjalos venir! No luches con los pensamientos y no necesitarás energía.

Deja que vengan, ¿qué puedes hacer? Las nubes vienen y se van; deja que los pensamientos vengan y déjalos ir cuando quieran. No te pongas en guardia y no tengas una actitud determinada de que los pensamientos deben venir o no deben venir, no juzgues.

Que vengan y que se vayan cuando quieran. Estate completamente vacío. Los pensamientos pasarán, irán y vendrán, y poco a poco verás que permaneces inafectado por su ir y venir. Y cuando no te afecta su ir y venir, empiezan a desaparecer, se evaporan... NO POR TU ESFUERZO! sino por tu frío y tranquilo vacío, tu estado de relajación.

Y no digas que la relajación necesitará una gran energía. ¿Cómo puede la relajación necesitar mucha energía? Relajación significa simplemente que no estás haciendo nada.

SENTADO EN SILENCIO, SIN HACER NADA, LLEGA LA PRIMAVERA Y LA HIERBA CRECE SOLA.....

Deja que este mantra se hunda en tu corazón. Esta es la esencia misma de la meditación... Sentado en silencio... sin hacer nada... llega la primavera... y la hierba crece sola.... Todo sucede. No debes ser un hacedor.

No hagas de la concienciación tu objetivo, de lo contrario no habrás entendido lo que quiero decir. Simplemente he definido. He dicho: la consciencia es virtud, la inconsciencia es pecado. Ahora lo que ha pasado en la mente de Asker - empezó a pensar, "Si la consciencia es virtud, entonces ¿cómo alcanzarla? Y si la inconsciencia es pecado, ¿cómo abandonarla? Entonces surge la cuestión de la energía - cuando preguntas cómo, ya has pedido más energía. Y entonces surge el problema: "No tengo suficiente energía para luchar contra la inconsciencia. Y no tengo suficiente energía para crecer en consciencia".

Y luego la pregunta: "Soy una persona ordinaria no iluminada, ¿qué puedo hacer? Estas cosas las pueden hacer los Budas....". Pero, ¿sabes? - Buda era tan ordinario como tú y tan poco iluminado como tú. No siempre fue un Buda.

Un día sucedió, y vale la pena relatarlo OTRA VEZ, que sucedió el día en que estaba sentado, completamente relajado bajo el árbol, sin hacer nada. Durante seis años había hecho grandes esfuerzos por iluminarse, y fracasaba una y otra vez. Y esos seis años no fueron más que una frustración absoluta, y él había hecho todo lo que era posible hacer: ayuno, posturas de yoga, respiración... todo tipo de metodologías que estaban disponibles en la India. Lo había hecho todo. Casi se había destruido a sí mismo con largos ayunos.

Estaba tan cansado y frustrado aquella tarde, aquella fatídica noche de luna llena, que tomó una decisión: "Todo es inútil. El mundo es inútil, ya lo he visto", ya había visto bastante. Era hijo de rey. "Renuncié al mundo, no tenía sentido. Y ahora renuncio a toda esta tontería de ser un asceta. Renuncio también a la búsqueda de la verdad, que no tiene sentido. No hay nada que ganar, por aquí o por allá. No hay nada que ganar. Todo es inútil, sin sentido".

Debió de ser una tremenda frustración haber abandonado la búsqueda de la verdad.

Aquella noche debió de respirar hondo, relajado. Todo ha terminado, no hay adónde ir, no hay nada que hacer. Y sucedió. Sucedió esa noche.

Temprano por la mañana, cuando abrió los ojos, la última estrella estaba desapareciendo del cielo, y al desaparecer la estrella, algo, el último rastro de ego, desapareció también en él.

Esa estrella que desaparecía desencadenó algo en él -una sincronicidad- y el último rastro, la sombra del ego, desapareció. Ya no quedaba ningún hacedor. Y, inmensamente, toda la existencia se derramó sobre él.

La historia dice que llovieron flores del cielo. Los dioses bailaban a su alrededor. Los músicos celestiales tocaban música. Fue una gran celebración para toda la existencia. Y Buda estuvo sentado allí durante siete días en silencio, sin moverse.

¿Crees que se necesitó energía para ello? ¿Cómo puede necesitarse energía para ello? No fue una acción en absoluto. Era un no-hacer. Y cuando llegó el momento, cuando llegó la primavera, la hierba creció por sí misma. No es necesario arrancar la hierba de la tierra.

Asker, no se necesita energía. Eres perfectamente capaz de ser consciente tal como eres, pero tendrás que aprender los caminos de la relajación y el dejar ir, no los caminos del conflicto, la lucha, la pelea.

Quinta pregunta

Pregunta 5:

¿POR QUÉ SIEMPRE CREO MISERIA A MI ALREDEDOR? EMPIEZO A VER QUE ELIJO SISTEMÁTICAMENTE ESTE CÍRCULO VICIOSO. ¿ES LA ELECCIÓN EN SÍ MISMA LA MISERIA?

Abhiyana,

SÍ, LA ELECCIÓN EN SÍ MISMA es la miseria fundamental. Todas las demás miserias surgen de ella. En el momento en que eliges, ya no estás completo; algo ha sido rechazado, algo ha sido elegido. Has tomado partido; estás a favor o en contra de algo. Ya no eres completo.

Dices: "Elijo la meditación y no voy a enfadarme más". La miseria está destinada a suceder. La meditación NO sucederá. Sólo ocurrirá miseria.

En nombre de la meditación ahora serás miserable - y uno puede encontrar bellos nombres para su miseria.

Elegir es una miseria. No elegir es ser dichoso. ¡Míralo! Míralo. Mira tan profundamente como sea posible, que la elección en sí misma es miseria. Incluso si eliges la dicha, se creará la miseria. No elijas en absoluto... y luego mira lo que pasa.

Pero es muy difícil no elegir. Siempre hemos estado eligiendo; toda nuestra vida ha sido la del que elige. Hemos creído que si NOSOTROS no elegimos, ¿quién va a elegir por nosotros? Si NOSOTROS no decidimos, ¿quién va a decidir por nosotros? Si no luchamos, ¿quién va a luchar por nosotros? Hemos creído en una noción muy estúpida: que la existencia está contra nosotros, que tenemos que luchar, que tenemos que estar constantemente en guardia contra la existencia.

La existencia no está en tu contra. No eres más que una onda en este océano, no estás separado de la existencia. ¿Cómo puede la existencia estar en tu contra? Eres PARTE de ella. Es la existencia la que te ha dado a luz, ¿cómo puede la madre estar en contra del hijo?

Esto es lo que yo llamo la conciencia religiosa. Comprender este punto es volverse religioso. Entonces no necesitas ser hindú, mahometano o cristiano, pero serás religioso. De hecho, si eres hindú, cristiano o mahometano, no puedes ser religioso; no has comprendido en absoluto la profundidad de la conciencia religiosa.

¿Qué es la conciencia religiosa? La existencia es nuestro hogar; le pertenecemos, nos pertenece.

Así que no hay por qué preocuparse ni luchar por fines y objetivos privados. Uno puede relajarse con ella, bajo el sol, bajo el viento, bajo la lluvia. Uno puede relajarse con él. El sol forma parte de nosotros como nosotros formamos parte del sol; y los árboles forman parte de nosotros como nosotros formamos parte de los árboles. Sólo hay que ver que toda la existencia es una interdependencia, una red tremendamente complicada, pero todo está unido a todo lo demás. Nada está separado.

Entonces, ¿qué sentido tiene elegir? Entonces vive lo que eres en tu totalidad.

Y el problema surge porque en tu interior encontrarás polos opuestos, y la mente lógica dice: "¿Cómo puedes ser ambas cosas?".

Alguien me ha preguntado: "Siempre que estoy enamorado, la meditación se perturba. Siempre que medito, empiezo a perder mi interés por el amor. Entonces, ¿qué hacer? ¿Qué elegir?"

La idea de la elección surge porque hay polaridades. Sí, es cierto: si te dedicas al amor, tenderás a olvidarte de la meditación; y si te dedicas a la meditación, perderás el interés por el amor. Pero aun así, ¡no hay necesidad de elegir! Cuando tengas ganas de entrar en el amor, entra en el amor, ¡no elijas! Y cuando sientas ganas de entrar en la meditación, entra en la meditación, ¡no elijas! No hay necesidad de elegir.

Y el deseo de ambos nunca surge a la vez. Eso es algo tremendamente significativo que hay que comprender: el deseo de ambos NUNCA surge a la vez. Es imposible, porque el amor significa el deseo de estar con otra persona; el amor significa estar centrado en el otro.

Y meditar significa olvidar al otro y centrarse en uno mismo. Ahora ambos deseos no pueden surgir juntos.

Cuando quieres estar con otra persona, significa que estás cansado de ti mismo. Y cuando quieres estar contigo mismo, significa que estás cansado del otro. Es un ritmo precioso. Estar con el otro crea en ti un profundo deseo de estar solo. Puedes preguntar a los amantes: todos los amantes sienten que ese deseo surge a veces tremendamente. Pero tienen miedo de estar solos, porque piensan que es ir en contra del amor, y ¿qué dirá la mujer, o qué dirá el hombre? El otro puede sentirse ofendido. Fingen, aunque quieren estar solos, que les dejen en paz; quieren su propio espacio, pero fingen y siguen estando juntos. Esa pretensión es falsa, es destructiva para el amor. Y hace que tu relación sea falsa.

Cuando sientas deseos de estar solo, con todo respeto, con todo amor, dile al otro: "Está surgiendo en mí un gran deseo de estar solo, y tengo que entrar en él - no hay cuestión de elección. Por favor, no te sientas ofendido. No dice nada de ti; es simplemente mi propio ritmo interior".

Y esto ayudará al otro también a ser auténtico y verdadero contigo. Y, poco a poco, si realmente amas a una persona, los ritmos empiezan a caer en una unión - ese es el milagro, la magia del amor. Si el amor ha sucedido realmente entre dos personas, este resultado es absoluto, esta consecuencia va a suceder. Empezaran a encontrar al mismo tiempo el deseo de estar juntos y el deseo de estar separados. Se convertirán en un ritmo: a veces se juntan y están juntos y se disuelven el uno en el otro, olvidándose de sí mismos; y luego a veces surgen el uno del otro, moviéndose, retirándose, separados, en sus propios espacios, convirtiéndose en sus propios yoes - convirtiéndose en meditadores.

Entre la meditación y el amor no hay elección. Pero ambos deben ser vividos. Y lo que surja en ti, lo que sea el anhelo más profundo en ese momento, muévete con ese anhelo.

Abhiyana, dices: ¿POR QUÉ SIEMPRE CREO MISERIA A MI ALREDEDOR?

DEBE HABER ALGÚN BENEFICIO EN ELLA Debes obtener algo de ella; de lo contrario, ¿por qué crear miseria? Pero a veces la miseria puede reportarte enormes beneficios. Puede que no seas consciente de los beneficios, puede que seas inconsciente de los beneficios, así que sigues pensando: "¿Por qué sigo creando miseria?". Y no eres consciente de que tu miseria te está dando algo que quieres.

Por ejemplo, siempre que te sientes desgraciado, la gente simpatiza contigo. Si eres desgraciado, tu mujer viene y te pone la mano en la cabeza, te masajea el cuerpo, es muy muy cariñosa, no te regaña, no te crea problemas, no te pide más diamantes o un coche nuevo. Cuando estás en la miseria hay muchos beneficios. Tal vez sea porque temes que tu mujer te pida un coche nuevo: ha llegado el año nuevo y los nuevos modelos están en el mercado. Ahora, ser desgraciado es simplemente económico.

Ahora llegas a casa con dolor de estómago y de cabeza y vienes con cara larga, y la mujer no puede reunir valor para hablar de un coche nuevo. ¿Mm? Estás en tal miseria.

Hay que mirar alrededor. Los niños por la mañana empiezan enseguida a sentir dolores de estómago, cuando llega el autobús y tienen que ir al colegio. Y tú lo sabes. Sabes por qué Johnny tiene dolor de estómago. Pero a ti te pasa lo mismo. No es muy diferente, es lo mismo, quizá un poco más sofisticado, más astuto, más racionalizado, pero es lo mismo.

Cuando la gente empieza a fracasar en sus vidas, CREAN ataques al corazón, presión arterial, y todo tipo de cosas. Son racionalizaciones -

¿qué puedes hacer? ¿Lo has visto?

Los infartos de miocardio y la tensión arterial casi siempre se producen cerca de los cuarenta y dos años.

¿Por qué cerca de los cuarenta y dos años? De repente, una persona sana se convierte en víctima de un infarto.

Los cuarenta y dos es la edad en la que la vida llega a una cierta conclusión, tanto si has fracasado como si has triunfado. Porque más allá de los cuarenta y dos no hay mucha esperanza: si has hecho dinero, lo has conseguido; cuando llegan los cuarenta y dos, lo has conseguido - porque los días de mayor energía y poder se han ido. Treinta y cinco es la cima. Puedes dar siete años más; de hecho, ya hace siete años que vas cuesta abajo. Pero has hecho todo lo que podías hacer. Y ahora ha llegado la edad, cuarenta y dos, y de repente ves que has fracasado.

Ahora necesitas alguna racionalización... inmediatamente viene un ataque al corazón. Eso es una gran bendición, una bendición de Dios. Ahora puedes caer en la cama y puedes decir: "¿Qué puedo hacer? El infarto lo alteró todo. Cuando todo iba a ir bien, cuando iba a tener éxito, a hacerme un nombre o dinero, ha llegado este ataque al corazón". Ahora el ataque al corazón es un bonito camuflaje; ahora nadie puede decir que tienes la culpa, que no has trabajado duro, que no eres lo bastante inteligente. Nadie puede decirte nada de eso. Ahora la gente sentirá simpatía por ti; todos serán buenos contigo y dirán: "¿Qué puedes hacer? Es el destino".

La miseria se elige una y otra vez porque te da algo, y tienes que ver lo que te está dando: sólo entonces puedes abandonarla. De lo contrario, no puedes abandonarla. A menos que estés listo para dejar los beneficios, no puedes abandonarla.

El director del Centro de Detención de Élite enseñó a un periodista su nueva prisión modelo.

"Hijo", dijo el alcaide, "esto es lo último en prisiones. Si tiene éxito, todas las prisiones seguirán el modelo de ésta".

"Veo que tienen bonitas pistas de tenis y piscinas", comentó el periodista.

"Y moqueta de pared a pared en cada celda", añadió el alcaide. "Pero ya no las llamamos celdas, sino unidades".

"Son bonitos televisores en color en cada unidad".

"Eso no es todo. Tenemos un auditorio tremendo y cada semana actúan los mejores artistas".

"Desde luego, me gusta el comedor con los murales escénicos en las paredes".

"Te refieres al comedor. Los presos piden a la carta y la comida del chef es exquisita".

"Lo más fascinante que he observado", comentó el reportero, "es que no hay rejas, vallas ni casi guardias".

"Eso es porque nadie quiere escapar", sonrió el alcaide.

"¿Cómo puedo entrar en este complejo?", preguntó el periodista.

Si las cárceles están tan bien hechas, ¿a quién le gustaría salir de ellas? Y si no sales de tu prisión, mira otra vez... debe haber algo: alfombras de pared a pared, televisión en color, aire acondicionado, cuadros bonitos, sin barrotes, sin nadie que vigile.

Te da una sensación de libertad absoluta. Entonces, ¿por qué intentar escapar de ella?

El reportero tiene razón, dice: "¿Cómo entro en este complejo?".

La cuestión no es cómo salir de ella; la cuestión es cómo entrar en ella. Vuelve a mirar tu miseria; no la condenes desde el principio. Si la condenas desde el principio, no serás capaz de mirar, no serás capaz de observar. De hecho, ni siquiera lo llames miseria, porque nuestras palabras tienen connotaciones.

Cuando lo llamas miseria, ya lo has condenado; y cuando condenas algo, te cierras a ello, no lo miras. Tampoco lo llames miseria. Llámalo XYZ - hay mucha diferencia. Llámalo X, cualquiera que sea la situación, sé un poco matemático - llámalo X, y luego entra en ella y mira qué es, cuáles son sus beneficios, cuáles son las causas principales por las que sigues creándola, por qué te aferras a ella. Y te sorprenderás: lo que has estado llamando miseria tiene muchas cosas que te encantan.

Y a menos que hayas visto esto y aquellas cosas que te gustaría tener, no podrás cambiar nada. Entonces hay dos posibilidades.

Una posibilidad es: dejas de pensar en salir de esta miseria - esa ,Ss una posibilidad, porque los beneficios son tantos que la aceptas. Y aceptar la miseria es una transformación. La segunda posibilidad es:

viendo que tu miseria es creada por ti mismo, por tus propios deseos inconscientes, y que esos deseos inconscientes son estúpidos, viendo TODA su estupidez, ya no la apoyas. Desaparece por sí misma. Estas son las dos posibilidades: o desaparece tu apoyo y la miseria se evapora; o simplemente la aceptas porque te gustan todas las cosas que te aporta, le das la bienvenida - ¡y en esa misma bienvenida, de nuevo desaparece la miseria!

Estos son los dos aspectos de la misma moneda. Pero se necesita comprensión, comprensión TOTAL de tu miseria, y vas a ser transformado. O lo dejas todo por esa comprensión, o lo aceptas todo. Estas son las dos maneras, la negativa y la positiva, para que ocurra la transformación.

Barney visitó a su primo Delbert en Taxonia, una pequeña ciudad del medio oeste.

"Odio esta ciudad", confesó Delbert. "La odio con pasión".

"¿Por qué razón?", preguntó Barney.

"Los impuestos. Pagamos más impuestos que cualquier otro pueblo", se quejó Delbert. "Y odio los impuestos".

"Los impuestos son necesarios para el funcionamiento del gobierno", argumentó Barney.

"Aquí hay demasiados impuestos. ¿Te has dado cuenta de que la mayoría de los edificios de esta ciudad son de una sola planta? Eso es porque hay un impuesto sobre todos los pisos por encima de una planta".

"No es tan terrible", respondió Barney.

"Además, ¿has visto muchas casas con césped delante?".

"Muy pocos, lo admito".

"Eso es porque hay un impuesto sobre el césped".

"¿Qué es ese trozo de césped verde al final de la manzana?"

"Ese es el cementerio de la ciudad donde ponen a la gente a la que matan a impuestos".

"Si tanto odias esta ciudad, ¿por qué no te vas?".

"No quiero pagar el impuesto de mudanza y transporte".

Basta con mirar en tu miseria: o la encuentras digna de ser conservada -entonces acéptala, acéptala con totalidad- o no la encuentras en absoluto digna de ser conservada -en ese mismo hallazgo cae.

La última pregunta

Pregunta 6:

MAESTRO, ¿POR QUÉ A LAS MUJERES LES GUSTA SER ATRACTIVAS PARA LOS HOMBRES CUANDO TAMBIÉN RESIENTEN SUS DESEOS SEXUALES?

Saguna,

HAY UNA ESTRATEGIA POLÍTICA EN ELLO A las mujeres les gusta ser atractivas porque eso da poder; cuanto más atractivas son, más poderosas son sobre los hombres. ¿Y quién no quiere ser poderoso? Toda la vida la gente lucha por ser poderosa.

¿Por qué deseas dinero? - Te dará poder. ¿Por qué quieres ser primer ministro o presidente de un país? - te dará poder. ¿Por qué quieres respetabilidad, prestigio? - te dará poder. ¿Por qué quieres convertirte en santo? - te dará poder.

La gente busca el poder de distintas maneras. No han dejado a las mujeres ninguna otra fuente para ser poderosas, sólo una salida: sus cuerpos. Por eso están continuamente interesadas en ser cada vez más atractivas. ¿No has visto que a la mujer moderna no le importa tanto ser atractiva? ¿Por qué? Porque ella esta entrando en otro tipo de politicas de poder.

La mujer moderna está saliendo de la antigua esclavitud. Luchará contra el hombre en las universidades por los títulos; competirá en el mercado; competirá en política. No necesita preocuparse demasiado por parecer muy atractiva.

El hombre nunca se ha preocupado mucho por parecer atractivo. ¿Por qué? Eso se ha dejado completamente en manos de las mujeres. Para ellas era la única fuente de poder. Y para los hombres había tantas otras fuentes que parecer atractivo parecía un poco afeminado, afeminado.

Eso es para las mujeres.

No siempre ha sido así. Hubo un tiempo en el pasado en que las mujeres eran TAN libres como los hombres. Entonces a los hombres les interesaba ser atractivos tanto como a las mujeres. Mira a Krishna, su imagen - con hermosas túnicas de seda, con una flauta, con todo tipo de adornos, pendientes, con una hermosa corona hecha de plumas de pavo real. ¡Miradle! Se ve TAN hermoso.

Eran los días en que hombres y mujeres eran absolutamente libres de hacer lo que quisieran. Luego vino una larga, larga y oscura era en la que las mujeres fueron reprimidas. Sucedió por culpa de los sacerdotes y de vuestros supuestos santos. Vuestros santos siempre han tenido miedo de las mujeres, porque la mujer parece ser tan poderosa - la mujer parece ser tan poderosa que puede destruir la santidad del santo en cuestión de minutos.

Se dice que una madre intenta durante veinticinco años que su hijo sea sabio, y entonces llega una mujer, y en dos minutos lo deja en ridículo. Por eso las madres nunca pueden perdonar a las nueras. ¡Nunca! La pobre anciana ha tardado veinticinco años en dar algo de inteligencia a este hombre, ¡y en dos minutos todo ha desaparecido! ¿Cómo puede perdonar a esta mujer?

Es por sus santos que las mujeres fueron condenadas - tenían miedo de las mujeres.

Las mujeres tienen que ser reprimidas. Y como las mujeres fueron reprimidas, todas las fuentes de competir en la vida, de fluir en la vida, fueron eliminadas. Entonces solo quedaba una cosa:

sus cuerpos.

Me preguntas, Saguna: ¿POR QUÉ A LAS MUJERES LES GUSTA SER ATRACTIVAS PARA LOS HOMBRES?

Por eso, ése es su único poder. ¿Y quién no quiere ser poderoso? A menos que comprendas que el poder sólo trae miseria, que el poder es destructivo, violento; a menos que a través de la comprensión desaparezca tu deseo de poder, ¿a quién no le gusta ser poderoso?

Y tú preguntas:... PERO CUANDO QUIEREN SER ATRACTIVAS PARA LOS HOMBRES, ¿POR QUÉ TAMBIÉN SE RESIENTEN DE SUS DESEOS SEXUALES?

Por la misma razón. La mujer sigue siendo poderosa sólo cuando sigue colgando delante de ti como una zanahoria, nunca disponible y siempre disponible, tan cerca y tan lejos. Sólo entonces es poderosa. Si cae inmediatamente en tu regazo, el poder desaparece. Y una vez que has explotado su sexualidad, una vez que la has utilizado, está acabada, ya no tiene poder sobre ti. Así que te atrae y a la vez se mantiene distante. Te atrae, te provoca, te seduce, y cuando te acercas a ella, simplemente te dice ¡NO!

Eso sí que es simple lógica. Si dice que sí, la reduces a un mecanismo; la utilizas.

Y nadie quiere ser utilizado. Es la otra cara de la misma política de poder. El poder significa la capacidad de utilizar al otro, y cuando alguien te utiliza tu poder desaparece, quedas reducido a la impotencia.

Así que ninguna mujer quiere ser utilizada. Y tú lo has estado haciendo durante siglos. El amor se ha convertido en algo feo. Debería ser la mayor gloria, pero no lo es - porque el hombre ha estado utilizando a la mujer y la mujer lo resiente, se resiste, naturalmente. No quiere ser reducida a una mercancía.

Por eso verás a los maridos meneando el rabo alrededor de sus esposas y a éstas con la actitud de que están por encima de todas estas tonterías: más santos que tú. Las esposas siguen fingiendo que no les interesa el sexo, el sexo feo. Están tan interesadas como tú, pero el problema es: no pueden mostrar su interés, de lo contrario las reduces inmediatamente a la impotencia, empiezas a utilizarlas.

Así que les interesa todo lo demás, ser muy atractivos para ti y luego negártelo. Ese es el placer del poder. Tirar de ti -y te tiran casi como si estuvieran tirando de ti con hilos- y luego decirte que no. reducirte a la impotencia absoluta. Y tú meneando el rabo como un perro - entonces la mujer disfruta.

Este es un estado feo. No debería ser así. Es un estado feo porque el amor se ha reducido a la política del poder. Esto tiene que cambiar. Tenemos que crear una nueva humanidad, y un nuevo mundo, en el que el amor no sea en absoluto una cuestión de poder. Al menos eliminemos el amor de la política del poder; dejemos el dinero, dejemos la política, dejemos todo, pero eliminemos el amor.

El amor es algo inmensamente valioso; no lo conviertas en una cosa del mercado. Pero eso es lo que ha ocurrido.

El recluta acababa de llegar a un puesto de la Legión Extranjera en el desierto. Le preguntó a su cabo qué hacían los hombres para divertirse.

El cabo sonrió sabiamente y dijo: "Ya verás".

El joven se quedó perplejo. "Bueno, hay más de cien hombres en esta base y no veo ni una sola mujer".

"Ya verás", repitió el cabo.

Aquella tarde, trescientos camellos fueron conducidos al corral. A una señal, los hombres parecían enloquecidos. Saltaron al corral y empezaron a hacer el amor con los camellos.

El recluta vio que el cabo se apresuraba a pasar a su lado y le agarró del brazo. "Entiendo lo que quiere decir, pero no comprendo", dijo. "Debe haber trescientos de esos camellos y sólo unos cien de nosotros. ¿Por qué se apresuran todos? ¿No puede uno tomarse su tiempo?".

"¿Qué?", exclamó el cabo, sobresaltado. "¿Y que me toque uno feo?".

Nadie quiere quedarse con una fea, aunque sea un camello. ¿Quién quiere quedarse con una mujer fea? La mujer intenta por todos los medios ser bella, al menos PARECER bella. Y una vez que estás atrapado en sus encantos, ella empieza a escapar de ti, porque ese es todo el juego. Si empiezas a escapar de ella, se acercará a ti, empezará a seguirte. En el momento en que empieces a seguirla, ella empezará a escapar. Este es el juego. Esto no es amor: es inhumano. Pero esto es lo que ocurre y lo que ha ocurrido a lo largo de los siglos.

¡Cuidado!

Al menos en mi comuna esto tiene que desaparecer. Cada persona tiene una dignidad enorme, y ninguna persona puede ser reducida a una mercancía, a una cosa. Respeta a los hombres, respeta a las mujeres - - todos son divinos.

Y olvídate de la vieja idea de que es el hombre el que hace el amor con la mujer: es una estupidez. Da la sensación de que el hombre es el que hace el amor y la mujer sólo está ahí para que se lo hagan.

Incluso en el lenguaje es el hombre el que hace el amor, es el hombre el que actúa; es la mujer la que sólo está ahí, una receptividad pasiva. Esto no es cierto. Ambos hacen el amor, ambos son hacedores, ambos son participantes - la mujer a su PROPIA manera.

La receptividad es su forma de participar, pero es participación tanto como la del hombre.

Y no pienses que sólo tú le estás haciendo algo a la mujer: ella también te está haciendo algo a ti. Ambos estáis haciendo algo tremendamente valioso el uno para el otro.

Os estáis ofreciendo los unos a los otros; estáis compartiendo vuestras energías.

AMBOS os ofrecéis en el templo del amor, en el templo del dios del amor. Es el dios del amor quien os ha poseído a los dos. Es un momento muy sagrado. Estáis pisando tierra sagrada. Y entonces habrá una cualidad totalmente diferente en el comportamiento de la gente.

Es bueno ser bello. Es feo aparentar ser bello. Es bueno ser atractivo, pero es feo arreglárselas para serlo. Esa gestión es astucia. Y la gente es bella por naturaleza. No hay necesidad de maquillaje. Todo maquillaje es feo. Te hace cada vez más feo. La belleza está en la simplicidad, en la inocencia, en ser natural, en ser espontáneo. Y cuando eres bello, no utilices esa belleza como política de poder: eso es profanarla, es sacrílego.

La belleza es un don de Dios. Compártela, pero no la utilices en modo alguno para dominar, para poseer al otro. Y tu amor se convertirá en una oración, y tu belleza en una ofrenda a Dios.

El amor siempre es virgen

La primera pregunta
Pregunta 1:

MAESTRO, USTED DICE QUE SU PRINCIPAL PREOCUPACIÓN ES NUESTRO CRECIMIENTO ESPIRITUAL Y NO PSICOLÓGICO. ¿CUÁL ES LA DIFERENCIA ENTRE AMBOS?

Deva Yachana,

EL HOMBRE ES UN EDIFICIO DE TRES ALMACENES: un cuerpo, la mente y el alma. El cuerpo contiene sólo el cuerpo. La mente contiene cuerpo y mente. Y el alma contiene los tres. Lo superior implica lo inferior, pero no viceversa: lo inferior no implica lo superior.

Esta es una de las leyes fundamentales que hay que recordar. Si trabajas en lo superior, lo inferior se resolverá automáticamente. Si trabajas en lo inferior, lo superior no se resolverá automáticamente.

El espíritu contiene las tres dimensiones de tu ser. Por eso digo que mi preocupación es tu crecimiento espiritual, porque contiene tu totalidad. Preocuparse por tu crecimiento psicológico dejará fuera lo más esencial y lo más elevado de ti.

Y hay muchos más problemas.

La mente es una multiplicidad; mente significa los muchos. Hay millones de problemas. Si empiezas a resolver cada uno de los problemas, te llevará millones de vidas; incluso entonces no podrás estar seguro de haber resuelto los problemas de la mente.

La codicia está ahí, la ira está ahí, la lujuria está ahí, los celos están ahí... y así sucesivamente. Si resuelves uno, te llevará años y años; e incluso entonces no se resuelve nada. Si intentas resolver tu ira, si quieres crecer más allá de tu ira, en la etapa psicológica ¿qué puedes hacer? Como mucho puedes reprimirla, porque la conciencia pertenece al reino espiritual. En el nivel psicológico sólo puedes luchar. Puedes elegir: puedes reprimir una parte contra la otra, pero la parte reprimida no muere. De hecho, cuanto más se reprima, más viva estará, porque se acercará cada vez más a la fuente de tus energías y recibirá más alimento. Y puedes reprimir la ira, pero encontrará alguna salida por la puerta trasera. No puedes transformarte de esta manera.

Ahí es donde la psicología occidental está perdida: perdida en un caos. No se resuelven los problemas pequeños, muy pequeños. Se necesitan años y años de psicoanálisis... luego tampoco se resuelve nada. A lo sumo, sólo se puede hacer una especie de maquillaje, un blanqueamiento. Le das al paciente una máscara mejor, pero su rostro original sigue siendo el mismo.

La psicología occidental ha fracasado.

El enfoque oriental es mucho más profundo. No trata de cortar el follaje de un árbol: corta las raíces mismas. Y cortar las raíces es destruir el árbol. Si sigues podando las hojas -eso es lo que significa el trabajo psicológico: podar las hojas- no vas a destruir el árbol en absoluto. Al contrario, cuanto más lo podes, más espeso se volverá el follaje. Si cortas una rama, aparecerán tres, porque el árbol aceptará el reto de que vas a destruirlo. Todos y cada uno intentan sobrevivir. Y cuando hay peligro, el árbol hará todo lo posible por sobrevivir. Eso es lo que ocurre.

Si quieres dejar la ira, te enfadas más que antes. Si quieres dejar tu sexualidad, te vuelves más y más sexual que antes. Eso es lo que le ha pasado a millones de personas. Quieren salir de la prisión del sexo; hacen todo tipo de esfuerzos. Su deseo es bueno; son personas sinceras, pero equivocadas. Empiezan a luchar con el sexo, y la sexualidad se venga. Estas personas se vuelven más sexuales que la gente común, toda su mente se llena de sexo. Piensan en sexo, sueñan con sexo, y están continuamente luchando. Cuanto más luchan, pítas energía dan al enemigo, porque cada vez se centran más en el enemigo.

No pueden estar desprevenidos.

Esto ha sucedido a lo largo de los siglos. Puedes ver a los monjes, tus llamados mahatmas, tus llamados santos - sus mentes son feas. Y la razón no es que no sean personas sinceras; la razón es que han partido de un extremo equivocado.

"Creo que no debemos tratar los síntomas, sino el verdadero problema". Este fue el planteamiento del plantador sureño justo después de la Guerra Civil. Este caballero de la vieja escuela encontró a su mujer en brazos de su amante y, loco de rabia, la mató con su revólver.

Un jurado de sus iguales sureños había emitido un veredicto de homicidio justificado, y estaba a punto de abandonar la sala como hombre libre cuando el juez le detuvo. "Sólo una curiosidad personal, señor, si está dispuesto a aclararlo".

En respuesta, el caballero hizo una reverencia.

"¿Por qué disparó a su esposa en lugar de a su amante?"

"Señor", respondió, "decidí que era mejor disparar a una mujer una vez que a un hombre diferente cada semana".

Si intenta cambiar de opinión, tendrá que disparar a un hombre diferente cada semana. Es mejor disparar a la mujer y acabar con ella.

Por eso digo que mi preocupación no es su crecimiento psicológico, sino su crecimiento espiritual.

Crecimiento espiritual significa crecimiento de la conciencia; no significa otra cosa. Estar cada vez más alerta. Convertirse en una luz para uno mismo. Y cuando eres una luz para ti mismo, la oscuridad empieza a desaparecer por sí misma.

El hombre consciente no puede enfadarse, eso es imposible, porque para enfadarse el requisito básico es no ser consciente. Inténtalo y te sorprenderás. Intenta estar enfadado Y consciente - no serás capaz de conseguirlo; nunca nadie ha sido capaz de conseguirlo. Es imposible. No está en la naturaleza de las cosas.

Cuando seas consciente, la ira desaparecerá. Si pierdes la consciencia, aparecerá la ira. Ambas cosas no son posibles, igual que la luz y la oscuridad no pueden existir juntas; no pueden tener una existencia conjunta. ¿Por qué la luz y la oscuridad no pueden existir juntas? Porque la oscuridad no tiene sustancia en ella; la oscuridad no tiene existencia en ella. No es más que la ausencia de luz, así que ¿cómo pueden existir juntas la ausencia y la presencia? Si hay luz, la ausencia no puede existir.

Si la ausencia existe, la luz no puede estar presente allí.

La concienciación es una solución única para todos los problemas.

La codicia no puede existir cuando eres consciente, ¿por qué? Porque cuando eres consciente, eres consciente de que eres la dicha suprema, de que tienes todo el reino de Dios dentro de ti. ¿Qué más puedes desear, qué codicia? Será completamente estúpido. La codicia existe en la persona cuando no es consciente de su propio reino. cuando no es consciente de que es un emperador nato, y vive como un mendigo.

En el momento en que tomas conciencia de que tienes todos los tesoros del mundo en ti, de que no te falta nada, ¿cómo puede existir la codicia? Codicia significa que conoces tu pobreza interior y sigues acumulando. Codicia significa que sabes que eres pobre y que tienes que ser rico.

El hombre consciente se da cuenta de que ya es rico y de que no hay posibilidad de enriquecerse más. ¡Es divino! La codicia no puede existir cuando sabes que eres divino.

¿Cómo puede existir la ira en un hombre que es consciente? ¿De dónde viene la ira? La ira es una herida en el ego. Cuando tu ego está herido, te enfadas. Pero el hombre consciente sabe que no hay ego en absoluto; ahora bien, ¿cómo pueden producirse heridas en algo que ya no se encuentra?

Escapas de una cuerda por la noche pensando que es una serpiente; corres, te mueres de miedo. Y entonces alguien se ríe, te agarra y te dice: "¡No es una serpiente, es una cuerda! Ven conmigo, cogeremos una lámpara y veremos". Acompañas a la persona, aún con miedo, aún dispuesto a escapar por si no es una cuerda, sino una serpiente. Pero cuanto más te acercas, mejor ves... te empiezas a reír. Ahora, ¿puedes tener miedo cuando has visto que es una cuerda?

Y no es que cuando habías pensado que era una serpiente tu miedo fuera irreal - era absolutamente real. Era casi como un ataque al corazón. Temblabas, te sofocabas, te quedabas sin aliento. Podrías haber muerto de miedo, era tan real. Pero no había ninguna serpiente de verdad.

Una serpiente irreal puede crear miedo real. Y así es como está sucediendo: un ego irreal puede crear ira real. Te sientes ofendido y surge la ira. Cuando la luz de la consciencia está dentro de ti, sabes que no hay ego, que no hay serpiente. Simplemente la ira desaparece. ¿Y cómo puedes tener miedo cuando eres consciente? En la consciencia se sabe que nunca morirás porque nunca naciste, que el nacimiento y la muerte son sólo en la superficie, en el núcleo más profundo de tu ser eres inmortal. Entonces el miedo desaparece.

Yachana, te preocupaste cuando te dije que no me preocupaba por tu crecimiento psicológico, porque ¿qué es el crecimiento psicológico? Ayudarte a no enfadarte, a no ser egoísta, a no tener miedo, eso es crecimiento psicológico.

Crecimiento espiritual significa: ayudarte a ser consciente. Y una sola medicina cura todas las enfermedades.

Y si seguimos trabajando en la superficie, puede parecer que estás cambiando, pero en el fondo permaneces inmutable. Puede parecer que estás alcanzando cierta madurez psicológica, pero sólo será superficial. Si rascas un poco, encontrarás al mismo hombre de siempre.

Una vez un paciente fue tratado por un psicoanalista porque pensaba que era una palomita.

Finalmente, tras años de intenso trabajo analítico, llegó el éxito. En la última sesión, el psicoanalista le preguntó una vez quién era y él respondió: "¡Un hombre, por supuesto!".

Cinco minutos después de salir de la consulta, el paciente entró corriendo, aterrorizado. "Doctor, doctor, debería haberme dicho que hay gallinas fuera. Me he librado por los pelos.

"Pero sabes que no eres una palomita, ¿verdad?".

"Claro que sí - pero ¿qué pasa con las gallinas?"

Todo tu trabajo psicológico será sólo superficial. Parecerá que has cambiado, pero será sólo una apariencia. Cualquier situación real sacará a relucir de nuevo tu verdadero rostro. Esto no es transformación: es sólo consuelo. Y no me interesa consolarte.

Mi esfuerzo aquí es transmutarte para que te conviertas en algo totalmente nuevo que tú mismo nunca has soñado. Algo inmensamente valioso está oculto en ti - que tiene que ser descubierto. Es tu alma.

Y a menos que descubras esa fuente oculta de toda vida, sólo estarás jugando juegos - juegos psicológicos. juegos fisiológicos. El yoga se perdió en los juegos fisiológicos. Tus llamados yoguis sólo están haciendo ejercicios fisiológicos. Tienen sus propios beneficios, no puedo negarlo. Te harán más saludable, pero esa salud permanece en el cuerpo. Y el cuerpo desaparecerá cuando llegue la muerte, ¡y con el cuerpo también todas tus posturas de yoga!

Y todo el esfuerzo que habías hecho se perderá.

La psicología y el psicoanálisis se han centrado demasiado en la mente del hombre.

La mente no es tu verdadero núcleo. Es sólo un puente entre el cuerpo y el alma, y un puente muy frágil. Es un fenómeno muy poco sustancial, porque sólo consiste en pensamientos. Detrás de la mente está tu realidad, puedes llamarla alma, espíritu, Dios o como quieras.

Mi preocupación aquí es ayudarte a penetrar en ese núcleo. Una vez que sepas eso, todo se asentará en tu vida, porque con esa conciencia vigilarás el cuerpo y vigilarás la mente, y todo lo feo simplemente desaparecerá.

Ese es el milagro de las experiencias espirituales: todo lo que es feo simplemente desaparece, y todo lo que es bello se realza. El mal desaparece y el bien se realza. El mundo y los deseos mundanos dejan de ser relevantes para ti: se abre una dimensión totalmente nueva.

La segunda pregunta

Pregunta 2:

¿QUÉ ES LA MEDITACIÓN?

Shivanand,

LA MEDITACIÓN ES UN ESTADO DE NO-MENTE. La meditación es un estado de conciencia pura sin contenido. Normalmente, tu conciencia está demasiado llena de basura, como un espejo cubierto de polvo. La mente es un tráfico constante: los pensamientos se mueven, los deseos se mueven, los recuerdos se mueven, las ambiciones se mueven - ¡es un tráfico constante! día tras día. Incluso cuando duermes, la mente funciona, sueña. Sigue pensando; sigue con preocupaciones y ansiedades. Se está preparando para el día siguiente; hay una preparación subterránea en marcha.

Este es el estado de no meditación - justo lo contrario es meditación. Cuando no hay tráfico y el pensamiento ha cesado, ningún pensamiento se mueve, ningún deseo se agita, estás completamente en silencio - ese silencio es meditación. Y en ese silencio se conoce la verdad, y nunca de otro modo.

La meditación es un estado de no-mente.

Y no puedes encontrar la meditación a través de la mente porque la mente se perpetuará a sí misma.

Puedes encontrar la meditación sólo poniendo la mente a un lado, estando frío, indiferente, no identificado con la mente; viendo pasar la mente, pero sin identificarte con ella, sin pensar que "yo soy eso".

La meditación es la conciencia de que "yo no soy la mente". Cuando la conciencia se adentra cada vez más en ti, lentamente, llegan unos momentos -momentos de silencio, momentos de espacio puro, momentos de transparencia, momentos en los que nada se agita en ti y todo está quieto. En esos momentos de quietud sabrás quién eres, y sabrás cuál es el misterio de esta existencia.

Y una vez que hayas probado esas pocas gotas de néctar, surgirá en ti un gran deseo de profundizar más y más en él. Surgirá en ti un deseo irresistible, una gran sed. Te encenderás.

De eso se trata sannyas. Cuando hayas probado unos momentos de silencio, de alegría, de meditación, te gustará que este estado se convierta en tu estado CONSTANTE, en un continuo. El deseo de hacer de la meditación todo tu estilo de vida es de lo que trata sannyas.

Y si es posible unos pocos momentos, entonces no hay problema. Poco a poco, irán llegando más y más momentos. A medida que te vuelvas hábil, a medida que aprendas la destreza de no involucrarte en la mente, a medida que aprendas el arte de permanecer distante, alejado de la mente, a medida que aprendas la ciencia de crear una distancia entre tú y tus propios pensamientos, más y más meditación lloverá sobre ti. Y cuanto más llueve, más te transforma.

Llega un día, un día de grandes bendiciones, en el que la meditación se convierte en tu estado natural.

La mente es algo antinatural; nunca se convierte en tu estado natural. Pero la meditación es un estado natural que hemos perdido. Es un paraíso perdido, pero el paraíso se puede recuperar.

Mirad a los ojos del niño, mirad y veréis un silencio tremendo, inocencia. Cada niño viene con un estado meditativo, pero tiene que ser iniciado en los caminos de la sociedad - hay que enseñarle cómo pensar, cómo calcular, cómo razonar. cómo argumentar; hay que enseñarle palabras, lenguaje, conceptos. Y, poco a poco, pierde el contacto con su propia inocencia. Se contamina, es contaminado por la sociedad. Se convierte en un mecanismo eficaz; ya no es un hombre.

Todo lo que se necesita es recuperar ese espacio una vez más. Lo habías conocido antes, así que cuando por primera vez conozcas la meditación, te sorprenderás, porque surgirá en ti un gran sentimiento como si lo hubieras conocido antes. Y esa sensación es cierta: TÚ la HABÍAS conocido antes. Lo has olvidado. El diamante está perdido entre montones de basura. Pero si puedes descubrirlo, encontrarás el diamante de nuevo: es tuyo.

En realidad no puede perderse: sólo puede olvidarse. Nacemos como meditadores, luego aprendemos los caminos de la mente. Pero nuestra verdadera naturaleza permanece oculta en algún lugar profundo, como una corriente subterránea. Cualquier día, escarbando un poco, encontrarás que la fuente sigue fluyendo, la fuente de las aguas frescas. Y la mayor alegría de la vida es encontrarla.

"Enterrada en el estrato más profundo de su inconsciente, en el manantial de la existencia del hombre, yace una inmensa fuerza psicológica. En su forma pura, se experimenta como un anhelo, cuyo objeto se aleja constantemente de él a medida que los horizontes de su mundo se amplían a lo largo de su crecimiento. Comienza quizás con el asombroso descubrimiento del lactante de que el pecho que le proporciona consuelo no forma parte de él mismo. A partir de ese momento, el anhelo impulsa al organismo humano a relacionarse con lo que está más allá de él, a comprenderlo y, en el sentido más profundo, a amarlo. Este anhelo puede apegarse a muchos tipos de objetos y búsquedas. Pero conocerlo en su pureza, sin objeto alguno, es conocer la vida misma. Este anhelo es Dios, y ser este anhelo, puro y simple, sin ningún contenido, es meditación."

Nace un niño; el niño viene preparado con una gran energía. El niño no es más que pura energía encarnada. Y lo primero que el niño tiene que buscar y rebuscar es el pecho de la madre, obviamente. El niño tiene hambre. Durante nueve meses en el vientre de la madre el niño fue alimentado automáticamente; el niño vivía como parte de la madre. Ahora está separado de la madre; se ha convertido en una entidad separada en sí misma - y lo primero, la primera necesidad, es buscar comida. Y así es como comienza el viaje hacia el exterior.

La energía está ahí; la energía empieza a salir al exterior. Y lo primero que el niño quiere encontrar es alguna fuente de alimento. Encuentra el pecho de la madre. No es casualidad que el pecho de la mujer se haya convertido en uno de los mayores símbolos de la humanidad. Lo encontrarás en el arte, en la escultura, en la poesía... ¡en todas partes!

El pecho femenino se ha convertido en el centro de atención. ¿Por qué? ¿Por qué razón? Básicamente no es más que una glándula, nada más que un mecanismo para alimentar al niño. Pero, ¿por qué obsesiona a la gente? A los hombres les interesa, a las mujeres también, ¿por qué tanta obsesión con el pecho? La razón es sencilla: ese fue el primer contacto del niño con el mundo, la primera experiencia, la experiencia más fundamental. Todo lo demás es secundario.

La primera experiencia fue la del pecho. Por eso ha dominado el mundo del arte, la poesía, la escultura. El hombre se ha obsesionado con él. Y las mujeres también. Pueden esconder sus pechos o mostrarlos, y en realidad ambos procesos no son muy diferentes. Ocultar es una forma de mostrar; ocultar es una forma de hacerlo más interesante, más intrigante. Esconder el pecho provoca en el hombre el deseo de saber cómo es, qué es. El pecho oculto se vuelve más bello que el pecho desnudo. El pecho desnudo es sólo una parte del cuerpo. Pero, ¿por qué ha existido tanta obsesión por el pecho? La razón es sencilla: es la experiencia más fundamental, la primera experiencia.

La entrada en el mundo se produce a través del pecho. Y el pecho hacía dos cosas: alimentaba al niño, y lo primero era sobrevivir, y el pecho era el alimento, el pecho era la vida. Y lo segundo: el pecho daba calor al niño, cobijo al niño, amor al niño. Por eso la comida y el amor se han asociado tanto.

Cuando una mujer te ama, te prepara una comida preciosa. Es una invitación simbólica. Siempre que alguien te ama, te invita a comer. ¿Por qué? La comida, de un modo sutil, representa el pecho. La comida y el amor se asociaron porque ambos fluían para el niño desde el pecho.

Y hay muy pocas personas que sean realmente adultas. El infantilismo sigue ahí.

Por eso, cuanto más grande es el pecho, más te interesa. ¿Por qué? Una sencilla razón biológica: porque el pecho más grande es una mayor fuente de alimento para el niño. Si el pecho es muy pequeño, eso simplemente demuestra que el niño no sobrevivirá. Por eso la mujer de pecho plano es poco atractiva -no es que realmente haya alguna razón estética para su falta de atractivo, pero sí alguna razón biológica. No puede ser una madre para sus hijos; esa es la razón. Cuanto mayor sea el pecho, más maternal parecerá, más maternal será. Parece capaz de dar a luz a niños y será capaz de ayudarles a sobrevivir, y de forma saludable.

Por eso, cuando no te sientes querido, empiezas a comer demasiado. Las personas que se vuelven adictas a la comida son las personas a las que les falta amor. Empiezan a sustituirlo con comida. Si te aman de verdad, no puedes comer demasiado. Te sorprenderá este descubrimiento psicológico: que las personas que son amadas y están enamoradas comen menos. comen de forma proporcionada. Las personas que no son amadas o no están enamoradas comen demasiado, porque la comida puede hacer dos cosas.

Puede llenarlos, puede darles la sensación de estar llenos, y ellos se sienten muy vacíos porque les falta el amor. ¿No lo has visto? Las chicas cuando no están casadas no están gordas; una vez que se casan, empiezan a estar cada vez más gordas, y cada vez más feas. ¿Por qué?

Ahora no hay problema - que han alcanzado. Y una vez casados, el deseo de amar desaparece. Se instalan en la rutina de la vida, empiezan a dar todo por sentado. Y la familiaridad genera desprecio. Los maridos y las mujeres se odian; aunque sigan diciendo: "Nos queremos", se odian. En el fondo, se sienten prisioneros el uno del otro. El amor desaparece y la gente empieza a comer demasiado.

Recuerda la relación entre el amor y la comida. Pero la razón es que ésa fue la primera experiencia del niño y recibía ambas cosas de la misma fuente. Se asociaron: un simple caso de reflejo condicionado.

Y una vez que el niño empieza a buscar a tientas el pecho de la madre, comienza su viaje hacia el exterior. Ha llegado a saber una cosa: que la fuente de su vida está fuera de él. Ésa es la caída original. Ahora siempre pensará en tener más dinero, en tener más poder, en tener más prestigio... en llamar cada vez más la atención de la gente, porque la fuente de la vida está fuera. Y de hecho la fuente de la vida está dentro.

MEDITAR ES TOMAR CONSCIENCIA de que la fuente de la vida está en el interior. El cuerpo depende del exterior, es cierto, pero tú no eres sólo el cuerpo. No dependes del exterior. Dependes del mundo interior. Estas son las dos direcciones: moverse hacia fuera o moverse hacia dentro. La mente es un proceso de movimiento hacia el exterior, y la mente comienza el día en que el niño encuentra el pecho de la madre. Ese es el comienzo de la mente. Y la mente te lleva cada vez más lejos de ti mismo.

La meditación es el reconocimiento de que "También existe un mundo interior y tengo que buscarlo".

La mente se centra en alguna meta, en algún objeto. La meditación es la búsqueda para conocer el anhelo puro, no el objeto, sino el anhelo del objeto. "¿Cuál es el anhelo que hay en mí de tener mucho dinero, de tener un gran poder, de ser famoso? ¿Quién es este anhelo en mí? ¿Cuál es su naturaleza?"

Conocer este anhelo es meditar. Y conocerlo en su pureza es conocer a Dios. El anhelo sin contenido, el anhelo puro, sólo la llama sin humo, es Dios. La meditación te lleva a Dios, porque te lleva a tu núcleo más íntimo. Y cuando empiezas a moverte hacia dentro, el círculo se completa.

Sólo se madura cuando se empieza a meditar; de lo contrario, se sigue siendo infantil.

Sus juguetes pueden seguir cambiando -los niños pequeños juegan con juguetes pequeños, y los niños grandes, los niños mayores, los niños ancianos, juegan con juguetes grandes-, pero no hay ninguna diferencia cualitativa.

Ya ves... a veces tu hijo lo hará. Se subirá a la mesa cuando tú estés sentado a un lado en la silla, y dirá: "Mira, papá, soy más grande que tú". Se sube a la mesa y dice: "Mira, soy más grande que tú", y tú te ríes de él. Pero, ¿qué estás haciendo? Cuando tengas más dinero, mira cómo caminas.

Estás diciendo a todos los vecinos: "¡Mira! Soy más grande que tú". O cuando te conviertes en presidente de un país, o en primer ministro, mira cómo caminas, con qué altivez, con qué ego. Le dices a todo el mundo: "Os he derrotado a todos. Estoy sentado en la silla más grande". ¡Son los mismos juegos! Desde tu infancia hasta tu vejez, sigues jugando a los mismos juegos. Puedes jugar al Monopoly o puedes ir a jugar al verdadero Monopoly en el mercado de acciones, no hay diferencia, es el mismo juego sólo que jugado a mayor escala.

Una vez que lo entiendas, que esta es la raíz de tu infantilismo, la mente saliente....

Los niños pequeños empiezan a alcanzar la luna, e incluso los científicos más grandes intentan llegar a la luna, la han alcanzado. No hay mucha diferencia.

Alcanzando el exterior, puede que llegues a otras estrellas, pero seguirás siendo infantil. Aunque llegues a la luna, ¿qué vas a hacer allí? Serás el mismo. Con la misma basura en tu cabeza, con todo el estiércol de vaca sagrada que sigues llevando en tu corazón, estarás de pie en la luna. No habrá ninguna diferencia. Puedes ser un hombre pobre, puedes ser muy rico; puedes ser absolutamente anónimo, puedes ser mundialmente famoso - - no hay ninguna diferencia. A menos que la mente dé un giro y comience a moverse hacia el interior, a menos que la mente tome una dimensión totalmente nueva y se convierta en meditación....

La meditación es la mente volviéndose hacia su propia fuente.

La meditación te hace madurar; la meditación te convierte realmente en un adulto. Envejecer no es realmente madurar, porque veo a gente de ochenta años que sigue jugando a juegos, a feos juegos de política de poder, ¡incluso a la edad de ochenta y dos, ochenta y tres, ochenta y cuatro años! El sueño parece ser tan profundo. ¿Cuándo van a despertar? ¿Cuándo pensarán en el mundo interior?

Y la muerte se llevará todo lo que has acumulado: tu poder, tu dinero, tu prestigio. No quedará nada, ni siquiera un rastro. Toda tu vida quedará anulada. La muerte vendrá y destruirá todo lo que has hecho; la muerte vendrá y demostrará que todos tus palacios no eran más que palacios hechos de naipes.

La madurez es conocer algo en ti que no tiene muerte, conocer algo en ti que trascenderá la muerte: eso es la meditación. La mente conoce el mundo: la meditación conoce a Dios.

La mente es una forma de comprender el objeto: la meditación es una forma de comprender el sujeto.

La mente se preocupa por el contenido, y la meditación se preocupa por el contenedor: la conciencia. La mente se obsesiona con las nubes, y la meditación busca el cielo. Las nubes van y vienen: el cielo permanece, permanece.

Busca el cielo interior. Y si lo has encontrado, entonces nunca morirás. El cuerpo morirá, la mente morirá, pero tú nunca morirás. Y conocerlo es conocer la vida. Lo que llamas vida no es vida real porque va a morir. Sólo un meditador sabe lo que es la vida porque ha alcanzado la fuente misma de la eternidad.

La tercera pregunta

Pregunta 3:

¿NACIÓ REALMENTE JESÚS DE UNA MADRE VIRGEN?

HAY QUE ENTENDER UNA COSA: los antiguos hablaban con metáforas, con poesía, y eso se ha malinterpretado mucho. Nosotros hablamos de forma científica; nuestro lenguaje es totalmente diferente al de los antiguos. La diferencia es la misma que cuando piensas, piensas en conceptos, pero cuando sueñas, no puedes soñar en conceptos, sueñas en imágenes. Y si eres poeta o pintor, no sueñas en blanco y negro, sino en color.

La gente corriente sueña en blanco y negro; los poetas, los pintores, los que saben lo que es el color, los que están realmente en sintonía con el mundo del color, son muy sensibles, sueñan en color.

Pero en los sueños no utilizas conceptos lógicos: utilizas imágenes. Por eso necesitas que un psicoanalista interprete tu sueño, porque has olvidado por completo el lenguaje de la metáfora.

Por ejemplo: un hombre sueña continuamente que por la noche se convierte en pájaro y empieza a volar hacia el cielo. Y se queda perplejo: ¿por qué? ¿Qué significa este sueño? Cuando está despierto, no le encuentra sentido. Tendrá que ir al psicoanalista. En realidad, no tiene que ir a ningún sitio, es muy sencillo.

Convertirse en un pájaro en el sueño no es más que una traducción de tus ambiciosos deseos al lenguaje de las imágenes. Quieres llegar alto, ¡simplemente! Y sólo puedes llegar alto cuando tienes alas. Hay un gran deseo de llegar alto en el mundo. En el sueño te conviertes en un pájaro; el sueño simplemente está utilizando un lenguaje poético.

El sueño es más antiguo, más primitivo. Los antiguos no han utilizado conceptos lógicos, sino pictóricos. Y debido a esto, se producen grandes malentendidos. Estamos entrenados para pensar científicamente, matemáticamente, históricamente. Los antiguos no se preocupaban en absoluto por estas cosas. Su pensamiento no era histórico: su pensamiento era mitológico.

Por ejemplo, en Oriente no sabemos cuándo nació Rama; si nació realmente o no, ni siquiera eso es seguro. Hemos escrito historias tan hermosas sobre Rama; si pudiéramos escribir historias tan hermosas, ¿no podríamos simplemente anotar su fecha de nacimiento? ¿Era tan imposible anotar su fecha de nacimiento?

No sabemos cuándo nació realmente Krishna. Y hay muchos otros que parecen casi no historicos. ¿Por qué sucedió esto? La gente que pudo escribir los Vedas y los tremendamente esplendorosos Upanishads, la gente que pudo componer diamantes como el Bhagavad Gita, el Corán, la Biblia, ¿por qué no pudieron escribir históricamente?

No estaban preocupados. Tenían un enfoque totalmente distinto de la vida. La historia es mundana, la historia es muy ordinaria - es la preocupación de los periódicos. La mitología es sagrada; no es asunto de los periódicos. En realidad, no es algo que pertenezca al tiempo, sino algo que penetra en el tiempo desde el más allá. Es algo milagroso.

Entra en un templo Jaina y te sorprenderás: los veinticuatro teerthankaras, sus veinticuatro grandes Maestros, grandes iluminados, verás - ¡todos se parecen!

Ahora bien, ni siquiera dos personas en el mundo son iguales, así que ¿cómo pueden ser veinticuatro personas tan iguales, exactamente iguales? Incluso los jainas no pueden hacer ninguna distinción, a menos que miren el símbolo de la parte inferior. Los símbolos se hicieron para que puedas saber quién es Mahavira y quién es Neminath y quién es Parshwanath - sólo para saber, se hicieron símbolos.

Por lo demás, las estatuas son exactamente iguales.

Verás que tienen las orejas muy largas, tocándoles los hombros: TODOS los veinticuatro teerthankaras. ¿Qué ha pasado? Es posible que, de vez en cuando, un hombre tenga las orejas tan largas, pero ¿veinticuatro personas con las orejas tan largas? ¿el mismo tipo de nariz, el mismo tipo de ojos, el mismo tipo de cuerpo?

No nos preocupan las personas históricas. Nos interesa lo esencial, lo interior. Estos veinticuatro teerthankaras eran ciertamente diferentes en sus formas corporales -alguien puede haber sido alto y alguien puede haber sido bajo, y alguien puede haber sido blanco y alguien puede haber sido moreno- todos ellos deben haber sido diferentes, eso es absolutamente cierto, pero no nos preocupan sus diferencias. Nos preocupa algo que es esencial, similar en todos ellos: su meditación.

¿Por qué las orejas largas? Es un símbolo - un símbolo del hombre que tiene el arte de escuchar, un símbolo del arte de escuchar - como si el hombre fuera todo oídos. Es capaz de escuchar tan silenciosamente que ha oído la verdad, ha oído la voz de Dios, la vocecita interior.

Esta es mi interpretación. Los Jainas tienen sus propias explicaciones estúpidas.

Dicen que un teerthankara siempre nace con una oreja larga, como si un teerthankara fuera un burro o algo así. Es una explicación estúpida. Mi explicación es la siguiente: que un teerthankara es alguien que ha escuchado la verdad; un teerthankara es alguien tan silencioso que se ha convertido en todo oídos. Por ejemplo, por un momento... y puedes oírlo todo: este cuervo cacareando, el tren pasando. Cuando todo está en silencio, te conviertes en todo oídos.

¿Cómo decirlo? ¿Y cómo decirlo a través del mármol? Lo han hecho bien: han hecho unas orejas muy muy largas. Es muy simbólico, pero no es histórico.

Verás que tienen los ojos medio cerrados, medio abiertos. Eso es simbólico: no están ni fuera ni dentro; o, lo exterior y lo interior, la diferencia entre lo exterior y lo interior, ha desaparecido; han trascendido ambos. Estas son las tres posibilidades: estar fuera, lo que significa mente; estar dentro, lo que significa meditación, DHYANA, y estar más allá de ambos, lo que significa samadhi, éxtasis. Eso es lo último.

Patanjali tiene tres palabras para ello: DHARANA, que significa estar fuera; DHYANA, que significa estar dentro; y samadhi, que significa estar más allá de ambos, ser trascendental. Encontrarás a esos teerthankaras con los ojos medio cerrados. No es que estuvieran siempre sentados así, con los ojos medio cerrados. Caminando por la calle, deben haber abierto los ojos. A veces, sentados en silencio, deben haber cerrado los ojos. Por eso hay un gran conflicto entre las dos sectas de los jainas.

Los DIGAMBARAS creen que tenían los ojos cerrados. Los SWETAMBARAS piensan que sus ojos estaban abiertos. Y ambos pueden tener razón, porque a veces deben haber visto a Mahavira con los ojos cerrados y a veces con los ojos abiertos. Pero tiene mucha más razón el artista que ha esculpido a Mahavira con los ojos medio abiertos y medio cerrados, sólo para dar a entender que ahora lo exterior y lo interior han desaparecido, se han trascendido.

RECUERDA QUE ESTE ES EL CASO con todas las religiones. Ahora bien, el "nacimiento virginal" no tiene nada que ver con la virginidad biológica; eso es una completa tontería. Jesús no nació de una madre biológicamente virgen, pero entonces ¿qué significa decir que María era virgen? Virgen' significa simplemente completamente pura, tan pura que no hay sexualidad en la mente. No es una cuestión del cuerpo, sino de la mente: tan pura que no hay idea de sexualidad.

En el fondo, todo el mundo es virgen. Virginidad significa pureza de amor. Jesús debió nacer de un gran amor. El amor siempre es virgen. El amor trasciende el sexo: ése es el significado de la virginidad.

Pero hay necios por todas partes; siguen insistiendo en que "No, SÍ nació de una madre virgen". Lo convierten en un hazmerreír. Y a causa de SU necedad, una gran parábola, una gran metáfora, pierde todo su sentido.

Una madre y su hija acuden a la consulta del médico. La madre pidió al médico que examinara a su hija. "Tiene unos síntomas extraños y estoy preocupada por ella", dice la madre.

El médico examinó cuidadosamente a la hija y luego anunció: "Señora, creo que su hija está embarazada".

La madre jadeó. "¡Eso es una tontería!", dijo. "Mi hijita no tiene nada que ver con los hombres". Se volvió hacia la niña: "No, ¿verdad, querida?".

"No, mamá", dijo la chica. "Sabes que nunca he besado a un hombre".

El médico miró de madre a hija y viceversa; luego, en silencio, se levantó y se dirigió a la ventana. Empezó a salir; siguió mirando hasta que la madre se sintió obligada a preguntar: "Doctor, ¿pasa algo ahí fuera?".

"No, señora", dijo el médico. "Es sólo que la última vez que ocurrió algo así, apareció una estrella en el Este... y yo estaba mirando si iba a aparecer otra".

María debía de estar tremendamente enamorada; por eso es virgen. María debe haber estado tan profundamente enamorada que el sexo no era el punto en absoluto.

Recuerda, puedes hacer el amor con una mujer sin ningún amor en tu corazón - entonces es pura sexualidad, animalidad; es prostitución. Puedes hacer el amor con una mujer sin idea de sexo, entonces el amor es sólo una comunicación pura de dos energías, un compartir, una danza, una celebración. No hay idea de sexo en la mente y puedes hacer el amor con una mujer, y la mujer puede hacer el amor contigo sin pensar en el sexo en absoluto. La cuestión es dónde está tu mente. Si estás pensando en sexo, si tu mente está obsesionada con el sexo, simplemente quieres usar a la mujer, la mujer simplemente quiere usarte a ti, es feo. No tiene estética, no tiene poesía. No hay nada del más allá en ello, es muy turbio.

Pero el mismo acto.... Recuerda, el acto será el mismo: cuando dos amantes hacen el amor y cuando un hombre va a una prostituta biológicamente el acto es el mismo, pero espiritualmente hay una tremenda diferencia. El hombre que va a la prostituta sólo piensa en sexo, y el amante cuando hace el amor con la mujer no tiene idea de sexo. Es simplemente una comunión, acercarse cada vez más. Entonces el sexo ocurre sólo como un gesto de comunión. Es virgen.

Esa es mi idea de la virginidad. El amante siempre permanece virgen; el amante no puede perder su virginidad. Y Jesús, un hombre como Jesús, sólo puede surgir de un gran amor. Pero, por favor, intenta comprender el lenguaje de los antiguos. Es muy sencillo malinterpretarlo, porque han pasado los siglos, las palabras han cambiado de significado. Y hemos olvidado que los viejos tiempos no eran tiempos de lenguaje científico, sino de lenguaje poético.

Por ejemplo, en los Vedas se dice que el sol viene cada mañana montado en su carro, un carro dorado; por supuesto, es un carro dorado. ¿Dónde se puede encontrar oro más puro? Temprano por la mañana, y el sol saliendo - ¡es un carro de oro! la luz es dorada. Y los Vedas dicen que el carro tiene siete caballos. Ahora, en sánscrito, ASHVA, la palabra para "caballo

tiene dos significados. Un significado es el caballo, el otro significado es el rayo.

El sánscrito es una lengua poética; cada palabra tiene muchos significados. En una lengua científica, cada palabra debe tener un único significado. El lenguaje científico tiene que ser exacto. Un lenguaje poético tiene que ser ambiguo, vago, para que uno pueda jugar con las palabras, porque la poesía es un juego con las palabras. Si todo es fijo, entonces la poesía nunca nacerá.

Todo tiene que ser líquido.

Por eso, las palabras en sánscrito o en lenguas antiguas -hebreo, griego, latín, árabe- tienen muchos significados. De hecho, la palabra AHSVA tiene once significados: uno es el caballo, otro es el rayo. El sol tiene siete rayos; se dice de forma poética que el carro tiene siete caballos.

Ahora sabemos, cada rayo tiene siete colores; cada rayo tiene siete rayos en él. Esta será una explicación científica, pero los Vedas no fueron escritos por científicos sino por visionarios, poetas.

Los poetas también tropiezan con las mismas verdades, pero cuando las expresan lo hacen de otra manera. De hecho, los poetas siempre llegan antes que los científicos, porque los científicos se mueven con mucha cautela y los poetas se mueven de forma embriagadora. A los poetas no les importa la lógica; los poetas no se mueven de forma lógica, silogística, simplemente saltan de un punto a otro. Y no tienen miedo a que se rían de ellos, y no tienen miedo aunque la gente piense que están locos. Por eso siempre descubren las cosas antes que los científicos, casi miles de años antes. Porque el científico se mueve con tanta cautela, tan despacio, paso a paso... tiene que fijarse en los detalles; tiene que demostrar algo. El poeta no tiene que demostrar nada: simplemente afirma. Nadie le pide ninguna prueba. Lo que sucede en su intuición, simplemente lo canta. Nadie quiere ninguna coherencia, nadie quiere ninguna prueba objetiva, nadie quiere que vaya a demostrarlo en un laboratorio. Naturalmente, sigue diciendo cosas mucho antes de que el científico se entere.

Son expresiones poéticas. Tendrás que entender el lenguaje de los poetas.

Una pareja de recién casados decide pasar su luna de miel como huéspedes en una granja.

Cuando llegaron, indicaron al granjero y a su mujer que no les molestaran y se fueron directamente a su habitación.

Pasaron dos días y aún no habían salido, a pesar de que la mujer del granjero les había ofrecido repetidamente su comida. Al cabo de una semana, el granjero, asombrado y exasperado, les exigió que abrieran la puerta y tomaran su comida.

Ante esto, el marido replicó que la comida no sería necesaria, ya que vivían de los frutos del amor.

"¡¿Frutos del amor?! "exclamó el granjero. "Ése es el problema: será mejor que dejes de tirar las pieles por la ventana: ¡mis gallinas se las están comiendo y ya han muerto dos! "Recuerda siempre a quién te diriges, de quién te llegan las palabras. Los que escribieron los evangelios sobre Jesús eran más poetas que científicos; no eran lógicos, eran amantes. Y si tratas de probar todo científicamente, todo lo que resultará será: Cristo se convertirá en una figura no histórica. Porque la historia dice que una estrella surgió en Oriente, y tres sabios de Oriente siguieron a la estrella, y la estrella les guió hasta el lugar donde nació Jesús. Ahora bien, las estrellas no se mueven así. Las estrellas dan vueltas y vueltas; las estrellas no pueden ir en línea. Si intentas demostrarlo, los científicos se reirán de ti.

Y las estrellas tampoco nacen así.

El nacimiento de una estrella lleva millones y millones de años. Las estrellas que te parecen tan pequeñas no lo son tanto. Son enormes, muy enormes; ni siquiera puedes imaginar su inmensidad. La Tierra no es nada, sólo una partícula de polvo comparada con las estrellas. Nuestro sol es sesenta mil veces más grande que la Tierra, y nuestro sol es una estrella muy mediocre. Hay estrellas que son un millón de veces más grandes que el sol; parecen pequeñas porque están muy muy lejos, tan lejos que la distancia no se puede medir en millas.

Los científicos tuvieron que descubrir una nueva forma de medir la distancia: la llaman "año luz".

En un segundo, la luz recorre ciento ochenta y seis mil kilómetros, en UN segundo.

Así que, si quieres saber lo que es un año luz, tendrás que calcularlo: ciento ochenta y seis mil millas multiplicado por sesenta, entonces será un minuto; multiplicado otra vez por sesenta, entonces será una hora; multiplicado por veinticuatro, entonces será un día; multiplicado por trescientos sesenta y cinco días, entonces será un año. Un año luz significa que es la distancia que recorre la luz a esa tremenda velocidad. La estrella más cercana está a cuatro años luz de nosotros, ¡la más cercana! Luego hay estrellas cada vez más lejanas.

Hasta ahora se han descubierto millones de estrellas, y eso no es el final de la historia, sino sólo el principio. Los científicos afirman que no parece haber ninguna posibilidad de que lleguemos a conocer el número exacto, porque cuantos mejores instrumentos desarrollamos, más y más estrellas aparecen en ..... Y esto sigue y sigue y sigue. No tiene fin.

Las estrellas no nacen así, sólo para mostrar el camino a los tres sabios. ¿Y quiénes son estos tres sabios de Oriente? Son sólo símbolos. ¿Y por qué de Oriente? De nuevo un símbolo.

Un día alguien me preguntó: "¿Por qué Jesús no nació hoy en América?".

Le dije: "Por dos razones: una, no puedes encontrar una virgen en América; segunda, ¿dónde vas a encontrar allí tres reyes magos?".

Será muy difícil - había elegido un momento adecuado; aún había vírgenes y aún había sabios. Tres sabios de Oriente significa que Oriente siempre ha sido la fuente de toda sabiduría, en lo que se refiere al mundo interior. ¿Por qué tres? Para representar la tridimensionalidad del hombre: una trinidad, trimurti, tres caras de Dios. Por eso el número tres.

¿Y por qué una estrella les mostró el camino? Sólo algo misterioso, intuitivo... la estrella no nace allí en el cielo; la estrella nace en su ser. Han sentido una gran atracción. ¿Cómo han llegado hasta aquí? - Desde miles de kilómetros de distancia. En ti ha nacido una estrella; has sentido una conmoción en algún lugar profundo de tu inconsciente, de la que tal vez tú mismo no seas consciente. Ha nacido una estrella. Y eso te ha guiado y te ha traído hasta aquí. No es un proceso lógico, es un proceso muy intuitivo. La estrella no nació en el cielo exterior, sino en el cielo interior. Intuitivamente sintieron que algo de tremenda importancia había sucedido. Y siempre que nace un hombre como Jesús, los buscadores de todas partes empiezan a moverse.

CUANDO NACIÓ BUDDHA se dice que un gran sabio, muy anciano, de ciento veinte años, se precipitó inmediatamente desde el Himalaya. Sus discípulos le preguntaron: "¿Adónde vas?". ¡Corrió! Ni siquiera le habían visto CAMINAR, porque era muy viejo. Y no les contestó porque no había tiempo; dijo: "No hay tiempo para contestar".

Y los discípulos le siguieron, y bajó a las llanuras. Buda nació muy cerca del Himalaya, en la frontera entre Nepal y la India. Inmediatamente llegó al palacio del rey. El rey no podía creer lo que veían sus ojos, porque este hombre no era conocido por ir a ninguna parte. Llevaba al menos cincuenta años viviendo en una sola cueva. Debía de ser un hombre como yo. Yo me he hecho mi propia cueva -por supuesto, es una cueva del siglo XX, con aire acondicionado-, pero sigo viviendo allí, año tras año.

El padre de Buda no podía creerlo. Le tocó los pies y le dijo: "¿Por qué has venido? ¿Qué ha ocurrido?"

Y dijo: "No tengo mucho tiempo, porque se acerca mi muerte. Por eso he tenido que huir. ¿Dónde está tu hijo? He venido a verle".

Y Buda sólo tenía UN día. En el momento en que Buda nació, este anciano empezó a correr; tardó veinticuatro horas en llegar a las llanuras. El rey no podía creerlo, porque este anciano era muy famoso, un Maestro de Maestros - ¿por qué iba a interesarse por su hijo?

El niño fue traído inmediatamente, Buda de un día fue traído inmediatamente. Y aquel anciano de ciento veinte años tocó los pies de Buda y empezó a llorar. El padre estaba perplejo, la madre conmocionada: "¿Por qué llora? ¿Le pasa algo?". Le preguntaron: "¿Por qué llora? ¿Es que el niño no va a sobrevivir? ¿O hay alguna calamidad? Dilo claramente: ¿por qué lloras?".

Dijo: "No, no lloro por ninguna calamidad. Lloro de alegría porque he visto; y lloro también porque no podré vivir para ver el pleno florecimiento de este hombre. Lo he visto sólo en ciernes, pero eso también es demasiado, ver a un Buda en ciernes. Lloro de alegría, ¡porque te ha nacido Dios! Y también lloro de miseria porque no podré verle; mis días están contados. Pronto dejaré mi cuerpo. No podré ver qué florecimiento trae al mundo, qué fragancia trae al mundo. Y no podré ver que él hará girar la rueda del DHAMMA, la rueda de la ley suprema. Y millones y millones de personas se iluminarán gracias a él. Ha traído una luz; ha traído una revolución al mundo. Por eso también estoy llorando.

"Pero no te preocupes - ¡alégrate, regocíjate!"

Ahora bien, se trata de parábolas. Puede que no hayan sucedido históricamente, pero la historia no nos concierne en absoluto. Nuestra preocupación es algo MÁS importante, algo MÁS esencial, algo MÁS eterno. La historia es sólo una procesión de acontecimientos en el tiempo; aunque no haya sucedido históricamente, eso no importa. La parábola es hermosa: un santo de ciento veinte años inclinándose ante un Buda de un día. La edad no importa.

La conciencia no tiene edad. Hay que dejar de lado las formalidades ordinarias. El anciano tocando los pies de un niño, un niño de un día; llorando de alegría - los que entienden siempre llorarán de alegría cada vez que vean algo de inmenso valor sucediendo en el mundo. Pero muy pocos serán capaces de ver - incluso el padre no había visto, la madre no había visto. Sólo los que tengan ojos podrán ver.

Los tres sabios de Oriente tuvieron que viajar miles de kilómetros para ver, pero la gente del propio país de Jesús no podía ver. Los padres de Jesús tuvieron que escapar de Jerusalén; tuvieron que escapar a Egipto. Y Jesús no pudo aparecer de nuevo en Jerusalén. Después de treinta años volvemos a oír hablar de él, y también entonces sólo pudo sobrevivir tres años. La gente de su propio país lo mató; los ciegos mataron al hombre que tenía ojos; los locos mataron a uno de los hombres más cuerdos.

Incluso los padres... Los padres de Jesús no sabían lo que había sucedido. Se necesitaron tres hombres de Oriente para reconocerle. Sólo aquellos que han aprendido algo de meditación serán capaces de reconocer a un Buda. Cuando te encuentras con un Buda no es fácil reconocerlo. Es muy fácil enemistarse, es muy fácil enfadarse; es muy fácil sentirse ofendido por su presencia, porque su presencia te hace sentir tan pequeño que te ofende. Su presencia te hace sentir tan vacío que te humilla; no es que él quiera humillarte, sino que es a causa de tu ego que empiezas a sentirte humillado. Tu mente quiere vengarse. Por eso envenenan a Sócrates, matan a Mansoor, crucifican a Jesús... y siempre ha sido así. Siempre que ha habido un Buda, la sociedad ha sido muy, muy hostil hacia él. Incluso en la India, incluso en Oriente, ocurrió lo mismo.

Buda vivió aquí, predicó aquí, transformó a miles de personas en el mundo de la luz, pero el budismo desapareció de la India; fue destruido. Tras la muerte de Buda, en quinientos años, la religión fue arrancada de aquí. A los brahmanes no les gustó la idea; a los pundits, los eruditos, no les gustó la idea: era peligroso para su profesión.

Si Buda tiene razón, entonces todos los sacerdotes están equivocados.

Si yo tengo razón, entonces todos los curas están equivocados. Si tengo razón, millones se sentirán ofendidos, porque mi razón les coloca en un lugar equivocado. Naturalmente, no podrán perdonarme.

Pero, recuerda, estas bellas metáforas tienen que ser comprendidas con gran simpatía, con gran intuición, con amor, poesía, no con lógica; de lo contrario, las destruirás, las matarás. A veces se han utilizado bellas metáforas y las religiones, las llamadas religiones, los seguidores, las han matado ellos mismos.

Se dice que cada vez que Mahoma se desplazaba por el desierto, una nube se movía justo sobre su cabeza para cobijarle. Ahora bien, estar en los desiertos árabes es estar en el fuego. No es un hecho histórico. Ninguna nube se moverá... ni siquiera los hombres entienden a Mahoma - ¿cómo va a entender la nube, pobre nube, a Mahoma? Los hombres perseguían a Mahoma; toda su vida estuvo escapando de una ciudad a otra ciudad; toda su vida estuvo siempre en peligro, su supervivencia estuvo siempre en peligro. Si los hombres no eran capaces de entenderle, ¿cómo iba a entenderle una pobre nube? Así que no puede ser histórico. Pero aun así me encanta: la metáfora es preciosa.

La metáfora dice simplemente que las nubes son mucho más inteligentes que los hombres; dice simplemente que incluso las nubes comprendían la belleza del hombre y lo protegían, incluso contra la ley de la naturaleza. Dondequiera que fuera Mahoma, ellas irían; aunque el viento no fuera allí, la nube seguiría protegiéndole. Simplemente demuestra que la estupidez del hombre es tan grande que incluso una nube es mucho más inteligente.

Se dice que siempre que Buda venía y se movía, los árboles florecían fuera de temporada, los árboles que llevaban mucho tiempo muertos empezaban de nuevo a brotar hojas verdes. Hermosa poesía, significativa poesía, encantadora poesía, para meditar. No creo que sea histórico, pero sigue siendo significativo. Puede que no sea un hecho, pero es una verdad.

Los hechos pertenecen a los acontecimientos ordinarios. El hecho es que el propio primo-hermano de Buda, Devadatta, intentó matarlo de muchas maneras. Una vez, cuando Buda estaba meditando, le arrojó una roca desde lo alto de una colina; una gran roca empezó a rodar hacia abajo. Esto es un hecho, que Devadatta intentó matar a Buda, porque no podía creerlo: "¿Cómo puede Buda iluminarse? Hemos jugado juntos; siempre hemos estado juntos en nuestra infancia; fuimos educados juntos. Si yo no estoy iluminado, ¿cómo está él iluminado?".

Y se declaró iluminado, aunque no lo estaba. Y habría sido aceptado como iluminado - si Buda no hubiera estado allí. Pero la presencia de Buda...

¿cómo puedes declarar tu ser no iluminado en presencia de un Buda? Era imposible. El único problema era: ¿cómo destruir a Buda?

Soltó una roca. Pero la historia es la siguiente: la roca se acercó mucho a Buda y luego cambió de rumbo. Eso no puede ser un hecho - pero es una verdad. La verdad es un fenómeno muy superior.

Devadatta soltó un elefante loco para matar a Buda. El elefante loco se acercó ferozmente, pero cuando llegó a Buda, miró a Buda, se inclinó, tocó sus pies.... Ahora bien, que Devadatta soltó un elefante loco es un hecho; lo otro no es un hecho.

Lo otro es poesía, pura poesía~ pero de inmensa verdad.

Recuerda: las escrituras hablan de la verdad; no son libros de historia. Los libros de historia hablan de hechos. Por eso en los libros de historia encontrarás a Alejandro Magno, e Iván el Terrible y Adolf Hitler, y todo tipo de neuróticos. Pero Buda, Mahavira, Jesús, no forman parte de los libros de historia. Para ellos necesitamos un enfoque totalmente diferente. Y es bueno que no formen parte de los libros de historia, NO forman parte de la historia; vienen del más allá, pertenecen al más allá. Son sólo para aquellos que están preparados para elevarse y remontarse al más allá.

Medita sobre esta hermosa verdad: Jesús nace de una madre virgen, pero no es un hecho. Es ciertamente una verdad: nace de una madre totalmente inocente. Nace de una madre tremendamente enamorada, y el amor es virgen, y el amor es siempre virgen.

La iluminación es tu derecho de nacimiento

QUE EL SUEÑO NO CIERRE TUS OJOS CANSADOS, SIN QUE TE PREGUNTES: ¿QUÉ HE OMITIDO Y QUÉ HE HECHO?

ABSTENTE SI ES MALO; PERSEVERA SI ES BUENO.

MEDITA MIS CONSEJOS; ÁMALOS, SÍGUELOS: A LAS VIRTUDES DIVINAS SABRÁN CONDUCIRTE.

LO JURO POR AQUEL QUE EN NUESTROS CORAZONES GRABÓ LA TÉTRADA SAGRADA, SÍMBOLO INMENSO Y PURO, FUENTE DE LA NATURALEZA Y MODELO DE LOS DIOSES.

PERO ANTE TODO, TU ALMA A SU FIEL DEBER, INVOCA CON FERVOR A ESTOS DIOSES; ELLOS CUYA AYUDA, TU OBRA COMENZADA, SÓLO PUEDEN TERMINAR.

INSTRUIDO POR ELLOS, NADA TE ENGAÑARÁ ENTONCES; DE LOS DIVERSOS SERES SONDEARÁS LA ESENCIA; Y CONOCERÁS EL PRINCIPIO Y EL FIN DE TODO.

SI EL CIELO LO QUIERE, SABRÁS QUE LA NATURALEZA, IGUAL EN TODO, ES LA MISMA EN TODO LUGAR.

PARA QUE, EN CUANTO A TUS VERDADEROS DERECHOS ILUMINADOS, TU CORAZÓN NO SE ALIMENTE MÁS DE VANOS DESEOS.

VERÁS QUE LOS MALES QUE DEVORAN A LOS HOMBRES SON FRUTO DE SU ELECCIÓN...

LA CONTRIBUCIÓN DE PITÁGORAS A LA FILOSOFÍA OCCIDENTAL ES INMENSA. Es incalculable. Por primera vez introdujo el vegetarianismo en Occidente. La idea del vegetarianismo tiene un valor inmenso; se basa en una gran reverencia por la vida.

La mente moderna puede entenderlo mucho mejor ahora que sabemos que todas las formas de vida están interrelacionadas, son interdependientes. El hombre no es una isla: existe en una red infinita de millones de formas de vida y existencia. Existimos en una cadena, no estamos separados. Y destruir a otros animales no sólo es feo, antiestético e inhumano, sino también anticientífico. Estamos destruyendo nuestros propios cimientos.

La vida existe como una unidad orgánica. El hombre sólo puede existir como parte de esta orquesta. Piensa en el hombre sin pájaros, sin animales y sin peces: la vida será muy, muy aburrida; perderá toda complejidad, variedad, riqueza y color. Los bosques estarán completamente vacíos, el cuco no llamará y los pájaros no volarán, y el agua tendrá un aspecto muy triste sin los peces.

La vida, en sus infinitas formas, existe como una unidad orgánica. Somos parte de ella: la parte debe sentir reverencia por el todo. Esa es la idea del vegetarianismo. Simplemente significa: no destruyas la vida. Simplemente significa: la vida es Dios - evita destruirla, de lo contrario estarás destruyendo la propia ecología.

Y tiene algo muy científico detrás. No fue un accidente que todas las religiones que nacieron en la India sean básicamente vegetarianas, y que todas las religiones que nacieron fuera de la India sean no vegetarianas. Pero las cumbres más altas de la conciencia religiosa se conocieron en la India y en ningún otro lugar.

El vegetarianismo funcionaba como una purificación. Cuando comes animales estás más bajo la ley de la necesidad. Eres pesado, gravitas más hacia la tierra. Cuando eres vegetariano eres ligero y estás más bajo la ley de la gracia, bajo la ley del poder, y empiezas a gravitar hacia el cielo.

Tu comida no es sólo comida: eres tú. Te conviertes en lo que comes. Si comes algo que se basa fundamentalmente en el asesinato, en la violencia, no podrás superar la ley de la necesidad. Seguirás siendo más o menos un animal. El ser humano nace cuando empiezas a elevarte por encima de los animales, cuando empiezas a hacerte algo que ningún animal puede hacer.

El vegetarianismo es un esfuerzo consciente, un esfuerzo deliberado, para salir de la pesadez que te mantiene atado a la tierra y poder volar, para que el vuelo de lo solitario a lo solitario sea posible.

Cuanto más ligera sea la comida, más profunda será la meditación. Cuanto más grosera es la comida, más difícil se hace la meditación. No estoy diciendo que la meditación sea imposible para un no vegetariano - no es imposible, pero es innecesariamente difícil.

Es como un hombre que va a escalar una montaña y carga con muchas piedras. Es posible que incluso cargando rocas llegue a la cima de la montaña, pero eso le crea problemas innecesarios. Podrías haber tirado esas piedras, podrías haberte desahogado, y la escalada habría sido más fácil, mucho más agradable.

La persona inteligente no llevará piedras cuando vaya a la montaña, no llevará nada innecesario. Y cuanto más alto se mueva, más y más ligero será. Incluso si lleva algo, lo dejará caer.

Cuando Edmund Hillary y Tenzing alcanzaron el Everest por primera vez, tuvieron que dejarlo todo por el camino, porque cuanto más subían, más difícil era cargar con algo. Incluso dejaron cosas muy esenciales. Llevarse a uno mismo es más que suficiente.

El vegetarianismo es de inmensa ayuda. Cambia tu química. Cuando comes y vives de animales.... Lo primero: siempre que se mata a un animal, el animal está enfadado, asustado... naturalmente. Cuando matas a un animal... piensa que te están matando a ti. ¿Cuál será el estado de tu conciencia? ¿Cuál será tu psicología? Todo tipo de venenos se liberarán en tu cuerpo, porque cuando estás enfadado un cierto tipo de veneno se libera en tu sangre. Cuando tienes miedo, también se libera otro tipo de veneno en tu sangre. Y cuando te están matando, eso es lo máximo en miedo, ira. Todas las glándulas de tu cuerpo liberan todo su veneno.

Y el hombre sigue viviendo de esa carne envenenada. Si eso te mantiene iracundo, violento, agresivo, no es extraño; es natural. Cuando vives matando, no tienes ningún respeto por la vida; eres hostil a la vida. Y la persona que es hostil a la vida no puede pasar a la oración, porque la oración significa reverencia por la vida.

Y quien es hostil a las criaturas de Dios tampoco puede ser muy amistoso con Dios. Si destruyes los cuadros de Picasso, no puedes ser muy respetuoso con Picasso, es imposible. Todas las criaturas pertenecen a Dios. Dios vive en ellas, Dios respira en ellas, son SU manifestación, igual que tú. Son hermanos y hermanas.

Cuando ves un animal si la idea de hermandad no surge en ti, no sabes lo que es la oración, nunca sabrás lo que es la oración. Y la idea misma de que sólo por comida, sólo por gusto, puedes destruir la vida, es tan fea. Es imposible creer que el hombre siga haciéndolo.

Pitágoras fue el primero en introducir el vegetarianismo en Occidente. Es de profunda profundidad para el hombre aprender a vivir en amistad con la naturaleza, en amistad con las criaturas. Eso se convierte en el fundamento. Y sólo sobre ese fundamento puedes basar tu oración, tu meditación. Puedes observarlo en ti mismo: cuando comes carne, la meditación te resultará cada vez más difícil.

Buda nació en una familia no vegetariana. Era un KSHATRIYA -pertenecía a la raza guerrera-, pero la experiencia de la meditación le fue transformando poco a poco en vegetariano. Fue su comprensión interior: siempre que comía carne, la meditación era más difícil; siempre que evitaba la carne, la meditación era más fácil. Era una simple observación.

Te sorprenderá saber que los más grandes vegetarianos del mundo han sido Jainas - pero todos sus veinticuatro Maestros nacieron en familias de no vegetarianos. Todos ellos eran guerreros; fueron educados como luchadores. Todos los veinticuatro Maestros de los Jainas eran KSHATRIYAS.

¿Qué ocurrió? ¿Por qué estas personas que fueron educadas, condicionadas desde su origen a comer carne, crearon un día el mayor movimiento del mundo a favor del vegetarianismo? Sólo por sus experimentos con la meditación.

Es un hecho inevitable que si quieres meditar, si quieres volverte irreflexivo, si quieres volverte ligero - tan ligero que la tierra no pueda tirarte hacia abajo, tan ligero que empieces a levitar, tan ligero que el cielo se vuelva disponible para ti - entonces tienes que pasar del condicionamiento no vegetariano a la libertad del vegetarianismo.

El vegetarianismo no tiene nada que ver con la religión: es algo básicamente científico. No tiene nada que ver con la moral, pero sí mucho con la estética. Es increíble que un hombre con sensibilidad, conciencia, comprensión, amor, pueda comer carne. Y si puede comer carne, entonces algo le falta: en alguna parte sigue siendo inconsciente de lo que hace, inconsciente de las implicaciones de sus actos.

Pero a Pitágoras no se le escuchó, no se le creyó, al contrario, se le ridiculizó, se le persiguió. Y él había traído uno de los mayores tesoros de Oriente a Occidente.

Había aportado un gran experimento: si se le hubiera escuchado, Occidente habría sido un mundo totalmente distinto.

El problema que ha surgido hoy en día, que hemos destruido la naturaleza, nunca habría surgido. Si Pitágoras se hubiera convertido en el fundamento de la conciencia occidental, no habría habido estas grandes guerras mundiales. Él habría cambiado todo el curso de la historia. Se esforzó, hizo todo lo que pudo, no es culpa suya. Pero la gente está ciega, la gente está sorda; no pueden oír nada, no pueden entender nada. Y no están dispuestos a cambiar sus hábitos.

La gente vive en sus hábitos, vive mecánicamente. Y él había traído un mensaje de toma de conciencia. Se habría liberado una gran energía meditativa en Occidente. Habría sido imposible producir Adolf Hitlers y Mussolinis y Stalins. Habría sido un mundo totalmente diferente. Pero aún persiste el mismo viejo hábito.

No podemos cambiar la conciencia humana a menos que empecemos por cambiar el cuerpo humano.

Cuando comes carne estás absorbiendo el animal que hay en ti - y el animal tiene que ser trascendido. Evítalo. Si realmente quieres ir más y más alto, si realmente quieres ir a las cumbres iluminadas por el sol de tu conciencia, si realmente quieres conocer a Dios, entonces tendrás que cambiar de todas las maneras posibles.

Tendrás que mirar alrededor de tu vida. Tendrás que observar cada pequeño hábito en detalle - porque a veces una cosa MUY pequeña puede cambiar toda tu vida. A veces puede ser una cosa muy SIMPLE, y puede cambiar tu vida TAN totalmente que parece casi increíble.

Prueba el vegetarianismo y te sorprenderás: la meditación se vuelve mucho más fácil. El amor se vuelve más sutil, pierde su grosería, se vuelve más sensible pero menos sensual, se vuelve más orante y menos sexual. Y tu cuerpo también empieza a adoptar una vibración diferente. Te vuelves más grácil, más suave, más femenino, menos agresivo, más receptivo.

El vegetarianismo es un cambio alquímico en ti. Crea el espacio en el que el metal más bajo puede transformarse en oro.

LA SEGUNDA COSA que Pitágoras también introdujo en la conciencia occidental fue la idea de la reencarnación. Eso también está relacionado de alguna manera con el vegetarianismo. Te sorprenderás de nuevo: todas las religiones vegetarianas creen en la reencarnación, y todas las religiones no vegetarianas creen sólo en una vida. Esto no puede ser sólo una coincidencia.

En la India, el brahminismo, el jainismo y el budismo son las tres grandes religiones. Difieren en todos los aspectos posibles: sus ideologías son tan diferentes que no se pueden encontrar ideologías más diferentes en ninguna parte. Los hindúes creen en Dios, creen en el alma. Los jainas no creen en Dios - algo tremendamente fundamental - una religión sin Dios. Los budistas ni siquiera creen en el alma: sin Dios no hay alma. No se puede imaginar una religión sin Dios y sin alma. Tales son sus diferencias.

Pero en una cosa están todos de acuerdo, y esa cosa es la idea de la reencarnación, el renacimiento. Incluso Buda, que no cree en el alma, está de acuerdo. Parece muy absurdo: ¿cómo puede haber renacimiento si no hay alma? Él no cree en el alma, pero cree en un continuo. Dice: Al igual que enciendes una vela por la noche, cuando la apagas por la mañana, ¿puedes decir que es la misma llama que encendiste por la noche? No es la misma y, sin embargo, de alguna manera está conectada. La llama ha estado cambiando toda la noche. La llama desaparecía toda la noche, se convertía en humo y una nueva llama la sustituía a cada momento. De hecho, el movimiento era tan rápido, que por eso no se veían los huecos. Ha habido un continuo - un cambio constante, pero muy rápido y veloz - una llama siendo reemplazada por otra, toda la noche.

Así que cuando por la mañana apagas la vela, no es la misma llama que empezaste, aunque parezca casi igual. La primera llama y la última ESTÁN conectadas, forman parte de una cadena, de un proceso, pero no se puede decir que haya habido una llama, un alma.

Ésa es la idea budista de la reencarnación: la continuidad continúa pero los individuos desaparecen, no hay alma individual. Sin embargo, Buda creía en la reencarnación. Los jainas creen en la reencarnación, los brahmanes creen en la reencarnación.

Pero judíos, cristianos y mahometanos no creen. Esas son las tres grandes religiones que nacieron fuera de la India. ¿Cómo sucedió que las tres religiones indias tropezaron con el hecho de la reencarnación? - Aunque no están de acuerdo en NINGÚN otro asunto. ¿Por qué están de acuerdo en una cosa? No podían estar en desacuerdo. ¿De dónde les vino esta experiencia?

Y te sorprenderás: la respuesta es vegetarianismo.

Cuando una persona es completamente vegetariana puede recordar fácilmente sus vidas pasadas. Su claridad es tal que puede mirar en sus vidas pasadas. No es bruto, su energía no está bloqueada, su energía se mueve fácilmente. Su río de conciencia puede penetrar hasta los tiempos más antiguos; puede ir hacia atrás tanto como quiera.

La conciencia de un no vegetariano está bloqueada - de muchas maneras. Ha estado acumulando materia gruesa en sí mismo. Esa materia bruta funciona como una barrera. Por eso las tres religiones que nacieron fuera de la India, y que han permanecido no vegetarianas, no pudieron llegar a la idea de la reencarnación. No pudieron experimentarla.

Pitágoras vivió en la India, llevó una vida vegetariana, meditó profundamente, tomó conciencia de las vidas pasadas, pudo verse a sí mismo retrocediendo. Pudo entender lo que Buda quiere decir cuando dice: "Una vez fui elefante, una vez fui pez, una vez fui árbol".

La idea de la evolución ha estado aquí en Oriente desde siempre, y de una forma mucho más sutil que la que Darwin ha transmitido a la ciencia occidental. La idea de Darwin es muy cruda: dice que los monos se han convertido en hombres -aunque los darwinianos todavía no han podido demostrarlo, porque siguen buscando el vínculo entre el mono y el hombre. Y surge el problema: ¿por qué sólo unos pocos monos se convirtieron en hombres? ¿Qué ocurrió con los demás monos? Y los monos son básicamente imitadores: si unos pocos monos se hubieran convertido en hombres, todos los monos los habrían imitado. ¿Qué pasó con los otros monos? Son grandes imitadores, ¿por qué sólo unos pocos hombres?

¡Y los monos siguen ahí! Han pasado miles y miles de años y los monos siguen siendo monos. Y no te encuentras con un mono que de repente se convierte en hombre... una buena mañana se despierta y es un hombre. Nadie ha visto nunca que ocurra este milagro.

La pregunta es: ¿dónde están los vínculos entre el mono y el hombre? - y la diferencia es grande, no es pequeña.

El otro día alguien preguntó: "John Lilly ha dicho que el hombre no es el único ser en la tierra que tiene conciencia; también hay otros seres que tienen más conciencia que el hombre". El interlocutor ha preguntado: "¿Es cierto? ¿Tiene razón John Lilly?"

Pero esos otros animales aún no han descubierto al hombre: es John Lilly quien descubre a esos otros animales. Es el hombre quien sigue descubriendo. Ciertamente, el descubridor tiene más conciencia que el descubierto. Aunque algún día descubramos que algún animal tiene un gran cerebro evolucionado, NOSOTROS somos los descubridores. Ese gran cerebro no nos acaba de descubrir.

Hay animales muy evolucionados, pero nadie lo está tanto como el hombre. ¡Y la diferencia es grande! John Lilly ha estado trabajando con delfines, y cree que los delfines tienen una conciencia mucho más evolucionada. Si alguna vez te encuentras con John Lilly, dile que los delfines no le han descubierto a él, sino que él ha descubierto a los delfines. Y el descubridor tiene más conciencia, obviamente.

Los delfines no dicen nada sobre sí mismos: es un hombre quien dice algo sobre los delfines. Ni siquiera pueden demostrar algo sobre sí mismos. Los delfines son personas hermosas, y Lilly va por buen camino, pero los delfines no tienen una conciencia superior a la del hombre. No han producido Budas, Patanjalis, Pitagorasas, ni siquiera un John Lilly.

El concepto occidental de evolución, el concepto darwiniano de evolución, es muy burdo. La idea oriental de la evolución es muy sutil. No se trata de que el cuerpo de un mono se convierta en el cuerpo de un hombre, eso nunca ha sucedido; ni de que el cuerpo de un pez se convierta en el cuerpo de un hombre, eso nunca ha sucedido. Pero el interior del pez sigue creciendo; sigue cambiando de un cuerpo a otro.

El crecimiento, la evolución, no se ha producido de cuerpo a cuerpo: el crecimiento se ha producido en la conciencia. Cuando un mono alcanza cierta consciencia, su próximo nacimiento será el de un hombre, no el de un mono. Morirá como mono y nacerá como hombre. La evolución no se producirá en el cuerpo del mono. Ese cuerpo ha sido utilizado por el alma -o como quiera que lo llames, el continuum-, el cuerpo del mono ha sido utilizado, ahora el alma está lista para tomar un cuerpo mejor, un cuerpo en el que habrá más posibilidades de crecimiento.

El alma pasa de un animal a otro. Los cuerpos no evolucionan, pero las almas sí. Las velas no evolucionan, pero las llamas siguen saltando de una vela a otra. La llama se eleva cada vez más. La evolución es de la conciencia, no del cuerpo material, fisiológico. Ahí es donde Darwin se equivocó de cabo a rabo.

Pero en Oriente hace al menos diez mil años que somos conscientes de ello. La conciencia llegó a través de la meditación y la conciencia se basó en el vegetarianismo - porque la gente empezó a recordar sus vidas pasadas.

Era una técnica básica tanto con Buda como con Mahavira: siempre que un discípulo iba a ser iniciado, lo primero que exigían tanto Buda como Mahavira era que tenía que ir a sus vidas pasadas. Se desarrollaron grandes métodos para poder ir a las vidas pasadas.

Y una vez que empieces a moverte hacia vidas pasadas, esta vida se transformará completamente. ¿Por qué?

Porque una vez que ves que todas las cosas estúpidas que estás haciendo ahora, o queriendo hacer, las has estado haciendo durante muchas muchas vidas... has hecho esas mismas cosas muchas veces, y cada vez no se consiguió nada.

Por ejemplo, si estás loco por el dinero y entonces recuerdas que en la vida pasada también estabas loco por el dinero y entonces habías tenido éxito, y te habías convertido en un hombre rico, un hombre muy rico, y entonces moriste... y toda esa riqueza y toda esa riqueza no sirvieron de nada. Se la llevó la muerte, y usted murió tan vacío como siempre, tan pobre como siempre. Y recuerdas incluso antes de eso: eras un rey y tenías un gran reino. Y aún así te sentiste frustrado, y aún así viviste en la miseria, y moriste en la miseria. ¿Y otra vez estás haciendo lo mismo y ansiando más dinero? Será imposible. El anhelo simplemente caerá por tierra. ¿Cómo puedes seguir repitiendo la misma estupidez una y otra vez si TÚ PUEDES RECORDAR? TÚ puedes seguir repitiendo la misma estupidez una y otra vez si NO PUEDES RECORDAR.

La idea de la reencarnación no es una idea filosófica: es una experiencia, es totalmente científica. La gente ha recordado su vida.

Cuando hayas profundizado un poco más en la meditación... vamos a hacer todas esas técnicas aquí también. Pero esas técnicas requerirán que seas absolutamente vegetariano, de lo contrario no serás capaz de ir más allá de ESTA vida. Tu mente no puede moverse - tiene que ser tan ligera, ligera como una pluma, que pueda simplemente pasar de una existencia a otra. Y cuanto más ligera sea, más profundo irá.

No sólo puede recordar que usted era un hombre en la vida pasada - poco a poco, usted recordará que usted ha sido animales. Y, a veces, cuando la profundidad bruta, usted recordará que usted ha sido árboles, rocas. Usted ha vivido durante milenios en muchas formas.

Y si recuerdas que una vez fuiste pez, te resultará difícil comer pescado.

El vegetarianismo te lleva a recordar tus vidas pasadas. Y CONOCIENDO tus vidas pasadas, te vuelves más y más vegetariano - porque viendo que todos son hermanos y hermanas, la existencia entera, no puedes matar animales. Es simplemente imposible. No es que tengas que impedírtelo: simplemente se vuelve imposible.

Pitágoras fue un auténtico aventurero. Alejandro Magno también vino a la India, también se llevó muchas cosas de la India, pero eran cosas inútiles: diamantes y esmeraldas y oro. Eso es lo que Alejandro Magno se llevó de la India: cosas inútiles. Pitágoras era un verdadero buscador. Recogió verdaderos diamantes, verdaderas esmeraldas: diamantes de conciencia, esmeraldas de conciencia. Y fueron dos enfoques tremendamente significativos, tremendamente pregnantes: el del vegetarianismo y la idea de la reencarnación.

Una vez sucedió: Pitágoras vio a alguien golpeando a un perro. Dijo: "¡No le pegues!" al hombre que golpeaba al perro. "Es el alma de un amigo mío. La reconocí cuando la oí gritar".

Ahora bien, esto parece totalmente ridículo para una mente occidental, para la actitud científica occidental.

Incluso en aquellos viejos tiempos, la gente debió de reírse: "¡Qué tonterías dice! - No le pegues al perro porque he reconocido a un amigo'".

Simplemente intentaba enseñar la idea de la reencarnación de todas las formas posibles.

Y lo tercero: él fue, de nuevo, el primero en introducir el concepto de que la vida es una rueda, una rueda de nacimiento y muerte. La rueda sigue moviéndose y nosotros seguimos aferrados a ella. Y la rueda es repetitiva; una y otra vez se moverá sobre la misma pista.

Nunca ocurrirá nada nuevo. Nacerás, te volverás joven, estarás lleno de sexo y de grandes deseos, y luego te agotarás y serás viejo, estarás enfermo, frustrado, cansado. Y luego la muerte... y otra vez el nacimiento... y así sucesivamente.

Cada nacimiento trae una muerte, cada muerte trae un nacimiento. Es un círculo vicioso, y la rueda sigue moviéndose. En la India la palabra para el mundo es SAMSARA. SAMSARA significa "la rueda". La juventud, la infancia o la vejez son sólo los radios de la rueda, y nosotros seguimos aferrados a la rueda y la rueda sigue moviéndose, como todo lo demás se mueve en el mundo. La tierra se mueve alrededor del sol, y el sol también se mueve alrededor de algún sol desconocido. Y la luna se mueve alrededor de la tierra, y la tierra y la luna se mueven alrededor del sol, y el sol alrededor de algún otro sol, y así sucesivamente. Y todas las estrellas se mueven.... ¡Y TODO se mueve en círculo! Las estaciones se mueven en círculo.

La vida es una rueda y la rueda es repetitiva. Nunca llegarás a ninguna parte si sigues aferrado a la rueda. En Oriente se sabe que tenemos que salir de la rueda, sólo entonces somos libres. Ser libre de esta rueda de nacimiento y muerte es tener libertad. Entonces simplemente ERES. Entonces no hay pasado ni futuro, sólo presente. Entonces AHORA ES el único tiempo y aquí el único espacio.

Ese es el estado de nirvana, MOKSHA - libertad. Ese es el verdadero reino de Dios. Uno simplemente es... toda la agitación se ha ido, todas las tormentas han terminado, y hay un silencio absoluto. En ese silencio hay una canción, en ese silencio hay música - música no escuchada, música no tocada. En ese silencio está la alegría, en ese silencio está la dicha. Y esa dicha es eterna, nunca cambia.

Todo cambio se produce si te aferras a la rueda. Si te sales de la rueda, todo cambio desaparece. Entonces estás aquí y siempre aquí.

Ese estado es la búsqueda real de todos los buscadores verdaderos: cómo salir de esta rueda de nacimiento y muerte, cómo entrar en la vida eterna donde nunca ocurre el nacimiento y tampoco la muerte, donde nada comienza y nada termina, donde todo simplemente es - cómo entrar en este Dios.

El otro día decía que Dios significa "lo que es"... ¿cómo entrar en lo que es? Estos son los sutras para entrar en lo que es.

La tercera parte: la perfección.

QUE EL SUEÑO NO CIERRE NUNCA TUS CANSADOS OJOS SIN QUE TE PREGUNTES ¿QUÉ HE OMITIDO Y QUÉ HE HECHO?

EN LA SUPERFICIE parecerá un sutra muy simple y moralista. Pero no lo es. Tiene algo tremendamente significativo: contiene toda la idea de la psicología profunda.

Pero el lenguaje tiene veinticinco siglos. Ahora las terapias modernas dicen que si una experiencia queda incompleta se convierte en una resaca. Esta es una nueva percepción de la psicología moderna, pero no es nada nuevo en lo que respecta a la psicología oriental.

Si vives una experiencia por completo, habrás terminado con ella y nunca se acumulará en ti. Si la vives sólo a medias, la parte no vivida sigue anhelando ser vivida. Todo el psicoanálisis, el psicodrama, la terapia primal, se basan en esta idea.

¿Qué es la psicoterapia? Básicamente, ayudarte para que puedas volver a vivir experiencias del pasado no vividas, o vividas a medias. Crear un contexto en el que puedas volver a vivir esos momentos que han quedado incompletos. Una vez que están completos, una vez que puedes ponerles un punto final, están acabados, te liberas de ellos.

Recuerda, esta es una ley MUY fundamental: cualquier experiencia que esté completa, has terminado con ella. No deja karma, no crea karma. No crea ningún rastro, no deja pitágún rastro en ti - ni siquiera huellas. No queda nada de ella. Simplemente desaparece, se evapora.

Si has amado a una mujer totalmente, por completo, y la mujer muere, te sorprenderás: sí, te sientes un poco triste, pero no te estás volviendo loco ni nada parecido. No te estás golpeando el pecho y llorando y gritando: "Me voy a matar. No puedo vivir más". Si has amado a la mujer totalmente y ella muere, sí, una tristeza... pero esa tristeza es hermosa - es sólo un adiós silencioso. Pero no te suicidarás, y no llorarás y llorarás durante meses y años. Tal vez algunas lágrimas, pero esas lágrimas no serán de miseria y sufrimiento - - al contrario, serán de agradecimiento, de gratitud.

Estás agradecido a la mujer: te ha dado mucho. Te había convertido en una persona adulta; te había colmado de amor. Y no te sientes culpable, porque has dado todo lo que podías.

Si no has amado totalmente a la mujer, entonces te sentirás culpable. Y de la culpa, sufrimiento. Y entonces pasarás al otro extremo: llorarás y llorarás y no comerás nada y te sentirás miserable durante meses, durante años, incluso durante toda tu vida - porque en el fondo, ahora te estás arrepintiendo. La mujer se ha ido y nunca la has amado. Y ahora no hay posibilidad de volver a verla. No puedes tener ninguna oportunidad ni siquiera de disculparte. No puedes decirle: "Perdóname. No te he amado como debería haberte amado". Ahora esa experiencia incompleta rondará a tu alrededor como una nube oscura.

En psicodrama volverás a vivir esa experiencia, volverás a crear la fantasía.

Y una vez que puedas volver a crear esa fantasía -aunque sea en tu imaginación- o puedas volver a actuar lo mismo creyendo que alguna otra mujer es esa mujer, si puedes volver a representar todo el acto, si puedes pasar por el drama de ello, te sentirás aliviado. Llegará un momento de plenitud. Te liberarás de la jaula.

Eso es lo que pasa en la terapia primal. Tienes que volver a vivir el trauma del nacimiento. Y una vez que has vivido de nuevo el trauma del nacimiento, algo, un peso pesado de tu pecho, desaparece.

Y eso es lo que ocurre en el psicoanálisis. Tienes que decirle al psicoanalista todo lo que está clamando dentro de ti -sentido, sinsentido, relevante, irrelevante, consistente, inconsistente-, todas las cosas locas que están clamando ahí pidiendo tu atención. Pero no tienes tiempo, y nadie más tiene tiempo suficiente para oírte, para escucharte.

El psicoanálisis es algo simple; es más un truco que un tratamiento. El psicoanalista no hace nada, simplemente se sienta detrás del diván. Puede que ni siquiera te escuche: ¿cómo se puede seguir escuchando todo tipo de locuras todos los días? Uno también tiene que proteger su propia cordura. Puede que tenga sus propias fantasías, porque tiene tantas tonterías como tú. Tiene que vivir sus propias tonterías.

Pero sientes que te está escuchando, así que puedes desahogarte. Y sólo con desahogarte, algo se libera, es una catarsis.

Pitágoras está utilizando un dictum muy antiguo, simple. ¿Por qué esperar al psicoanalista y por qué esperar a algo como el psicodrama o la terapia primal? ¿Por qué no ir terminando cada experiencia cada día?

Por la noche, antes de irte a dormir, mira hacia atrás. Esas doce horas que has vivido, termínalo todo. Es más fácil: en lugar de acumular durante años y luego ir a un terapeuta, ¿por qué no ser terapeuta de uno mismo? Y es muy fácil hacerlo todos los días. No es un gran problema, sólo una pequeña acumulación - se puede terminar.

QUE EL SUEÑO NO CIERRE NUNCA TUS CANSADOS OJOS SIN QUE TE PREGUNTES ¿QUÉ HE OMITIDO Y QUÉ HE HECHO?

"¿Qué he hecho y qué no he hecho?". Sólo repásalo: deja que haya una meditación profunda de todo lo que has hecho hoy. Despacio, despacio, vive de nuevo desde la mañana; sólo empieza de nuevo desde la mañana, el primer momento en que habías abierto los ojos, recuerda esos momentos -no sólo recuerda: Revive" esos primeros momentos en los que abriste los ojos. Los pájaros cantaban fuera, el sol había salido: escucha de nuevo a esos pájaros. Y los rayos del sol de la madrugada entraban por la cortina, y la cortina se veía tan dorada... revívelo. Y tu mujer estaba preparando el té en la cocina, y los niños se preparaban para ir al colegio - sólo recuerda, revive, desde el momento.

Y luego sigue despacio, muy meditativamente, viendo lo que has hecho en todo el día, y lo que no has hecho. ¿Qué ha quedado sin hacer? ¿Qué ha quedado incompleto? Al menos en tu imaginación, complétalo. Si has hecho algo mal, al menos en tu imaginación, corrígelo. Si has omitido algo, al menos en tu imaginación complétalo. Y te sorprenderás: nunca necesitarás terapia, porque cada día acabarás con todo el polvo. Las cosas se arreglarán.

SEGÚN PORFIRÍA, faltan aquí dos líneas en LOS VERSOS DE ORO, que deberían colocarse antes de este sutra. Yo también creo que faltan esas dos líneas. Esas dos líneas son:

EN EL MOMENTO DE DESPERTAR, CONSIDERA CON CALMA CUÁLES SON TUS DEBERES Y QUÉ DEBES CUMPLIR.

[Aquí está impreso el texto griego] Parece que esas dos líneas DEBEN haber estado ahí -en algún lugar deben haberse perdido- porque si es bueno contemplar en la noche, mirar hacia atrás lo que has hecho y lo que no has hecho, entonces la otra parte también es significativa. Es el otro aspecto de la misma moneda.

Por la mañana temprano, cuando todo está fresco y el sueño de toda la noche te ha rejuvenecido, cuando la mente aún no ha entrado... ¿has observado? La mente tarda unos segundos en empezar a funcionar. Inmediatamente te das cuenta de que estás despierto, sólo tienes que mirar: todo está en silencio. En unos segundos, dos o tres segundos, la mente estará despierta y empezará a funcionar. Antes de que eso ocurra, en ese momento de silencio, en ese momento meditativo, es bueno tener una visión del día que vas a vivir.

EN EL MOMENTO DEL DESPERTAR...

Hay que hacerlo INMEDIATAMENTE. Si pierdes unos instantes, desaparece. En el mismo momento de despertar eres un espejo. Deja que el espejo vea todo el día que tienes por delante.

... CONSIDERA CON CALMA CUÁLES SON TUS DEBERES Y QUÉ DEBES CUMPLIR.

Deja que una simple semilla caiga en tu corazón. No es planificación, recuerda, no malinterpretes a Pitágoras. No es planificar: es una simple semilla cayendo en el corazón que "Esta es mi visión para hoy". Y esa semilla afectará a todas tus actividades del día, a tu calidad.

Y por la noche vuelve a recordar la visión, y recuerda lo que se ha logrado, lo que no se ha logrado - revívelo. El círculo está completo. Y cada día, viviendo de esta manera, no necesitarás ninguna terapia nunca.

ABSTENTE SI ES MALO; PERSEVERA SI ES BUENO.

Si por la noche meditando, reviviendo todo el día, encuentras que algo es malo, abstente de ello, no sigas repitiéndolo. Y si algo es bueno, persevera. ¿Y qué es malo según Pitágoras y según yo y según todos los Budas? Todo lo que necesita inconsciencia para ser hecho es malo;

todo lo que no puede ser hecho sin inconsciencia es malo. Y todo lo que necesita la consciencia para hacerse es bueno; todo lo que no puede hacerse sin consciencia es bueno. Así que, mirando hacia atrás, fíjate en lo que has hecho durante todo el día: cuando eras consciente y cuando eras inconsciente; cuando funcionabas como una máquina, como un robot, y cuando funcionabas como una consciencia. Y siempre que funcionaste como una conciencia, estabas haciendo algo bueno.

Te sorprenderá saber que siempre que funcionas como consciencia, lo bueno sucede por sí mismo. Y siempre que funcionas como inconsciencia, algo va mal. La inconsciencia es el mal: la consciencia es la virtud.

MEDITA MIS CONSEJOS, ÁMALOS, SÍGUELOS, A LAS VIRTUDES DIVINAS SABRÁN CONDUCIRTE.

MEDITA SOBRE MIS CONSEJOS...

NO ESTÁ DICIENDO CREER - dice meditar. Él dice: Conviértete en un espejo de lo que digo. Y no dice que sean mandamientos, sino sólo consejos. No está diciendo que TIENES que hacerlo: no son órdenes - son simples consejos, una mano amiga que sólo desea bendiciones para ti.

MEDITA SOBRE MIS CONSEJOS...

... simplemente escucha en silencio, sin prejuicios. No tengas prisa por decidir qué está bien y qué está mal. Simplemente deja que cale hondo en ti; testigo atento, deja que penetre en tu corazón.

Eso es meditación.

Escucha meditativamente MIS CONSEJOS, ÁMALOS...

El amor surge espontáneamente si puedes meditar. Si no puedes meditar, entonces la lógica surge espontáneamente. Estos son los dos resultados. Cómo escuches, todo depende de eso.

Por ejemplo, tú me estás escuchando. Aquellos que se han compenetrado conmigo, me escuchan de una manera totalmente distinta: meditan, están en absoluto silencio. Simplemente se beben todo lo que les digo. Saben que soy su amigo, saben que lo que digo no es un mandamiento, sino sólo un consejo.

Si meditas en lo que estoy diciendo, entonces el amor surgirá en ti. Y si discutes conmigo, no medites conmigo - escuchas allí con todos tus prejuicios, con tu ideología, con tus escrituras, con todo tu pasado gritando dentro de ti - si estás comparando, juzgando, criticando, discutiendo, entonces la lógica surgirá en ti.

La lógica surge sólo cuando escuchas con prejuicios, cuando no estás realmente escuchando sino discutiendo, cuando estás realmente defendiendo, temiendo, luchando . Así que lo que surja en ti decidirá si fue escuchado meditativamente o no. Dejemos que éste sea el criterio: si surge el amor, significa que has escuchado correctamente; si surge la lógica, significa que no has captado la cuestión: has escuchado las palabras, pero te has perdido el silencio. Entendiste sólo intelectualmente, pero tu corazón permaneció impasible; no permitiste que tu corazón se moviera.

MEDITA EN MIS CONSEJOS, ÁMALOS...

La meditación es la base, luego el amor viene solo. Y si llega el amor, síguelos. No será cuestión de imitar, no será cuestión de creer. Tu mismo amor te hará capaz de actuar en consecuencia. Un mandamiento hay que seguirlo a la fuerza; tienes que imponértelo a ti mismo. Un consejo no se impone: lo has oído, lo has amado; ahora, por ti mismo, empiezas a actuar, empiezas a funcionar. El acto nace del amor, igual que el amor nace de la meditación. La meditación es la raíz, el amor es el árbol y el seguimiento es la floración.

A LAS VIRTUDES DIVINAS SABRÁN CONDUCIRTE.

Y entonces no debes preocuparte: las virtudes divinas surgirán en ti como un don de Dios.

Una virtud es humana, la otra es divina. La virtud humana es la que tienes que forzarte a ti mismo; está hecha por el hombre. La virtud divina es un regalo de lo desconocido, un regalo del más allá, un guiño, un sí, del más allá.

Si haces estas tres cosas con un Maestro -meditar, amar, seguir- es suficiente. Esto te llevará a la fuente misma de las virtudes divinas. Entonces una persona se vuelve virtuosa pero nunca se vuelve justa, entonces una persona se convierte en un sabio pero nunca se convierte en un santo. Entonces una persona se vuelve tan religiosa que no es ni mahometana ni hindú ni cristiana, es simplemente religiosa. Entonces una persona vive en Dios y Dios vive a través de ella:

se convierte en un vehículo, se convierte en un bambú hueco, y Dios empieza a cantar a través de él.

LO JURO POR AQUEL QUE EN NUESTROS CORAZONES GRABÓ LA TÉTRADA SAGRADA, SÍMBOLO INMENSO Y PURO, FUENTE DE LA NATURALEZA Y MODELO DE LOS DIOSES.

HAY QUE ENTENDER LA TÉTRADA SAGRADA. Significa número cuatro. Tres dimensiones son de Dios COMO manifestación, y hay una cuarta dimensión - Dios como inmanifestado. Tres dimensiones son visibles, la cuarta dimensión es invisible. Estas cuatro dimensiones forman la Tétrada sagrada. Si has leído el gran libro de P. D. Ouspensky, EL CUARTO CAMINO, comprenderás lo que es la Tétrada.

Gurdjieff solía decir que su camino es el cuarto camino. Hay cuatro posibilidades porque hay cuatro dimensiones. La primera es la posibilidad física, el hatha yoga, la vía del faquir - posturas de yoga, pararse sobre la cabeza, distorsionar, contorsionar el cuerpo - esa es la vía más baja y la más fea, la más grosera y materialista. Lleva hasta cierto punto.

La segunda vía es la de la mente, la que siguen todas las psicoterapias. Mejor que el primero, pero todavía algo del manifiesto, todavía asqueroso - más sutil que el primero, pero todavía asqueroso.

La tercera es la vía del alma, seguida por las religiones, las filosofías. Esa parece ser la posibilidad más elevada ordinariamente. Pero hay una más, la cuarta vía.

La tercera vía parece ser la más elevada en lo que se refiere a la manifestación, pero hay una cuarta - que lo contiene todo y sin embargo está más allá. Gurdjieff dice: "Mi camino es el cuarto camino".

Patanjali dice también que hay cuatro estados de conciencia: la vigilia, JAGRAT; el sueño, SWAPNA; el sueño, SUSHUPTI; Y el cuarto... para el cuarto no da ningún nombre - simplemente lo llama TURIYA; TURIYA significa el cuarto. TURIYA es exactamente el significado de Tétrada - el cuarto. Y el cuarto significa el despertar absoluto, el despertar puro.

Lo que conocemos como despertar no tiene mucho de despertar. Por la mañana despiertas, pero simplemente despiertas de un sueño a otro sueño; despiertas del sueño privado al sueño colectivo, eso es todo. Sales de una pequeña prisión a una prisión más grande, eso es todo. No es un gran despertar, porque los mismos deseos persisten y las mismas ilusiones persisten y el mismo estado mental permanece.

Tu despertar no es un despertar real; es pseudo. El verdadero despertar ocurre sólo en el cuarto - donde todos los sueños han desaparecido, todo el mundo que habías conocido en tu vigilia ha desaparecido, ya no es conocido, lo que habías conocido en tus sueños ya no es conocido. Lo que habías conocido incluso en tu sueño profundo, esa alegría del sueño profundo, ese silencio, esa energía rejuvenecedora del sueño profundo, incluso eso ha desaparecido. Ahora has llegado a la fuente misma, pero esa fuente no se manifiesta, es invisible. Esa fuente invisible es Dios.

Pitágoras dice:

LO JURO POR AQUEL QUE EN NUESTROS CORAZONES GRABÓ LA TÉTRADA SAGRADA, SÍMBOLO INMENSO Y PURO, FUENTE DE LA NATURALEZA Y MODELO DE LOS DIOSES.

Si puedes conocer el cuarto, habrás conocido el modelo mismo de Dios, habrás conocido la fuente misma de la naturaleza, habrás conocido TAO, DHAMMA, LOGOS. Habrás conocido de dónde viene todo y a dónde va todo: la fuente y la meta, el alfa y el omega.

PERO ANTE TODO, TU ALMA A SU FIEL DEBER, INVOCA CON FERVOR A ESTOS DIOSES, ELLOS CUYA AYUDA, TU OBRA COMENZADA, SÓLO PUEDEN TERMINAR.

Pitágoras dice: Antes de que entres en el mundo de lo cuarto, de lo invisible, y antes de que empieces a avanzar en esta peregrinación interior de perfección, lo primero es: pedir el infierno de los dioses. No es más que toda una expresión para pedir a la existencia que te ayude, pedir al todo que sea amable con tus esfuerzos. En esencia, significa rezar.

¿Has oído o no? que se han hecho muchos experimentos en todo el mundo en los que una persona religiosa reza, y con las manos en oración, cuando está vibrando con la oración, toca el agua - esa agua se riega sobre una planta en particular. La misma agua, sin tocar por las manos que rezan, se riega sobre otra planta, ambas de la misma edad, pero la que recibe el agua tocada por las manos que rezan crece más rápido. La planta que ha sido bendecida por las manos de la oración da frutos más grandes, flores más grandes, y antes que la otra. Las flores tienen más fragancia que la otra, y los frutos son más jugosos que la otra.

Esto ya se ha repetido y ahora es casi algo científico; ya no se puede negar. Por supuesto, nadie sabe cómo funciona. ¿Por qué la oración ayuda tanto? Por ejemplo, si a alguien le duele la cabeza y le estás dando un masaje, es mejor que primero reces y dejes que tus manos vibren con la oración, y luego masajees. Y verás un cambio tremendo: tus manos serán muy poderosas.

La existencia puede ayudarte si se lo pides; sólo te ayuda si se lo pides. Si no se lo pides, permanece distante, no interfiere. Pero si se lo pides, si te abres, la existencia empieza a derramarse en ti. Y entonces la parte tiene tanta energía como el todo. Depende de cuánto te abras: si te abres totalmente, entonces la parte es el todo, entonces un hombre es tan mágico como el todo.

Ese es todo el secreto de la oración: pedir ayuda a la existencia. Y estás haciendo un viaje realmente peligroso, arriesgado; hay muchas trampas. Y cuanto más alto llegues, más peligroso será el viaje, porque si te caes... estarás perdido para siempre.

PERO ANTE TODO, TU ALMA A SU FIEL DEBER, INVOCA CON FERVOR A ESTOS DIOSES, ELLOS CUYA AYUDA, TU OBRA COMENZADA, SÓLO PUEDEN TERMINAR.

No puedes alcanzar la meta solo. Sólo puedes alcanzar la meta con la ayuda del todo.

Ese es el significado científico de la oración: invocar al todo, pedirle al todo que "voy a hacer un largo viaje - por favor, acompáñame". Y poco a poco verás que una gran energía te sigue. Y poco a poco te darás cuenta de que no necesitas hacer mucho: todo lo que necesitas hacer es relajarte y absorber la energía que te sigue.

La oración es el mayor poder que existe, porque la oración hace que la parte funcione como un todo.

INSTRUIDO POR ELLOS, NADA TE ENGAÑARÁ ENTONCES: DE LOS DIVERSOS SERES SONDEARÁS LA ESENCIA, Y CONOCERÁS EL PRINCIPIO Y EL FIN DE TODO.

INSTRUIDO POR ELLOS...

Y si te vuelves disponible en oración a la totalidad, empezarás a oír la vocecita en tu interior, que es instrucción de Dios.

Primero medita sobre los consejos de tu Maestro, ámalos, síguelos, entonces te habrás vuelto capaz de zambullirte en la oración. El Maestro es visible, Dios es invisible.

Has aprendido a participar en el ser del Maestro, ahora aprende a participar en el ser invisible de Dios que es la fuente de todo y el fin de todo. Eso es la oración. Y en la oración empezarás a oír una vocecita en tu interior.

Una vez que esa voz es claramente escuchada y comprendida, no necesitas depender del Maestro exterior, has encontrado al Maestro interior. Y te sorprenderá ver que los consejos del Maestro exterior y las instrucciones de la voz interior son exactamente las mismas. Tu voz interior sólo está representada por el Maestro exterior. El Maestro exterior no tiene nada que decir por sí mismo: simplemente mira dentro de ti, simplemente encuentra tu propio corazón y habla por tu corazón interior.

Por eso encontrarás tantas incoherencias en las declaraciones de un Maestro, porque a un discípulo le dirá una cosa y a otro le dirá otra. Porque él no está allí para dar fórmulas prefabricadas, sino para escuchar tu voz interior. Sólo tiene que reflejarte; tiene que poner a tu Maestro interior a tu disposición. Todavía no puedes contactar directamente con el Maestro interior, de ahí que se necesite al Maestro exterior. Pero no debe interferir. Si interfiere, no es un Maestro en absoluto. El simplemente interpreta, simplemente comunica, tu propia voz interior porque tu mismo no eres capaz de dar ese paso. Una vez que has empezado a escuchar la instrucción interior, nada puede engañarte. Entonces la vida entera se refleja tan claramente que nada puede engañarte.

DE DIVERSOS SERES SONARÁS LA ESENCIA...

Y quienquiera que se presente ante ti, sondearás su esencia, sabrás quién es, para qué está ahí, cuáles son sus designios, cuáles sus estrategias, a qué juegos quiere jugar. Antes de que aparezca sabrás... QUE NADA PUEDE ENGAÑARTE.

Y CONOCERÁS EL PRINCIPIO Y EL FIN DE TODO.

SI EL CIELO LO QUIERE, SABRÁS QUE LA NATURALEZA, IGUAL EN TODO, ES LA MISMA EN TODO LUGAR:

Escucha con atención:

SI EL CIELO LO QUIERE...

AHORA HAS LLEGADO A UN PUNTO en el que el ego tiene que abandonarse por completo. Preparando, el ego estaba allí. Purificando, el ego estaba allí. Pero ahora, cuando estás entrando en la dimensión de la perfección, el ego tiene que ser totalmente abandonado - no hay que pensar en ningún esfuerzo por tu propia voluntad.

SI EL CIELO LO QUIERE...

Ahora todo es voluntad de Dios: Venga a nosotros tu reino, hágase tu voluntad. Ahora tienes que relajarte totalmente en el todo.

SI EL CIELO LO QUIERE SABRÁS QUE LA NATURALEZA..

Llegarás a conocer la verdad sólo si Dios quiere. Relájate, espera en profunda relajación, sé paciente. Y una vez que el cielo lo quiera... y esta OBLIGADO a suceder, la gracia esta obligada a suceder, solo tienes que desaparecer. Y al relajarte totalmente desapareces, te conviertes en una espera vacía, un recipiente vacío, un útero. E, INMEDIATAMENTE, cuando tu vacio interior es absoluto, Dios desciende en ti, y todo el misterio se te revela. Entonces lo verás todo:

IGUAL EN TODO...

Dios está en todo.

... ES EL MISMO EN TODOS LOS LUGARES:

Sólo Dios es, y nada más. Sólo Dios existe. Dios es sinónimo de existencia.

PARA QUE, EN CUANTO A TUS VERDADEROS DERECHOS ILUMINADOS, TU CORAZÓN NO SE ALIMENTE MÁS DE VANOS DESEOS.

Ahora, cuando la gracia haya llegado, sólo entonces sabrás que estabas mendigando, deseando innecesariamente. Todos los tesoros son tuyos, todo el reino es tuyo, todo el universo te pertenece. Todas las alegrías y todas las bendiciones son tuyas.

PARA QUE, EN CUANTO A TUS VERDADEROS

DERECHOS ESCLARECIDOS...

Pero esto sólo ocurrirá cuando te hayas iluminado por completo. ¿Y qué es la iluminación? El ego se ha ido y Dios ha aparecido en ti - eso es la iluminación. El ego es oscuridad, Dios es luz.

... A TUS VERDADEROS DERECHOS ESCLARECIDOS...

Y este es tu derecho, tu derecho de nacimiento, iluminarte. Nunca te conformes con menos que eso. Tienes que lograrlo porque estás destinado a lograrlo. Tienes que llegar a serlo porque en primer lugar lo ERES...

VERÁS QUE LOS MALES QUE DEVORAN A LOS HOMBRES.

SON DE SU ELECCIÓN EL FRUTO...

Y ahora verás dos cosas. Una: desear no tiene sentido porque todo se da sin siquiera pedirlo. Todo se da como un regalo. No necesitas ser un mendigo: ¡todos sois emperadores! El reino de Dios es tu propio reino. Todo está ya dado, sólo que no tenéis el valor y la conciencia de disfrutarlo.

Una cosa quedará clara: ese deseo era inútil. No era necesario en absoluto. Estabas deseando algo que ya te ha sido dado, que ya es el caso. Y la segunda cosa que verás: que la gente que sufre, que está en la miseria, que está siendo devorada por el mal, es su propia elección. El sufrimiento es nuestra propia elección. La gracia, la bendición, es un don: el sufrimiento es una elección. La bendición es nuestra naturaleza: ser dichosos, ser bendecidos, es natural.

Ser miserable, sufrir, es nuestro propio esfuerzo, es nuestra propia creación. El sufrimiento tiene la firma del hombre, la bendición tiene la firma de Dios. El sufrimiento hay que ganárselo - cuando seas capaz de verlo te sorprenderás: el sufrimiento necesita mucho más trabajo, mucho más esfuerzo, porque sufrir es casi hacer posible lo imposible. Sufrir no está en tu naturaleza y, sin embargo, lo creas. Requiere un arduo esfuerzo. Ir en contra de la naturaleza necesita mucho trabajo - y la gente está trabajando día tras día, año tras año, vida tras vida, la gente está trabajando duro para crear más y más sufrimiento para sí mismos.

Si estás sufriendo, recuerda que debes estar creándolo. No hay otra forma de sufrir.

Pero si te sientes bendecido, entonces no es obra tuya: es una lluvia del más allá.

El sufrimiento está hecho por el hombre, la dicha está hecha por Dios - la dicha es tu naturaleza, tu propia naturaleza, tu propia base de ser. Cuando has visto esto, has llegado a casa.

Un experimento audaz

La primera pregunta
Pregunta 1:
¿QUÉ ES LA FE? ADEMÁS, HERMAN HESSE HA DICHO: "LA FE Y LA DUDA VAN UNIDAS Y SE GOBIERNAN MUTUAMENTE COMO LA INHALACIÓN Y LA EXHALACIÓN", ¿PODRÍA COMENTARLO?

Deva Vinaya,

LA FE PUEDE TENER TRES SIGNIFICADOS. El primero es creer: creer es una mentira, es insincero, deshonesto. Creer algo significa que no lo sabes y, sin embargo, lo crees. Es hipocresía. Creer es por miedo o por codicia. Creer es un condicionamiento que otros te imponen; es una esclavitud.

El verdadero hombre religioso no puede ser un creyente y tampoco puede ser un incrédulo, porque la incredulidad no es más que la creencia en forma negativa. El católico y el comunista no son muy diferentes; el ateo y el teísta no son muy diferentes, de hecho no lo son en absoluto. Son aspectos de la misma moneda. Uno cree en Dios, el otro no cree en Dios. Se ama a Dios -el amor se basa en el condicionamiento; no es cierto-, se odia a Dios -ese odio también se basa en el condicionamiento; tampoco es cierto.

Los que empiezan por la creencia nunca llegan, no pueden llegar. Darán vueltas y vueltas, pero nunca penetrarán en la verdad de la existencia. El comienzo tiene que ser abierto, ni de creencia ni de incredulidad. El comienzo tiene que ser inocente. Y si el comienzo es inocente, entonces es fe.

La fe no es creer: la fe es fe en la verdad. "Si existe la verdad, entonces la conoceremos, no hay necesidad de creer. No hay necesidad de creer en la Biblia o en los Vedas o en el Corán. Si la verdad fue revelada a Mahoma y a Cristo y a Krishna, ¿por qué no a mí?". Esto es la fe.

Fe significa fe en uno mismo. Fe significa confianza, respeto por uno mismo. La creencia está orientada a los demás: la fe está orientada a uno mismo. La fe es un mundo totalmente distinto. No tiene nada que ver con la creencia. La creencia divide a la gente en cristianos, mahometanos, hindúes, budistas.

El hombre de fe no conoce religión, excepto la religión de la investigación. No cree en las creencias, sino en la investigación. Y su fe es tanta en su propio ser que va desprevenido hacia lo desconocido, que se adentra en lo inexplorado sin ningún temor. Su fe en la existencia es tal que no necesita otro apoyo. La fe está orientada hacia sí misma; la fe tiene una belleza.

Creer es feo. Evita creer, porque creer es mentir. La fe es una búsqueda, una indagación.

El científico tiene fe, y la persona supuestamente religiosa tiene creencias. ¿Cuál es la fe de un científico? La fe en que la existencia es un cosmos, no un caos, en que la existencia se basa en alguna ley fundamental. La fe en que esa ley se puede descubrir. La fe en que la conciencia del hombre es capaz de conocer esa ley fundamental, el orden de la vida y de la existencia. El científico tiene fe. La llamada persona religiosa no tiene fe. Como no tiene fe, la sustituye por una cosa plástica y sintética llamada creencia. Evita la creencia.

La fe te hará más integrado de lo que estás: la creencia te hará más desintegrado de lo que estás. La creencia te mantendrá esclavo: la fe te dará dominio.

Creer te ayudará, sin duda, a formar parte de un rebaño, de una multitud. Será una especie de seguridad; es cómoda, conveniente. La fe es peligrosa: te llevará a los dominios de lo desconocido. Te hará estar solo; no estarás con la multitud y la multitud tampoco estará contigo. Pero estar solo tiene una importancia tremenda, porque estar solo es pureza, y para estar solo hay que estar alerta, hay que ser consciente.

El creyente se duerme. El hombre de fe se mantiene despierto - tiene que mantenerse despierto porque no hay nadie más que le apoye. No forma parte de la psicología de la multitud; tiene que valerse por sí mismo. Pero cree en el cosmos. No cree en ninguna doctrina, credo, pero existe la creencia tácita de que la existencia no es desordenada, que la existencia se basa en un cierto orden y que ese orden puede descubrirse.

La afirmación de Herman Hesse de que la fe y la duda van juntas y se gobiernan mutuamente como la inhalación y la exhalación es cierta respecto a la creencia, pero no respecto a la fe tal como yo la defino. Basta con cambiar la palabra "fe" para que la afirmación sea cierta.

Lee: La creencia y la duda van juntas y se gobiernan mutuamente como la inhalación y la exhalación.

La creencia siempre reprime la duda; la creencia es una estrategia para reprimir la duda. Por eso los creyentes dicen: "Creo firmemente". ¿Por qué firmemente? En el fondo debe haber una duda fuerte; necesita una creencia fuerte para forzarla, para reprimirla en el inconsciente. Cada vez que alguien dice "creo firmemente" eso significa simplemente que la duda es grande y tiene que ser combatida, y necesitarás una creencia muy fuerte para luchar con ella.

Por eso los creyentes se convierten en fanáticos. ¿Qué es un fanático? Un hombre que tiene una duda tan fuerte en su interior que, a menos que sea un fanático, no será capaz de reprimirla. Tiene miedo de su duda; tiene tanto miedo de su duda que nunca mira en su interior. Tiene que crear tal fanatismo a su alrededor, tal humo de fanatismo, que la duda se pierde por completo.

Y el fanático no puede comunicarse; tiene miedo de que le digas algo que haga aflorar de nuevo sus dudas. No puede escuchar a la otra parte. Su argumento es su espada: no puede discutir, sólo puede matar. Matando demuestra que su creencia es correcta. Por eso los cristianos y los mahometanos y otros se han estado matando unos a otros, todos ellos son fanáticos. Han afeado la tierra. Han destruido mucho de lo que es bello y debería ser preservado. Han reducido a la humanidad a un fenómeno muy inconsciente. No han permitido a los seres humanos florecer y florecer; han sido muy destructivos. No han sido bendiciones: han sido maldiciones.

El hombre que tiene fe nunca es un fanático, no puede serlo. Es abierto, está disponible, es accesible, es vulnerable. Está dispuesto a escuchar; está dispuesto en todos los sentidos a comprender el punto de vista opuesto. ¿Quién sabe? El punto de vista opuesto puede tener razón. El hombre de fe no tiene prejuicios que proteger, no tiene ideas a priori, no está anclado en ninguna ideología. Simplemente está abierto, indaga, busca, indaga. Está dispuesto a escucharlo todo; todas sus puertas y ventanas están abiertas. No es una mónada leibnitziana, no es un fenómeno sin ventanas. Está disponible para el sol, la lluvia y el viento; está disponible para Dios en cualquiera de sus formas. Está dispuesto a buscar la verdad. No tiene prejuicios de que la verdad deba ser así. No parte de una idea; parte de un gran deseo de saber, pero sin ninguna idea que imponer a la realidad.

El hombre de fe nunca es un fanático. Un Buda nunca es un fanático. El hombre de fe es muy racional: el hombre de creencia es totalmente irracional. No puede permitir la razón porque tiene miedo de que la razón pueda perturbar su creencia. De alguna manera se las ha arreglado para vivir en una creencia acogedora, y la razón puede llegar como una tormenta y perturbarlo todo. No puede abrir sus puertas y ventanas; tiene que permanecer encerrado en su propia oscuridad, sólo así puede seguir creyendo. Funciona como un avestruz. Cierra los ojos para no tener que cambiar nunca lo que cree. El hombre de fe vive con los ojos abiertos, alerta, vigilante.

Herman Hesse tiene razón sobre la creencia, pero no sobre la fe. Pero también hay un tercer significado: la confianza. El primer significado es la creencia: la creencia es fea, evítala. El segundo significado es la fe: la fe es hermosa, imprégnate de ella. Y el tercer significado es confianza: confianza significa que la fe ha llegado a la meta. La fe se ha cumplido, uno ha llegado a conocer, entonces surge la confianza.

Confianza significa "sé", no "creo". Y la persona que sabe, no necesita creer en absoluto -¿por qué? Lo sabe, así que no es cuestión de creer. Sólo creen los que no saben. Los creyentes nunca alcanzan el significado último, la confianza - sólo aquellos que tienen fe alcanzan la confianza. La fe es el peregrinaje y la confianza es el destino. Empieza en la fe, termina en la confianza.

Estos son los tres significados de "fe". La palabra es muy vaga; tendrás que entender los tres significados, porque a veces se usa en el primer significado, a veces en el segundo, a veces en el tercero.

La segunda pregunta

Pregunta 2:

¿EXISTE REALMENTE EL INFIERNO?

ESTÁS VIVIENDO EN ÉL. El infierno es una cierta psicología; el infierno es una cierta manera de ver las cosas. Si estás en la miseria, significa que estás viviendo en el infierno. El infierno no es un lugar geográfico; no está en algún lugar bajo la tierra: está en tu forma de ver las cosas. Al vivir de forma inconsciente, uno crea un infierno a su alrededor.

Y lo mismo ocurre con el cielo: también es una psicología, no algo geográfico. No está en algún lugar por encima de las nubes, no está en ninguna parte excepto en ti. Estas son las dos alternativas para vivir: vivir en el infierno o vivir en el cielo. Y depende de ti lo que elijas.

Si vives conscientemente, si intentas llevar la consciencia a cada acto que realizas, vivirás en un estado silencioso y dichoso, en la serenidad, en la alegría, en el amor. Tu vida tendrá el sabor de un festival. Ese es el significado del cielo: tu vida tendrá muchas flores, mucha fragancia se liberará a través de ti. Tendrás un aura de deleite. Tu vida será un canto de afirmación de la vida, será un sí sagrado a todo lo que es la existencia. Estarás en comunión con la existencia - en comunión con las estrellas, con los árboles, con los ríos, con las montañas, con la gente, con los animales. Toda esta vida y toda esta existencia tendrán un significado totalmente diferente para ti. De cada rincón y esquina fluirán ríos de dicha hacia ti.

El cielo es sólo un nombre para ese estado mental.

El infierno significa que vives tan inconscientemente, tan absurdamente, en tal contradicción, que sigues creándote más y más miseria. Y todavía preguntas:

¿EXISTE REALMENTE EL INFIERNO?

No deberías preguntarlo, ya lo sabes. Estás viviendo en ello.

Un judío desaliñado y preocupado, rodeado de niños llorones de todos los tamaños, estaba sentado en el vagón de un expreso transcontinental amamantando a un bebé de año y medio. Le daba unos azotes y murmuraba para sus adentros:

"Smack, lo haces de nuevo. Smack, lo haces de nuevo. Smack, lo haces de nuevo. "

Tal aparente crueldad despertó la ira de una mujer maternal que se sentaba en el asiento contiguo, y se levantó, le sacudió el dedo en la cara y le dijo: "¡Si golpeas a ese bebé una vez más te daré tantos disgustos que nunca lo olvidarás!".

El acosado hombrecillo se detuvo con el brazo levantado y alzó lentamente sus pacientes ojos hacia los de ella. "Señora", dijo. "Señora, mi mujer está en el vagón de equipajes, está muerta y no tengo dónde enterrarla. Y mi hija Rifka está en el Pullman, y va a tener un bebé, y no tiene marido. Y ese niño acaba de tirar mi sombrero por la ventana. Y estoy en el tren equivocado y no sé a dónde voy. Y este bebé ha estropeado mi ropa y mi equipaje está perdido. ¡Problemas! Señora, ¿me da problemas?

¿YO?"

¿Qué más pruebas necesitas de que estás en el infierno? Sólo observa tu vida. Mira tu propia cara en el espejo. ¿Qué te has hecho a ti mismo? Ya es un infierno.

Pero a lo largo de los siglos hemos estado pensando que el infierno está en otra parte - eso crea un engaño, que te hace sentir como si no estuvieras en el infierno. Sin embargo, ¡estás en él! NO está en otra parte. La idea de que el infierno está en otro lugar es una estrategia creada por los sacerdotes para engañarte, para hacerte sentir que no estás en él, y para mantenerte asustado. Y también han creado la idea del cielo, que también está en otra parte, para que siga colgando delante de ti como una zanahoria. Y los sacerdotes pueden tirar de ti, empujarte, manipularte mediante la codicia y el miedo.

Te han hecho temer el infierno, te han hecho codiciar mucho el cielo.

Y como siempre piensas que están en otra parte, sigues engañado.

¡TODO ESTÁ AQUÍ! ¡Y TODO ES AHORA! No hay otro momento que ahora ni otro lugar que aquí. El infierno está aquí si vives con una psicología equivocada, y el cielo está aquí si vives con una psicología correcta. Pero me gustaría que supieras una cosa más....

El cielo y el infierno son sólo dos lados de tu mente. Las religiones que nacieron fuera de la India se han quedado con estas dos ideas, el cielo y el infierno. No han podido elevarse por encima de ellas. Judaísmo, Cristianismo, Islam - las tres religiones nacidas fuera de la India, no tienen idea de algo trascendental. En la India tenemos una tercera palabra MOKSHA, NIRVANA.

El infierno es una psicología errónea, enferma, anormal, neurótica, patológica; el cielo es una psicología correcta, normal, sana. Pero hay un más allá donde ya no eres una mente, cuando ambos lados de la mente han sido abandonados, donde eres una no-mente, donde no eres ni negativo ni positivo, donde no eres ni oscuro ni claro, donde no eres ni esto ni aquello - donde eres sólo un testigo de todo, de la miseria y la dicha, de todo, sólo un testigo, donde no estás identificado ni con la miseria NI con la dicha, donde el infierno es un funcionamiento de la mente, y el cielo también, y tú estás más allá de ambos, un observador en las colinas.

Ese estado de presenciar, ese estado de trascendencia se llama MOKSHA - libertad, libertad absoluta. La libertad de la mente es libertad absoluta.

No te enseño el cielo, porque el cielo siempre permanecerá con el infierno; la otra cara no se puede dejar. Si quieres conservar una cara de la moneda, tendrás que conservar también la otra. Si quieres conservar la mente, podrás estar por unos momentos en gran alegría, pero una y otra vez surgirán momentos de tristeza. Habrá que reconocer la otra cara.

Por eso los que viven en la mente van pasando de una polaridad a otra.

A veces son felices, inmensamente felices, en el cielo, y a veces son inmensamente miserables, en el infierno. A veces gran alegría y a veces gran tristeza; a veces amor y a veces odio. Y son arrastrados constantemente en estas direcciones opuestas.

Este es el estado. También has conocido algunos momentos de alegría y amor y felicidad, pero van y vienen; no puedes permanecer en ellos, no pueden hacerse eternos. Son sólo momentos. Y cuando se van, vuelves a caer en los profundos y oscuros valles de la depresión, la desesperación, la angustia.

Uno se mueve continuamente entre el cielo y el infierno. Viendo esto, observando esto profundamente, los Budas han descubierto un tercer punto de vista que está más allá de la mente, que es no-mente, que es libertad de la dualidad. Pitágoras lo llama el justo medio. Por "justo medio" quiere decir que si te detienes exactamente en el medio entre la felicidad y la infelicidad, entre la tristeza y la alegría, si puedes detenerte EXACTAMENTE en el medio, entonces no habrá ni alegría ni tristeza, no habrá ni felicidad ni infelicidad, ni dolor ni placer. Y en el medio EXACTO se produce la trascendencia: sólo eres un observador, un testigo.

Ese testimonio es el objetivo aquí. Me gustaría que todos mis sannyasins se convirtieran en testigos.

Sé testigo de todo y no te identifiques con nada, ni siquiera con las cosas bellas, tremendamente alegres. Mantente distante, no te pierdas en ellas. Deja que vengan y se vayan. Todo lo que viene se va, todo lo que nace muere, pero tú permaneces, tú como testigo siempre permaneces.

Una vez que has encontrado ese testigo eterno en ti, has encontrado a Dios. Dios no es un objeto, sino tu pura subjetividad.

La tercera pregunta

Pregunta 3:

MAESTRO, ¿TE GUSTARÍA QUE TU AUDAZ EXPERIMENTO SE SOMETIERA AL ESCRUTINIO CIENTÍFICO? ADEMÁS, ¿EXISTE ALGÚN MÉTODO CONCRETO DE MEDITACIÓN ÚTIL PARA EL TRATAMIENTO DE UN TIPO PARTICULAR DE ENFERMEDAD MENTAL?

Doctor Malik,

La ciencia TIENE SUS PROPIAS LIMITACIONES. Estoy preparado, puedo invitar a los científicos a que vengan aquí a observar lo que ocurre. Son bienvenidos. Pero no podrán conocer lo que realmente está sucediendo aquí. Sólo podrán conocer el cuerpo de ello, se perderán el alma - su propia metodología lo impide.

Al igual que si le pides a un científico: "Por favor, mira esta flor de rosa, es tan bonita", él puede analizarla y reducirla a sus componentes. Puede decirte cuánta agua contiene, cuánto color, cuánto perfume, cuánta tierra y cuánto aire. Puede decirte todo lo que entra dentro de SU visión, lo que puede captar con su metodología. Pero su metodología es limitada. No podrá captar la belleza de la flor, eso es seguro. No podrá encontrar científicamente ninguna belleza en la flor. Como hombre, como hombre de corazón, PUEDE decir que la rosa es bella, pero no como científico.

Si realmente se adentra científicamente en la existencia de la rosa, encontrará de todo menos belleza. Sobre la belleza sólo hay dos posibilidades que dirá. Una: que no hay belleza, que es tu proyección; que está en tus ojos, no en la flor; que es tu sueño, tu idea, que tú le has impuesto. O la otra, que será mucho más científica: dirá simplemente que la belleza no existe.

El científico no puede encontrar la belleza. Si le das algo, lo reducirá a materia. Y todo lo que hay de grandioso en ella, todo lo que hay de invisible en ella, todo lo que pertenece al más allá, desaparecerá automáticamente.

Estoy absolutamente preparado. Los científicos pueden venir, pueden observar lo que ocurre aquí a través de meditaciones, a través de la música, a través de situaciones terapéuticas... pueden observar. Pero sólo conocerán la periferia. Si realmente quieren conocer su alma, tendrán que convertirse en participantes, no en observadores, no en espectadores. Tendrán que compenetrarse conmigo.

No podrán saber lo que ocurre sólo observando a OTROS meditadores:

tendrán que convertirse ellos mismos en meditadores. Y ése es el problema: la metodología científica se opone a ello. La metodología científica se basa en la idea de que el científico debe permanecer sólo como espectador, sin involucrarse. No debe convertirse en un participante; tiene que estar ahí, distante, desapegado, sólo como un observador.

Pero hay cosas que sólo pueden conocerse mediante la participación. Por ejemplo, el amor no puede conocerse sólo por observación. Si ves a dos amantes besándose, ¿qué vas a saber de ello científicamente? Sólo la transferencia de unos pocos gérmenes de los labios de uno al otro, ¿qué más? El beso se reducirá a una transferencia de gérmenes. La belleza, el alma del beso, ha desaparecido. Se ha vuelto realmente feo; ya no es bello.

El amor se convierte en química en manos del científico. Se convierte en una atracción hormonal. Tiene algo que ver con las glándulas sexuales y nada que ver con el individuo en su conjunto.

Es sólo una cuestión de hormonas masculinas u hormonas femeninas; es una atracción biológica.

Pero entonces el amor pierde toda poesía, el amor simplemente se convierte en un fenómeno muy ordinario. Se vuelve muy mundano, pierde todo lo sagrado.

Así que, Doctor Malik, eres bienvenido, tus amigos son bienvenidos. Malik es psiquiatra en la Universidad de Delhi. Puede venir aquí -él ESTÁ aquí-, puede traer a sus amigos y puede hacer lo que se llama trabajo científico, escrutinio científico.

Pero tendré que deciros de antemano que todo lo que lleguéis a conocer será sólo su circunferencia. Si realmente queréis conocerlo, tendréis que venir aquí no como científicos, sino como poetas, amantes, meditadores, participantes. Sólo entonces se os revelará su esencia.

Ese se ha convertido en uno de los problemas fundamentales a los que se enfrenta la humanidad hoy en día, que allá donde se mueve la ciencia, lo reduce todo al MÍNIMO denominador. Afea las cosas. Si preguntas por el loto, el científico sólo encuentra barro y nada más. El loto sale del barro, es cierto, pero no es sólo barro y nada más.

Si le preguntas a un Buda, entonces tendrás una perspectiva totalmente diferente. Si le preguntas a Buda, incluso el barro no es más que un loto oculto.

Eso es la verdadera religión, la verdadera visión de la religión: embellece las cosas. Lleva todo a su cima más alta. En la religión, el enfoque religioso cree en lo más elevado y lo más bajo es sólo un contenedor. El enfoque científico cree en lo más bajo, y lo más alto es sólo un subproducto.

Karl Marx ha dicho que la conciencia del hombre no es más que un subproducto, un subproducto de su fisiología. Sólo un subproducto, un epifenómeno, una sombra. Se puede ignorar, no es necesario tenerlo en cuenta.

Gracias a gente como Karl Marx, Joseph Stalin pudo matar a millones de personas en Rusia. Si la conciencia es sólo una sombra, entonces no hay problema, puedes matar tantas sombras como quieras. No estás matando nada en absoluto. Si no son más que sombras, epifenómenos, subproductos, ¿por qué preocuparse? El hombre no es más que el cuerpo.

Has reducido toda la divinidad a polvo.

La ciencia tiene que aprender algo de la religión, sólo así podrá haber un futuro para la ciencia.

De lo contrario, la ciencia está condenada y, con ella, el futuro del hombre. El enfoque de Adolf Hitler es muy científico, al igual que el de Joseph Stalin. El hombre desaparece en el enfoque científico - no hay alma en él, sólo un mecanismo. Y puedes destruir máquinas, no hay problema en ello. Y no sentirás ninguna culpa, ningún pinchazo en tu conciencia.

La meditación es un fenómeno interior. Es serenidad en lo más profundo de tu ser. Es dicha. Y, en última instancia, es la trascendencia de todas las situaciones. Es silencio absoluto. No podrás detectarla mediante el escrutinio científico.

Si vas a observar a un Buda, ¿qué vas a encontrar? No serás capaz de penetrar en su núcleo más profundo, eso seguirá sin estar disponible. Sí, puedes observar su comportamiento, pero el comportamiento no es el hombre. Y la psiquiatría moderna es básicamente conductista: sólo cree en el comportamiento, porque el comportamiento es observable. No cree en el alma, porque el alma no es observable.

De hecho, psiquiatría, psicología, psicoterapia: estas palabras no deberían utilizarse, porque la palabra "psique" significa alma, y el alma está completamente negada. No es que los psicólogos hayan llegado a saber que no hay alma; se niega porque los métodos que utilizan son muy burdos.

Por ejemplo, si quieres oír música a través de los ojos, no podrás oír la música. Y entonces podrás decir: "No hay música, porque no puedo verla". Si te empeñas en que la música sólo puede aceptarse cuando se ve, entonces tu mismo planteamiento ha hecho que sea absolutamente cierto que no hay música.

La música se oye, pero no se ve. La belleza se ve, pero no se oye. Cada método tiene sus limitaciones. El método científico es muy burdo. Por eso se ha vuelto muy muy penetrante en el mundo de la materia, pero se ha vuelto absolutamente ajeno al mundo del espíritu. El mundo espiritual es inexistente para el científico COMO científico. El amor, la poesía, la música, la belleza, la dicha, todo ello es inexistente. Es una visión muy sesgada.

Pitágoras quería una ciencia que pudiera ser a la vez matemática y musical, quería que fuera una síntesis. Y ése es también mi anhelo: una verdadera ciencia tendrá dos aspectos. Uno será el aspecto objetivo, la ciencia objetiva, y el otro será el aspecto subjetivo, la ciencia subjetiva. Y ése será el punto de encuentro entre la religión y la ciencia.

La ciencia es ciencia objetiva y la religión es ciencia subjetiva. Y el hombre es ambas cosas: el encuentro de lo interior y lo Usted me pregunta, doctor Malik: ¿CÓMO LE GUSTARÍA QUE SU AUDAZ EXPERIMENTO FUERA SOMETIDO AL ESCRUTINIO CIENTÍFICO?

Estoy perfectamente feliz - puedes venir. Pero sólo conoceréis el cuerpo y os perderéis el alma, A MENOS QUE tengáis el valor de convertiros en participantes, de bailar con mi gente, de cantar con mi gente y de celebrar con mi gente, sin manteneros al margen, sino disolviéndoos en la comuna. Entonces conocerás los dos lados, el exterior y el interior. Pero el interior lo conocerás como individuo, no como científico. El exterior puedes conocerlo como científico.

Y la segunda cosa que preguntas: TAMBIÉN, ¿EXISTE ALGÚN MÉTODO PARTICULAR DE MEDITACIÓN ÚTIL PARA EL TRATAMIENTO DE UN TIPO PARTICULAR DE ENFERMEDAD MENTAL?

Hay que entender UNA COSA MUY FUNDAMENTAL. La psiquiatría moderna está arraigada y basada en la enfermedad - no sabe nada sobre el bienestar. La psicología moderna y todas sus ramas siguen básicamente el modelo médico. Y eso es totalmente erróneo, porque sólo buscar en la patología del hombre no es correcto.

Ahí es donde falló Sigmund Freud. Aportó algo inmensamente valioso, pero aun así erró el tiro. Estaba demasiado interesado en lo anormal, en lo enfermo.

Y poco a poco, porque todo lo que estudiaba no era más que enfermedad, empezó a sentir que no hay esperanza para el hombre.

Estudiar la enfermedad es necesario, porque hay que ayudar a los enfermos. Pero no se les puede ayudar de verdad a menos que se sepa lo que es el bienestar. Como mucho, puedes hacer que se adapten a la sociedad, pero la sociedad EN SÍ ESTÁ enferma.

Eso es lo que hacen la psiquiatría moderna, el psicoanálisis y las psicoterapias. Cada vez que alguien se desajusta un poco, el trabajo del psiquiatra es volver a ajustarlo. Se piensa que la adaptación es normal. Pero no es necesariamente así, porque si la sociedad es anormal, adaptarse a ella será anormal, no normal.

De hecho, en la actualidad han surgido grandes sospechas. R. D. Laing y otras personas desconfían de todo el proyecto. ¡La sociedad es anormal, y tú ayudas a la gente a adaptarse a ella! Ustedes sirven a la sociedad, no sirven a esas personas. Sois agentes de la sociedad, del status quo, del establishment. Y la persona a la que estáis forzando -mediante drogas, electrochoques, psicoanálisis y mil y un métodos más- puede ser realmente una persona normal. Y como es normal, no puede adaptarse a la sociedad anormal.

Piensa en un Buda. El Buda no puede adaptarse a la sociedad. Los Budas siempre han sido rebeldes. No pueden inclinarse ante la sociedad, no pueden rendirse ante la sociedad: ¡la sociedad está enferma! La sociedad ha estado viviendo bajo una gran maldición, la maldición que han creado los sacerdotes y los políticos. Ha estado viviendo bajo una gran conspiración.

No se ha permitido que la gente esté sana, porque la gente sana es peligrosa.

No se permite que la gente sea inteligente, porque la gente inteligente es peligrosa. Vuestro sistema educativo no existe para ayudar a la gente a ser inteligente, sino para impedir que la gente sea inteligente. Existe para que todo el mundo pueda ser reducido a un ser mediocre, para que todo el mundo sea reducido a un estúpido erudito.

Y veinticinco años de condicionamiento, desde el jardín de infancia hasta la universidad, pueden reducir a cualquiera a un estúpido erudito, pueden convertir a cualquiera en un mediocre, porque su educación exige que las personas sean capaces de reproducir lo que se les ha enseñado.

Ese es el criterio de su inteligencia.

Ese puede ser el criterio de su memoria de loro, pero no es el criterio de su inteligencia. La inteligencia es un fenómeno totalmente distinto. La inteligencia no tiene nada que ver con la repetición; de hecho, la inteligencia aborrecerá la repetición. La inteligencia siempre intentará vivir la vida a su manera. A la inteligencia le gustará hacer sus propias cosas. A la inteligencia le gustará adentrarse en los misterios de la vida, no según fórmulas establecidas, estrategias prescritas.

La inteligencia siempre es original.

Y las universidades no permiten que existan personas originales. Eliminan a la gente original; todo su esfuerzo consiste en destruir la originalidad, porque la gente original siempre creará problemas en la sociedad. No serán tan fácilmente manipulables, y no pueden ser reducidos tan fácilmente a oficinistas y recaudadores adjuntos y jefes de estación y maestros de escuela - no pueden ser reducidos tan fácilmente a máquinas eficientes. Se harán valer. Intentarán vivir la vida no según un patrón, sino según su propia intuición.

Si una persona ama la música, preferiría seguir siendo un mendigo, pero aun así persistirá en vivir la vida de un músico. Incluso si tiene la opción de convertirse en primer ministro, preferirá vivir como un mendigo e insistir en seguir tocando su música. Eso será inteligencia, porque sólo cuando vives tu vida según tus propias luces, según tus propias percepciones, según tu propia voz interior, alcanzas la dicha, la plenitud.

Y para ser primer ministro no se necesita inteligencia. De hecho, si tienes inteligencia no puedes ser primer ministro, porque ¿a quién le gustaría meterse en política si tiene inteligencia? ¿A quién le gustaría entrar en ese feo juego? A uno le gustaría ser poeta, pintor o bailarín, pero ¿a QUIÉN le gustaría ser político?

No a la persona inteligente, sino sólo a los que aún son bárbaros, sólo a los que aún disfrutan con la violencia, con la dominación sobre otras personas.

Las universidades destruyen la inteligencia. Vuestra educación es muy destructiva para la inteligencia: sirve a la sociedad, y la sociedad es anormal, muy anormal. En tres mil años se han librado cinco mil guerras: ¿puedes decir que esta sociedad es sana? que esta sociedad está cuerda?

El hombre siempre está dispuesto a matar, asesinar o suicidarse. ¿Qué clase de sociedad es ésta? Y la psiquiatría y el psicoanálisis intentan ajustar a la gente. Llaman "anormales" a los que no están adaptados. Por eso los psicólogos siguen diciendo que Jesús era anormal. De hecho, dicen que era neurótico. ¡Jesús neurótico! Y los rabinos que lograron asesinar a este hombre, eran sanos. Jesús es neurótico: Poncio Pilato es sano, normal.

Si Jesús es neurótico, entonces Buda es neurótico, Mahavira es neurótico, Pitágoras, Patanjali, Lao Tzu, Zaratustra, todos son neuróticos. Sócrates es neurótico, y los jueces, esos estúpidos jueces que decidieron que debía ser envenenado y asesinado, son normales.

Toda la tierra es un manicomio, Doctor Malik. Y el Doctor Malik vive en Delhi - debería saber bien que Delhi atrae a todo tipo de neuróticos.

¿Quién está enfermo? ¿Y cómo se puede decidir y definir la enfermedad si no se sabe lo que es el bienestar?

Sigmund Freud falló, porque sólo estudió a los enfermos. Pero la gente enferma puede ser estudiada, porque la enfermedad siempre ocurre en la periferia. Y la gente sana no puede ser estudiada, porque el bienestar ocurre en el centro. Brota en tu ser. La enfermedad es superficial, el bienestar es intrínseco. Sigmund Freud no puede estudiar a un Buda, porque no podrá encontrar ningún síntoma.

Puedes ir a un médico y preguntarle: "¿Cuál es la definición de salud?" y te sorprenderá que ningún médico pueda responderte. Como mucho puede decir: "Cuando una persona no está enferma, está sana". Pero, ¿qué clase de definición es ésta? - "Cuando una persona no tiene enfermedades está sana". La salud es un fenómeno positivo y usted lo está definiendo negativamente. Pueden definir la enfermedad. Pueden definir lo que es cáncer y lo que es tuberculosis y pueden definir todo tipo de enfermedades, pueden definir millones de enfermedades. Pero un fenómeno único, la salud, sigue siendo indefinible, no se ha estudiado en absoluto.

A menos que la psicología se arraigue en las personas que son íntegras y santas -que están iluminadas, alertas, conscientes, que han trascendido todo tipo de identificaciones, que se han convertido en conciencia pura- a menos que la psicología estudie a estas personas.... Pero entonces la psicología tendrá que cambiar sus métodos. Entonces no podrá seguir imitando a la fisiología, la física, la química y las ciencias naturales. Entonces tendrá que aprender mucho de la literatura, de la poesía, de la música. Entonces tendrá que acercarse cada vez más a las artes en lugar de ir y seguir a la ciencia.

Esa ha sido la desgracia, que Sigmund Freud era básicamente un médico, un doctor en medicina. Y su idea de hacer una ciencia de la psicología era la idea de la ciencia médica.

Empezó a estudiar a los enfermos, y basó toda su comprensión en las enfermedades. Y como cuando tratas a enfermos sólo vienen a ti enfermos, poco a poco, todo lo que sabes sobre el hombre es lo que has conocido a través de los enfermos. Entonces eso se convierte en tu entendimiento sobre el hombre.

Por eso todo lo que Freud dice sobre el hombre es básicamente erróneo. Se trata del hombre ENFERMO - no se trata del hombre humano, no se trata de la humanidad. No es sobre el hombre real, es algo sobre la persona enferma.

Por ejemplo, si estudias sólo a los ciegos y decides que ningún hombre tiene ojos, ¿qué clase de comprensión será esa? No será verdad sobre el hombre, será verdad sólo sobre los ciegos.

Los psiquiatras sólo se encuentran con enfermos, y entonces empiezan a decidir sobre el hombre, empiezan a definir al hombre. Eso es ir más allá de sus límites. Primero tendrán que comprender el todo: el hombre enfermo y el hombre sano, ambos. Y de hecho, el hombre que está perfectamente bien debe ser el criterio; debe ser el factor decisivo. La psicología tiene que convertirse en la psicología de los Budas. Sólo entonces será verdadera, auténtica.

Mi esfuerzo aquí no es el de un psiquiatra o un psicoterapeuta. No trato a personas enfermas. Mi esfuerzo aquí es liberar las fuentes de bienestar que hay en ti. No me interesa tratarte, sino liberarte.

Usted me pregunta: ¿HAY ALGÚN MÉTODO PARTICULAR DE MEDITACIÓN ÚTIL PARA EL TRATAMIENTO DE UN TIPO PARTICULAR DE ENFERMEDAD MENTAL?

NO. ESO NO SIGNIFICA que la meditación no pueda ayudar - ayuda, pero eso es casual. Ayuda, pero eso es sólo un subproducto.

Mi esfuerzo básico aquí es crear Budas, personas que estén completas. No trato a personas enfermas, aunque vienen algunos enfermos y se les ayuda, pero ese no es mi propósito. No es una comunidad terapéutica: es una comuna espiritual. Aquí hay terapias, pero no están pensadas básicamente para personas enfermas, porque en mi visión toda la humanidad está enferma, es anormal.

Las terapias que aquí se llevan a cabo no están especialmente interesadas en ningún tipo concreto de enfermedad. Simplemente ayudamos a personas supuestamente normales a ser REALMENTE normales.

Tal y como yo lo veo, todo ser humano es educado por personas enfermas, anormales -los padres, los profesores- y, naturalmente, siguen transmitiendo sus enfermedades al niño. A menos que uno se dé cuenta de lo que se ha hecho a sí mismo, a menos que uno se atreva, sea valiente, tenga agallas, para abandonar todo condicionamiento, nunca llegará a ser normal.

Aquí funcionan sesenta grupos terapéuticos, sólo para ayudar a la gente corriente, a la llamada gente normal, a ser consciente de que no lo es: ése es el primer paso para convertirse en normal. Y una vez que has comprendido que no eres normal, las cosas empiezan a cambiar. Empieza a surgir en ti una gran conciencia: hay que hacer algo, algo se convierte en urgente.

Y ayudamos a la gente a abandonar sus condicionamientos: hindúes, cristianos, mahometanos, comunistas. Ayudamos a la gente a abandonar todos sus condicionamientos, porque sólo un ser incondicionado es realmente normal y natural. Los condicionamientos son perversiones. Así que no estamos realmente interesados en ayudar a los llamados enfermos. Nuestro trabajo es ayudar a la llamada gente normal. Pero a veces vienen personas enfermas y SON beneficiadas. Eso es sólo un fenómeno marginal.

Así que no puedo decir qué meditación va a ayudar a qué enfermedad en particular. De hecho, CADA meditación ayudará de una forma u otra, porque todas las técnicas de meditación se dirigen básicamente al mismo punto de silencio interior. El método puede ser activo o pasivo, no importa, el objetivo es el mismo. Puede ser un método

Sufi, puede ser un método Zen - el objetivo es el mismo. El objetivo es: cómo hacerte tan silencioso que todo pensamiento desaparezca y tú seas sólo un espejo, reflejando lo que es.

Mi definición de Dios es: lo que es. Y una vez que empiezas a ver eso que es, y empiezas a sintonizar con ello, surge el bienestar. Te conviertes en parte de este universo tremendamente bello.

Pero, Doctor Malik, si usted viene aquí y sus amigos vienen aquí, pueden investigar este asunto: qué meditación ayudará a qué tipo de enfermedad. Y eso será inmensamente beneficioso.

El psicoanálisis y la psiquiatría ayudan a los enfermos. La religión ayuda a las personas que ya están bien, pero a las que les gustaría conocer las cumbres del bienestar: les gustaría llegar al Everest del bienestar, lo que Abraham Maslow llama "experiencias cumbre". Esas experiencias cumbre son un derecho de nacimiento de todos. Y si no tienes experiencias cumbre, te estás perdiendo algo inmensamente valioso.

Pero la religión va incluso un paso más allá que Abraham Maslow y las psicologías humanistas. No se trata sólo de alcanzar experiencias cumbre, porque las experiencias cumbre van y vienen. No se puede permanecer en la cima para siempre. Puedes tener una experiencia sexual orgásmica profunda, puedes alcanzar una cima, pero en el momento en que la alcanzas, ya has empezado a ir cuesta abajo. No puedes quedarte en la cima; no hay espacio para quedarse.

Todos los picos son la repetición del antiguo mito de Sísifo. Sísifo lleva la roca a la cima de la colina, pero la cima es pequeña y la roca grande. Sísifo ha sido castigado por los dioses, porque se rebeló contra ellos, a llevar la roca a la cima. Pero en el momento en que la roca llega a la cima empieza a caer hacia atrás, resbalando, cuesta abajo.

Esa es la historia de todo hombre. No puedes quedarte en la cima. Harás el viaje, el largo viaje, para alcanzar la cima, y una vez que la hayas alcanzado, se acabó. En el momento en que eres consciente de la cima, ya no existe; has empezado a ir cuesta abajo.

No hay espacio para permanecer.

La religión te ayuda no sólo a tener experiencias cumbre -eso es sólo para los principiantes-, la religión no te ayuda sólo a tener hermosas experiencias, sino a tener una conciencia orgásmica total. No la experiencia cumbre, no la experiencia orgásmica, sino una conciencia orgásmica, de modo que estés veinticuatro horas en un éxtasis orgásmico. Para que toda tu vida, momento a momento, sea una celebración.

Mi esfuerzo aquí es el de la religión. Primero ayudo a la gente a conocer experiencias cumbre para que pueda surgir en ellos un gran anhelo de permanecer en esas cumbres. Pero uno no puede morar en esas cumbres. Entonces comienza otro esfuerzo en su vida: cómo crear CONCIENCIA orgásmica. Las cimas son experiencias, van y vienen. La conciencia orgásmica es una transformación de tu ser. Es un nuevo nacimiento, una resurrección. Pero llegar a experiencias pico ayuda a muchos enfermos. A mi no me interesa, pero ayuda.

Así que está perfectamente bien, Doctor Malik, usted, sus amigos, son bienvenidos. Vengan, estudien, estudien científicamente, Y estudien como participantes. Averigüen qué meditaciones pueden ser útiles para qué tipo de enfermedades.

Pero ese no es mi trabajo. Está ocurriendo aquí. Mi objetivo es totalmente distinto, pero muchas otras cosas suceden siempre al margen, en el margen. Y si a usted le interesan esas cosas marginales, está perfectamente bien. Si este experimento puede ayudar a alguien de alguna manera, me alegraré.

La última pregunta

Pregunta 4:

MAESTRO, ¿POR QUÉ LA VIDA ES TAN ABURRIDA?

VIDA Y ABURRIDO? Hombre, ¿de qué estás hablando? Debes estar viviendo en una especie de muerte. No es la vida lo que es aburrido - ¡debes estar muerto! Por eso te sientes aburrido.

En lugar de asumir la responsabilidad sobre tus propios hombros, se la echas a la vida. Pero así es como la mente humana sigue jugando continuamente.

Siempre echa la responsabilidad a otro; siempre encuentra un chivo expiatorio. Es muy irresponsable. Y los irresponsables nunca cambiarán. No digas que la vida es aburrida, sino que no sabes cómo vivir. Debes estar viviendo de una manera equivocada; debes estar viviendo de una manera negativa. Debes estar viviendo al mínimo; tu vida debe ser una vida tibia - por eso es aburrida.

La vida es increíblemente extática, pero luego hay que vivirla al máximo. Hay que vivir al máximo, no tibiamente. Tienes que estar caliente, apasionadamente vivo. Tu vida debe carecer de pasión. Entonces es aburrida. Pero el responsable eres tú, no la vida.

Ningún animal se aburre, ningún pájaro se aburre, ningún árbol se aburre, ningún río, ninguna montaña, ninguna estrella - sólo man.... Esta capacidad de aburrirse no es necesariamente una maldición: es una bendición disfrazada. Simplemente significa que el hombre es libre de elegir entre el aburrimiento y el éxtasis; nadie más es libre de elegir. Excepto el hombre, toda la existencia es extática, pero no hay elección. El éxtasis está incorporado. Los pájaros gorjean, cantan, los árboles florecen, las estrellas brillan... pero todo está incorporado.

El hombre puede elegir. Ese es un gran don de Dios. El hombre es libre de elegir, y si eliges una vida aburrida, recuerda que es tu responsabilidad. Puedes elegir una vida que sea extática.

He vivido las dos cosas. - por eso puedo decirlo con tanta autoridad. He vivido de la manera que tú estás viviendo, durante muchas muchas vidas. También me aburría. Ahora, estoy tan extasiado como los pájaros, como los árboles - con una sola diferencia: esta es mi elección, esta es mi libertad. Y cuando eres feliz con libertad, tu felicidad tiene una profundidad, una grandeza tremenda que la felicidad de los pájaros y los animales no puede tener. Su dicha es casi impuesta sobre ellos.

Y recuerden. aunque se les imponga la libertad, por ser impuesta perderá todo su significado. Si te obligan a vivir en el paraíso, y no te permiten salir de él, y espadas desnudas vigilan las puertas, te sentirás aburrido.

Eso es lo que les pasó a Adán y Eva: empezaron a aburrirse en el paraíso. Querían hacer algo nuevo, algo novedoso. Fue por aburrimiento que comieron el fruto del árbol del conocimiento. Debieron empezar a sentirse aburridos. Todo era bueno, todo era hermoso. Pero les fue impuesto: no lo eligieron ellos mismos.

Cuando un hombre elige por sí mismo, incluso si elige la prisión, será feliz allí - si es SU elección.

La libertad es un gran don. Y sólo el hombre es libre: es la gloria del hombre. Pero la hemos convertido en agonía, porque siempre elegimos la vida aburrida. ¿Por qué elegimos siempre la vida aburrida? Porque la vida aburrida es más segura, más cómoda, más segura. Si realmente quieres vivir apasionadamente, entonces tendrás que vivir en la inseguridad y tendrás que vivir en peligro, y siempre en peligro. Y tendrás que vivir muchos inconvenientes.

No puedes vivir tan cómodamente, no puedes vivir tan a gusto; siempre estarás expuesto a todo tipo de peligros.

Por eso la gente elige una vida aburrida. En lugar de vivir apasionadamente, viven al mínimo - porque si vives al mínimo vives con el mínimo riesgo. Por lo demás, la vida es tremenda sorpresa - y a CADA momento. Si vives con los ojos abiertos y apasionadamente, inteligentemente, peligrosamente... eso es lo que dice Friedrich Nietzsche: ¡Vive peligrosamente!

Eso es lo que digo, de eso se trata sannyas - vivir peligrosamente. Vivir momento a momento alerta a lo que sucede. No vivir en el pasado, sino vivir en el presente.

Listo para el riesgo.... Y entonces verás una cualidad totalmente diferente a tu alrededor:

la vida se vuelve psicodélica, empieza a ganar profundidad, significado. Se convierte en algo fantástico, algo embriagador.

Y cuando vives momento a momento, no puedes vivir una vida de conocimiento, porque el conocimiento viene del pasado. Si vives momento a momento, abandonando el pasado, muriendo al pasado a cada momento, vivirás una vida de inocencia, como un niño. Esa es la vida de un sabio: vivir como un niño.

Jesús dice: "Si no sois como niños, no entraréis en mi Reino de Dios". Tendréis que vivir sin saber, tendréis que vivir inocentemente, tendréis que vivir con asombro, con ojos maravillados, siempre dispuestos a ser sorprendidos.

¡La vida ESTÁ LLENA de sorpresas! Es sólo el polvo del conocimiento que se ha acumulado en tus ojos para que no puedas ver las sorpresas. ¡Están sucediendo por todas partes! A cada momento suceden milagros y más milagros. La vida es milagrosa. ¿Cómo puedes aburrirte? La vida es un milagro, con tantas sorpresas, tan impredecible, tan ridícula, tan absurda...

Se dice:

Cuando Bodhidharma se iluminó, no pudo parar de reír durante días, tampoco podía dormir, porque la risa no cesaba. Todo el mundo se preocupó: los discípulos y los amigos, y todos preguntaron: "¿Qué ha pasado? ¿Y por qué no paras? ¿Te estás volviendo loco? o ¿te has vuelto loco?".

Y cuando la gente decía tales cosas, Bodhidharma se reía aún más; rodaba por el suelo. Poco a poco, se fue enfriando, pero la cualidad permaneció para siempre con él.

La risa se convirtió en su sabor.

Cuando se calmó un poco, cuando se asimiló el shock de la iluminación, cuando se digirió aquella experiencia relámpago, entonces dijo: "Me eché a reír porque es muy ridículo. Intentaba conseguir lo que ya tengo. Intentaba conseguir lo que ya está en mí, lo que nunca he perdido. Intentaba encontrar la dicha y la dicha es mi naturaleza.

Intentaba encontrar la verdad, y yo soy la verdad".

Igual que Jesús dice: "Yo soy el camino, yo soy la puerta, yo soy la verdad...". No lo dice sólo de sí mismo: lo dice de todo "yo"; quienquiera que pueda decir "yo" es el camino, es la puerta, es la verdad. La afirmación no se refiere a Jesús como persona; la afirmación se refiere a todos los que son capaces de decir "yo".

Y, realmente, cuando descubres que todo lo que has estado buscando a lo largo de los tiempos ya era así, lo TENÍAS dentro de ti, ¿cómo puedes dejar de reír entonces? Pero puede que no te conviertas tan pronto en un Bodhidharma; aun así, la vida no tiene por qué ser aburrida. Te contaré algunas historias.

La primera:

Un hombre que estaba muy deprimido se encontró con su amigo, Jerry J., que era un pensador muy agudo.

"¿Qué ocurre?" preguntó Jerry J.

"Estoy abatido. No puedo adaptarme al hecho de que tengo tres pelotas".

"¿Tres bolas?" dijo Jerry agudo. "¡Chico, podemos hacer una fortuna juntos! "¿Cómo?", preguntó el otro, animándose.

"¡Iremos bar tras bar y apostaremos a todo el mundo que entre tú y el camarero tenéis cinco cojones! No puede fallar!"

"Vamos", dijo el hombre.

Así que entraron en el primer bar, y Jerry J. se hizo amigo de los desconocidos de la barra.

Entonces hizo el anuncio: "Apuesto a que entre mi amigo y el camarero tienen cinco pelotas".

Casi todos se apresuraron a cubrir la apuesta. Jerry miró al camarero, que negaba con la cabeza.

"No te importa ser parte de la apuesta, ¿verdad?" preguntó Jerry.

"En absoluto", dijo el camarero. "Estoy muy impresionado".

"¿Qué quieres decir?" preguntó Jerry.

"Bueno, hasta ahora nunca he conocido a un hombre con cuatro pelotas, yo sólo tengo una".

El segundo:

Ocurrió en París en primavera. En un soleado día de mayo, un chino recogió a una prostituta en los Campos Elíseos y la llevó al hotel Meurice. Abrieron las ventanas, sopló la brisa y todo parecía hermoso. El chino se metió en la cama con la puta. Le hizo el amor un rato y luego dijo: "Pardonnez-moi, Mademoiselle, je suis fatigue".

Dicho esto, se acercó a la ventana y respiró hondo. Luego se metió debajo de la cama, salió por el otro lado y saltó a la cama para hacer el amor de nuevo.

Al cabo de un rato se levantó diciendo: "Pardonnez-moi, Mademoiselle, je suis fatigue". De nuevo se acercó a la ventana, respiró hondo, rodó bajo la cama y salió por el otro lado.

La sexta vez que esto ocurrió, la puta también se había cansado mucho. Levantándose de la cama, dijo: "Pardonnez-moi, Monsieur, je suis fatigue".

Se acercó a la ventana abierta, respiró hondo y miró debajo de la cama. Allí encontró a otros cuatro chinos.

Y la tercera:

Así que este viejo fue a la casa de putas de Ma Agnew y dijo: "Escucha, Ma, quiero una chica con gonorrea".

La señora asintió y le hizo subir a una habitación. Luego llamó a una de sus favoritas. La chica entró en la habitación y empezó a desnudarse cuando él le preguntó: "¿Tienes gonorrea?".

"¿Gonorrea? Yo diría que no".

El viejo la mandó de vuelta. La señora llamó a otra chica y le dijo. "Shirley, sube y dile a este viejo que tienes la gonorrea. ¿Vale? Hagamos lo necesario para hacerlo feliz".

La chica aceptó y subió, y cuando el anciano le preguntó: "¿Tienes gonorrea?", ella sonrió y dijo: "¡Claro que la tengo!".

"¡Bien!", dijo. "Vamos a hacerlo".

Se metieron juntos en la cama e hicieron el amor durante unos diez minutos. Cuando terminó y se tumbaron uno al lado del otro, la chica llamada Shirley dijo: "Escucha, abuelo, tengo que confesarte algo: en realidad no tengo gonorrea".

El anciano sonrió. "Ahora sí", dijo.

Escapar a la realidad

La primera pregunta

Pregunta 1:

¿QUÉ SIGNIFICA SU MOVIMIENTO SOBRE LA CONDICIÓN DE LA SOCIEDAD? ¿ES UN CULTO ESCAPISTA Y AUTOCOMPLACIENTE? ¿O PROPONE CAMBIAR LA NATURALEZA HUMANA PARA CAMBIAR LA SOCIEDAD Y EL MUNDO?

Peter Jenkins,

LO QUE OCURRE AQUÍ NO ES UN movimiento: es una mutación. No se ocupa de la sociedad, sino del individuo. Es una revolución en el verdadero sentido de la palabra.

No existe la idea de cambiar la sociedad o el mundo, porque no existe sociedad alguna.

Sólo existen los individuos, la sociedad es una ilusión. Y porque creemos en la sociedad, todas las revoluciones han fracasado. La creencia de que la sociedad existe ha saboteado todos los esfuerzos por cambiar al hombre - porque la creencia está arraigada en la ilusión.

Pregúntale al científico: dice que no hay materia, sino sólo electrones. La materia es una ilusión. Exactamente del mismo modo, los que entienden la conciencia humana dirán que la sociedad es una ilusión como la materia. Los electrones son verdaderos, los individuos también.

El individuo necesita una mutación. Y lo que estamos haciendo aquí es totalmente individualista; no es socialista en absoluto. Puede parecer una huida, pero la palabra "huida" no tiene nada de malo. Si la casa está ardiendo y escapas de ella, nadie te llama escapista. Simplemente eres inteligente, eso es todo.

No estamos escapando, simplemente estamos intentando

comprender cuál es el caso. No estamos evitando los problemas; de hecho, todo lo contrario. Estamos afrontando todos los problemas que la sociedad ha evitado. Estamos intentando encontrarnos con todos los problemas que la llamada sociedad ha estado enseñando a reprimir.

El hombre no necesita tener NINGÚN inconsciente. Es debido a la represión que el hombre se ha dividido entre consciente e inconsciente. Es la gran obra de vuestra llamada sociedad. Es una conspiración contra el hombre. Una vez que el hombre está dividido empieza a convertirse en un debilucho, porque empieza a luchar dentro de sí mismo. Se divide, se vuelve esquizofrénico. Y el hombre dividido nunca puede ser dueño de sí mismo.

Y eso es lo que tu supuesta sociedad quiere que todo el mundo sea: nunca ser un amo, sino siempre ser un esclavo. La sociedad necesita esclavos. Y por "la sociedad" me refiero a la conspiración de los curas, los políticos, los obsesionados por el poder. La sociedad es una conspiración de la gente obsesionada con el poder, y su estrategia básica es dividir al hombre desde el principio.

¿Y cómo han dividido al hombre? Te han dicho que no te aceptes en tu totalidad. Te han dicho que hay mucho que está mal en ti; de hecho, la mayor parte de tu ser, de tu totalidad, está mal. A esa parte errónea hay que negarle expresión, hay que reprimirla. Y una vez que empiezas a reprimir algo en ti mismo, se crea una grieta. Entonces sigues reprimiendo todos los problemas y sigues sentado en el volcán - pensando que todo está bien, creyendo que todo está bien, y sabiendo todo el tiempo que nada está bien. En el fondo, hay fuego y va a entrar en erupción en cualquier momento.

Entonces la gente se vuelve neurótica, psicótica. Entonces la gente sufre millones de enfermedades, innecesariamente. Pero sirve a los intereses creados. Sirve a la sociedad capitalista, sirve a la sociedad comunista; sirve a la iglesia católica, sirve al sacerdocio hindú, mahometano. Sirve a todos los que están en el poder.

El hombre sigue tambaleante, tembloroso, débil, dividido. Y el hombre no puede afirmarse, no puede valerse por sí mismo. Necesita alguien de quien depender. Busca y rebusca tiranos, sin tiranos no puede vivir. No puede vivir sin gobiernos y no puede vivir sin líderes.

Y mirad lo que han hecho vuestros dirigentes y vuestros gobiernos, vuestras iglesias y vuestros sacerdotes. Sólo mira la historia y verás que toda la historia del hombre hasta ahora ha sido completamente fea. No ha sido humana en absoluto.

Mi esfuerzo aquí no es cambiar la sociedad sino transformar al individuo - ayudar al individuo a volverse completo, ayudar al individuo a abandonar esta grieta entre lo consciente y lo inconsciente; ayudar al individuo a no reprimir más sino a aceptarse a sí mismo, a no condenarse sino a amarse a sí mismo.

Puedes llamarlo "culto al amor propio", porque enseño a amarse a uno mismo. Y te han dicho que hay algo malo en el amor propio. Te han dicho: "Ama a los demás, pero nunca te ames a ti mismo". Pero, ¿cómo puedes amar a los demás si ni siquiera puedes amarte a ti mismo?

Medita sobre la gran afirmación de Jesús: "Ama a tu prójimo como a ti mismo". Pero lo fundamental es amarte a ti mismo.

No puedes amar a nadie más, porque el amor tiene que surgir primero dentro de ti. Y tú eres el más cercano a ti mismo: si te odias a ti mismo, odiarás a tu prójimo. No importa lo que digan los sacerdotes y los líderes. Odiarás a tu prójimo, odiarás a la humanidad, odiarás a la Tierra, porque te odiarás a ti mismo.

Ámate a ti mismo, y de ese amor nace el amor a los demás.

Te enseño a ser egoísta, porque sólo del verdadero egoísmo nace el altruismo. Una persona realmente egoísta no puede estar en contra de nadie, una persona realmente egoísta no puede hacer daño a nadie, porque para hacer daño a alguien primero tienes que hacerte daño a ti mismo. No puedes crear sufrimiento para otros sin crear sufrimiento para ti mismo. Antes de enfadarte con alguien, tienes que enfadarte contigo mismo. Antes de ser violento con alguien, tienes que pasar por muchas pesadillas.

La persona que realmente se ama a sí misma, que está tremendamente enamorada de sí misma, no puede hacer ningún daño a nadie, porque no puede hacerse ningún daño a sí misma.

Así que, en cierto modo, somos escapistas, porque lo que llamamos vida real no es real: es una distorsión de la vida; es otra cosa en nombre de la vida. Y ciertamente nos consideramos a nosotros mismos, porque de esa consideración nace la consideración por el otro.

Si el individuo puede ser ayudado, si el individuo puede ser iluminado, si el individuo puede ser persuadido de celebrar la vida, de disfrutar de la vida, sólo entonces seremos capaces de cambiar el clima alrededor de la tierra. Pero ese no es nuestro propósito, ese no es nuestro objetivo, eso será sólo una consecuencia.

Usted me pregunta: ¿QUÉ SIGNIFICA SU MOVIMIENTO SOBRE LA CONDICIÓN DE LA SOCIEDAD?

Significa simplemente que la sociedad está podrida, que la sociedad está enferma, que no hay posibilidad de reformar la sociedad. Porque si esta sociedad es reformada será simplemente una forma modificada de la misma podredumbre - tal vez un poco mejor decorada, mejor pintada, pero será la misma enfermedad. En cinco mil años de historia, muchas veces se ha reformado la sociedad. Y en el fondo nunca cambia nada; sigue siendo lo mismo en todas sus formas. Es la misma enfermedad, la misma fealdad, la misma enfermedad que continúa.

¡Basta ya!

Los que son inteligentes se han dado cuenta de que todas las revoluciones han fracasado, todas las revoluciones sociales han fracasado. Y aún no hemos escuchado a los Budas que nos han hablado de una revolución totalmente diferente: la revolución en el corazón del individuo, porque el individuo es sustancial, real. La sociedad es sólo una relación.

Por ejemplo, estamos aquí sentados dos mil personas. Puedes pensar en ello como una sociedad, como una comunidad. Pero, ¿qué es la sociedad? ¿Qué es una comunidad? Hay dos mil individuos sentados aquí. Nunca te encontrarás con la sociedad en ningún sitio; nunca te encontrarás con la comunidad. Siempre que te encuentres con algo, te encontrarás con el verdadero individuo.

La sociedad es sólo una palabra, y una palabra muy peligrosa. Y el hombre es muy muy eficiente inventando palabras peligrosas. Por ejemplo, "humanidad". Yo nunca he visto humanidad, sólo he visto seres humanos. La humanidad es sólo una abstracción. Pero hay gente que ama a la humanidad. No puedes abrazar a la humanidad, no puedes besar a la humanidad. Pero eso se convierte en un camuflaje muy muy sutil. En nombre de la humanidad puedes seguir odiando a los seres humanos, porque amas a la humanidad; no hay necesidad de amar a los seres humanos porque amas a la humanidad.

Y si surge la necesidad, puedes sacrificar a todos los seres humanos por tu amor a la humanidad. Eso se ha hecho una y otra vez: la gente ama a las naciones, y la gente mata a la gente en nombre de "la nación". En nombre de la 'patria', de la 'patria' -palabras estúpidas-, pero en nombre de la 'patria' se puede matar a miles de personas muy fácilmente.

Lo real se sacrifica en el altar de lo abstracto. Esta es toda vuestra historia. En nombre de Dios, en nombre de la religión, en nombre del amor, en nombre de la paz, en nombre de la democracia, en nombre del comunismo -TODAS las abstracciones- seguimos masacrando a seres humanos reales.

Estas palabras son peligrosas. Deja esas palabras; ama a los seres humanos. Si tienes que sacrificar la patria, sacrifícala, no es nada. Si tienes que sacrificar la religión, sacrifícala, no es nada. Si tienes que sacrificar a la humanidad, mátala sin pensarlo, porque no hay humanidad y no estarás matando nada. Pero ama lo real: evita lo abstracto. Lo abstracto ha sido la mayor calamidad.

Hago valer lo real frente a lo abstracto. Y este ha sido el camino de todos los Budas, pero nunca han sido probados. Se ha probado con políticos y todos los experimentos políticos han fracasado, pero nunca se ha probado con Budas. Los hemos escuchado, los hemos venerado, pero nunca los hemos probado. Nunca les hemos dado una oportunidad.

Ahora ha llegado el momento de que si no se prueba a los Budas, entonces no hay futuro. El hombre está condenado - porque el hombre ha inventado, lentamente, tantas fuerzas violentas, el hombre ha descubierto armas tan peligrosas, la próxima guerra no será la tercera, será la última.

La próxima guerra será la guerra total. Destruirá toda la vida, no sólo la vida humana, sino toda la vida, la vida como tal.

Antes de que suceda, por favor, den una oportunidad a aquellos que han estado diciendo una y otra vez -Krishna, Cristo, Buda, Lao Tzu, Zaratustra- que el individuo tiene que transformarse. Y una vez que el individuo se transforma, la sociedad cambia automáticamente; ésa es una consecuencia.

Por tanto, no proponemos aquí ninguna revolución social. No me preocupa en absoluto la sociedad: toda mi preocupación es el individuo real.

Pregúntame tú, Peter Jenkins: ¿ES UN CULTO ESCAPISTA Y AUTORREGULADOR?

EN UN SENTIDO ES ESCAPISTA, porque escapamos de todas las ilusiones. En cierto sentido no es escapista, porque escapamos a la realidad. Escapar de las ilusiones y escapar a la realidad: por eso no es escapista.

Y no es egoísta en el sentido de que estemos en contra de los demás, de que no enseñemos ningún altruismo, de que no cuidemos la moral, de que no nos preocupemos en absoluto por los demás. No. Sabemos cómo preocuparnos por los demás. Pero para cuidar de los demás, lo fundamental, el requisito básico es cuidar de uno mismo.

Una madre cristiana le decía a su hijo: "Sirve a los demás: el servicio es religión. Dios te ha hecho para servir a los demás".

El niño preguntó a la madre: "Puedo entenderlo, que Dios me haya creado para servir a los demás, pero me surge una pregunta: ¿por qué creó Dios a los demás? ¿Para servirme a mí?".

Eso parece muy poco científico: "Estoy aquí para servir a los demás y los demás están aquí para servirme a mí".

¿Por qué no puedo servirme yo y servirte tú? Porque yo podré cuidarme mejor de lo que nadie pueda cuidarme, y tú podrás cuidarte mejor de lo que yo pueda cuidarte".

Enseño el autoservicio. Y entonces, como consecuencia, surge una visión totalmente diferente. La persona que se sirve a sí misma, disfruta de sí misma, se ama, se respeta, está OBLIGADA a respetar a los demás. Porque, poco a poco, toma conciencia de que en los demás existe la misma vida, la misma vida. Cuanto más te amas, más te das cuenta de que no estás separado.

Sólo en el amor se siente la unión. Cuanto más te amas a ti mismo~ más te fusionas y fundes en tu propio ser, más te vuelves orgásmico en tu mundo interior, más ves que todas las definiciones son falsas, que todas las demarcaciones son arbitrarias, que no estás separado, que el universo es uno.

Por eso lo llamamos "universo": "uni" significa uno. No lo llamamos "multiverso". Es uno, es un todo. Formamos parte unos de otros: ningún hombre es una isla. Pertenecemos a un continente invisible pero infinito. Nuestra existencia no tiene límites.

Pero esas experiencias sólo les ocurren a las personas que se autorrealizan, que están tan enamoradas de sí mismas que pueden cerrar los ojos y estar solas y ser completamente dichosas. En eso consiste la meditación.

Meditar significa extasiarse en la soledad. Pero cuando te extasías en tu soledad, pronto el éxtasis es tanto que no puedes contenerlo. Empieza a desbordarte. Y cuando empieza a desbordarte, se convierte en amor. La meditación permite que surja el amor. Y la gente que no ha conocido la meditación nunca conocerá el amor. Pueden fingir que aman, pero no pueden. Sólo fingirán, porque no tienen nada que dar, no se desbordan.

El amor es un compartir. Pero antes de compartirlo, ¡hay que tenerlo! La meditación debe ser lo primero. La meditación es el centro, el amor es su circunferencia. La meditación es la llama, el amor es su radiación. La meditación es la flor, el amor es su fragancia.

Enseño meditación, porque es la única manera de permitir que el amor suceda en tu ser.

Y cuando empiezas a desbordarte, empiezas a relacionarte con los demás, a cuidar de los demás... el servicio llega a tu vida como una sombra de la meditación. No se te debe imponer, no tiene que ser un deber.

Deber" es una palabra sucia de cuatro letras. Siempre que haces algo COMO un deber, es impuesto, cultivado, falso. Es pseudo, te convierte en un hipócrita.

Una cualidad totalmente diferente surge en tu ser cuando te desbordas y no puedes contenerte. TIENES que amar, tienes que compartir. Y la belleza de compartir es que cuanto más das, más recibes. Cuanto más te vacías en amor, más lleno te sientes.

Usted me pregunta: ¿PROPONES CAMBIAR LA SOCIEDAD Y EL MUNDO CAMBIANDO LA NATURALEZA HUMANA?

Yo no lo propongo. Así es como puede suceder - la ÚNICA manera en que puede suceder. Pero ese no es nuestro objetivo.

Cuando enciendes una luz, la oscuridad desaparece por sí sola. No hace falta que busques la oscuridad con la luz, que averigües dónde está y la obligues a salir de la habitación. Si hay luz, no hay oscuridad.

Si el hombre se transforma, se convierte en luz, primero para sí mismo y luego también para los demás.

Es una consecuencia natural.

Vivimos en el presente, vivimos en meditación, nos permitimos estar llenos de amor para que empiece a desbordarse. Pero todo esto no es utópico. No estamos buscando una utopía, no estamos buscando una edad de oro que llegue al mundo. Aunque la edad de oro sólo puede llegar de esta manera, no hay otra. Todas las demás vías han fracasado.

O la meditación o el suicidio: éstas son las únicas alternativas que le quedan al ser humano. En estos próximos veinticinco años, la última parte de este siglo, o el hombre tiene que volverse meditativo, y fuera de la meditación amar, o el hombre tiene que cometer suicidio universal.

La segunda pregunta

Pregunta 2:

SOY PSICOANALISTA, PERO ESCUCHAR A LOS PACIENTES DÍA TRAS DÍA ME ESTÁ VOLVIENDO LOCO. ¿QUÉ DEBO HACER?

ES NATURAL. Los psicoanalistas se suicidan más que cualquier otra profesión. La proporción es casi el doble. Y los psicoanalistas se vuelven locos más que cualquier otra profesión - de nuevo la proporción es el doble. Y la razón es que el psicoanalista no está entrenado en meditación en absoluto.

Es un ser humano supuestamente normal, como los demás. Y cuando empieza a psicoanalizar a la gente tiene que encontrarse no sólo con la locura del otro, con el sinsentido del otro, sino con el mismo sinsentido en sí mismo. El otro lo provoca, la presencia del otro. Y la basura que vierte, el psicoanalista tiene que escucharla. Todo ese sinsentido entra en él, provoca su propio sinsentido, le crea mucho miedo, empieza a volverle loco.

Hay una historia antigua:

Un gran rey de Egipto se volvió loco. Se hicieron todo tipo de tratamientos, pero todo fracasó.

Los médicos venían de lugares lejanos, pero el rey se hundía cada vez más.

Entonces alguien sugirió: "Olvidaos de médicos y doctores: deberíamos pedir consejo a algún sabio". Así que fueron en su búsqueda, encontraron a un antiguo sabio en una cueva y le preguntaron qué hacer.

El sabio dijo: "Contadme algunas cosas sobre el rey: sobre sus aficiones, su forma de vivir, las cosas que come....". Y se lo contaron. El sabio dijo: "Ahora es suficiente.

Esto servirá".

Le habían dicho que el rey era un gran aficionado al ajedrez, así que el sabio dijo: "Busca al mejor ajedrecista del país y págale lo que pida, pero tiene que jugar al ajedrez con el rey loco. Y vuelve al cabo de un año".

Se encontró al mejor jugador de ajedrez. No estaba muy dispuesto a jugar al ajedrez con un loco - el ajedrez en sí mismo es muy enloquecedor, y luego jugar con un loco.... Pidió demasiado dinero - esperaba que no le dieran tanto dinero - pero la gente del rey aceptó inmediatamente, así que no había manera de escapar. El ajedrecista TENÍA que jugar al ajedrez con el rey loco.

Al cabo de un año, las mismas personas volvieron a la cueva. El sabio preguntó: "¿Cómo van las cosas?".

Dijeron: "¡Has hecho un milagro! El rey está perfectamente cuerdo ahora". "El sabio dijo: "Está bien. ¿Algo más?"

Dijeron: "Sí, hay algo más: ¡el ajedrecista se ha vuelto loco!".

Es inevitable que ocurra, a menos que el psicoanalista esté enraizado en la meditación profunda. Ahí es donde al psicoanálisis le falta algo muy importante, absolutamente importante.

El psicoanálisis debe basarse en la meditación profunda. Cada psicoanalista, antes de ser certificado, debe pasar por largas meditaciones, porque la meditación te hará capaz de escuchar correctamente. La meditación te ayudará a estar tan silencioso y tranquilo y sereno que podrás escuchar al loco y podrás serle útil, pero él no podrá molestarte. De lo contrario, esto sucederá. Y la única manera, la experiencia, los psicoanalistas saben que es...

Lo he oído:

Un joven, un joven psicoanalista, le preguntó a un viejo colega:

"Siempre pareces tan feliz, tan alegre. Todo el día de trabajo, y un trabajo tan feo... Yo empiezo a cansarme con el segundo paciente, y por la tarde estoy muerto de cansancio. Pero tú nunca pareces cansada. Es una pesadilla escuchar continuamente las pesadillas de los demás".

El viejo se rió y dijo: "¿Quién escucha?".

Esta parece ser la única protección si no se sabe meditar. Entonces el psicoanalista sólo finge que escucha.

Freud era muy diplomático al respecto. Lo gestionaba todo de tal manera que el paciente solía tumbarse en el diván y Freud se sentaba detrás para que el paciente no pudiera verle, tanto si le escuchaba como si no, si se había dormido, si estaba soñando o haciendo otra cosa. El paciente se tumbaba y hacía un galimatías llamado "asociación libre".

De hecho, Freud tenía mucho miedo de mirar a los ojos de la gente; le tenía mucha fobia. Él mismo era una persona muy enferma. Él mismo no conocía nada parecido a la meditación o la oración; no había conocido nada de comunión profunda con la existencia. Tenía miedo constantemente: tenía miedo de acercarse al paciente. No permitía ninguna intimidad entre el terapeuta y el paciente, ninguna intimidad. Todo tenía que ser sólo una relación profesional, que no es una relación en absoluto.

Pero ahora las barreras freudianas se están rompiendo poco a poco. Los psicoanalistas son cada vez más valientes; se enfrentan al paciente, se encuentran con él, le miran a los ojos... y eso es peligroso. A menos que empieces a conseguir un arraigo, un centrado profundo en tu ser, esto va a ser peligroso. Mirar a los ojos de un loco puede ser estar juntos, pero no pueden convertirse en uno. Pero si viertes agua en agua, se convierte en uno.

En este pico más alto, donde se encuentran los siete centros, las personas desaparecen, sólo quedan energías, un juego de energía, un juego de conciencia. Y la alegría es constante, es orgásmica.

Es una comunión espiritual. No se necesita meditación para una pareja así, porque para una pareja así el amor es meditación suficiente. Es un fenómeno místico, trascendental. Pero es muy raro. Entre millones y millones de personas, una vez sucederá. Será casi un encuentro casual.

Debajo hay otra reunión: la de los seis centros. Eso también es raro.

Si el primero es el uno por ciento, el segundo es sólo el dos por ciento. Es unión, no unidad. No es una unión cósmica, mística, pero sí algo muy cercano a ella: una unión estética, un fenómeno artístico, una experiencia poética.

La primera sólo puede ser comprendida por quienes han conocido el samadhi, el satori. La segunda puede ser comprendida por poetas, pintores, bailarines, músicos.

La tercera, inferior, es la reunión de cinco centros. Es un tres por ciento posible. Ni siquiera es una unión; es dualidad. Dos personas siguen siendo dos, pero aún así hay una gran armonía.

Ambos funcionan en armonía, como si dos instrumentos musicales tocaran en armonía.

Los dos siguen siendo dos. No hay unión, no hay unidad. Están separados.

Así lo ha descrito Kahlil Gibran: "Los amantes deben ser como dos pilares de un templo que sostienen el mismo techo, aunque separados y separados". Esto está un poco por debajo de la experiencia estética, artística, musical. Es una experiencia moral, casta, pero hermosa.

El cuarto es la reunión de cuatro centros. Tiene una posibilidad del cuatro por ciento. Dualidad. Por ejemplo, Carl Gustav Jung tenía tanto miedo a la muerte que si le hablabas de la muerte, sólo le hablabas de la muerte, casi le entraba una rabieta. Quería ver las momias de los antiguos reyes y reinas egipcios. Recuerda siempre: siempre que tienes miedo de algo, también te sientes atraído hacia ello. El miedo y la atracción son dos aspectos de la misma moneda. Pero siempre que organizaba, planeaba, ir de visita a Egipto, caía enfermo.

Sucedió TANTAS veces que simplemente se dio cuenta de que debía estar creando la enfermedad. Y en el momento en que cancelaba el viaje, la enfermedad desaparecía. La última vez, incluso fue al aeropuerto, pero justo en el aeropuerto empezó a vomitar y tuvo que cancelar el viaje. Y entonces tuvo que abandonar la idea para siempre.

Freud tenía mucho miedo, incluso del psicoanálisis. Se cuenta que una vez viajaba con Carl Gustav Jung. No teniendo nada que hacer, Jung empezó a psicoanalizar a Freud. Llegó un momento en que Jung estaba muy cerca de tocar la raíz de la neurosis de Freud, y éste le dijo: "Para, ¡no hables más de ello!". Se asustó tanto que Jung le dijo: "¿Qué te pasa? ¿No puedes exponerte?"

Y Freud dijo: "No, no puedo exponer más que esto. Si expongo más, perderé toda mi autoridad".

Por un momento Jung se quedó en silencio, y luego dijo: "Ya lo has perdido. Si tanto miedo tienes de que te psicoanalicen a ti, ¿qué clase de psicoanalista eres?".

Y fue el padre del psicoanálisis. Él mismo nunca se psicoanalizó; nunca permitió que nadie se acercara tanto. Realmente temía que si llegaba a conocer su propio inconsciente nunca volvería a ser el mismo hombre.

Por eso seguimos evitando. Pero un psicoanalista no puede evitar; de ahí su problema.

Tendrás que aprender a ser tan silencioso que en lugar de que las afirmaciones neuróticas del paciente te afecten a ti, tu silencio empiece a afectar al paciente. Tienes que ser más potencial, tienes que estar más lleno de amor y gracia. Y de hecho, si estás lleno de amor, eso es terapia.

que es curativa. El amor es una fuerza curativa.

El psicoterapeuta, el psicoanalista, u otros tipos de terapeutas de otras persuasiones - - terapeutas existenciales, o la gente que sigue a Assagioli, la psicosíntesis, o la gente que sigue terapias de grupo - todas las personas que están involucradas de una manera u otra con el paciente tienen que aprender muchas cosas. El psicoanálisis está todavía en su primera infancia; tiene que aprender muchas cosas.

Y Oriente puede aportar muchas cosas a Occidente, porque Oriente ha reflexionado sobre los misterios de la mente durante miles de años. Lo que Freud inició en Occidente es un conocimiento muy antiguo en Oriente. Desde los antiquísimos días de los Vedas nos hemos encontrado con la realidad interior, hemos explorado la interioridad del hombre y hemos aprendido algunas verdades básicas.

Uno: que si quieres ayudar al otro tienes que estar en un estado de conciencia superior, de lo contrario no podrás ayudar al otro. Las personas que pertenecen al mismo nivel de conciencia no pueden ser de mucha ayuda. Y el peligro es que en vez de ayudar al otro, el otro te afecte tanto, te perturbe tanto, que pierdas tu propio equilibrio. Esa es la diferencia entre un gurú y un psicoterapeuta.

Un psicoterapeuta existe en el mismo nivel de conciencia que el paciente; el gurú, el Maestro, existe en un plano superior. Puede sacarte del lío en el que te estás ahogando.

Pero él TIENE que estar en un plano superior, de lo contrario hay muchas posibilidades de que lo arrastres al mismo lío en el que tú te estás ahogando.

Una vez sucedió:

Estaba sentado a la orilla de un río; un hombre empezó a ahogarse. En cuanto lo vi, corrí, pero antes de que pudiera llegar y antes de que pudiera saltar al río, otro hombre saltó. Y el hombre que saltó había olvidado por completo que no sabía nada de natación. Sólo con ver a un hombre ahogándose, se olvidó por completo de que no sabía nadar. Así que tuve que salvar a dos personas.

Le dije al hombre: "Has creado más problemas en lugar de ser una ayuda. Tuve que salvarte primero".

Dijo: "Lo olvidé por completo".

Usted me pregunta: YO SOY PSICOANALISTA, PERO ESCUCHAR A LOS PACIENTES DÍA TRAS DÍA, ME ESTÁ VOLVIENDO LOCO.

¿SABES NADAR? De lo contrario, en lugar de un hombre en apuros, habrá dos hombres en apuros. Tendrás que aprender a estar tan completamente callado, tan quieto, que tu silencio cree un ambiente a tu alrededor. Que en el momento en que el paciente entre en tu silencio, ÉL mismo empiece a caer en un silencio.

Ésa es la verdadera terapia, y ése es el significado de la palabra oriental "satsang": comunión con el Maestro. Simplemente sentándote al lado del Maestro, las cosas empiezan a suceder. No hace falta decir nada; sólo con estar en contacto con una conciencia superior, tu conciencia empieza a aceptar el reto, empieza a estar a la altura de las circunstancias. Algo se activa en ti.

El propio psicoterapeuta moderno está enfermo. Es un profesional; sabe todo sobre enfermedades, todo sobre curas, pero su conciencia pertenece al mismo reino que la conciencia del paciente. No es un Maestro. De hecho, el antiguo significado de la palabra "paciente" no es realmente una persona enferma, sino un estudiante. Proviene de "paciencia".

Se requiere paciencia para aprender. El paciente, especialmente el enfermo mental, tiene que ser realmente un estudiante. Tiene que aprender las formas de ser íntegro. No sabe cómo vivir una vida plena: ésa es su enfermedad. Pero, ¿cómo puedes enseñarle si tú mismo no vives una vida plena? Tienes que ser un Maestro, SÓLO entonces el paciente se transformará en alumno.

Y luego hay tres etapas de estudiante. La primera es el estudiante, la segunda es el discípulo, la tercera es el devoto.

El alumno sólo aprende intelectualmente, sólo se relaciona en el plano del intelecto, pero eso es el principio. Si puede relacionarse contigo intelectualmente, empezará a sentir confianza en ti.

Entonces podrá relacionarse emocionalmente; eso le convertirá en discípulo. Y cuando pueda relacionarse emocionalmente, entonces comenzará la comunión.

La primera es la comunicación. Cuando es alumno, te ve como un maestro. Cuando se convierte en discípulo, piensa en ti como un Maestro. Ahora la comunión ha comenzado a suceder; ahora en el nivel emocional surge una relación, una especie de amor.

Y Freud tenía mucho miedo de que surgiera este tipo de amor entre el terapeuta y el paciente. Lo temía tanto que no permitía ninguna intimidad; la relación tenía que ser totalmente formal. El terapeuta tenía que mantenerse muy distante, apartado, muy lejos. NO tenía que funcionar como un ser humano; tenía que funcionar sólo como un experto. No debía exponerse.

Entonces no podrás ayudar mucho; sólo en el plano intelectual podrás arreglar algunas cosas; se podrán eliminar algunos malentendidos. Pero el verdadero problema es emocional, no se necesita información, el verdadero problema está en los sentimientos. El paciente necesita una nueva forma de sentir, una nueva forma de ver, una nueva forma de percibir. Y eso sólo puede ocurrir cuando el terapeuta se permite relacionarse emocionalmente.

Eso sólo es posible si te encuentras en un plano tan elevado que puedas relacionarte emocionalmente y, sin embargo, no te perturbes;

de lo contrario, tu perturbación molestará a los pacientes en lugar de ayudarles.

Y el tercer y más elevado estado es el de devoto. En ese estado, el Maestro y el discípulo ya no están separados: se produce la unión, no sólo la comunión, sino la unión, una especie de unidad. Ese ha sido nuestro camino en Oriente. El buscador llega como estudiante, se enamora del Maestro, se convierte en discípulo; y un día el amor ha madurado, el Maestro y el discípulo se han encontrado, realmente se han encontrado. En ese encuentro nace el devoto.

Entonces el Maestro ya no es un ser humano: se piensa que el Maestro es un Dios. Por eso hemos llamado a Buda 'Bhagwan'. No en el sentido cristiano de la palabra "Dios". Es en el sentido de que el devoto ha llegado a un punto en el que puede ver que su Maestro sólo vive en el cuerpo, pero no es el cuerpo. Ahora puede ver la energía trascendental del Maestro. El Maestro representa a Dios en la tierra. El Maestro es una penetración del más allá, de lo desconocido, en lo conocido.

La psicoterapia tendrá que avanzar en este sentido. A menos que la psicoterapia se convierta en religión, este problema persistirá.

Dick sintió que necesitaba ayuda con sus problemas y decidió acudir a un psicoanalista. En la primera cita, el analista le dijo que se tumbara en el diván y hablara de lo que le preocupaba. Al cabo de un rato, el analista le dijo que siguiera hablando y que la grabadora lo registraría todo.

El analista regresó hacia el final de la sesión y se concertó otra cita en la que se repitió la misma escena. En la tercera sesión, cuando el analista se marchó, Dick, por curiosidad, miró por la ventana y vio al analista entrando en el bar de enfrente.

En la siguiente sesión, Dick apareció con un casete, se lo entregó a la analista y le dijo: "He grabado mi sesión en casa, y ahora podemos irnos los dos a tomar algo".

El psicoanalista no sólo tiene que ser un profesional: tiene que aprender el psicoanálisis no como una profesión, sino como una vocación. Tiene que ser su amor, su creatividad, su oración. Tiene que ser su ofrenda a Dios, sólo así no se volverá loco por sus pacientes. De lo contrario, es natural que ocurra.

Pero recuerda una ley fundamental: igual que las enfermedades son contagiosas, la salud también lo es. Si vives demasiado tiempo con gente enferma, enfermarás. A menos que tengas tal salud, tal entereza, tal integridad, que esté más allá de todas las infecciones, que seas inmune a las infecciones, sólo entonces serás capaz de ayudar, y serás capaz de no ser molestado por los pacientes.

Esto es posible. Esto es lo que intentamos hacer aquí. Mi esfuerzo aquí es transformar a los terapeutas en Maestros. Menos que eso no servirá.

La tercera pregunta

Pregunta 3:

MAESTRO, MILES DE PERSONAS ENTRAN EN TUS GRUPOS DE TERAPIA PARA TRASCENDER SUS LIMITACIONES Y ROMPER BARRERAS EMOCIONALES. ¿QUÉ GARANTÍA HAY DE QUE NO SUFRAN DAÑOS PSICOLÓGICOS?

Subhuti,

¿QUÉ MÁS DAÑO PSICOLÓGICO PUEDES SUFRIR? Ya lo has sufrido. Ese trabajo ya está hecho. No puedes estar más enfermo de lo que estás; no puedes caer más de lo que has caído: la sociedad ya lo ha hecho. No podemos dañarte; ya es imposible.

El daño ya está hecho.

Lo que intentamos aquí es deshacerlo. Has sido condicionado, como hindú, como mahometano, como jainista, como budista, este es el daño. Te han condicionado como indio, como alemán, como italiano: éste es el daño. Te han obligado a creer en cosas; te han inculcado todo tipo de prejuicios, supersticiones. Ya te han vuelto esquizofrénico; te han cortado en fragmentos. Ya te han contagiado la fiebre de la ambición. Te han dicho que la vida es competición, conflicto, violencia, que la única alegría en la vida es el éxito, que la única dicha en la vida es tener tanto dinero como puedas tener, que sólo te sentirás realizado si te conviertes en presidente de un país o en primer ministro. ¿Qué más da...? Todo esto son tonterías. Y tú estás lleno de ellas: mira en tu interior y lo verás.

Cada niño nace como un espejo puro, sin condicionamientos, TABULA RASA, limpio, como un cielo sin nubes, un espejo sin polvo. Pero saltamos sobre él, todos los intereses creados saltan sobre él. El sacerdote viene inmediatamente a bautizar al niño. No podemos permitir que el niño crezca tal como es; no podemos darle libertad. Empezamos a manipularlo, a distorsionarlo. Empezamos a darle ideas, que son TOTALMENTE neuróticas. Y es tan indefenso que las acepta, tiene que aceptarlas.

Para cuando sea un poco consciente, el daño se habrá hecho tan totalmente que ni siquiera será capaz de imaginar cómo puede salir de él. Para entonces se habrá identificado tanto con ella que pensará: "Esto es lo que soy". Si alguien te pregunta: "¿Quién eres?", ¿cuál es la respuesta? Pregúntate "¿Quién soy yo?" y ¿cuál es la respuesta?

Y cualquiera que sea la respuesta será el daño: "Soy un hindú, soy un mahometano, soy un indio, soy un brahmán, soy un comunista, soy esto, soy eso...." Te han dicho todas esas cosas.

No eres nada de todo eso. Eres simplemente un testigo puro, una conciencia, y nada más. Vienes al mundo como conciencia pura, pero la gente empieza a arrojar basura, mucha basura, en ti, y pronto se pierde la conciencia y te conviertes en el contenido. Esa es la caída, el pecado original: el cambio de la gestalt de conciencia a contenido.

Lo que estamos haciendo aquí es invertir el proceso: cambiar la gestalt del contenido a la conciencia. Ese es todo mi trabajo. De eso se trata sannyas. ¿Cómo puede este daño?

Blancanieves fue al médico. "Doctor", le dijo, "¿podría examinarme y decirme si aún soy virgen?".

Así que se tumbó en el diván y el buen doctor la examinó. Cuando terminó, ella volvió a decir: "Bueno, doctor, ¿sigo siendo virgen?".

"Bueno", replicó el médico, "es muy extraño: técnicamente sigues siendo VIRGO INTACTO, pero acabo de detectar siete pequeñas abolladuras en él".

Sólo técnicamente sois seres humanos -sólo técnicamente-, de lo contrario hay siete millones de abolladuras. Vuestros padres, vuestra supuesta sociedad, vuestros políticos, vuestros curas, han hecho un gran trabajo estropeándoos.

Aquí, Subhuti, no es posible ningún daño psicológico, porque no estamos condicionando a las personas, simplemente las estamos descondicionando. Ni siquiera las estamos reacondicionando;

simplemente las estamos descondicionando. Intentamos ayudarles a estar completamente desnudos, psicológicamente desnudos. No les estamos dando ninguna ideología; les estamos quitando todas las ideologías. Intentamos ayudarles a no tener ninguna ideología, a vivir sin ninguna idea de cómo vivir. Vivir totalmente, pero sin ninguna idea de cómo debe vivirse la vida.

No te estoy dando una filosofía de vida, te estoy quitando todas las filosofías de vida.

Y entonces la vida pura se afirma. No te estoy dando una meta que tengas que alcanzar; te estoy quitando todas las metas para que no necesites pensar en el futuro, para que puedas vivir en el presente. NO te estoy dando ningún concepto de perfección; no te estoy diciendo que tienes que ser perfecto - estoy declarando que ERES perfecto. Todo el mundo nace perfecto.

La imperfección es algo que se aprende.

Dios es perfecto, y fuera de Dios no es posible la imperfección. Venimos perfectos, venimos con la firma de Dios. De la perfección sale la perfección. Y entonces somos manipulados, empujados, tironeados por seres humanos que han sido empujados, tironeados, manipulados por otros seres humanos. E inmediatamente nuestro cielo abierto comienza a cerrarse, nuestras ventanas, nuestras puertas se cierran - ya no estamos disponibles para la existencia. Nos quedamos sin ventanas.

Y esa es nuestra miseria.

El perfeccionista es un neurótico. Cualquiera que quiera ser perfecto en cualquier aspecto se volverá neurótico. La neurosis se basa en la idea de la perfección, porque nunca se puede ser perfecto.

¿Por qué nunca puedes ser perfecto? Porque ya lo eres, así que ¿cómo puedes serlo? Si empiezas a buscar algo que ya tienes, nunca lo encontrarás. Si estás buscando tus especificaciones y las especificaciones están en tu nariz, y estás buscando a través de esas mismas especificaciones y buscando, nunca las encontrarás, no hay posibilidad.

La perfección es nuestra naturaleza. Esa es mi declaración fundamental para ti: perfectos somos. Así que no necesitamos buscar la perfección. Lo que yo enseño es: vive tu perfección tal como eres.

¿Cómo puedo dañarte? Los ideales dañan. Los objetivos dañan. La propia filosofía de la perfección daña. Te estoy quitando TODAS esas cosas.

Te estoy enseñando a vivir con sencillez. Vivir con una idea es una vida muy complicada, es astuto. Vivir simplemente, como los árboles y los pájaros....

Alguien preguntó a Jesús: "¿Cómo debemos vivir?".

Miró a los ojos del hombre y le dijo: "No me preguntes a mí, ve y pregunta a los árboles, a las flores, a los peces, a las aves".

¿Qué quiere decir con esto? Está diciendo: ¡Mira a tu alrededor! La rosa es una rosa, y el loto es un loto, y el pavo real es un pavo real, y la paloma es una paloma. El pavo real no está tratando de convertirse en león, y el león no está tratando de convertirse en elefante, y la rosa no está tratando de convertirse en loto, y el loto no está tratando de convertirse en rosa... de lo contrario todos habrían estado en el diván del psicoanalista. Nadie intenta convertirse en otro, y ahí es donde reside nuestra miseria. Tú estás intentando convertirte en otra persona.

Alguien intenta convertirse en Buda, alguien intenta convertirse en Cristo... ahora nunca serás tú mismo. Siempre permanecerás en la miseria, en el infierno.

Sé tú mismo, en tu pura ordinariez. No intentes ser extraordinario. Sólo sé una ordinariez radiante, y verás que suceden cosas extraordinarias. Verás que tu ordinariez se transforma en euforia, en éxtasis.

No tienes que volverte extraordinario, ¡lo eres! No tienes que ser digno, ¡lo eres! No tienes que convertirte en un santo... toda la existencia está llena de Dios. Todo es piedad.

Sólo tienes que vivir de forma natural, espontánea, consciente, momento a momento, sin sacrificar el presente por el futuro, sin sacrificar el hoy por el mañana, porque el mañana nunca llega.

Y eso es lo que te ha estado dañando: el mañana, el futuro, la idea de que tienes que ser como Jesús o como Buda. No puedes serlo, porque Dios nunca repite. Él sólo crea individuos únicos. No produce copias al carbón; sólo produce originales.

Han pasado miles de años y no hemos visto otro Krishna, otro Buda, otro Cristo, ¿por qué? Dios nunca repite. Él es un creador REAL, es creatividad. Sería feo repetir. Eso significaría que se ha agotado. Dios es creatividad inagotable. Y te ha creado, te ha mostrado tanto respeto, te ha amado. Al crearte ya te ha amado. Ámate a ti mismo. La idea de convertirte en otra persona se basa en el odio a ti mismo, en la autocondena.

Subhuti, este puede ser el único lugar en la tierra donde no puedes sufrir ningún daño psicológico.

La cuarta pregunta

Pregunta 4:

MAESTRO, HE ESTADO AQUÍ DURANTE UN MES Y AHORA HE LLEGADO AL FINAL DE MI ESTANCIA AQUÍ. SIENTO QUE TENGO MUCHO QUE AGRADECERTE Y NO QUIERO ESCABULLIRME SIN DESPEDIRME Y SIN PEDIRTE AL MENOS TU BENDICIÓN.

MI EXPERIENCIA CONTIGO Y TUS ENSEÑANZAS PARECE HABER CRISTALIZADO PARA MÍ EN UNA PARADOJA BÁSICA: CUANDO HABLAS DE AMOR Y PASIÓN E INTENSIDAD DE VIDA Y AUTENTICIDAD, SIENTO UN CÁLIDO RESPLANDOR DE RECONOCIMIENTO EN MI INTERIOR - SIENTO QUE ES LA VERDAD COMO A VECES LA HE VISLUMBRADO EN MIS CUMBRES.

PERO CUANDO HABLAS DE DESAPEGO, DE DISTANCIAMIENTO, DE OBSERVAR, SIENTO EN MI INTERIOR FRÍO MIEDO Y MUERTE. NO PUEDO COMPRENDER ESTA PARADOJA.

¿CÓMO PUEDO ENAMORARME Y PERMANECER DISTANTE? ¿CÓMO PUEDO PERDERME EN UNA VISTA HERMOSA Y PERMANECER DISTANTE? ¿CÓMO PODRÍA AMARTE Y PERMANECER DISTANTE?

RECONOZCO QUE LO QUE DICES DE OSCILAR INDEFENSO ENTRE EL CIELO Y EL INFIERNO, EL ÉXTASIS Y LA DESESPERACIÓN, ES CIERTO EN MI VIDA. VEO QUE ESTA IMPOTENCIA ES INSATISFACTORIA Y DOLOROSA.

PERO SI LA ALTERNATIVA ES UN DISTANCIAMIENTO FRÍO Y DESAPEGADO, ENTONCES CREO QUE PREFIERO

CONSERVAR MI CIELO Y MI INFIERNO, MI ALEGRÍA Y MI TRISTEZA, Y OLVIDARME DE LA ILUMINACIÓN.

Richard Mitchley,

LO MÁS IMPORTANTE A COMPRENDER EN LA VIDA ES que la vida ES una paradoja; la vida existe por ser paradójica. La vida NO es lógica: es paradójica. Existe entre el nacimiento y la muerte, existe entre la noche y el día, existe entre el odio y el amor, existe entre el hombre y la mujer. Existe entre la electricidad positiva y la electricidad negativa, existe entre el yin y el yang, entre Shiva y Shakti.

Mire a su alrededor, mire dentro, mire fuera, y encontrará la paradoja en todas partes.

Si la vida fuera lógica, no habría paradoja. Pero la vida no es lógica ni puede serlo. Piensa en un mundo donde sólo exista el amor y no el odio... entonces el amor no será posible; desaparecerá con el odio. Piensa en un mundo donde sólo exista la oscuridad y no la luz, o donde exista la luz y no la oscuridad... es imposible. Un mundo en el que sólo existiera el nacimiento y no la muerte sería muy lógico, pero también muy aburrido.

La vida es dialéctica, no lógica. Es un movimiento entre polaridades. Esas polaridades no son realmente opuestas, aunque parezcan opuestas, también son complementarias. El odio y el amor no son dos cosas; de hecho es una sola cosa: amor-odio; es una sola cosa: nacimiento-muerte; es una sola cosa: día-noche; es una sola cosa: hombre-mujer. Es como los picos del Himalaya y los valles: los picos no pueden existir sin los valles, y los valles no pueden existir sin los picos - ambos están juntos.

Y esta paradoja se encontrará en todos los planos, en todas partes.

Ahora, tú dices: PREFIERO MANTENER MI CIELO Y MI INFIERNO, MI ALEGRÍA Y MI TRISTEZA, Y OLVIDARME DE LA ILUMINACIÓN, SI LA ALTERNATIVA ES UN FRÍO Y DISTANTE DISTANCIAMIENTO.

No te estoy diciendo que tengas que elegir una vida fría y desapegada. Te lo estoy diciendo:

El amor apasionado y el distanciamiento frío es la paradoja. Es la misma paradoja que existe entre el nacimiento y la muerte, el amor y el odio. Sólo el hombre apasionadamente implicado sabe lo que es el distanciamiento frío. Te sorprenderá, porque hasta ahora te han dicho justo lo contrario.

Te han dicho que Buda es frío, desapegado, distante, que el hombre mundano es apasionado y el santo es desapasionado, que el hombre mundano vive una vida caliente y el monje se traslada a un monasterio y vive una vida fría. Así ha sido hasta ahora, pero ambos han permanecido asimétricos. El hombre mundano sólo conoce una parte de la polaridad. Esa es SU miseria. Sólo conoce el calor; no conoce la relajante frescura de ser un Buda. Y el monje sólo conoce la frialdad y no conoce la euforia, el éxtasis, la excitación, la tremenda celebración, de estar en caliente pasión.

Está Zorba el griego, que sabe lo que es la pasión caliente, y está nuestra idea de Buda -yo la llamo "NUESTRA idea de Buda"-, que sólo conoce el silencio frío. Hemos dividido la polaridad y, debido a esta división, el hombre mundano no es rico, porque sólo es la mitad. Y debido a esto, el hombre religioso tampoco está completo, y sin estar completo nunca puede ser santo, sólo conoce la otra polaridad. Ambos son miserables.

Vayan al mercado y vean, y vayan a un monasterio y vean. Encontrarás en el monasterio inmensa miseria, torpeza, muerte, y verás en los ojos de tus monjes estupidez y nada más, porque cuando vives en un solo polo pierdes agudeza, pierdes variedad, pierdes riqueza.

Mi forma de ver las cosas es: no hay necesidad de elegir. No elijas y verás el juego de las polaridades. Ambos son tus polos, ambos tienen que ser vividos. Sí, tienes que ser tan profunda, intensa y auténticamente apasionado como frío, silencioso y tranquilo. Tienes que amar y tienes que meditar. La meditación y el amor no deben estar divididos; deben ser como el valle y la cima: juntos.

El pico tiene bellezas, el pico iluminado por el sol y la nieve virgen, y por la mañana es todo oro, y en luna llena es todo plata, y la pureza del aire, y la cercanía de las estrellas - casi puedes susurrarles. Pero el valle también es hermoso: la oscuridad y su textura aterciopelada, la oscuridad y su infinitud, la oscuridad y su misterio, y la sombra de los árboles, y el sonido del agua corriendo. Ambos son hermosos.

Yo te enseño a no elegir, sino a aceptar a ambos, y ambos se ayudarán mutuamente a ser cada vez más agudos. Por un lado está Zorba el Griego, por el otro está Gautam el Buda - yo te enseño Zorba el Buda. Por eso los zorbas están contra mí, porque no pueden pensar en el Buda. Los comunistas, los materialistas, están contra mí porque preguntan por qué meto a Dios. Y los llamados shankaracharyas religiosos y los papas, están contra mí porque preguntan cómo consigo traer el amor a la vida de un hombre religioso, cómo me atrevo a traer el cuerpo y sus alegrías. Ambos están enfadados conmigo porque digo que el camino va del sexo a la superconciencia. A uno le gustaría que me detuviera en el sexo; al otro le gustaría que no hablara del sexo, sino sólo de la supraconciencia. Pero yo acepto la vida en todo su espectro. Acepto la vida en su totalidad. Sólo puedes aceptar cuando aceptas en su totalidad; si rechazas algo significa que estás intentando ser más sabio que Dios mismo. Él no lo ha rechazado. Tus mahatmas intentan ser más sabios que Dios mismo.

La vida existe en polos opuestos y existe maravillosamente.

Si amas, te sorprenderá que pronto surja -por amor- un gran deseo de estar solo.

Cada amante lo siente. Y si no lo ha sentido entonces no ha amado, entonces su amor es muy tibio; no ha sido realmente apasionado. Si ha sido apasionado, surgirá un gran deseo de estar solo, de tener tu propio espacio, de ir hacia dentro, de caer dentro, de desaparecer dentro... porque el amor, cuando es demasiado apasionado, te cansa, te agota, te vacía. Y es hermoso vaciarse, pero entonces empiezas a sentir qué necesitas alimento. ¿Y de dónde vas a nutrirte? Simplemente te mueves hacia dentro, te evades, cierras los ojos al mundo, simplemente te olvidas de los demás.... En esos momentos de ensimismamiento, las energías se acumulan, vuelves a sentirte lleno y luego demasiado lleno, y de esa excesiva plenitud surge el desbordamiento y tienes que buscar y buscar a alguien que esté dispuesto a compartir tu energía, que esté dispuesto a compartir tu canción, que esté dispuesto a bailar contigo.

De la soledad surge un gran deseo de estar juntos. Este es el ritmo.

No te estoy diciendo que te vuelvas frío, no te estoy diciendo que elijas el distanciamiento y una vida desapegada. Te estoy diciendo que son dos partes. Si quieres vivir tu vida en su multidimensionalidad -como materia, como espíritu, como cuerpo, como alma, como amor, como meditación, como exploración exterior y viaje interior- si quieres vivir la vida en su totalidad -el aliento que entra y el aliento que sale- no necesitas elegir. Si eliges, morirás.

Por eso en el mercado encontrarás gente que está muerta, y en los monasterios gente que está muerta. Porque unos pocos han elegido sólo exhalar, y otros pocos han elegido sólo inhalar. La respiración necesita ambas cosas; la respiración se convierte en un círculo perfecto cuando exhalas profundamente y de esa exhalación sale una inhalación profunda; y cuando inhalas profundamente, de esa inhalación sale una exhalación profunda.

Y recuerda: si tu exhalación no es profunda, tu inhalación no puede ser profunda. Si tu inhalación es pobre, tu exhalación será pobre. Se equilibran mutuamente. Cuanto más profundo exhales, más profundo inhalarás, y viceversa. Yo enseño esta unidad.

Mitchley, no tienes por qué preocuparte. Pero te preocupaste porque pensaste que a veces estoy enseñando el amor, y eso te hace sentir bien.... Pero déjame decirte, déjame ser franco contigo: aún no has conocido realmente el amor. Si hubieras conocido el amor, habrías comprendido también el otro polo. Por tu propia experiencia habrías comprendido que el amor crea una gran necesidad de estar solo, y la soledad crea una gran necesidad de estar juntos.

Esta es una verdad que hay que enseñar a todo el mundo. Los amantes no la conocen, por eso se sienten culpables si quieren estar solos. Y si uno quiere estar solo, el otro se siente rechazado. Esto es un completo malentendido. Si el marido dice: "Déjame sola esta noche", la mujer se siente rechazada, se siente enfadada. Parece como si ya no la necesitara. No es así, lo están malinterpretando todo. Y si un día la esposa dice: "Déjame en paz", el marido se siente muy herido; su ego masculino se siente muy herido.

En el momento en que le dices a tu amante o amado: "Quiero estar solo unos días, me gustaría irme a la montaña unas semanas, solo", el otro no puede entenderlo, porque nunca le han contado el hecho fundamental de que el amor crea el deseo de estar solo. Y si no entras en la soledad, tu amor se volverá plano; poco a poco, sólo será algo falso, perderá toda autenticidad.

Acepta la vida en su totalidad. Estar en la pasión caliente es bueno, y estar en la compasión fría también es bueno. Y deja que ambas sean tus alas; no cortes un ala, de lo contrario nunca serás capaz de emprender ese vuelo eterno - el vuelo de lo único a lo único. Así lo ha llamado Plotino: el vuelo del individuo al alma universal. Necesitarás las dos alas.

Te enseño el amor, te enseño la meditación - y te enseño una tremenda síntesis de ambos. Y no es que TENgáis que crear la síntesis: la síntesis es natural; sólo tenéis que no interrumpirla. Observa tus propias experiencias, y todo lo que estoy diciendo se demostrará válido, porque aquí no estoy hablando de ideología, simplemente estoy hablando de hechos.

Un héroe ruso muy condecorado regresó del frente finlandés, donde había prestado un valioso servicio. Había estado en las montañas durante meses en pleno invierno. Era su primer permiso en todo un año.

Un periodista fue a verle. Con un brillo en los ojos, el reportero le preguntó: "Dígame, capitán Iván Petrovich, ¿qué fue lo SEGUNDO que hizo después de estar alejado de su esposa durante un año entero?".

Iván respondió sin vacilar: "¿Lo SEGUNDO? Pues lo segundo que hice fue quitarme los esquís".

Si has estado demasiado tiempo en la montaña, ¿cómo puedes quitarte los esquís antes?

Un barco llegaba a puerto después de seis meses en el mar. Todas las mujeres de la ciudad habían bajado al muelle para dar la bienvenida a sus maridos. Una mujer saludaba a su marido encaramada en la proa del barco y le gritaba: "¡E.F! E.F!"

Gritaba: "¡F.F! F.F!"

"¡E.F! ¡E.F!"

"¡F.F! F.F!"

Un transeúnte se volvió hacia la mujer y le preguntó: "¿Qué es todo este asunto del E.F.F.?".

Ella respondió: "Digo que deberíamos comer primero".

No hay Dios hasta que lo conoces

La primera pregunta
      Pregunta 1:
MAESTRO, ¿ES NO-MENTE LA ÚLTIMA ORACIÓN?
Prabuddha,
LA ORACIÓN NO ES ALGO QUE SE PUEDA HACER. La oración tampoco es algo que se pueda pensar. La oración es un estado de ser silencioso, de silencio absoluto. Uno simplemente es...

entonces uno está en oración. Si haces oración, pierdes todo el sentido. El hacer permanece en la circunferencia; el hacer no puede entrar en el centro de tu ser.

Si estás diciendo tu oración, de nuevo fallas - porque al decirla estás pensando en ti mismo como separado de Dios, te estás relacionando con Dios como si estuviera separado de ti. Y esa es la ilusión básica: Dios no está separado de ti.

Por lo tanto, la oración no puede ser un diálogo entre yo y tú. Yo soy tú, no hay posibilidad de diálogo. En el momento en que dices tu oración, has aceptado una hipótesis que es básicamente errónea: que Dios está ahí, lejos de ti, separado. Has reducido a Dios a un objeto. Y Dios es tu propia subjetividad, es tu propio centro.

Los Upanishads dicen: "TAT-TVAM-ASI: tú eres eso".

La única manera de estar en oración es estar en absoluto silencio. En ese silencio hay un desbordamiento de gratitud, pero no se verbaliza. Hay un tremendo agradecimiento, pero no se dice, no se habla. Hay un gran amor, pero es una presencia pura.

Sí, Prabuddha, la no-mente es la oración definitiva. Y es el estado de no-mente donde la oración y la meditación se encuentran. La meditación te lleva a la no-mente, la oración te lleva a la no-mente. La no-mente es la cima donde el camino de la mente y el camino del corazón se encuentran, donde el Zen y el Sufismo son uno.

El camino del Zen comienza dejando caer los pensamientos, volviéndote cada vez más alerta al proceso del pensamiento - volviéndote tan consciente que en esa conciencia, en ese calor de la conciencia, los pensamientos comienzan a evaporarse y te quedas en tu total desnudez y soledad. Ese es el camino de la meditación; trabaja a través de la mente. Va contra la mente, trasciende la mente, pero el camino pasa por la mente.

El camino del amante, del devoto, del sufí, pasa directamente por el corazón. Simplemente deja a un lado la mente; no trabaja en absoluto sobre la mente, trabaja sobre los sentimientos.

Los sentimientos son silenciosos, no verbales: no se pueden comunicar, sólo comulgar.

En el Zen, los pensamientos se reducen. Y a medida que los pensamientos se reducen, tu energía se libera para convertirse en no-mente. En el Sufismo, los sentimientos se fortalecen, viertes tu energía en los sentimientos. A medida que los sentimientos ganan más y más fuerza, los pensamientos desaparecen por sí mismos.

Pero por ambos caminos se llega al santuario de la no-mente. Es lo último en oración y lo último en meditación. Ahí es donde el sufí es un zenista, y un seguidor del zen es un sufí, donde Buda y Bahauddin se encuentran, donde todas las religiones entran en el océano de la unidad.

Las religiones son como ríos: la no-mente es el océano. Ven de cualquier parte, ven de cualquier dirección, sigue cualquier camino, pero el día que llegues al estado de no-mente será el día de la alegría. Has llegado a casa.

La segunda pregunta

Pregunta 2:

MAESTRO, DESDE QUE ESTOY AQUÍ NO HE PODIDO DEJAR DE PENSAR QUE TODOS ESTOS SANNYASINS ESTÁN CONTIGO PORQUE NO PUEDEN VALERSE POR SÍ MISMOS. NECESITAN UN PADRE OMNIPOTENTE QUE TOME TODAS LAS DECISIONES POR ELLOS. HOY HE SENTIDO UNA TRISTEZA Y UNA ALEGRÍA MUY FUERTES AL

ESCUCHARTE. ¿QUÉ VA A PASAR? TENGO MIEDO DE VOLVERME DEPENDIENTE DE TI.

Margret,

LA IDEA DE VOLVERSE DEPENDIENTE, el deseo de volverse dependiente, Y la idea y el miedo de volverse dependiente, son lo mismo; no son diferentes. Si tienes miedo de volverte dependiente, eso simplemente demuestra que aún no eres independiente.

El miedo es un estado negativo. Y el deseo de volverse dependiente, de encontrar un padre omnipotente, alguien en quien apoyarse, es un deseo positivo. Ambos son lo mismo; lo positivo y lo negativo forman el todo.

Hay personas que no pueden valerse por sí mismas. No son personas fuertes, aún no han alcanzado su individualidad. Y hay personas que siempre tienen miedo de volverse dependientes; tampoco son personas fuertes, también son débiles. Su miedo muestra su debilidad.

La persona realmente independiente es capaz de rendirse.

La persona REALMENTE fuerte es capaz de enamorarse, porque sabe que su individualidad está intacta, que no hay forma de que la pierda nunca.

Margret, tu miedo demuestra que aún no tienes tu individualidad, de ahí el miedo.

Si no, ¿por qué habría que tener miedo? Recuerda, la individualidad es tu núcleo interno: no te la pueden quitar, nadie te la puede quitar, ni siquiera Dios. Es tu ser esencial:

no te lo pueden quitar. Y todo lo que te pueden quitar no es tu ser esencial. Uno está muy dispuesto a darlo, porque es una carga; quiere dar esa carga a alguien para poder liberarse de la responsabilidad. El otro tiene mucho miedo de darlo.

¿Por qué el otro tiene tanto miedo de darlo? El otro también lo siente como una carga, le gustaría darlo, pero tiene mucho miedo porque piensa: "Esto soy yo. Si se va, me voy".

Estar con un Maestro es aprender el secreto de que la entrega te aporta individualidad. Esa es la paradoja que hay que aprender, y esa es una gran liberación una vez que la has aprendido.

Margret, ¿has estado enamorada o no? Si has amado a una persona lo sabrás:

el amor te hará estar más solo que cualquier otra cosa en el mundo. El amor te dejará tan completamente solo que te sorprenderás, porque crees que en el amor te disuelves.

Ciertamente, todo lo que no es esencial se disuelve. Pero debido a que lo no esencial se disuelve, lo esencial aparece muy claro y fuerte. Y tu soledad es tu ser esencial.

Los amantes se convierten en individuos, sólo los amantes se convierten en individuos. Y enamorarse de un Maestro es lo último en amor. La relación entre un discípulo y un Maestro es una relación de amor. Es eros en su máxima expresión. Es la forma más elevada de amor, la forma más pura de amor. Todos los demás amores tienen otros motivos, están motivados. Y porque tienen ciertos motivos, no son puros. Son impuros, están contaminados. Hay algún deseo al acecho, de ahí que permanezcan arrastrándose por la tierra.

Enamorarse de un Buda, de un Cristo, es empezar a volar hacia el cielo. Los discípulos se elevan, entran en el mundo de la segunda ley, la ley del poder, la ley de la gracia. Se liberan de la ley de la necesidad, de la causa y el efecto. Se liberan de la gravitación; empiezan a levitar de forma metafórica, de forma simbólica. Su vida entra en un territorio totalmente nuevo.

Pero si el miedo está ahí, eso significa simplemente que aún no has probado el amor. Y como tienes miedo, todo lo que pienses de los demás será erróneo. Por miedo no puedes ver; el miedo nubla los ojos, la percepción, la claridad.

Y sólo hay dos caminos: la vida puede vivirse como eros, amor, o como phobos, miedo.

Y los que viven la vida como phobos son desgraciados, porque nunca sabrán lo que es la vida. Sólo los que viven la vida como eros podrán conocer los misterios más recónditos de la existencia. Pero eros exige entrega. En phobos no se exige ninguna entrega.

Margret, todavía no eres un individuo, de lo contrario habrías visto una cualidad totalmente diferente en mis sannyasins. Mis sannyasins no dependen de mí, en absoluto.

Ciertamente están aprendiendo, ciertamente se están empapando de mí, pero no son dependientes en absoluto. De hecho, me aman porque les hago cada vez más independientes. Su amor crece a medida que se vuelven independientes, a medida que se liberan de todo tipo de condicionamientos. A medida que voy lanzándoles sobre sí mismos, su amor se hace más y más profundo, su gratitud se hace más y más profunda.

Nunca podrás estar agradecido a una persona que te hace dependiente: la odiarás. Por eso los hijos odian a sus padres. No soy una figura paterna. Como mucho soy un amigo. Por tu parte, al principio puede que busques una figura paterna.

Y si caes en mi trampa, tarde o temprano reconocerás que lo has entendido todo mal... pero ahora ya es demasiado tarde.

¡No soy una figura paterna en absoluto! Estoy aquí para destruir todo tipo de esclavitud. Y es cierto que a nadie le gusta la esclavitud: aunque te obliguen a entrar en el paraíso, la odiarás. Sólo la idea de ser forzado es suficiente para crear odio.

No es casual que Friedrich Nietzsche declarara que "Dios ha muerto y el hombre es libre". Tenía que ocurrir: si Nietzsche no lo hubiera declarado, otro lo habría hecho. Después de todo, ya es suficiente. Veinte siglos de condicionamiento cristiano crearon a Friedrich Nietzsche; él es el resultado del cristianismo. Veinte siglos de dependencia de Dios y la humanidad acumulando tanto odio hacia Dios - tenía que suceder, es muy lógico. Se podía haber predicho que el hombre no podría tolerar más a Dios. Hay que ser libre.

Nietzsche simplemente declaró lo que estaba en el inconsciente de millones de personas. Se convirtió en la voz de este siglo. Nadie más representa este siglo tan verdaderamente como Friedrich Nietzsche. Él declaró. "Dios ha muerto." E inmediatamente la segunda declaración es: "Ahora el hombre es libre." Eso significa que Dios era una esclavitud, era una carga. Dios estaba aplastando a la humanidad, Dios no le permitía al hombre ser él mismo. Él tenía que morir.

Hay una hermosa parábola en la gran obra de Nietzsche, THUS SPAKE ZARATHUSTRA:

Un loco entra en el mercado, empieza a mirar aquí y allá y a buscar con una lámpara a plena luz del día. Y la gente empieza a reírse y le preguntan: "¿Qué buscas? ¿Estás loco o qué? ¿Por qué llevas una lámpara encendida a plena luz del día?".

Y dijo: "Busco a Dios. ¿Lo han visto? ¿Alguien lo ha visto en alguna parte?"

Y la gente empezó a reírse más. Y la multitud empezó a ridiculizar al loco, y alguien preguntó: "¿Es un niño pequeño que se ha perdido? ¿Quién es ese Dios? ¿Qué quieres decir con Dios?". Y la multitud se reía divertidísima.

El loco arrojó entonces la lámpara al suelo. Por un momento se hizo el silencio y luego dijo: "Parece que aún no os habéis enterado de la noticia. ¡Dios ha muerto! Y una cosa más: somos nosotros quienes le hemos asesinado. Pero parece que la noticia aún no os ha llegado: lleva su tiempo".

Es una parábola tremendamente significativa y significativa. El hombre ha asesinado a Dios en el inconsciente, y la noticia aún no ha llegado al consciente. Tal vez el consciente esté reprimiendo la noticia, tal vez el consciente se sienta culpable.

Incluso cuando te rebelas contra tus padres, te alejas de tus padres, una profunda culpa sigue acechando en tu corazón. Y a través de esa culpa tus padres siguen siendo grandes influencias para ti - tal vez de una manera negativa. Tal vez tu madre solía decir: "La limpieza está al lado de Dios" - y ahora vives lo más suciamente posible, y tienes que vivir así porque te estás rebelando contra tu madre. Pero esto no es rebelión, es simplemente reacción. Tu madre sigue siendo inmensamente poderosa sobre ti; ella sigue decidiendo tu estilo de vida. Tu suciedad, tu maldad... ella sigue teniendo el control.

Si te mantienes limpio y crees en la idea de tu madre, entonces ella te domina positivamente. Si vas en contra de ella y empiezas a permanecer impuro, de nuevo tu madre te está dominando, de forma negativa. Y puedes encontrar mil y una razones para ello, pero no serán realmente razones, sólo serán racionalizaciones.

Puedes decir: "Usar jabón daña la piel. Usar jabón no es natural - ningún animal lo usa, y yo soy un ser natural. Limpiarse los dientes no está bien porque ningún animal lo hace. Limpiarse demasiado los dientes, y la pasta y el cepillo de dientes, destruyen los dientes".

Puedes encontrar racionalizaciones, pero si miras en lo más profundo del inconsciente, verás simplemente que es tu madre la que te sigue diciendo: "¡Límpiate los dientes! Y si no te limpias los dientes no te dará el desayuno". Y tú estás llorando y limpiándote los dientes.

Esa escena sigue ahí, en algún lugar de tu inconsciente. Puede que te hayas vuelto muy culto, sofisticado, y que hables de gran filosofía, pero todo eso son tonterías. Si miras en el fondo, no es más que una reacción. Tu madre sigue siendo inmensamente poderosa sobre ti, al igual que tu padre.

Ahora, Margret, debes haber dependido mucho de tus padres. Esto es una reacción: ahora tienes miedo de enamorarte, tienes miedo de entrar en comunión. Temes constantemente que si te acercas mucho a alguien puedas desaparecer. No estás seguro de ti mismo, no confías en ti mismo. No sabes que tu núcleo más íntimo es siempre independiente, que no hay forma de cogerlo.

Pero no eres consciente de tu núcleo interno, sólo eres consciente de tu personalidad. Y tu personalidad ha sido creada por tus padres, y está arraigada en la fobia, en el miedo. Y, ciertamente, por miedo un hombre sólo puede morir pero no puede vivir.

De ahí que la vida de millones de personas no sea más que un lento suicidio. Mueren lentamente.

Nunca viven, porque allí donde la vida se cruza en su camino temen perderse. Todavía no tienen tanta confianza en su ser que puedan dar el salto, que puedan zambullirse en la vida y sin embargo ser capaces de volver - no están seguros de ello.

No pueden sumergirse profundamente en ninguna experiencia porque -¿quién sabe? - quizá no puedan volver.

Esto es vivir tu vida desde el miedo. Y cuando vives con miedo, empiezas a pensar que todo el mundo vive con miedo: lo proyectas también en los demás.

Es por eso que estas hermosas personas que están a mi alrededor, las malinterpretaste. Ellos no dependen de mí. Sannyas es rebelión - no es reacción, es rebelión. Es vivir con un nuevo entendimiento; es vivir con tu luz interior.

Sólo soy un espejo que te ayuda para que puedas ver tu rostro en mí, para que puedas ver tu futuro en mí, para que puedas ver tu interior reflejado en mí. Sólo soy un espejo.

Al mirarte en el espejo, no te vuelves dependiente de él, ¿o sí? El espejo simplemente te refleja.

No tengo ninguna idea que imponerte, no tengo ninguna moral que enseñarte, no estoy aquí para ayudarte a crear un carácter. Esas son TODAS palabras feas: carácter, moralidad, ideología.

Carácter significa que vives rodeado de una coraza; carácter significa que vives del pasado, que no vives en el presente. Y el presente es la única existencia que hay.

Te enseño a vivir sin carácter, sin armaduras, sin un pasado que te domine, sin respuestas prefabricadas. A vivir momento a momento, no desde el carácter sino desde la conciencia, no desde un sentido moral sino desde la conciencia. Y esa es la verdadera moralidad y ese es el verdadero carácter.

Y te sorprenderás, porque estoy llamando a la falta de carácter verdadero carácter; amoralidad, verdadera moralidad. Pero si entiendes lo que quiero decir con conciencia, entonces no habrá problemas; será muy sencillo. Uno vive espontáneamente cada momento plenamente consciente de lo que está haciendo. Nunca hay arrepentimiento por el pasado, nunca hay culpa. Yo te enseño una vida sin culpa, ¿cómo puedes volverte dependiente de mí? Puedes estar agradecido, pero no eres dependiente. Puedes estar enamorado, pero no eres dependiente.

Y recuerda, no te obligo, ni siquiera por tu propio bien - porque esa es una vieja estrategia, la vieja política para dominar a la gente. "Forzarlos, destruirlos - por su propio bien, por su propio bien". Pero este es mi entendimiento fundamental, que si eliges el infierno serás feliz allí; y si eres forzado al cielo, en contra de tu elección, serás infeliz allí.

Siempre es la libertad la que trae la alegría. La alegría es la fragancia de la libertad.

El reverendo Optimus Poke era un pésimo golfista. Un día lanzó un potente drive desde el green que desapareció en un gran árbol. La bola cayó hacia abajo, luego rebotó y rodó hacia el green; como atraída por un imán, siguió rodando doscientos metros hacia la bandera, y finalmente cayó justo en el hoyo.

"¡Hoyo en uno!", gritaron los demás golfistas.

El reverendo Poke levantó los ojos hacia el cielo. "Por favor, Padre", susurró, "preferiría hacerlo yo mismo".

A nadie que tenga sentido común o inteligencia le gustaría que le forzaran, aunque ese forzamiento traiga grandes bendiciones.

No estoy aquí para forzarte de ninguna manera, Margret.

Dices: DESDE QUE ESTOY AQUÍ, NO HE PODIDO DEJAR DE PENSAR QUE TODOS ESTOS SANNYASINS ESTÁN CONTIGO PORQUE NO PUEDEN VALERSE POR SÍ MISMOS.

Están parados sobre sus propios pies Sólo mira de nuevo, observa a mi gente de nuevo, no con una mente prejuiciosa. Escuchan mis consejos, pero no están obligados a seguirlos. Escuchan en silencio lo que digo y lo que soy, pero no es un mandamiento, no es una orden. Es un simple consejo; son libres de seguirlo o no. Si lo toman, son responsables de haberlo tomado; si no lo toman, son responsables de no haberlo tomado.

Nunca pregunto a nadie si sigue o no lo que digo. No les doy ningún detalle. A ti te gustaría que te diera un programa detallado: cuándo levantarte, qué comer, qué no comer, cuándo irte a dormir. Te gustaría que yo lo decidiera todo por ti. De hecho, eso es lo más desconcertante con lo que se encuentran mis sannyasins, que yo no decido ningún detalle. Simplemente doy una visión general. Comparto mi visión contigo, luego tienes que encontrar tu propio camino. No te doy un mapa a seguir. Simplemente comparto mi luz y entonces eres libre con esa luz para moverte por cualquier camino.

Es un fenómeno totalmente extraño, Margret. Por eso mucha gente lo malinterpreta: no se trata sólo de ti. A lo largo de los siglos, los religiosos han dado instrucciones detalladas que hay que seguir a rajatabla. Si no las sigues, es pecado y sufrirás en el infierno. Si las sigues, es virtud y serás recompensado en el cielo.

Imitar, seguir, ha sido una virtud durante siglos. Y estar solo ha sido un pecado durante siglos. Este es un fenómeno totalmente nuevo, es algo muy nuevo. No te estoy dando ningún mandamiento, no hay "deberías" ni "deberías". Simplemente comparto mi experiencia y luego te dejo solo. Entonces tienes que elegir, pero siempre tiene que ser tu propia elección.

Enseño a mi pueblo a vivir de eros, amor, y no a vivir de phobos. Y es bueno que tus prejuicios disminuyan.

Dices: HOY HE SENTIDO UNA TRISTEZA Y UNA ALEGRÍA MUY FUERTES AL ESCUCHARTE. ¿QUÉ VA A PASAR? TENGO MIEDO DE VOLVERME DEPENDIENTE DE TI.

No tengas miedo: aunque quieras depender de mí, no lo aceptaré. Porque sé una cosa: no puedes hacer que nadie dependa de ti a menos que tú también dependas de él o de ella. La dependencia no es un tráfico unidireccional.

La persona de la que pasas a depender pasa a depender de ti. La esclavitud siempre es mutua. Y yo no quiero ser un esclavo, no quiero depender de nadie. Por lo tanto, no puedo apoyarte de ninguna manera si quieres hacerte dependiente de mí. No es posible conmigo, es imposible - porque esta verdad es tan fundamental que no hay excepciones a ella.

Puedes observar tu propia vida. Si te vuelves dependiente de tu esposa, mira, la esposa se ha vuelto dependiente de ti. Si te vuelves dependiente de un amigo, el amigo se ha vuelto dependiente de ti. Es una espada de doble filo.

Si quieres ser independiente, tendrás que ayudar a todos los que te rodean a serlo. Es la única manera de ser independiente. Si el marido quiere ser independiente, tiene que ayudar a la mujer a serlo. Si la mujer quiere ser independiente, tiene que ayudar al marido a serlo.

Por eso digo que el movimiento de liberación de la mujer es una gran ayuda para el hombre. Si las mujeres REALMENTE se independizan, eso será lo más grande que JAMÁS LE HA SUCEDIDO A LOS HOMBRES - porque la liberación de la mujer será la liberación del hombre.

Aquellos que estén alerta, ayudarán a que suceda. La mujer tiene que ser liberada, totalmente liberada, sólo entonces el hombre podrá ser libre. Esta ley fundamental no ha sido comprendida hasta ahora.

El hombre ha intentado hacer de la mujer una esclava, y él mismo se ha convertido en esclavo en el proceso - de hecho, más esclavo.

Es muy difícil encontrar un marido que no sea un calzonazos, casi imposible. ¿Por qué ocurre esto? Porque has reducido a la mujer a tal esclavitud que ella TIENE que hacer lo mismo contigo. Siempre te ocurrirá lo mismo. La vida rebota sobre ti; la vida se hace eco de todo lo que haces, sigue cayendo sobre ti.

Si amas, el amor fluirá de todas partes hacia ti. Si odias, el odio fluirá de todas partes hacia ti. Si creas esclavitud a tu alrededor - la mujer es una esclava y los hijos son esclavos - entonces serás un esclavo toda tu vida. Tú solo no puedes ser libre.

La libertad sólo se da en un determinado entorno de libertad; necesita una determinada atmósfera de libertad.

Estoy creando aquí una atmósfera de libertad. No puedes depender de mí, aunque quieras.

Y en el fondo, Margret, parece haber en ti un deseo de ser dependiente, de ahí el miedo. Tienes miedo de tu propio inconsciente.

Tú dirás: ¿QUÉ VA A PASAR? TENGO MIEDO DE VOLVERME DEPENDIENTE DE TI.

Si de verdad quieres independizarte, si de verdad quieres saborear lo que es la independencia, sumérgete en esta comuna y experimenta cómo la entrega puede ayudarte a convertirte en ti mismo. Experimenta la mayor paradoja de la vida, porque aquello a lo que puedes entregarte no eres tú. Y lo que puedes entregar no eres tú, es una parte no esencial de tu ser.

Y cuando todas las partes no esenciales se hayan desprendido -y sean como montañas que te aplastan, y en esas montañas el pequeño diamante de tu ser esté completamente perdido-, cuando todas esas montañas hayan desaparecido verás la luz cristalina de tu propio diamante interior. Por primera vez verás: en la entrega naces.

La entrega es una muerte, la muerte de todo lo que no es esencial, y una resurrección, la resurrección de todo lo que es esencial, auténtico, verdadero.

La tercera pregunta

Pregunta 3:

HE PASADO TODA MI VIDA INTENTANDO CONOCER A ALGUIEN QUE ME AME DE VERDAD Y QUE ACEPTE SER AMADO DE VERDAD POR MI.

TODOS MIS INTENTOS HAN SIDO DOLOROSOS FRACASOS Y ME SIENTO TOTALMENTE DESESPERADA Y

RECHAZADA. ¿QUÉ ME PASA? ¿CÓMO PUEDO SENTIR EL
AMOR DENTRO DE MÍ? ¿CÓMO PUEDO CONOCERME Y
AMARME DE VERDAD?

Ferrero,

EL PRIMER PASO FUE MAL Y una vez que el primer paso va
mal, todo tu viaje va mal. Empezaste a buscar a alguien que te amara de
verdad: ahí es donde te equivocaste.

Lo básico es amarse a uno mismo. Si te amas a ti mismo encontrarás
a mucha mucha gente que te ame - porque una persona que se ama
a sí misma se vuelve encantadora, adorable; alcanza una gracia y una
dignidad. La persona que no se ama a sí misma sigue siendo fea, porque
si NO te amas a ti mismo, te odias. No hay otra opción; no puedes ser
simplemente neutral.

La neutralidad no existe en la vida: o eres esto o eres aquello. Si no
te amas, te odias. Y en ese mismo odio te paralizas, te envenenas, ¿cómo
puedes esperar que alguien te ame? Si ni siquiera tú estás dispuesto a
amarte, ¿quién va a amarte?

Recuerda la famosa frase del místico judío Hillel: "Si NO eres para ti
mismo, ¿quién será para ti?". Y la otra parte de la afirmación también es
hermosa: "Si eres SÓLO para ti mismo, entonces ¿cuál es el sentido de tu
vida?".

Esta es la polaridad. Tienes que amarte a ti mismo, esa es tu primera
obligación contigo mismo. Y lo segundo es no perderse en ese amor
propio, de lo contrario tu vida no tendrá significado, no tendrá sentido.
Cuando seas capaz de amarte a ti mismo, entonces busca al otro, busca al
otro. Y lo encontrarás. Toda la tierra está llena de gente amorosa, gente
hermosa. Sólo que tú no eras hermoso, no fluías con amor, no estabas
lleno de amor; por eso no podías encontrar a nadie que te amara.

Y eso le ocurre a mucha gente, no sólo a usted. Casi la mayoría sufre
el mismo problema. Todo el mundo quiere ser amado y nadie sabe lo que
es el amor, y nadie sabe cómo amarse a sí mismo.

El amor es un gran arte. La gente aprende a pintar, la gente aprende
a tocar música; durante años la gente practica tocando música. Luego,
poco a poco, llegan a ser capaces de crear algo bello. El amor es la
MAYOR belleza y el mayor fenómeno, y nunca se aprende. Todo el

mundo piensa que por el mero hecho de nacer ya eres capaz de amar.

Eso no tiene sentido. La vida es una oportunidad para aprender qué es el amor. El potencial está ahí, pero el potencial tiene que transmutarse en lo real.

Es como si todo el mundo fuera potencialmente capaz de nadar, pero eso no significa que sepa lo que es la natación: tendrá que aprender.

Puede parecer paradójico, pero no lo es. Medita sobre esta afirmación: Hay que aprender a ser lo que se es. El amor está ahí - sin refinar, como un diamante recién salido de las minas.

El mayor diamante del mundo es el Kohinoor. Cuando se encontró, durante meses la persona que lo había encontrado no supo que se había convertido en el hombre más rico de la tierra.

Dio el diamante a los niños para que jugaran con él, porque pensaba que sólo era una piedra bonita, ni siquiera semipreciosa.

Los niños jugaron con él; durante meses permaneció con los niños. Y sólo entonces fue descubierto: lo descubrió alguien que sabía lo que son los diamantes: un joyero.

No podía creer lo que veían sus ojos. Nunca había visto una piedra tan grande, un diamante tan grande - es el más grande.

Y luego, durante siglos, se ha ido refinando y perfeccionando. Ahora sólo pesa un tercio del peso original. Pero cuanto más se ha refinado y pulido, cortado y pulido, más y más valioso se ha vuelto. Ahora pesa un tercio, pero su valor es millones de veces mayor.

Eso es lo que ocurre también con el amor: el amor es un diamante en bruto, sin pulir. Hay que aprender, y es un gran arte. Es como tocar música en tu propio corazón. Es como aprender una danza en lo más profundo de tu alma, una danza de energía. Y sólo cuando estés bailando con gran energía, y tu corazón esté lleno de canciones, y tu alma sea una sinfonía, podrás encontrar a alguien que te ame.

Cuando seas capaz de compartir tu energía, encontrarás a alguien que te quiera.

Usted dice: HE PASADO TODA MI VIDA TRATANDO DE CONOCER A ALGUIEN QUE REALMENTE ME AME...

¿Y qué quieres decir con "quiéreme de verdad"? Debes tener una idea - esa es la segunda cosa que salió mal. Tienes una idea de lo que es el amor de verdad. Debes ser un perfeccionista, y en la vida nada es perfecto. Por eso las cosas son bellas. Si en la vida las cosas fueran perfectas, la vida habría sido un aburrimiento total.

Bertrand Russell parece tener razón cuando dice: "No me gustaría ir al cielo, si es que existe el cielo, porque allí sólo encontrarás gente perfecta, y la vida será completamente aburrida".

Piensa en vivir con gente perfecta... todo el mundo es perfecto. Eso significa que ya no habrá crecimiento, ni evolución; ya no ocurrirá nada nuevo. Las personas que viven en el cielo, si es que existe el cielo, deben de estar ENCASTRADAS unas con otras, aburridas, completamente aburridas, y no hay forma de ir a ningún otro sitio. Una vez que entras en el cielo, no puedes escapar; no hay salida.

La perfección crea una mente neurótica; la idea misma de perfección es creadora de neurosis.

Ahora, debes tener alguna idea del amor real. ¿Qué quieres decir con "amor verdadero"? El amor es amor. No hay amor irreal ni amor real: el amor es SIMPLEMENTE amor. Y el amor se basta a sí mismo; no necesita ser real, no necesita ser irreal. Pero la gente tiene ideas...

Por ejemplo, alguien tiene la idea: si el amor es eterno, entonces es real - eso significa que estás en busca de una flor de rosa que nunca se marchitará, nunca se marchitará. No la encontrarás.

O, si alguna vez la encuentras, será una rosa de plástico. No puede estar viva.

La flor viva está ahí por la mañana, bailando con el viento, susurrando con el sol, jugando con las mariposas... ¡todo alegría! Al atardecer ya no está. Los pétalos han caído....

Y mañana no encontrarás ni rastro de dónde vino y adónde ha ido. Vino de ninguna parte, y en ninguna parte ha desaparecido. Y era una flor viva.

Ahora la gente tiene ideas muy estúpidas sobre el amor. Una es que tiene que ser eterno; eso se lo impide. Primero quieren asegurarse de todo, de si este amor va a permanecer. ¿Cómo puedes estar seguro? Nadie puede garantizarlo; no hay seguro para ello.

Hoy puede estar ahí, y mañana puede haber desaparecido. Y cuando mañana ya no esté, NO digas que era irreal, de lo contrario habrás malinterpretado toda la cuestión.

Lo real cambia CONSTANTEMENTE. Sólo lo irreal permanece; lo real sigue cambiando.

La realidad es crecimiento, crecimiento continuo, crecimiento sin fin. Si hay algo permanente en la vida y en la existencia, es el cambio. Excepto el cambio, todo cambia.

Así que no digas que cuando tu amor desaparece era irreal. Tienes un criterio, un criterio muy absurdo, de que las cosas tienen que ser permanentes para ser reales.

Esta idea ha torturado a millones de personas a lo largo de los siglos. Y millones de personas no han podido amar debido a esta tonta idea. Y no estoy diciendo que el amor tenga que desaparecer mañana, no estoy diciendo eso. Puede que desaparezca, puede que no. Tienes que ser abierto sobre el mañana.

Hay rosas que permanecen un poco más y otras que se marchitan muy rápido. Y depende de los jardineros, depende enormemente de los jardineros, de cómo se cuiden. Puede durar un poco más. Necesitas tener un pulgar verde, como Mukta. Mukta tiene un pulgar verde.

Tienes que estar muy alerta; NO serio - muy juguetón pero alerta. El amor es un fenómeno delicado, muy delicado. Es difícil crearlo; es muy fácil destruirlo. Es una nota MUY delicada, sólo unos pocos guitarristas pueden crearla. Es una nota realmente delicada. Es más silencio que sonido.

Y si hay algún sonido en ella, es sólo para funcionar como telón de fondo del silencio, sólo para funcionar como contacto.

Nunca aprendiste lo que es el amor, nunca aprendiste a quererte a ti mismo. Y empezaste a esperar a alguien que REALMENTE te amara y te aceptara. ¿Te has aceptado a ti mismo? Es muy raro encontrarse con una persona que realmente se acepte a sí misma.

La gente sigue mejorándose a sí misma, haciendo esto y aquello; nunca están satisfechos consigo mismos.

Y eso es lo que te enseñan todos los días, todos los predicadores del mundo:

¡Mejorar! ¡Mejorar! Pero la idea de mejorar significa: nunca te aceptes a ti mismo, nunca te sientas satisfecho contigo mismo, nunca disfrutes: sigue mejorando. Así que la gente se convierte en escaladores. Sólo saben una cosa: cómo seguir subiendo la escalera, y entonces, cuando llegan al final de la escalera, parecen muy tontos y ridículos, porque ahora el único arte que saben es cómo seguir subiendo... y la escalera está acabada. No saben nada más; sólo saben subir escaleras. Así que se sienten muy atascados.

Siempre le pasa a la gente. Alguien ha aprendido a acumular riqueza, y sigue y sigue... y finalmente tiene más de lo que jamás había soñado, y ahora no sabe qué hacer. Sólo sabe una cosa: cómo acumular.

Alguien se embarca en un viaje de poder, se convierte en primer ministro de un país y luego se queda estancado y parece muy tonto. Basta con mirar a los ojos de los políticos de éxito: parecen muy tontos, atascados. La escalera está acabada. Se han convertido en el primer ministro o en el presidente del país; ahora ya no hay más peldaños en la escalera. Sólo saben una cosa: cómo seguir subiendo. Han subido toda la escalera... ¿y ahora qué?

Son como perros que corren detrás de cada coche, y cuando adelantan parecen muy tontos; luego no saben qué hacer....

De repente han llegado, y toda su vida han estado pensando en llegar. Ahora han llegado; parecen muy desconcertados. No pueden pensar nada; toda su mente simplemente se vuelve borrosa, nublada. Ahora lo único que hacen es intentar permanecer en la escalera más alta, porque hay otros escaladores que vienen y les tiran de las piernas y hacen todo tipo de cosas. Así que se aferran a sus sillas.

Esto también les ocurre a los amantes. Usted está en busca de una mujer hermosa o un hombre hermoso, y entonces un día usted ha encontrado ... y de repente usted está en una pérdida. Usted sabe sólo un arte: cómo buscar una mujer hermosa. Has buscado... ahora parece que no queda nada más.

A menos que sepas tocar en el interior del corazón la música cuyo nombre es amor, la melodía que es amor, aunque encuentres a una persona hermosa, no va a pasar nada.

Inmediatamente las relaciones se vuelven agrias; antes de que acabe la luna de miel, están acabadas.

Usted dice: HE PASADO TODA MI VIDA TRATANDO DE

ENCONTRAR A ALGUIEN QUE REALMENTE ME AME, Y QUE ACEPTE SER REALMENTE AMADO POR MÍ.

PRIMERO HAY QUE APRENDER A ACEPTARSE Y no exigir perfección en el otro. Sé humano. No pidas perfecciones inhumanas. Te han dado ideas muy románticas sobre el amor, y esa ha sido la calamidad. Buscas ideas románticas y poéticas. Las personas no son ideas de algún soñador, poeta; las personas son personas REALES. Y tú vives de la poesía. Piensas en el otro de tal manera que nadie puede cumplir; todo el mundo se quedará corto.

Y piensa: querías que alguien aceptara tu amor, pero ¿aceptaste el amor de alguien? No, buscabas un amante perfecto. Pero cuando busques al amante perfecto, recuerda que el otro también está buscando al amante perfecto. Ambos habéis sido condicionados por la misma sociedad.

He oído, Ferrero, que alguien como tú fue a un Maestro y le dijo: "Llevo toda la vida buscando una mujer perfecta".

Y el Maestro dijo: "¿Y la encontraste o no?".

El hombre parecía muy triste; dijo: "Sí, lo hice".

"Entonces, ¿qué ha pasado?", preguntó el Maestro. "Entonces, ¿por qué estás tan triste?"

Y el hombre dijo: "Pero ella buscaba un hombre perfecto".

Estáis condicionados por la misma sociedad, por las mismas ideas románticas. Te han alimentado con poesía tonta que no tiene ninguna relación con la realidad. De hecho, mi propia experiencia es ésta: que los poetas son las últimas personas de las que se puede aprender sobre el amor, las últimas personas.

Vuestros supuestos poetas no tienen nada que ver con el amor. Ellos mismos no han conocido el amor; su poesía es simplemente un sustituto del amor que les ha faltado; su poesía son sus sueños, su poesía NO está basada en su experiencia.

Y nos han alimentado continuamente con esta poesía.

Mi propia experiencia con los poetas es que se han convertido en poetas porque no podían ser amantes. Así que escriben sobre lo que no han podido hacer. Su poesía no es más que los sueños de personas hambrientas. Igual que si ayunas, por la noche soñarás con comidas deliciosas. Su poesía no es más que los sueños de personas que nunca han probado el amor. Y, naturalmente, para compensar siguen creando sueños cada vez mejores.

Su poesía es enfermiza, pornográfica. Desata tu imaginación, te da fantasías.

Y la gente real es gente real. - Nadie está aquí para cumplir tus fantasías. Deja tus fantasías y verás que el mundo está LLENO de gente guapa.

Y si quieres ser aceptado, primero acéptate a ti mismo, y luego acepta el amor de alguien.

Cumple estas condiciones y serás aceptado. Y no pidas lo imposible.

Debes haber vivido en una mente muy negativa; ésta es la mente de la negatividad. Sé un poco más positivo.

Un pueblo de Nueva Inglaterra se jactaba una vez de tener dos personajes: un funcionario mezquino que nunca hacía una buena obra si era posible hacer una mala, y un funcionario optimista al que nunca se había oído hablar mal de ningún ser humano.

Con el tiempo, el hombre malo murió. El día de su funeral, la multitud habitual se reunió en la oficina de correos para esperar la distribución del correo. Naturalmente, se habló de la vida y obra del difunto.

El difunto fue pintado como un avaro, un mentiroso, un ladrón, un traficante de escándalos y un traidor.

El optimista, que estaba presente, escuchó en silencio. Al final, uno de los miembros del grupo se dirigió a él.

"Dime, Gid", preguntó el otro hombre, "¿no es verdad todo lo que hemos dicho sobre ese viejo canalla? ¿Puedes nombrar un solo rasgo meritorio que haya mostrado?"

"Bueno", dijo el optimista, "tendréis que admitir que desde luego sabía tocar la armónica".

Sé un poco más positivo y encontrarás algo hermoso incluso en la persona más mala. Sé negativo y encontrarás algo feo incluso en la persona más bella.

Ahora, si quieres vivir en un mundo de gente fea, sé negativo, y harás feo al mundo entero. Es tu mente la que creará fealdad a tu alrededor, porque estarás buscando sólo lo feo, sólo lo negativo, sólo lo malo.

Vivirás en el infierno, eso es el infierno. La mente negativa crea el infierno: la mente positiva crea el cielo.

Con la mente positiva... ESTA MISMA TIERRA ES EL PARAÍSO, ESTE MISMO CUERPO ES EL BUDA.

TODO depende de ti, de cómo mires, con qué ojos mires.

El granjero yanqui estaba siendo examinado por los médicos para preparar la contratación de una póliza de seguros.

"¿Ha tenido alguna vez una enfermedad grave?", preguntó el examinador.

"No", fue la respuesta.

"¿Alguna vez has tenido un accidente?"

"No."

"¿Nunca has tenido un solo accidente en tu vida?"

"Pues no. Pero la primavera pasada, cuando estaba en el prado, un toro me tiró por encima de una valla".

"Bueno, ¿no llamas a eso un accidente?"

"No, no lo sé. Ese maldito toro lo hizo a propósito".

Depende de ti cómo veas la vida; depende totalmente de ti. Tú eres el creador de tu vida. Puede tener un significado tremendo, belleza, alegría - pero tendrás que crearlo en tu corazón, y tendrás que esparcirlo por todas partes. Tendrás que crear algo en ti mismo, sólo entonces lo encontrarás en la existencia.

La existencia se hace eco de ti....

Quinta pregunta

Pregunta 4:

MAESTRO, ¿PUEDO REALMENTE RENDIRME Y SEGUIR SIENDO UNA LUZ PARA MI MISMO?

Deva Suli,

ÉSTA ES LA ÚNICA MANERA DE SER UNA LUZ PARA SÍ MISMO para entregarse. La vida es paradójica: día/noche, nacimiento/ muerte, verano/invierno, amor/odio, y así ad infinitum.

Si una persona comprende esto a fondo, estará de acuerdo y no se preocupará. En otras palabras, sabe cuando ama que pronto odiará; por lo tanto, reirá cuando vaya cuesta arriba y llorará cuando vaya cuesta abajo. Se dará cuenta de la paradoja de la vida, de que no puede ser perfecto y tampoco puede ser coherente. Nuestra idea es ser coherentes y tener situaciones absolutamente claras, pero es imposible, es demasiado unilateral, y nosotros no somos unilaterales. Somos infinitos; contenemos ambos polos en nuestro ser, y ambos polos tienen que ser vividos.

Por lo tanto, si te rindes, te conviertes en una luz para ti mismo. Si te conviertes en una luz para ti mismo, te vuelves capaz de entregarte.

Era una pregunta constante ante Buda - constante, porque solía decir a su gente: Sé una luz para ti mismo. Esa es su declaración: APPO DIPO BHAVA - sé una luz para ti mismo. Esa fue su enseñanza constante, el trasfondo de todas sus enseñanzas. Y aun asi le enseñaba a la gente a rendirse.

Cuando la gente venía a ser iniciada tenía que declarar una triple rendición:

BUDDHAM SHARNAM GACHCHHAMI - Vengo, me rindo a los pies de Buda; SANGHAM SHARNAM GACHCHHAMI - Me rindo a la comuna de los sannyasins; DHAMMAM SHARNAM GACHCHHAMI - Me rindo a la ley fundamental de la vida, LOGOS, TAO, DHAMMA.

Estas tres entregas harían de una persona un discípulo - y toda la enseñanza de Buda era: Sé una luz para ti mismo. Así que le preguntaron una y otra vez: "¡Hay una contradicción!

Por un lado la gente se rinde a ti, por otro tú sigues diciéndoles: Sé una luz para ti mismo". Y, sin embargo, no hay contradicción: son complementarios.

Así funciona la vida. La vida es tan vasta que CONTIENE contradicciones y, sin embargo, esas contradicciones no son enemigas, no son opuestas. Son complementarias y se ayudan mutuamente. De hecho, sin la una no es posible la otra.

Suli, la rendición ayudará a la libertad, y la libertad te hará capaz de rendirte. No elijas uno, de lo contrario permanecerás a medias. Nunca elijas un polo, de lo contrario siempre permanecerás a medias - y permanecer a medias es permanecer dividido.

Tienes que ser un todo, tienes que ser una pieza. Recuerda siempre elegir la paradoja del todo, y entonces estarás tranquilo. Entonces surgirá de tu totalidad un gran silencio y una gran dicha. La totalidad es musical, es una sinfonía.

Sexta pregunta

Pregunta 5:

MAESTRO, HE OIDO A SUFIS DECIR QUE NO HAY DIOS HASTA QUE LO HAS CONOCIDO. ME PARECE UNA AFIRMACIÓN DRAMÁTICA Y ATRACTIVA. ¿ESTÁ ESTE CONCEPTO RELACIONADO CON EL TIPO DE CONCIENCIA QUE BUSCAMOS?

¿PODRÍA AMPLIARLO?

Veerendra,

LA DECLARACIÓN es DRAMÁTICA Y ATRACTIVA, pero también cierta, no sólo dramática y atractiva. Es totalmente cierta, tremendamente cierta: NO hay Dios hasta que lo has conocido. ¿Cómo puede haber un Dios? ¿Cómo puedes creer si no lo has conocido? Todas tus creencias serán falsas, serán prestadas. Y siempre que algo es prestado, es feo - te falsifica; no ayuda, obstaculiza. No es una ayuda para tu crecimiento: es un bloqueo.

La creencia es una carga, no libera. La verdad libera, pero la verdad no es una creencia, es una experiencia. ¿Cómo puedes decir que Dios existe si no lo has conocido?

Justo por esta afirmación, Gurdjieff solía decir otra cosa que también es cierta, y también MUY dramática, incluso MÁS dramática que esta afirmación. Solía decir que no tienes alma, a menos que la hayas creado. Esto es aún más dramático, porque todas las religiones siempre han creído que tienes alma, lo sepas o no. El alma está en ti, tienes que descubrirla.

Gurdjieff dijo: "No hay alma a menos que la hayas creado". ¿Cómo puede haber un alma a menos que la hayas conocido? ¿Cómo puedes decir que tienes alma? Primero tienes que CONOCERTE: sólo entonces eres. Para ser, primero tienes que conocer.

De ahí la sentencia socrática: Conócete a ti mismo, porque sólo conociéndote podrás ser tú mismo. No hay otro camino. Sólo hay que negar la creencia en estas afirmaciones, para que no empieces a conformarte con creer. Tienes que buscar por ti mismo. Buda puede haberlo encontrado. Mahoma puede haber encontrado, Pitágoras puede haber encontrado. Pero, ¿qué tiene eso que ver contigo? Su visión, la visión de cualquiera, no puede ser tu visión.

Hay millones de personas con ojos, y todas conocen la luz y todos conocen los colores, y todos conocen la forma y la belleza - pero ni siquiera millones de personas con ojos pueden ayudar a un ciego a conocer la luz. Y en el mundo de la verdad es justo lo contrario: un hombre tiene ojos y millones son ciegos. Si millones de personas que tienen ojos no pueden ayudar a un solo ciego a conocer la luz, ¿qué decir cuando la situación es justo la contraria? De vez en cuando, un hombre se convierte en un Buda o en un Pitágoras, y millones y millones están ciegos sobre la luz, sobre Dios, sobre la verdad: ¿cómo puede la experiencia de un hombre convertirse en tu experiencia?

Puedes creer. Creer es una forma de evitar la búsqueda. Creer es una forma de escapar. Creer es una forma de ayudar al cobarde a permanecer siempre cobarde. Creer es, en realidad, rehuir el peregrinaje, la exploración de la verdad. La exploración es ardua, arriesgada, peligrosa. El viaje puede ser largo. ¿Y quién sabe? Te adentras en lo desconocido.... Es más seguro creer. Por eso la gente cree y nadie busca.

La gente va a los templos, al sacerdote, a las escrituras, llevan sus Biblias - pero nadie mira dónde está Dios. Y Dios está por todas partes, pero tus ojos están llenos de creencias, por eso no puedes verlo. Tus ojos están llenos de prejuicios, por eso no puedes verlo. Sólo ojos vacíos pueden verlo, pueden descubrirlo - sólo los ojos de un niño.

Y recuerda que, en lo más profundo de tu ser, sigues teniendo esos ojos de niño - preguntones, inquisitivos, llenos del misterio de la vida, sorprendidos de todo y de cada cosa, sorprendidos de las cosas ordinarias... guijarros en la orilla, conchas en la orilla. Y el niño empieza a recogerlas como si fueran diamantes. Para el niño no hay nada ordinario; todo es extraordinario. ¡Ese niño no ha muerto en ti! Nunca muere. Sólo se ha cubierto de conocimiento, de creencias; se ha perdido en las palabras. Sólo busca y encontrarás tu infancia de nuevo en ti.

Y esto será mucho más importante de lo que era cuando eras realmente un niño, porque ahora has conocido los caminos del mundo y los caminos de la mente y estás frustrado. Has visto mil y una cosas y nada te satisface. Has conocido muchas cosas y sin embargo no sabes nada. Ahora, volviendo a tu infancia, a la fuente de la maravilla, la alegría, el misterio y el asombro, podrás volver a mirar a tu alrededor...

y entonces los árboles serán más verdes, y los cantos de los pájaros serán más poéticos, y la gente a tu alrededor tendrá auras - ¡tienen! sólo que tú no puedes ver. Tú mismo te volverás radiante en tu propia visión.

Dios no es una persona: es una visión de la vida en su total resplandor. Dios no es una persona: es una experiencia, una experiencia psicodélica de la belleza, de la tremenda, increíble belleza, de la vida.

Los sufíes tienen razón cuando dicen: No hay Dios hasta que lo conoces. Así que, por favor, no te escondas detrás de una cortina de creencias. No te escondas detrás de tu supuesto conocimiento prestado. Abandona todas las creencias, todos los conocimientos, y empieza a buscar. Inmediatamente, cuando estés vacío, empezarás a llenarte de algo desconocido... una luz del más allá. Eso es Dios. Un amor que crece y se desborda, eso es Dios. Una gran musica nace en ti, y un compartir con ella. Y sigue creciendo y no tiene fin... eso es Dios.

Dios no es una persona, sino la experiencia del éxtasis supremo, la experiencia orgásmica de disolverse en el todo.

Vivimos en una especie de inconsciencia. Por eso no podemos ver. Tenemos los ojos abiertos y cerrados. Parecemos despiertos, pero somos sonámbulos.

Un pastor escocés, dando su paseo a primera hora de la mañana, encontró a uno de sus feligreses yacente en una zanja.

"¿Dónde has pasado la noche, Andrew?", preguntó el ministro.

"Bueno, no sé muy bien", respondió el postrado, "si era un funeral o una boda, pero fuera lo que fuera fue un éxito extraordinario".

Obsérvate, y te encontrarás moviéndote en una especie de embriaguez, inconsciente. No sabes lo que es la vida. No sabes quién eres. No sabes de dónde, a dónde... y aún así sigues en un estado de embriaguez, como una madera a la deriva, accidental.

Así no encontrarás a Dios. Tendrás que estar alerta, tendrás que llevar la cualidad de la conciencia a toda tu vida. Cada momento tiene que ser de tremenda atención - sólo entonces serás capaz de conocer lo que es. Dios significa AQUELLO QUE ES.

Pero seguimos adelante, haciendo cosas...

Un conocido médico, particularmente rápido en examinar y recetar a sus pacientes, fue buscado por un militar al que "liquidó" en poco tiempo. Cuando el paciente se marchaba, le estrechó la mano cordialmente y le dijo: "Estoy especialmente contento de que me recete, porque a menudo he oído a mi padre, el coronel Blank, hablar de usted.

"¡Qué!", exclamó el médico, "¿eres el hijo del viejo Torn?".

"Desde luego".

"Mi querido amigo", gritó el doctor, "tira esa receta infernal al fuego y siéntate a contarme qué te pasa".

Así que la primera vez no había oído, y había prescrito. No había escuchado. Ahora la prescripción es infernal, y le dice: "Tira esa prescripción infernal al fuego y siéntate y dime qué te pasa".

Pero así es como seguimos actuando. Así es nuestra vida... Vivida en una especie de sueño, con muchos muchos sueños en los ojos, letargo por todas partes, embotamiento, falta de inteligencia. Así no se conoce a Dios.

Dios sólo está disponible cuando estás en la cima de tu inteligencia, cuando eres todo lo agudo que puedes ser. Dios no es para los estúpidos: Dios es sólo para los inteligentes, porque la vida sólo está disponible a través de la inteligencia. Y recuerda, por "inteligencia" no entiendo intelectualidad. La intelectualidad es una estupidez camuflada; la intelectualidad es sólo un engaño de la inteligencia, es falsa. Vuestra supuesta intelectualidad no tiene nada que ver con la inteligencia. Tal vez sean personas muy listas, pero no inteligentes; astutas, pero no inteligentes.

Inteligencia significa consciencia, alerta. Cuando has limpiado todo el polvo de tu mente, el polvo del conocimiento y la creencia, y tu mente es sólo un espejo puro, eso es inteligencia. La meditación es inteligencia.

La última pregunta

Pregunta 6:

¿ES REALMENTE CIERTO QUE SENTADOS EN SILENCIO, SIN HACER NADA, LLEGA LA PRIMAVERA Y LA HIERBA CRECE POR SÍ SOLA?

ES REALMENTE CIERTO Es mi propia experiencia. Lo digo

como testigo presencial de la misma. Lo digo con absoluta autoridad. No lo digo porque lo haya dicho Lao Tzu, lo digo porque he sabido que me ha sucedido así. La verdad es algo que sucede por sí mismo. Todo lo que se necesita de tu parte, de tu parte, es receptividad, una receptividad relajada.

Hay cosas que suceden con esfuerzo y cosas que suceden sólo sin esfuerzo. Hay cosas que nunca sucederán a través del esfuerzo, y hay cosas que nunca sucederán a través de la ausencia de esfuerzo. Todo lo mundano sucede a través del esfuerzo; todo lo mundano sucede a través del esfuerzo. Y todo lo que es sagrado, de otro mundo, sucede sin esfuerzo.

Lo que está fuera de ti tiene que ser alcanzado a través de la acción, y lo que está dentro de ti tiene que ser alcanzado a través de la inacción. Y esta afirmación se refiere a lo interior. No estoy diciendo que te sientes en silencio, sin hacer nada, llegue la primavera y te conviertas en el hombre más rico del mundo. No estoy diciendo eso. NO te convertirás. Puedes convertirte en el más pobre, pero no puedes convertirte en el hombre más rico del mundo. No estoy diciendo que venga la primavera y te conviertas en el Presidente de América - eso no lo estoy diciendo. Pero Dios sólo viene cuando estás sentado en silencio, sin hacer nada.

He oído una hermosa historia:

Benson había estado con prostitutas en todo el mundo, pero en Hong Kong encontró su perdición. Hizo el amor con una puta china muy enferma y contrajo tantas enfermedades venéreas que los médicos tuvieron dificultades para separarlas e identificarlas a todas.

Acudió a un destacado ginecólogo del barrio americano, que lo examinó y negó con la cabeza. "Malas noticias, Benson. Debes operarte inmediatamente y tenemos que cortarte la polla".

Benson sufrió un shock traumático ante el pronóstico. Se recompuso y cruzó la calle para ver a otro médico estadounidense. Allí le dijeron lo mismo.

Salió a la calle aturdido. A trompicones, se encontró en el barrio chino, donde vio un cartel que identificaba la consulta de un cirujano chino taoísta.

Benson decidió pedir otra opinión médica. Le dijo al médico chino que había visitado a dos médicos estadounidenses y que ambos querían operarle inmediatamente para cortarle la polla.

El cirujano chino examinó a Benson. Consultó grandes libros de medicina. Luego volvió a examinarle.

"¿Hay alguna esperanza, doc?" Benson preguntó lastimeramente.

"¡Seguro que hay esperanza!" dijo el doctor. "Hice un examen completo. Sé lo que está mal. Juegas con una chica china, pero está muy enferma. Cometes un error y vas a un médico americano. El problema con los médicos americanos es que siempre piensan en dinero, dinero, dinero".

Benson se animó. "¿Quieres decir que no necesito cirugía? ¿No me tienen que cortar la polla?"

"Olvida lo que dicen. Vete a casa", repitió el médico chino. "Nada de cirugía. Vete a casa.

Espera dos, tal vez tres semanas. Pecker caer por sí mismo ".

Hay cosas que ocurren por sí solas.

Conocido, Desconocido, Incognoscible

La primera pregunta
Pregunta 1:
MAESTRO, ¿CUÁL ES LA VERDADERA PREGUNTA?
Sudhir,
LAS PREGUNTAS CIENTÍFICAS SON TODAS REALES, porque tienen respuesta. Las preguntas religiosas son todas irreales porque no tienen respuesta.

La religión es la preocupación por lo incontestable. Formular una pregunta religiosa es básicamente erróneo: es erróneo porque la religión es la búsqueda del misterio, no la búsqueda de la respuesta. La religión es sumergirse en lo que es básicamente incognoscible, no sólo desconocido, sino incognoscible.

Hay que entender estas tres palabras: lo conocido, lo desconocido y lo incognoscible.

Lo conocido es lo que hemos acumulado en el pasado, a través de la experiencia y la experimentación. Todas las respuestas que hemos obligado a la naturaleza a darnos se han convertido en lo conocido. En eso consiste la ciencia. Y lo que queda, para la ciencia, es sólo lo desconocido.

La hipótesis básica es la siguiente: la vida se divide en dos categorías: lo conocido y lo desconocido. Tarde o temprano, la categoría de lo conocido se hará cada vez más grande, se conocerán cada vez más cosas. Y la ciencia supone que un día sólo habrá una categoría: la de lo conocido. Lo desconocido desaparecerá porque habremos descubierto todas las respuestas.

Es aquí donde la religión difiere. La religión dice: Todavía hay una tercera categoría: lo incognoscible, que siempre permanecerá ahí, lo misterioso. El amor no puede reducirse al conocimiento, ni tampoco la belleza o la alegría - ¿qué decir de Dios? La conciencia nunca podrá reducirse a lo conocido. Lo último permanecerá flotando más allá de lo conocido y lo desconocido. Y seguirá llamando a quienes tengan el valor de adentrarse en lo misterioso, en lo desconocido.

La religión es la preocupación por lo último. Preocupación por lo incontestable, preocupación por lo incognoscible. Así que todas las preguntas, Sudhir, sobre religión son erróneas. Ninguna pregunta religiosa es auténtica, no puede serlo.

Y la función del Maestro no es responderte: su función es destruir tu cuestionamiento, lentamente, para ayudarte a llegar a un estado de no cuestionamiento. Eso es la confianza: el estado de no cuestionamiento, en el que no existe pregunta alguna. Estás tan en silencio que no surge ningún cuestionamiento. Entonces, y sólo entonces, estás en profunda sintonía con la realidad. Cuando no hay ningún signo de interrogación en tu corazón, el corazón se funde con el todo. El ego desaparece con el signo de interrogación.

¿Sabes cómo entró en escena el signo de interrogación? Simboliza a la serpiente que sedujo a Eva para que comiera del fruto del árbol del conocimiento. El signo de interrogación es sólo una serpiente simbólica. En el momento en que Eva hizo una pregunta, cayó en desgracia. Y provocó el mismo cuestionamiento en Adán.

El hombre ha caído por cuestionar: el hombre puede resucitar no cuestionando. Adán y Eva son expulsados porque cuestionaron. Cristo vuelve a entrar en el Jardín porque se entrega, confía. En el último momento, en la cruz, vaciló un poco; es muy humano. Amo a Cristo por eso: muestra su humanidad. Por un momento, el cuestionamiento ha vuelto, con gran fuerza, con gran venganza. Tal vez la última capa de interrogación se escondía en algún lugar de su inconsciente. Le preguntó a Dios: "¿Me has abandonado?". Esta es una pregunta. "¿Qué me estás haciendo?" Es una pregunta. Y la pregunta esencialmente significa duda - una duda ha surgido en su mente. El esta siendo crucificado - - es muy natural sentir que Dios lo ha abandonado: "Dios ha dejado de darme su gracia, Dios ya no está conmigo. Estoy solo, abandonado". Pero inmediatamente comprendió que ésta es la última pregunta, la última duda.

Al verlo, desapareció la última pregunta, e inmediatamente dijo: "Hágase tu voluntad, venga a nosotros tu reino". Esto es confianza. "Tu voluntad, no la mía". Ahora no puede haber cuestionamientos.

Hay una tremenda entrega. Jesús trascendió la humanidad en ese momento. En ese momento, Adán desapareció. En ese momento, Jesús se convirtió en Buda. Y cuando no hay dudas ni preguntas, y estás completamente en silencio, como un lago transparente y silencioso, empiezas a reflejar lo que es. Y Dios simplemente representa lo que es.

Me gustaría recordarles de nuevo que la antigua palabra hebrea para Dios representa simbólicamente lo que es. G" significa eso, "O" significa qué, "D" significa es, lo que es.

Cuando el lago está en silencio, sin olas, sin ondas, la luna llena se refleja en toda su belleza, en todo su esplendor. Ésa es la conciencia religiosa. No busca respuestas, sino la experiencia de lo misterioso. Es una dimensión totalmente distinta del cuestionamiento científico.

La ciencia es un cuestionamiento, la ciencia tiene sus raíces en la duda. La religión no cuestiona, se basa en la confianza. Y cambiar la gestalt de la duda a la confianza es conversión. No es que cuando un hindú se hace cristiano sea conversión, no. O cuando un cristiano se hace hindú, no. No es conversión. Simplemente estás cambiando de una prisión a otra prisión. Cuando la duda desaparece y surge la confianza, eso es conversión, eso es transformación.

La segunda pregunta

Pregunta 2:

MAESTRO, ¿CUÁL ES TU IDEA DE LA VERDADERA EDUCACIÓN?

LA EDUCACIÓN QUE HA EXISTIDO hasta ahora no ha sido verdadera. No ha servido a la humanidad; al contrario, ha servido a los intereses creados. Ha servido al pasado. El maestro ha sido un agente del pasado. Funciona como mediador para transmitir a la generación venidera creencias, orientaciones y suposiciones del pasado, para contaminar la nueva conciencia que surge en el horizonte.

Por eso el maestro ha sido respetado por todas las sociedades. Está al servicio de lo establecido.

Reduce a las personas a robots hábiles, reduce a las personas a máquinas eficientes. Eso es lo que ha sido la educación hasta ahora.

Y debido a la educación, la evolución del hombre ha sido muy azarosa, en zig-zag. Pero hasta ahora no había otra forma, porque había una cosa en el pasado: el conocimiento crecía tan lentamente que era casi el mismo durante siglos. Así que el maestro era muy muy eficiente en su trabajo. Lo que se sabía era casi estático; no crecía.

Pero ahora hay una explosión de conocimientos. Las cosas cambian tan deprisa que todo el sistema educativo se ha quedado anticuado, pasado de moda. Hay que abandonarlo y crear un sistema educativo totalmente nuevo. Sólo ahora es posible, hasta ahora no lo era.

Tendrán que entender lo que quiero decir con "la explosión del conocimiento". Imaginen un reloj con sesenta minutos. Estos sesenta minutos representan tres mil años de historia humana; o cada minuto, cincuenta años; o cada segundo, aproximadamente un año. En esta escala no hubo cambios significativos en los medios de comunicación hasta hace unos nueve minutos. En ese momento apareció la imprenta. Hace unos tres minutos, el telégrafo, la fotografía y la locomotora. Hace dos minutos, el teléfono, la rotativa, el cine, el automóvil, el avión y la radio. Hace un minuto, el cine sonoro. La televisión ha aparecido en los últimos diez segundos, el ordenador en los últimos cinco y los satélites de comunicación en el último segundo. El rayo láser apareció hace sólo una fracción de segundo.

Es lo que algunos llaman "la explosión del conocimiento". El cambio no es nuevo; lo que es nuevo es el GRADO de cambio. Y eso marca la diferencia, porque llega un momento en que los cambios cuantitativos se convierten en cualitativos.

Si calientas el agua hasta noventa y nueve coma nueve grados, sigue siendo agua; puede que caliente, pero sigue siendo agua. Basta un grado más para que el agua empiece a evaporarse y se produzca un cambio cualitativo. Unos segundos antes, el agua era visible, ahora es invisible. Unos segundos antes, el agua fluía hacia abajo, ahora sube hacia arriba. Ha trascendido la atracción de la gravitación, ya no está bajo la ley de la gravitación.

Recuerden que, en un momento dado, el cambio cuantitativo se convierte en cualitativo. Y eso es lo que ha ocurrido. El cambio no es nuevo, no es una novedad; siempre ha habido cambios. Pero el RITMO de cambio es inmensamente nuevo; no había ocurrido así antes.

La diferencia entre una dosis mortal y una dosis terapéutica de estricnina es sólo una cuestión de grado: eso es lo que dice Norbert Wiener. El veneno puede funcionar como medicina en una dosis más pequeña, pero la misma medicina será mortal si se administra una dosis mayor. A partir de cierto punto ya no es medicina, es veneno.

El cambio es tan tremendo ahora que el profesor ya no puede servir al estilo del pasado, la educación ya no puede servir a la manera del pasado. El estilo del pasado era ayudar a la gente a memorizar. Hasta ahora, la educación no ha sido una educación de la inteligencia, sino sólo de la memoria, del recuerdo. La generación pasada transfería todo su conocimiento a la nueva generación, y la nueva generación debía recordarlo. Así que se pensaba que las personas que tenían buena memoria eran inteligentes.

No es necesariamente así. Ha habido genios cuya memoria era casi nula.

Albert Einstein no tenía buena memoria. Ha habido personas cuya memoria era milagrosa, pero no tenían nada de inteligencia.

La memoria es algo mecánico en tu mente. La inteligencia es la conciencia.

La inteligencia forma parte de tu espíritu, la memoria forma parte de tu cerebro. La memoria pertenece al cuerpo, la inteligencia te pertenece a ti.

La inteligencia hay que enseñarla ahora, porque el cambio es tan rápido que la memoria no sirve. Cuando has memorizado algo, ya está desfasado. Y eso es lo que está ocurriendo: la educación está fracasando, las universidades están fracasando, porque siguen persistiendo en lo antiguo. Han aprendido un truco; durante tres mil años han estado haciendo esto, y ahora lo han aprendido tan profundamente que no saben qué más pueden hacer.

Ahora, limitarse a dar información antigua a los niños, que no les hará capaces de vivir en el futuro sino que obstaculizará su crecimiento, es peligroso. Ahora necesitan inteligencia para vivir con el rápido cambio que se está produciendo.

Hace apenas cien años, había millones de personas que nunca habían salido de su ciudad, o nunca se habían alejado más de cincuenta millas de ella. Millones vivían siempre en el mismo sitio, desde que nacían hasta que morían. Ahora todo está cambiando. En Estados Unidos, la persona media vive sólo tres años en un lugar, y ése es exactamente el límite de tiempo también para el matrimonio: tres años. Entonces uno empieza a cambiar de ciudad, de trabajo, de mujer, de marido.

Vivís en un mundo totalmente nuevo. Y vuestra educación os convierte simplemente en enciclopedias andantes, pero anticuadas. La diferencia no es nueva, lo que es nuevo es el grado de cambio.

En la esfera de nuestro reloj hace unos tres minutos se ha desarrollado una diferencia cualitativa en el carácter del cambio: el cambio ha cambiado.

Tenemos que enseñar inteligencia ahora, para que los niños sean capaces de vivir con las cosas nuevas que ocurrirán cada día. No les carguemos con lo que no va a ser útil en el futuro. La vieja generación no tiene que enseñar lo que ha aprendido; la vieja generación tiene que ayudar al niño a ser más inteligente para que sea capaz de responder espontáneamente a las nuevas realidades que vendrán. La vieja generación ni siquiera puede soñar con ellas, con lo que serán esas realidades.

Puede que tus hijos vivan en la Luna; tendrán una atmósfera totalmente distinta para vivir. Puede que tus hijos vivan en el cielo, porque la Tierra está demasiado poblada. Puede que sus hijos tengan que vivir bajo tierra o bajo el mar. Nadie sabe cómo tendrán que vivir sus hijos. Puede que vivan sólo a base de pastillas, píldoras de vitaminas... vivirán en un mundo totalmente distinto. Así que no sirve de nada seguir dándoles conocimientos enciclopédicos del pasado. Tenemos que prepararles para enfrentarse a nuevas realidades.

Tenemos que prepararlos en la conciencia, en la meditación. Entonces la educación será verdadera.

Entonces no servirá al pasado y a los muertos; servirá al futuro. Servirá a los vivos.

En mi visión, para ser verdadera la educación tiene que ser subversiva, rebelde. Hasta ahora ha sido ortodoxa, hasta ahora ha formado parte del establishment. La verdadera educación tiene que enseñar cosas que NINGUNA otra institución hace. Tiene que convertirse en el negocio anti-entropía.

El Estado, la clase dirigente y todas las instituciones de la sociedad impiden el crecimiento, recuérdalo. ¿Por qué impiden el crecimiento? Porque todo crecimiento conlleva un desafío, y ellos están asentados. ¿Y quién quiere estar inquieto? A los que están en el poder no les gustaría que ocurriera nada nuevo, porque eso cambiaría el equilibrio de poder. A los que están en el poder no les gustaría que saliera nada nuevo, porque lo nuevo hará poderosas a nuevas personas. Cada nuevo conocimiento trae un nuevo poder al mundo. Y a la generación anterior no le gustaría perder su control, su dominio.

La educación tiene que servir a la revolución. Pero normalmente sirve al gobierno, al cura y a la iglesia. De manera muy sutil, prepara esclavos: esclavos para el Estado, esclavos para la Iglesia. El verdadero propósito de la educación debería ser subvertir actitudes, creencias y suposiciones anticuadas que ya no sirven al crecimiento y al hombre, y que son positivamente dañinas y suicidas.

Un entrevistador preguntó una vez a Ernest Hemingway: "¿No hay ningún ingrediente esencial que usted pueda identificar y que haga de un escritor un gran escritor?".

Hemingway respondió: "Sí, lo hay. Para ser un gran escritor una persona debe tener incorporado un detector de mierda a prueba de golpes".

Y esa es mi idea de la verdadera educación. Los niños deben ser entrenados, disciplinados, para que puedan detectar la basura. Una persona realmente inteligente es un detector de mierda. Sabe inmediatamente, en el momento en que dice algo, si es significativo o simplemente una santa bosta.

La evolución de la conciencia humana no es más que una larga historia de lucha contra la veneración de la basura. La gente sigue adorando, venerando basura. El 99% de sus creencias no son más que mentiras. El 99% de sus creencias son antihumanas, antivida.

El 99% de sus creencias son tan primitivas, tan bárbaras, tan absolutamente ignorantes, que es increíble cómo la gente sigue creyendo en ellas.

La verdadera educación te ayudará a abandonar todas las tonterías, por antiguas, respetables y veneradas que sean. Te enseñará lo real. No te enseñará ninguna superstición, sino cómo vivir con más alegría. Te enseñará la afirmación de la vida. Te enseñará reverencia por la vida y por nada más. Te enseñará a estar profundamente enamorado de la existencia. No será sólo de la mente, será también del corazón.

También te ayudará a convertirte en una no-mente. Esa es la dimensión que falta en la educación. Simplemente te enseña a enredarte cada vez más en conceptos mentales, a perderte en la mente. La mente es buena, útil, pero no es tu totalidad. También está el corazón, que de hecho es mucho más importante que la mente, porque la mente puede crear mejor tecnología, puede darte mejores máquinas, mejores carreteras, mejores casas, pero no puede convertirte en un hombre mejor. No puede hacerte más cariñoso, más poético, más elegante. No puede darte la alegría de vivir, la celebración. No puede ayudarte a convertirte en una canción y una danza.

La verdadera educación tiene que enseñarte también los caminos del corazón. Y la verdadera educación también tiene que enseñarte lo trascendental. La mente es para la ciencia, el corazón para el arte, la poesía, la música, y lo trascendental para la religión. A menos que una educación sirva para todas estas cosas, no es verdadera.

Y ningún sistema educativo lo ha hecho todavía.

No es de extrañar que muchos jóvenes estén abandonando sus colegios, sus universidades, porque pueden ver que todo es una mierda, pueden ver que todo es estúpido.

Ninguna otra institución puede hacerlo, sólo la educación puede hacerlo: las universidades deben sembrar las semillas de la revolución. Deben sembrar las semillas de la mutación, porque un hombre NUEVO tiene que llegar a la tierra.

Los primeros rayos ya han llegado. El hombre nuevo está llegando cada día y tenemos que preparar la tierra para recibirlo - y con el hombre nuevo, una nueva humanidad y un nuevo mundo. Y no hay otra posibilidad que la educación para recibir al hombre nuevo, para prepararle el terreno. Y si no podemos prepararle el terreno, estamos condenados.

Los experimentos que estamos haciendo aquí son realmente un esfuerzo para crear el nuevo tipo de universidad. El gobierno está en contra, la sociedad está en contra, las iglesias - hindú, mahometana, cristiana - todas están en contra. Los sacerdotes, los políticos, todos están en contra.

El rebaño, la mente de la multitud está en contra.

Pero esto es natural; no hay que sorprenderse por ello. Estamos haciendo algo subversivo, algo muy rebelde. Pero esto tiene que hacerse, y esto tiene que hacerse en toda la tierra en muchos lugares. Este experimento tiene que hacerse en todos los países. Y sólo unos pocos aceptarán el reto, pero esos pocos serán los heraldos. Esos pocos declararán la nueva era, el nuevo hombre, la nueva humanidad, la nueva tierra: valiente nuevo mundo.

Walt Whitman ha escrito:

Cuando escuché al erudito astrónomo; Cuando las pruebas, las figuras, fueron alineadas en columnas ante mí; Cuando me mostraron las cartas y los diagramas, para sumarlos, dividirlos y medirlos; Cuando yo, sentado, escuché al astrónomo, donde disertó con muchos aplausos en la sala de conferencias, Cuán pronto, inexplicablemente, me cansé y enfermé; Hasta que levantándome y deslizándome fuera, me alejé solo, En el místico aire húmedo de la noche, y de vez en cuando miraba hacia arriba en perfecto silencio a las estrellas.

La nueva educación, la verdadera educación, no sólo tiene que enseñarte matemáticas, historia, geografía, ciencias; también tiene que enseñarte la verdadera moral: la estética. Llamo estética a la verdadera moral: sensibilidad para sentir lo bello, porque Dios viene como belleza. En una flor de rosa o en un loto, en el amanecer o en el atardecer, en las estrellas, en los pájaros que cantan por la mañana temprano, o en las gotas de rocío, en un pájaro en el ala.... La verdadera educación tiene que acercarte cada vez más a la naturaleza, porque sólo acercándote cada vez más a la naturaleza estarás acercándote cada vez más a Dios.

Dios no está separado de este mundo: Dios se ha convertido en el mundo. Habéis oído decir una y otra vez que Dios creó el mundo. Yo os lo digo: Dios se hizo mundo. Ahora no hay más Dios que el mundo. El creador está en su creatividad. Dios es sólo una fuerza creadora; él es creatividad. Abandona la idea de que es un creador. Piensa en él, contempla en él, como la creatividad misma. Está esparcido por todas partes:

Donde dos amantes se encuentran, él está. Y donde tus ojos ven belleza, él está. Y cuando simplemente te sobrecoge la noche estrellada, él está. Cuando miras profundamente a los ojos de una mujer o un hombre, él está.

La verdadera educación será también la verdadera religión.

La ciencia es la forma más baja de conciencia; el arte, más elevada que la ciencia; la religión, la cima más alta. La religión es la philosophia PERENNIS - la filosofía perenne.

La tercera pregunta

Pregunta 3:

MAESTRO, ¿POR QUÉ DIOS SE LLAMA 'ÉL' Y NO 'ELLA'?

ES A CAUSA de todo el estúpido pasado de la humanidad, todo el pasado chovinista.

El hombre ha dominado, el hombre ha aplastado a la mujer. Y al aplastar a la mujer, al destruir a la mujer, el hombre ha destruido toda la gracia de la tierra.

No es sólo la mujer la que ha sido destruida: el hombre ha destruido la naturaleza, porque la naturaleza es mujer. El hombre ha destruido la tierra porque la tierra es mujer. El hombre ha destruido TODO lo que es femenino. Pero la belleza es femenina y el amor es femenino y la celebración es femenina, la música es femenina... dondequiera que encuentres alguna gracia está destinada a ser femenina. Incluso cuando miras a Buda, te parecerá más femenino que masculino. Dondequiera que llegue la verdad, llega con gran gracia, con gran belleza.

Pero así ha vivido el hombre, y es el hombre quien ha creado los libros religiosos, es el hombre quien ha creado las iglesias, y las ideologías y las teologías. Por supuesto, llama a Dios "él". Por supuesto que dice: "Dios creó al hombre a su imagen y semejanza" - no a la mujer, sino al hombre.

La mujer es sólo una costilla sacada del hombre, un suplemento, un apéndice, sólo un pensamiento posterior - porque el hombre se sentía tan solo. Necesitaba una mujer que le diera consuelo, calor, intimidad. Así que la mujer fue creada sólo como un dispositivo para ser explotado por el hombre, pero Dios creó al hombre a su propia imagen y la mujer es sólo una idea de último momento. Él nunca había planeado a la mujer en el principio - una idea de último momento. Viendo al hombre solo, triste, creó a la mujer para ser explotada, para ser utilizada. Es un artificio.

El hombre ha dado estas feas ideas al mundo. Hasta ahora el hombre ha dominado el mundo, de ahí que llame a Dios "él" - de lo contrario "ella" sería mucho mejor porque "ella" contiene a "él", pero "él" no contiene a "ella". Ella" seria mucho mejor. Pero aquellos que han conocido, no han usado ni "él" ni "ella" - han usado "eso", y eso es lo mejor.

En Oriente, Dios no es ni "él" ni "ella", es Ardhanarishwar, mitad hombre, mitad mujer. Por eso en las escrituras indias se le llama "eso". Contiene a ambos y, sin embargo, es trascendental para ambos.

También llamo a Dios 'él', pero recuerde que simplemente estoy utilizando una palabra que se ha convertido en corriente. Puedo llamarle 'ella', pero eso sólo creará un pequeño problema. O puedo llamarle una y otra vez 'él y ella', pero eso lo afeará un poco. Sigo llamándole 'él' porque tengo que utilizar el lenguaje disponible. Pero recuerda que no respeto las ideologías machistas.

Todos los obispos y cardenales estaban de pie, en sagrado silencio, alrededor de la cama del Papa muerto, cuando de repente éste se sacudió, se estiró y abrió los ojos.

Alabando al Señor por el milagro, preguntaron ansiosos al Papa: "Dinos, ¿cómo está el Señor?".

"Bueno", dijo el Papa, "en primer lugar ella era negra...."

No sólo ella, ¡también el negro!

La cuarta pregunta

Pregunta 4:

MAESTRO, ¿QUÉ ES LA ENTREGA Y CÓMO HACERLA A DIOS? POR FAVOR, ACLÁRALO.

B. R. Agnihotri,

RENDIRSE NO ES ALGO QUE PUEDAS HACER. Si lo haces, será falso y pseudo - porque el HACEDOR estará allí. Y el hacedor tiene que rendirse. ¿Qué más hay que entregar? La idea del hacedor y la idea de hacer. Hay que renunciar al EGO.

Así que esto es lo fundamental que hay que entender: no puedes hacerlo, porque si lo haces te quedarás detrás, y todo lo que hayas hecho puedes deshacerlo, porque sigues ahí. Un día puedes rendirte; otro día puedes decir: "No, no estoy dispuesto a rendirme. Me retracto. Renuncio. Me retiro". ¿Y qué puede hacer Dios? No puede acudir a ningún tribunal.

La entrega no es algo que puedas hacer, sino que sucede. Eso es lo primero que hay que entender: es algo que sucede, no algo que se hace. ¿Cómo sucede? Sucede cuando estás en silencio, porque cuando estás en silencio no eres. No eres más que la procesión continua de pensamientos en ti.

Es como si coges una antorcha encendida en la mano y la mueves rápidamente en círculo, verás un círculo de fuego. El círculo de fuego es falso, no existe, sólo existe la antorcha. Deja de moverla y sólo existirá la antorcha. Pero se mueve tan rápido que crea la ilusión de un círculo. Exactamente igual: tus pensamientos se mueven tan rápido que crean la ilusión de un ego. Deja que los pensamientos vayan un poco más despacio y te sorprenderás: no hay nadie dentro de ti. Y deja que los pensamientos desaparezcan y tú habrás desaparecido con ellos.

En ese silencio está la rendición. ¡EN ESE SILENCIO ESTÁ LA RENDICIÓN! No es que lo HAGAS, sino que de repente no lo eres. Cuando no lo eres, la entrega lo es.

Me preguntas, Agnihotri: ¿QUÉ ES LA RENDICIÓN Y CÓMO HACERLA A DIOS?

Primero, NO PUEDES hacerlo. Segundo, rendirse es desilusionarse con el ego. No tiene nada que ver con Dios; tiene que ver con el ego. Si empiezas a mirar hacia Dios has dado un paso equivocado desde el principio. ¿A qué Dios vas a mirar?

No conoces a ningún Dios. No puedes conocer a Dios antes de haberte convertido en una rendición.

Sólo en la entrega se conoce a Dios, así que ¿a qué Dios te entregarás? Será un Dios hindú, o un Dios mahometano, o un Dios cristiano - será sólo una creencia, una hipótesis.

Y Dios no es hipotético. Dios es una experiencia tremenda, no una creencia impotente.

Ninguna idea tuya representa a Dios, porque ninguna idea puede representar lo infinito, lo eterno.

Todas las ideas son inadecuadas. Tu Dios puede tener cuatro cabezas, tres cabezas, cuatro manos, mil manos, pero todo eso no son más que imaginaciones humanas, poéticas, hermosas, pero nada que ver con la verdad. Dios no es una persona en absoluto. Los que lo han conocido han sabido que no es una persona en absoluto.

Cuando estés rendido, no conocerás a Dios, conocerás la piedad. Toda la existencia estará llena de piedad, rebosante de piedad. Pero recuerda la palabra "piedad": una cualidad, como la fragancia que rodea a la flor, pero no algo objetivo que puedas sostener, a lo que puedas aferrarte. No es algo objetivo que puedas ver.

A Dios no se le conoce como persona ni como objeto: A Dios se le conoce como un desbordamiento de alegría, un desbordamiento de energía, y no de energía objetiva, sino de subjetividad. A Dios se le conoce como el núcleo más íntimo de tu nada, el eje mismo de la rueda de tu nada.

Cuando desapareces, Dios está, no como una persona, no como un objeto, sino como una totalidad. No estás separado de él: eres uno con él.

No puedes rendirte a Dios. Si te rindes a Dios, ¿qué Dios? eso debe ser prestado.

Tus padres te habrán dicho a qué templo ir, cómo rezar, qué palabras utilizar -sánscrito, hebreo, árabe-, qué mantras -del Veda, del Corán, del Talmud-. Sus padres se lo habrán dicho. Y sus padres se lo dijeron a ellos, y así sucesivamente.

Sólo vives de rumores, y esos rumores han pasado por tantas personas ignorantes que esos rumores se han convertido en mentiras absolutas. Incluso si lo oyes de un Buda, en el momento en que él ha dicho algo y tú lo has oído, ya no es lo mismo. Él decía otra cosa, y tú estás OBLIGADO a oír otra cosa. Incluso un Buda, que conoce la verdad, no puede transferírtela; es intransferible. No hay comunicación verbal posible.

¿Y tus padres y los sacerdotes? Esos que ni siquiera han conocido, te están enseñando lo que es Dios. Y tú sigues cargando con esas estúpidas ideas sobre Dios. Y sigues intentando rendirte. En primer lugar, esos Dioses son falsos; en segundo lugar, rendirse no es algo que se pueda hacer. Y aqui es donde millones de personas estan atrapadas: un Dios falso, y la idea de que tienes que rendirte, que es algo que puedes hacer. Ambas cosas son erróneas. El Dios es falso, y el hacedor es falso.

Olvídate de todos los dioses de los que has oído hablar y mira en tu interior, sé cada vez más silencioso y tranquilo, frío y calmado. Y deja que los pensamientos sean observados, conviértete en un testigo de tus pensamientos. Poco a poco, cuanto más te conviertes en testigo, más se ralentizan. Este es un proceso simple. Cuanto más inconsciente eres, mayor es la velocidad de los pensamientos; cuanto más consciente eres, más se ralentiza todo.

Y cuando todo se ralentiza, puedes empezar a ver la verdad: que no hay ego, que era un círculo de fuego creado por la antorcha que se movía rápidamente. Ahora que la antorcha se mueve lentamente puedes ver que no hay círculo, que no hay nadie dentro. Y sentirlo, que no hay nadie dentro, un espacio silencioso....

Tú eres el centro del ciclón. El ciclón es la mente. Cuando hayas visto el centro, de repente LA RENDICIÓN HA OCURRIDO. sin ningún esfuerzo por tu parte.

Porque el ego no se encuentra - eso es rendición.

Tú me preguntas: ¿QUÉ ES LA RENDICIÓN?

Descubrir en uno mismo que no hay nadie es rendirse. Y en la entrega se encuentra a Dios.

Aquí el ego desaparece, e inmediatamente la divinidad aparece por todas partes. Entonces todo es divino, todo vibra con la divinidad. Entonces la vida es una bendición total.

Quinta pregunta

Pregunta 5:

¿POR QUÉ ESTÁS EN CONTRA DE CULTIVAR UN CARÁCTER MORAL?

PRIMERO CULTIVAR CUALQUIER COSA es convertirse en pseudo. Cultivar significa que crearás algo a tu alrededor QUE NO ERES. Cultivar significa que crearás una escisión, cultivar significa que crearás una fachada. Cultivar significa que vivirás camuflado: serás una cosa y fingirás ser otra; harás una cosa y dirás otra.

Cultivar significa reprimir, por eso estoy en contra del cultivo. El cultivo no crea verdadera moralidad; sólo crea feos puritanos. Crea sólo los llamados justos; crea gente que finge. Crea la actitud de ser más santo que tú, eso es todo. Da una gran satisfacción al ego.

Y también crea una prisión. Cuando cultivas algo, estás preso en ello, porque en el fondo eres justo lo contrario. Por ejemplo, si eres violento, puedes cultivar la no violencia. ¿Cuál será el resultado? En la superficie habrá una fina capa de no violencia, sólo en la superficie; ni siquiera será superficial. Si rascas un poco a un hombre no violento, verás que surge la violencia. Ten cuidado con las personas no violentas; son las personas más peligrosas si las rascas.

Si rascas a una persona violenta, puede que no sea tan violenta, porque no lleva dentro una violencia reprimida durante mucho tiempo; no acumula. Explota de vez en cuando, así que no hay acumulación. Pero la persona no violenta, el Gandhi, la llamada persona religiosa, ten cuidado con ella; es una persona peligrosa. Lleva grandes fuerzas explosivas en sí mismo. Sólo un pequeño rasguño será una chispa y explotará; puede ser asesino, puede ser muy peligroso. Y cuando creas no-violencia a tu alrededor y por dentro estás hirviendo de violencia, vives en una prisión.

Un periódico organizó un concurso para descubrir al habitante de la localidad con los principios más elevados, sobrio y educado. Entre los participantes había uno que decía: "No fumo, no bebo ni juego. Soy fiel a mi mujer y nunca miro a otras mujeres. Soy trabajador, tranquilo y obediente. Nunca voy al teatro ni al cine. Me acuesto temprano todas las noches y me levanto al amanecer. Asisto regularmente a la capilla todos los domingos sin falta. Llevo así tres años... ¡pero espera a la próxima primavera, cuando me dejen salir de aquí!".

Basta con mirar a su llamada gente moral - que están viviendo en una prisión. Y todos ellos tienen que convertirse en diplomáticos. Todos ellos tienen que tener puertas traseras en sus vidas, de lo contrario se volverán locos. La moralidad cultivada sólo despierta dos alternativas: una es volverse loco -si la persona es sincera se volverá loca- la otra alternativa es que sea un hipócrita. Y naturalmente la gente elige ser hipócrita en lugar de volverse loca, y tampoco puedo condenarlos. Eso es más inteligente.

Por eso se ven hipócritas por todas partes en el mundo. Están por todas partes - fingidores. Tú los conoces. Viven una vida totalmente diferente detrás de los muros. Tienen dos vidas: su vida real está bajo tierra. Viven en tal conflicto interior que no pueden ser felices. Y la persona que no es feliz tampoco permite que los demás lo sean. Estas personas están tristes, tienen caras largas; están tensas, viven en constante conflicto y angustia, y les gustaría que todo el mundo viviera así. Naturalmente, condenarán toda alegría, condenarán toda risa. Condenarán TODO lo que sea lúdico, divertido. Te reducirán a la seriedad absoluta, y la seriedad es una enfermedad, es patológica.

La vida sólo está disponible para los que son juguetones. La vida no es para los serios, porque lo serio es la tumba. La vida es para los festivos, para los que saben celebrar.

Estoy en contra de cultivar un carácter moral, porque cultivar un carácter moral no te da una moralidad real. Por eso estoy en contra. La verdadera moralidad no hay que cultivarla: viene como una sombra de ser más consciente. Es una consecuencia de la conciencia.

Si tu conciencia no es una consecuencia de tu conciencia, entonces tu conciencia es fea, peligrosa, venenosa. Entonces tu conciencia no es más que el policía que la sociedad ha implantado en ti. Entonces tu conciencia no es más que la voz de tus padres, los curas que gritan dentro de ti: "¡No hagas esto, haz aquello!". No eres libre, no eres un hombre libre: estás controlado desde dentro, una estrategia muy sutil para controlar a la humanidad.

Eso es lo que es tu supuesta conciencia.

La verdadera conciencia no viene de fuera: brota dentro de ti; forma parte de tu conciencia. No digo que cultives la moralidad: Digo que te vuelvas más consciente, y serás moral. Pero esa moralidad tendrá un sabor totalmente distinto. Será espontánea, no estará hecha de antemano. Estará viva en todo momento, fluirá, cambiará. Reflejará todos los colores de la vida. Será adecuada al momento, será responsable. Responderás a la situación con plena conciencia, no porque Moisés haya dicho que lo hagas, ni porque Jesús haya dicho que lo sigas, sino porque tu propio Dios interior siente que esa es la forma de responder. Entonces estarás actuando desde la fuente misma de la consciencia, y esa es la verdadera moralidad. No tiene que ser cultivada. Lo cultivado significa lo falso.

Por eso digo que el verdadero hombre de carácter no tiene carácter. El verdadero hombre de carácter no tiene carácter. El verdadero hombre de carácter no puede permitirse tener carácter, porque el carácter significa lo que has aprendido en el pasado; el carácter significa el pasado. Y tú tienes que responder al momento presente. Tu carácter se interpondrá entre tú y el presente. Te obligará a comportarte según el patrón del pasado, y cuando te comportas según el patrón del pasado nunca eres apropiado.

Así que tus supuestos morales nunca son apropiados, no pueden serlo. Se pierden el momento. Funcionan desde el pasado, así que no pueden relacionarse con el presente. Y sólo hay una vida, SÓLO una vida: relacionarse con el presente.

Creo que lo que estamos observando es un fenómeno muy sutil, un enfoque sutil. Puede tener tanto éxito como un amigo de la universidad que conocí una vez. Conoció a una chica en un partido de fútbol y congeniaron tan bien que la llevó a un espectáculo. Le fue bien y la invitó a cenar.

Disfrutaron de una cena tranquila en un buen hotel y siguieron con un club nocturno y baile.

Hacia medianoche, estaban merendando en una mesa para dos y él le dijo: "Sabes, me lo he pasado muy bien desde que te conocí esta tarde. Creo que hemos congeniado estupendamente, ¿no crees?".

"Claro", aceptó. "Yo también lo he disfrutado".

"Me gustaría desayunar contigo por la mañana". Y él la miró ansioso: "¿Puedo?".

"Sí", respondió ella, "me gustaría mucho".

"Muy bien, ¿qué haré: llamarte o darte un codazo?".

Estos son los rodeos, los caminos diplomáticos. Las llamadas personas morales no pueden ser directas en nada; siempre dan rodeos. Siempre tienen que ser cautelosos, porque tienen que mantener sus máscaras; no pueden dejar caer sus máscaras. Y una mentira lleva a otra ad infinitum, y poco a poco una persona se convierte en un manojo de mentiras.

El verdadero hombre de carácter es auténtico, es lo que es. Está completamente desnudo; no se esconde. Me gustaría que la nueva humanidad fuera la de los valientes. Durante mucho tiempo hemos vivido como cobardes; durante mucho tiempo hemos sufrido como cobardes. Ya es hora de salir a la luz, bajo el sol, de ser sinceros, de ser auténticos, de ser lo que sois. NO hay necesidad de esconderse, porque todos los demás seres humanos son como tú. No hay ni santos ni pecadores, sólo seres humanos.

Toda la dicotomía de los santos y los pecadores es el subproducto del carácter cultivado. Y te sorprenderá que los pecadores sean más inocentes que los llamados santos. Verás en los ojos de los pecadores más la cualidad de la niñez, más sinceridad, más inocencia, más verdad, de lo que jamás encontrarás en los ojos de tus llamados santos. Sus ojos serán astutos, tienen que serlo porque el cultivo trae astucia.

Me gustaría una humanidad totalmente diferente en el mundo, donde santos y pecadores hayan desaparecido, donde sólo haya personas auténticas, abiertas al viento, abiertas a la lluvia, abiertas al sol... ¡abiertas!

Esto será muy odiado por la sociedad. Esto será un gran problema para la sociedad, porque la persona abierta inmediatamente te hace sentir incómodo si eres cerrado, porque la persona abierta inmediatamente golpea la raíz misma de tu ser. La persona abierta inmediatamente te hace sentir inferior, feo, falso. La persona abierta te hace sentir inmediatamente poco inteligente, estúpido.

Es por eso que Sócrates es envenenado - una persona abierta. No un santo, sino un hombre de tremenda conciencia. Un sabio, no un santo. Jesús es crucificado - un sabio no un santo - porque no cumplía con las expectativas de la sociedad. Se movía con ladrones - ahora los santos no se mueven con ladrones. Se movía con gente socialmente condenada: jugadores, borrachos, prostitutas. Estaba a gusto con la humanidad en general, con todo el mundo. Esto no era tolerable. Los rabinos, los santos de entonces, los moralistas, los puritanos, no podían tolerarlo. Tenía que ser crucificado.

Esto ha venido ocurriendo a lo largo de los años. ¡Ahora hay que detenerlo! Ya han crucificado suficiente. Y ahora tenemos que explotar en tal marejada sobre la tierra que aunque crucifiquen, no puedan encontrar tantas cruces. Un Jesús puede ser crucificado, un Sócrates puede ser envenenado....

Mi esfuerzo es crear tantas personas abiertas que sea casi imposible crucificarlas y envenenarlas. Dar la cualidad de apertura, simplicidad, inocencia, a TANTAS personas - sólo entonces se puede cambiar la cualidad de esta sociedad podrida, se puede hacer que viva.

Está apagada, muerta. La vida ya no circula por sus venas.

Estoy en contra del carácter moral cultivado porque no es ni moral ni sano. Estoy en contra del carácter porque el carácter sólo crea una coraza a tu alrededor; es una medida de defensa, no te permite ser abierto. Y una persona que no es abierta vive en una tumba.

Y NATURALMENTE se vuelve astuto.

Un hombre entra en un bar de Nueva York con un loro en el hombro y dice: "Quien adivine el peso de este pájaro se lleva una mamada".

Un cliente muy corpulento y de aspecto rudo, sentado con un grupo de amigos, decide juguetear con este hombre y procede a gritarle: "Ese pájaro pesa doscientas cincuenta libras".

Primer hombre: "¡Oh, ya tenemos un ganador!"

La gente se vuelve astuta. No pueden decir lo que quieren. No pueden ser sinceras; siempre se están escondiendo, jugando, engañando a los demás y engañándose a sí mismas. Esta no es la verdadera manera de vivir esta vida tremendamente hermosa. Esta no es la manera de apreciar este regalo de Dios. Hay que vivir con autenticidad. La autenticidad es moralidad, y por "autenticidad" no me refiero a seguir los mandamientos de otra persona, sino a vivir según tu propia luz.

Sé una luz para ti mismo, eso es todo. Ese es mi único mensaje, y traerá carácter y un carácter que no será una prisión. Traerá moralidad, y una moralidad que no será hipocresía. Y te traerá un tipo de vida totalmente nuevo: responsable, viva, inocente, juguetona... te abrirá las puertas de lo misterioso.

Y si tú ERES auténtico, disponible, entonces Dios se derrama sobre ti desde todas las direcciones. Te traerá una gran bendición - no el carácter cultivado sino la conciencia espontánea, no cultivada.

Sexta pregunta

Pregunta 6:

¿POR QUÉ CREE QUE LOS POLÍTICOS SON ESTÚPIDOS?

PUEDES mirar el mundo, puedes mirar la historia, y encontrarás pruebas en abundancia. Lo que han hecho al hombre, sólo obsérvalo, lo que continuamente siguen haciendo. Sólo MIRA sus juegos.

Científicamente, la tierra tiene que ser una ahora - científicamente es una. Las naciones ya no deberían existir. Es debido a la existencia de naciones que el setenta por ciento de la energía del hombre, el setenta por ciento de la creatividad del hombre, va a la guerra y se vuelve destructiva.

Piensa en un mundo en el que no exista la guerra. Será totalmente próspero. Si ese setenta por ciento de energía se libera en creatividad, nadie será pobre, nadie pasará hambre, nadie estará enfermo. Es gracias a sus políticos que las naciones siguen existiendo.

Y por culpa de las naciones, el mundo sigue indefenso.

Hay países que cuando cultivan demasiado trigo tienen que ahogarlo en el océano.

Y por otro lado, la gente se muere de hambre. ¿Qué clase de mundo es éste? Hay países que han estado utilizando trigo como carbón en los trenes. Y la gente se muere. ¿Qué clase de mundo es éste? ¿Qué clase de personas dirigen este mundo?

En tres mil años, cinco mil guerras... parece como si estuviéramos aquí sólo para luchar, sólo para destruirnos unos a otros. Y se dedica tanta energía a los esfuerzos bélicos; si se permitiera que esa energía fuera creativa, ahora podríamos hacer un paraíso.

Ahora la ciencia lo ha hecho factible, práctico: ya no es una utopía. El paraíso PUEDE suceder en la Tierra; la gente puede vivir en la opulencia absoluta. Y cuando una sociedad vive en la opulencia, se vuelve naturalmente religiosa, porque cuando se ha visto todo lo que el exterior puede dar, surge un deseo natural, un anhelo de explorar el interior.

La gente me pregunta continuamente por qué los indios no vienen aquí. La razón es sencilla: no les interesa el interior. Todavía no pueden permitirse interesarse por lo pitterior, son muy pobres. Toda su vida consiste en buscar comida, empleo... ¿cómo pueden interesarse por la meditación?

La meditación es el último lujo, recuérdalo. Es el último lujo. Cuando todo lo demás se ha cumplido, se empieza a pensar en la meditación. Cuando lo exterior se explora y se conoce y se termina, se cierra un capítulo. Entonces se vuelve a casa. Si el exterior sigue ahí, desconocido, no puedes volver.

No puedes convertirte en un Buda, porque aún no has terminado, no te has cansado de lo externo.

Estás tremendamente interesado en ello. Piensa en un hombre hambriento: si le hablas de meditación, le estarás insultando. Será humillarle. Tiene hambre, necesita pan, ¿y tú le dices: "No sólo de pan vive el hombre"? Te matará. Necesita pan, ¿y tú le hablas de Dios?

Oriente se está volviendo comunista cada día por una sencilla razón: porque a menos que Oriente se enriquezca no hay otro camino: tiene que volverse comunista.

Marx se equivocó totalmente al profetizar que el país más rico se haría comunista primero. El país más pobre puede llegar a ser comunista primero. Rusia era uno de los países más pobres, China es de nuevo uno de los países más pobres. Ahora el tercero es India. Toda la lógica de Marx falló. Él pensaba que cuanto más rico es un país, más posibilidades hay de conflicto entre pobres y ricos.

Pero no era consciente de que cuando toda la sociedad se enriquece, el pobre deja de ser pobre. Cada vez es más rico. De hecho, el pobre de América es mucho más rico que el rico de la India. Tiene mejor atención médica, mejor vivienda, mejores coches, radio, televisión. Incluso el más rico es pobre comparado con él, el más rico de la India es más pobre. Él todavía está anhelando.

La gente me pregunta por qué los indios no están aquí. No pueden estar aquí porque estamos REALMENTE interesados en la meditación. Van a Satya Sai Baba porque la meditación no es la cuestión allí - los milagros están sucediendo. Pueden tener esperanza. Están enfermos: tal vez Satya Sai Baba, con su milagro, pueda quitarles la enfermedad. Tal vez estén desempleados: con su bendición tendrán trabajo. Son pobres: con su bendición se harán ricos.

Acuden a Satya Sai Baba, que se ocupa de las cosas que necesitan. Y se sorprenden mucho cuando de la nada aparecen relojes suizos. Ese es su verdadero objetivo: quieren relojes suizos.

Gente estúpida, y estúpidos son sus santos. Ahora un santo jugando juegos, juegos mágicos, ¡juegos mágicos ordinarios! Tenemos sannyasins

- Avinash puede hacerlo, Sarvesh puede hacerlo - sólo pequeños juegos, sin ningún valor, sin ningún valor religioso. Tal vez entretenidos.

Pero aquí nos interesa la meditación, el viaje interior. De ahí que venga gente de los rincones más lejanos del mundo, pero no las masas indias. Sí, vienen unos pocos indios elegidos -aquellos que están interesados en explorar el interior-, pero sólo unos pocos elegidos.

Los que son realmente inteligentes y quieren librarse de todo tipo de estupideces, vienen.

Pero las masas no pueden interesarse; no entenderán lo que está ocurriendo aquí.

Así que en las masas, miles de rumores sobre mí siguen propagándose. Y los periódicos amarillistas siguen difundiendo todo tipo de mentiras. O incluso a veces, cuando publican la verdad, le dan tal color y tal interpretación que se convierte en mentira.

Mira el mundo, lo que los políticos han hecho con él. PUEDE convertirse en un paraíso.

Todo el mundo tiene una tremenda necesidad de entrar, pero primero las cosas externas tienen que cumplirse. Y esas cosas externas PUEDEN cumplirse, pero las naciones tienen que desaparecer, las fronteras tienen que desaparecer. Ahora los políticos no permitirán eso - porque con las fronteras, ellos desaparecerán. Sólo pueden existir con las naciones. Sólo pueden existir si se mantiene a la gente en condiciones terriblemente malas.

Te sorprenderá... puedes ver cómo ocurre en Irán. De hecho, el emperador de Irán ha trabajado duro para que el país sea rico, educado, culto. Y porque ha tenido éxito, está en problemas. Ahora la gente es rica, ahora la gente es educada, ahora la gente tiene ambiciones. Ahora los políticos quieren apoderarse del país. El emperador no puede existir por mucho tiempo. Debe estar llorando y llorando, porque lo que está ocurriendo es obra suya.

Una vez, un grupo de científicos que visitaba su país dijo al rey de Etiopía: "Podemos mejorar la salud de su pueblo. El problema básico de su pueblo es que bebe agua sucia. Por eso están enfermos, aletargados, sin energía. Esto se puede cambiar muy fácilmente: sólo hay que poner a su disposición agua más pura".

¿Y sabes lo que dijo el rey de Etiopía? Dijo: "Después de eso, la revolución. No quiero tener nada que ver con eso. Que sean como son".

Y en cierto modo está diciendo una verdad. Si la gente sigue siendo pobre y hambrienta, no puede ser revolucionaria. No pueden esperar cosas mejores, no pueden ambicionar cosas mejores. El político existe sólo porque la gente está en un estado tan terrible que no puede hacer nada para luchar contra el político; de lo contrario, lo tirará a la basura.

Cuando un país empieza a ser un poco más rico, la gente empieza a ser consciente de muchas cosas de las que nunca había sido consciente. Cuando la gente es pobre piensa en el destino, en el karma pasado. Cuando empiezan a enriquecerse, se olvidan del destino y del karma pasado: saben que se les explota, saben que se les MANTIENE en la pobreza. Se enfadan, se rebelan.

Ningún político quiere que el país sea realmente rico, aunque dicen que el país debería ser rico, pero eso es sólo palabrería. No quieren que el país sea rico, no quieren que el país sea culto, no quieren que la gente piense por sí misma. No quieren que la gente sea REALMENTE religiosa; quieren que sean hindúes y cristianos y mahometanos, pero no realmente religiosos, porque ser realmente religioso significa ser revolucionario. No quieren que la gente piense en absoluto, para que puedan seguir viviendo en la esclavitud, sin poder pensar en cosas mejores, en posibilidades mejores.

Usted me pregunta: ¿POR QUÉ CREES QUE LOS POLÍTICOS SON ESTÚPIDOS?

Lo son porque mantienen al mundo entero en la estupidez. No sólo son estúpidos, son estúpidamente astutos. Y recuerda, sólo los estúpidos son astutos. Puede que no lo hayas pensado así. Una persona inteligente nunca es astuta; la inteligencia es suficiente, no necesita tener ninguna astucia. La persona estúpida tiene que sustituir su inteligencia; tiene que volverse astuta.

Y los políticos están hambrientos, hambrientos de poder, locos por el poder. Su única alegría es dominar. Hablan de servicio sólo para dominar a la gente.

Tendrás que ver en profundidad todas estas cosas. Si el hombre se hace consciente de todas estas cosas, dentro de estos próximos veinticinco años la tierra puede ser un fenómeno totalmente nuevo.

E. E. Cummings ha dicho: "Un político es un culo en el que todos se han sentado menos un hombre".

Y es cierto: el político no es todavía el hombre - bárbaro. El deseo de dominar a los demás es feo; es violencia, pura violencia y nada más. Reducir a las personas a esclavos es la mayor violencia posible. Y ése es el deseo de todo político: dominar, dominar absolutamente.

Una vez que un político está en el poder, se convierte en un totalitario, se vuelve dictatorial. Habla de democracia, pero detrás de la democracia está la dictadura. Siempre es así. Cuando el político no está en el poder es democrático; cuando está en el poder toda la democracia desaparece.

Sigue siendo una máscara, y todo tipo de deseos feos empiezan a salir a la superficie.

Los políticos son estúpidos, y la gente se lo permite porque la GENTE es estúpida. Difundir la inteligencia entre la gente, difundir el pensamiento entre la gente. Un político tuvo que parar su coche justo delante de un psiquiátrico porque se le había averiado. Durante mucho tiempo estuvo trasteando con él, probando de todo, pero no conseguía que funcionara. Cuando estaba a punto de darse por vencido, un hombre salió del hospital, echó un vistazo a lo que estaba haciendo y, con sólo mover un tornillo, el coche arrancó.

El político se sorprendió. "Pensé que estabas loco", dijo.

"Sí, claro que estoy loco", respondió el otro. "¡Pero no soy estúpido!"

Político: Dígame, ¿cómo se sabe cuando una persona está loca? Psiquiatra: Bueno, en primer lugar les hago preguntas que una persona normal puede responder fácilmente. Por ejemplo: Si el capitán Cook hizo cinco viajes alrededor del mundo y murió en uno de ellos, ¿cuál fue?

Político: Er... well.... ¿No podría hacerme una pregunta sobre otro tema? No se me da muy bien la historia.

No digo que sean estúpidos, lo SON. Simplemente expongo un hecho. Y mi hecho es tan simple que puedes encontrar millones de pruebas por ti mismo. No necesito darte pruebas, toda la historia es una prueba. Cada día los periódicos traen miles de pruebas. El estado del mundo, este infierno en el que vivimos, es la prueba.

La última pregunta

Pregunta 7:

MAESTRO, ¿SIEMPRE ES MALO PENSAR CON LÓGICA?

NO SIEMPRE Si eres científico tienes que pensar con lógica; no hay otra forma de pensar. Hay que moverse lógicamente, paso a paso. Es la única manera de enfrentarse al mundo objetivo. No estoy en contra de la lógica.

Si trabajas con el mundo objetivo, la lógica es el único camino, la duda el único procedimiento, el cuestionamiento el único método. Pero si estás tratando con lo subjetivo, entonces tienes que invertir todos los procesos - entonces ser ilógico es el camino, no cuestionar es el método. La confianza es todo el proceso, todo el procedimiento.

Son dos dimensiones de tu ser: hacia fuera y hacia dentro. Cuando vas hacia fuera, es un tipo de movimiento; cuando vas hacia dentro, el camino es el mismo pero es un tipo de movimiento totalmente diferente: tu dirección es opuesta. Cuando te acercas al objeto, tienes que ser lógico; cuando te acercas a ti mismo, tienes que trascender la lógica.

Y la realidad es ambas cosas: objetiva y subjetiva. Así que todo el hombre será lógico cuando trate con objetos, cuando trabaje en el laboratorio, cuando sea matemático o biólogo o químico o físico o médico: será totalmente lógico. Pero la lógica no será su única forma de vida. Cuando salga del laboratorio, con sus hijos, con su mujer, con sus amigos, no será lógico, será amoroso. La lógica no conoce el amor.

Y cuando esté sentado en oración o meditando, se olvidará de todo cuestionamiento. Caerá en una profunda confianza con la existencia.

El verdadero hombre es capaz de ambas cosas. Hasta ahora sólo han existido hombres a medias. Uno que es lógico se vuelve incapaz de ir en la dirección que no es lógica; está obsesionado con la lógica. Entonces no usa la lógica, está obsesionado con la lógica; entonces no es el maestro, la lógica se ha convertido en el maestro. Está encerrado. Se quedará a medias. Se perderá la otra mitad, que es muy valiosa, inmensamente valiosa, más valiosa que la lógica porque es interior. No sabrá nada de su subjetividad: no sabrá quién es.

Y sin conocerte a ti mismo, todo lo que sepas no sirve de mucho. El conocimiento de uno mismo es la base de toda verdadera sabiduría.

Y ha habido gente que ha entrado en su propio ser; se vuelven ilógicos, y se vuelven incapaces de lógica. Eso es lo que ocurrió en Oriente: la gente se volvió incapaz de lógica. Pueden cantar una hermosa canción en el templo, y pueden bailar hasta el abandono. Pero el procedimiento lógico ha desaparecido por completo del hemisferio oriental.

Por eso la ciencia no ha podido crecer aquí. En Occidente, la lógica se ha convertido en la única forma de vida, por lo que el amor ha desaparecido, la oración ha desaparecido, la meditación ha desaparecido. Ahora ya no es necesario que Oriente sea Oriente ni que Occidente sea Occidente. Ahora podemos decir a Rudyard Kipling que el encuentro se está produciendo.

Oriente y Occidente tienen que disolverse el uno en el otro para que podamos crear un hombre completo. El hombre completo será lógico E ilógico; utilizará ambos como dos alas.

Usted me pregunta: ¿ES SIEMPRE INCORRECTO PENSAR LOGICAMENTE?

No, no siempre se equivoca. A veces es lo único; en algunas dimensiones es la única forma de pensar.

Una pareja de recién casados se encontraba en su noche de bodas en el motel y se preparaba para acostarse por primera vez. La novia esperaba expectante en la cama mientras el novio se desvestía.

Cuando se quitó los zapatos, ella se sorprendió al ver que no tenía dedos en los pies. Ella le miró inquisitivamente y él le dijo que no se preocupara: "Tuve tolio cuando era niño".

¿Tolio? La mujer nunca había oído esa palabra.

Cuando se quitó los pantalones y se quedó en calzoncillos, ella vio que no tenía rodillas.

Nuevamente sorprendida, le miró. "No te preocupes", le dijo, "cuando era adolescente, tenía rodillas".

¿Rodillas? Una vez más, la mujer no había oído esa palabra.

Mientras se quitaba los calzoncillos, la novia le espetó: "No me digas que tenías smallcox".

A veces es perfectamente correcto ser lógico, es absolutamente correcto. Pero también hay que estar disponible para el mundo de lo ilógico; hay que permanecer disponible para ambas dimensiones. Entonces la vida es rica. Entonces eres capaz de inhalar y exhalar, ambas cosas. Entonces eres capaz de meditar y concentrarte, ambas cosas. Entonces eres capaz de las matemáticas y de la música, de ambas. Entonces eres capaz de amar y de estar solo, ambas.

Esta es mi idea de un hombre completo.

Sólo Dios es

... QUE ESTOS DESGRACIADOS BUSCAN LEJOS LA BONDAD CUYA FUENTE LLEVAN DENTRO.

PUES POCOS CONOCEN LA FELICIDAD: JUGUETE DE LAS PASIONES, ALLÁ; ALLÁ ZARANDEADOS POR OLAS ADVERSAS, SOBRE UN MAR SIN ORILLAS, RUEDAN CIEGOS, INCAPACES DE RESISTIR O A LA TEMPESTAD CEDER.

¡DIOS! PODRÍAS SALVARLOS ABRIÉNDOLES LOS OJOS.

PERO NO: A LOS HUMANOS DE RAZA DIVINA LES CORRESPONDE DISCERNIR EL ERROR Y VER LA VERDAD.

LA NATURALEZA LES SIRVE....

... TÚ QUE LO HAS DESENTRAÑADO. OH HOMBRE SABIO Y FELIZ, DESCANSA EN SU REFUGIO.

SINO OBSERVA MIS LEYES, ABSTENIÉNDOTE DE LAS COSAS QUE TU ALMA DEBE TEMER, DISTINGUIÉNDOLAS BIEN; DEJANDO QUE REINE LA INTELIGENCIA SOBRE TU CUERPO.

PARA QUE, ASCENDIENDO AL ÉTER RADIANTE, EN MEDIO DE LOS INMORTALES, SEAS TÚ MISMO UN DIOS.

LOS ÚLTIMOS SUTRAS DE PITÁGORAS SOBRE LA PERFECCIÓN.... Lo primero que hay que recordar: que la perfección no es una meta. Ninguna persona iluminada ha estado jamás orientada hacia una meta; no puede estarlo. La orientación hacia las metas es el camino de la mente. La mente existe a través de metas, la mente existe en el futuro, la mente existe en la ambición. La mente es siempre una mente de logro.

La persona iluminada vive en la no-mente. La no-mente es la

iluminación. Por lo tanto, el iluminado no puede estar orientado a objetivos; no tiene futuro, para él todo es presente. Y por eso se le malinterpreta continuamente. Él habla del presente, pero la gente lo escucha a través de sus mentes, y las mentes inmediatamente lo distorsionan. Las mentes lo transforman inmediatamente en un objetivo, en una idea que hay que alcanzar en el futuro.

La perfección no es un objetivo, sino una realidad. No hay que alcanzarla, sino sólo reconocerla. Todo lo que se necesita es reconocer algo que ya está presente. Tú ERES perfecto, no es que tengas que llegar a serlo. No hay ningún deber implícito en ello; ya lo eres. Sólo tienes que reconocerlo, tienes que estar alerta a ello, tienes que ser consciente de ello, de lo que eres. La perfección ya existe.

Pero la gente sigue convirtiéndolo en un objetivo. Dicen: "Tenemos que ser perfectos. Tenemos que iluminarnos. Tenemos que alcanzar el nirvana. Tenemos que entrar en el paraíso". Hacen una hermosa meta lejana y entonces la mente puede continuar.

La mente necesita futuro - cualquier tipo de futuro servirá. Tienes que volverte rico, tienes que volverte poderoso, tienes que volverte hermoso, tienes que volverte sabio, tienes que volverte iluminado - no importa. Si el SER está ahí, la mente persistirá. Y la persistencia de la mente es toda tu miseria. Te mantiene tenso. Te mantiene en la ansiedad, la angustia, un miedo continuo de perder la meta. Te mantiene codicioso - un deseo continuo de alcanzar la meta. Y cualquiera que sea la meta, no importa - dinero o Dios, éxito o samadhi - no importa en absoluto.

Deja que cale hondo en tu corazón: dondequiera que esté la meta, está la mente; dondequiera que esté el futuro, está la mente. El mañana es otro nombre para la mente. El mañana no existe en ninguna otra parte excepto en la mente; dependen el uno del otro. Si abandonas el mañana, la mente simplemente se evaporará; no puede existir.

La mente no tiene tiempo presente; no puede estar en el presente, así que sigue dándote nuevas ideas. Si estás cansado del mundo, te dice que hay otro mundo. Si estás cansado de esta vida, te dice: "No te preocupes, hay otra vida, pero sigue corriendo".

Stephen Crane escribió estas hermosas líneas:

Vi a un hombre persiguiendo el horizonte;

Dieron vueltas y vueltas.

Esto me perturbó;

Abordé al hombre.

"Es inútil", dije.

"Nunca puedes..."

"¡Mientes!", gritó,

Y siguió corriendo.

Este correr, este continuo correr tras el horizonte que no existe en ninguna parte, que es una ilusión... pero que parece estar ahí. Y tan cerca y tan seductor, tan tentador, tan magnético, y TAN cerca, que parece sólo un pequeño esfuerzo, sólo un pequeño esfuerzo más.... Está a sólo unos kilómetros más adelante. Y está tan claramente ahí, tan radiantemente ahí - ¿cómo puedes permanecer sin tentación? Parece al alcance de la mano, pero puedes seguir corriendo y corriendo... nunca llegarás. La distancia entre tú y el horizonte siempre será la misma, porque el horizonte no existe en ninguna parte excepto en tu mente. Es una apariencia, una ilusión. Todas las metas son ilusorias: mundanas, de otro mundo. Ser herenow es la forma de estar en la verdad, en la realidad.

Así que esto es lo primero que hay que recordar, de lo contrario Pitágoras será malinterpretado por ti, Pitágoras será distorsionado por tu mente. Empezarás a pensar: "¿Cómo llegar a ser perfecto?". No se trata de llegar a serlo, ya eres perfecto. La perfección es tu ser. Llegar a ser es correr detrás de un objetivo; ser es relajarse en tu naturaleza, relajarse ahora, descansar en el momento... y de repente lo que no estaba disponible se vuelve disponible. No eras consciente de ello; de repente despiertas a ello. La perfección es un despertar.

... QUE ESTOS DESGRACIADOS BUSQUEN LEJOS LA BONDAD CUYA FUENTE LLEVAN DENTRO.

Pitágoras llama desgraciados a las personas que viven en la mente, en el devenir, en los mañanas. Y cuando vives en el mañana, automáticamente también vives en el ayer. Van juntos, no están separados: el ayer y el mañana.

Y tú te encuentras entre estas dos falsedades. El ayer ya no existe y el mañana aún no ha llegado. El ayer se ha ido para siempre y el mañana nunca llega. Entre los dos está el momento presente.

Jesús dice: Mirad los lirios del campo, ¡qué hermosos son! No piensan en el mañana; viven en el ahora. Y ni siquiera Salomón, ataviado con toda su grandeza, era tan hermoso.

Ser herenow es estar ataviado con la gloria divina. Estar preparado es alcanzar el esplendor de la existencia. Estar en herenow es estar en la dicha, es estar en el paraíso.

... QUE ESTOS DESGRACIADOS BUSQUEN LEJOS LA BONDAD CUYA FUENTE LLEVAN DENTRO.

Pitágoras dice: Aquellas personas que siguen buscando y buscando algo lejano son desgraciados, malditos. Y nadie los ha maldecido; ellos se han maldecido a sí mismos.

Nadie ha planeado su desafortunada vida; ellos son los únicos responsables de ella. Es una invención suya, su propia invención.

Tu miseria es tu invención: tu dicha es tu naturaleza. La miseria requiere mucho esfuerzo, hay que planificarla, hay que ganársela. Es ir en contra de la naturaleza, por lo tanto es muy arduo. Es ir contracorriente. Es un conflicto continuo con la naturaleza.

La naturaleza no conoce el futuro, la naturaleza siempre está aquí. La naturaleza es siempre ESTE momento y nada más. Los árboles crecen en este momento y los ríos fluyen en este momento.

Todo está sucediendo en este momento, excepto tu mente. Incluso tu cuerpo está creciendo en este momento. Tu sangre está circulando en este momento, tu corazón está latiendo en este momento.

Excepto tu mente todo es herenow. La mente está lejos.

Y esta mente es la causa raíz de tu miseria. No es debido a karmas pasados que estás sufriendo, no. No es que Dios te haya destinado a sufrir, no. No es porque Adán y Eva cometieron pecado por lo que estás sufriendo, no. Estos son trucos para evitar la responsabilidad - entonces cualquier cosa servirá: Adán y Eva. Pobres Adán y Eva, y se convierten en chivos expiatorios. O si esa parábola pierde vitalidad, como toda parábola, toda metáfora con el paso del tiempo, cuando se convierte en un cliché, pierde potencial, poder, entonces creas nuevas ideas.

Entonces la teoría del karma - que en las vidas pasadas has hecho muchas cosas malas, por eso estás sufriendo. No culpes a tus vidas pasadas. Tú eras igual en tus vidas pasadas; entonces también sufrías.

Tu sufrimiento tiene una causa ahora; no está en las vidas pasadas. Esto es sólo desahogarte, y este desahogo es muy peligroso porque entonces nunca cambiarás, seguirás siendo el mismo. ¿Qué puedes hacer con las vidas pasadas? Se han ido, no se puede hacer nada. Tienes que sufrir.

O kismet - destino.... Nadie te está haciendo daño, Dios no es malvado; Dios no te ha predestinado a sufrir. Si esto fuera así, entonces Dios habría sido un sádico, patológico, mucho peor que cualquier demonio - ¿predestinando a personas inocentes a sufrir sin ninguna razón? Entonces la existencia habría sido muy injusta, desleal, no habría merecido la pena vivirla. Y la religión habría sido una burla. Dios no te ha preordenado, predestinado a sufrir.

Pero eso también perdió su potencial sobre las mentes de la gente. Se repetía con demasiada frecuencia.

Luego se abandonó la teoría del karma. Luego se abandonó la idea del predestino.

Ahora hemos inventado nuevas ideas. Karl Marx está en contra de la religión, pero en el fondo no es diferente. Dice que es una necesidad histórica. De nuevo, en otras palabras, la misma idea del destino.

Tu sufrimiento está predeterminado por la historia: sufres a causa de un destino económico, a causa de la lucha de clases. Y a menos que las clases desaparezcan, el sufrimiento no puede desaparecer.

De nuevo estás desahogado - ¿qué puedes hacer? Cuando llegue la utopía, cuando el comunismo llegue a la tierra, entonces el sufrimiento desaparecerá. El sufrimiento es causado por la gente rica, el sufrimiento es causado por el capitalista. Pero el propio capitalista está sufriendo. De hecho, los ricos sufren más que los pobres. ¿Por qué? - Porque los ricos tienen todo lo que uno necesita para no sufrir y, sin embargo, ven la futilidad de ello, la absoluta futilidad de ello. Su sufrimiento es tremendo.

El pobre sufre porque tiene hambre. La persona rica sufre, no porque tenga hambre, sino porque ahora sabe que puedes tener una buena casa, buena comida, una buena esposa, una familia acogedora, un ambiente cálido, y aún así en tu interior ESTÁS hambriento - un hambre espiritual. La vida no tiene sentido, es inútil, accidental, vacía. Surge un gran sufrimiento. El pobre sufre fisiológicamente; el rico sufre psicológicamente.

¿Por qué sufren los ricos? Si es sólo una cuestión de riqueza, entonces los ricos no deberían sufrir. Pero se trata de nuevo de una coartada, de una racionalización, para que puedas seguir con tus viejas costumbres y tus viejos patrones. Eso también resultó ser otra falacia; ahora también se ha convertido en un cliché.

Entonces Sigmund Freud inventó algo más. Dijo: "Es a causa de tus instintos inconscientes, pasiones que has llevado desde tu animalidad - es a causa de esas heridas en el inconsciente que el hombre está sufriendo." Ahora bien, ¿qué se puede hacer con el inconsciente?

No son más que diferentes nombres para el mismo truco, la misma estrategia: "Yo no soy responsable". Algo más.... El inconsciente, la historia, la economía, Dios, el destino, el karma, cualquier cosa servirá - XYZ - cualquier cosa servirá. Pero una cosa es cierta, que yo no soy la causa de mi sufrimiento". Y ahí es donde reside toda tu miseria, en ese truco.

ENTIÉNDELO BIEN: tú eres la causa de tu sufrimiento, nadie más. Reconocer esto es el primer paso para ser una persona religiosa. No echas tu responsabilidad a los demás, simplemente reconoces el hecho de que "yo soy la causa de mi sufrimiento". Y con eso, por supuesto, te sentirás un poco triste, parecerás un poco estúpido. Si tú eres la causa, entonces ¿por qué sigues creándote sufrimiento? - porque no te GUSTA sufrir.

Al principio te sentirás un poco triste, estúpido, desconcertado, confundido. Pero pronto sentirás una gran libertad. Si eres la causa de tu miseria, entonces puedes ser la causa de tu bendición, de tu dicha; entonces se alcanza una gran libertad. Cuando uno asume la responsabilidad sobre sí mismo, se vuelve libre. Te liberas del karma pasado, te liberas del destino, del kismet, te liberas de la historia, te liberas de la psicología. Te liberas de TODAS las excusas. Y una vez que has identificado la causa real, las cosas empiezan a cambiar.

... QUE ESTOS DESGRACIADOS BUSQUEN LEJOS LA BONDAD CUYA FUENTE LLEVAN DENTRO.

Buscamos la dicha, buscamos la felicidad, pero muy lejos, en tierras lejanas, en utopías, en fantasías, estamos soñando. Y la vida sigue siendo un sufrimiento, y seguimos soñando con mejores tierras, mejores estados de la sociedad, mejores estados después de la vida: el paraíso, moksha. Todo eso son fantasías. Las creamos para poder soportar nuestro sufrimiento, para mantener la esperanza. Pero esto es muy desafortunado. Es debido a esta esperanza que permaneces en un estado de desesperanza. Es por esta búsqueda por lo que sigues perdido. Lao Tzu dice: "Busca y fallarás". ¿Por qué? "Busca y fallarás". Porque está DENTRO de ti. Sólo lo encontrarás cuando dejes de buscarlo.

Buscar significa que estás corriendo detrás de algo, alguna sombra, alguna ilusión, algún sueño, algún deseo. Y cuando estás ocupado con algún sueño no puedes mirar dentro. No puedes mirar dentro del buscador cuando estás corriendo tras lo buscado, no puedes volverte hacia dentro. Tus ojos están enfocados en el horizonte. Sigues siendo un extrovertido, no puedes mirar dentro porque te has obsesionado con el exterior.

El sin se convierte en toda tu vida desde el nacimiento hasta la muerte - ni siquiera un solo momento vacío en el que puedas descansar y relajarte para sentir quién es este buscador que hay en ti.

Un Maestro Zen estaba hablando con sus discípulos y alguien, un extraño que no conocía el camino del Maestro, también había venido a escuchar. Y el Maestro le dijo: "No necesitas ir a ninguna parte, no necesitas buscar, ni siquiera necesitas preguntar".

El forastero que estaba entre el público no podía entenderlo, porque siempre había entendido la religión como una búsqueda, como una indagación, una búsqueda de la verdad, una búsqueda de Dios, una indagación de la realidad. "¿Y qué dice este hombre? - ¿No hay indagación, no hay búsqueda, no hay búsqueda?" Se levantó y dijo: "¿De qué estás hablando? ¿Qué está enseñando a esta gente? Sin búsqueda, ¿cómo voy a encontrarme a mí mismo?

El Maestro bajó del estrado, se dirigió al público, agarró al desconocido por el cuello de la camisa y lo sacudió con fuerza. El desconocido se quedó aún más perplejo. "¿Qué clase de hombre es éste?". Por un momento, su pensamiento se detuvo porque no esperaba un acto así por parte del Maestro: parecía un león feroz, peligroso. Su pensamiento se detuvo por un momento. En tales momentos sucede.

Y el Maestro dijo: "¡Eso es! Sin buscar, sin preguntar, ¡tú lo ERES!

"Esto es. Y siempre que tu mente se detenga, lo encontrarás. No es cuestión de buscar y buscar. Es cuestión de relajarse en uno mismo. Buscar significa salir - por necesidad, buscar significa salir. Y el Señor de los Señores permanece dentro. Vosotros sois Dioses, simplemente inconscientes, dormidos en vuestra búsqueda. Vuestra búsqueda es vuestro sueño.

... QUE ESTOS DESGRACIADOS BUSQUEN LEJOS LA BONDAD CUYA FUENTE LLEVAN DENTRO.

Jesús sigue diciendo una y otra vez: "El reino de Dios está dentro de vosotros". Pero los cristianos siguen buscando a Dios fuera. Jesús ha repetido esta afirmación tantas veces, pero todavía parece que nadie la ha escuchado. Si el reino de Dios está dentro de ti, entonces no necesitas ir a ninguna parte, un solo paso fuera y te estarás alejando del reino. No te acercarás al Reino. Buscar significa alejarse. Lao Tzu tiene razón: "Busca y errarás. No busques y encontrarás inmediatamente", dice.

Piensa en esos bellos momentos en los que no estás haciendo nada. Sí, todo el mundo lo ha probado un poco. Vienen a pesar tuyo, vienen como regalos de Dios. Puede que no los hayas reconocido. Un día, simplemente tomando el sol en la orilla del mar, sin hacer nada, simplemente siendo... y de repente la existencia cambia de calidad. Hay alegría, ¡sin motivo alguno! Empieza a brotar dentro de ti. No hay causa para ello, no hay causa exterior; algo está sucediendo dentro de ti. Descansando en el sol, en el viento, de repente te transportas a otro mundo, a otro reino, a otra dimensión de tu ser.

El hombre puede estar en dos estados: devenir y ser. El devenir es la miseria, el ser es la dicha.

Llegar a ser es salir, ser es volver a casa. Llegar a ser es buscar, ser es no buscar. Llegar a ser te hace miserable, te hace desafortunado. Aprende las formas de ser. Algún día, mirando la puesta de sol, lo has sentido - por un momento, sólo por un momento, como un relámpago que viene y se va. Cogiendo la mano de tu amado, de tu amigo, a veces te ha llegado ese sabor, el sabor de la dicha. A veces, con sólo mirar una flor, algo se ha abierto dentro de ti; la flor ha desencadenado un florecimiento en ti. Y a veces mirando las estrellas algo empezó a brillar dentro de ti - esas estrellas empezaron a reflejarse en tu conciencia, te convertiste en una noche estrellada. Y hubo alegría, y hubo una inmensa celebración, y nació una canción en tu corazón.

Va y viene, porque no conoces el arte de permanecer en ese momento para siempre.

Llega a pesar de ti. Pero puedes invitarlo, puedes invitarlo conscientemente. Y entonces, poco a poco, puedes aprender a estar en ese momento, o entrar en ese momento siempre que quieras. Entonces incluso en el mercado puedes entrar en ese espacio cada vez que quieras; cada vez que te relajes está ahí. Entonces, incluso cuando estás en la agitación del mundo, puedes entrar en tu núcleo más profundo y rejuvenecerte.

Tú eres el centro del ciclón y tú. estás viviendo como el ciclón y has olvidado completamente el centro. El devenir es el ciclón, el ser es el centro. Y todos vivimos en la circunferencia, de ahí que seamos miserables, tristes, serios, sin alegría, sin jugo. Vuelve a casa.

PORQUE POCOS CONOCEN LA FELICIDAD...

¿POR QUÉ? ¡ES UN DERECHO INNATO DE TODOS! Ser feliz es un fenómeno natural.

Mira los árboles, mira la naturaleza: todo es feliz. La felicidad es simplemente así.

Sólo el hombre se ha desmoronado, sólo el hombre ha tomado una nueva ruta: la mente. Sólo el hombre ha desarrollado el sueño y se ha alejado cada vez más de su ser.

PORQUE POCOS CONOCEN LA FELICIDAD...

Es un derecho de nacimiento de todos, pero sólo unos pocos lo conocen. De vez en cuando un Buda, un Jesús, un Mahoma, un Pitágoras, un Patanjali... sólo de vez en cuando. No debería ser así. Es un estado muy patológico. Piensa: tienes millones de plantas en tu jardín y sólo de vez en cuando una planta da una flor. ¿Qué clase de jardinero eres? ¿Y qué clase de jardín es éste?

Si comprendemos un poco, si miramos un poco en nuestro interior, ocurrirá justo lo contrario:

sólo de vez en cuando encontrarás a un hombre que ha perdido la dicha - sólo de vez en cuando.

El mundo debería estar lleno de Budas. Sólo de vez en cuando encontrarás a un hombre que no lo haya conocido, que no lo haya vivido. Eso se puede entender, que de vez en cuando un hombre haya faltado. Pero esto es completamente incomprensible: que TODO EL MUNDO FALTE.

Y las personas que no fallan son incomprendidas, no sólo incomprendidas, sino destruidas. Las personas que tienen ojos son destruidas por los ciegos. La gente que está sana y entera es destruida por los enfermos y los patológicos, porque los patológicos son mayoría. Por supuesto que democráticamente es decisivo.

Antes de que crucificaran a Jesús, Poncio Pilato preguntó a la gente... porque era tradición en aquellos días que en ciertas fiestas se perdonara a una persona. Ese día iban a crucificar a cuatro personas. Era un día festivo: tres ladrones y un Jesús - cuatro personas iban a ser asesinadas. Poncio Pilato esperaba que la gente pidiera perdón a Jesús, porque había mirado a los ojos de Jesús y había encontrado simple inocencia y nada más.

Cuando le había preguntado a Jesús: "¿Qué es la verdad?". Jesús no había respondido, no había pronunciado una sola palabra. Permaneció simplemente callado, silencioso, sólo un remanso de sosiego, sólo la serenidad que él era. Esa fue su respuesta. Y Poncio Pilato PODÍA entenderlo -la verdad no se puede decir sino sólo mostrar-. Podía sentir la presencia del hombre. Era inocente, infantil; era tremendamente hermoso. Y Poncio Pilato se sentía un poco culpable de crucificar a este hermoso hombre. Pero la multitud pedía que lo mataran; la multitud tenía mucha sed de su sangre. Esperaba que finalmente podría persuadir a la gente para que perdonara a este hombre. Se lo pidió, pero todos gritaron: "Perdona a cualquiera de los tres ladrones, pero no a Jesús".

¡Tiene que ser crucificado! "¿Qué había hecho? ¿Qué mal había hecho?

Y un ladrón fue liberado, pero Jesús fue asesinado. ¿Cuál fue el crimen de este hombre? Su crimen fue este: que era dichoso entre gente que no sabía lo que era la dicha. Su crimen fue ser veraz entre gente que vivía en la mentira. Su crimen fue este: ser inocente entre gente astuta. Su crimen fue éste: que tenía ojos entre gente ciega. Y los ciegos se ofendieron, y SIEMPRE se han ofendido.

Se ofendieron por Pitágoras. ¡Yo les ofendo! Siempre se han sentido ofendidos. Y la sencilla razón es que cada vez que un hombre como Jesús o Pitágoras camina entre la gente, su altura les hace sentirse como pigmeos; su profundidad les hace sentirse tan superficiales que no pueden perdonarle. Tienen que destruir a ese hombre. Sienten como si ese hombre les ofendiera, les hiciera daño, porque "si él puede alcanzar tal dicha, ¿por qué yo no? Si él puede vivir en el reino de Dios, ¿por qué yo no?". Se despiertan grandes celos.

Esto es extraño. La gente debería aprender el arte cuando hay un hombre que es dichoso - pero, por el contrario, se vuelven celosos. Se vuelven tan celosos que una gran sed asesina surge en ellos.

PUES POCOS CONOCEN LA FELICIDAD: JUGUETES DE LAS PASIONES, DE AQUÍ PARA ALLÁ ZARANDEADOS POR OLAS ADVERSAS, SOBRE UN MAR SIN ORILLAS, RUEDAN CIEGOS, INCAPACES DE RESISTIR O DE CEDER A LA TEMPESTAD.

Esta es la situación del llamado hombre normal: no es normal en absoluto. Buda es normal, Pitágoras es normal, porque son naturales, por lo tanto son normales. Pero la palabra "normal" también tiene otro significado: viene de "norm" - promedio. Normal en el lenguaje ordinario significa la media. Entonces Buda es anormal; entonces no es normal, no es la norma. Entonces Pitágoras es anormal. Y los millones que son conocidos como normales no son normales en absoluto, porque no son naturales. Son mayoría, es cierto, pero la verdad no necesita votos; no depende de los votos.

Galileo estaba solo cuando dijo que la tierra se mueve alrededor del sol, y no al revés. El mundo entero había creído durante milenios que el sol se mueve alrededor de la tierra. En el lenguaje persiste el viejo hábito: decimos "puesta de sol", "salida del sol"... todavía. Y creo que esto va a persistir. El sol nunca sale ni se pone, simplemente está ahí; sólo que nosotros damos vueltas y vueltas a su alrededor. Cuando Galileo lo dijo por primera vez, la Iglesia y el Estado se ofendieron. Le obligaron a comparecer ante un tribunal y los sacerdotes le pidieron que se disculpara, porque "¿Cómo puedes atreverte? Millones de personas han creído desde siempre. ¿Cómo es posible que tanta gente esté equivocada y tú solo tengas razón? ¿Te has vuelto loco?

¿Qué clase de egoísta eres?"

Galileo debía de ser un hombre tremendamente bello, nada patológico. Dijo: "De acuerdo, entonces pido disculpas. Pero mi disculpa no supondrá mucha diferencia: la Tierra seguirá girando y girando alrededor del Sol. Mi disculpa no supondrá NINGUNA diferencia. Puedo disculparme. Puedo decir: "Sí, el sol gira alrededor de la tierra", pero te recuerdo que eso no cambiará nada. Las cosas seguirán como están".

Le dijeron: "¿Cómo puede equivocarse tanta gente?".

Pero la verdad no se decide votando. No es cuestión de cuánta gente cree en ella. Siempre ha sido una experiencia individual. Pitágoras lo sabe: la ha experimentado.

El saber depende de su experiencia, no de vuestros votos. La verdad no puede decidirse democráticamente. La verdad sigue siendo aristocrática, porque está basada, arraigada en la experiencia individual; no es de la turba y el rebaño.

PORQUE POCOS CONOCEN LA FELICIDAD: JUGUETES DE LAS PASIONES...

¿Y cuál es la situación de la persona corriente en el mundo?

DE AQUÍ PARA ALLÁ SACUDIDO POR OLAS ADVERSAS...

PUEDES OBSERVAR TU PROPIA MENTE, en qué estado vives. No tienes una mente - lo primero que hay que entender - tienes muchas mentes. No tienes un solo yo, tienes muchos muchos pequeños yoes. En tu interior eres una multitud. Fuera hay una multitud y dentro hay una multitud. Estás realmente abarrotado. Eres poli-psíquico; muchas mentes existen en ti. Y puedes verlo: en un momento eres tan amoroso y en otro estás tan lleno de odio. No tienes ninguna individualidad, no tienes ninguna integridad. En un momento se puede confiar en ti, en otro momento no se puede confiar en ti en absoluto - porque en un momento una mente funciona en ti, en otro momento otra mente se ha impuesto en ti. Eres como una rueda en movimiento: en un momento un radio está arriba, en otro momento ha bajado, otro radio ha llegado arriba. Y esto continúa, esta rueda continúa moviéndose.

Antes de irte a dormir decides: "Mañana por la mañana me levantaré a las cinco". A las cinco dices: "Tonterías, ¿qué más da?". Das otra vuelta de tuerca, te arropas bien, de nuevo en la manta, y te duermes. Por la mañana vuelves a arrepentirte. Dices: "¿Qué ha pasado?". Y llevas toda la vida haciendo lo mismo:

decidir y cancelar. De hecho, la realidad es: la mente que había decidido por la tarde no estaba allí a las cinco. Era otra mente la que decía: "Todo son tonterías. ¿A quién le importa?".

Y luego otra vez cuando estabas desayunando y te sentías muy mal... ¿mm?

porque de nuevo te has engañado a ti mismo, te has engañado a ti mismo. Has vuelto a fracasar; a tus propios ojos pareces indigno. No has podido hacer la pequeña cosa de levantarte a las cinco. Te sientes muy muy mal porque no tienes voluntad, ni siquiera una voluntad tan pequeña. Te sientes impotente, de ahí que surja en ti un gran arrepentimiento. Pero ésta es de nuevo otra mente -puede ser la tercera mente- y así das vueltas y vueltas.

Amas a la persona y odias a la misma persona. Por la mañana eres un amante, por la tarde eres el enemigo. En un momento quieres MORIR por la otra persona si es necesario. Y al cabo de unos instantes puedes incluso estar dispuesto a matarla. Ambas son tus posibilidades.

No eres uno, no estás cristalizado, no estás centrado, no eres un individuo.

Aún no sois una mente, un yo. Y así es como vives: zarandeado de aquí para allá por olas adversas. No eres más que un juguete de las pasiones. No sabes lo que haces ni por qué lo haces. Simplemente haces las cosas como un robot, como si alguien tirara de tus hilos. No eres dueño de ti mismo, eres madera a la deriva...

SOBRE UN MAR SIN ORILLAS, RODARON CIEGOS, INCAPACES DE RESISTIR O DE CEDER A LA TEMPESTAD.

Ni puedes resistir la tentación ni puedes ceder a ella. Siempre eres mitad y mitad, nunca eres total en nada. Si eres total en algo, inmediatamente te convertirás en un individuo. La totalidad trae individualidad. Pero eres parcial en todo. Sólo una parte entra en ello, sólo hasta cierto punto llegas, y entonces te detienes - sólo hasta cierto punto.

Vives una vida tibia; no eres ni frío ni caliente.

La frialdad tiene su propia belleza y el calor también, pero tú no eres ni lo uno ni lo otro: sólo eres tibio. Y vivir una vida tibia es vivir una vida pésima. No sabes lo que es la intensidad, lo que es la totalidad. No conoces ningún momento en el que te hayas ahogado totalmente, completamente perdido. Si hubieras conocido ese momento habrías conocido la oración.

Ahogado, borracho, perdido, totalmente, al cien por cien - habrías conocido la oración, tu vida habría cambiado. Te habrías convertido en un hombre nuevo, habrías renacido.

O, si hubieras conocido la soledad TOTAL, el recuerdo -recuerdo pleno, sólo conciencia y nada más, conciencia al cien por cien, no perdida en absoluto-, entonces habrías sabido lo que es la meditación y eso te habría cambiado.

La oración significa: perdido totalmente, ahogado totalmente, rendido totalmente, no se retiene nada, te has entregado al cien por cien - CUALQUIER COSA, y se convierte en oración.

Si en tu baile puedes llegar al cien por cien, se convierte en oración. Hacer el amor, si puedes dedicarte a ello al cien por cien, se convierte en oración. ¡Cualquier cosa! No importa lo que sea.... La cualidad de la oración viene de estar cien por cien metido en ella; te has olvidado completamente de ti mismo, eres un borracho.

La oración es el camino del borracho, el camino del amante, el que puede abandonarse a sí mismo, el que puede dejar de ser, el que está dispuesto a evaporarse. Es el camino de la confianza. Pero el noventa y nueve por ciento no es suficiente, ni siquiera el noventa y nueve coma nueve por ciento, no. Tiene que ser el cien por cien.

Y el otro polo es la meditación: recuerdo al cien por cien, atención plena, conciencia; sólo eres pura luz. Es el camino de estar alerta, consciente, vigilante, de ser testigo. Es el camino del solitario.

En la oración hay dos implicados: el amante y el amado. Por eso los sufíes llaman a Dios el Amado. El Zen no tiene ninguna idea de Dios. Buda dice que no hay Dios, que no es necesario. En el camino de la meditación, Dios no es necesario, porque la meditación no es una relación, sino la oración. Rezar es relacionarse. La meditación es libertad total, soledad, el vuelo de lo solitario hacia lo solitario. No hay otro, así que no es cuestión de ahogarse, pero se necesitará un cien por cien de atención plena; menos que eso no servirá. Y te transformas. Cuando estás vivo al cien por cien, en el punto óptimo, se produce la revolución.

Pero como son las personas de ordinario, nunca están al cien por cien en nada. Son un batiburrillo, siempre están mezcladas. Y la mezcla las mantiene en una contradicción: una parte va hacia el sur, otra parte va hacia el norte, y están constantemente en tensión y estrés. Ni pueden resistir ni pueden ceder, y éstas son las dos vías para alcanzar la perfección: o resistir totalmente -ésa es la vía de la meditación- o ceder totalmente -ésa es la vía del amor-. Pero la gente permanece a medias, dividida. Y una casa dividida contra sí misma está destinada a caer tarde o temprano.

¡DIOS! PODRÍAS SALVARLOS ABRIÉNDOLES LOS OJOS.

ES UNA AFIRMACIÓN TREMENDAMENTE SIGNIFICATIVA. Es significativa porque Pitágoras no se detiene en ella. El sufismo termina en esto, el camino del amor termina en esto.

Pitágoras sigue adelante. Lo menciona, pero no es el hombre de la oración, sino el hombre de la meditación. Es un Buda, no un Bahauddin. Es un Mahavira, no un Meera. Pero lo menciona, lo menciona:

¡DIOS! PODRÍAS SALVARLOS ABRIÉNDOLES LOS OJOS.

El hombre de oración se detendrá aquí. No necesita ir más allá. Si este tratado hubiera sido escrito por el hombre de oración, éste habría sido el último sutra - entonces no hay otra posibilidad de ir a ninguna parte. La oración es el fin. La oración es el punto final.

Esto es rezar:

¡DIOS! PODRÍAS SALVARLOS ABRIÉNDOLES LOS OJOS.

¿Qué otra cosa se puede hacer? Se puede rezar a Dios: "Abre nuestros ojos. Abre los ojos de toda esta gente, que no ha nacido ciega pero se comporta como si lo fuera, porque sigue con los ojos cerrados".

El camino del amor es una oración al todo: "Sólo tú puedes hacer algo. Somos partes pequeñas, diminutas, nada es posible por nosotros mismos". Pero entonces uno tiene que depender totalmente... y sucede. Entonces uno no tiene que hacer ningún esfuerzo de ningún tipo, entonces uno simplemente tiene que rendirse. Y en esa misma entrega -

el suceso. En esa misma entrega - la trascendencia. No es que cuando te rindes, la rendición funcionará como una causa y la trascendencia vendrá como un efecto, ¡no! En el momento en que te rindes, el acontecimiento es simultáneo. La entrega y la trascendencia ocurren juntas, INSTANTANEAMENTE en el mismo momento. No hay espacio entre ellos.

Pero Pitágoras no es un hombre de oración. Tiene que continuar. Él dice:

PERO NO: A LOS HUMANOS DE RAZA DIVINA LES CORRESPONDE DISCERNIR EL ERROR Y VER LA VERDAD.

Parece como si hubiera pronunciado esta frase con la guardia baja:

¡DIOS! PODRÍAS SALVARLOS ABRIÉNDOLES LOS OJOS.

... como desprevenido pronunció esta frase. Esto es ajeno a su espíritu. O tal vez lo mencionó sólo como un recordatorio de que ese también es un camino. Pero ese no es SU camino, así que inmediatamente lo niega. Dice:

PERO NO: A LOS HUMANOS DE RAZA DIVINA LES CORRESPONDE DISCERNIR EL ERROR Y VER LA VERDAD.

"No, no te lo pedimos, no podemos pedírtelo. Aunque os lo haya pedido, por favor, no lo hagáis. Tenemos que hacerlo por nuestra cuenta. Tenemos que hacer todo tipo de esfuerzos para purificarnos. Tenemos que cavar pozos profundos en nuestro ser para descubrir la fuente de la vida. Por favor, no entres. No lo hagas".

Buda nunca rezó. Mahavira nunca rezó. La oración no se cruza en sus caminos. Hicieron todos los esfuerzos humanamente posibles, todos los esfuerzos posibles, al cien por cien.

Arriesgaron TODO en el esfuerzo, y en ese arriesgar tomaron conciencia. Se limpiaron, se purificaron. Su inconsciente desapareció, se volvieron sólo consciencia. En esa conciencia está la trascendencia. Se recordaron a sí mismos.

Pitágoras pertenece al mismo camino que Mahavira, Buda, Patanjali, Lao Tzu, Chuang Tzu. No pertenece al otro camino: Krishna, Zaratustra, Jesús, Mahoma, Meera. Pero ambos caminos son válidos, y cada uno tiene que elegir su propio camino, cada uno tiene que decidir cuál es su tipo. Cada uno tiene que buscar en sí mismo sus propias inclinaciones.

Hay personas para las que el amor es tan natural que la meditación será muy difícil. Irán contracorriente, en contra de su naturaleza. No es necesario. Para los enamorados basta con estar enamorados de la existencia, estar en estado de oración con la existencia, estar en profundo agradecimiento, gratitud, y dejarlo todo en manos de Dios - estar en un dejar hacer y permitirle hacer. Y sucede: si la parte lo permite, el todo se hace cargo inmediatamente. Pero también sucede al revés: si la parte se esfuerza totalmente, entonces también sucede.

Pero recuerda, eso no significa que la ayuda de Dios no venga al meditador, no.

La ayuda llega sin pedirla. La ayuda SIEMPRE llega. Y llega para el que la quiere, pero llega pidiéndola. Por eso Jesús dice: "Pedid y se os dará. Llamad y se os abrirá la puerta". Llega a través de pedir, el amante invita, el amante llama, reza, llora, llora. El amante es como un niño pequeño que llora por su madre. También llega al meditador, pero llega sin pedirlo.

PERO NO: A LOS HUMANOS DE RAZA DIVINA LES CORRESPONDE DISCERNIR EL ERROR Y VER LA VERDAD.

"No hace falta", dice Pitágoras, "que vengas. Lo haremos por nuestra cuenta. Nos has dado suficiente energía para ello. Nos has dado la dignidad para lograrlo. Nos has dado suficiente poder para descubrirnos a nosotros mismos. Pedirte ayuda no es correcto, ya nos la has dado, sólo tenemos que descubrirla. Ya lo has dispuesto de tal manera que si hacemos un pequeño esfuerzo lo sabremos. Así que no podemos pedir más. Eso no está bien, no es justo". Aunque:

LA NATURALEZA LES SIRVE....

Dice: "No pedimos, aunque la naturaleza sigue sirviendo a quienes se esfuerzan por sí mismos sin pedir ayuda. Dios ayuda a los que se ayudan a sí mismos".

No se trata de pedir o no pedir. Déjenme decirles: Buda fue ayudado por Dios tanto como Jesús, ni un poco menos. Mahavira fue ayudado por Dios tanto como Meera, ni un poco menos. Meera lo pidió, Mahavira nunca lo pidió. El camino de Mahavira es el de la mente masculina, el camino de Meera es el de la mente femenina. Meera pide y es receptiva. Mahavira nunca pide, eso va en contra de su dignidad, eso va en contra de su tipo de mente. Lo intentará por su cuenta.

Pero la ayuda llega igualmente. Llega a los que piden, llega a los que nunca piden. De hecho, cuando trabajas al cien por cien en ti mismo, es una forma de pedir sin pedir. Cuando el conjunto te ve trabajar tan duro, tan arduamente, tan totalmente, eres recompensado.

LA NATURALEZA LES SIRVE....

... TÚ QUE LO HAS DESCUBIERTO.

NO IMPORTA CÓMO, si por amor o por meditación....

Pitágoras dice:

... TÚ QUE LO HAS DESENTRAÑADO. OH HOMBRE SABIO Y FELIZ, DESCANSA EN SU REFUGIO.

SINO OBSERVA MIS LEYES, ABSTENIÉNDOTE DE LAS COSAS QUE TU ALMA DEBE TEMER, DISTINGUIÉNDOLAS BIEN, DEJANDO QUE REINE LA INTELIGENCIA SOBRE TU CUERPO.

Dice: "Cualquiera que haya sido tu camino..." Los dos últimos sutras son para aquellos que se acercan mucho... cerca de sí mismos. Este sutra:

... TÚ QUE LO HAS DESCUBIERTO.

Lo has percibido, lo has reconocido. Se ha vuelto transparente para ti.

O HOMBRE SABIO Y FELIZ...

La sabiduría y la felicidad van de la mano. El estúpido no puede ser feliz. Y recuerda que por "estúpido" no me refiero sólo a lo no intelectual. El intelectual también está implicado.

El intelectual y el no intelectual, ambos siguen evitando su inteligencia.

La inteligencia sólo se produce a través del amor o de la meditación. A través del amor la inteligencia ocurre en el corazón, y a través de la meditación ocurre en la cabeza - pero es la misma inteligencia. Su ubicación es ciertamente diferente. Por eso los amantes, la gente de oración, siempre dirán que a Dios se le siente en el corazón. Y es verdad, porque es allí donde sintieron por primera vez el surgimiento de la inteligencia. Es una inteligencia amorosa, tiene el color del amor en ella, porque ha sido alcanzada a través del amor.

Pero Patanjali dice que el SAHASRAR, lo último, se abre en la cabeza, el loto de mil pétalos se abre en la cabeza. Esto crea una gran confusión en la gente: "¿Dónde ocurre realmente? - ¿en el corazón o en la cabeza?" Si escuchas a Patanjali, ocurre en la cabeza, en lo alto de la cabeza. Si escuchas a Bahauddin, a Jalaluddin Rumi, a A, Hillaj Mansoor, a Meera, a Chaitanya, a San Francisco, a Teresa, entonces sucede en el corazón - el loto se abre allí.

Ahora es muy confuso para la gente, pero no hay necesidad de confundirse. Hay dos posibilidades en ti: si sigues el camino de la meditación, la primera llamarada de inteligencia ocurrirá en la cabeza, y luego se extenderá por todo el cuerpo. Pero la primera llama sucede en la cabeza. Luego te hace arder. Pero la primera experiencia tiene un valor tremendo, por eso uno la recuerda. Y en el camino del amor, lo primero ocurre en el corazón, la primera llama. Es la MISMA llama. Y luego todo el cuerpo se inflama. Pero la primera experiencia de esa tremenda belleza, el primer sabor del néctar, siempre será recordado.

Por eso se ha hablado de estos dos centros a lo largo de los siglos. Y los que no practican ninguno de los dos, se confunden porque no pueden creer: "Debe ocurrir en un solo lugar. ¿Cuál es el verdadero centro? - ¿el corazón o la cabeza?". No se trata de cuál es el verdadero centro; la cuestión es qué camino has seguido. Si has seguido la meditación, tu inteligencia se encenderá en la cabeza. O, siguiendo el amor, el primer fuego se encenderá en tu corazón. Pero luego se extiende por todas partes, te conviertes en él.

O HOMBRE SABIO Y FELIZ...

Pero cualquiera que haya sido tu camino....

... TÚ QUE LO HAS DESCUBIERTO.

OH HOMBRE SABIO Y FELIZ, DESCANSA EN SU REFUGIO.

Te has vuelto sabio, te has vuelto feliz, ha llegado el momento de descansar. Pero esto no es todavía lo último, porque todavía estás ahí. Feliz y sabio, pero sigues ahí. Lo ÚLTIMO, lo ultimísimo, lo más sutil del ego sutil ha permanecido. Ahora eres feliz. Todavía puedes decir: "Soy feliz". Ahora puedes decir. "Soy sabio". Pero el "yo" sigue ahí, MUY fino, muy transparente como el cristal puro, nadie puede verlo, pero sigue ahí.

E incluso el cristal transparente, el cristal MÁS transparente, es una barrera. Puedes mirar a través de él, puedes ver el jardín, puedes ver las flores y los pájaros, puedes ver el sol y las nubes, todo está disponible COMO SI no hubiera barrera. Pero si intentas alcanzarla, de repente verás que sigue habiendo una barrera: sigues estando separado. Primero eras un tonto y estabas separado. Ahora eres sabio pero sigues separado, porque yo existo.

Primero eres desgraciado, ahora eres feliz, pero el yo existe. Por lo tanto, Pitágoras dice:

PERO OBSERVA MIS LEYES...

No abandones las leyes todavía. Aún no has trascendido el ego por completo.

... ABSTENIÉNDOTE DE LAS COSAS QUE TU ALMA DEBE TEMER, DISTINGUIÉNDOLAS BIEN; DEJANDO QUE REINE LA INTELIGENCIA SOBRE TU CUERPO.

Todavía recuerda, todavía permanece alerta, todavía sigue ayudando a la inteligencia, porque todavía hay que dar el último paso. Permanece alerta, permanece vigilante, porque todavía puedes perder la pista, todavía puedes caer - ¡porque tú ERES! así que todavía puedes caer. Irás más allá de la caída sólo cuando no seas. Y este es el último sutra.

PARA QUE, ASCENDIENDO AL ÉTER RADIANTE, EN MEDIO DE LOS INMORTALES, SEAS TÚ MISMO UN DIOS.

Sabio eres, feliz eres - un paso más para que te conviertas en Dios mismo, un paso más para que desaparezcas y sólo Dios quede en ti.

PARA QUE, ASCENDIENDO AL ÉTER RADIANTE...

Este ÚLTIMO fragmento del ego aún te mantendrá atado a la tierra. Ya no es una cadena de hierro, es una cadena de oro, pero las cadenas son cadenas. Primero estabas atado a la tierra por tu estupidez, mediocridad, necedad; primero estabas atado a la tierra por feas cadenas de miseria, dolor. Ahora estás atado a la tierra por hermosas cadenas de felicidad, cadenas de oro, tachonadas de diamantes. Ya no parecen cadenas sino adornos, por eso tienes que ser más consciente porque puedes apegarte demasiado a tu sabiduría, a tu felicidad. Y entonces puede volverse aún más fatal: cuanto más alto llegas, más peligrosa se vuelve la caída, ¡recuerda! Cuanto más te acerques a la cima, un solo paso en falso y volverás a bajar al valle.

¿Conoces el juego del Ludo, el de las serpientes y las escaleras? De hecho, lo inventaron los místicos cristianos. Es simbólico, es una metáfora: subes por unas escaleras y luego una serpiente se apodera de ti y vuelves a caer. Sólo en la última escala no hay serpiente, la penúltima y la serpiente sigue ahí. A menos que llegues al último todavía puedes caer. Desde el punto noventa y nueve puedes llegar a cero.

Cuanto más te elevas, más cuidadoso tienes que ser, porque los placeres superiores son más vinculantes, naturalmente. No tienen veneno; están tan purificados que ni siquiera sospecharás que pueda haber veneno en ellos - son tan deliciosos, tan nutritivos. Es muy sencillo apegarse y quedarse atascado en alguna etapa de tu crecimiento. Eso es lo que ocurre.

La gente puede dejar el dinero fácilmente; el dinero es muy burdo. Pero si alcanzas algunos poderes psíquicos -por ejemplo: puedes leer los pensamientos de alguien- será muy difícil dejarlo. Hará que tu ego esté tan satisfecho, tan contento: eres tan extraordinario que puedes leer los pensamientos.

Sucedió:

Un discípulo de cierto Maestro vino a ver a otro Maestro Zen. El discípulo le dijo al Maestro Zen: "Mi Maestro puede hacer milagros. ¿Puede usted también hacer milagros? Mi Maestro puede hacer grandes cosas. Una vez me dijo que me pusiera a un lado de la orilla de un río y él se fue al otro lado. Me dijo que sostuviera un trozo de papel, y yo sostenía un trozo de papel. Lejos de la otra orilla, empezó a escribir en él con su bolígrafo. La distancia era muy grande, pero aun así la escritura aparecía. ¿Puedes hacer algo así?".

El Maestro se rió y dijo: "Si tu Maestro sólo puede hacer milagros, y aún no es capaz de NO hacer milagros, entonces no está iluminado. Porque ser capaz de no hacer milagros es el colmo de los milagros.

Es muy difícil resistirse a la tentación cuando puedes hacer algo tan especial que nadie más puede hacer. Si puedes materializar cosas, o si puedes volar, o si puedes leer los pensamientos de los demás, o si puedes curar a la gente con sólo tocarla, te será imposible resistirte.

Ocurre casi todos los días aquí: la gente meditando alcanza muchas cosas -por ejemplo, los poderes curativos surgen muy fácilmente- y luego vienen inmediatamente a mí porque se dan cuenta. alguien sufría de dolor de cabeza, le tocan y el dolor de cabeza desaparece inmediatamente como si nunca hubiera estado ahí. Y una vez que toman conciencia, empiezan a venir a mí diciendo: "MAESTRO, está surgiendo en mí una gran energía curativa. ¿Qué debo hacer? ¿Debo usarla? ¿Debería convertirme en sanador?".

Es muy tentador, pero es peligroso. Uno tiene que ser consciente de no usar estas cosas, de lo contrario te quedarás atascado allí y nunca te moverás hacia arriba. Y a medida que asciendes, más y más fenómenos sutiles ocurrirán, fenómenos muy sutiles, que te harán inmensamente poderoso. Te gustaría utilizarlos, pero eso sería un puro desperdicio de tu energía; y caerás, y caerás muy mal.

Por eso Patanjali, en sus Yoga Sutras, hace que todos los yoguis sean conscientes de ello: cuidado con todo tipo de siddhis, poderes, porque cada poder es tentador. Y cuanto más elevado es, más tentador es. Y cuanto más alto es, más satisfactorio para el ego es. Y una vez que el ego empieza a estar satisfecho con algo, nunca alcanzarás lo último, nunca te convertirás en un Dios.

PARA QUE, ASCENDIENDO AL ÉTER RADIANTE, EN MEDIO DE LOS INMORTALES, SEAS TÚ MISMO UN DIOS.

TEN CUIDADO, AUNQUE TE HAYAS VUELTO SABIO. Incluso la sabiduría es insensatez si miras desde la cima última; mejor que la insensatez, pero sigue siendo insensatez porque todavía estás ahí, y ésa es la mayor insensatez.

Un discípulo se acercó a un Maestro y le dijo: "Maestro, lo que ha estado esperando durante años, ahora se ha cumplido: He alcanzado la nada".

El Maestro le golpeó con fuerza. El discípulo esperaba que esta vez no le pegaran, porque el Maestro repetía una y otra vez: "Hasta que no traigas la nada, te voy a pegar". Y era verdad -él HABÍA experimentado la nada-, así que se alegró, vino corriendo y bailando. Llevaba años esperando ver sonreír al Maestro, que le bendijera.

Pero el Maestro le golpeó fuerte, más fuerte que nunca.

Dijo: "Pero esto me desconcierta. Te digo que he experimentado la nada".

El Maestro dijo: "¡Ya lo sé! No hace falta que me lo digas. Ahora arroja también esta nada, entonces estarás verdaderamente en la nada. Ahora esto se ha convertido en una experiencia - la experiencia de la nada es de nuevo algo, ya no es nada. De nuevo te estás aferrando a alguna experiencia. Dios no es una experiencia: Dios es la ausencia de TODAS las experiencias. Dios es un estado tan puro que no se produce ninguna experiencia, ni de sabiduría ni de dicha.

Todo ha desaparecido. No sólo ha desaparecido la miseria, también ha desaparecido la dicha. No sólo ha desaparecido la locura, sino también la sabiduría. Te quedas completamente solo, sin experiencia que se aferre a ti, sin contenido en la mente, ni siquiera la idea de "lo he logrado". "Sucedió:

Un gran rey vino a ver a Buda. Cuando venía a ver a Buda para su darshan, estaba preocupado. Quería llevar algo para ofrecérselo a Buda. Se lo pidió a su esposa, porque era la primera vez que iba. Debería ir con alguna ofrenda, algún regalo para Buda, pero ¿qué sería lo apropiado? Tenía uno de los diamantes más hermosos del mundo. Asi que dijo: "Llevare este diamante. Será único.

Puede que ni siquiera Buda haya visto algo así, porque no hay nada que se pueda comparar con ESTE diamante; esto es incomparable. Muchos reyes acuden a él y deben haberle ofrecido muchas cosas: quiero ofrecerle algo especial para que se acuerde de mí".

La esposa se echó a reír porque ella solía ir a ver a Buda, ERA una discípula. Le dijo: "Es la primera vez que vas, así que no sabes nada de Buda. Coge tu diamante, pero para Buda un diamante no es más que un guijarro. Pero cógelo para sentirte bien; te sentirás feliz, cógelo. Pero sigue también mi consejo: Buda sería más feliz si cogieras una flor de loto, y en nuestro estanque hay hermosas flores de loto. Traeré una".

El rey preguntó: "¿Por qué una flor de loto?".

Y la esposa dijo: "Es muy simbólico. Representa toda la evolución del hombre. El hombre es barro, pero del barro un día surge un loto. El hombre es sólo barro, pero lleva en sí la semilla de ser un loto, así que el loto es una metáfora muy pregnante. Apreciará más el loto porque representa al hombre desde el sexo hasta el samadhi, representa al hombre desde lo más bajo hasta lo más alto, desde lo terrenal hasta lo divino".

Así que cogió las dos cosas. No le convencía el loto porque "es una flor corriente; se puede encontrar en todo tipo de estanques. Y miles de personas deben haber ofrecido lotos a Buda, así que ¿qué tiene de especial? Pero si la esposa lo dice, entonces de acuerdo". Para hacerla feliz, cogió los dos.

Cuando llegó, se inclinó ante Buda y le ofreció primero el diamante. Obviamente, porque esa era SU idea. Pensaba: "Si no acepta el diamante, entonces le ofreceré el loto". Así que con una mano ofreció el diamante.

Buda le miró y le dijo: "Suéltalo". Le costó dejarlo. Quería que fuera aceptado, recibido, apreciado. ¿Dejarlo? Pero cuando Buda le dijo: "Déjalo", y diez mil sannyasins de Buda lo estaban mirando, no pudo negarse. Era difícil. Había estado escondiendo y protegiendo este diamante toda su vida. Era tan unico, nadie tenia nada como esto. Esta era su gloria. Era conocido en todo el país por su diamante. Y ahora este hombre dice: "¡Suéltalo!"

Diez mil sannyasins mirando en silencio... era difícil decir que no. Así que lo dejó, a regañadientes, con gran desgana, resistencia, pero aun así, a pesar de sí mismo, tuvo que hacerlo.

Se le cayó. No se sintió bien con él. Esta no es la manera de recibir un regalo de tal calidad.

Entonces pensó: "Quizá mi mujer tenía razón", y presentó la flor, no muy contento, porque no había sido idea SUYA.

Buda miró la flor y volvió a decir: "Suéltala". Esto era demasiado. Pero cuando te enfrentas a un Buda no puedes luchar. Pero no era tan difícil dejar caer la flor. No habia ningun problema en ello, simplemente la dejo caer. De hecho, se sintió un poco bien, "¡Aquí va la esposa! y toda esa gran metáfora y la poesía de la flor de loto - ¡aquí va! No sólo mi diamante es rechazado sino también el loto". Entonces ambas manos estaban vacías y se sintió un poco tonto. ¿Qué hacer ahora?

Mirándole, Buda volvió a decirle: "¡Suéltala!". Ahora no había nada que soltar. Era incomprensible. Este hombre parecía loco -esa era la sospecha cuando había dicho que soltara el diamante- esa idea había surgido entonces: "Este hombre parece estar loco". Ahora era absolutamente cierto que ese hombre ESTABA loco. Ahora no había nada que soltar.

El principal discípulo de Buda, Ananda, se echó a reír. El rey parecía tonto. Le preguntó: "¿Qué te pasa? ¿Por qué te ríes? ¿Y qué se supone que debo hacer?".

Ananda dijo: "Buda nunca quiso decir que tuvieras que dejar el diamante. Buda nunca quiso decir que tengas que dejar el loto. Te estaba diciendo: Abandona la idea de que ERES, de que has venido, de que eres un gran rey, de que has comprado un gran regalo, de que nadie tiene un diamante así. Abandona ese ego, porque ésa es la única ofrenda que podemos llevar a Buda. Nada más es aceptado, nada más es aceptable, nada más vale la pena".

En ese momento surgió en el rey una gran comprensión. Cayó a los pies de Buda y, según se dice, al instante se iluminó. En esa misma caída, el ego desapareció, no había nadie dentro. Y cuando no hay nadie dentro, está Dios. Dios siempre ha estado ahí, escondido detrás de ti. Cuando tú desapareces, él aparece.

Este es el descubrimiento: no es un logro.

PARA QUE, ASCENDIENDO AL ÉTER RADIANTE, EN MEDIO DE LOS INMORTALES, SEAS TÚ MISMO UN DIOS.

Ser un Dios es tu destino. Pero recuerda, no es una meta, ya lo es. Sois Dioses porque no hay nada más que Dios. Toda la existencia rebosa de piedad. Dios es verde en los árboles y rojo y dorado, Dios está en los vientos y en la canción que sucede cuando los vientos pasan a través de los pinos. Dios está en las olas rugientes del océano, y en las nubes y en los relámpagos. Dios está, ¡sólo Dios está! Dios está en ti, en el vecino, en tu hijo.

Pero primero tienes que reconocer a Dios en ti, entonces podrás reconocerlo en todas partes. Una vez que se le conoce dentro, también se le conoce fuera. Y conocer a Dios por dentro y por fuera es conocer la verdad, es conocer la libertad, es conocer todo lo que vale la pena conocer.